# 신 편
# 보호사
## 1차 필기

# 신변보호사
## 1차 필기

| | | |
|---|---|---|
| 초판 발행 | | 2021년 1월 8일 |
| 개정판 발행 | | 2024년 1월 5일 |

편 저 자 | 자격시험연구소

발 행 처 | ㈜서원각

등록번호 | 1999-1A-107호

주　　소 | 경기도 고양시 일산서구 덕산로 88-45(가좌동)

교재주문 | 031-923-2051

팩　　스 | 031-923-3815

교재문의 | 카카오톡 플러스 친구[서원각]

홈페이지 | goseowon.com

머리말

# Preface

각종 위기로부터 개인의 신변을 보호하고 테러·도난 등에 관한 정보를 입수하며 사전 정찰하여 위해 요소를 제거하는 임무를 수행하며, 관계 기관과의 협조를 통하여 안전 조사를 실시하는 등 경호지역의 안전을 확보하는 역할을 수행하는 자를 신변보호사라 한다.

신변보호사는 행사·일정 등의 기본계획과 귀빈의 순회예정계획 등을 사전입수하고 관계기관 및 부서와 협조하여 현지를 답사하고 경호인원과 장비의 소요 등 제반사항을 판단하며, 핵심지역을 중심으로 경호경비망을 구성하고 인원을 구분하여 인솔자를 선임하고, 예비인원을 확보하고 예행연습 등을 실시하는 등의 직무를 수행한다.

본서는 신변보호사 시험을 준비하는 수험생들에게 있어 최적의 형태로 구성되었다고 자부할 만하다. 시험에 반드시 출제되는 중요 내용들을 과목별 파트별로 정리한 후 그에 맞는 문제들을 엄선해 실전 시험에 가장 가깝고도 적합한 시스템으로 구성하였다.

무엇보다도 시험을 보는 수험생의 입장에서 일목요연하면서도 매끄럽게 이론이 구성되어져 있으며, 지나치게 두꺼운 교재보다는 짧은 시간 내에 고득점을 올릴 수 있는 핵심요약으로 시험에 대한 부담을 줄이고자 하였다.

본서는 크게 두 가지의 특징을 가지고 있다.

첫째, 시험 출제기준에 맞게 과목별 각 파트에서 중요하면서도 반드시 알아야 할 내용을 쉽고 간결하게 정리한 과목별 핵심이론을 정리하였다.

둘째, 학습한 내용을 기반으로 바로바로 문제를 풀어 본인의 실력을 체크하고 오답에 대해서는 풍부한 해설로 내용을 마무리할 수 있는 구조의 과목별 출제 예상 문제로 구성되었다.

본서는 수험생이 보기 쉬운 구성과 이론 그리고 문제로 마무리 할 수 있는 최적의 수험서임이 분명하다. 공부에는 왕도가 없으므로 본 교재의 특징을 기준으로 지속적으로 반복 학습한다면 분명 신변보호사 시험을 어려움 없이 통과할 거라 믿어 의심치 않는다.

시험안내

# Information

## ▌ 소개

• **자격명** : 국가공인 신변보호사

• **자격의 종류** : 등록(국가공인) 민간자격

• **등록번호** : 2008-0146

• **공인번호** : 경찰청 2016-3호

• **발급기관** : (사)한국경비협회

## ▌ 응시자격

• 18세 이상인 자(학력제한 없음)

• 자격이 취소된 후 1년이 경과한 자

• 이 시험 부정행위자로 당해 시행일로부터 3년이 경과된 자

## ▌ 검정과목

| 1차 학과과목 | 2차 실기과목 |
|---|---|
| 민간경비론<br>경비업법<br>경호학 | 범인대응술<br>체포연행술 |

## ▌검정의 일부 면제

- 「경찰공무원법」에 따른 경찰공무원으로 5년 이상 재직한 사람
- 「대통령 등의 경호에 관한 법률」에 따른 경호공무원으로 5년 이상 재직한 사람
- 위에 해당되는 사람은 1차 과목 중 "민간경비론"과 2차 실기를 면제
  - ※ 이 경우 반드시 재직증명서 또는 퇴직증명서를 응시원서 접수 시 홈페이지에 jpg파일로 첨부(미 첨부 시 면제 불가)

## ▌시험시간, 가답안 공개 및 필기 이의신청

| 구분 | 시험시간 | 채점방법 |
|---|---|---|
| 1차 시험(100점) | 09 : 00~10 : 30(80분)<br>1차 학과(필기)시험 | OMR기기로 전자식 채점 |
| 2차 시험(100점) | • 10 : 40~12 : 00(80분) 2차 실기시험<br>• 13 : 00~18 : 00(5시간) 2차 실기시험 | • 3명의 평가위원이 직접 채점<br>• 무도자격 단증은 2점 또는 4점 가산<br>※ 초단은 가산인정에서 제외 |

- 응시자는 08 : 40까지 지정된 학과(필기)시험 고사장 입실 완료하고, 필기시험 종료 후 10 : 30까지 실기 평가 대기 장소에 입실 완료
- 진행요원의 설명 및 안내에 따라 시험 실시
- 실기시험 평가복장(도복 및 체육복), 소속 표시는 청 테이프 등으로 가릴 것
- 가답안은 알림마당 → 공지사항 확인, 이의신청은 신변보호사 → 이의신청란 참조

## ▌ 검정방법, 합격자 결정 및 실기 이의신청

• 검정방법 : 응시자 학과(필기)시험은 지정된 고사장에서 실시

• 합격자 결정

| 학과(필기)시험 | | | 실기시험 | | | | | 합계 |
|---|---|---|---|---|---|---|---|---|
| | | | 구분 | 실기항목 | | 점수 | | |
| | | | | A | B | 구분 | 연속 | |
| ▶ 3개 과목 80문제 | | | 범인 대응술 | 목밀기 | 팔굽돌리기 | 50점 | 50점 | |
| 민간 경비론 | 경비 업법 | 경호학 | | 손목안틀기 | 팔굽누르기 | | | |
| 20문제 | 30문제 | 30문제 | | 명치밀기 | 팔굽들기 | | | |
| | | | | 어깨로팔굽밀기 | 손목바깥틀기 | | | |
| | | | | 요골밀기 | 뒷덜미당기기 | | | |
| ▶ 객관식 5지 선다형 ▶ 문제당 1.25점 | | | 체포 연행술 | 얽어조이기 | 뒤로호미팔당기기 | | | |
| | | | | 앞으로 호미팔당기기 | 목감아 당기기 | | | |
| | | | | 막고얽어 조이기 | 오금밀기 | | | |
| | | | | 목껴안기 | 팔굽뒤로당기기 | | | |
| | | | | 천돌누르기 | 양볼누르기 | | | |
| 100점 | | | ※ 실기이의신청 : 검정당일 비치된 양식을 응시자 작성하여 이의신청 | | | 총득점 100점 | | 200점 |

※ ① 2인 1조 범인대응술, 체포연행술을 구분 5수와 연속 5수 이상 실시
　② 틀린 술기는 재실시 없이 다음 술기 계속 실시

• 1차와 2차 시험의 평균점수가 60점 이상이면서 과락(1차 · 2차 시험에서 각 40점)이 없는 자를 합격자로 결정

• 동점자인 경우에는 모두를 합격자로 하며, 합격자는 협회 홈페이지에서 발표

• 실기 이의신청은 실기고사장 현장에서 신청


## ▌ 합격자 기본교육 및 자격증 교부

• 자격검정에 합격한 자는 합격자 기본교육 8시간의 기본교육을 이수

• 교육을 이수하면 (사)한국경비협회장 명의 국가공인 자격증 교부

※ 합격자 기본 교육 신청은 협회 소속 지방협회 접수 및 시행

## ▌응시자 유의사항

- 접수된 응시원서와 응시수수료는 일체 반환하지 아니하며 응시원서 및 답안카드 등의 허위 작성, 착오 기재 또는 기재상 누락, 시험문제 유형 미기재, 마킹 누락 등으로 인한 불이익은 응시자 책임으로 함
- 응시자는 시험당일 정해진 시간 내에 해당 시험장에 입실 완료하고 지정된 좌석에 착석하고 시험 시간 시작 후에는 입실 불가
- 응시자는 시험당일 반드시 응시표, 신분증(주민등록증, 면허증, 여권 중 한 가지) 및 컴퓨터용 흑색 사인펜 지참 단, 응시표 분실자는 신분증 지참
- 가산점이 인정되는 자격증 소지자는 응시원서 작성 시 반드시 기재하기 바라며, 가산점 인정 자격증 사본 제출
- 시험장에서 핸드폰(시계대용으로 사용불가), 호출기 등의 통신 장비를 사용할 수 없고 시험장 청결 유지를 위하여 흡연 불가
- 답안카드(OMR카드) 채점 관련 자료 등은 일체 공개하지 아니함
- 시험 시행 시 부정해위 또는 시험 관련 서류 위·변조 등 부정행위자에 대하여는 응시 및 합격을 정지 또는 무효로 하고, 향후 3년간 同 검정에 응시 불가
- 검정장소 및 합격자 발표 등 기타사항은 접수처에 문의
- 응시번호 부여는 입금처리 확인 후 일괄 승인하여 처리
- "공인"신변보호사 명칭을 운영하는 (사)한국경비협회를 "꼭" 확인하시어 타 기관에서 운영하는 신변보호사 가격명과 혼돈 없으시길 바랍니다.

## ▌비고

- 무도의 가산부여는 어느 한 가지 중 한 개의 무도에 한하여 "2, 3단인 자는 2점", "4단 이상자는 4점"을 실기점수에 가산처리 함
  ※ 중복인정처리 불가
- 무도분야 자격증은 경찰청에서 발표하는 가산점 인정 무도단체를 말한다.

# Structure

---

PART 01. 민간경비론

# ⚙1 민간경비 개설

## ❶ 민간경비 및 공경비 개념

### (1) 민간경비

① 민간경비의 정의
  ㉠ 민간경비 : 여러 가지 위해로부터 개인의 생명, 재산을 보호하기 위해 경비 서비스를 의뢰한 특정 고객으로부터 받은 경제적 이득만큼 반대급부를 제공하는 개인이나 단체·영리기업을 의미한다.
  ㉡ 경호 : 신변을 보호하는 행위를 말한다.

② 경비업법상 정의
  ⓐ 경비 : 시설경비업무, 호송경비업무, 신변보호업무, 기계경비업무, 특수경비업무의 전부 또는 일부를 도급받아 행하는 영업을 말한다.
  ⓑ 경비는 경호의 의미인 신변보호업무를 포함하는 것으로 경호의 상위개념이다.
  ⓒ 경비업의 정의(경비업법 제2조)

---

**핵심이론정리**

체계적으로 편장을 구분한 후 해당 단원에서 필수적으로 알아야 할 내용을 정리하여 수록했습니다. 출제가 예상되는 핵심적인 내용만을 학습함으로써 단기간에 학습 효율을 높일 수 있습니다.

---

## ≡≡≡ 출제 예상 문제

2019년 기출 변형

**1** 브랜팅햄과 파우스트(Brantingham & Faust)의 범죄예방모델에 대한 설명으로 옳은 것은?

① 감시장비의 설치는 1차적 범죄예방이다.
② 재범예방프로그램은 2차적 범죄예방이다.
③ 범죄예방교육은 3차적 범죄예방이다.
④ 2차적 범죄예방은 일반대중을 대상으로 한다.
⑤ 3차적 범죄예방은 우범자집단을 대상으로 한다.

TIP Brantingham & Faust의 범죄예방모델
  ㉠ 1차적 범죄예방 : 일반대중을 대상으로 물리적·사회적 환경 중에서 범죄원인이 되는 조건들을 개선시키는데 초점을 둔다.
  ㉡ 2차적 범죄예방 : 우범자나 우범집단을 대상으로 잠재적 범죄자를 초기에 발견하고 비합법적 행위가 발생하기 전에 미리 예방하고자 하는 것이다.
  ㉢ 3차적 범죄예방 : 실제 범죄자들을 대상으로 그들이 더 이상 범죄를 저지르지 않게 하는 활동이다.

---

**출제 예상 문제**

그동안 치러진 기출문제를 분석하여 출제가 예상되는 문제만을 엄선하여 수록하였습니다. 다양한 난이도와 유형의 문제들로 연습하여 확실하게 대비할 수 있습니다.

③ ㉠ - 1자적 범죄예방, ㉡ - 2자적 범죄예방, ㉢ - 3자적 범죄예방
④ ㉠ - 2차적 범죄예방, ㉡ - 1차적 범죄예방, ㉢ - 3차적 범죄예방
⑤ ㉠ - 1차적 범죄예방, ㉡ - 3차적 범죄예방, ㉢ - 2차적 범죄예방

**꼼꼼한 해설** ○------

매 문제 상세한 해설을 달아 문제풀이만으로도 개념학습이 가능하도록 하였습니다. 문제풀이와 함께 이론정리를 함으로써 완벽하게 학습할 수 있습니다.

> **TIP** Brantingham과 Faust의 범죄예방구조모델론
> ㉠ 1차 범죄예방
> • 일반 대중을 대상으로 물리적 · 사회적 환경 중에서 범죄원인이 되는 조건들을 개선시키는데 초점을
> • 환경설계, 이웃감시, 민간경비, 방범교육 등이 해당되며 형사사법기관의 활동을 통해 이루어진다.
> ㉡ 2차 범죄예방
> • 우범자나 우범집단을 대상으로 잠재적 범죄자를 초기에 발견하고 비합법적 행위가 발생하기 이전에
> 이다.
> • 우범환경이나 우범자를 대상으로 이들과 많이 접하는 지역사회 지도자, 교육자, 부모에 의해 이루어
> ㉢ 3차 범죄예방
> • 실제 범죄자들을 대상으로 하여 그들이 더 이상 범죄를 저지르지 않게 하는 활동이다.
> • 체포, 기소, 교도소구금, 치료, 사회복귀와 같은 것과 관련된다.
> • 주로 형사사법기관을 통해 이루어지며 민간단체나 지역사회의 교정프로그램도 해당된다.

**Tip** ○------

추가적으로 알아두어야 하는 내용들을 보기 쉽게 별도의 요소로 구성하여 학습의 효율성을 높였습니다.

> **TIP**
> **경비원 윤리강령(경찰청 제정)**
> 1. 법과 원칙을 준수하고 범죄와 사고로부터 고객을 보호하는데 최선을 다한다.
> 2. 직무를 수행함에 있어 고객의 보호와 편의에 대해 확실하게 인식하고 그 책임을 다한다.
> 3. 민간경비의 발전과 효율성 제고를 위하여 교육과 훈련을 통해 직무능력을 함양하는데 부단한 노력을 경주한다.
> 4. 어떠한 경우에도 전문인으로서의 긍지와 책임감을 잊지 않고 주어진 업무 이외의 행위를 하지 않는다.
> 5. 언제나 회사를 대표한다는 신념으로 고객으로부터 신뢰감을 얻고, 범죄 및 사고예방에 최선을 다한다.
> 6. 예방수칙을 숙지하고 고객의 위험상황 및 재산상 손해가 예상되는 순간에 투철한 사명감으로 피해를 최소화한다.
> 7. 복장과 장비는 규정에 따라 단정하게 착용하고 근무지를 이탈하지 않으며, 근무지 청결을 유지한다.
> 8. 근무수칙을 준수하고 소속상사의 명령에 복종하며 동료와 친화관계를 유지한다.
> 9. 업무상 지득한 고객의 정보를 소중하게 여기고 철저하게 보호한다.
> 10. 민간경비의 최일선을 담당한다는 자부심으로 공경비와 협조하여, 고객안전과 나아가 지역사회 안정을 도모한다.

❸ 민간경비의 이론적 배경

# 01

# 민간경비론

# 01 민간경비 개설

## ❶ 민간경비 및 공경비 개념

### (1) 민간경비

① 민간경비의 정의

　㉠ 민간경비 : 여러 가지 위해로부터 개인의 생명, 재산을 보호하기 위해 경비 서비스를 의뢰한 특정 고객으로부터 받은 경제적 이득만큼 반대급부를 제공하는 개인이나 단체·영리기업을 의미한다.

　㉡ 경호 : 신변을 보호하는 행위를 말한다.

　㉢ 경비업법상 정의

　　ⓐ 경비 : 시설경비업무, 호송경비업무, 신변보호업무, 기계경비업무, 특수경비업무의 전부 또는 일부를 도급받아 행하는 영업을 말한다.

　　ⓑ 경비는 경호의 의미인 신변보호업무를 포함하는 것으로 경호의 상위개념이다.

　　ⓒ 경비업의 정의〈경비업법 제2조〉

　　• 시설경비업무 : 경비를 필요로 하는 시설 및 장소에서의 도난·화재, 그 밖의 혼잡 등으로 인한 위험발생을 방지하는 업무를 말한다.

　　• 호송경비업무 : 운반 중에 있는 현금·유가증권·귀금속·상품, 그 밖의 물건에 대하여 도난·화재 등 위험발생을 방지하는 업무를 말한다.

　　• 신변보호업무 : 사람의 생명이나 신체에 대한 위해의 발생을 방지하고 그 신변을 보호하는 업무를 말한다.

　　• 기계경비업무 : 경비대상시설에 설치한 기기에 의하여 감지·송신된 정보를 그 경비대상 시설 외의 장소에 설치한 관제시설의 기기로 수신하여 도난·화재 등 위험발생을 방지하는 업무를 말한다.

　　• 특수경비업무 : 공항(항공기를 포함한다) 등 대통령령이 정하는 국가중요시설의 경비 및 도난·화재, 그 밖의 위험발생을 방지하는 업무를 말한다.

　　• 대통령령이 정하는 국가중요시설 : 공항, 항만, 원자력발전소 등의 시설 중 국가정보원장이 지정하는 국가보안목표시설과 「통합방위법」에 의하여 국방부장관이 지정하는 국가중요시설〈경비업법 시행령 제2조〉

　㉣ 민간경비의 분류

　　ⓐ 주체에 따른 분류

　　• 인력경비 : 각종의 위해(범죄행위, 화재, 재난 등) 등으로부터 인적·물적인 가치를 인력을 통해 보호하는 경비형태이다.

　　• 기계경비 : 각종의 위해(범죄행위, 화재, 재난 등) 등으로부터 인적·물적인 가치를 기계경비시스템을 통해 보호하는 경비형태이다.

ⓑ 목적에 따른 분류
- 시설경비 : 국가중요시설, 빌딩, 주택, 공장건물, 상가, 공공건물, 공항 등 경비대상 시설에 대한 각종의 위해(외부침입·내부절도, 사고의 발생 등)로부터 그 시설물의 인적·물적 가치를 보호하는 경비형태이다.
- 혼잡경비 : 기념행사, 각종 경기, 제례행사 등으로 인해 모인 군중들에 의해 발생되는 혼란상태를 사전에 예방하거나 경계하고 사태가 발생할 경우 신속히 대처하여 확대되는 것을 방지하는 경비형태이다.
- 경호경비 : 의뢰자의 의뢰에 의거하여 각종의 위해로부터 대상자를 보호하는 신변보호활동이다.
- 호송경비 : 운송이 필요한 현금, 보석, 각종 귀중품을 강·절도로부터 보호하여 안전하게 이송시키는 경비활동을 말한다.

ⓒ 성격에 따른 분류
- 계약경비 : 일반적으로 경비상품을 갖춘 용역경비전문업체가 경비서비스를 원하는 용역의뢰자와의 일정한 계약행위를 통해 경비서비스를 제공하는 형태의 경비서비스를 말한다.
- 상주경비(자체경비) : 당해 조직이 자체적으로 경비부서를 조직하고 경비 활동을 실시하는 경비형태를 의미한다. 즉, 조직의 일부로서 경비조직을 운영하여 경비를 행하는 형태를 말한다.

② 민간경비의 등장 배경
  ㉠ 범죄의 증가
    ⓐ 기존 범죄자가 재범죄를 일으킨다.
    ⓑ 범죄인식 부족으로 초범자들이 양산되었다.
    ⓒ 신종 전문범죄 증가 : 회사 기밀유출, 공금횡령 등
    ⓓ 청소년 범죄가 증가하였다.
    ⓔ 경제위기(97년 IMF사태)를 맞게 되었다.
  ㉡ 국가 경찰력의 한계
    ⓐ 경찰 예산 및 인력이 부족하다.
    ⓑ 소극적 공권력을 갖는다.
    ⓒ 긴급연락·즉각 대응 시스템이 정착되지 않았다.
    ⓓ 전문성이 부족하다.
  ㉢ 시민의 안전욕구 증대
    ⓐ 삶의 질(Quality of Life)이 상승함에 따라 안전욕구가 증대되었다.
    ⓑ 시민의식이 증대되었다.
  ㉣ 민간경비의 배경
    ⓐ **영미법계** : 영미법계 민간경비원은 국가경찰과 동등한 위치에서 그 주체성을 인정받는 것이 일반적이다.
    ⓑ **대륙법계** : 대륙법계의 민간경비원은 국가경찰의 보조적인 위치에서 그 주체성을 인정받는다.

(2) 공경비

① 공경비의 개념
- ㉠ 일반적으로 경찰이 수행하는 일을 의미하는데 개인의 생명 및 재산을 보호하고 공공의 질서를 유지하는 공공의 이익과 안전을 도모하는 일련의 업무를 말한다.
- ㉡ 공경비는 공권력을 바탕으로 법 집행을 하는 것이 주된 업무이다.

② 경찰의 개념
- ㉠ 등장 : 서구적인 의미의 경찰은 갑오개혁 이후에 도입되었다.
- ㉡ 경찰의 개념 구분
  - ⓐ 형식적 의미의 경찰
    - 법 규정상 경찰이 담당하도록 규정되어 있는 사항을 말한다.
    - 직무의 범위〈경찰관 직무집행법 제2조〉
      - 국민의 생명·신체 및 재산의 보호
      - 범죄의 예방·진압 및 수사
      - 범죄피해자 보호
      - 경비·주요 인사 경호 및 대간첩·대테러 작전 수행
      - 공공안녕에 대한 위험의 예방과 대응을 위한 정보의 수집·작성 및 배포
      - 교통 단속과 교통 위해의 방지
      - 외국 정부기관 및 국제기구와의 국제협력
      - 그 밖에 공공의 안녕과 질서 유지
  - ⓑ 실질적 의미의 경찰
    - 권력적 작용으로 명령·강제하는 것을 말하며 비권력적 작용은 실질적 경찰이 아니다.
    - 공물경찰, 위생경찰, 건축경찰, 영업경찰, 산림경찰 등이 있다.
- ㉢ 경찰의 종류
  - ⓐ 국가경찰과 자치경찰

| 구분 | 자치경찰 | 국가경찰 |
|---|---|---|
| 권한과 책임 | 지방자치단체 | 국가 |
| 조직 | 자치단체별 조직 | 관료적 조직, 중앙집권적 조직 |
| 업무 | • 자치단체 이익증대, 질서유지<br>• 주민 개인의 권익보호 | • 국가적 이익증대, 질서유지<br>• 국민 개인의 권익보호 |
| 장점 | • 지방적 특색이 반영된 경찰행정<br>• 조직의 간소화<br>• 개혁추진이 용이함<br>• 주민의 인권보호 | • 강력한 공권력 발휘<br>• 조직의 통일성<br>• 조직의 거대화<br>• 타 부문과의 협조 용이 |
| 단점 | • 특정세력의 개입 우려<br>• 타 경찰과의 협조가 곤란<br>• 전국적 활동의 부적합성 | • 주민의 인권보호 미흡<br>• 조직의 거대화로 개혁추진이 어려움<br>• 지방특색의 퇴색 |

ⓑ 행정경찰과 사법경찰

| 구분 | 사법경찰 | 행정경찰 |
|------|---------|---------|
| 조직 | 검찰총장 지휘 | 경찰청장 지휘 |
| 법적용 | 형사소송법 | 행정법규 |
| 업무 | • 형식적 의미의 경찰<br>• 공공질서 유지<br>• 권력적 작용 | • 실질적 의미의 경찰<br>• 범죄의 수사, 체포<br>• 통치권 작용 |

**❷ 민간경비 및 공경비의 제관계**

**(1) 업무수행적 측면**

| 구분 \ 종류 | 민간경비 | 공경비 |
|------|---------|---------|
| 비용부담자 | 의뢰자 | 국민 |
| 수혜자 | 비용을 부담한 자 | 국민 |
| 내용 | • 부담한 비용만큼 서비스를 제공한다.<br>• 경제적 손실방지에 주력한다.<br>• 범죄 대응에 치중한다.<br>• 이질의 서비스를 제공한다. | • 법 집행 위주로 업무를 수행한다.<br>• 범죄 예방과 억제에 주력한다.<br>• 동질의 서비스를 제공한다. |

**(2) 공권력 측면**

① 공경비(경찰)

　㉠ 국가경찰의 경우 법에 정해진 내용의 비교적 강력한 공권력을 가진다.

　㉡ 업무수행에 있어서 강제권을 포함한다.

② 민간경비

　㉠ 법에 정해진 내용의 미약한 권한을 가진다.

　㉡ 업무수행에 있어서 강제권을 수반할 수 없다.

　㉢ 업무의 범위는 국가경찰의 보조적인 역할로 한정된다.

> **TIP** ───────────

경비원 윤리강령〈경찰청 제정〉

1. 법과 원칙을 준수하고 범죄와 사고로부터 고객을 보호하는데 최선을 다한다.
2. 직무를 수행함에 있어 고객의 보호와 편의에 대해 확실하게 인식하고 그 책임을 다한다.
3. 민간경비의 발전과 효율성 제고를 위하여 교육과 훈련을 통해 직무능력을 함양하는데 부단한 노력을 경주한다.
4. 어떠한 경우에도 전문인으로서의 긍지와 책임감을 잊지 않고 주어진 업무 이외의 행위를 하지 않는다.
5. 언제나 회사를 대표한다는 신념으로 고객으로부터 신뢰감을 얻고, 범죄 및 사고예방에 최선을 다한다.
6. 예방수칙을 숙지하고 고객의 위험상황 및 재산상 손해가 예상되는 순간에 투철한 사명감으로 피해를 최소화한다.
7. 복장과 장비는 규정에 따라 단정하게 착용하고 근무지를 이탈하지 않으며, 근무지 청결을 유지한다.
8. 근무수칙을 준수하고 소속상사의 명령에 복종하며 동료와 친화관계를 유지한다.
9. 업무상 지득한 고객의 정보를 소중하게 여기고 철저하게 보호한다.
10. 민간경비의 최일선을 담당한다는 자부심으로 공경비와 협조하여, 고객안전과 나아가 지역사회 안정을 도모한다.

## ❸ 민간경비의 이론적 배경

### (1) 공동화 이론

① 전제
  ㉠ 민간경비는 경찰력의 인적·물적 부족으로 인해 발생하였다.
  ㉡ 경찰력의 부족을 민간경비가 메워 주기 위해 출현하였다.

② 내용
  ㉠ 사회의 발전과 인식의 변화로 인해 범죄가 증가한다.
  ㉡ 범죄의 증가 속도에 경찰력이 따라주지 못한다.
  ㉢ 민간경비의 출현으로 민간경비 산업은 빠르게 성장하게 된다.
  ㉣ 민간경비와 경찰의 상호보완적 관계를 형성한다.

### (2) 경제환원론

① 전제
  ㉠ 경기 침체로 인한 실업의 증가를 가정한다.
  ㉡ 실업의 증가는 범죄의 증가를 초래한다.
  ㉢ 범죄의 증가는 민간경비시장의 성장으로 연결된다.

② 내용

   ⊙ 미국이 경기침체를 보였던 1965~1972년에 민간경비시장의 성장이 다른 서비스업의 증가보다 두드러졌다는 단순하고 단기적인 경험적 관찰에 의한 내용이다.

   ⓒ 현상 자체를 지나치게 경제적으로 풀어나가려고 한다.

   ⓒ 경기침체와 민간경비의 성장이 인과적 관계를 지닌다고 볼 수 없다.

   ⓔ 이론적인 설명이 취약하다.

## (3) 수익자부담이론

① 전제

   ⊙ 경찰의 기능에서 개인의 안전과 재산보호를 제외시킨다.

   ⓒ 경찰은 법집행기관의 일부이다.

   ⓒ 경찰의 주된 기능을 질서유지와 체제유지와 같은 거시적 기능에 한정한다.

   ⓔ 자본주의 사회에서 국가기구의 일부로서 경찰의 근본적 성격과 역할·기능에 의문을 제기한다.

② 내용

   ⊙ 자본주의사회의 생리상 개인의 안전과 재산을 보호하기 위해서는 개인적 비용지출을 피할 수 없다.

   ⓒ 민간경비 산업의 성장요건

      ⓐ 국민 전체소득이 증가해야 한다.

      ⓑ 전 사회 내에 범죄가 증가해야 한다.

      ⓒ 경비에 대한 사회적 인식이 변화해야 한다.

## (4) 이익집단이론

① 전제

   ⊙ 이익집단은 자신들의 이익을 극대화시키기 위해 행위한다.

   ⓒ 민간경비 역시 하나의 이익집단으로 자신들의 이익을 극대화한다.

   ⓒ 그냥 두면 보호받지 못하게 될 재산을 민간경비가 보호한다는 시각에서 출발한 이론이다.

   ⓔ 경찰과 민간경비가 상호보완 관계를 갖는다는 공동화이론이나 경제환원론의 입장을 부정하면서 제기되었다.

② 내용

   ⊙ 민간경비는 새로운 규율과 제도를 창출시키려고 노력한다.

   ⓒ 초기단계에 일어나는 현상이 민간경비의 양적 성장이다. 궁극적으로는 이익집단으로서의 내부적 결속과 제도화, 조직화의 결과 세력과 입지를 강화하게 된다고 주장한다.

## (5) 공동생산이론

### ① 전제
⊙ 민간경비와 시민이 속한 민간부문을 치안의 보조자적 입장에서 주체자적 입장으로 전환된다고 본다.
ⓛ 공공부문과 민간부문이 상호대립적 관계가 아닌 상호보완적 관계로 전환된다고 본다.

### ② 내용
⊙ 치안서비스의 공동생산을 상정한다.
ⓛ 최근 선진국에서 나타나는 흐름으로 민간부문의 적극적 참여가 핵심이다.

## (6) 민영화이론

### ① 전제
⊙ 정부의 역할을 줄이고 민간역할의 증대를 통하여 국가 비용절감 효과를 거둔다.
ⓛ 국가독점에 의한 비효율성을 극복하고자 시장경쟁논리를 도입하여 효율성을 증대시킨다.

### ② 내용
⊙ 국가중요시설의 경호 및 경비를 민간에 위탁하여 공경비의 역할을 줄이는 대신 민간경비의 역할을 확대한다.
ⓛ 경비서비스를 내부공급에서 외부공급으로 전환함으로서 경비서비스 분야에서 자율적 경쟁개념을 도입한다.
ⓒ 국민들이 경비서비스공급 과정에 참여하여 소비자의 서비스선택의 폭을 넓힌다.

## (7) 환경설계를 위한 범죄예방(CPTED)

### ① 전제
⊙ 범죄의 발생·예방에 대한 환경요인으로 범죄를 저지르는 사람 또는 그 사람의 인적 환경에만 국한하였다.
ⓛ 사람과 사회에 국한되었던 범죄문제 연구관행에 의문이 제기되면서 범죄를 저지르는 사람으로부터 범죄가 행해지는 장소와 공간 등 물리적 환경으로 그 관심이 이동하게 되었다.

### ② 내용
⊙ 물리적 환경을 개선함으로써 범죄를 억제하고 주민의 불안감을 해소하는 제도를 말한다.
ⓛ 건물과 가로등, 감시장비 등을 범죄를 줄이는 방향으로 설계하는 건축기법이다.
ⓒ 도시계획이나 건축설계시 사각지대를 없애기 위해 건물 모서리를 둥글게 하거나 폐쇄회로(CCTV)를 설치하는 것을 말한다.
ⓔ 지역의 방어적 공간특성을 높여 범죄가 발생할 기회를 줄이고 지역주민들이 안전감을 느끼도록 하여 궁극적으로 삶의 질을 향상시키는 종합적인 범죄예방전략이다.

③ 기본 전략
  ㉠ 1차적 기본전략 : 자연적인 통제, 자연적인 감시, 영역성의 강화, 이 세 가지 자원에서 출발하는 이론으로 자연적 접근방법을 통해 범죄예방 효과를 극대화하고자 한다.
  ㉡ 2차적 기본전략 : 경비원을 통한 조직적 통제, 자물쇠 등을 통한 기계적 통제, 공간구획을 통한 자연적 통제 등을 고려하는 것이다.

(8) Brantingham과 Faust의 범죄예방 접근법

① 질병예방과 의학적 치료를 의한 의료적 모델을 일반 범죄예방에 응용한 것이다.

② 1차 범죄예방
  ㉠ 일반 대중을 대상으로 물리적·사회적 환경 중에서 범죄원인이 되는 조건들을 개선시키는데 초점을 둔 것이다.
  ㉡ 환경설계, 이웃감시, 민간경비, 방범교육 등이 해당되며 형사사법기관의 활동을 통해 이루어진다.

③ 2차 범죄예방
  ㉠ 우범자나 우범집단을 대상으로 잠재적 범죄자를 초기에 발견하고 비합법적 행위가 발생하기 이전에 예방하고자 하는 것이다.
  ㉡ 우범환경이나 우범자를 대상으로 이들과 많이 접하는 지역사회 지도자, 교육자, 부모에 의해 이루어진다.

④ 3차 범죄예방
  ㉠ 실제 범죄자들을 대상으로 하여 그들이 더 이상 범죄를 저지르지 않게 하는 활동이다.
  ㉡ 체포, 기소, 교도소구금, 치료, 사회복귀와 같은 것과 관련된다.
  ㉢ 주로 형사사법기관을 통해 이루어지며 민간단체나 지역사회의 교정프로그램도 해당된다.

# 출제 예상 문제

2019년 기출 변형

**1 브랜팅햄과 파우스트(Brantingham & Faust)의 범죄예방모델에 대한 설명으로 옳은 것은?**

① 감시장비의 설치는 1차적 범죄예방이다.

② 재범예방프로그램은 2차적 범죄예방이다.

③ 범죄예방교육은 3차적 범죄예방이다.

④ 2차적 범죄예방은 일반대중을 대상으로 한다.

⑤ 3차적 범죄예방은 우범자집단을 대상으로 한다.

> **TIP** Brantingham & Faust의 범죄예방모델
> ㉠ 1차적 범죄예방: 일반대중을 대상으로 물리적 · 사회적 환경 중에서 범죄원인이 되는 조건들을 개선시키는데 초점을 둔다.
> ㉡ 2차적 범죄예방: 우범자나 우범집단을 대상으로 잠재적 범죄자를 초기에 발견하고 비합법적 행위가 발생하기 전에 미리 예방하고자 하는 것이다.
> ㉢ 3차적 범죄예방: 실제 범죄자들을 대상으로 그들이 더 이상 범죄를 저지르지 않게 하는 활동이다.

2019년 기출 변형

**2 민간경비와 공경비의 관계에 대한 설명으로 옳지 않은 것은?**

① 민간경비의 역할범위는 범죄예방과 손실 감소 및 재산보호이다.

② 민간경비의 등장은 공경비 분야의 한계에 기인한다.

③ 민간경비의 보호이익은 불특정 일반국민을 대상으로 한다.

④ 공경비의 역할범위는 범죄예방과 법집행 및 질서유지이다.

⑤ 현대의 민간경비는 공동체의 안녕을 위해 공경비와 상호보완적 관계에 있다.

> **TIP** 민간경비와 공경비의 비교
>
> | 구분 | 민간경비 | 공경비 |
> |---|---|---|
> | 대상 | 특정 의뢰인 | 국민 |
> | 목적 | 의뢰자 보호 및 손실 감소, 사익 보호 | 법 집행, 공익 및 사익보호 |
> | 주체 | 민간 영리기업 | 국가 |
> | 임무 | 범죄의 예방 | 범죄의 예방과 대응 |
> | 법률관계 | 경비계약 | 법령 |

**Answer** 1.① 2.③

**3** 민간경비이론 중 경제환원론에 대한 설명으로 옳은 것은?

① 자본주의 사회에서 경찰이 국가기관의 일부로 국가가 자본주의의 전반적 체제유지를 위한 정치적 역할을 수행하는데 있어 일부분을 담당

② 그냥 내버려두면 보호받지 못한 채로 방치되는 재산을 민간경비가 보호

③ 경찰의 범죄예방 및 통제와 같은 서비스를 제공할 수 있는 능력

④ 국가권력에 의하여 수행되어져야 하는 필수적인 부분을 제외하고 민간이양이 가능한 부분은 민간에 의하여 수행되는 것

⑤ 특정한 현상이 직접적으로는 경제와 무관한 성격을 갖는 것임에도 불구하고 그 원인을 경제문제에서 찾으려는 입장

> **TIP** 경제환원론 … 특정한 사회현상의 원인을 경제적인 문제에서 찾으려는 것으로 경기침체로 인하여 실업자가 증가하면 범죄율이 증가하고 이는 민간경비의 발전으로 이어진다고 보는 이론이다.

**4** 경찰청 경비원윤리강령에 대한 설명으로 옳지 않은 것은?

① 법과 원칙을 준수하고 범죄와 사고로부터 고객을 보호하는데 최선을 다한다.

② 언제나 회사를 대표한다는 신념으로 고객으로부터 신뢰감을 얻고, 범죄 및 사고예방에 최선을 다한다.

③ 민간경비의 최일선을 담당한다는 자부심으로 공경비와 협조하여 고객안전과 나아가 지역사회 안정을 도모한다.

④ 어떠한 경우에도 전문인으로서 긍지와 책임감을 잊지 않고 주어진 업무 이외의 업무라도 스스로 판단하여 자율적으로 수행한다.

⑤ 복장과 경비는 규정에 따라 단정하게 착용하고 근무지를 이탈하지 않으며 근무지 청결을 유지한다.

> **TIP** 경비원윤리강령
> ㉠ 법과 원칙을 준수하고 범죄와 사고로부터 고객을 보호하는데 최선을 다한다.
> ㉡ 직무를 수행함에 있어 고객의 보호와 편의에 대해 확실하게 인식하고 그 책임을 다한다.
> ㉢ 민간경비의 발전과 효율성 제고를 위하여 교육과 훈련을 통해 직무능력을 함양하는데 부단한 노력을 경주한다.
> ㉣ 어떠한 경우에도 전문인으로서의 긍지와 책임감을 잊지 않고 주어진 업무 이외의 행위를 하지 않는다.
> ㉤ 언제나 회사를 대표한다는 신념으로 고객으로부터 신뢰감을 얻고, 범죄 및 사고예방에 최선을 다한다.
> ㉥ 예방수칙을 숙지하고 고객의 위험상황 및 재산상 손해가 예상되는 순간에 투철한 사명감으로 피해를 최소화한다.
> ㉦ 복장과 장비는 규정에 따라 단정하게 착용하고 근무지를 이탈하지 않으며, 근무지 청결을 유지한다.
> ㉧ 근무수칙을 준수하고 소속상사의 명령에 복종하며 동료와 친화관계를 유지한다.
> ㉨ 업무상 지득한 고객의 정보를 소중하게 여기고 철저하게 보호한다.
> ㉩ 민간경비의 최일선을 담당한다는 자부심으로 공경비와 협조하여, 고객안전과 나아가 지역사회 안정을 도모한다.

**Answer** 3.⑤ 4.④

**5** 브랜팅햄(Brantingham)과 파우스트(Faust)의 범죄예방 접근법에 대한 설명이다. ㉠, ㉡, ㉢의 괄호 안에 들어갈 용어를 바르게 나열한 것은?

> ( ㉠ )은 일반적 사회 환경 중에서 범죄원인이 되는 조건들을 발견·개선하는 예방활동이다.
> ( ㉡ )은 실제 범죄자를 대상으로 더 이상 범죄가 발생하지 않도록 하는 예방활동이다.
> ( ㉢ )은 잠재적 범죄자를 초기에 발견하고 이들의 범죄행위를 저지하기 위한 예방활동이다.

① ㉠ – 2차적 범죄예방, ㉡ – 3차적 범죄예방, ㉢ – 1차적 범죄예방
② ㉠ – 3차적 범죄예방, ㉡ – 2차적 범죄예방, ㉢ – 1차적 범죄예방
③ ㉠ – 1차적 범죄예방, ㉡ – 2차적 범죄예방, ㉢ – 3차적 범죄예방
④ ㉠ – 2차적 범죄예방, ㉡ – 1차적 범죄예방, ㉢ – 3차적 범죄예방
⑤ ㉠ – 1차적 범죄예방, ㉡ – 3차적 범죄예방, ㉢ – 2차적 범죄예방

**TIP** Brantingham과 Faust의 범죄예방구조모델론
㉠ 1차 범죄예방
- 일반 대중을 대상으로 물리적·사회적 환경 중에서 범죄원인이 되는 조건들을 개선시키는데 초점을 둔 것이다.
- 환경설계, 이웃감시, 민간경비, 방범교육 등이 해당되며 형사사법기관의 활동을 통해 이루어진다.
㉡ 2차 범죄예방
- 우범자나 우범집단을 대상으로 잠재적 범죄자를 초기에 발견하고 비합법적 행위가 발생하기 이전에 예방하고자 하는 것이다.
- 우범환경이나 우범자를 대상으로 이들과 많이 접하는 지역사회 지도자, 교육자, 부모에 의해 이루어진다.
㉢ 3차 범죄예방
- 실제 범죄자들을 대상으로 하여 그들이 더 이상 범죄를 저지르지 않게 하는 활동이다.
- 체포, 기소, 교도소구금, 치료, 사회복귀와 같은 것과 관련된다.
- 주로 형사사법기관을 통해 이루어지며 민간단체나 지역사회의 교정프로그램도 해당된다.

**Answer** 5.⑤

**6** 환경설계를 통한 범죄예방(CPTED)에 대한 설명으로 옳지 않은 것은?

① 도시환경을 범죄에 대비할 수 있도록 적절한 건축설계나 도시계획 등을 통하여 방어적으로 설계하는 범죄예방전략을 말한다.
② 환경적인 요소가 인간의 행동과 심리적인 성향을 자극하여 범죄를 저지르지 못하게 하는 환경행태학적 이론을 기초로 하고 있다.
③ 접근통제전략은 범죄기회를 줄일 목적의 설계개념이다.
④ 자연적 감시전략은 건축물이나 시설물 등의 설계 시 가시권을 최소로 확보하도록 배치 및 설계되어야 한다는 것이다.
⑤ 활동성의 강화전략은 '거리의 눈(eye on the street)'에 의한 감시효과를 높이기 위한 방안이다.

> **TIP** 자연적 감시전략 … 범죄피해를 당할 잠재적 피해자를 보호하기 위하여 범죄의 구성요소인 피해자, 범죄인, 장소들 간의 상관성을 분석하여 일반인들에 의한 가시권을 최대화시킬 수 있도록 건물이나 시설물을 배치한다. 시야가 차단된 폐쇄형 담장을 투시형 담장으로 고치거나 담장을 헐고 조경을 고려한 개방공간으로 바꾸는 것, 외부조명을 개선하고 잠재적 피해자가 주민의 눈에 잘 띄는 환경을 확보하는 것 등이 해당된다.

**7** 경비업법상 경비지도사 및 일반경비원의 결격사유에 대한 설명으로 옳지 않은 것은?

① 만 19세 미만인 자
② 금고 이상의 형의 집행유예선고를 받고 그 유예기간 중에 있는 자
③ 파산선고를 받고 복권되지 아니한 자
④ 피성년후견인 또는 피한정후견인
⑤ 금고 이상의 실형의 선고를 받고 그 집행이 종료되거나 집행이 면제된 날부터 5년이 지나지 아니한 자

> **TIP** ①④ 만 18세 미만인 자, 피성년후견인, 피한정후견인은 경비지도사 및 일반경비원이 될 수 없다.
> ② 금고 이상의 형의 집행유예선고를 받고 그 유예기간 중에 있는 자는 경비지도사 및 일반경비원이 될 수 없다.
> ③ 파산선고를 받고 복권되지 아니한 자는 경비지도사 및 일반경비원이 될 수 없다.
> ⑤ 금고 이상의 실형의 선고를 받고 그 집행이 종료(집행이 종료된 것으로 보는 경우를 포함)되거나 집행이 면제된 날부터 5년이 지나지 아니한 자는 경비지도사 및 일반경비원이 될 수 없다.

**Answer** 6.④ 7.①

**8** 민간경비와 관련된 이론으로 옳지 않은 것은?

① 경제환원이론
② 이익집단이론
③ 수익자부담이론
④ 사회유대이론
⑤ 공동화이론

> **TIP** 민간경비와 관련된 이론
> ⊙ 경제환원론: 경기침체로 인하여 실업자가 증가하게 되면 범죄율이 증가하고 이로 인하여 민간경비가 발전한다는 이론
> ⓒ 공동화이론: 경찰이 수행하고 있는 경찰 본연의 기능이나 역할을 민간경비가 보완·대체하면서 민간경비가 성장했다는 이론
> ⓒ 이익집단이론: 민간경비를 하나의 독립행위자로 보고 이익을 추구하는 이익추구집단으로서의 활동에 따라 민간경비가 발전하였다는 이론
> ⓔ 수익자부담이론: 경찰의 공권력은 질서유지나 체제수호 등과 같은 거시적 역할에 한정시키고 사회구성원 개개인의 안전과 사유재산 보호는 해당 개인이나 집단이 스스로 담당하여 한다는 이론
> ⓜ 공동생산이론: 경찰력의 한계를 극복하고 시민의 안전욕구를 충족시키기 위하여 민간부문의 능동적 참여를 다각적으로 유도하고 민간경비를 공경비의 보조적 차원이 아닌 주체적 차원으로 인식하는 이론
> ⓫ 민영화이론: 정부 역할을 줄이고 민간 역할을 증대시켜 국가 비용절감효과를 거두고 시민권리의 성장과 국민 기본권의 신장, 정치권력의 최소화를 통한 권력남용의 폐해를 줄이고자 하는 이론

**9** 경찰청에서 제정한 경비원 윤리강령에 대한 설명으로 옳지 않은 것은?

① 법과 원칙을 준수하고 범죄와 사고로부터 고객을 보호하는데 최선을 다한다.
② 직무를 수행함에 있어 고객의 보호와 편의에 대해 확실하게 인식하고 그 책임을 다한다.
③ 예방수칙을 숙지하고 고객의 위험상황 및 재산상 손해가 예상되는 순간에 투철한 사명감으로 피해를 최소화한다.
④ 업무상 지득한 고객의 정보는 임의로 처리한다.
⑤ 복장과 장비는 규정에 딸 단정하게 착용하고 근무지를 이탈하지 않으며 근무지 청결을 유지한다.

> **TIP** 경비원 윤리강령(경찰청 제정) … 법과 윤리에 따라 범죄로부터 고객의 생명과 재산을 보호하고, 각종 규정을 준수하고 투철한 직업의식으로 경비원으로써의 직업능력을 함양하며, 신의성실과 책임을 신념으로 직업윤리를 이행할 것을 다음과 같이 다짐한다.
> ⊙ 법과 원칙을 준수하고 범죄와 사고로부터 고객을 보호하는데 최선을 다한다.
> ⓒ 직무를 수행함에 있어 고객의 보호와 편의에 대해 확실하게 인식하고 그 책임을 다한다.
> ⓒ 민간경비의 발전과 효율성 제고를 위하여 교육과 훈련을 통해 직무능력을 함양하는데 부단한 노력을 경주한다.
> ⓔ 어떠한 경우에도 전문인으로서 긍지와 책임감을 잊지 않고 주어진 업무 이외의 행위를 하지 않는다.

**Answer** 8.④ 9.④

ⓜ 언제나 회사를 대표한다는 신념으로 고객으로부터 신뢰감을 얻고, 범죄 및 사고예방에 최선을 다한다.

ⓗ 예방수칙을 숙지하고 고객의 위험상황 및 재산상 손해가 예상되는 순간에 투철한 사명감으로 피해를 최소화한다.

ⓢ 복장과 장비는 규정에 따라 단정하게 착용하고 근무지를 이탈하지 않으며, 근무지 청결을 유지한다.

ⓞ 근무수칙을 준수하고 소속 상사의 명령에 복종하며 동료와 친화관계를 유지한다.

ⓩ 업무상 지득한 고객의 정보를 소중하게 여기고 철저하게 보호한다.

ⓒ 민간경비의 최일선을 담당한다는 자부심으로 공경비와 협조하며, 고객안전과 나아가 지역사회 안정을 도모한다.

**10** 우리나라 민간경비와 공경비의 차이점에 대한 설명으로 옳지 않은 것은?

① 민간경비원에게는 원칙적으로 법 집행권한이 허용되지 않는다.

② 공경비의 재원은 세금이지만 민간경비의 재원은 고객이 지급하는 도급계약의 대가라고 할 수 있다.

③ 민간경비의 보호대상이 특정고객이라면 공경비의 보호대상은 일반시민이다.

④ 민간경비의 주체가 영리기업이라면 공경비의 주체는 정부이다.

⑤ 범죄예방은 공경비만이 가지는 고유한 존재 목적이다.

> **TIP** 범죄예방은 국가, 지방자치단체의 중요 임무이기도 하지만 민간경비도 범죄예방을 주된 임무로 한다. 공경비와 민간경비의 차이점은 특정 의뢰자를 위한 활동이라는 점이 다르다.

**11** 우리나라 민간경비의 주요 임무가 아닌 것은?

① 범죄예방                    ② 질서유지

③ 위험방지                    ④ 증거수집

⑤ 신변보호

> **TIP** 증거수집은 법집행 및 범인 체포에 그 목적이 있으므로 민간경비가 아닌 공경비의 임무에 해당한다.

**Answer** 10.⑤ 11.④

**12** 국가독점에 대한 비효율성을 극복하기 위하여 시장경쟁논리를 도입하여 효율성을 증대시키고자 하는 민간경비이론에 해당하는 것은?

① 경제환원이론
② 이익집단이론
③ 수익자부담이론
④ 민영화이론
⑤ 공동화이론

> **TIP** 민영화이론 … 국가독점에 의한 비효율성을 극복하고자 시장경쟁논리를 도입하여 효율성을 증대시키자는 것으로 국가중요시설의 경호 및 경비를 민간에 위탁하여 공경비의 역할을 줄이는 대신 민간경비의 역할을 확대하자는 이론이다.

**13** 경비업법상 규정된 경비업무에 관한 설명으로 옳지 않은 것은?

① 일반경비업무 – 공항 등 대통령령이 정하는 국가중요시설의 경비 및 도난·화재 그 밖의 위험발생을 방지하는 업무
② 시설경비업무 – 경비를 필요로 하는 시설 및 장소에서의 도난·화재 그 밖의 혼잡 등으로 인한 위험발생 방지
③ 신변보호업무 – 사람의 생명이나 신체에 대한 위해의 발생을 방지하고 그 신변을 보호
④ 기계경비업무 – 경비대상시설에 설치한 기기에 의하여 감지·송신된 정보를 그 경비대상시설외의 장소에 설치한 관제시설의 기기로 수신하여 도난·화재 등 위험발생 방지
⑤ 호송경비업무 – 운반 중에 있는 현금·유가증권·귀금속·상품 그 밖의 물건에 대하여 도난·화재 등 위험발생 방지

> **TIP** 경비업무〈경비업법 제2조〉
> ㉠ 시설경비업무 : 경비를 필요로 하는 시설 및 장소(이하 "경비대상시설")에서의 도난·화재 그 밖의 혼잡 등으로 인한 위험발생을 방지하는 업무
> ㉡ 호송경비업무 : 운반 중에 있는 현금·유가증권·귀금속·상품 그 밖의 물건에 대하여 도난·화재 등 위험발생을 방지하는 업무
> ㉢ 신변보호업무 : 사람의 생명이나 신체에 대한 위해의 발생을 방지하고 그 신변을 보호하는 업무
> ㉣ 기계경비업무 : 경비대상시설에 설치한 기기에 의하여 감지·송신된 정보를 그 경비대상시설외의 장소에 설치한 관제시설의 기기로 수신하여 도난·화재 등 위험발생을 방지하는 업무
> ㉤ 특수경비업무 : 공항(항공기를 포함) 등 대통령령이 정하는 국가중요시설의 경비 및 도난·화재 그 밖의 위험발생을 방지하는 업무

**Answer** 12.④ 13.①

**14** 다음 설명 중 옳지 않은 것은?

① 공경비의 대상은 국민이고, 민간경비는 특정 의뢰인이다.
② 공경비의 목적은 법집행이고, 민간경비는 의뢰자의 보호 및 손실 감소이다.
③ 공경비의 주체는 정부이고, 민간경비는 영리기업이다.
④ 공경비의 업무는 범죄의 예방과 대응이고, 민간경비는 범죄의 예방과 피해회복이다.
⑤ 공경비의 법률관계의 근거는 법령이며, 민간경비는 경비계약에 의한다.

> **TIP** 공경비의 업무는 범죄의 예방과 대응이고, 민간경비는 범죄의 예방이다.

**15** 환경설계를 통한 범죄예방(CPTED)에 대한 설명으로 틀린 것은?

① 범죄의 원인을 환경적 요인에서 찾고자 한다.
② 동심원영역론(Concentric Zone Theory)은 CPTED의 접근방법 중 하나이다.
③ 2차적 기본전략은 자연적 접근방법을 통해 범죄예방 효과를 극대화하고자 한다.
④ 모든 인간은 잠재적 범죄욕망을 가지고 있기 때문에 사전에 범행기회를 차단하고자 한다.
⑤ 뉴만(Newman)이 방어공간이라는 개념을 확립한 것에서 제퍼리(Jeffery)가 처음으로 CPTED의 개념을 제시하였다.

> **TIP** CPTED의 기본전략
> ㉠ 1차적 기본전략 : 자연적인 통제, 자연적인 감시, 영역성의 강화, 세 가지 차원에서 출발하는 것으로 자연적 접근방법을 통해 범죄예방 효과를 극대화하고자 하였다.
> ㉡ 2차적 기본전략 : 경비원을 통한 조직적 통제, 자물쇠 등을 통한 기계적 통제, 공간구획을 통한 자연적 통제 등을 고려하는 것이다.

**Answer** 14.④ 15.③

**16** 우리나라 경비업법에 규정된 경비업무로 옳은 것은?

① 탐정업무
② 핵연료물질 등의 위험물 운반경비업무
③ 호송경비업무
④ 교통유도경비업무
⑤ 수사경비업무

> **TIP** 경비업법 제2조에서 규정하고 있는 경비업무로는 시설경비업무, 호송경비업무, 신변보호업무, 기계경비업무, 특수경비업무가 있다.

**17** 다음 중 공항(항공기 포함) 등을 포함하는 국가중요시설의 경비 및 도난 등의 위험 발생을 방지하는 업무는?

① 기계경비업무　　　　　　　　② 시설경비업무
③ 특수경비업무　　　　　　　　④ 호송경비업무
⑤ 신변보호업무

> **TIP** 특수경비업무는 공항(항공기를 포함한다) 등 대통령령이 정하는 국가중요시설의 경비 및 도난·화재, 그 밖의 위험발생을 방지하는 업무를 의미한다.

**18** 다음 중 경비대상시설에 설치한 기기에 의하여 감지·송신된 정보를 경비대상시설 외의 장소 등에 설치한 관제시설의 기기로 수신해서 도난 및 화재 등의 위험발생을 방지하는 업무를 무엇이라고 하는가?

① 기계경비업무　　　　　　　　② 신변보호업무
③ 특수경비업무　　　　　　　　④ 시설경비업무
⑤ 호송경비업무

> **TIP** ② 사람의 생명이나 신체에 대한 위해의 발생을 방지하고 그 신변을 보호하는 경우
> ③ 공항 등 대통령령으로 정하는 국가중요시설의 경비 및 도난·화재 그 밖의 위험발생을 방지하는 업무
> ④ 경비를 필요로 하는 시설 및 장소에서의 도난·화재 그 밖의 혼잡 등으로 인한 위험발생을 방지하는 업무
> ⑤ 운반중에 있는 현금·유가증권·귀금속·상품 그 밖의 물건에 대하여 도난·화재 등 위험발생을 방지하는 업무

**Answer**　16.③　17.③　18.①

**19** 다음 민간경비의 분류 중 나머지 넷과 성격이 다른 하나는?

① 혼잡경비　　　　　　　　　　② 인력경비

③ 호송경비　　　　　　　　　　④ 경호경비

⑤ 시설경비

> **TIP** ①③④⑤ 목적에 의한 분류, ② 주체에 의한 분류

**20** 다음 민간경비의 등장 배경 중 범죄의 증가와 관련한 내용으로 보기 가장 어려운 것은?

① 신종 전문범죄 증가 : 회사 기밀유출, 공금횡령 등

② 경제위기(97년 IMF사태)를 맞게 되었다.

③ 청소년 범죄가 증가하였다.

④ 범죄인식 부족으로 인해 초범자들이 양산되었다.

⑤ 경찰 예산 및 인력이 부족하다.

> **TIP** 민간경비의 등장배경 중 범죄의 증가
> • 기존 범죄자가 재범죄를 일으킨다.
> • 범죄인식 부족으로 초범자들이 양산되었다.
> • 신종 전문범죄 증가 : 회사 기밀유출, 공금횡령 등
> • 청소년 범죄가 증가하였다.
> • 경제위기(97년 IMF사태)를 맞게 되었다.

**21** 다음 중 자치경찰에 관한 내용으로 가장 바르지 않은 것을 고르면?

① 자치단체별 조직이다.

② 조직이 간소하다.

③ 특정한 세력의 개입이 우려된다.

④ 개혁 추진이 상당히 어렵다.

⑤ 지방적인 특색이 반영되어진 경찰행정이다.

> **TIP** 자치경찰은 개혁의 추진이 용이하다는 이점이 있다.

**Answer**　19.② 20.⑤ 21.④

**22** 다음 중 국가경찰에 관한 설명으로 부적절한 것은?

① 조직이 큰 관계로 개혁추진에 있어서 어려움을 겪게 된다.

② 국가적인 이익의 증대 및 질서유지를 목적으로 한다.

③ 주민 개인의 권익을 보호한다.

④ 중앙집권적이면서 관료적인 조직이다.

⑤ 강력한 공권력을 발휘하게 된다.

> **TIP** 국가경찰은 국민 개인의 권익을 보호한다.

**23** 다음 중 사법경찰에 대한 내용으로 가장 옳지 않은 것은?

① 형사소송법이 적용되어진다.

② 공공질서를 유지한다.

③ 경찰청장이 지휘한다.

④ 권력적인 작용이다.

⑤ 형식적인 의미의 경찰이다.

> **TIP** 사법경찰은 검찰총장이 지휘한다.

**24** 다음 중 행정경찰에 관한 설명으로 보기 어려운 것은?

① 형사소송법이 적용된다.

② 경찰청장이 지휘하게 된다.

③ 통치권이 작용한다.

④ 실제적인 의미의 경찰이다.

⑤ 범죄의 수사 및 체포업무를 한다.

> **TIP** 행정경찰은 행정법규가 적용된다.

**Answer** 22.③ 23.③ 24.①

**25** 다음 중 민간경비에 대한 내용으로 가장 거리가 먼 것을 고르면?

① 부담한 비용만큼 서비스를 제공하게 된다.

② 범죄 대응에 치중한다.

③ 경제적인 손실방지에 주력한다.

④ 이질적인 서비스를 제공한다.

⑤ 비용을 부담하는 것은 국민이다.

> **TIP** 민간경비에서 비용을 부담하는 것은 의뢰자이다.

**26** 다음 전제 내용은 민간경비의 이론적 배경 중 무엇에 관한 것인가?

> • 경찰력의 인적 · 물적 부족으로 인해 발생
> • 경찰력의 부족을 메워 주기 위해 출현

① 공동생산이론

② 이익집단이론

③ 공동화이론

④ 수익자부담이론

⑤ 경제환원론

> **TIP** 공동화이론에서 민간경비는 경찰력의 인적 · 물적 부족으로 인해 발생하였으며, 경찰력의 부족을 민간경비가 메워 주기 위해 출현하였다.

**Answer** 25.⑤ 26.③

**27** 다음 전제 내용은 민간경비의 이론적 배경 중 무엇에 대한 것인가?

> • 경찰은 법집행기관의 일부
> • 경찰의 기능에서 개인의 안전과 재산보호를 제외

① 경제환원론
② 공동생산이론
③ 이익집단이론
④ 수익자부담이론
⑤ 공동화이론

> **TIP** 수익자부담이론의 전제
> • 경찰의 기능에서 개인의 안전과 재산보호를 제외시킨다.
> • 경찰은 법집행기관의 일부이다.
> • 경찰의 주된 기능을 질서유지와 체제유지와 같은 거시적 기능에 한정한다.
> • 자본주의 사회에서 국가기구의 일부로서 경찰의 근본적 성격과 역할·기능에 의문을 제기한다.


**28** 다음 내용은 민간경비의 이론적 배경 중 무엇에 대한 설명인가?

> • 공공부문과 민간부문이 상호대립적 관계가 아닌 상호보완적 관계로 전환된다고 봄
> • 민간경비와 시민이 속한 민간부문을 치안의 보조자적 입장에서 주체자적 입장으로 전환된다고 봄

① 이익집단이론
② 공동화이론
③ 수익자부담이론
④ 경제환원론
⑤ 공동생산이론

> **TIP** 공동생산이론의 전제
> • 민간경비와 시민이 속한 민간부문을 치안의 보조자적 입장에서 주체자적 입장으로 전환된다고 본다.
> • 공공부문과 민간부문이 상호대립적 관계가 아닌 상호보완적 관계로 전환된다고 본다.

**Answer** 27.④  28.⑤

**29** 다음 중 공동화 이론의 내용과 거리가 가장 먼 것은?

① 민간경비와 경찰의 상호보완적 관계를 형성한다.

② 현상 자체를 지나치게 경제적으로 풀어나가려고 한다.

③ 민간경비의 출현으로 민간경비 산업은 빠르게 성장하게 된다.

④ 사회의 발전과 인식의 변화로 인해 범죄가 증가한다.

⑤ 범죄의 증가 속도에 경찰력이 따라주지 못한다.

**TIP** ② 경제환원론에 관한 내용이다.

# 02 세계 각국의 민간경비 과정 및 현황

## ❶ 각국 민간경비의 역사적 발전

### (1) 한국의 민간경비

① 조선시대 이전
　㉠ 주로 권력가나 지방유지가 자신들의 생명과 재산을 보호하기 위해 사적으로 고용하였다.
　㉡ 지나친 무사들의 사병화로 국가에서 견제를 받는 경우도 있었다.

② 현대적 민간경비
　㉠ 1972년 청원경찰제도의 도입
　　ⓐ 1960년대 후반부터 급속한 산업화가 시작되었다.
　　ⓑ 1962년 청원경찰법의 제정, 1973년 청원경찰법 전면개정
　　ⓒ 국가중요시설과 방위산업체가 신설되었다(경비수요의 급작스런 확대).
　　ⓓ 경찰력이 수요에 비해 부족하였다.
　㉡ 민간경비의 효시
　　ⓐ 1950년대 후반 부산의 범아실업에서 민간경비는 시작되었다.
　　ⓑ 특수한 형태로 1960년대 경원기업, 화영기업은 미군에 용역경비를 제공하였다.
　㉢ 법률의 제정
　　ⓐ 1976년 용역경비업법이 제정되었다.
　　ⓑ 1999년 용역경비업법에서 경비업법으로 명칭을 변경하였다.
　㉣ 민간경비 산업의 성장
　　ⓐ 1986년 아시안 게임과 1988년 서울올림픽을 계기로 성장하였다.
　　ⓑ 급작스런 경비수요의 증가로 민간경비업체가 크게 늘어났다.
　　ⓒ 1993년 대전 엑스포 박람회에서 민간경비업체가 크게 활약하였다.
　　ⓓ 최근 국가치안영역도 맡으면서 그 역할이 점점 커지고 있다.
　　ⓔ 2001년 「경비업법」이 전면 개정되면서 경비업무의 종류에 특수경비업무가 추가되었고, 기계경비 산업이 급속히 발전하여 종전의 기계경비업무가 신고제에서 허가제로 변경되고, 특수 경비원제도가 추가되어 청원경찰의 입지가 축소되었다.

## (2) 일본의 민간경비

### ① 중세시대
    ㉠ 지역의 성주는 자신의 세력을 유지하기 위해 무사를 고용하였다.

    ㉡ 직업경비업자들이 생겨나 경비업무를 하고 용역공급을 하였다.

    ㉢ 점차적으로 귀중품 운반과 저택경비 등 그 업무가 전문화되었다.

### ② 현대적 민간경비
    ㉠ 제2차 세계대전의 패전 이후 현대적 민간경비업이 등장하였다.

    ㉡ 민간경비 산업의 성장

        ⓐ 1964년 동경올림픽을 계기로 성장하였다.

        ⓑ 1970년 오사카에서 개최된 만국박람회로 민간경비업은 양적·질적으로 성장하였다.

        ⓒ 1980년대 초 한국에 진출하였다.
           • 일본 경비업계 1위인 SECOM이 한국에 진출하였다.
           • 한국에 SECOM이 들어와서 지금의 S1(에스원)으로 영업하고 있다.

        ⓓ 1988년에 중국에도 진출하였다.

## (3) 미국의 민간경비

### ① 19세기 중엽
    ㉠ 서부개척시대에 금괴수송을 위해 민간경비가 시작되었다.

    ㉡ 철도경비의 시작으로 민간경비의 새로운 기회가 찾아오게 되었다. 금을 운반하기 위해 역마차, 철도 등이 부설되었고, 이 때문에 역마차회사, 철도회사는 자체의 경비조직을 지니지 않을 수 없게 되었으며 이와 같은 요청에 의해 생겨난 조직이 핑커톤 경비조직이다.

> **▶TIP** ━━━━━━━━━━━━━━━━━
>
> **핑커톤 경비조직(Pinkerton protection patrol)**
> 엘런 핑커톤은 시카고 최초의 형사로 핑커톤 흥신소를 설립하여 50년에 걸쳐 미국 철도수송의 안전을 도모하는 경비회사가 조직되었다. 1883년에는 보석상연합회의 위탁을 받아 도난 보석이나 보석 절도에 관한 정보를 집중 관리하는 조사기관이었고, 20세기에 들어와서는 FBI 등 연방법 집행기관이 이러한 범죄자 정보를 수집, 관리하였기 때문에 핑커톤 회사는 민간대상의 정보에 한정되도록 되어 있다.

### ② 19세기 말
    ㉠ 불경기와 함께 강력한 노동운동이 벌어졌다.

    ㉡ 노동자들의 과격한 행동은 자본가들의 민간경비고용으로 이어졌다.

    ㉢ 당시 미국사회의 전반적인 불황으로 민간경비의 수요는 급증하였다.

③ 제1·2차 대전

    ㉠ 제1차 대전 직전에는 산업시설보호가 주 업무였다.

    ㉡ 제2차 대전 때에는 군 관련 업무가 민간에 맡겨지면서 민간경비의 업무가 확대되었다.

    ㉢ 양적인 확대뿐만 아니라 전쟁을 겪으면서 기술적 발전을 민간경비분야에 적용하게 되었다.

    ㉣ 국민들의 경비에 대한 인식도 변화하면서 민간경비의 황금기를 맞게 되었다.

## (4) 영국의 민간경비

① 경찰의 역사

    ㉠ 5세기경부터 앵글로색슨족이 정착하면서 10인 조합(10가구씩 하나의 집단)을 구성하는 등 자치 치안의 전통을 형성하기 시작하였다.

    ㉡ 10인 조합은 100인 조합을 형성하고 효율적인 관리를 위해 영주가 임명한 관리책임자(Constable)를 선출하였다.

    ㉢ 1285년 에드워드 1세는 중소도시의 경찰활동을 보장하기 위해 윈체스터법을 제정하였다.

    ㉣ 1749년 헨리필딩은 당시 영국 보우가의 행정장관으로 임명되어 타락한 보우가의 치안을 유지하기 위해 시민들 중 지원자에 의해서 범죄예방 조직을 만들고 이들에게 봉사에 대한 보수를 지급하였으며, 나중에 수도경찰에 흡수되었다.

    ㉤ 산업혁명 이후 1829년 내무부 장관 로버트 필 경(Sir Robert Peel)은 혁신적인 경찰개혁을 단행하였다.

    ㉥ 로버트 필 경은 수도 런던에 런던경찰청의 설립을 제안하고, 주·야간 경비제도를 통합하여 수도경찰조직을 만들었다.

② 영국의 레지스 헨리시법

    ㉠ 민간차원의 경비개념을 공경비 차원의 경비개념으로 바꾸게 된 법이다. 헨리국왕 집권기간에 이루어졌다.

    ㉡ 범죄자에 대한 처벌은 국왕에 의해서 처벌되어야 한다는 내용이다.

③ 산업혁명시대

    ㉠ 공경비와 민간경비의 발달을 가져온 시기이다.

    ㉡ 급속한 산업화로 빈부의 격차가 커지면서 범죄가 크게 늘어났다.

## ② 각국 민간경비 산업 현황

### (1) 한국의 민간경비 산업 현황

① 1960년대 경비제도가 최초로 민간인에 의해 시행된 시기이다.

② 1980년대 초 일본 민간경비의 기술과 자본을 도입하면서 본격적인 민간경비가 발달하기 시작하였다.

③ 1980년 이후 기계경비시스템의 도입으로 경비산업이 활성화되었다.

④ 1988년 서울올림픽, 1993년 대전엑스포박람회, 2002년 한 · 일 월드컵축구대회를 치르면서 민간경비업체가 크게 발전하였다.

### (2) 일본의 민간경비 산업 현황

① 1960년대 초반부터 현대적 민간경비가 출현하기 시작하였다.

② 1964년 동경올림픽, 1970년 오사카 만국박람회를 통해 민간경비업체가 성장하기 시작하였으며, 민간경비업이 하나의 경비산업을 자리를 잡았다.

③ 일본의 민간경비는 고도의 기동력과 경제력, 지식 · 기술 · 기기 확보 등 첨단 경비시스템을 보유하고 있다는 것이 특징이다.

④ 일본은 1980년대 이후 민간경비업체가 시설경비, 교통유도경비, 운반경비, 신변경비, 기계경비 등이 업무를 하고 있다.

⑤ 일본의 민간경비는 한국과 중국에 진출을 시도하면서 기계경비가 급속히 성장하고 있다.

### (3) 미국의 민간경비 산업 현황

① 19세기 중엽부터 범죄예방 분야에서 민간경비가 많은 역할을 수행하였으며, 오늘날에는 개인을 위한 생명, 신체, 재산 등의 보호를 위해 민간경비가 많이 이용되고 있다.

② 민간경비에 대한 시민들의 인식변화로 인하여 20세기 민간경비 분야가 최고 성장산업 중 하나로 자리매김하였으며, 점차 고용 및 예산규모의 증가로 경찰의 공경비를 능가하고 있다.

③ 경찰의 국가공권력은 헌법상의 권리이므로 민간경비로의 이전은 이루어질 수 없으나, 공공건물경비, 주차 관련 경비, 공원순찰업무, 동물보호 및 통제, 특별행사 경호, 법원의 경호, 죄수 호송업무 등의 업무를 민간경비로 이전하였다.

④ 민간경비원과 경찰은 범죄예방활동을 위하여 긴밀한 상호협조체제를 유지하고 있으며 상호 간의 직위, 보수, 신분상 차이가 거의 없고, 각자의 영역에서 범죄예방활동을 실시하고 있다.

⑤ 미국의 경비업체는 계약경비업체와 자체경비업체로 분류되며, 계약경비업체의 성장이 크게 증가하고 있는 추세이다.

⑥ 홀크레스트(Hallcrest) 보고서에 의하면 2000년대 이후 미국의 민간경비인력은 경찰인력의 2배 수준을 성장하고 있다고 하였다.

## ❸ 각국의 민간경비의 법적 관계

### (1) 미국의 민간경비의 법적 지위

① 헌법상 권리
   ㉠ 형사적 제도에서 법을 집행하는 경찰, 경찰과 같은 성격의 업무를 수행하는 준경찰조직에 대한 많은 권한이 규정되어 있다.
   ㉡ 민간경비원은 경찰과의 협력 또는 기소를 목적으로 증거를 수집하여 경찰에게 제공하는 대리인으로 활동할 경우 개인 사생활 및 비밀침해금지 등의 제한이 따른다.

② 형사법상 권리
   ㉠ 특권이나 동의 없이 개인의 권리를 침해했을 경우 민간경비원에게 책임이 따른다. 동의는 민간경비원에 의해 수행되는 활동의 기본적인 법적 근거가 되나 타인에게 강요할 수는 없다.
   ㉡ 정당한 목적을 실현하는데 필요한 긴급피난, 정당방위의 경우 허용은 되지만 합리적 범위 내에서만 행사가 가능하다.
   ㉢ 경찰이 행하는 수색과 민간경비원이 행하는 수색에는 차이가 존재한다. 민간경비원에 의한 수색은 그 범위가 명확하게 규정되어 있지 않으나 경찰의 수색은 명백한 규정이 존재한다.
   ㉣ 민간경비원이 일정한 사안에 대해 심문 또는 질문을 하는 경우 일반시민이 반드시 응답하여야 하는 규정은 존재하지 않는다.

③ 민법상 권리
   ㉠ 민법상 불법행위에 대해서 민간경비원에게 특별 권한이 부여되지는 않으며, 민사법상 민간경비원의 불법행위도 일반인의 불법행위와 동일한 민사책임을 진다.
   ㉡ 계약법적으로 민간경비원 또는 민간경비업체가 제공하는 경비서비스에 대해서는 일반민사책임보다 엄격한 책임이 부과된다.
   ㉢ 특별권한이 부여되는 경비원과 경찰 신분의 경비원에 대한 신분상의 특례 이외에는 민간인의 법적 권한·의무와 차이가 없다.

④ A. J. Bilek이 분류한 민간경비원의 법적 지위 유형

⊙ 일반시민과 같은 민간경비원 : 공공기관으로부터 선서에 의해 임명되거나 경찰기관으로부터 특별임무의 위임이나 자격증 등을 받지 못한 상태에서 경비업무를 수행하는 민간경비원으로, 일반시민과 동일한 법적 권리를 갖는다. 우리나라의 대부분 민간기업체 경비원들이 이에 해당한다.

⊙ 특별권한을 가진 민간경비원 : 특별권한을 가진 민간경비원은 제한된 근무지에서 경찰업무를 일부 수행하는 경비원으로, 학교 및 공원지역, 주지사, 보안관, 시 당국, 정부기관에 의해 특별 경찰업무를 위임받은 민간경비원을 말한다. 우리나라의 경우에는 청원경찰이 이에 해당한다.

⊙ 경찰 신분을 가진 민간경비원 : 경찰 신분으로 민간경비 분야에 부업으로 근무하는 민간경비원으로 두 가지 신분을 모두 가지고 있다.

(2) 일본의 민간경비의 법적 지위

① 일반 시민과 동일한 지위

⊙ 일본의 민간경비원의 법적인 지위는 미국과 달리 일반인으로서의 지위 이상이나 특권이 부여되지 않는다.

⊙ 민간경비원의 법집행 권한은 일반인의 재산관리권 범위 내에서만 정당화되며, 민사·형사상의 책임에 있어서는 일반 시민과 동일한 지위에서 취급받는다.

② 현행범의 체포

⊙ 형사법상 문제가 발생할 경우 일반 시민과 동일하게 취급되어 현행범인이나 범행 직후의 범인은 누구라도 현행범으로 체포할 수 있다.

⊙ 정당방위나 긴급피난 등에 의한 민간경비원의 행위는 현행범 체포와 동일하게 위법성이 조각된다.

③ 공경비와의 권한 차이

⊙ 경찰에게는 신문, 보호, 피난조치, 수색, 무기 사용 등 여러 가지 권한이 부여되어 있다.

⊙ 민간경비원에게는 특별한 권한이 없으며 일반 시민이 활동할 수 있는 범위와 동일하다.

(3) 한국의 민간경비의 법적 지위

① 형사법상 지위

⊙ 민간경비원이 범인을 체포·감금하는 경우 형법상 체포·감금죄가 성립한다. 형법상 민간경비원은 사인에 불과하기 때문에 체포·감금행위가 정당방위·긴급피난·자구행위가 되거나 소송법상 현행범 체포에 해당되는 경우에는 정당행위에 해당하여 위법성이 조각된다.

⊙ 특수경비원은 인질·간첩 또는 테러사건에 있어서 은밀히 작전을 수행하는 경우에만 경고 없이 소총을 발사할 수 있다.

ⓒ 특수경비업자는 특수경비원으로 하여금 배치된 경비구역 안에서 관할 경찰서장 또는 공항경찰대장 등 국가중요시설의 경비책임자와 국가중요시설 시설주의 감독을 받아 시설을 경비하고 도난·화재 그 밖의 위험의 발생을 방지하는 업무를 수행할 수 있다.

ⓔ 국가중요시설에 근무하는 특수경비원은 필요한 경우 무기휴대가 가능하나 수사권은 인정되지 않는다.

② 민사법상 지위
  ㉠ 민간경비업은 법인이 아니면 설립하지 못하고 이에 대한 규율은 민법상 사단법인에 대한 규정을 준용한다.
  ㉡ 민간경비단체의 설립 시에는 시·도경찰청장의 허가를 받아야 하며, 법인사무에 대한 검사·감독 등도 지방경찰청장의 검사·감독을 받아야 한다.
  ㉢ 경비원이 업무수행 중 고의나 과실로 경비대상의 손해를 방지하지 못한 경우 민법상 사용자배상책임의 원칙에 따라 민간경비업자가 1차적인 배상책임을 하여야 하며, 경비원이 업무수행 중 고의 또는 과실로 제3자에게 손해를 입힌 경우에는 경비업자가 이를 배상하여야 한다.
  ㉣ 민간경비원은 계약자의 이익을 보호한다는 점에서 일반적으로 공무수탁사인으로서 지위를 가진다고 볼 수 없으나, 국가중요시설의 경비를 담당하는 특수경비원은 한정된 범위에서 공무수탁사인의 지위를 갖는다.

③ 경찰과의 법적 지위 상호 비교
  ㉠ 공찰(공경비)
    ⓐ 범인체포권 : 권한 존재
    ⓑ 증거능력 : 수집한 증거는 증거능력이 인정
    ⓒ 손해배상청구권 : 국가배상법 적용
  ㉡ 경비원(민간경비)
    ⓐ 범인체포권 : 형법상 사인과 동일하므로 권한 없음
    ⓑ 증거능력 : 소송당사자에 의하여 증거로 원용될 경우만 증거능력 인정
    ⓒ 손해배상청구권 : 민법 적용

④ 경비업법상 행정적 통제
  ㉠ 경비업의 허가
    ⓐ 경비업을 영위하고자 하는 법인은 도급받아 행하고자 하는 경비업무를 특정하여 그 법인의 주사무소의 소재지를 관할하는 시·도경찰청장의 허가를 받아야 한다. 도급받아 행하고자 하는 경비업무를 변경하는 때에도 또한 같다.
    ⓑ 경비업 허가의 유효기간은 허가받은 날부터 5년으로 하며, 유효기간이 만료된 후 계속하여 경비업을 하고자 하는 법인은 행정안전부령이 정하는 바에 의하여 갱신허가를 받아야 한다.
  ㉡ 감독
    ⓐ 경찰청장 또는 시·도경찰청장은 경비업무의 적정한 수행을 위하여 경비업자 및 경비지도사를 지도·감독하며 필요한 명령을 할 수 있다.

ⓑ 시·도경찰청장 또는 관할 경찰관서장은 소속 경찰공무원으로 하여금 관할 구역 안에 있는 경비업자의 주사무소 및 출장소와 경비원 배치장소에 출입하여 근무상황 및 교육훈련상황 등을 감독하며 필요한 명령을 하게 할 수 있다. 이 경우 출입하는 경찰공무원은 그 권한을 표시하는 증표를 관계인에게 내보여야 한다.

ⓒ 시·도경찰청장 또는 관할 경찰관서장은 경비업자 또는 배치된 경비원이 경비업법이나 이 법에 따른 명령, 폭력행위 등 처벌에 관한 법률에 위반하는 행위를 하는 경우 그 위반행위의 중지를 명할 수 있다.

ⓓ 시·도경찰청장 또는 관할 경찰관서장은 경비업무 장소가 집단민원현장으로 판단되는 경우에는 그때부터 48시간 이내에 경비업자에게 경비원 배치허가를 받을 것을 고지하여야 한다.

# 출제 예상 문제

2019년 기출 변형

**1 우리나라의 민간경비 연혁을 시간적 순서에 따라 바르게 배열한 것은?**

> ㉠ 용역경비업법 제정　　　　　　　　㉡ 특수경비원 제도 도입
> ㉢ 청원경찰법 제정　　　　　　　　　㉣ 한국경비협회 설립
> ㉤ 경비지도사 제도 도입

① ㉠㉡㉢㉣㉤　　　　　　　　　　② ㉠㉡㉤㉢㉣
③ ㉢㉡㉠㉣㉤　　　　　　　　　　④ ㉢㉠㉣㉤㉡
⑤ ㉡㉠㉢㉣㉤

> **TIP** ㉠ 용역경비업법 제정(1976년)
> ㉡ 특수경비원 제도 도입(2001년)
> ㉢ 청원경찰법 제정(1962년)
> ㉣ 한국경비협회 설립(1978년)
> ㉤ 경비지도사 제도 도입(1997년)

2019년 기출 변형

**2 민간경비원의 법적 권한으로 보기 어려운 것은?**

① 형법 제21조에 따른 정당방위
② 형법 제22조에 따른 긴급피난
③ 형법 제23조에 따른 자구행위
④ 형사소송법 제109조에 따른 수색
⑤ 형사소송법 제212조에 따른 현행범 체포

> **TIP** 민간경비원은 정당방위, 긴급피난, 자구행위, 현행범 체포 등의 형사법상 지위를 갖는다.
> ※ 수색〈형사소송법 제109조〉
> ① 법원은 필요한 때에는 피고사건과 관계가 있다고 인정할 수 있는 것에 한정하여 피고인의 신체, 물건 또는 주거, 그 밖의 장소를 수색할 수 있다.
> ② 피고인 아닌 자의 신체, 물건, 주거 기타 장소에 관하여는 압수할 물건이 있음을 인정할 수 있는 경우에 한하여 수색할 수 있다.

**Answer** 1.④ 2.④

**3** 민간경비의 법적 지위에 대한 설명으로 옳지 않은 것은?

① 민간경비원은 사인에 불과하므로 체포영장을 집행할 수 없다.
② 민간경비원의 행위가 형법상의 정당방위, 긴급피난, 자구행위에 해당될 때에는 위법성이 조각된다.
③ 민간경비원이 현행범을 체포하는 경우 정당행위로서 위법성이 조각된다.
④ 경비업은 법인이 아니면 이를 영위할 수 없다.
⑤ 민간경비원에게는 범죄수사 권한이 있다.

> **TIP** 민간경비원이 범인을 체포·감금하는 경우 형법상 체포·감금죄가 성립한다. 형법상 민간경비원은 사인에 불과하기 때문이
> 다. 그러나 이 행위가 정당방위·긴급피난·자구행위가 되거나 소송법상 현행범 체포에 해당되는 경우에는 정당행위에 해
> 당함으로 위법성이 조각된다.
> 국가중요시설에 근무하는 특수경비원은 필요한 경우 무기휴대가 가능하지만 수사권은 인정되지 않는다.

**4** 각국의 민간경비 역사에 대한 설명으로 옳지 않은 것은?

① 일본의 민간경비산업은 1964년 도쿄(東京)올림픽을 계기로 획기적인 발전을 하였다.
② 미국의 민간경비산업은 1, 2차 세계대전 이후 급속하게 발전하였다.
③ 일본의 민간경비는 제2차 세계대전 이후 지속적인 발전을 거듭하여 1980년대 초 한국에 진출하였다.
④ 한국의 청원경찰제도는 1960년대 초 경제성장에 따른 일반산업시설의 경비를 담당할 목적으로 도입되었다.
⑤ 1285년 영국에서는 15~60세의 남자들에게 공동체의 범죄대처능력을 강화하기 위하여 무기 등의 장비를 보유할 수 있게 하였다.

> **TIP** 한국의 청원경찰제도는 1962년 경제성장으로 증가한 산업시설을 보호하고 북한의 무장게릴라 침투에 따른 한정된 경찰인
> 력을 보조하기 위하여 제정·도입되었다.

**Answer** 3.⑤ 4.④

**5** 미국 민간경비의 역사적 발전과정에 대한 설명으로 옳지 않은 것은?

① 미국의 민간경비산업은 1, 2차 세계대전 이후 급속히 발전하였다.

② 캘리포니아에서 금광의 발견에 따른 역마차 및 철도 운송경비 수요가 증가하였다.

③ 2001년 9.11 테러가 발생하면서 공항경비 등 민간경비산업이 급성장하게 되었다.

④ 남북전쟁시기에 위조화폐를 단속하기 위한 사설탐정기관들이 발전하게 되었다.

⑤ 1750년경에는 '보우가 경비원'(Bow Streets Runners)이라고 하는 조직을 결성함으로써 그 명성을 알렸다.

> **TIP** ⑤ 영국의 최초 경찰대인 보우가 경찰대에 대한 설명이다.
> 미국의 민간경비산업은 신개척지의 주민 보호를 위하여 처음 시작되었으며, 서부개척시대에는 금괴수송을 철도경비가 강화되어 민간경비가 획기적으로 발달하는 계기를 마련하였으며, 제1차 세계대전 당시 군수공장을 보호하기 위하여 민간경비원이 증가하였으며, 제2차 세계대전 이후에는 국가의 중요 산업, 군수물자생산산업체, 장비, 물자, 인원, 기밀 등의 보호를 위한 경비 수요의 증가가 민간경비산업 발전의 토대가 되었다. 2001년 9ㆍ11 테러와 같은 국가적 위기상황은 국토안보부와 공항경비 등 민간경비산업 발전에 중요한 계기가 되었다.

**6** 핑커톤(Allan Pinkerton)의 업적에 대한 설명으로 옳지 않은 것은?

① 미국 철도수송경비의 발전에 기여하였다.

② 오늘날 프로파일링(profiling) 수사기법에 영향을 주었다.

③ 남북전쟁 당시 링컨 대통령의 경호업무를 수행하였다.

④ 최초의 중앙감시방식 경보서비스 회사를 설립하였다.

⑤ 과학적인 수사와 경비의 개념을 최초로 정립하였다.

> **TIP** ④ Edwin Holmes에 대한 설명이다.
> ※ Edwin Holmes … 1858년 야간경비회사인 홈즈방호회사를 설립하여 최초의 중앙감시방식의 경보서비스 사업을 시작하였다.

**7** 로버트 필(Robert Peel)의 업적에 대한 설명으로 옳지 않은 것은?

① 영국 수도경찰을 창설하였다.

② 교구경찰, 주·야간경비대, 수상경찰, 보우가경찰대 등으로 경찰조직을 더욱 세분화하였다.

③ Peelian Reform(형법개혁안)은 현대적 경찰조직 설립의 시초가 되었다.

④ 경찰은 훈련되고 윤리적이며, 정부의 봉급을 받는 요원이어야 한다고 주장하였다.

⑤ 범죄문제를 해결하는 데 있어 책임이 분리되어서는 훌륭한 경찰활동을 운영할 수 없다고 주장하였다.

> **TIP** 로버트 필은 교구경찰, 주·야간경비대, 수상경찰, 상인경찰, 보우가경찰대 등을 하나의 능률적인 유급경찰로 통합하였다.


**8** 우리나라 민간경비산업에 대한 설명으로 옳지 않은 것은?

① 1976년 용역경비업법이 제정되었고, 1978년 한국용역경비협회가 설립되었다.

② 인건비 절감을 위해서 인력경비보다 기계경비의 성장이 가속화될 것이다.

③ 2001년 경비업법 개정으로 특수경비업무가 도입되어 청원경찰의 입지가 축소되었다.

④ 비용절감 등의 정책시행으로 인하여 계약경비보다 자체경비가 발전하고 있다.

⑤ 1980년대 이후 민간경비분야에서 기계경비가 활발하게 발전하기 시작되었다.

> **TIP** 자체경비는 기업체 등이 조직 내에 자체적으로 경비인력을 조직화하여 운용하는 것으로 현재 우리나라의 경우 자체경비서비스는 감소하고 있는 추세이다.
> 계약경비는 개인, 기관, 기업 등이 중요하다고 판단되는 자신들의 보호대상을 보호하기 위하여 산업시설 또는 기업시설의 경비에 대해 경비서비스를 전문으로 하는 외부경비업체와 도급을 체결하여 보호하는 경비형태이다.
> 현재 경비업법에서는 자체경비가 아닌 계약경비를 전제로 하고 있다.

**Answer** 7.② 8.④

**9** 한국의 민간경비에 관한 내용 중 용역경비업법이 제정된 시기는?

① 1974년

② 1975년

③ 1976년

④ 1977년

⑤ 1978년

> **TIP** 한국의 민간경비에서 용역경비업법이 제정된 시기는 1976년이다.

**10** 일본의 현대적인 민간경비업이 등장하게 된 배경은?

① 미국의 남북전쟁 이후

② 영국의 산업혁명 이후

③ 1차 세계대전 이후

④ 한국의 6.25 동란 이후

⑤ 2차 세계대전 패전 이후

> **TIP** 일본에서는 제2차 세계대전 패전 이후 현대적인 민간경비업이 등장하였다.

**Answer**  9.③  10.⑤

**11** 한국의 민간경비업 관련 법에 관한 내용 중 경비업법에 대한 내용으로 바르지 않은 것은?

① 경비업을 영위하고자 하는 법인은 시 · 도경찰청장에 허가를 받아야 한다.

② 경비업은 법인이 아니어도 할 수 있다.

③ 경비업자는 행정적인 통제, 즉 행정처분, 감독 및 제재 등을 받는다.

④ 경비업의 업무에 따라 그 시설기준이 다르며 그 시설기준을 충족시켜야 한다.

⑤ 경비원이 업무상 고의 또는 과실로 경비대상에 손해를 주었을 때는 경비업자가 이를 배상하도록 규정되어 있다.

> **TIP** 경비업은 법인이 아니면 할 수 없다.

# 03 민간경비의 환경

## ❶ 국내 치안여건의 변화

### (1) 국제 정세의 변화

① **다극화된 경제실리제체로 전환** … 미국과 소련 위주의 자본주의와 공산주의로 양극화된 이념체제가 붕괴되면서 다극화된 경제실리체제로 변모하고 있다.

② **지역블록화 현상** … 국제간의 경제적 실익추구는 다자 간 국제협력기반을 유지하면서도 금융, 환율, 기술투자의 각 분야별 마찰이 예상되며 지역블록화 현상이 강화되어 유럽공동체, 북미권, 아시아, 태평양권의 경제적 공동체가 성립되는 추세이다.

③ **국제범죄의 급증** … 국제화, 개방화로 인하여 국제범죄조직과 국제테러조직의 국내 잠입 및 활동이 급증하고 있다.

④ **불법체류와 범죄 증가** … 노동력 부족으로 인하여 국내로 유입되는 교포 및 개발도상국가 인력의 불법취업과 체류 다국적기업에 의한 범죄 그리고 국제범죄조직을 통한 범죄가 계속해서 증가하는 추세이다. 외국인 노동자, 다문화가정 등의 증가로 인하여 새로운 치안수요가 발생하고 있다.

### (2) 국내 정세의 변화

① **국가 간의 공조요구 필요성 증대**
  ㉠ 동남아시아와 중국 노동력의 불법취업과 체류가 증가하여 다국적기업에 의한 범죄와 국제범죄조직을 통한 범죄가 계속 증가하고 있다.
  ㉡ 이에 대한 국가 간의 협조와 연대의 필요성이 증대하고 있다.

② **남, 북 간의 갈등완화**
  ㉠ 북한의 핵문제, 천안함사건 등 북한의 계획적인 도발행위로 남, 북한의 갈등이 심화되고 있다가 최근 남, 북한의 화해무드가 조성되고 있다.
  ㉡ 21세기에는 남, 북 간의 군사적 대치보다는 경제적 실리추구와 평화공존이 중요시되고 있다는 점에서 이에 대한 대비가 필요하다.

③ 금융공황과 범죄증가

   ⊙ 미국에서 시작한 금융공황으로 세계경제는 침체되고 IMF 이후 산업의 경쟁력 강화를 위한 구조조정 때문에 범죄가 횡포화되고 있다.

   ⓒ 국제범죄증가로 나타나는 국제치안의 변화에 대처하기 위해서는 국가 간 범인의 인도, 국제경찰기구와의 연계 및 협력 등 국가 간의 공조수사가 필요하다.

## (3) 범죄추세의 변화

① 범죄의 증가원인

   ⊙ 1970년 이후 범죄가 약 4배 가량 증가율을 보여 총 범죄발생건수가 크게 증가하고 있다.

   ⓒ 인구증가, 도시화, 경제구조의 변화, 물질적인 풍요에 따른 가치관의 혼란, 정보·통신의 발달 등으로 인하여 범죄가 증가하고 있다.

② 범죄의 특징

   ⊙ 화이트칼라 범죄의 증가 : 고전적인 단순한 재산범죄보다는 고학력자들에 의한 지능화되고 전문화된 금융, 보험, 신용카드, 컴퓨터 등과 관련된 화이트칼라 범죄가 큰 비중을 차지하고 있다.

   ⓒ 경제 범죄의 증가 : 신용카드 발급·사용의 남발로 인한 개인채무의 증가, 실업률의 증가로 경제적 이익을 목적으로 하는 경제 범죄가 크게 증가하고 있다.

   ⓒ 컴퓨터를 이용한 신종범죄의 증가 : 교통·통신 등의 발달로 범죄행위와 방법 등이 더욱더 광역화·기동화되면서 조직화·집단화될 것으로 예상되며, 첨단기술을 활용하는 지능적인 범죄가 증가하고 컴퓨터를 활용한 각종 신종범죄가 등장하고 있고, 무선 인터넷과 스마트폰의 보급 확대로 인하여 사이버범죄가 증가하고 있다.

   ⓔ 청소년과 여성범죄의 증가 : 대체적으로 범죄연령이 낮아지고 있는 추세이며, 검거된 범죄자의 절반 이상이 재범자에 해당할 정도로 재범자의 범법행위가 증가하고 있다. 청소년범죄의 증가와 더불어 여성범죄가 증가하고 있으며, 청소년범죄의 흉폭화는 가장 우려할 만한 특징이다.

   ⓜ 국제범죄의 증가 : 국제화·개방화에 따른 국내인의 해외범죄, 외국인의 국내범죄, 밀수·테러 등의 국제범죄가 증가하고 있다.

   ⓗ 마약범죄의 증가 : 최근 마약류와 관련한 범죄가 꾸준히 증가하고 있으며, 언론을 통하여 끊임없이 이어지고 있다. 인터넷이나 클럽, SNS 등 과거에 비하여 마약구입경로가 다양해지면서 향정신성의약품 흡입 및 투약 범죄는 시간이 지날수록 그 빈도가 증가하고 있다.

## (4) 인구구조의 변화

① 저출산과 급격한 노령화로 인한 노동력 감소와 노인인구 부양 등이 사회문제가 되고 있다.

② 고령화사회로 진입하여 정년문제와 노인문제 등이 출현함으로써 생계형 노인범죄가 증가하고 있다.

## ❷ 국내 경찰의 역할과 방범 실태

### (1) 경찰의 역할

① 경찰의 기본 임무
  ㉠ 위험의 방지 : 공공의 안녕, 공공의 질서, 위험
  ㉡ 범죄의 수사
  ㉢ 대국민 서비스 활동

② 경찰의 임무를 규정한 법
  ㉠ 국가경찰의 임무〈경찰법 제3조〉
    ⓐ 국민의 생명·신체 및 재산의 보호
    ⓑ 범죄의 예방·진압 및 수사
    ⓒ 범죄피해자 보호
    ⓓ 경비·요인경호 및 대간첩·대테러 작전 수행
    ⓔ 치안정보의 수집·작성 및 배포
    ⓕ 교통의 단속과 위해의 방지
    ⓖ 외국 정부기관 및 국제기구와의 국제협력
    ⓗ 그 밖의 공공의 안녕과 질서유지
  ㉡ 불심검문〈경찰관 직무집행법 제3조〉
    ⓐ 경찰관은 다음의 어느 하나에 해당하는 사람을 정지시켜 질문할 수 있다.
      • 수상한 행동이나 그 밖의 주위 사정을 합리적으로 판단하여 볼 때 어떠한 죄를 범하였거나 범하려 하고 있다고 의심할 만한 상당한 이유가 있는 사람
      • 이미 행하여진 범죄나 행하여지려고 하는 범죄행위에 관한 사실을 안다고 인정되는 사람
    ⓑ 경찰관은 정지시킨 장소에서 질문을 하는 것이 그 사람에게 불리하거나 교통에 방해가 된다고 인정될 때에는 질문을 하기 위하여 가까운 경찰서·지구대·파출소 또는 출장소(지방해양경찰관서를 포함, 이하 "경찰관서")로 동행할 것을 요구할 수 있다. 이 경우 동행을 요구받은 사람은 그 요구를 거절할 수 있다.
    ⓒ 경찰관은 사람에게 질문을 할 때에 그 사람이 흉기를 가지고 있는지를 조사할 수 있다.
    ⓓ 경찰관은 질문을 하거나 동행을 요구할 경우 자신의 신분을 표시하는 증표를 제시하면서 소속과 성명을 밝히고 질문이나 동행의 목적과 이유를 설명하여야 하며, 동행을 요구하는 경우에는 동행 장소를 밝혀야 한다.
    ⓔ 경찰관은 동행한 사람의 가족이나 친지 등에게 동행한 경찰관의 신분, 동행 장소, 동행 목적과 이유를 알리거나 본인으로 하여금 즉시 연락할 수 있는 기회를 주어야 하며, 변호인의 도움을 받을 권리가 있음을 알려야 한다.
    ⓕ 경찰관은 동행한 사람을 6시간을 초과하여 경찰관서에 머물게 할 수 없다.

ⓖ 질문을 받거나 동행을 요구받은 사람은 형사소송에 관한 법률에 따르지 아니하고는 신체를 구속당하지 아니하며, 그 의사에 반하여 답변을 강요당하지 아니한다.

ⓒ **보호조치**〈경찰관 직무집행법 제4조〉

　ⓐ 경찰관은 수상한 행동이나 그 밖의 주위 사정을 합리적으로 판단해 볼 때 다음의 어느 하나에 해당하는 것이 명백하고 응급구호가 필요하다고 믿을 만한 상당한 이유가 있는 사람(이하 "구호대상자")을 발견하였을 때에는 보건의료기관이나 공공구호기관에 긴급구호를 요청하거나 경찰관서에 보호하는 등 적절한 조치를 할 수 있다.

　　• 정신착란을 일으키거나 술에 취하여 자신 또는 다른 사람의 생명·신체·재산에 위해를 끼칠 우려가 있는 사람
　　• 자살을 시도하는 사람
　　• 미아, 병자, 부상자 등으로서 적당한 보호자가 없으며 응급구호가 필요하다고 인정되는 사람. 다만, 본인이 구호를 거절하는 경우는 제외한다.

　ⓑ 긴급구호를 요청받은 보건의료기관이나 공공구호기관은 정당한 이유 없이 긴급구호를 거절할 수 없다.

　ⓒ 경찰관은 조치를 하는 경우에 구호대상자가 휴대하고 있는 무기·흉기 등 위험을 일으킬 수 있는 것으로 인정되는 물건을 경찰관서에 임시로 영치(領置)하여 놓을 수 있다.

　ⓓ 경찰관은 조치를 하였을 때에는 지체 없이 구호대상자의 가족, 친지 또는 그 밖의 연고자에게 그 사실을 알려야 하며, 연고자가 발견되지 아니할 때에는 구호대상자를 적당한 공공보건의료기관이나 공공구호기관에 즉시 인계하여야 한다.

　ⓔ 경찰관은 구호대상자를 공공보건의료기관이나 공공구호기관에 인계하였을 때에는 즉시 그 사실을 소속 경찰서장이나 해양경찰서장에게 보고하여야 한다.

　ⓕ 보고를 받은 소속 경찰서장이나 해양경찰서장은 대통령령으로 정하는 바에 따라 구호대상자를 인계한 사실을 지체 없이 해당 공공보건의료기관 또는 공공구호기관의 장 및 그 감독행정청에 통보하여야 한다.

　ⓖ 구호대상자를 경찰관서에서 보호하는 기간은 24시간을 초과할 수 없고, 물건을 경찰관서에 임시로 영치하는 기간은 10일을 초과할 수 없다.

ⓔ **위험 발생의 방지**〈경찰관 직무집행법 제5조〉

　ⓐ 경찰관은 사람의 생명 또는 신체에 위해를 끼치거나 재산에 중대한 손해를 끼칠 우려가 있는 천재(天災), 사변(事變), 인공구조물의 파손이나 붕괴, 교통사고, 위험물의 폭발, 위험한 동물 등의 출현, 극도의 혼잡, 그 밖의 위험한 사태가 있을 때에는 다음의 조치를 할 수 있다.

　　• 그 장소에 모인 사람, 사물(事物)의 관리자, 그 밖의 관계인에게 필요한 경고를 하는 것
　　• 매우 긴급한 경우에는 위해를 입을 우려가 있는 사람을 필요한 한도에서 억류하거나 피난시키는 것
　　• 그 장소에 있는 사람, 사물의 관리자, 그 밖의 관계인에게 위해를 방지하기 위하여 필요하다고 인정되는 조치를 하게 하거나 직접 그 조치를 하는 것

　ⓑ 경찰관서의 장은 대간첩 작전의 수행이나 소요(騷擾) 사태의 진압을 위하여 필요하다고 인정되는 상당한 이유가 있을 때에는 대간첩 작전지역이나 경찰관서·무기고 등 국가중요시설에 대한 접근 또는 통행을 제한하거나 금지할 수 있다.

ⓒ 경찰관은 조치를 하였을 때에는 지체 없이 그 사실을 소속 경찰관서의 장에게 보고하여야 한다.

ⓓ 조치를 하거나 보고를 받은 경찰관서의 장은 관계 기관의 협조를 구하는 등 적절한 조치를 하여야 한다.

㉢ **범죄의 예방과 제지**〈경찰관 직무집행법 제6조〉: 경찰관은 범죄행위가 목전(目前)에 행하여지려고 하고 있다고 인정될 때에는 이를 예방하기 위하여 관계인에게 필요한 경고를 하고, 그 행위로 인하여 사람의 생명·신체에 위해를 끼치거나 재산에 중대한 손해를 끼칠 우려가 있는 긴급한 경우에는 그 행위를 제지할 수 있다.

## (2) 경찰의 방범활동

① **경찰방문** … 경찰관이 관할구역 내의 각 가정, 상가 및 기타 시설 등을 방문하여 청소년 선도, 소년·소녀가장 및 독거노인·장애인 등 사회적 약자 보호활동 및 안전사고방지 등의 지도·상담·홍보 등을 행하며 민원사항을 청취하고 필요시 주민의 협조를 받아 방범진단을 하는 등의 예방경찰활동을 말한다.

② **방범진단** … 범죄예방과 안전사고방지를 위하여 관내 주택, 고층빌딩, 금융기관 등 현금다액취급업소 및 상자, 여성운영업소 등에 대하여 방범시설 및 안전설비의 설치상황, 자위방범역량 등을 점검하여 미비점을 보완하도록 지도하거나 경찰력 운용상의 문제점을 보완하는 활동을 말한다.

③ **방범홍보** … 범죄에 대한 정보와 방지대책을 일반 시민에게 알려서 범죄의 피해자가 되는 것을 방지하고, 경찰과 지역사회와의 친밀한 유대관계를 유지하기 위한 제반 활동을 말한다.

## (3) 경찰의 방범 실태

① **경찰인력의 부족**

㉠ 범죄의 양적·질적 심화로 인하여 경찰은 그 역할에 있어서 한계에 직면하고 있으며, 경찰인력의 증가보다 범죄증가율이 2배나 빠르게 증가하고 있고, 경찰 1인당 담당하는 시민의 비율이 선진국에 비하여 높은 편이다.

㉡ 경찰인력의 많은 부분이 시국치안에 동원되고 있기 때문에 실질적으로 민생치안에 근무하는 경찰인력은 터무니없이 부족한 실정이다.

② **경찰장비의 부족과 노후화**

㉠ 경찰인력의 1일 평균 근무시간은 선진국에 비하여 많은 편이며, 방범순찰차량 등 기동장비의 부족을 효율적인 민생치안체제 확립이 어렵다.

㉡ 통신방비는 성능 불량 및 노후화로 인하여 효율적인 방범업무 연락 체계 구축과 활용이 어려운 실정이다.

㉢ 경비선진국에서 운용되고 있는 차량번호 자동판독장치나 유괴수사를 위한 전화위치 판독기, 강력순간접촉방식의 지문감식기 등의 도입이 필요하다.

③ 경찰의 민생치안부서 근무의 기피현상

   ㉠ 민생치안부서의 업무량 과다 및 인사 복무상 불리한 근무여건 등으로 인하여 경찰인력의 민생치안부서 근무 기피현상이 만연되어 있다.

   ㉡ 민생치안부서는 너무 잦은 비상과 불규칙한 출퇴근으로 만성적 피로가 누적되어 근무의욕 또한 저하되고 있다.

④ 고유 업무보다 타 부서의 협조업무 과중 … 경찰의 고유 업무가 아닌 타 부서 협조업무가 많은 부분을 차지하고 있어 경찰의 민생치안 고유 업무 수행에 지장을 초래하고 있다.

⑤ 경찰에 대한 국민들의 이해 부족 … 민생치안문제의 해결에 있어 경찰과 국민들 간의 방범활동을 위한 협조가 매우 중요한 사항임에도 불구하고 과거에 존재하던 경찰에 대한 부정적 이미지나 불신 등의 이유로 경찰과의 관계 개선이나 범죄 발생 시 신고 등의 협조가 잘 이루어지지 않고 있다.

## ❸ 한국의 민간조사제도

### (1) 민간조사제도의 의의

개인이 타인의 사생활뿐 아니라 어떤 이유로든 해결되지 않는 공적 영역의 문제점까지 조사할 수 있는 사설탐정을 의미한다.

### (2) 특징

① 아직까지 우리나라에는 민간조사제도가 「경비업법」상 규정되어 있지 않으며, 정형화된 형식을 갖추고 정착되어 운영되고 있는 실정은 아니다.

② 우리나라는 「경비업법」상 민간조사업무는 경비업무의 한 영역이라고 할 수 없으므로 불법이다.

③ 그러나 일본 등 일부 선진국의 경우에서 보듯이 민간조사제도는 도입되어야 한다는 주장이 일각에서 계속 제기되고 있다.

# 출제 예상 문제

**1** 다음 중 우리나라 민간조사제도에 대한 설명으로 옳은 것은?

① 민간조사원제도는 제도적으로 정착되어 운영되고 있다.

② 경비업법 외에 별도의 입법에 의해 이를 규정하고 있다.

③ 민간조사원제도는 법적인 근거를 둔 민간경비의 한 영역이라고 할 수 있다.

④ 현행 경비업법은 민간조사원제도에 대해서 별도로 규정하고 있다.

⑤ 민간경비의 범주로 간주되지는 않지만 민간조사와 관련된 다수의 직업군이 존재한다.

> **TIP** 우리나라의 민간조사제도는 경비업법상 규정되어 있지 않으며 정형화된 형식을 갖추고 제도적으로 정착되어 운영되고 있지 않다. 경비업법상 민간조사업무는 경비업무의 한 영역이라고 할 수 없다. 즉 민간경비의 범주로 간주되지도 않지만 민간조사와 관련된 여러 직업군은 존재한다.

**2** 범죄예방 및 안전사고 방지를 위해 관내 금융기관 등 현금다액취급업소, 상가, 여성운영업소 등에 대하여 방범시설 및 안전설비의 설치상황, 자위방범역량 등을 점검하여 미비점을 보완하도록 지도하기 위한 경찰활동을 무엇이라 하는가?

① 방범홍보

② 경찰방문

③ 생활방범

④ 방범진단

⑤ 장비방범

> **TIP** 방범진단 … 범죄예방 및 안전사고방지를 위하여 관내 주택, 고층빌딩, 금융기관 등 현금다액취급업소 및 상가, 여성운영업소 등에 대하여 방범시설 및 안전설비의 설치상황, 자위방법역량 등을 점검하여 미비점을 보완하도록 지도하거나 경찰력 운용상의 문제점을 보완하는 활동을 의미한다.

**Answer**  1.⑤  2.④

**3** 경찰의 임무를 규정한 법에 관한 내용 중 국가경찰의 임무로 바르지 않은 것은?

① 공공의 안녕과 질서유지
② 치안정보의 수집 · 작성 및 배포
③ 부유층의 생명 · 신체 및 재산의 보호
④ 범죄의 예방 · 진압 및 수사
⑤ 경비 · 요인경호 및 대간첩 · 대테러 작전 수행

> **TIP** 국가경찰의 임무 〈경찰법 제3조〉
> • 국민의 생명 · 신체 및 재산의 보호
> • 범죄의 예방 · 진압 및 수사
> • 범죄피해자 보호
> • 경비 · 요인경호 및 대간첩 · 대테러 작전 수행
> • 치안정보의 수집 · 작성 및 배포
> • 교통의 단속과 위해의 방지
> • 외국 정부기관 및 국제기구와의 국제협력
> • 그 밖의 공공의 안녕과 질서유지

**4** 다음 중 경찰관 직무의 범위로 바르지 않은 것은?

① 경비, 주요 인사 경호 및 대간첩 · 대테러 작전 수행
② 치안정보의 수집 · 작성 및 배포
③ 범죄의 예방 · 진압 및 수사
④ 자국 정부기관 및 국내기구와의 국제협력
⑤ 교통 단속과 교통 위해의 방지

> **TIP** 경찰관 직무의 범위 〈경찰관 직무집행법 제2조〉
> • 국민의 생명 · 신체 및 재산의 보호
> • 범죄의 예방 · 진압 및 수사
> • 경비, 주요 인사 경호 및 대간첩 · 대테러 작전 수행
> • 치안정보의 수집 · 작성 및 배포
> • 교통 단속과 교통 위해의 방지
> • 외국 정부기관 및 국제기구와의 국제협력
> • 그 밖의 공공의 안녕과 질서 유지

**Answer** 3.③ 4.④

**5** 다음 중 경찰의 방범 실태로 가장 옳지 않은 것은?

① 경찰장비가 현대화되었다.
② 고유 업무가 아닌 타부서 협조 업무가 많다.
③ 경찰의 안전을 보장하는 장치가 충분하지 못하다.
④ 일반인의 협조가 미비하다,
⑤ 경찰의 주민들에 대한 고정관념으로 인한 이해부족 현상이 있다.

> **TIP** 경찰의 방범 실태
> • 고된 업무와 위험에 비하여 떨어지는 보수와 근무조건 등으로 지원자의 선호가 감소하여 경찰의 인력이 부족하다.
> • 경찰장비가 노후되었다.
> • 경찰의 안전을 보장하는 장치가 충분하지 못하다.
> • 경찰의 민생안전 부서 근무의 기피현상이 있다.
> • 경찰의 주민들에 대한 고정관념으로 인한 이해부족 현상이 있다.
> • 일반인의 협조가 미비하다.
> • 고유 업무가 아닌 타부서 협조 업무가 많다.

**6** 다음 국내 치안여건의 변화 중 정책실패에 관련한 것들로만 바르게 짝지어진 것은?

> ㉠ 비효율적인 세금 배정
> ㉡ 집값의 상승
> ㉢ 경찰인력의 부족
> ㉣ 미흡한 환율정책
> ㉤ 고르지 못한 지방 발전으로 인한 과도한 도시화의 진행

① ㉠㉡
② ㉠㉢㉣
③ ㉡㉢㉣
④ ㉡㉣㉤
⑤ ㉢㉣㉤

> **TIP** ㉠은 국내 치안여건의 변화 중 국회불신에 관한 내용이며, ㉡은 부동산 정책의 실패에 해당한다.

**Answer** 5.① 6.⑤

**7** 우리나라 치안환경에 대하 설명으로 옳지 않은 것은?

① 국제화와 개방화로 인한 외국인 범죄가 증가하는 추세이다.

② 고령화 추세로 인한 노인범죄가 사회문제로 대두되고 있다.

③ 보이스피싱 등 신종범죄가 대두되고 있다.

④ 청소년범죄가 증가하고 있으며, 범죄연령이 높아지는 추세이다.

⑤ 디지털 성범죄가 증가되고 있다.

**TIP** ④ 범죄연령이 점차 낮아지는 추세이다.

# 04 민간경비의 조직 및 업무

## ❶ 경비업무의 유형

### (1) 경비업법상 유형 (경비업법 제2조)

① **시설경비업무** … 경비를 필요로 하는 시설 및 장소에서의 도난·화재, 그 밖의 혼잡 등으로 인한 위험발생을 방지하는 업무를 말한다.

② **호송경비업무** … 운반 중에 있는 현금·유가증권·귀금속·상품, 그 밖의 물건에 대하여 도난·화재 등 위험발생을 방지하는 업무를 말한다.

③ **신변보호업무** … 사람의 생명이나 신체에 대한 위해의 발생을 방지하고 그 신변을 보호하는 업무를 말한다.

④ **기계경비업무** … 경비대상시설에 설치한 기기에 의하여 감지·송신된 정보를 그 경비대상시설 외의 장소에 설치한 관제시설의 기기로 수신하여 도난·화재 등 위험발생을 방지하는 업무를 말한다.

⑤ **특수경비업무** … 공항(항공기를 포함) 등 국가중요시설의 경비 및 도난·화재, 그 밖의 위험발생을 방지하는 업무를 말한다. 국가중요시설은 다음과 같다.
  ㉠ 공항·항만, 원자력 발전소 등의 시설 중 국가정보원장이 지정한 국가보안목표시설
  ㉡ 「통합방위법」 제21조 제4항의 규정에 의하여 국방부장관이 지정하는 국가중요시설

### (2) 홈 시큐리티

① **홈 시큐리티 개요**
  ㉠ 인터넷의 확산과 주거환경의 변화로 가정의 안전 및 경비를 담당하는 홈 시큐리티(Home Security)가 보편화되었다.
  ㉡ 현대인들이 보다 안전한 환경을 추구하면서 이에 따른 수요가 증가하고 있다.
  ㉢ 기존 경비방식에서 탈피하여 초고속 정보통신망을 기반으로 강력한 보안솔루션을 제공하고 차별화된 시스템으로 사고발생을 원천적으로 차단하며 삶의 질을 향상시키는 데 그 목적이 있다.

② **홈 시큐리티 기능**
  ㉠ **도난경보** : 각종 감지기에서 발생하는 이상신호와 카메라에 포착되는 영상신호를 주장치를 통해서 관제실로 통보한다.
  ㉡ **화재 및 가스경보** : 화재발생 및 가스유출 시 경보 및 통보를 한다.

ⓒ 원격 감시 제어 시스템 : 감시물에 대한 영상, 방범·방재, 출입통제센서 등의 감시정보를 실시간으로 네트워크나 인터넷망을 통해 사용자가 원하는 화면을 분할 형태로 동시에 모니터링하고 감시 및 제어 할 수 있는 보안 시스템이다.

ⓔ 안전 확보 : CCTV 설치로 실시간 감시가 가능하다.

ⓜ 공동현관 제어 : 세대 또는 관제실에서 출입자의 신원을 영상으로 확인하고 원격제어가 가능하다.

ⓗ 음성인식 및 교신 : 긴급상황 시 현장의 음성을 청취하고 회원과의 교신으로 관제실에서 상황을 직접 통제할 수 있다.

ⓢ 동영상 통보 및 원격지 전송 : 인터넷망을 통하여 PDA나 휴대폰으로 현장상황을 실시간으로 확인할 수 있다.

ⓞ 가전생활용품 원격제어 : 외부에서 PC나 휴대폰, PDA로 현장상황을 확인 후 원격제어가 가능하다.

③ 홈 시큐리티의 분류

㉠ 출동전문업체를 이용한 홈 시큐리티

ⓐ 각종 센서와 ARS를 연결한 출동경비 서비스이다.

ⓑ 안전하고 빠른 시스템으로 설치 및 관리, 출동경비를 동시에 할 수 있다.

ⓒ 보험 가입 등 추가적인 안전장치 및 보상장치가 마련되고 있다.

㉡ CCTV 카메라 설치를 통한 로컬 보안 시스템

ⓐ CCTV 카메라 구매 및 공사를 수행해야 하는 것으로 일반적으로 대형 매장이나 건물관리에 유용하게 사용될 수 있다.

ⓑ 아날로그 카메라로 VCR 또는 TV에 연결되어 로컬 상에서 저장하며 볼 수 있는 시스템이다.

ⓒ DVR 카드를 구매하여 기존 PC에 장착 후 저장 및 원격 모니터링을 수행하는 방법이 성행하고 있다.

㉢ 웹 카메라(USB 카메라)를 이용한 로컬 및 원격 보안 시스템

ⓐ 인터넷이 되는 어떠한 곳이든 설치가 가능하며 기존 PC를 이용하여 감시카메라 역할을 수행하는 USB 카메라와 서버가 내장되어 있는 네트워크 카메라로 구분될 수 있다.

ⓑ 로컬 및 원격지에서 감시 및 저장할 수 있다.

ⓒ 움직임이 감지되면 통보해 주는 서비스, 핸드폰으로 모니터링 할 수 있는 서비스 등 다양하다.

ⓓ 일부 서비스 업체는 움직임이 감지되면 핸드폰 또는 이메일로 통보하거나 스피커를 통하여 경보음을 발생시킨다.

ⓔ 공사비가 없거나 적게 들고, 추가 관리비가 없다는 것이 장점이다.

㉣ DVR 시스템을 이용한 보안 시스템

ⓐ CCTV 카메라(아날로그 카메라)를 이용하고 전문 저장장치인 DVR 셋톱박스를 동시에 구매하여 설치하는 것으로 가장 전문적인 보안 감시 시스템이다.

ⓑ 가격이 고가이고 대형 매장이나 큰 규모의 관리가 필요한 곳에 적합하다.

ⓒ 기존 PC를 이용하여 DVR 캡처 카드를 장착하면 DVR 셋톱박스의 기능을 한다.

### (3) 요인경호

① 의의
  - ㉠ 최근 국가 중요 인사들의 안전에 위기감이 고조되면서 요인경호에 대한 관심이 커지고 있다.
  - ㉡ 요인경호는 요인을 암살이나 납치 등으로부터 보호하기 위한 것으로 주로 국가기관에서 행해지고 있다.
  - ㉢ 국가기관의 경호 인력이 부족하고 요인의 범위가 점차 확대되면서 민간부문이 요인경호를 하는 경우가 늘어나고 있다.

② 요인경호의 내용
  - ㉠ 요인의 환경과 지역 구조에 관한 충분한 지식을 가지고 계획을 수립해야 한다.
  - ㉡ 요인의 신분과 명성 등에 유의하여 가능한 위험을 예측하여 계획을 수립한다.
  - ㉢ 경호 상세 내용
    - ⓐ 이동 중 경호
      - 차량 운전기사에 관한 정보를 사전에 조사해 둔다.
      - 이동 지점을 미리 조사하고 미리 요원을 배치해 둔다.
      - 차량 내부를 점검한다.
      - 경호원 간의 통신이 두절되지 않도록 하고 긴급히 연락할 수 있는 수단을 만들어 둔다.
      - 거리이동 중 경호는 요인의 신분에 맞게 하며 지나치지 않도록 주의한다.
      - 수상한 사람이 있는지 살피고 경계를 늦추지 않는다.
    - ⓑ 건물 조사
      - 출입문 · 창문이 잘 잠기는지 조사한다.
      - 경보시스템을 확인한다.
      - 비상전원의 유무를 확인한다.
      - 경보 시 응답시간과 요원 도착시간을 체크한다.
    - ⓒ 기타 유의사항
      - 요인의 주위사람들을 미리 조사한다.
      - 예기치 않은 소포나 박스 포장물 등을 조심한다.
      - 요인이 규칙적으로 출입하는 장소나 행동을 파악한다.
      - 요인의 가족 신변을 확보한다.

### (4) 시설경비

① 의의
  - ㉠ 금융 · 소매 · 의료 등 다양한 시설이 증가하고 더 많은 범죄에 노출되므로 시설경비에 대한 수요가 증가하고 있다.
  - ㉡ 다양한 시설이 존재하므로 시설의 용도에 따라 경비체계가 달라야 한다.
  - ㉢ 시설에는 다양한 첨단장비들이 사용되므로 관련 기술력이 중요하다.

② **경비체계에 대한 계획수립**

　㉠ 건물구조(설계도)를 참고한다.

　㉡ 경비설비 이상 유무를 점검하고 정비한다.

　㉢ 직원들에 대한 경비시설 훈련과 기기사용 교육을 실시한다.

　㉣ 개점·폐점 시간의 유의사항

　　ⓐ 시간대에 맞는 경비시스템을 수립한다.

　　ⓑ 개점·폐점 시간대 범죄 발생 빈도가 높으므로 적절한 대책을 수립한다.

　㉤ 주위에 경찰관서가 있는지와 거리 등을 체크해 둔다.

　㉥ 각 시설별 유의사항

　　ⓐ 금융시설의 경우 현금수송차량이나 ATM기 등의 경비도 포함되어야 한다.

　　ⓑ 숙박·의료·도서관 시설의 경우에는 특히 화재에 각별한 신경을 써야 한다.

　　ⓒ 대형 소매점의 경우

　　　• 고객에 의한 외부 절도에 유의한다.

　　　• 직원에 의한 내부 절도에 유의한다.

　　　• 부주의에 의한 제품의 손상이나 손실에 유의한다.

　　　• 사람들이 밀집하는 공간이므로 폭파 위협과 같은 긴급 상황에도 대처하도록 한다.

③ **경비계획 절차** … 경비계획 수립 → 경비계획 집행 → 경비계획 측정 및 평가 → 경비계획에 대한 피드백

## (5) 기계경비와 인력경비

① **기계경비의 의의**

　㉠ 사람을 대신하여 첨단장비를 이용해 경비를 수행하는 것을 말한다.

　㉡ 기계경비는 무인기계경비와 인력요소가 혼합된 기계경비가 있다.

　㉢ 기계경비 시스템의 기본요소

　　ⓐ 불법침입에 대한 감지

　　ⓑ 침입정보의 전달

　　ⓒ 침입행위의 대응

② **기계경비의 장·단점**

　㉠ 장점

　　ⓐ 인건비가 적게 든다.

　　ⓑ 광범위한 장소를 효율적으로 감시할 수 있다.

　　ⓒ 24시간 감시가 용이하다.

　　ⓓ 인명피해를 최소화할 수 있다.

ⓛ 단점

    ⓐ 최초의 설치비용이 많이 들며 유지보수 비용이 비싸다.

    ⓑ 고장 시 즉각적인 대응이 어렵다.

    ⓒ 비상시 현장대응이 어렵다.

    ⓓ 오경보 및 허위경보 등의 위험이 있다.

③ 인력경비의 의의 … 화재, 절도, 분실, 파괴 등 기타 범죄 내지 피해로부터 기업의 인적, 물적 안전을 확보하기 위해 경비원 등의 인력으로 경비하는 것을 말한다.

④ 인력경비의 장·단점

  ㄱ 장점

    ⓐ 인력이 상주함으로써 현장에서 상황이 발생하였을 경우 신속한 조치가 가능하다.

    ⓑ 인력요소이기 때문에 경비업무를 전문화 할 수 있고 고용창출 효과와 고객의 접점 서비스 효과가 있다.

  ㄴ 단점

    ⓐ 인건비의 부담으로 경비에 많은 비용이 드는 편이다.

    ⓑ 사건발생이 인명피해의 가능성이 있다.

    ⓒ 야간에는 경비 활동의 제약을 받아 효율성이 감소된다.

## (6) 혼잡행사경비

① 의의

  ㄱ 최근 경찰은 혼잡행사 안전관리에 관한 경비 활동을 줄여가고 있다.

  ㄴ 부족한 경찰인력을 혼잡경비에 투입하기보다 민생치안활동에 주력하기 위한 것이다.

  ㄷ 운동경기·공연 등 수익성 행사의 경비를 민간부문이 맡는 경우가 급증하고 있다.

② 혼잡행사 안전관리의 문제점

  ㄱ 행사장소 자체가 협소하여 안전관리 상 문제가 생길 수 있다.

  ㄴ 경찰인력의 지원이 부족하다.

  ㄷ 시민들에게 안전 불감증이 존재한다.

  ㄹ 안전요원에게 책임감이 결여되어 있다.

  ㅁ 행사장별 경험부족으로 인해 경비가 미흡하다.

③ 선진국의 혼잡경비

  ㄱ 민간경비업체가 행사 안전관리를 담당한다.

  ㄴ 경찰과 연락체계를 갖추어 긴급사항 발생 시 경찰이 바로 출동할 수 있도록 되어 있다.

  ㄷ 행사장소 별로 다양한 안전 모델이 확립되어 있다.

## (7) 특수시설경비

### ① 민영교도소의 의의

　　㉠ 교정시설의 부족과 운용경비의 증가로 정부에게 부담이 되고 있다.

　　㉡ 미국에서 최초로 민영교도소를 1983년에 설립했다.

　　㉢ 국내에서도 2000년에 민영교도소 등의 설치 · 운영에 관한 법률을 제정하였다.

### ② 민영교도소 등의 설치 · 운영에 관한 법률

　　㉠ **목적** : 교도소 등의 설치 · 운영에 관한 업무의 일부를 민간에 위탁하는 데 필요한 사항을 정함으로써 교도소 등 운영의 효율성을 높이고 수용자의 처우 향상과 사회 복귀를 촉진함을 목적으로 한다.

　　㉡ **정의**

　　　　ⓐ **교정업무** : 수용자의 수용 · 관리, 교정 · 교화, 직업교육, 교도작업, 분류 · 처우, 그 밖에 형의 집행 및 수용자의 처우에 관한 법률에서 정하는 업무를 말한다.

　　　　ⓑ **수탁자** : 교정업무를 위탁받기로 선정된 자를 말한다.

　　　　ⓒ **교정법인** : 법무부장관으로부터 교정업무를 포괄적으로 위탁받아 교도소 · 소년교도소 또는 구치소 및 그 지소를 설치 · 운영하는 법인을 말한다.

　　　　ⓓ **민영교도소 등** : 교정법인이 운영하는 교도소 등을 말한다.

　　㉢ **교정업무의 민간 위탁**

　　　　ⓐ 법무부장관은 필요하다고 인정하는 때에는 교정업무를 공공단체 외의 법인 · 단체 또는 그 기관이나 개인에게 위탁할 수 있다. 다만, 교정업무를 포괄적으로 위탁받아 1개 또는 여러 개의 교도소 등을 설치 · 운영하도록 하는 경우에는 법인만 위탁할 수 있다.

　　　　ⓑ 법무부장관은 교정업무의 수탁자를 선정하고자 하는 때에는 수탁자의 인력 · 조직 · 시설 · 재정능력 · 공신력 등을 종합적으로 검토한 후 적정한 자를 수탁자로 선정하여야 한다.

　　　　ⓒ 수탁자의 선정방법, 선정절차, 그 밖에 수탁자의 선정에 관하여 필요한 사항은 법무부장관이 정한다.

　　㉣ **위탁계약의 체결**

　　　　ⓐ 법무부장관은 교정업무를 위탁하고자 하는 때에는 수탁자와 위탁계약을 체결하여야 한다.

　　　　ⓑ 법무부장관은 필요하다고 인정하는 때에는 민영교도소 등의 직원이 담당할 업무와 민영교도소 등에 파견된 소속공무원이 담당할 업무를 구분하여 위탁계약을 체결할 수 있다.

　　　　ⓒ 법무부장관은 위탁계약을 체결하기 전에 계약내용에 관하여 기획재정부장관과 미리 협의하여야 한다.

　　　　ⓓ 위탁계약의 기간은 수탁자가 교도소 등의 설치비용을 부담하는 경우에는 10년 이상 20년 이하로 하고, 기타의 경우에는 1년 이상 5년 이하로 하되, 그 기간은 갱신할 수 있다.

　　㉤ **위탁계약의 내용**

　　　　ⓐ 위탁업무를 행함에 있어서 수탁자가 제공하여야 하는 시설 및 교정업무의 기준에 관한 사항

　　　　ⓑ 수탁자에게 지급하는 위탁의 대가와 그 금액의 조정 및 지급 방법에 관한 사항

　　　　ⓒ 계약기간에 관한 사항과 계약기간의 수정 · 갱신 및 계약의 해지에 관한 사항

　　　　ⓓ 교도작업에서의 작업장려금 · 위로금 및 조위금의 지급에 관한 사항

ⓔ 위탁업무를 재위탁할 수 있는 범위에 관한 사항

ⓕ 위탁수용 대상자의 범위에 관한 사항

ⓖ 기타 법무부장관이 필요하다고 인정하는 사항

③ 민영교도소의 도입

㉠ 시설경비의 계획을 새롭게 수립하여야 한다.

㉡ 첨단장비와 시스템의 자동화가 필요하다.

㉢ 최소의 비용으로 최대의 효율을 얻을 수 있어야 한다.

㉣ 수용자의 처우 향상과 사회복귀를 촉진함을 목적으로 해야 한다.

## ❷ 경비원 교육

### (1) 경비지도사 교육

| 경비지도사 교육의 과목 및 시간 | | | |
|---|---|---|---|
| 구분(교육시간) | 과목 | | 시간 |
| 공통교육<br>(28시간) | 경비업법 | | 4 |
| | 경찰관 직무집행법 및 청원경찰법 | | 3 |
| | 테러 대응요령 | | 3 |
| | 화재대처법 | | 2 |
| | 응급처치법 | | 3 |
| | 분사기 사용법 | | 2 |
| | 교육기법 | | 2 |
| | 예절 및 인권교육 | | 2 |
| | 체포 · 호신술 | | 3 |
| | 입교식 · 평가 · 수료식 | | 4 |
| 자격의 종류별 교육 (16시간) | 일반경비지도사 | 시설경비 | 2 |
| | | 호송경비 | 2 |
| | | 신변보호 | 2 |
| | | 특수경비 | 2 |
| | | 기계경비개론 | 3 |
| | | 일반경비현장실습 | 5 |
| | 기계경비지도사 | 기계경비운용관리 | 4 |
| | | 기계경비기획 및 설계 | 4 |
| | | 인력경비개론 | 3 |
| | | 기계경비현장실습 | 5 |
| 계 | | | 44 |

## (2) 경비원의 교육

① 일반경비원에 대한 교육

    ㉠ 경비업자는 일반경비원을 채용한 경우 해당 일반경비원에게 경비업자의 부담으로 다음의 기관 또는 단체에서 실시하는 일반경비원 신임교육을 받도록 하여야 한다.

        ⓐ 경비협회

        ⓑ 「경찰공무원 교육훈련규정」에 따른 경찰교육기관

        ⓒ 경비업무 관련 학과가 개설된 대학 등 경비원에 대한 교육을 전문적으로 수행할 수 있는 인력과 시설을 갖춘 기관 또는 단체 중 경찰청장이 지정하여 고시하는 기관 또는 단체

    ㉡ ㉠에도 불구하고 경비업자는 다음의 어느 하나에 해당하는 사람을 일반경비원으로 채용한 경우에는 해당 일반경비원을 일반경비원 신임교육 대상에서 제외할 수 있다.

        ⓐ 일반경비원 신임교육을 받은 사람으로서 채용 전 3년 이내에 경비업무에 종사한 경력이 있는 사람

        ⓑ 「경찰공무원법」에 따른 경찰공무원으로 근무한 경력이 있는 사람

        ⓒ 「대통령 등의 경호에 관한 법률」에 따른 경호공무원 또는 별정직공무원으로 근무한 경력이 있는 사람

        ⓓ 「군인사법」에 따른 부사관 이상으로 근무한 경력이 있는 사람

        ⓔ 경비지도사 자격이 있는 사람

    ㉢ 경비업자는 소속 일반경비원에게 선임한 경비지도사가 수립한 교육계획에 따라 매월 행정안전부령으로 정하는 4시간 이상 직무교육을 받도록 하여야 한다.

    ㉣ 일반경비원에 대한 신임교육의 실시 등

        ⓐ 경찰청장은 일반경비원에 대한 신임교육의 실시를 위하여 연도별 교육계획을 수립하고, 일반경비원 신임교육 기관 또는 단체가 교육계획에 따라 교육을 실시하도록 하여야 한다.

        ⓑ 일반경비원 신임교육 기관 또는 단체의 장은 일반경비원 신임교육과정을 마친 사람에게 신임교육이수증을 교부하고 그 사실을 신임교육이수증 교부대장에 기록하여야 한다.

        ⓒ 경비업자는 일반경비원이 신임교육을 받은 때에는 경비원의 명부에 그 사실을 기재하여야 한다.

        ⓓ 일반경비원의 신임교육의 과목 및 시간

| 구분 (교육시간) | 과목 | 시간 |
|---|---|---|
| 이론교육 (4시간) | 경비업법 | 2 |
| | 범죄예방론(신고 및 순찰요령을 포함한다) | 2 |
| 실무교육 (19시간) | 시설경비실무(신고 및 순찰요령, 관찰·기록기법을 포함한다) | 2 |
| | 호송경비실무 | 2 |
| | 신변보호실무 | 2 |
| | 기계경비실무 | 2 |
| | 사고예방대책(테러 대응요령, 화재대처법 및 응급처치법을 포함한다) | 3 |
| | 체포·호신술(질문·검색요령을 포함한다) | 3 |

| | 장비사용법 | 2 |
|---|---|---|
| | 직업윤리 및 서비스(예절 및 인권교육을 포함한다) | 3 |
| 기타 (1시간) | 입교식, 평가 및 수료식 | 1 |
| | 계 | 24 |

② 특수경비원에 대한 교육

　㉠ 특수경비업자는 특수경비원을 채용한 경우 해당 특수경비원에게 특수경비업자의 부담으로 다음의 기관 또는 단체에서 실시하는 특수경비원 신임교육을 받도록 하여야 한다.

　　ⓐ 「경찰공무원 교육훈련규정」에 따른 경찰교육기관

　　ⓑ 행정안전부령으로 정하는 기준에 적합한 기관 또는 단체 중 경찰청장이 지정하여 고시하는 기관 또는 단체

　㉡ ㉠에도 불구하고 특수경비업자는 채용 전 3년 이내에 특수경비업무에 종사하였던 경력이 있는 사람을 특수경비원으로 채용한 경우에는 해당 특수경비원을 특수경비원 신임교육 대상에서 제외할 수 있다.

　㉢ 특수경비업자는 소속 특수경비원에게 선임한 경비지도사가 수립한 교육계획에 따라 매월 행정안전부령으로 정하는 6시간 이상 직무교육을 받도록 하여야 한다.

　㉣ 특수경비원에 대한 신임교육의 실시 등

　　ⓐ 특수경비원 신임교육의 과정을 개설하고자 하는 기관 또는 단체는 다음의 규정에 의한 시설 등을 갖추고 경찰청장에게 지정을 요청하여야 한다.

| 특수경비원 교육기관 시설 및 강사의 기준 | |
|---|---|
| 구분 | 기준 |
| 시설<br>기준 | • 100인 이상 수용이 가능한 165제곱미터 이상의 강의실<br>• 감지장치 · 수신장치 및 관제시설을 갖춘 132제곱미터 이상의 기계경비 실습실<br>• 100인 이상이 동시에 사용할 수 있는 330제곱미터 이상의 체육관 또는 운동장<br>• 소총에 의한 실탄사격이 가능하고 10개 사로 이상을 갖춘 사격장 |
| 강사<br>기준 | • 고등교육법에 의한 대학 이상의 교육기관에서 교육과목 관련 학과의 전임강사 (전문대학의 경우에는 조교수) 이상의 직에 1년 이상 종사한 경력이 있는 사람<br>• 박사학위를 소지한 사람으로서 교육과목 관련 분야의 연구 실적이 있는 사람<br>• 석사학위를 소지한 사람으로서 교육과목 관련 분야의 실무업무에 3년 이상 종사한 경력(학위취득 전의 경력 포함)이 있는 사람<br>• 교육과목 관련 분야에서 공무원으로 5년 이상 근무한 경력이 있는 사람<br>• 교육과목 관련 분야의 실무업무에 10년 이상 종사한 경력이 있는 사람<br>• 체포 · 호신술 과목의 경우 무도사범의 자격이 있는 사람으로서 교육과목 관련 분야에서 2년 이상 실무경력(자격취득 전의 경력 포함)이 있는 사람<br>• 폭발물 처리요령 및 예절교육 과목의 경우 교육과목 관련 분야에서 2년 이상 실무경력이 있는 사람 |
| 비고 | 교육시설이 교육기관의 소유가 아닌 경우에는 임대 등을 통하여 교육기간 동안 이용할 수 있도록 하여야 한다. |

ⓑ 경찰청장은 교육과정을 개설하고자 하는 기관 또는 단체가 동항의 규정에 의한 지정을 요청한 때에는 규정에 의한 기준에 적합한 지의 여부를 확인한 후 그 기준에 적합한 경우 이를 특수경비원 신임교육을 실시할 수 있는 기관 또는 단체로 지정할 수 있다.

ⓒ ⓑ의 규정에 의하여 지정을 받은 기관 또는 단체는 신임교육의 과정에서 필요한 경우에는 관할 경찰관서장에게 경찰관서 시설물의 이용이나 전문적인 소양을 갖춘 경찰관의 파견을 요청할 수 있다.

ⓜ 특수경비원 신임교육의 과목 및 시간

| 특수경비원 신임교육의 과목 및 시간 | | |
|---|---|---|
| 구분(교육시간) | 과목 | 시간 |
| 이론교육<br>(15시간) | 경비업법 · 경찰관직무집행법 및 청원경찰법 | 8 |
| | 헌법 및 형사법(인권, 경비관련 범죄 및 현행범 체포에 관한 규정을 포함) | 4 |
| | 범죄예방론(신고요령을 포함) | 3 |
| 실무교육<br>(69시간) | 정신교육 | 2 |
| | 테러 대응요령 | 4 |
| | 폭발물 처리요령 | 6 |
| | 화재대처법 | 3 |
| | 응급처치법 | 3 |
| | 분사기 사용법 | 3 |
| | 출입통제 요령 | 3 |
| | 예절교육 | 2 |
| | 기계경비 실무 | 3 |
| | 정보보호 및 보안업무 | 6 |
| | 시설경비요령(야간경비요령을 포함) | 4 |
| | 민방공(화생방 관련 사항을 포함) | 6 |
| | 총기조작 | 3 |
| | 총검술 | 5 |
| | 사격 | 8 |
| | 체포 · 호신술 | 5 |
| | 관찰 · 기록기법 | 3 |
| 기타(4시간) | 입교식 · 평가 · 수료식 | 4 |
| 계 | | 88 |

(3) 청원경찰의 교육〈청원경찰법 시행령 제5조〉

① 청원주는 청원경찰에 임용된 사람으로 하여금 경비구역에 배치하기 전에 경찰교육기관에서 직무 수행에 필요한 교육을 받게 해야 한다. 다만, 경찰교육기관의 교육계획상 부득이하다고 인정할 때에는 우선 배치하고 임용 후 1년 이내에 교육을 받게 할 수 있다.

② 경찰공무원(의무경찰을 포함) 또는 청원경찰에서 퇴직한 자가 퇴직한 날부터 3년 이내에 청원경찰로 임용된 때에는 위의 교육을 면제할 수 있다.

③ 교육기간, 교육과목, 수업시간 및 그 밖의 교육의 시행에 필요한 사항은 행정안전부령으로 정한다.

④ 교육기간 및 직무교육 등
   ㉠ 교육기간은 2주간으로 한다.
   ㉡ 교육과목 및 수업시간

| 학과별 | 과목 | | 시간 |
|---|---|---|---|
| 정신교육 | 정신교육 | | 8 |
| 학술교육 | 형사법 | | 10 |
| | 청원경찰법 | | 5 |
| 실무교육 | 경무 | 경찰관직무집행법 | 5 |
| | 방범 | 방범업무 | 3 |
| | | 경범죄처벌법 | 2 |
| | 경비 | 시설경비 | 6 |
| | | 소방 | 4 |
| | 정보 | 대공이론 | 2 |
| | | 불심검문 | 2 |
| | 민방위 | 민방공 | 3 |
| | | 화생방 | 2 |
| | 기본훈련 | | 5 |
| | 총기조작 | | 2 |
| | 총검술 | | 2 |
| | 사격 | | 6 |
| 술과 | 체포술 및 호신술 | | 6 |
| 기타 | 입교·수료 및 평가 | | 3 |

© 직무교육
    ⓐ 청원주는 소속 청원경찰에 대하여 그 직무집행에 관하여 필요한 교육을 매월 4시간 이상 실시해야한다.
    ⓑ 관할 경찰서장은 필요하다고 인정하는 경우에는 청원경찰이 배치된 사업장에 소속공무원을 파견하여 직무집행에 필요한 교육을 실시할 수 있다.

## ❸ 경비위해요소 분석과 조사업무

### (1) 경비위해요소 분석

① 의의
    ㉠ 예측하지 못한 피해나 자연재해로부터 손실을 방지하기 위해 경비위해요소 분석을 시행하여야 한다.
    ㉡ 모든 경비가 같은 방식으로 이루어지지 않기 때문에 각각의 환경에 맞는 경비형태를 선택하여야 한다.
    ㉢ 경비형태를 결정짓기 이전에 경비위해요소 분석을 시행하여야 한다.
    ㉣ 경비시스템의 유형
        ⓐ 1차원적 경비 : 경비원이 행하는 경비와 같이 단일예방체제에 의존하는 것을 말한다.
        ⓑ 단편적 경비 : 포괄적이고 전체적인 계획 없이 필요에 의해 단편적으로 손실예방의 역할을 수행하기 위해 추가되는 경비형태를 말한다.
        ⓒ 반응적 경비 : 특정 손실이 발생하는 사건에 한해서만 반응하는 경비형태를 말한다.
        ⓓ 총체적 경비 : 위해요소와 관계없이 언제 어떤 형태로 발생할지 모르는 사항에 대비하여 인력경비와 기계경비를 혼합한 표준화된 경비형태를 말한다.

② 경비위해요소의 형태
    ㉠ 자연재해
        ⓐ 시설경비에 있어서 화재나 지진, 홍수와 같은 사고를 들 수 있다.
        ⓑ 요인경호에 있어서 호우나 폭설 등이 있다.
    ㉡ 인위적 위험
        ⓐ 시설경비에 있어서 화재, 폭파위협, 부실공사에 의한 건물붕괴 등이 있다.
        ⓑ 요인경호에 있어서 오물투척, 살인위협, 납치 등이 있다.
    ㉢ 특정적 위험
        ⓐ 위험에 노출되는 정도가 시설물 또는 특정상황에 따라 다양하게 나타나는 위험을 말한다.
        ⓑ 예를 들어 공장의 화재 폭발위험은 다른 곳에 비해 더 크게 나타날 수 있고, 강도나 절도는 소매점이나 백화점에서 더 크게 발생할 수 있다.

③ 경비위해요소의 분석
　　㉠ 위해요소의 손실발생 정도
　　㉡ 위해요소의 손실발생 빈도

④ 비용편익분석 (CBA : Cost Benefit Analysis)
　　㉠ 의의 : 경비사업의 경제적 타당성을 알아보기 위한 기법으로 편익과 이에 필요한 비용을 계량적으로 비교·평가하여 합리적인 대안을 선택하는 기법이다.
　　㉡ 내용
　　　　ⓐ 편익 : 금전적 편익이나 비용이 아닌 실질적 비용과 편익을 측정해야 한다.
　　　　ⓑ 비용 : 매몰비용은 무시하고 기회비용 개념을 사용한다. 기회비용이란 특정대안을 선택함으로써 포기하는 비용을 말한다.
　　㉢ 평가기준
　　　　ⓐ 순현재가치 (NPV : Net Present Value)
　　　　　• 편익 – 비용 > 0 : 대안 선택
　　　　　• 편익 – 비용 < 0 : 대안 포기
　　　　ⓑ 편익비용비 (Benefit cost ratio)
　　　　　• 편익/비용 > 1 : 대안 선택
　　　　　• 편익/비용 < 1 : 대안 포기

⑤ 비용효과분석(CEA : Cost Effectiveness Analysis)
　　㉠ 의의
　　　　ⓐ 편익이 비금전적 단위로 측정되며 경쟁 대안들의 크기와 유형이 비교될 수 있다는 가정 하에 이용되는 분석방법이다.
　　　　ⓑ KTX의 개통으로 비용효과분석은 10만 명을 더 운송할 수 있다고 보고 비용편익분석은 10만명의 운송가치를 화폐로 분석해야 한다.
　　㉡ 비용편익분석과의 차이

| 구분 | 비용편익분석 | 비용효과분석 |
| --- | --- | --- |
| 편익 | 화폐가치로 표현 | 비화폐적 가치로 표현 |
| 합리성 | 경제적 합리성 강조 | 목표와 수단 간 합리성 강조 |
| 문제유형 분석 | 고정비용과 고정효과 | 가변비용과 가변효과 |

## (2) 경비조사업무

### ① 조사업무의 의의
- ㉠ 경비의 취약점을 파악하고 부족한 부분을 피드백하여 보다 발전적인 경비 서비스를 제공하기 위한 업무이다.
- ㉡ 경비 활동에 관한 전반적인 사항을 객관적으로 분석해야 한다.

### ② 조사업무의 요건
- ㉠ 충분한 예산을 확보해야 한다.
- ㉡ 외부의 전문 경비인력이 참여하면 좋다.
- ㉢ 최고경영자의 의지와 필요에 대한 인식이 있어야 한다.

### ③ 경비조사
- ㉠ 경비구역 경계조사
- ㉡ 인접건물조사
- ㉢ 경비보호대상에 대한 조사
    - ⓐ 금고 및 귀중품의 손상 여부
    - ⓑ 요인의 건강상태 조사 등
- ㉣ 경비 스케줄 및 방법 확인
- ㉤ 경보기 및 기기 확인
- ㉥ 주차장 조사
- ㉦ 화재관련 위험사항 조사

### ④ 기타 경비 외적 조사
- ㉠ 해고된 사원의 정보유출 가능성 여부
- ㉡ 건물 내 비상통로의 안전 여부, 경비대상과 접근 용이성 확인
- ㉢ 현금 및 귀중품 운반 시 이동경로나 이동방법 확인
- ㉣ 사내 직원이 외부자와의 연계 가능성 확인
- ㉤ 공금횡령 가능성에 대한 통제 절차 확인

## ❹ 민간경비의 조직

### (1) 자체경비조직

① 자체경비조직의 의의

    ㉠ 기업에서 비용감소 및 기업 내 보안을 이유로 기업 자체에서 경비조직을 운영하는 것을 의미한다.

    ㉡ 기업체가 가지고 있는 특수한 사항을 외부경비조직의 표준화된 서비스가 아닌 해당 기업에 맞는 서비스로 바꾸어 활용할 수 있게 된다.

    ㉢ 기업 자체에서 조직하는 경비는 외부경비업체에 비해 상대적으로 전문성이 떨어지고 조직의 효율적인 구성이 어려울 수 있다.

② 권한

    ㉠ 자체경비는 외부경비보다 더 높은 권한을 가지게 되는 것이 일반적이다.

    ㉡ 권한의 정도는 각각의 회사 규율이나 방침에 따라 달라진다.

    ㉢ 자체경비의 경우 타 부서와의 충돌과 갈등이 깊어질 수 있다.

③ 경비책임자의 역할

    ㉠ 경영상의 역할

        ⓐ 경비원을 채용하고 지도하며 조직화하는 업무를 처리한다.

        ⓑ 경비업무를 기획하며 혁신적인 방향을 제시한다.

    ㉡ 관리상의 역할

        ⓐ 재정상 감독과 예산 관련 업무, 사무행정, 경비원의 훈련개발, 경비교육 등의 업무를 처리한다.

        ⓑ 다른 부서와의 긴밀한 의사소통을 연결하는 가교역할을 한다.

    ㉢ 예방상의 역할

        ⓐ 경비원의 대한 감독, 안전점검, 규칙적인 감사 등의 업무를 처리한다.

        ⓑ 경비기기 상태를 주기적으로 점검한다.

    ㉣ 조사활동

        ⓐ 관련 규칙의 위반 여부 등의 감찰 업무를 수행한다.

        ⓑ 경비부서 자체의 회계적인 부분 역시 조사의 대상이다.

④ 자체경비의 특징

    ㉠ 일반적 경비와 다르게 발생 후 대처가 아닌 발생 전 예방이 중요하다.

    ㉡ 조사활동을 통해 기업 특유의 경비 시스템을 구축해야 한다.

    ㉢ 타 부서와 긴밀하게 의사소통을 해야 한다.

    ㉣ 습득하게 된 기밀을 유지하며 경비직원의 보안교육을 철저히 해야 한다.

    ㉤ 타 부서에도 민감한 사항을 제외한 일정수준의 정보를 공개해 전체적인 협조체제를 구축해야 한다.

## (2) 계약경비

### ① 계약경비의 의의
    ㉠ 자체적으로 경비조직을 두지 않고 외부의 경비업체를 선정하여 경비업무를 시행하게 하는 것이다.
    ㉡ 경비업무를 조직적으로 운영하고 있고 전문성을 갖추고 있으므로 높은 경비서비스를 제공할 수 있다.
    ㉢ 기업 자체에서 운영하는 것보다 저렴한 비용으로 경비서비스를 받을 수 있다.

### ② 자체경비와 계약경비의 비교

| 구분 | 자체경비 | 계약경비 |
|---|---|---|
| 비용 | 고가 | 저가 |
| 이용기간 | 장기간 | 단기간 |
| 인사상문제 | 복잡하다(해임 어려움). | 단순하다(해임 간편함). |
| 객관성 | 고용주 의식 有 | 고용주 의식 無 |
| 전문성 | 낮다. | 높다. |

## (3) 민간경비의 조직운영원리

① **계층제의 원리** … 권한과 책임의 정도에 따라 직무를 등급화 함으로써 상하 계층 간에 직무상 지휘, 감독 관계에 서게 하는 것을 말한다.

② **통솔범위의 원리** … 한 사람의 상관이 효과적으로 감독할 수 있는 최대한의 부하의 수이다.

③ **명령통일의 원리** … 각 구성원들은 오직 한 사람의 감독자 또는 상관을 가지고 있고, 그 상관의 명령만을 따라야 한다는 원리이다.

④ **전문화의 원리** … 조직의 전체 기능을 성질별로 나누어 가급적 한 사람에게 동일한 업무를 분담시키는 것이다.

⑤ **조정, 통합의 원리** … 공동의 목표를 달성하기 위하여 하위체제 간의 노력에 통일을 기하기 위한 과정을 말한다.

## ❺ 각종 민간경비활동의 유형

### (1) 신변보호경비

① 의뢰인의 생명, 신체보호, 명예유지, 혼란방지를 통해 질서를 유지하기 위한 목적으로 사람의 생명이나 신체에 발생하는 위해를 방지하고 신변을 보호하는 경비활동이다.

② 기본 원칙
- ㉠ **수혜자비용부담의 원칙** : 경호의 수혜자가 경호에 관련된 제 비용을 부담한다.
- ㉡ **수익의 원칙** : 신변보호경비로 수익을 창출하기 위하여 사설경호기관은 사전에 경호원의 채용에서부터 보수, 사무소 운영 및 경비 등을 계획을 세우고 그 계획대로 운영한다.
- ㉢ **서비스제공의 원칙** : 경호원의 신변보호경비활동도 일종의 서비스제공의 한 영역이다.
- ㉣ **법규준수의 원칙** : 경호원은 형법상의 현행범 체포나 정당방위, 정당행위에 의하여 위법성이 조각되는 경우 외에는 범인체포의 권한이 없다.

③ 경호의 방법
- ㉠ **두뇌경호의 원칙** : 힘으로만 경호대상자의 안전을 보호하기보다는 사전 경호계획을 세워 위해요소를 배제하여 경호대상자의 안전을 확보하는데 중점을 두고 경호활동을 한다.
- ㉡ **은밀경호의 원칙** : 경호의 방법 및 계획에 해를 가하는 자들이 미리 알아차리지 못하게 경호의 목적을 달성하여야 한다.
- ㉢ **방호경호의 원칙** : 위해자를 공격하거나 체포하는 것이 경호의 1차 목적이 아니라 경호대상자의 안전을 방어하는 것이 경호의 목적이다.
- ㉣ **중첩경호의 원칙** : 경호대상자를 중심으로 한 거리를 기준으로 근접경호, 중간경호, 외곽경호로 구분하며, 구역의 특성에 맞는 임무를 설정하고 요원을 배치하는 것이다.
- ㉤ **자기 담당구역의 원칙** : 경호원은 자신이 담당하는 구역에서 발생하는 사건은 어떠한 사건이더라도 책임을 지고 해결하여야 하며 자신의 담당구역이 아닌 인근지역세서 위급한 상황이 발생하더라도 책임구역을 벗어나는 안 된다.
- ㉥ **자기희생의 원칙** : 경호대상자가 위해요소에 노출된 경우 자신을 희생해서라도 경호대상자의 안전을 확보하여야 한다.

④ 경호의 유형
- ㉠ **선발경호** : 경호대상자가 경호시설물에 도착하기 전 미리 현장조사를 실시하고 효과적인 경호협조와 경호준비를 위해 수행하는 경비활동
- ㉡ **근접경호** : 경호대상자를 근접거리에서 보호하는 경호활동
- ㉢ **연도경호** : 경호대상자가 이용할 것으로 예측되는 주도로와 예비도로의 각종 위해요소를 사전에 미리 방비하여 위해요소에 대비하는 경호활동
- ㉣ **차량경호** : 경호대상자가 장소를 이동할 때 이루어지는 경호활동

ⓜ 숙소경호 : 경호대상자가 숙소와 그 외의 장소에서 머물고 있을 때 이루어지는 경호활동

ⓗ 행사장 경호 : 경호대상자가 행사에 참석하였을 때 이루어지는 경호활동

## (2) 호송경비

① 운반 중에 있는 의뢰받은 현금, 귀금속, 유가증권, 상품 그 밖의 물건에 대하여 도난·화재 등의 위험발생을 방지하여 안전하게 목적지까지 도착하게 하는 경비업무이다.

② 호송방식의 종류

ⓘ 단독호송방식

    ⓐ 분리호송방식 : 운송업자가 호송대상물건을 자신의 차량에 적재하여 운송하고 이 적재차량의 경비는 경비업자가 경비차량과 경비원을 통해 경비하는 방식

    ⓑ 통합호송방식 : 경비업자다 자사소유의 무장호송차량이나 일반차량을 사용하여 운송업무와 경비업무를 겸하는 방식

    ⓒ 휴대호송방식 : 경비원이 직접 호송대상물건을 휴대하여 운반하는 방식

    ⓓ 동승호송방식 : 운송업자가 호송대상물건을 자신의 차량에 적재하여 운송하고 그 차량에 경비원이 동승하여 호송업무를 하는 방식

ⓛ 편성호송방식 : 조를 편성하여 실시하는 경비형태

## (3) 재난경비

① 위해 발생시 경비원의 대응

ⓘ 테러위험 시

    ⓐ 폭발물에 의한 테러 위협을 당하면 우선적으로 사람들을 건물 밖으로 대피시켜야 한다.

    ⓑ 테러협박전화가 걸려오면 경비책임자에게 즉시 보고하여야 한다.

    ⓒ 위험이 감지되면 경찰서나 소방서 등 관련 기관에 신속하게 연락을 취하여야 한다.

ⓛ 폭발물 발견 시

    ⓐ 폭발물 제거는 오로지 폭탄전문가만이 할 수 있다.

    ⓑ 그 지역을 자주 출입하는 사람이나 출입이 제한된 사람들의 명단을 신속하게 파악하여야 한다.

② 위험의 대응

ⓘ 비상사태 발생 시 민간경비원의 행동요령

    ⓐ 장애인 등 특별한 대상의 보호 및 응급조치를 시행하여야 한다.

    ⓑ 보호할 가치가 있는 자산에 대하여 보호조치를 실시하여야 한다.

    ⓒ 위험관리의 대상이 되는 인적·물적 보호대상의 우선순위를 설정하여 접근하는 것이 바람직하다.

ⓛ 대응방법

    ⓐ **위험의 제거** : 위험관리에서 최선의 방법으로, 확인된 위험을 제거하는 것

    ⓑ **위험의 회피** : 범죄 및 손실이 발생할 기회를 전혀 제공하지 않는 것

    ⓒ **위험의 감소** : 완벽한 위험의 제거 내지 회피가 불가능할 경우 확인된 위험을 감소시키는 것

    ⓓ **위험의 분산** : 위험성이 높은 보호대상을 보험과 같은 대체수단을 통해 여러 곳에 분산시키는 것

③ **군중관리의 기본원칙**

    ㉠ **밀도의 희박화** : 제한면적에 군중이 몰리면 큰 사고가 발생할 소지가 있기에 이를 피해야 한다.

    ㉡ **이동의 일정화** : 군중이 모인 경우 이동경로를 일정 방향으로 하고 일정 속도로 이동시켜 주위 상황을 파악할 수 있게 하여야 군중들이 안정감을 가질 수 있다.

    ㉢ **경쟁적 상황의 해소** : 질서를 지키는 군중이 손해를 본다는 감정을 갖게 되면, 남보다 먼저 가려는 심리상태가 발생하고 이로 인하여 혼란이 야기될 수 있으므로 적절한 안내방송을 통하여 질서를 지켜야 모두가 안전하다는 감정을 갖게 해야 한다.

    ㉣ **지시의 철저** : 자세한 안내로 지시를 철저히 하여 혼잡 사태와 사고를 예방하여야 한다.

## (4) 내부절도 및 산업스파이

① **내부절도 및 산업스파이의 행위**

    ㉠ 산업스파이에 의한 손실은 일반적인 침입절도에 의한 손실보다 그 규모 면에서 상당히 크다.

    ㉡ 비밀취급 인가자의 범죄는 가능한 한 최소한으로 제한하는 것이 바람직하다.

    ㉢ 보안 사항에 접근하는 자에게 비밀정보 각서 또는 계약서를 작성하게 하는 것은 보안상 필요한 절차이다.

② **경비요령**

    ㉠ 내부절도를 예방하기 위하여 경비프로그램을 수시로 변화시켜야 한다.

    ㉡ 출입차량에 대해서는 출입목적에 따라 출입증을 발급하도록 하여야 한다.

## (5) 기타 시설경비의 경비

① **판매시설경비** : 보기 좋게 상품을 진열하는 경우, 고객을 유도하는 효과가 함께 범죄를 예방하는 이중적인 효과를 가질 수 있다.

② **의료시설경비** : 위험요소의 사전예방이 사후대응보다 더 중요하다.

③ **금융시설경비** : 특수경비원의 경비보다는 청원경찰이 주로 그 경비를 전담하는 것이 좋다.

## (6) 특수경비

① **국가중요시설**

    ㉠ 공공기관, 공항·항만, 주요 산업시설 등 적에 의하여 점령 또는 파괴되거나 기능이 마비될 경우 국가안보와 국민생활에 심각한 영향을 주게 되는 시설을 말한다.

ⓛ 시설의 기능 : 역할의 중요성과 가치의 정도에 따라 가급, 나급, 다급으로 분류한다.

ⓒ 통합방위사태 : 갑종사태, 을종사태, 병종사태

ⓔ 3지대 방호개념

　　ⓐ 제1지대 : 경계지대

　　ⓑ 제2지대 : 주방어지대

　　ⓒ 제3지대 : 핵심방어지대

ⓜ 보호구역 : 중요도와 취약성을 등을 고려하여 제한지역, 제한구역, 통제구역을 구분

② 융합

ⓐ 출입통제, 잠금장치 등과 불법 침입자의 정보인식시스템 등을 연계하여 보안의 효과성을 높이는 활동을 말한다.

ⓑ 보안과 조선, 자동차 등 기타 산업이 결합되어 새로운 서비스나 제품의 안정성과 부가가치를 창출할 수 있다.

ⓒ 물리적 보안요소와 정보보안요소가 통합된 개념이다.

## (7) 융합보안

① 보안은 물리보안과 정보보안으로 구분할 수 있다.

② 물리보안은 물리적인 방법으로 인명과 시설뿐만 아니라 정보를 보호하는 것으로, 즉 물리적 위협에 대해 출입관리와 시설보호, 비인가자의 출입통제, 방범 관리 등을 하여 보안을 지키는 것을 의미한다.

③ 정보보안은 정보통신과 관련된 보안으로, 정보시스템과 정보통신네트워크를 통한 정보의 수집, 가공, 저장, 송수신 등의 과정에서 정보의 훼손, 위변조, 유출 등을 방지하기 위한 관리적, 물리적, 기술적 방법을 이용하는 것을 의미한다.

④ 융합보안이란 물리보안과 정보보안의 경제가 허물어져 하나로 통합된 것을 말한다.

⑤ 지식경제부에 의하면 융합보안을 물리보안과 정보보안 간의 융합 또는 보안기술이 비 IT기술과 융복합되어 창출되는 보안제품 및 서비스로 정의하고 있다.

⑥ 사이버 보안의 책임 범위를 IT 영역뿐만 아니라 물리보안, 제조기술, 산업제어 시스템 등으로 확대한 새로운 보안분야이다.

⑦ 디지털 트랜스포메이션 흐름에서 융합보안이 물리보안과 정보보안, 더 나아가 방제 및 환경안전, 유무선 통신 이력 정보 등의 모니터링 데이터를 통합하여 다각적 위험에 대해 보다 정확한 예측이 가능하기 때문에 4차 산업혁명 시대에 커다란 화두로 떠오르고 있다.

# 출제 예상 문제

2019년 기출 변형
**1 확인된 위험(Risk)에 대한 대응 방법 중 아래 내용이 설명하는 것은?**

> 범죄 및 손실이 발생할 기회를 아예 제공하지 않는 것이다. 어떤 활동을 계속함으로써 얻을 수 있는 이익보다 잠재적 손실이 클 것이라는 비용편익분석을 통해서 정당화되는 소극적인 접근방법이다.

① 위험의 제거　　　　　　　　　　② 위험의 회피

③ 위험의 감소　　　　　　　　　　④ 위험의 분산

⑤ 위험의 대체

> **TIP** ① 위험관리에서 최선의 방법은 확인된 모든 위험요소를 제거하는 것이다.
> ③ 위험의 제거 내지 위험의 회피가 불가능할 경우 확인된 위험을 감소시키거나 최소화시키는 방법이다.
> ④ 위험성이 높은 보호대상을 한 곳에 집중시키지 않고 여러 곳에 분산시키는 것이다.
> ⑤ 직접적으로 위험을 제거하거나 감소 및 최소화시키기보다는 보험과 같이 대처수단을 통해 손실을 전보하는 것이다.

2019년 기출 변형
**2 민간경비산업의 경비목적에 따른 분류에 해당하지 않는 것은?**

① 인력경비　　　　　　　　　　　② 호송경비

③ 시설경비　　　　　　　　　　　④ 특수경비

⑤ 혼잡경비

> **TIP** 인력경비는 범죄행위, 화재, 재난으로부터 인적·물적인 가치를 사람의 능력을 통해 보호하는 경비로 상주경비, 신변보호경비, 순찰경비 등이 해당된다.
> ※ 민간경비산업의 경비목적에 따른 분류
> 　㉠ 시설경비
> 　㉡ 혼잡경비
> 　㉢ 경호경비
> 　㉣ 호송경비
> 　㉤ 특수경비

**Answer** 1.② 2.①

**3** 기계경비에 대한 설명으로 옳지 않은 것은?

① 화재예방과 같은 다른 예방시스템과 통합적 운용이 가능하다.

② 24시간 지속적인 감시가 가능하다.

③ 인력경비에 비해 사건발생 시 현장에 신속한 대처가 어렵다.

④ 취약 시간대인 야간에 경비효율이 현저히 감소한다.

⑤ 감시장치의 경우 감시가 정확하며, 사후에 범죄수사의 단서로 활용할 수 있다.

> **TIP** 기계경비의 장점
> ㉠ 감시가 정확하며, 사후 범죄의 수사단서로 활용이 가능
> ㉡ 인명피해 예방 가능
> ㉢ 경고표시로 인한 잠재적 범죄자에 대한 경고효과
> ㉣ 다른 예방서비스와 통합적 운용가능
> ㉤ 24시간 동일한 조건으로 지속적인 감시 가능

**4** 민간경비의 유형 중 자체경비에 대한 설명으로 옳지 않은 것은?

① 청원경찰은 기관, 시설 및 사업장 등에 배치하는 자체경비에 해당한다.

② 자체경비원은 고용주에 의해 조직의 구성원으로 채용됨으로써 안정적이기 때문에 계약경비원보다 고용주에 대한 충성심이 높다.

③ 자체경비는 경비원리 뿐만 아니라 해당조직이 안고 있는 특수상황도 고려해야 한다.

④ 자체경비는 신규모집계획 및 훈련프로그램에 대한 관리를 자체적으로 실시하므로 행정관리가 어렵고 비용이 많이 소모된다.

⑤ 자체경비는 경비원의 감원과 충원 등이 비교적 탄력적이고 유연하다.

> **TIP** 자체경비는 경비원을 새로 채용할 경우 불필요한 시간이 소요될 우려가 있으며 전문성이 부족하다는 단점이 있다.

**Answer** 3.④ 4.⑤

**5** ( ) 안에 들어갈 말로 옳은 것은?

> 민간경비에 있어 우수인력 확보를 위한 가장 기본적인 요소는 (    )이라고 할 수 있다.

① 행정지원　　　　　　　　　　② 교육훈련

③ 정책　　　　　　　　　　　　④ 경영

⑤ 계약

> **TIP** 교육훈련
> ㉠ 교육훈련의 성과 : 경비원의 자세와 임무수행에서 나타나고, 조직의 목표를 이해하고 조직 속에서 자신의 위치를 파악할
> 　　수 있도록 도와준다.
> ㉡ 교육훈련의 목적
> 　• 조직경영전략의 전개에 필요한 인력 확보
> 　• 조직통제와 조정문제의 감소
> 　• 조직의 안정성과 융통성 확보

**6** 다음이 설명하는 민간경비의 조직운영 원리에 해당하는 것은?

> 조직이 지향하는 공동의 목표를 달성하기 위하여 하위체제 간에 수행되고 있는 업무가 통일성 내지 조화를
> 이루도록 하는 원리

① 조정 · 통합의 원리

② 계층제의 원리

③ 통솔범위의 원리

④ 명령통일의 원리

⑤ 전문화의 원리

> **TIP** 조정 · 통합의 원리 … 조직이 지향하는 공동의 목표를 달성하기 위하여 하위체제 간에 수행하고 있는 업무가 통일성 내지
> 조화를 이루도록 하는 것을 말한다. 조직구조 및 관련 업무가 내부적으로 복잡하게 분업화 · 전문화되어 있을수록 조직이
> 달성하려는 목표에 도달할 수 있게 하는 조정 · 통합의 필요성이 크다고 본다.

**Answer**　5.②　6.①

**7** 다음 중 절도, 횡령, 폭력 등과 관련 있는 경비위해요소는?

① 자연적 위해
② 인위적 위해
③ 종합적 위해
④ 특정적 위해
⑤ 사회적 위해

> **TIP** 인위적 위해 ··· 사람의 고의나 실수, 부주의 등에 의해 발생하는 재난으로 신체를 위협하는 범죄, 절도, 도둑, 사기, 횡령, 염탐행위, 태업, 폭탄위협, 화재, 간첩행위, 시민폭동, 교통사고 등이 해당된다.

**8** 경비업법상 경비원의 복장에 대한 설명으로 옳지 않은 것은?

① 경비원은 경비업무 수행 시 이름표를 경비원 복장의 상의 가슴 부위에 부착하여 경비원의 이름을 외부에서 알아볼 수 있도록 하여야 한다.
② 시·도경찰청장은 복장확인을 위해 제출받은 사진을 검토한 후 경비업자에게 복장 변경 등에 대한 시령명령을 할 수 있다.
③ 시정명령을 받은 경비업자는 복장 변경에 대한 시정 명령을 이행하여야 한다.
④ 경비원 복장 시정명령에 대한 이행보고를 하려는 경비업자는 이행사실을 입증할 수 있는 사진 등의 서류를 첨부하여 시정명령을 한 시·도경찰청장에게 제출하여야 한다.
⑤ 경비업자는 경찰공무원 또는 군인의 제복과 색상 및 디자인이 비슷한 것으로 소속 경비원의 복장을 정해야 한다.

> **TIP** 경비업자는 경찰공무원 또는 군인의 제복과 색상 및 디자인 등이 명확히 구별되는 소속 경비원의 복장을 정하고 이를 확인할 수 있는 사진을 첨부하여 주된 사무소를 관할하는 시·도경찰청장에게 행정안전부령으로 정하는 바에 따라 신고하여야 한다〈경비업법 제16조 제1항〉.

**9** 민간경비원의 휴대장비에 대한 설명으로 옳지 않은 것은?

① 경비원의 휴대장구는 경적, 경봉, 분사기로 제한하고, 근무 중에만 휴대가 가능하다.

② 경비업무 수행상 필요한 최대한도에서 장비를 사용한다.

③ 경비원으로 근무시 분사기를 휴대하여 직무를 수행하게 할 경우 분사기 소지허가가 필요하다.

④ 장비를 임의 개조하여 통상의 용법과 달리 사용함으로써 다른 사람의 생명·신체에 위해를 가하는 행위를 금지한다.

⑤ 특수경비의 경우 국가중요시설의 경비를 위하여 다른 수단이 없다고 인정될 경우 필요 한도 내에서 무기사용이 가능하다.

> **TIP** 경비원은 경비업무를 위하여 필요하다고 인정되는 상당한 이유가 있을 때에는 필요한 최소한도에서 장비를 사용할 수 있다〈경비업법 제16조의2 제4항〉.

**10** 경비지도사, 경비원 및 경비업무에 대한 설명으로 옳지 않은 것은?

① "경비지도사"라 함은 경비원을 지도·감독 및 교육하는 자를 말하며 일반경비지도사와 특수경비지도사로 구분한다.

② 일반경비원이란 시설경비업무, 호송경비업무, 신변보호업무, 기계경비업무를 수행하는 자를 말한다.

③ 특수경비원이란 특수경비업무를 수행하는 자를 말한다.

④ 호송경비업무란 운반중에 있는 현금·유가증권·귀금속·상품 그 밖의 물건에 대하여 도난·화재 등 위험발생을 방지하는 업무를 말한다.

⑤ 신변보호업무란 사람의 생명이나 신체에 대한 위해의 발생을 방지하고 그 신변을 보호하는 업무를 말한다.

> **TIP** "경비지도사"라 함은 경비원을 지도·감독 및 교육하는 자를 말하며 일반경비지도사와 기계경비지도사로 구분한다〈경비업법 제2조 제2호〉.

**Answer** 9.② 10.①

**11** 경비업법령상 경비원의 휴대장비에 해당되는 것은 모두 몇 개인가?

---

ⓐ 경적             ⓛ 단봉
ⓒ 수갑             ⓡ 분사기
ⓜ 안전방패       ⓗ 무전기
ⓢ 안전모          ⓞ 방탄복

---

① 4개                  ② 5개
③ 6개                  ④ 7개
⑤ 8개

**TIP** 경비원 휴대장비의 구체적인 기준〈경비업법 시행규칙 별표 5〉

| 장비 | 장비기준 |
|---|---|
| 경적 | 금속이나 플라스틱 재질의 호루라기 |
| 단봉 | 금속(합금 포함)이나 플라스틱 재질의 전장 700mm 이하의 호신용 봉 |
| 분사기 | 총포 · 도검 · 화약류 등 단속법에 따른 분사기 |
| 안전방패 | 플라스틱 재질의 폭 500mm 이하, 길이 1,000mm 이하의 방패로 경찰공무원이 사용하는 안전방패와 색상 및 디자인이 명확히 구분되어야 함 |
| 무전기 | 무전기 송신 시 실시간으로 수신이 가능한 것 |
| 안전모 | 안면을 가리지 아니하면서, 머리를 보호하는 장비로 경찰공무원이 사용하는 방석모와 색상 및 디자인이 명확히 구분되어야 함 |
| 방검복 | 경찰공무원이 사용하는 방검복과 색상 및 디자인이 명확히 구분되어야 함 |

**Answer** 11.③

**12** 기계경비의 단점에 대한 설명으로 옳지 않은 것은?

① 사건 발생시 현장에서의 신속한 대처가 어렵고, 현장에 출동하는 시간이 필요하다.

② 전문인력이 필요하며 유지보수에 비용이 많이 든다.

③ 시간적 취약대인 야간에도 효율성이 높아 시간적 제약을 적게 받는다.

④ 경비시스템을 잘 알고 있는 범죄자들에게 역이용당할 우려가 있다.

⑤ 오경보 등의 발생률이 비교적 높다.

> **TIP** 기계경비의 단점
> ㉠ 최초의 설치비용이 많이 들며 유지보수 비용이 비싸다.
> ㉡ 고장 시 즉각적인 대응이 어렵다.
> ㉢ 비상시 현장대응이 어렵다.
> ㉣ 오경보 및 허위경보 등의 위험이 있다.
> ※ 기계경비의 장점
> ㉠ 인건비가 적게 든다.
> ㉡ 광범위한 장소를 효율적으로 감시할 수 있다.
> ㉢ 24시간 감시가 용이하다.
> ㉣ 인명피해를 최소화 할 수 있다.

**13** 기계경비의 단점에 대한 설명으로 옳지 않은 것은?

① 오경보로 인한 불필요한 출동은 경찰력 운용의 효율성에 장애요인이 된다.

② 야간에는 경비활동의 제약을 받아 효율성이 저하된다.

③ 오경보 방지를 위한 유지 · 보수에 많은 비용이 발생한다.

④ 계약상대방에게 기기 사용요령 및 운영체계 등에 관하여 설명해야하는 번거로움이 있다.

⑤ 비상사태 발생 시 현장의 즉각적인 대응이 어렵다.

> **TIP** 기계경비의 장단점
> ㉠ 장점
> · 장기적으로 보면 운영비용의 절감효과를 기대할 수 있다.
> · 첨단 컴퓨터 등의 활용으로 감시가 정확하고, 사후 범죄의 수사단서로 활용이 가능하다.
> · 인명피해를 예방할 수 있다.
> · 기계경비시스템을 설치하였다는 경고문구만으로도 잠재적 범죄자 등에 대한 경고효과가 크다.
> · 화재예방 등 다른 예방시스템과 통합운용이 가능하다.
> · 24시간 동일한 조건으로 지속적인 감시가 가능하다.

**Answer** 12.③ 13.②

ⓛ 단점

　• 최초 설치비용이 많이 발생한다.

　• 기계경비에 대한 지식이 있는 범죄자에게는 악이용될 우려가 있다.

　• 오경보 및 허위경보의 가능성이 있다.

　• 운영 매뉴얼에 기재된 업무만 가능하며 인력경비 같은 통합적 서비스 제공은 어렵다.

　• 현장에서 신속한 대처가 어려우며 출동시간이 필요하다.

**14** 폭발·화재의 위험은 화학공장이 더 크고, 절도·강도에 의한 잠재적 손실은 소매점에서 더욱 크게 나타난다는 설명과 관련된 위해는 무엇인가?

① 자연적 위해　　　　　　　　　　② 인위적 위해

③ 특정한 위해　　　　　　　　　　④ 지형적 위해

⑤ 척도적 위해

> **TIP** 특정한 위해 … 특정 시설물 또는 각 지역, 국가 등에 따라 성질이나 유형이 다양하게 나타나는 위해로 원자력발전소의 방사능 누출 위해, 화학공장의 화재나 폭발 위험, 가스 폭발 위해, 백화점의 날치기 등이 여기에 해당한다.

**15** 특정한 손실 발생 시 회사에 얼마나 심각한 영향을 미치는지를 고려하고, 손실에 의한 위험의 빈도를 조사하는 경비위해요소 분석단계는?

① 경비위해요소 인지

② 손실발생 가능성 예측

③ 손실(경비위험도) 평가

④ 경비활동 비용효과 분석

⑤ 경비위해요소 척도화

> **TIP** 경비위험도 평가
> ㉠ 경비위해분석을 통해 손실의 취약성 또는 손실가능성을 객관적으로 파악
> ㉡ 특정 손실이 발생하였다면 손실이 경비대상에 어떠한 영향을 미치는지 평가하고 손실에 대한 잠재적 위험의 빈도를 조사하는 과정
> ㉢ 경비위해요소 분석결과에 따라 장비와 인원 등의 투입이 결정
> ㉣ 많은 손실이 예상되는 경비대상에는 종합경비시스템 설치

**Answer** 14.③ 15.③

**16** 경비업법령에 따른 일반경비원과 특수경비원의 신임교육에 공통되는 과목은?

① 사격

② 총검술

③ 총기조작

④ 기계경비실무

⑤ 폭발물 처리요령

> **TIP** 일반경비원의 신임교육과목
> ㉠ 경비업법
> ㉡ 범죄예방론(신고 및 순찰요령 포함)
> ㉢ 시설경비업무(신고 및 순찰요령, 관찰·기록기법 포함)
> ㉣ 호송경비실무
> ㉤ 신변보호실무
> ㉥ 기계경비실무
> ㉦ 사고예방대책(테러 대응요령, 화재대처법 및 응급처치법 포함)
> ㉧ 체포·호신술(질문·검색요령 포함)
> ㉨ 장비사용법
> ㉩ 직업윤리 및 서비스(예절 및 인권교육 포함)
> ※ 특수경비원 신임교육 과목
>   ㉠ 경비업법·경찰관직무집행법 및 청원경찰법
>   ㉡ 헌법 및 형사법(인권, 경비관련 범죄 및 현행범 체포에 관한 규정 포함)
>   ㉢ 범죄예방론(신고요령 포함)
>   ㉣ 정신교육
>   ㉤ 테러 대응요령
>   ㉥ 폭발물 처리요령
>   ㉦ 화재대처법
>   ㉧ 응급처치법
>   ㉨ 분사기 사용법
>   ㉩ 출입통제 요령
>   ㉪ 예절교육
>   ㉫ 기계경비 실무
>   ㉬ 정보보호 및 보안업무
>   ㉭ 시설경비요령(야간경비요령 포함)
>   ㉮ 민방공(화생방 관련 사항 포함)
>   ㉯ 총기조작
>   ㉰ 총검술
>   ㉱ 사격
>   ㉲ 체포·호신술
>   ㉳ 관찰·기록지법

**Answer** 16.④

**17** 경비위해요소 분석에 대한 설명으로 옳지 않은 것은?

① 경비계획 수립시 모든 시설물마다 인력경비와 기계경비시스템을 동일하게 적용해야만 한다.

② 손실이 크게 예상되지 않는 소규모 경비시설물은 손쉬운 손실예방책인 성능이 우수한 잠금장치를 사용할 수 있다.

③ 기업의 손실영역이 증가하고 복잡해지면 1차원적 경비형태만으로 대응하기 어렵다.

④ 손실예방을 위해 최적의 방어책을 세우기 위해서는 위해요소에 대한 인지와 평가가 우선적으로 선행되어야 한다.

⑤ 경비활동의 대상이 되는 위험요소들을 대상별로 추출하여 성격을 파악하는 경비진단활동이다.

**TIP** 경비위해요소 분석 시 해당 시설물마다 적합하고 적정한 위험요소와 위험도를 평가하여야 하며, 모든 시설물에 대해 표준화된 시스템을 적용하여서는 아니 된다.

**18** 다음에 해당하는 호송경비의 방식은 무엇인가?

> 운송업자 A가 고가미술품을 자신의 트럭에 적재하여 운송하고, 이 적재차량의 경비는 경비업자 B가 무장경비차량 및 경비원을 통해 경비하였다.

① 통합호송방식

② 분리호송방식

③ 휴대호송방식

④ 동승호송방식

⑤ 편성호송방식

**TIP** 분리호송방식 … 운송업자가 호송대상물건을 자신의 차량에 적재하여 운송하고, 이 적재차량의 경비는 경비업자가 경비차량과 경비원을 통해 경비하는 방식이다.

**19** 폭발물에 의한 테러 위협에 대한 설명으로 옳지 않은 것은?

① 폭발물에 의한 테러 위협을 당하면 우선적으로 사람들을 건물 밖으로 대피시킨다.

② 테러협박전화가 걸려오면 경비책임자에게 보고하고, 위험이 감지되면 경찰서나 소방서 등 관련 기관에 신속하게 연락한다.

③ 경비원은 폭발물이 발견되면 그 지역을 자주 출입하는 사람이나 출입이 제한된 사람들의 명단을 파악한 후 신속하게 폭발물을 제거한다.

④ 경비원은 폭발물의 폭발력을 약화시키기 위하여 모든 창문과 문은 열어둔다.

⑤ 경비원은 폭발물 예상지역 수색 시 경찰관이나 소방관과 함께 수색하여야 한다.

> **TIP** 폭발물이 발견된 경우 해당 관련 기관에 연락을 취하고 해당 지역을 자주 출입하는 사람과 출입이 제한된 사람들의 명단을 파악·확보하여야 하며, 폭발물의 폭발력을 약화시키기 위하여 모든 창과 문은 열어 두어야 한다. 폭발물 제거는 오로지 폭탄전문가만이 할 수 있다.

**20** 다음 중 홈 시큐리티의 기능으로 바르지 않은 것은?

① 화재 및 가스경보

② 동영상 통보 및 원격지 전송

③ 도난경보

④ 출입문 자동계폐

⑤ 안전 확보

> **TIP** 홈 시큐리티 기능
> • 도난경보
> • 화재 및 가스경보
> • 원격 감시 제어 시스템
> • 안전확보
> • 공동현관 제어
> • 음성인식 및 교신
> • 동영상 통보 및 원격지 전송
> • 가전생활용품 원격제어

**Answer** 19.③ 20.④

**21** 홈 시큐리티 기능 중 감시정보를 실시간으로 네트워크나 인터넷망을 통해 사용자가 원하는 화면을 분할 형태로 동시에 모니터링하고 감시 제어 할 수 있는 보안 시스템을 무엇이라고 하는가?

① 공동현관 제어
② 원격 감시 제어 시스템
③ 도난경보
④ 가전생활용품 원격제어
⑤ 음성인식 및 교신

> **TIP** 원격 감시 제어 시스템은 감시물에 대한 영상, 방범·방재, 출입통제센서 등의 감시정보를 실시간으로 네트워크나 인터넷망을 통해 사용자가 원하는 화면을 분할 형태로 동시에 모니터링하고 감시 제어 할 수 있는 보안 시스템을 의미한다.

**22** 다음 중 요인경호에서의 이동 중의 경호에 대한 내용으로 바르지 않은 것은?

① 사전에 경호원 간의 통신이 두절되도록 하고 긴급히 연락할 수 있는 수단을 만들어 두지 않는다.
② 수상한 사람이 있는지 살피고 경계를 늦추지 않는다.
③ 차량 내부를 점검한다.
④ 차량 운전기사에 관한 정보를 사전에 조사해 둔다.
⑤ 이동 지점을 미리 조사하고 미리 요원을 배치해 둔다.

> **TIP** 이동 중 경호
> • 차량 운전기사에 관한 정보를 사전에 조사해 둔다.
> • 이동 지점을 미리 조사하고 미리 요원을 배치해 둔다.
> • 차량 내부를 점검한다.
> • 경호원 간의 통신이 두절되지 않도록 하고 긴급히 연락할 수 있는 수단을 만들어 둔다.
> • 거리이동 중 경호는 요인의 신분에 맞게 하며 지나치지 않도록 주의한다.
> • 수상한 사람이 있는지 살피고 경계를 늦추지 않는다.

**Answer** 21.② 22.①

**23** 다음 중 기계경비에 관련한 사항으로 잘못된 것은?

① 오경보 및 허위경보 등의 위험이 있다.

② 인건비가 적게 든다.

③ 광범위한 장소를 효율적으로 감시할 수 있다.

④ 고장 시 즉각적인 대응이 용이하다.

⑤ 최초의 설치비용이 많이 들며 유지보수 비용이 비싸다.

> **TIP** 기계경비는 고장 시에 즉각적인 대응이 어렵다는 문제점이 있다.


**24** 다음 중 국내에서 민영교도소 등의 설치·운영에 관한 법률을 제정한 시기는?

① 1997년          ② 2000년

③ 2003년          ④ 2006년

⑤ 2009년

> **TIP** 국내에서는 2000년에 민영교도소 등의 설치·운영에 관한 법률을 제정하였다.


**25** 다음은 인력경비에 대한 내용이다. 이 중 가장 옳지 않은 것은?

① 사람을 활용하므로 경비업무를 전문화 할 수 있고 고용창출 효과와 고객의 접점 서비스 효과가 있다.

② 인건비의 부담으로 인해 경비에 많은 비용이 드는 편이다.

③ 야간에도 경비 활동의 제약을 받지 않아 효율성이 증가한다.

④ 현장에서 상황이 발생하였을 경우 신속한 조치가 가능하다.

⑤ 사건발생이 인명피해의 가능성이 있다.

> **TIP** 인력경비의 경우 야간에는 경비 활동의 제약을 받아 효율성이 감소된다.


**Answer** 23.④ 24.② 25.③

**26** 다음 중 혼잡행사 안전관리의 문제점으로 보기 가장 어려운 것은?

① 시민들에게 안전 불감증이 존재한다.

② 행사장별 경험부족으로 인해 경비가 미흡하다.

③ 행사장소 자체가 협소하여 안전관리 상 문제가 생길 수 있다.

④ 경찰인력의 지원이 충분하다.

⑤ 안전요원에게 책임감이 결여되어 있다.

> **TIP** 혼잡행사 안전관리의 문제점
> • 행사장소 자체가 협소하여 안전관리 상에 있어 문제가 생길 수 있다.
> • 경찰인력의 지원이 부족하다.
> • 시민들에게 안전 불감증이 존재한다.
> • 안전요원에게 책임감이 결여되어 있다.
> • 행사장별 경험부족으로 인해 경비가 미흡하다.

**27** 다음 중 교정업무의 민간위탁에서 수탁자의 선정방법, 선정절차, 그 밖에 수탁자의 선정에 관하여 필요한 사항은 누가 정하는가?

① 대통령                    ② 국무총리

③ 국방부장관                ④ 법무부장관

⑤ 검찰총장

> **TIP** 교정업무의 민간위탁에서 수탁자의 선정방법, 선정절차, 그 밖에 수탁자의 선정에 관하여 필요한 사항은 법무부장관이 정한다.

**28** 경비업자는 규정에 의하여 소속 일반경비원에 대하여 매월 행정안전부령이 정하는 몇 시간 이상의 직무교육을 실시해야 하는가?

① 4시간                     ② 6시간

③ 8시간                     ④ 10시간

⑤ 12시간

> **TIP** 일반경비업자는 규정에 의하여 소속 일반경비원에 대하여 매월 행정안전부령이 정하는 4시간 이상의 직무교육을 실시해야 한다.

**Answer** 26.④ 27.④ 28.①

**29** 다음 중 특수경비업자는 소속 특수경비원에 대해 매월 행정안전부령이 정하는 몇 시간 이상의 직무교육을 실시하여야 하는가?

① 2시간　　　　　　　　　　　② 4시간

③ 6시간　　　　　　　　　　　④ 8시간

⑤ 10시간

> **TIP** 특수경비업자는 소속 특수경비원에 대해 매월 행정안전부령이 정하는 6시간 이상의 직무교육을 실시하여야 한다.

**30** 다음의 내용을 읽고 괄호 안에 들어갈 말로 가장 적절한 것을 고르면?

> 청원주는 청원경찰에 임용된 사람으로 하여금 경비구역에 배치하기 전에 경찰교육기관에서 직무 수행에 필요한 교육을 받게 해야 한다. 다만, 경찰교육기관의 교육계획상 부득이하다고 인정할 때에는 우선 배치하고 임용 후 (　) 이내에 교육을 받게 할 수 있다.

① 1년　　　　　　　　　　　② 2년

③ 3년　　　　　　　　　　　④ 4년

⑤ 5년

> **TIP** 청원주는 청원경찰에 임용된 사람으로 하여금 경비구역에 배치하기 전에 경찰교육기관에서 직무 수행에 필요한 교육을 받게 해야 한다. 다만, 경찰교육기관의 교육계획상 부득이하다고 인정할 때에는 우선 배치하고 임용 후 1년 이내에 교육을 받게 할 수 있다.

**31** 다음 중 단일예방체제에 의존하는 경비시스템의 유형은?

① 총체적 경비　　　　　　　　② 단편적 경비

③ 반응적 경비　　　　　　　　④ 다차원적 경비

⑤ 1차원적 경비

> **TIP** 1차원적 경비는 경비원이 행하는 경비와 같이 단일예방체제에 의존하는 것을 의미한다.

**Answer**　29.③　30.①　31.⑤

**32** 다음 중 필요에 의해 단편적으로 손실예방의 역할을 수행하기 위해 추가되는 경비형태를 무엇이라고 하는가?

① 반응적 경비　　　　　　　　　　　② 총체적 경비
③ 단편적 경비　　　　　　　　　　　④ 1차원적 경비
⑤ 다차원적 경비

> **TIP** 단편적 경비는 포괄적이면서 전체적인 계획 없이 필요에 의해 단편적으로 손실예방의 역할을 수행하기 위해 추가되는 경비형태를 말한다.

**33** 다음 중 어떻게 발생할지 모르는 사항에 대비해서 인력경비와 기계경비를 혼합한 표준화된 경비형태를 무엇이라고 하는가?

① 총체적 경비　　　　　　　　　　　② 단편적 경비
③ 반응적 경비　　　　　　　　　　　④ 1차원적 경비
⑤ 다차원적 경비

> **TIP** 총체적 경비는 위해요소와 관계없이 언제 어떤 형태로 발생할지 모르는 사항에 대비해 인력경비와 기계경비를 혼합한 표준화된 경비형태를 의미한다.

**34** 다음 중 자체경비의 특징에 대해 잘못 설명하고 있는 것은?

① 조사활동을 통해 기업 특유의 경비 시스템을 구축해야 한다.
② 습득하게 된 기밀을 유지하며 경비직원의 보안교육을 철저히 해야 한다.
③ 타 부서와 긴밀하게 의사소통을 해야 한다.
④ 타 부서에도 민감한 사항을 제외한 일정수준의 정보라 할지라도 이를 비공개해서 전체적인 협조체제를 구축해야 한다.
⑤ 일반적 경비와 다르게 발생 후 대처가 아닌 발생 전 예방이 중요하다.

> **TIP** 타 부서에도 민감한 사항을 제외한 일정수준의 정보를 공개해 전체적인 협조체제를 구축해야 한다.

**Answer** 32.③ 33.① 34.④

**35** 다음 중 자체경비에 관한 내용으로 옳지 않은 것은?

① 비용은 고가이다.

② 이용기간은 단기간이다.

③ 인사상의 문제는 복잡하다.

④ 객관성 면에서 보면 고용주의 의식이 있다.

⑤ 전문성은 낮다.

> **TIP** 자체경비의 이용기간은 장기간이다.

**36** 다음 중 계약경비에 대한 사항으로 가장 부적절한 것을 고르면?

① 비용은 저가이다.

② 이용기간은 단기간이다.

③ 인사상의 문제는 단순하다.

④ 객관성의 입장에서 보면 고용주의 의식은 거의 없다.

⑤ 전문성은 상당히 낮다.

> **TIP** 계약경비에서의 전문성은 높다.

**Answer** 35.② 36.⑤

**37** 다음 중 민간경비의 조직운영원리로 바르지 않은 것은?

① 계층제의 원리
② 통솔범위의 원리
③ 전문화의 원리
④ 조정 및 분리의 원칙
⑤ 명령통일의 원리

> **TIP** 민간경비의 조직운영원리
> • 전문화의 원리
> • 계층제의 원리
> • 조정 및 통합의 원리
> • 명령통일의 원리
> • 통솔범위의 원리

**38** 아래의 내용은 경비책임자의 역할 중 무엇에 관한 것인가?

> 경비업무를 기획하고 이에 대한 혁신적인 방향을 제시한다.

① 예방상의 역할
② 경영상의 역할
③ 관리상의 역할
④ 의학상의 역할
⑤ 행동상의 역할

> **TIP** 경영상의 역할로는 경비업무를 기획하고 이에 대한 혁신적 방향의 제시, 경비원을 채용하고 지도하며 조직화하는 업무를 처리하는 역할을 수행한다.

**Answer** 37.④ 38.②

# 05 경비와 시설보호의 기본원칙

## ❶ 경비계획의 수립

### (1) 경비계획의 의의

① 효과적인 경비 서비스를 제공하기 위한 절차로 축적된 경험에 따라 조금씩 차이가 있다.

② 경비계획의 수립은 경비 서비스의 전반적인 계획이므로 특정 사항들이 누락되면 후에 수정비용이 더 많이 들 수 있다.

### (2) 경비계획의 체계

① 외부출입자의 통제는 불필요한 의심의 요소를 줄이기 위해서이다.

② 내부출입자의 통제는 내부 절도나 유출 등을 막기 위해서이다.

③ 사전조사와 연구를 토대로 실제로 배치·실행해본다.

④ 실행된 원칙이 실제적인 효용성이 있는지 판단한다.

### (3) 경비수준

① **최저수준 경비** … 보통의 가정집에서 이루어지는 경비수준을 의미한다.

② **하위수준 경비** … 창문에 창살이나 기본적인 경보 시스템을 갖춘 경비수준을 의미한다.

③ **중간수준 경비** … 추가적으로 통신장비를 갖춘 경비원들이 조직되어 있는 경비수준을 의미한다.

④ **상위수준 경비**
　㉠ CCTV나 경계경보 시스템, 무장경호원 등이 갖추어진 경비수준을 의미한다.
　㉡ 고도의 조명 시스템으로 관계기관과의 조정계획 등을 갖춘다.
　㉢ 교도소시설, 제약회사, 전자회사 등에서 이루어진다.

⑤ **최고수준 경비**
　㉠ 일정한 패턴이 전혀 없는 외부 및 내부의 행동을 발견, 억제하고 문제를 해결하기 위하여 최첨단의 경보 시스템과 현장에서 즉시 대응할 수 있는 24시간 무장체계를 갖추도록 요구되는 경비수준이다.
　㉡ 군사시설이나 핵시설에서 이루어진다.

### (4) 경비계획의 수립과정과 기본원칙

#### ① 경비계획의 수립과정

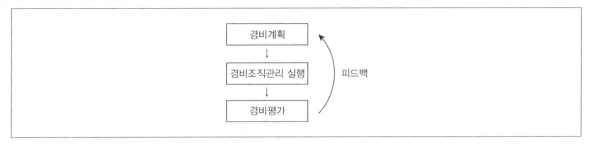

#### ② 경비계획의 기본 원칙

  ㉠ 직원의 출입구는 주차장으로부터 가급적 멀리 떨어진 곳에 위치해야 한다.
  ㉡ 경비원의 대기실은 시설물의 출입구와 비상구에서 인접한 곳에서 위치해야 한다.
  ㉢ 경비관리실은 출입자 등의 통행이 많은 곳에서 설치해야 한다.
  ㉣ 경계구역과 건물의 출입구는 안전규칙의 범위 내에서 최소한으로 유지되어야 한다.
  ㉤ 경비원 1인이 경계해야 할 구역의 범위는 안전규칙상 적당해야 한다.

### (5) 피드백의 중요성

#### ① 피드백의 의의

  ㉠ 경비 서비스에 대한 정보가 공급자인 경비업체에게 되돌아오는 것을 의미한다.
  ㉡ 피드백이란 어떻게 행동해야 하는지 알 수 있도록 해주는 긍정적이고 부정적인 정보라고 정의한다.
  ㉢ 피드백을 받음으로써 제공하고 있는 서비스의 질(Quality)이 어떤지, 어떤 영향을 주었는지 명확하게 이해할 수 있다.

#### ② 피드백의 목적

  ㉠ 제공되는 서비스에서 기대되고 있는 바에 대해 알 수 있도록 해준다.
  ㉡ 추구하고 있는 목표와 변화를 가속화시키고, 서비스의 신뢰를 고취시키며, 지속하게끔 고무시킨다.
  ㉢ 기존의 서비스에서 새로운 기술을 학습할 것인지에 대한 정보를 준다.
  ㉣ 서비스의 허점과 장애요인에 대한 가치 있는 정보를 제공해준다.

#### ③ 피드백의 원칙

  ㉠ 피드백을 자주 주고받는다.
  ㉡ 적시에 피드백 한다.
  ㉢ 피드백은 지속적으로 이루어질 때 가장 효과적이다.
  ㉣ 일상적이고 사소한 것에 대한 피드백이 중요하다.
  ㉤ 개발을 목적으로 피드백 한다.
  ㉥ 성과문제를 해결하기 위해 피드백 한다.

## ❷ 시설경비의 원칙과 종류

### (1) 시설경비의 원칙

① **위험도의 원칙** : 경비대상시설, 물건의 위험도에 따라 각각 다르다는 원칙으로 화재, 도난사고 발생위험도 판단에 이용된다.

② **취약성의 원칙** : 취약성에 의해 달라진다는 것으로 빌딩의 경우 가스보일러실, 식사조리실, 냉난방기계실, 상품창고 등이 가장 취약한 장소이다.

③ **확률성의 원칙** : 미발생확률을 생각하지 않고 사고가 발생할 수도 있다는 정신으로 근무하라는 것으로, 1번의 대형사고의 발생은 그 전에 유사한 29번의 경미한 사고가 있었고, 300번 이상의 징후가 감지되었다라는 하인리히의 1 : 29 : 300법칙을 적용한다.

### (2) 시설경비의 종류

① 상주경비

② 순찰경비

③ 보안경비

### (3) 시설경비의 운용

① 순찰근무

    ㉠ **순찰의 의의** : 순찰은 경비책임 구역을 순행하면서 경비대상시설의 안전과 범죄의 예방, 사고방지, 정황관찰 등을 하는 근무형태를 말한다.

    ㉡ **순찰의 기능**

        ⓐ **범죄억제효과** : 범인은 경비원이 가까이 지나가기만 하여도 위축되어 범죄를 포기할 수 있으니, 부단한 순찰과 불심검문으로 범죄를 예방할 수 있다.

        ⓑ **정황관찰** : 시설 내 모든 상황을 파악하는 것으로 새로운 물건의 발견, 물건의 위치나 형태의 변경 등의 정황을 관찰하고 확인하는 것이다.

    ㉢ **순찰의 종류**

        ⓐ 노선에 의한 구분
- 정선순찰
- 난선순찰
- 요점순찰
- 구역순찰

ⓑ 기동력에 의한 구분
- 도보순찰 : 걸어서 순찰하는 것으로 속도가 느리다는 단점이 있으나 은밀하거나 면밀한 순찰 및 음향 청취가 가능하다는 장점이 있다. 야간순찰에 유리하다.
- 차량순찰 : 차량을 이용하여 순찰하는 것으로 넓은 지역을 순찰할 수 있으나 상세한 관찰은 불가능하다.
- 자전거 순찰
ⓒ 인원에 의한 구분
- 단독순찰
- 복수순찰
ⓔ 근무자의 준수사항
ⓐ 목적의식 : 시설의 안전을 지킨다.
ⓑ 용모, 복장 단정 : 용모와 복장이 단정한지 확인
ⓒ 장구 점검 : 순찰에 필요한 장구 점검, 단봉, 경적, 분사기, 손전등 등
ⓓ 의연한 태도 : 근무자는 태도가 의연해야 함
ⓔ 정숙한 근무 : 범죄자의 동태를 감시하는데 필수
ⓕ 중점 점검대상 숙지 : 취약장소, 중요한 서류나 물품이 있는 곳, 화기가 있는 장소 등
ⓖ 이상시 원인 규명 : 이상한 소리 및 냄새 등은 그 원인을 밝혀야 하며, 원인을 규명하지 못하면 대형 사고로 확대될 가능성이 큼
ⓗ 보고 : 순찰 시작과 종료 시 순찰지점의 상태 및 인계사항 등을 감독자에게 반드시 보고
ⓜ 순찰근무시 확인사항
ⓐ 건물 내부 순찰 시 확인사항
- 순찰 시 실내상황을 기억하고 변동사항이 있을 경우 주의 깊게 관찰하여야 한다.
- 창문, 셔터 등의 파손 및 시건 여부를 확인하여야 한다.
- 중요기밀실의 시건 여부를 확인하여야 한다.
- 계단, 통로, 화장실 등 범인 은닉 가능장소를 점검하여야 한다.
- 흡연실의 재떨이 상태를 점검하여야 한다.
- 전기스위치 등을 점검하여야 한다.
- 문을 열고 들어갈 경우에는 인기척의 유무를 확인하여야 한다.
- 소화기를 상태를 확인하여야 한다.
ⓑ 건물 외부 순찰 시 확인사항
- 침입에 사용될 우려가 있는 전주, 수목, 담벽 등을 점검하여야 한다.
- 출입문, 셔터, 창문 등의 시건 상태를 점검하여야 한다.
- 건물 모퉁이를 돌 경우 인기척 유무를 확인하여야 한다.
- 인근 불량자의 접근 유무를 확인하여야 한다.
- 소각장 및 쓰레기 하치장도 점검하여야 한다.
- 담벽 손상 시 보수 유무를 확인하여야 한다.
- 소화설비 및 피난설비를 점검하여야 한다.
- 관상수 주위 점검 및 옥외등 조명 상태를 확인하여야 한다.

② 출입자 관리

　㉠ 의의 : 출입자를 감시하고 반출입 물품을 확인·점검하는 업무를 말한다.

　㉡ 근무자의 일반 수칙

　　ⓐ 용모 및 복장이 단정해야 한다.

　　ⓑ 공손하고 예의바른 언행을 사용하여야 한다.

　　ⓒ 의연한 태도를 유지하여야 한다.

　　ⓓ 시설 내의 지리·물리적 사정을 숙지하고 있어야 한다.

　　ⓔ 업무의 인수인계가 철저히 이행되어야 한다.

　㉢ 출입관리근무 요령

　　ⓐ 사람의 출입관리

　　　• 고정출입자의 파악

　　　• 불심자의 발견

　　ⓑ 차량의 출입관리

　　　• 차량번호, 행선지, 용무, 시간 등을 출입관리부에 기재

　　　• 화물 적재시 화물의 종류와 수량 확인

　　　• 주차장소의 안내

　　ⓒ 물품의 반출입관리

　　　• 반출입 물품의 확인

　　　• 반출입증과 물품의 내용 일치여부 확인

　　　• 반출입증 발행인의 정당성 여부

　　　• 포장의 상태 확인

③ 초소근무

　㉠ 중요 지형지물과 의심스러운 장소를 중점적으로 감시한다.

　㉡ 가까운 곳에서부터 감시하여 차츰 먼 곳까지 감시한다.

　㉢ 좌에서 우로, 우에서 좌로 반복하여 감시한다.

　㉣ 50m씩 끊어서 약간 중첩되게 감시한다.

　㉤ 야간에는 청각을 최대로 활용한다.

　㉥ 아주 작은 소리에도 세심한 주의를 기울인다.

# ❸ 외곽경비

## (1) 외벽

### ① 자연적 외벽
    ㉠ 지역의 지형지물이나 자연적으로 생성된 특성을 이용하는 것을 말한다.
    ㉡ 강, 도랑, 절벽, 계곡 등 침입하기 곤란한 지역을 의미한다.

### ② 인공적 외벽
    ㉠ 인위적 구조물에 대한 것으로 일시적 · 상설적인 것을 의미한다.
    ㉡ 벽, 담, 울타리, 문, 철조망 등과 같이 침입을 막기 위해 설치한 방어시설을 말한다.

## (2) 울타리

### ① 철조망
    ㉠ 지상에 철주 (鐵柱)나 나무 말뚝을 박고, 철선을 종횡으로 얽어서 만드는 것이 일반적이다.
    ㉡ 철조망은 그 자체만으로도 외부인의 접근을 제한하는 효과가 있다.
    ㉢ 비교적 철거를 하기 쉬워서 전류를 흐르게 하는 경우도 있다.

### ② 철사
    ㉠ 가시철사
        ⓐ 꼬인 두 가닥의 철사로 일정한 간격(4인치)에 수직방향으로 감긴 날카로운 짧은 철사로 되어있다.
        ⓑ 비용대비 효과가 비교적 큰 것으로 널리 쓰이고 있다.
    ㉡ 콘서티나 철사
        ⓐ 윤형철조망이라고도 부르는데 실린더 모양으로 만들어져서 강철 면도날 철사와 함께 철해져서 감아
            놓은 것이다.
        ⓑ 콘서티나 철사는 신속하게 장벽을 설치하기 위해 군대에서 처음 개발되었다.

### ③ 담장
    ㉠ 목책이나 가시철망울타리 등과 같이 경미한 재료로 만들어진 것보다 튼튼하게 만들어진 것을 담장이라
        고 한다.
    ㉡ 담장을 축조하는 재료에 따라 구분하면 토담 · 돌담 · 벽돌담 · 블록 담 · 콘크리트 담 등이 있다.
    ㉢ 담장의 목적
        ⓐ 소유권 표시로서의 대지경계선을 확정한다.
        ⓑ 사람이나 동물의 침입을 방지한다.
        ⓒ 외부의 시선을 차단한다.

### (3) 출입문

① 출입경비는 출입구가 많을수록 경비가 어렵고 비용이 많이 든다.

② 업무시간과 업무 외 시간을 구분하여 출입문 경비를 한다.

③ 출입구의 용도에 따라 경비 방식은 달라져야 한다.

 ㉠ **개방된 출입구**

  ⓐ 직원 전용 출입구의 경우 직원 이외의 출입자를 확인한다.

  ⓑ 직원과 고객이 함께 출입하는 경우 거동이 수상한 자를 확인하거나 용무를 확인한다.

  ⓒ 차량의 진입 통제에서 염두에 두어야 할 것은 차량의 원활한 소통이다.

  ⓓ 가능한 한 출입차량에 방해를 주지 말아야 하며 공간은 충분히 넓어야 한다.

  ⓔ 비상 시 대처나 그 밖의 경우에 대비하여 평상시에는 양방통행을 유지하며 긴급한 사정 발생 시에 한해 일방통행을 실시한다.

 ㉡ **폐쇄된 출입구**

  ⓐ 폐쇄된 출입구는 긴급한 경우 사용이 가능하도록 평소에 주기적으로 점검한다.

  ⓑ 사용하지 않는 경우에는 잠금장치를 해둔다.

### (4) 시설물

① **창문**

 ㉠ 창문은 외부의 침입과 공격에 취약한 부분 중의 하나이다.

 ㉡ 지상에서 가까운 층의 창문은 외부 침입의 원인이 될 수 있으므로 필수적으로 외부 보호시설(철망, 창살)을 설치하여야 한다.

 ㉢ 지상에서 가까운 층이 아니더라도 평소에 수시로 잠금장치가 되어 있는지 확인해야 한다.

② **비상출구**

 ㉠ 비상구의 경우 평상시 원격통제가 필요하나 자동, 수동 모두 가능하도록 설치하여야 한다.

 ㉡ 사람의 왕래가 적은 지역이므로 특별히 경보장치를 설치하는 것이 좋다.

③ **지붕**

 ㉠ 취약지구 중 하나로서 감시 장치 등이 필요하다.

 ㉡ 타 건물과 인접하여 건물을 넘어서 침입할 수 있으므로 사용하지 않는 경우 잠가둔다.

## (5) 경비조명

① 경비원의 경비활동 시 가시거리 확보를 돕기 위하여 사용되는 가로등이나 백열전등 등으로 어두운 곳을 밝은 곳으로 바꾸는 조명을 말한다.

② 경비원의 가시거리 확보, 건물의 미적 감각 향상, 침입자의 침입의도를 사전에 포기하도록 하는 심리적 압박 등의 기능을 한다.

③ 조명설치 시 유의사항

   ⊙ 인근지역을 너무 밝게 하거나 영향을 미침으로써 타인의 사생활에 방해를 하여서는 아니되며, 경계구역 내의 지역과 건물에 적합하도록 설치

   ⓛ 경계구역 안과 밖을 비출 수 있도록 적당한 밝기와 높이로 설치

   ⓒ 경계대상물이 경계선에서 가깝거나 건물 자체가 경계선의 일부분일 경우에는 외부 조명을 건물에 직접적으로 비추도록 설치

   ⓔ 경비원의 시야를 방해하여서는 아니 되며, 가능한 한 그림자가 생기지 않도록 설치

   ⓜ 도로, 고속도로, 항해수로 등 인접한 시설물의 조명장치는 통행에 미치는 영향을 고려하여 적절한 부분을 비출 수 있도록 설치

   ⓗ 경계조명 시설물은 경계구역에서 이용되며, 진입등은 경계구역 내에 위치

④ 조명 설치에 따른 분류

   ⊙ 상시조명

      ⓐ 장벽을 비추거나 벽의 외부를 비추는데 사용되며, 교도소 등 교정기관에서 주로 사용한다.

      ⓑ 실외에는 사물이나 사람의 이동을 관찰하기 위하여 장벽이나 벽의 외부를 비추는 데 사용되며 실내에서는 업무수행을 위한 조명에 사용된다.

   ⓛ 예비조명

      ⓐ 상시조명을 보완하거나 상시조명이 작동하지 않을 경우 등을 대비하여 예비적으로 만들어진 조명이다.

      ⓑ 수동이나 자동으로 상시조명시스템이 작동되지 않거나 부가적인 조명이 필요할 때 사용된다.

      ⓒ 우범지역이나 순찰취약지역, 일시적인 조명이 필요한 지역에서 유용하게 사용된다.

   ⓒ 이동조명 : 휴대가 가능한 조명으로 순찰이나 일시적 조명이 필요한 경우 사용하기 편리하도록 만들어진 조명을 말한다.

   ⓔ 비상조명

      ⓐ 다른 조명시스템이 작동하지 않거나, 화재 또는 긴급사태가 발생하였을 때 전력공급이 제대로 되지 않을 경우에 사용한다.

      ⓑ 긴급사태 발생 시 기존 조명을 보충해주는 역할을 하기도 한다.

(6) 보호조명

① 백열전구
    ㉠ 가장 보편적으로 사용되는 조명이다.
    ㉡ 텅스텐 필라멘트에 전류를 흘려 열 방사에 의해 광을 얻지만 에너지 대부분이 열로 방출되어 효율이 낮다.

② 형광등
    ㉠ 발광효율이 좋고 가격이 경제적이다.
    ㉡ 일반 사무실과 가정, 학교에 많이 사용된다.

③ 석영수은등
    ㉠ 유리 대신에 투명한 석영 용기를 사용한 수은등으로 석영 자체가 내열이 강하여 높은 전류를 보낼 수가 있다.
    ㉡ 자외선을 투과시키는 장점이 있다.
    ㉢ 높은 조명을 요하는 곳에 쓰이며 주로 경계구역, 사고다발지역에 설치한다.

④ 가스방전등
    ㉠ 설치비용이 많이 든다.
    ㉡ 수명이 긴 편이나 자주 껐다 켰다하는 공간에는 적당하지 않다.
    ㉢ 경비조명으로서 가스방전등은 제 밝기를 내기 위해서 일정시간이 필요하므로 적합하지 않다.

⑤ 나트륨등
    ㉠ 방광관에 특수한 세라믹관을 사용하고 내부에 나트륨 외에 크세논가스를 봉입한 고순도 방전등이다.
    ㉡ 장점
        ⓐ 점등방향이 자유롭다.
        ⓑ 점등시간이 빠르다.
        ⓒ 미관을 이용할 수 있어 좋다.
        ⓓ 광속이 높고 광속 감퇴가 매우 좋다.
        ⓔ 투과력이 높아 안개지역이나 해안지역에 적합하다.
        ⓕ 수명이 길다.
        ⓖ 소전력으로 밝은 광원을 얻을 수 있어 전력소비를 최대한으로 줄일 수 있다.
    ㉢ 단점
        ⓐ 색상이 적황색이라 좋지 않다.
        ⓑ 시력에 장애와 피로감을 주어 인체에 해롭다.
        ⓒ 수은등, 백열등보다 고가이다.
        ⓓ 작업능률을 저하시키는 요소가 된다.
        ⓔ 인구가 많은 지역에 설치가 불가하다.

ⓔ 용도

    ⓐ 안개지역, 공항, 해안지역, 보안지역, 교량, 터미널 등에 사용된다.

    ⓑ 인적이 드문 지역에 설치가 용이하다.

## (7) 조명장비의 형태

### ① 탐조등

    ㉠ 광원 : 직류전기로 탄소봉(炭素棒)을 태워서 백색의 불꽃을 내게 하는 탄소아크등을 사용한다.

    ㉡ 흔히 서치라이트라고도 하는데 반사거울을 갖추고 있으며, 직류전기를 공급하는 발전기가 부수되어 있다.

    ㉢ 빛의 확산을 방지하고 원거리 표적을 유효하게 조명하기 위해서는 반사거울의 초점에 아크등의 불꽃을 고정시켜야 한다.

    ㉣ 탐조등은 예전에는 주로 야간에 적의 항공기 탐색용으로 사용되었으며 최근에는 주로 전장(戰場) 조명이나 해안경계용으로 쓰이고 있다.

### ② 투광조명

    ㉠ 건축물 외부나 경기장 등을 돋보이도록 하기 위한 조명이다.

    ㉡ 상당히 밝은 빛을 만들어 낸다.

### ③ 프레이넬등

    ㉠ 경계구역에 접근을 방지하기 위한 조명이다.

    ㉡ 빛을 길고 수평하게 확장하는 데 사용한다.

    ㉢ 광선의 크기가 수평으로 180° 정도, 수직으로 15°에서 30° 정도의 폭이 좁고 기다랗게 비춰지는 조명등이다.

### ④ 가로등

    ㉠ 대칭적 가로등 : 빛을 골고루 발산하며 높은 지점의 조명을 필요로 하지 않는 넓은 지역에서 사용된다.

    ㉡ 비대칭적 가로등 : 조명이 필요한 곳에서 다소 떨어진 곳에서 사용된다.

## ❹ 내부경비

### (1) 의의

① 외각경비 이후의 단계로 내부 출입 통제에 관한 경비이다.

② 시설물 내부 침입이나 절도 등을 막기 위한 경비이다.

③ 시설물의 용도와 구조에 따라 경비방법이 달라진다.

(2) 출입문 경비

① 자물쇠

    ㉠ **돌기 자물쇠** : 일반적으로 사용되는 자물쇠로 안전도가 상당히 낮다.

    ㉡ **판 날름쇠 자물쇠** : 열쇠의 한쪽 면에만 홈이 있는 것으로 돌기 자물쇠보다 상대적으로 안전도가 높지만 크게 안전하다고 볼 수 없다.

    ㉢ **핀 날름 자물쇠** : 열쇠 양쪽에 불규칙적으로 홈이 파인 형태로 판 날름쇠 자물쇠 보다 안전도가 높다.

    ㉣ **숫자맞춤 자물쇠** : 자물쇠에 있는 숫자조합을 맞춰서 잠금장치를 해체하는 것으로 안전도가 높다.

    ㉤ **암호사용식 자물쇠** : 전자자판에 암호를 입력하는 형식의 자물쇠로 암호를 잘못 입력하면 경보가 울리며 특별한 경비가 필요한 장소에 사용된다.

    ㉥ **카드작동식 자물쇠** : 카드를 꽂아 잠금을 해체하는 형식의 자물쇠이다.

② 패드록

    ㉠ 자물쇠의 단점을 보완하기 위해 고안된 장치이다.

    ㉡ 문의 중간에 일체식으로 설치된 것으로 키를 삽입하면 열리는 형식의 잠금장치이다.

    ㉢ 패드록의 종류

        ⓐ **일체식 잠금장치** : 문 하나가 잠기면 전체 출입문이 잠기는 것으로 교도소 같은 수감시설에서 사용되는 잠금장치이다.

        ⓑ **전기식 잠금장치** : 전기신호에 의해 열리고 닫히는 잠금장치로 일반적으로 원거리에서 제어할 수 있는 장점이 있다.

        ⓒ **기억식 잠금장치** : 특정 시간에만 문이 열리고 닫히는 잠금장치를 말하는 것으로 은행이나 박물관 등의 출입문에 사용하면 적당하다.

(3) 창문 경비

① 외부의 침입을 막기 위해 강화유리를 사용한다.

② 시설 밖에서는 창을 분리할 수 없어야 하며 시설 내부에서는 쉽게 분리할 수 있어야 한다.

③ 강화유리

    ㉠ 강화유리는 판유리를 고온의 열처리를 한 후에 급냉시켜 생산되는 것으로 보통의 판유리와 투사성은 같으나 강도와 내열성이 매우 증가된 안전한 유리이다.

    ㉡ 한계가 넘는 충격으로 파손되더라도 유리 끝이 날카롭지 않은 작은 입자로 부서져 사람에게 손상을 주지 않는다.

    ㉢ 강한 내열성을 갖는다.

ⓔ 열처리의 정도에 따른 구분

    ⓐ 강화유리

- 보통의 판유리와 비교했을 때 다섯 배의 내충격 강도를 가진다.
- 보통의 판유리와 비교했을 때 무게를 견디는 힘이 세 배 이상이다.

    ⓑ 배강도 유리

- 고층건물의 외벽에 주로 사용한다.
- 보통의 판유리와 비교했을 때 파손상태는 비슷하나 두 배 정도의 내충격 강도를 가진다.

ⓜ 강화유리의 종류

    ⓐ 접합유리 : 접합유리는 최소 두 장의 판유리 사이에 투명하고 내열성이 강한 폴리비닐부티랄 필름(Polyvinyl Butyral Film)을 삽입하고 진공상태에서 판유리 사이에 있는 공기를 완전하게 제거한 후에 온도와 압력을 높여 완벽하게 밀착시켜 생산한다.

- 충격물이 반대편으로 관통되지 않아 안전하며 도난을 방지한다.
- 대형규격 생산이 가능하고 방음 성능이 우수하다.
- 충격흡수력이 매우 우수하여 쉽게 파손되지 않는다.
- 충격을 받아 파손되더라도 필름이 유리파편의 비산을 방지한다.

    ⓑ 복층유리 : 복층유리는 판유리의 기능을 극대화시킨 알루미늄 스페이서 안에 공기건조제를 넣고 1차 접착한 뒤에 스페이서를 사이에 두고 판유리를 맞대어 붙인 후 2차 접착하여 생산된다.

- 유리면에 이슬 맺힘 현상을 방지하고 소음차단 성능이 뛰어나다.
- 에너지 절약형 제품이다.
- 최소한 두 장 이상의 판유리로도 생산이 가능하다.

④ 도둑이 침입할 때 시간을 지연시키게 하는 효과가 있다.

⑤ 대처할 시간이 생기게 되어 건축물 내부에 있는 사람과 재산을 보호할 수 있다.

## (4) 감시 시스템

① 순찰

    ㉠ 순찰은 정기적으로 이루어져야 한다.

    ㉡ 순찰 중에 긴급상황 발생 시 대처할 계획을 수립해둔다.

    ㉢ 순찰 패턴을 유지하고 담당자들 간의 의견교환 기회를 부여한다.

② 경보 시스템

    ㉠ 방범 시스템

        ⓐ 도난방지 시스템

        ⓑ 침입방지 시스템

    ㉡ 화재경보 시스템

© 자연재해경보 시스템

    ⓐ 홍수경보 시스템

    ⓑ 낙뢰경보 시스템

② 경보센서

    ⓐ 초음파탐지기 : 기계 간의 진동파를 탐지하는 것으로 오보율이 높다.

    ⓑ 광전자식 센서 : 레이저가 중간에 끊기면 시상신호로 바뀌면서 작동하는 센서이다.

    ⓒ 콘덴서 경보 시스템 : 전류의 흐름으로 외부침입을 파악하는 것으로 전류의 흐름을 방해하는 것으로 감지한다.

    ⓓ 자력선식 센서 : 자력선을 건드리면 작동하는 것으로 천장이나 담 등에 설치한다.

    ⓔ 전자기계식 센서 : 접지극을 설치하여 접촉유무로 작동하고 감지한다.

    ⓕ 전자파 울타리 : 레이저로 전자벽을 형성하여 작동하는 것으로 오보율이 높은 것이 단점이다.

    ⓖ 무선주파수 장치 : 열감지 등으로 전파가 이동하는데 방해 시 감지한다.

    ⓗ 진동탐지기 : 보호대상 물건에 직접 센서를 부착하여 물건의 진동을 탐지하는 센서이다.

    ⓘ 압력반응식 센서 : 직 · 간접적 압력에 따라 반응하는 센서이다.

◎ 경보체계의 종류

    ⓐ 중앙관제시스템 : CCTV를 활용하는 일반적 경보체계이다.

    ⓑ 다이얼 경보시스템 : 비상사태 발생 시 사전의 지정된 긴급연락을 한다.

    ⓒ 상주경보시스템 : 주요 지점마다 경비원을 배치하는 방식이다.

    ⓓ 제한적 경보시스템 : 화재예방 시설에 주로 쓰이는 사이렌이나 종, 비상등과 같은 제한된 경보장치를 설치한다.

    ⓔ 국부적 경보시스템 : 일정 지역에 국한해 1~2개의 경보장치를 설치하는 방식이다.

    ⓕ 로컬경비시스템 : 경비원들이 이상이 발생하면 사고발생현장으로 출동한다.

    ⓖ 외래지원정보시스템 : 전용전화 회선을 통하여 비상감지 시에 각 관계기관에 자동으로 연락이 취해지는 방식이다.

③ CCTV

  ㉠ 경비원이 감시할 수 있는 시간은 제한적이고 비효율적이다.

  ㉡ 장점

    ⓐ 특정 중요 장소에 설치하여 사후에 침입자를 검거할 때 유용하다.

    ⓑ 적은 수의 인원으로 여러 지점을 감시 할 수 있으므로 효율적이다.

  ㉢ 단점

    ⓐ 특정 지점만 감시할 수 있으며 각도가 비교적 제한적이다.

    ⓑ 특정 지점에 침입자를 감지할 때 즉각적인 반응을 할 수 없다.

④ IP CAM

    ㉠ 장비비용 및 유지비용이 저렴하다.

    ㉡ 설치가 비교적 쉽다.

    ㉢ HDD급 디지털 영상을 초당 15~30프레임으로 녹화할 수 있으며 최대화면 16분할이 가능하다.

    ㉣ 원격지에서 화면 출력 및 전송은 물론 HDD/웹서버에 영상저장이 가능하다.

    ㉤ 최대 9대까지 카메라 모니터링이 가능하며 유동/고정 IP 인터넷 사용이 가능하다.

    ㉥ 자동으로 영상을 PC에 저장하거나 침입자의 움직임을 녹화해 이메일 등으로 자동 전송할 수 있다.

⑤ 비교

| 구분 | IP CAM | DVR | CCTV |
|---|---|---|---|
| 인터넷 접속 | 기본적 기능 | 불가능<br>(추가장비구매 시 가능) | 불가능 |
| 영상화질 | 고화질 | 고화질 | 저화질 |
| 녹화화면 | 동영상 | 동영상 | 정지화면 |
| 응급상황 | 원격대처가능 | 불가능 | 불가능 |
| 유지비 | 없음 | 거의 없음 | TAPE 구입비 |
| 자료보관 | HDD/웹서버 | HDD | VIDEO TAPE |

## (5) 화재예방

① 화재의 의의

    ㉠ 화재의 종류별 급수를 정한다.

| 급수 | A급 | B급 | C급 | D급 | E급 |
|---|---|---|---|---|---|
| 화재의 종류 | 일반화재 | 유류화재 | 전기화재 | 금속화재 | 가스화재 |
| 색상 | 백색 | 황색 | 청색 | 무색 | 황색 |

    ㉡ 국내에서는 가스화재(E급)를 유류화재에 포함시켜 B급으로 취급한다.

    ㉢ 화재발생의 3요소 : 열, 재료, 산소

    ㉣ 화재발생 단계

        ⓐ 초기 단계 : 연기와 불꽃이 보이지 않고 감지만 하는 단계

        ⓑ 그을린 단계 : 연기는 보이지만 불꽃이 보이지 않는 단계

        ⓒ **불꽃발화** 단계 : 실제로 불꽃과 연기가 보이는 단계

        ⓓ **열** 단계 : 고온의 열이 감지되며 불이 외부로 확장되는 단계

② 전기화재
  ㉠ 주요 원인
    ⓐ 낡은 전기기구나 부실공사로 인해 발생한다.
    ⓑ 전기화재의 가장 큰 원인은 전기용품에 대한 지식이나 상식부족 또는 사용하는 사람의 부주의나 방심으로 인해 전기기구의 과열 및 탄화상태를 가져와서 발생한다.
  ㉡ 발화의 종류
    ⓐ 전선의 합선에 의한 발화
    ⓑ 누전에 의한 발화
    ⓒ 과전류(과부하)에 의한 발화
    ⓓ 기타 원인에 의한 발화 : 규격미달의 전선 또는 전기기계기구 등의 과열, 배선 및 전기기계기구 등의 절연불량 상태, 또는 정전기로부터의 불꽃으로 인한 발화를 말한다.
  ㉢ 예방요령
    ⓐ 전기기구를 사용하지 않을 때에는 스위치를 끄고 플러그를 뽑아 둔다.
    ⓑ 플러그를 뽑을 때에는 선을 잡아당기지 말고 플러그 몸체를 잡고 뽑도록 한다.
    ⓒ 개폐기(두꺼비집)는 과전류 차단장치를 설치하고 습기나 먼지가 없는, 사용하기 쉬운 위치에 부착한다.
    ⓓ 개폐기에 사용하는 퓨즈는 규격퓨즈를 사용하고 퓨즈가 자주 끊어질 경우 근본적으로 그 원인이 무엇인가를 규명 · 개선한다.
    ⓔ 각종 전기공사 및 전기시설 설치 시 전문 면허업체에 의뢰하여 정확하게 규정에 의한 시공을 하도록 한다.
    ⓕ 누전으로 인한 화재를 예방하기 위해서 누전차단기를 설치하고 한 달에 1~2회 작동유무를 확인한다.
    ⓖ 한 개의 콘센트나 소켓에서 여러 선을 끌어 쓰거나 한꺼번에 여러 가지 전기기구를 꽂는 문어발식 사용을 하지 않는다.

③ 방화(放火)
  ㉠ 강력범죄인 방화(放火)는 최근 들어 계속적으로 증가하고 있는 실정이다.
  ㉡ 방화에 의한 화재는 의도적으로 발생하기 때문에 초기진압이 어려워 많은 재산과 인명피해를 가져온다.
  ㉢ 예방요령
    ⓐ 건물의 화재예방을 위해 시건장치 후 외출한다.
    ⓑ 실내청소 후 내다버린 쓰레기 중 타기 쉬운 물건을 방치하지 않도록 하며 항상 깨끗이 정리 정돈한다.

④ 유류화재
  ㉠ 의의
    ⓐ 유류화재는 상온에서 액체 상태로 존재하는 액체 가연물질인 제4류 위험물의 취급 사용 시 부주의에 의해서 발생한다.
    ⓑ 유류화재의 경우 화재의 진행속도가 빠른 편이다.

ⓛ 유류화재의 발생원인

  ⓐ 유류표면에서 발생된 증기가 공기와 적당히 혼합되어 연소 범위 내에 있는 상태에서 열에 접촉되었을 때 발생한다.

  ⓑ 유류를 취급하는 기기 등에 주유하던 중 조작하는 사람의 부주의로 인해 흘러나온 유류에 화기가 열에 접촉되었을 때 발생한다.

  ⓒ 유류기구를 장시간 과열시켜 놓고 자리를 비우거나 관리가 소홀하여 부근의 가연물질에 인화하였을 때 발생한다.

  ⓓ 난방기구의 전도(顚倒), 가연물질의 낙하 등에 의해 발화될 때 발생한다.

ⓒ 유류화재의 예방대책

  ⓐ 열기구는 본래의 사용목적 이외의 용도로 사용하지 않는다.

  ⓑ 열이 잘 전달되는 금속제를 피하고 석면과 같이 차열성능이 있는 불연 재료의 받침을 사용한다.

  ⓒ 유류기구를 점화시킨 후 장시간 자리를 비우는 일이 없도록 한다.

  ⓓ 유류 이외의 다른 물질과 함께 저장하지 않도록 한다.

  ⓔ 유류저장소는 환기가 잘 되도록 하고 가솔린 등 인화물질은 용도에 맞게 사용한다.

  ⓕ 급유 중 흘린 기름은 반드시 닦아 내고 난로 주변에는 소화기나 모래 등을 준비해 둔다.

  ⓖ 석유난로, 버너 등은 사용 도중 넘어지지 않도록 고정시켜 둔다.

  ⓗ 실내에 페인트, 신나 등으로 도색작업을 할 경우에는 창문을 완전히 열어 충분한 환기를 시켜준다.

  ⓘ 산소공급을 중단시키는 것이 가장 효과적인 화재 진압방법이다.

⑤ 가스화재

  ⓒ 의의

    ⓐ 가스화재는 B급 화재(5단계 분류 시는 E급)로서 에너지의 원천이 되는 연료용 가스에 의해 주로 발생한다.

    ⓑ 폭발을 동반하므로 많은 사상자가 발생한다.

    ⓒ 국내에서는 화재의 진행 특성이 유사한 유류화재에 포함시켜 B급 화재로 취급하고 있다.

  ⓛ 가스화재의 발생원인

    ⓐ 가스는 열량이 높고 사용이 편리하여 많이 사용하는데 점화에너지의 값이 작아 화재가 빈번히 발생한다.

    ⓑ 가스 사용자가 부주의하게 취급해서 발생한다.

    ⓒ 안전관리 기술 부족으로 관리가 소홀해서 발생한다.

    ⓓ 가스용기 운전 중 용기 취급자의 안전관리가 부족해서 발생한다.

  ⓒ 가스화재의 예방대책

    ⓐ 사용시설의 통풍을 양호하게 한다.

    ⓑ 기기에 적합한 연료만을 사용한다.

    ⓒ 가스 누출 시 창문을 열고 실내의 가스를 밖으로 내보낸다.

⑥ 고층건물 화재

    ㉠ 고층건물에는 화재에 대한 신속한 감지를 위하여 건물 전체에 자동 화재탐지설비를 설치하여 집중적인 감시를 한다.

    ㉡ 화재발생 가능성이나 발화 시 유독가스로 인한 인명피해를 최소화하기 위하여 건물내장재를 불연화하고 연소가 용이한 수납물을 적재하지 않는다.

    ㉢ 화재 시 계단 및 기타 수직개구부는 연소 확대의 통로가 될 뿐만 아니라 연소를 돕는 작용을 하므로 모든 계단은 층별 발화구획이 되도록 피난계단 또는 특별피난계단 구조로 하고 냉난방닥트 등에는 방화댐퍼와 같은 유효한 방화설비를 설치한다.

    ㉣ 화재의 성장을 한정된 범위로 억제하기 위하여 층별, 면적별 방화구획을 설정하고 또한 방연구획도 병행하도록 한다.

    ㉤ 고층건물이나 백화점 등의 대규모 건축물을 계획할 경우에는 반드시 구조계획서 및 방재계획서를 작성·비치하도록 한다.

    ㉥ 화기를 사용하는 기구나 시설에 대해서는 사용상의 안전수칙을 철저하게 주지시켜야 한다.

⑦ 소화방법

    ㉠ 제거소화 : 연소반응에 관계된 가연물이나 그 주위의 가연물을 제거하여 소화하는 방법

    ㉡ 질식소화 : 연소범위의 산소공급을 차단시켜 연소가 되지 않도록 하는 방법

    ㉢ 냉각소화 : 연소물을 냉각하여 착화 온도 이하로 떨어뜨려 소화하는 방법으로 물을 많이 사용

    ㉣ 억제소화 : 연소의 연쇄반응을 부촉매 작용에 의해 억제하는 방법으로 할로겐화합물 소화약제를 주로 사용

    ㉤ 희석소화 : 산소나 가연성 기체의 농도를 연소범위 이하로 희석시켜 소화하는 방법

# ❺ 재해예방과 비상계획, 위험관리

## (1) 자연재해예방

① 일상적인 생활수칙

    ㉠ 자신이 살고 있는 지역에서 일어날 가능성이 있는 재해를 확인한다.

    ㉡ 재해가 발생했을 때 지역사회에서 사용하는 경보 사이렌 소리를 알아둔다.

    ㉢ 재난 후 걸어야 할 응급전화번호를 확인한다.

    ㉣ 응급처치법과 심폐소생술에 관한 기본 지식을 알아둔다.

    ㉤ 위험할 때 이용할 수 있는 비상출구를 확인해 둔다.

② 필수적인 준비물품

    ㉠ 만일 치료받는 사람이 있다면 가정 상비약품과 함께 사용약품을 미리 챙겨야 한다.

    ㉡ 한 사람당 바꿔 입을 옷 한 벌, 양말, 담요 한 장이 있어야 한다.

    ㉢ 중요한 서류는 반드시 방수가 되는 비닐 봉투에 넣어 따로 보관한다.

    ㉣ 적어도 3일 동안 사용할 물품을 확보하고 있어야 한다.

③ 홍수피해 예방과 대처

    ㉠ 물이 급속히 불어나고 있으면 우선 그 장소를 빠져 나와 고지대로 대피한다.

    ㉡ 차를 타고 있다면 빨리 차에서 나와 고지대로 올라간다.

    ㉢ 비가 심하게 올 때 강가나 물 근처에서 노는 것을 피한다.

④ 천둥번개에 대한 안전

    ㉠ 천둥이 친다는 방송을 들으면 즉시 안전한 건물 속이나 차 안으로 들어간다.

    ㉡ 건물 속으로 들어 갈 수 없으면 즉시 낮은 빈 공간으로 가서 머리를 가슴에 붙이고 양손으로 무릎을 잡고 웅크리고 앉는다.

    ㉢ 나무, 탑, 담장, 전화선, 전기선 같이 높은 물건은 번개를 잡아 당길 수 있으므로 이것에서 피한다.

    ㉣ 번개가 칠 수 있는 금속성의 물건, 우산, 야구 방망이, 낚시대, 캠핑 도구 등을 들고 있는 것을 피한다.

    ㉤ 천둥, 번개가 발생할 때는 에어컨, TV 등을 끄고 전화도 끊는다.

## (2) 인위적 재해대처

① 폭발물 발견 시

    ㉠ 경찰에 연락하고 폭발물에 손을 대거나 이동시키지 않는다.

    ㉡ 최단 시간 내 대피하고 주위사람들에게 대피를 유도한다.

    ㉢ 대피 시 휴대전화나 라디오를 작동할 경우 전자파가 폭발물의 기폭장치를 작동시킬 수 있으므로 사용을 자제한다.

    ㉣ 폭탄이 설치된 반대방향으로 피신하되 엘리베이터를 이용하지 말고 비상계단을 이용하여 탈출한다.

② 건물 붕괴 시

    ㉠ 건물 잔해에 깔렸을 경우, 불필요한 행동으로 먼지를 일으키지 않도록 하고 천으로 코와 입을 막아 먼지를 마시지 않도록 주의한다.

    ㉡ 가능하면 손전등을 사용하거나 배관 등을 두드려 외부에 갇혀 있다는 사실을 알린다.

③ 납치 시

    ㉠ 자제력을 잃지 않도록 맘을 가다듬고 희망을 잃지 않도록 한다.

    ㉡ 억류범이나 납치범을 자극하는 언행을 삼간다.

    ㉢ 납치범과 가능하면 대화를 계속하고 우호적인 관계를 유지하도록 한다.

    ㉣ 납치범들의 복장·인상착의·버릇 등을 기억하되 납치범들에게 관심이 있다는 것을 드러내서는 안 된다.

(3) 비상계획

① 비상계획의 수립

    ㉠ 비상계획은 재난에서 생존할 수 있는 기회의 증가에 중점을 둔다.

    ㉡ 명령체계가 수립되어 비상사태 발생 시 가장 신속하게 명령을 내릴 수 있는 사람에게 명령권이 주어져야 한다.

    ㉢ 비상위원회의 구성 시 경비감독관이 반드시 포함되어야 한다.

    ㉣ 비상사태나 경비업무에 책임을 지는 사람에게는 그 책임관계를 명확히 규정하여야 한다.

    ㉤ 비상사태 대응을 초기에 보다 효율적으로 하기 위해서는 명령지휘부를 지정하여 미리 준비된 절차에 따라 명령을 발할 수 있는 명령체계를 갖추어야 한다.

    ㉥ 대중 및 언론에 정확하고 신속한 정보를 제공하여야 한다.

② 비상사태 시 경비원의 역할

    ㉠ 경비원은 비상요원으로서의 역할을 수행하여야 하며, 장애인, 노약자 등 특별보호대상의 보호 및 응급조치를 실시하여야 한다.

    ㉡ 경비원은 비상시 경찰서, 소방서, 병원 등 외부지원기관과의 통신업무 외에도 경제적으로 보호할 가치가 있는 자산에 대하여 보호조치를 하여야 한다.

    ㉢ 경비원은 비상시 비상인력과 시설 내의 이동을 통제하여야 하며 출입구와 비상구 및 위험지역의 출입을 통제하여야 한다.

    ㉣ 경비원은 폭발물 예상지역 수색 시 경찰관이나 소방관과 함께 수색하고, 폭발물의 폭발력을 약화시키기 위하여 문과 창문은 모두 열어 놓아야 한다.

(4) 위험관리

① 위험관리의 순서

> 위험요소의 확인→위험요소의 분석→우선순위의 결정→위험요소의 감소→보안성·안전성 평가

② 위험관리의 대응방법

    ㉠ **위험의 제거** : 위험관리에서 최선의 방법은 확인된 모든 위험요소를 제거하는 것이다.

    ㉡ **위험의 회피** : 범죄 및 손실이 발생할 기회를 전혀 제공하지 않는 것이다.

    ㉢ **위험의 감소** : 위험의 제거 내지 위험의 회피가 불가능하다면 확인된 위험을 감소시키거나 최소화시키는 것이다.

    ㉣ **위험의 분산** : 위험성이 높은 보호대상을 한 곳에 집중시키지 않고 여러 곳에 분산시키는 것이다.

    ㉤ **위험의 대체** : 직접적으로 위험을 제거하거나 감소 및 최소화시키기보다는 보험과 같은 대처수단을 통해서 손실을 전보하는 것이다.

# 출제 예상 문제

2019년 기출 변형

**1** 내부경비의 보호구역 구분 중 아래 내용이 설명하는 것은?

> 외부인이 출입할 경우 경비원 등의 일반 감시가 요구되는 지역으로서 통상적으로 울타리 내부이다.

① 제한지역　　　　　　　　　　　② 금지지역

③ 통제지역　　　　　　　　　　　④ 제한구역

⑤ 통제구역

> **TIP** 보호구역의 구분
> ㉠ 제한지역 : 비밀 또는 정부재산의 보호를 위하여 울타리 또는 경호원에 의한 일반인 출입 감시가 요구되는 지역
> ㉡ 제한구역 : 비밀 또는 주요 시설 및 자재에 대한 비인가자의 접근을 방지하기 위하여 그 출입에 안내가 요구되는 지역
> ㉢ 통제구역 : 비인가자의 출입이 금지되는 보안상 극히 중요한 구역

2019년 기출 변형

**2** 다음 중 외곽경비에 대한 설명으로 옳지 않은 것은?

① 자연적 장벽은 침입에 대한 적극적인 예방대책이 아니므로 추가적인 보호장치가 필요하다.

② 폐쇄된 출입구는 긴급한 경우 사용이 가능하도록 평소에 주기적으로 점검한다.

③ 잠금장치는 특수하게 만들어져야 하고 외견상 즉시 확인할 수 있어야 한다.

④ 직원의 출입구는 편리성을 위해 여러 개를 사용한다.

⑤ 경계구역의 가시지대를 최대한 넓히기 위해 모든 장애물을 양쪽 벽으로부터 제거해야 한다.

> **TIP** ④ 직원의 출입구는 하나로 구성하여야 하며, 통행하는 직원을 적절하게 통제하기 위하여 출입구의 문이 너무 크지 않도록 한다.

**Answer** 1.① 2.④

**3** 자물쇠의 종류 중 아래 내용이 설명하는 것은?

---

자물쇠 한쪽 날에 복잡한 모양의 이빨이 맞아야 열리도록 되어 있는 것으로 일반적으로 가장 많이 사용되는 자물쇠이다.

---

① 돌기자물쇠

② 핀날름자물쇠

③ 판날름자물쇠

④ 전자식 자물쇠

⑤ 숫자맞춤식 자물쇠

> **TIP** ① 단순 철판에 홈도 거의 없는 것으로 열쇠의 구조가 간단하여 안전도가 매우 떨어지는 자물쇠
> ② 열쇠의 양쪽에 홈이 불규칙적으로 파여져 있는 형태로, 형태가 보다 복잡하여 안전성을 제공할 수 있어 널리 사용되는 자물쇠
> ④ 내부에 반도체 칩을 내장하여 규정된 입력신호에 따라 열리고 닫히는 자물쇠
> ⑤ 자물쇠에 달린 숫자조합을 맞춤으로서 열리는 자물쇠

**4** 경비조명의 형태 중 아래 내용이 설명하는 것은?

---

폭이 좁고 긴 광선을 투사하며 눈부심이 없기 때문에 다소의 빛이 요구되는 외딴 곳이나 조금 떨어진 경계지역을 비추는데 사용된다.

---

① 프레이넬등                    ② 투광조명등

③ 탐조등                        ④ 형광등

⑤ 가로등

> **TIP** 프레이넬등
> ㉠ 원거리에 길고 수평하게 넓은 폭의 빛을 비추며, 특히 눈부심이 없기 때문에 경계지역의 조명에 주로 사용된다.
> ㉡ 경계구역에의 접근을 방지하기 위해 길게 수평으로 빛을 확장하는데 사용되며, 비교적 어두운 지역에서 시설물을 관찰하기 위해 유용하게 사용한다.

**Answer** 3.③ 4.①

**5** 화재에 대한 설명으로 옳지 않은 것은?

① 화재발생의 단계는 초기 단계, 그을린 단계, 불꽃발화 단계, 열 단계로 구분할 수 있다.

② 유류화재의 경우 검은색 연기가 발생된다.

③ 전기화재 발생 시 사용하는 소화기의 표시색은 황색이다.

④ 화재 시 열, 화염과 함께 유독가스가 발생된다.

⑤ 연소의 3요소는 열, 가연물, 산소이다.

> **TIP** 전기화재 시 사용하는 소화기의 표시색은 청색이다.
> ※ 화재의 유형과 소화기 표시색
> ㉠ 일반화재 – 백색
> ㉡ 유류화재 – 황색
> ㉢ 전기화재 – 청색
> ㉣ 금속화재 – 무색
> ㉤ 가스화재 – 황색

**6** 접촉의 유무를 감지하는 가장 단순한 침입경보 센서는?

① 적외선 센서

② 자력선식 센서

③ 압력반응식 센서

④ 전자기계식 센서

⑤ 광전자식 센서

> **TIP** ① 사람의 눈에는 보이지 않는 짧은 파장의 적외선을 이용하여 침입을 경보하는 장치
> ② 자력선을 발생하는 장치를 설치한 후 자력선을 건드리는 물체가 나타나면 경보나 형광등이 작동하는 장치
> ③ 침입자가 센서에 직·간접적으로 입력을 가하면 경보를 발생하는 장치
> ⑤ 레이저광선을 이용하여 침입자를 감지하는 방식

**Answer** 5.③ 6.④

**7** 시설경비에 대한 설명으로 옳지 않은 것은?

① 시설경비 서비스는 가장 보편적이고 고전적인 경비서비스로 경비서비스의 기본이 되는 경비형태이다.

② 경비업법상 시설경비업무란 경비를 필요로 하는 시설 및 장소에서의 도난·화재 그 밖의 혼잡 등으로 인한 위험발생을 방지하는 업무를 말한다.

③ 권한 없는 자의 출입 및 활동에 대한 예방, 감시 및 통제가 시설경비의 주요업무이다.

④ 시설경비의 목적은 시설이 가지고 있는 실존 또는 잠재되어 있는 가치 즉, 경비적 가치를 보호하는 데 있다.

⑤ 시설경비에서 시설물의 특성 및 구조, 시설물 출입인원의 특성 등은 고려하지 않아도 된다.

> **TIP** 시설경비 시 고려사항
> ⊙ 경비원은 시설물 출입인원의 특성, 시설물 내부 구성원의 업무행태 등을 고려하여 경비활동을 하여야 한다.
> ⓒ 경비원은 경비할 시설물의 구조를 파악하고, 시설물의 용도와 내부에 보관하는 시설물의 특성 등을 고려하여 경비활동을 하여야 한다.
> ⓒ 경비원은 주변의 경찰관서, 소방관서, 병원 등의 상황을 파악하고 경비활동을 하여야 한다.

**8** 다음은 시설물에 대한 경비요령이다. 가장 옳지 않은 것은?

① 내부직원과 외부방문객, 고객 등을 구분할 수 있는 방문증 및 사원증 패용 등 신분 확인 절차가 마련되어야 한다.

② 차량에 대해서도 출입목적에 따라 출입증을 발급하고, 주차구역을 구분하여 지정하여야 한다.

③ 반출·입물품에 대해서는 면밀히 조사하여야 한다. 이 경우 직원들의 차량은 예외로 적용한다.

④ 시설물 내의 모든 출입문에 대한 잠금장치의 관리가 철저히 이루어져야 한다.

⑤ 출입문은 구역의 중요성에 따라 등급화하거나 구역으로 구분하여 관리하는 것이 효과적이다.

> **TIP** 물품의 반출입 시 반출입 물건의 확인, 반출입증과 물품내용이 일치하는가, 반출입증 발행인은 정당한가, 포장을 푼 흔적은 없는가 등을 확인하여야 한다. 이 경우 직원들의 차량도 예외 없이 적용한다.

**9** 비상사태 발생 시 민간경비원의 역할로 옳지 않은 것은?

① 사람에 대한 보호
② 시설 내의 이동통제 업무
③ 위험지역의 출입통제 업무
④ 비상사태에 대한 수사활동
⑤ 외부지원기관(경찰서 등)과의 통신업무

> **TIP** 비상사태 시 경비원의 역할
>   ㉠ 경비원은 비상요원으로서의 역할을 수행하여야 하며, 장애인, 노약자 등 특별보호대상의 보호 및 응급조치를 실시하여야 한다.
>   ㉡ 경비원은 비상시 경찰서, 소방서, 병원 등 외부지원기관과의 통신업무 외에도 경제적으로 보호할 가치가 있는 자산에 대하여 보호조치를 하여야 한다.
>   ㉢ 경비원은 비상시 비상인력과 시설 내의 이동을 통제하여야 하며 출입구와 비상구 및 위험지역의 출입을 통제하여야 한다.
>   ㉣ 경비원은 폭발물 예상지역 수색 시 경찰관이나 소방관과 함께 수색하고, 폭발물의 폭발력을 약화시키기 위하여 문과 창문은 모두 열어 놓아야 한다.

**10** 확인된 위험의 대응방법에 관하여 옳게 설명한 것은?

> ㉠ 물리적·절차적 관점에서 위험요소를 감소시키거나 최소화시키는 방법을 강구한다.
> ㉡ 범죄 및 손실이 발생할 기회를 전혀 제공하지 않는 것과 관련된다.

① ㉠ 위험의 감소, ㉡ 위험의 회피
② ㉠ 위험의 감소, ㉡ 위험의 분산
③ ㉠ 위험의 제거, ㉡ 위험의 감소
④ ㉠ 위험의 제거, ㉡ 위험의 대체
⑤ ㉠ 위험의 회피, ㉡ 위험의 제거

> **TIP** 위험의 대응방법
>   ㉠ 위험의 제거 : 위험관리에서 최선의 방법은 확인된 모든 위험요소를 제거하는 것이다.
>   ㉡ 위험의 회피 : 범죄 및 손실이 발생할 기회를 전혀 제공하지 않는 것이다.
>   ㉢ 위험의 감소 : 위험의 제거 내지 위험의 회피가 불가능하다면 확인된 위험을 감소시키거나 최소화시키는 것이다.
>   ㉣ 위험의 분산 : 위험성이 높은 보호대상을 한 곳에 집중시키지 않고 여러 곳에 분산시키는 것이다.
>   ㉤ 위험의 대체 : 직접적으로 위험을 제거하거나 감소 및 최소화시키기보다는 보험과 같은 대처수단을 통해서 손실을 전보하는 것이다.

**Answer** 9.④ 10.①

**11** 다음 설명에 관한 경비부서 관리자의 역할은?

경비원에 대한 감독, 순찰, 화재와 경비원의 안전, 교통통제, 출입금지구역에 대한 감시

① 관리상의 역할            ② 조사상의 역할

③ 예방상의 역할            ④ 경영상의 역할

⑤ 응답상의 역할

> **TIP** 경비책임자의 역할
> ㉠ 경영상의 역할:기획, 조직, 채용, 지도, 감독 등의 역할 수행
> ㉡ 관리상의 역할:예산과 재정상의 감독, 사무행정, 경비문제를 관할하는 정책의 수립, 직원교육·훈련과정의 개발, 타 부서와의 긴밀한 협조 등의 역할 수행
> ㉢ 조사상의 역할:경비의 정확성, 회계, 일반경찰과 소방서와의 유대 관계 관련 문서의 확인 등을 수행
> ㉣ 예방상의 역할:경비원에 대한 감독·순찰, 경비원의 안전·경비활동에 대한 규칙적인 감사, 교통통제·정보시스템·조명·울타리 등과 같은 모든 경비장비의 상태점검 등의 역할 수행

**12** 경비조사의 과정을 순서대로 바르게 나열한 것은?

> ㉠ 경비대상의 현 상태 점검
> ㉡ 경비방어상 취약점 확인
> ㉢ 보호의 정도 측정
> ㉣ 경비활동 전반에 걸친 객관적 분석
> ㉤ 종합적인 경비프로그램의 수립

① ㉠㉡㉢㉣㉤            ② ㉡㉢㉣㉠㉤

③ ㉢㉣㉠㉡㉤            ④ ㉣㉠㉡㉢㉤

⑤ ㉤㉣㉢㉠㉡

> **TIP** 경비조사의 과정 … 경비대상의 현 상태 점검 → 경비방어상의 취약점 확인 → 보호의 정도 측정 → 경비활동 전반에 걸친 객관적 분석 → 종합적인 프로그램 수립

**13** 외곽시설물 경비의 2차적 방어수단은?

① 경보장치

② 외벽

③ 울타리

④ 외곽방호시설물

⑤ 자물쇠

> **TIP** 시설경비의 방어수단
> ㉠ 1차적 방어수단 : 외벽, 울타리, 자물쇠, 창문 등
> ㉡ 2차적 방어수간 : 경보장치 등

**14** 외곽경비에 대한 설명으로 옳지 않은 것은?

① 경계구역 내 가시지대를 가능한 한 넓히기 위해 모든 장애물을 양쪽 벽으로부터 제거하여야 한다.

② 지붕은 침입자가 지붕을 통하여 창문으로 들어올 수 있는 취약지점이기 때문에 주의하여야 한다.

③ 일정기간이나 비상시에만 사용하는 출입문의 경우 평상시에는 폐쇄하고 잠겨있어야 한다.

④ 건물 자체에 대한 경비활동으로 건물에 대한 출입통제, 출입문·창문에 대한 보호조치 등을 말한다.

⑤ 시설물의 경계지역은 시설물 자체의 특성과 위치에 의해 결정된다.

> **TIP** 외곽경비 … 여러 가지 자연적인 장애물 또는 인공적인 구조물 등을 이용하여 외부로부터 범죄의도를 가진 자의 접근을 저지하여 내부로의 침입을 어렵게 하고, 침입시간을 지연시킴으로써 시설물 또는 주요 설비 등을 보호하는 경비시스템을 의미한다.
> ※ 내부경비 … 건물 자체에 대한 경비활동으로, 건물에 대한 출입통제, 출입문·창문에 대한 보호조치 등을 말하며, 주기적인 순찰, 감시경비원 및 CCTV의 확충 등이 필요하다.

**15** 경계구역의 경비조명에 대한 설명으로 옳지 않은 것은?

① 조명시설의 위치는 경비원의 눈을 부시게 하는 것을 피해야 한다.

② 경비조명은 가능한 한 그림자가 넓게 생기도록 하여야 한다.

③ 경계조명시설물은 경계구역에서 이용되며, 진입등은 경계지역 내에 위치하여야 한다.

④ 경비조명은 경계구역 내 모든 부분을 충분히 비출 수 있도록 적당한 밝기와 높이로 설치한다.

⑤ 경비조명은 인근지역을 너무 밝혀 타인의 사생활을 침해하여서는 아니 된다.

> **TIP** 경비조명은 가능한 한 그림자가 생기지 않도록 설치해야 한다.

**Answer** 13.① 14.④ 15.②

**16** 보호대상인 물건에 직접적으로 센서를 부착하여 그 물건이 움직이게 되면 진동이 발생되어 경보가 발생하는 장치로 정확성이 높아 일반적으로 전시 중인 물건이나 고미술품 보호에 사용되는 경보센서(감지기)는?

① 콘덴서 경보시스템
② 초음파탐지장치
③ 적외선감지기
④ 진동감지기
⑤ 전자식 울타리

> **TIP** ① 전선에 전류가 흐르게 하여 침입자가 계속적인 전류의 흐름을 방해하였을 때 이를 외부의 충격으로 간주하여 경보를 발하는 장치
> ② 송신센서와 수신센서를 설치하여 양 기계 간에 진동파를 주고받는 과정에서 그물망을 형성하여 침입자가 들어오면 그 파동을 감지하는 장치
> ③ 사람의 눈에 보이지 않는 짧은 파장의 적외선을 이용하여 침입을 경보하는 장치
> ⑤ 광전자식 센서를 보다 복잡하게 개발한 것으로 레이저 광선을 그물망처럼 만들어 전자벽을 만드는 장치

**17** 하나의 문이 잠길 경우 전체의 문이 동시에 잠기는 방식으로 교도소 등 동시 다발적 사고 발생의 우려가 높은 장소에서 사용되는 패드록(Pad-Locks) 잠금장치는?

① 기억식 잠금장치
② 전기식 잠금장치
③ 일체식 잠금장치
④ 카드식 잠금장치
⑤ 열전식 잠금장치

> **TIP** 일체식 잠금장치
> ㉠ 원격조정에 의해 하나의 출입문을 잠그면 전체의 출입문이 동시에 잠기는 방식이다.
> ㉡ 자동차의 문, 교도소와 같은 죄수탈옥의 가능성이 있는 곳이나 동시다발적인 사고 발생이 우려되는 곳에 사용된다.
> ㉢ 한번에 모든 문이 잠기기 때문에 쉽게 빠져나가거나 들어가지 못하도록 하는 잠금장치이다.

**Answer**　16.④　17.③

**18** 소화방법에 관한 설명 중 ( ) 안에 들어갈 용어로 옳은 것은?

> • ( ㉠ )소화 – 연소반응에 관계된 가연물이나 그 주위의 가연물을 ( ㉠ )하여 소화하는 방법
> • 질식소화 – 연소범위의 산소공급원을 차단시켜 연소가 되지 않도록 하는 방법
> • ( ㉡ )소화 – 연소물을 ( ㉡ )하여 연소물을 착화온도 이하로 떨어뜨려 소화하는 방법으로 물을 많이 사용함
> • ( ㉢ )소화 – 연소의 연쇄반응을 부촉매 작용에 의해 ( ㉢ )하는 소화방법

① ㉠ : 억제. ㉡ : 냉각, ㉢ : 제거
② ㉠ : 억제. ㉡ : 제거, ㉢ : 냉각
③ ㉠ : 냉각, ㉡ : 억제, ㉢ : 제거
④ ㉠ : 제거. ㉡ : 냉각, ㉢ : 억제
⑤ ㉠ : 제거. ㉡ : 억제, ㉢ : 냉각

> **TIP** ㉠ 제거소화 : 연소반응에 관계된 가연물이나 그 주위의 가연물을 제거하여 소화하는 방법
> ㉡ 냉각소화 : 연소물을 냉각하여 착화 온도 이하로 떨어뜨려 소화하는 방법으로 물을 많이 사용
> ㉢ 억제소화 : 연소의 연쇄반응을 부촉매 작용에 의해 억제하는 소화방법

**19** 화재유형에 따른 화재대책에 대한 설명으로 옳지 않은 것은?

① 유류화재는 옥내소화전을 사용하여 온도를 발화점 밑으로 떨어뜨리는 것이 가장 효과적인 진압 방법이다.
② 금속화재는 물과 반응하여 강한 수소를 발생하는 것이 대부분이므로 화재시 수계 소화약제를 사용해서는 안 된다.
③ 가스화재는 점화원을 차단하고 살수 및 냉각으로 진압하는 것이 효과적이다.
④ 전기화재는 소화시 물 등의 전기전도성을 가진 약제를 사용하면 감전의 위험이 있으므로 주의해야 한다.
⑤ B형 화재는 산소공급을 차단하거나 이산화탄소를 살포하는 등 불연소의 무해한 기체를 살포하는 것이 진압에 효과적이다.

> **TIP** ① 일반화재에 대한 설명이다.
> 유류화재는 B형 화재로 산소공급을 차단하거나 이산화탄소를 살포하는 등 불연소의 무해한 기체를 살포하는 것이 진압에 효과적이다.

**Answer** 18.④ 19.①

**20** 경보시스템 종류에 관한 설명으로 옳지 않은 것은?

① 중앙관제시스템은 전용전화회선을 통해 비상감지 시 직접 외부의 각 관계기관에 자동으로 연락이 취해지는 방식이다.

② 국부적 경보시스템은 가장 원시적인 경보체계로 일정지역에 국한해 한 두 개의 경보장치를 설치하거나 단순히 사이렌이나 경보음이 울리는 것이다.

③ 제한적 경보시스템은 사이렌이나 종, 비상등과 같은 제한된 경보장치를 설치하여 화재예방시설에 주로 사용되며 사람이 없으면 대응할 수 없는 단점이 있다.

④ 다이얼 경보시스템은 비상사태가 발생하였을 경우 사전에 입력된 전화번호로 긴급연락을 하는 것으로 설치가 간단하고 유지비가 저렴하다.

⑤ 상주경보시스템은 침입이 예상되는 지점에 경비원을 배치하여 일일이 감시하는 것으로 많은 인력이 사용되므로 경비비용이 많이 든다.

> **TIP** ① 외래지원 경보시스템에 대한 설명이다.
> ※ 중앙관제시스템 … 경계가 필요한 지점에 감지기 및 CCTV를 설치하고 경비원이 이를 원격감시하는 형태이다. 경비원이 직접 원격감시를 하기 때문에 경비에 위해가 되는 사건이 발생하였을 때 사건 파악이 기계보다 빠르고 이에 대한 대응도 신속하게 할 수 있다.

**21** 비상사태의 유형에 따른 경비원의 대응에 대한 설명으로 옳지 않은 것은?

① 지진 – 지진발생 후 치안공백으로 인한 약탈과 방화행위에 대비

② 가스폭발 – 가스폭발 우려가 있을 시 우선 물건이나 장비를 고지대로 이동

③ 홍수 – 폭우가 예보되면 우선적으로 침수 가능한 지역에 대해 배수시설 점검

④ 건물붕괴 – 자신이 관리하는 건물의 벽에 금이 가거나 균열이 있는지 확인

⑤ 엘리베이터 사고 – 고장 및 정전으로 고장시 승객의 안전을 위해 시설관리자 및 기술자에게 연락

> **TIP** ② 홍수에 대한 대응 전략에 해당한다.
> ※ 가스폭발
> ㉠ 가스기기를 사용하는 장소 주변에서 가스냄새의 유무를 확인하고 항상 환기에 신경을 써야 한다.
> ㉡ 호스 이음매가 호스 밴드로 단단히 조여 있는지 확인하고 호스가 낡거나 손상되었는지 유무를 확인하여야 한다.
> ㉢ 가스를 사용하고 난 후 연소기에 부착된 콕과 중간밸브가 확실하게 잠겨 있는지 여부를 확인 및 점검하도록 한다.

**Answer** 20.① 21.②

**22** 다음 중 교도소시설, 제약회사, 전자회사 등에서 이루어지는 경비수준은?

① 최저수준 경비

② 하위수준 경비

③ 중간수준 경비

④ 상위수준 경비

⑤ 최고수준 경비

> **TIP** 상위수준 경비는 CCTV나 경계경보 시스템, 무장경호원 등이 갖추어진 경비수준을 말한다.

**23** 주로 군사시설이나 핵시설에서 등에서 이루어지는 경비수준은?

① 최저수준 경비

② 하위수준 경비

③ 중간수준 경비

④ 상위수준 경비

⑤ 최고수준 경비

> **TIP** 최고수준 경비는 일정한 패턴이 전혀 없는 외부 및 내부의 행동을 발견, 억제하고 문제를 해결하기 위하여 최첨단의 경보 시스템과 현장에서 즉시 대응할 수 있는 24시간 무장체계를 갖추도록 요구되는 경비수준을 의미한다.

**24** 외곽경비에 관한 내용 중 자연적 외벽이 아닌 것은?

① 계곡

② 절벽

③ 도랑

④ 강

⑤ 철조망

> **TIP** ⑤ 인공적 외벽에 해당한다.

**Answer** 22.④ 23.⑤ 24.⑤

**25** 다음 중 경비계획에 있어서의 기본원칙으로 가장 바르지 않은 것은?

① 경계구역과 건물의 출입구는 안전규칙의 범위 내에서 최대한으로 유지되어야 한다.

② 경비원 1인이 경계해야 할 구역의 범위는 안전규칙상 적당해야 한다.

③ 직원의 출입구는 주차장으로부터 가급적 멀리 떨어진 곳에 위치해야 한다.

④ 경비원의 대기실은 시설물의 출입구와 비상구에서 인접한 곳에서 위치해야 한다.

⑤ 경비관리실은 출입자 등의 통행이 많은 곳에서 설치해야 한다.

> **TIP** 경비계획의 기본 원칙
> • 직원의 출입구는 주차장으로부터 가급적 멀리 떨어진 곳에 위치해야 한다.
> • 경비원의 대기실은 시설물의 출입구와 비상구에서 인접한 곳에서 위치해야 한다.
> • 경비관리실은 출입자 등의 통행이 많은 곳에서 설치해야 한다.
> • 경계구역과 건물의 출입구는 안전규칙의 범위 내에서 최소한으로 유지되어야 한다.
> • 경비원 1인이 경계해야 할 구역의 범위는 안전규칙상 적당해야 한다.

**26** 경비계획에 관한 내용 중 피드백의 원칙으로 바르지 않은 것은?

① 적시에 피드백 한다.

② 성과문제를 해결하기 위해 피드백 한다.

③ 피드백을 자주 주고받는다.

④ 피드백은 단발성으로 이루어질 때가 가장 효과적이다.

⑤ 일상적이고 사소한 것에 대한 피드백이 중요하다.

> **TIP** 피드백의 원칙
> • 피드백을 자주 주고받는다.
> • 적시에 피드백 한다.
> • 피드백은 지속적으로 이루어질 때 가장 효과적이다.
> • 일상적이고 사소한 것에 대한 피드백이 중요하다.
> • 개발을 목적으로 피드백 한다.
> • 성과문제를 해결하기 위해 피드백 한다.

**Answer** 25.① 26.④

**27** 경비계획에 관한 내용 중 피드백의 목적에 대한 것으로 가장 거리가 먼 것을 고르면?

① 서비스의 허점과 장애요인에 대한 가치 있는 정보를 제공해준다.

② 제공되는 서비스에서 기대되고 있는 바에 대해서는 알 수 없도록 해준다.

③ 추구하고 있는 목표 및 변화 등을 가속화시킨다.

④ 서비스의 신뢰를 고취시키며, 지속하게끔 고무시킨다.

⑤ 이전의 서비스에서 새로운 기술을 학습할 것인지에 대한 정보를 준다.

> **TIP** 피드백의 목적
> • 제공되는 서비스에서 기대되고 있는 바에 대해 알 수 있도록 해준다.
> • 추구하고 있는 목표와 변화를 가속화시키고, 서비스의 신뢰를 고취시키며, 지속하게끔 고무시킨다.
> • 기존의 서비스에서 새로운 기술을 학습할 것인지에 대한 정보를 준다.
> • 서비스의 허점과 장애요인에 대한 가치 있는 정보를 제공해준다.

**28** 다음 중 인공적 외벽에 속하지 않는 것은?

① 울타리          ② 철조망
③ 문             ④ 계곡
⑤ 담

> **TIP** ④ 자연적 외벽에 속한다.

**29** 다음 중 상대적으로 철거를 하기 쉬워 전류를 흐르게 하는 경우도 있는 외벽은?

① 철사           ② 철조망
③ 담장           ④ 절벽
⑤ 계곡

> **TIP** 철조망은 철거를 하기 쉬워서 전류를 흐르게 하는 경우도 있으며, 이 자체만으로도 외부인의 접근을 제한하게 하는 효과도 얻을 수 있다.

**Answer** 27.② 28.④ 29.②

**30** 다음은 개방된 출입구에 대한 내용이다. 이 중 가장 옳지 않은 것을 고르면?

① 가능하면 출입차량에 방해를 주지 말아야 하고 공간은 관리상 넓을 필요가 없다.

② 비상시에 대처나 또는 그 밖의 경우에 대비해서 평상시에는 양방통행을 유지하며 긴급한 사정이 발생할 시에 한해서 일방통행을 실시한다.

③ 직원과 고객이 함께 출입하는 경우에는 거동이 수상한 자를 확인하거나 또는 용무를 확인한다.

④ 차량의 진입 통제에서 염두에 두어야 할 것은 차량의 원활한 소통이다.

⑤ 직원 전용 출입구의 경우에는 직원 이외의 출입자를 확인해야 한다.

> **TIP** 가능한 한 출입차량에 방해를 주지 말아야 하며 공간은 충분히 넓어야 한다.

**31** 다음 중 보통의 사무실 및 가정, 학교 등에 많이 활용되는 보호조명은 무엇인가?

① 가스방전등　　　　　　　　② 석영수은등

③ 백열전구　　　　　　　　　④ 나트륨등

⑤ 형광등

> **TIP** 형광등은 발광효율이 좋고 가격이 경제적이므로 통상적으로 사무실이나 가정 및 학교 등에 많이 활용되어지고 있다.

**32** 다음 중 높은 조명을 요하는 곳에 쓰이며 주로 경계구역, 사고다발지역에 설치하게 되는 보호조명은?

① 백열전구　　　　　　　　　② 형광등

③ 석영수은등　　　　　　　　④ 나트륨등

⑤ 가스방전등

> **TIP** 석영수은등은 석영 용기를 사용한 수은등으로 석영 자체가 내열이 강하여 높은 전류를 보낼 수가 있으며, 자외선을 투과시키는 이점이 있는 보호조명이다.

**Answer**　30.① 31.⑤ 32.③

**33** 다음 중 경비조명으로서 제 밝기를 내기 위해 일정시간을 필요로 하기 때문에 적합하지 않은 보호조명은?

① 나트륨등

② 가스방전등

③ 백열전구

④ 형광등

⑤ 석영수은등

> **TIP** 가스방전등은 수명은 길지만 설치비용이 많이 들며, 자주 켜거나 끄는 공간에서는 적정하지 않은 보호조명이다.

**34** 다음 중 나트륨등의 이점으로 바르지 않은 항목은?

① 투과력이 높은 관계로 산간지역에 적합하다.

② 절전효과를 최대한으로 줄일 수 있다.

③ 수명이 길다.

④ 점등방향이 자유롭다.

⑤ 점등시간이 빠르다.

> **TIP** 나트륨등은 투과력이 높은 관계로 안개지역 또는 해안지역 등에 적합하다.

**35** 다음 중 나트륨등의 단점으로 가장 바르지 않은 것은?

① 작업능률을 저하시키는 요소로 작용한다.

② 시력에 장애 및 피로감 등을 주어 인체에 해롭다.

③ 색상이 적황색이라 좋지 않다.

④ 수은등, 백열등에 비해 고가이다.

⑤ 인구가 적은 지역의 설치가 불가하다.

> **TIP** 나트륨등은 인구가 많은 지역에 설치가 불가하다.

**Answer**  33.②  34.①  35.⑤

**36** 다음 중 일정 지역에 국한해서 1~2개의 경보장치를 설치하는 방식의 경보체계는?

① 제한적 경보시스템

② 다이얼 경보시스템

③ 상주경보시스템

④ 국부적 경보시스템

⑤ 로컬경비시스템

> **TIP** 국부적 경보시스템은 일정 지역에 국한해 1~2개의 경보장치를 설치하는 방식을 말한다.
> ① 화재예방 시설에 주로 쓰이는 사이렌이나 종, 비상등과 같은 제한된 경보장치 시스템
> ② 비상사태 발생시 사전에 지정된 곳으로 긴급 연락을 하는 시스템
> ③ 주요 지점마다 경비원을 배치하는 시스템
> ⑤ 경비원들이 이상이 발생하면 사고발생현장으로 출동하는 시스템

**37** 다음 중 비상사태 발생 시 사전의 지정된 긴급연락을 하게 되는 경보체계는?

① 로컬경비시스템

② 다이얼 경보시스템

③ 외래지원정보시스템

④ 중앙관제시스템

⑤ 제한적 경보시스템

> **TIP** ① 경비원들이 이상이 발생하면 사고발생현장으로 출동하는 시스템
> ③ 전용전화 회선을 통하여 비상감지 시에 각 관계기관에 자동으로 연락이 취해지는 시스템
> ④ CCTV를 활용하는 일반적 경보체제 시스템

**Answer** 36.④ 37.②

**38** 다음 중 CCTV에 대한 설명으로 가장 옳지 않은 것은?

① 특정 지점만 감시할 수 있으며 각도가 비교적 제한적이다.

② 특정 중요 장소에 설치하여 사후에 침입자를 검거할 때 유용하다.

③ 특정 지점에 침입자를 감지할 때 즉각적인 반응이 가능하다.

④ 경비원이 감시할 수 있는 시간은 제한적이고 비효율적이다.

⑤ 적은 수의 인원으로 여러 지점을 감시 할 수 있으므로 효율적이다.

> **TIP** CCTV는 어느 특정한 지점에 침입자를 감지할 시에 즉각적인 반응이 불가능하다.

**39** 다음은 IP CAM에 관한 내용이다. 이 중 가장 옳지 않은 항목을 고르면?

① HDD/웹서버에 영상저장이 가능하다.

② 유동/고정 IP 인터넷 사용이 가능하다.

③ 최대 9대까지 카메라 모니터링이 가능하다.

④ 장비비용 및 유지비용이 상당히 고가이다.

⑤ 설치가 비교적 용이하다.

> **TIP** IP CAM은 장비비용 및 유지비용이 저렴하다.

**40** 다음 중 C급 화재의 색상은?

① 청색                    ② 백색

③ 황색                    ④ 무색

⑤ 적색

> **TIP** 화재의 종류별 급수
>
> | 급수 | A급 | B급 | C급 | D급 | E급 |
> |---|---|---|---|---|---|
> | 화재의 종류 | 일반화재 | 유류화재 | 전기화재 | 금속화재 | 가스화재 |
> | 색상 | 백색 | 황색 | 청색 | 무색 | 황색 |

**Answer** 38.③ 39.④ 40.①

**41** 다음 중 D급 화재의 색상은 무엇인가?

① 황색                      ② 청색

③ 무색                      ④ 흑색

⑤ 적색

> **TIP** 화재의 종류별 급수

| 급수 | A급 | B급 | C급 | D급 | E급 |
|------|------|------|------|------|------|
| 화재의 종류 | 일반화재 | 유류화재 | 전기화재 | 금속화재 | 가스화재 |
| 색상 | 백색 | 황색 | 청색 | 무색 | 황색 |

**42** 다음 중 유류화재의 예방법으로 보기 가장 어려운 것은?

① 유류기구를 점화시킨 후 오랜 시간동안 자리를 비우는 일이 없도록 한다.

② 유류 이외의 다른 물질과 함께 저장하도록 한다.

③ 열기구는 본래의 사용목적 이외의 용도로 사용하지 않는다.

④ 석유난로, 버너 등은 사용 도중 넘어지지 않도록 고정시켜 둔다.

⑤ 산소공급을 중단시키는 것이 가장 효과적인 화재 진압방법이다.

> **TIP** 유류 이외의 다른 물질과 함께 저장하지 않도록 한다.

**43** 가스화재에 관한 내용으로 적절하지 않은 것을 고르면?

① 폭발을 동반하기 때문에 이로 인해 많은 사상자가 발생한다.

② 가스화재는 가스 사용자가 부주의하게 취급해서 발생한다.

③ 기기에 적합한 연료만을 사용해야 한다.

④ 가스 누출 시에는 창문을 열고 실내의 가스를 밖으로 내보낸다.

⑤ 국내에서는 화재의 진행 특성이 유사한 유류화재에 포함시켜 D급 화재로 취급하고 있다.

> **TIP** 국내에서는 화재의 진행 특성이 유사한 유류화재에 포함시켜 B급 화재로 취급하고 있다.

**Answer**   41.③   42.②   43.⑤

**44** 자연재해예방에 대한 일상적인 생활수칙으로 바르지 않은 항목은?

① 위험할 시에 활용 가능한 비상구를 확인해 둔다.
② 재해가 발생했을 시에 지역사회에서 사용하는 경보 사이렌 소리를 알아둔다.
③ 재난 후 걸어야 할 응급전화번호를 확인한다.
④ 응급처치법과 심폐소생술에 관한 기본 지식은 전문의사만이 알고 있으면 된다.
⑤ 자신이 살고 있는 지역에서 일어날 가능성이 있는 재해를 확인한다.

**TIP** 응급처치법과 심폐소생술에 관한 기본 지식을 알아둔다.


**45** 자연재해 중 천둥번개에 대한 안전의 내용으로 가장 옳지 않은 것은?

① 나무, 탑, 담장, 전화선, 전기선 같이 높은 물건은 번개를 잡아당길 수 있기 때문에 이것에서 피한다.
② 천둥, 번개가 발생할 때는 에어컨, TV 등을 모두 켜서 무서움으로부터 벗어나야 한다.
③ 번개가 칠 수 있는 금속성의 물건, 우산, 야구 방망이, 낚시대, 캠핑 도구 등을 들고 있는 것을 피한다.
④ 천둥이 친다는 방송을 들으면 즉시 안전한 건물 속이나 또는 차 안으로 들어간다.
⑤ 건물 속으로 들어 갈 수 없으면 즉시 낮은 빈 공간으로 가서 머리를 가슴에 붙이고 양손으로 무릎을 잡고 웅크리고 앉는다.

**TIP** 천둥, 번개가 발생할 때는 에어컨, TV 등을 끄고 전화도 끊어야 한다.


**Answer** 44.④ 45.②

**46** 다음 중 폭발물 발견 시 대처방안으로 바르지 않은 것은?

① 최단 시간 내 대피해야 한다.

② 주위사람들에게 대피를 유도한다.

③ 폭탄이 설치된 방향으로 피신하되 엘리베이터를 이용하여 탈출한다.

④ 경찰에 연락하고 폭발물에 손을 대거나 이동시키지 않는다.

⑤ 대피 시에 휴대전화나 라디오를 작동할 경우 전자파가 폭발물의 기폭장치를 작동시킬 수 있으므로 사용을 자제한다.

> **TIP** 폭탄이 설치된 반대방향으로 피신하되 엘리베이터를 이용하지 말고 비상계단을 이용하여 탈출하여야 한다.

**47** 예전에 주로 야간에 적의 항공기 탐색용으로 많이 활용되었으며 흔히 서치라이트라고도 하는 조명장비는?

① 프레이넬등

② 나트륨등

③ 탐조등

④ 석영수은등

⑤ 형광등

> **TIP** 탐조등은 반사거울을 지니고 있으며 직류전기를 공급하는 발전기가 부수되어 있으며 예전에는 야간에 적의 항공기 탐색용으로도 많이 활용된 조명장비이다.

**Answer** 46.③ 47.③

**48** 다음 강화유리 중 접합유리에 관한 내용으로 잘못 기술된 것은?

① 유리면에 이슬 맺힘 현상을 방지하는 이점이 있다.

② 대형규격의 생산이 가능하다.

③ 우수한 충격흡수력으로 인해 쉽사리 파손되지 않는다.

④ 방음성능이 우수하다.

⑤ 만약의 경우 충격으로 인해 유리가 파손된다하더라도 필름이 유리파편의 비산을 방지한다.

**TIP** ① 복층유리에 관한 내용이다. 복층유리는 유리면에 이슬 맺힘 현상을 방지하며 소음차단에 대한 성능이 뛰어나다.

**Answer** 48.①

# 06 컴퓨터 범죄와 안전관리

## ① 컴퓨터 관리 및 안전대책

### (1) 안전관리

① 컴퓨터의 의존성 증가로 자료를 보관하는 컴퓨터의 안전관리가 중요하다.

② 안전관리는 소프트웨어적 관리와 하드웨어적 관리로 나뉜다.

③ 컴퓨터 안전관리상의 관리적 대책

    ㉠ 근무자들에 대하여 정기적으로 배경조사를 실시한다.

    ㉡ 회사 내부의 컴퓨터 기술자, 사용자, 프로그래머의 기능을 각각 분리한다.

    ㉢ 회의를 통하여 컴퓨터 안전관리의 중요성을 인식시킨다.

    ㉣ 엑세스 제도를 도입한다.

    ㉤ 레이블링을 관리한다.

    ㉥ 스케줄러를 점검한다.

    ㉦ 감시증거기록 삭제를 방지한다.

### (2) 소프트웨어적 보안

① **보안의 정의**: 보안(Security)이란 각종 정보 및 자원을 고의 또는 실수로 불법적인 노출, 변조, 파괴하는 것으로부터 보호하는 것을 의미한다. 보안의 특성으로 비밀성, 가용성, 무결성이 있다.

    ㉠ **비밀성**: 비인가된 사용자는 정보를 확인할 수 없는 것을 말한다.

    ㉡ **가용성**: 자원을 계속해서 사용할 수 있는 특성을 말한다.

    ㉢ **무결성**: 의도하지 않은 방법으로 정보가 변형·파괴되지 않는 것을 말한다.

② **보안기술의 분류**

| 구분 | 목적 | 보안 기술 |
|---|---|---|
| 데이터 보안 | 컴퓨터 시스템 속에 있는 정보를 보호하는 것이다. | 암호화 기술 |
| 시스템 보안 | 컴퓨터 시스템의 운용체계, 서버 등의 허점을 통해 해커들이 침입하는 것을 방지하는 것이다. | 침입차단기술, 침입탐지기술 |
| 네트워크 보안 | 네트워크에서 정보를 전달할 때 중간에 가로채거나, 수정하는 등의 해킹 위험으로부터 정보를 보호하는 것이다. | 웹 보안기술, 암호화 기술, 침입탐지기술 |

ⓐ 암호화 기술

    ⓐ 데이터에 암호화 알고리즘을 섞어 그 알고리즘이 없이는 암호를 해독할 수 없도록 하는 기술이다.

    ⓑ 보통의 메시지를 그냥 보아서는 이해할 수 없는 암호문으로 변환시키는 조작을 암호화라고 한다.

ⓛ 웹 보안기술

    ⓐ 웹 보안에 있어서 클라이언트 인증, 웹 서버 인증, 웹 서버에 있는 문서정보에 대한 접근제어, 서버와 클라이언트 사이에 일어나는 Transaction 데이터의 인증, 무결성, 기밀성 등이 요구된다.

    ⓑ 웹 보안기술에는 Kerberos, PGP(Pretty Good Privacy), SSL 등이 있다.

      • Kerberos : DES 같은 암호화 기법을 기반으로 해서 보안 정도가 높다.

      • PGP : 전자우편 보안으로 광범위하게 사용되는 비밀보장 프로그램이다.

      • SSL : 넷스케이프사에서 개발한 것으로 HTTP뿐만 아니라 다른 틀에도 적용될 수 있는 장점이 있지만 디지털 서명 기능을 제공하지 못하는 단점도 있다.

ⓒ 침입차단기술

    ⓐ 방화벽이라고도 불리는데 네트워크 사이에 접근을 제어하는 시스템이나 그 집합을 말한다.

    ⓑ 침입차단기술에서 방화벽을 구축하는 데 사용되는 접근법으로 패킷 필터링과 프락시 서비스 두 가지가 있다.

ⓡ 침입탐지기술

    ⓐ 무결성, 가용성, 비밀성을 저해하는 행위를 실시간으로 탐지하는 시스템이다.

    ⓑ 침입탐지 시스템은 모니터링 대상에 따라 호스트 기반과 네트워크 기반으로 나뉜다.

## (3) 하드웨어적 보안

① 전산실에 보안장치를 설치한다.

    ㉠ 출입이 가능한 직원을 한정한다.

    ㉡ 전산실 내에 CCTV나 전자장비를 설치하여 24시간 관리한다.

    ㉢ 전산실에 출입하는 직원 외의 자는 신원을 확인하고 관리한다.

② 건물 자체의 보호조치

    ㉠ 홍수나 방화에 견딜 수 있는 건물이어야 한다.

    ㉡ 전력공급이 원활한 건물이어야 하고 비상시 전력이 확보되어야 한다.

    ㉢ 건물의 출입하는 출입자를 관리할 수 있도록 적당한 출입구를 갖추어야 한다.

③ 타 건물의 화재나 위험이 전이되지 않도록 적당한 거리를 유지하는 것이 좋다.

④ 전산실 내의 환경, 즉 공기조절이나 습도 등이 중요하다.

## ❷ 컴퓨터와 보호대책

### (1) 컴퓨터 바이러스 전염 경로

① E-mail의 첨부파일

② 네트워크 공유

③ 인터넷 서핑

④ 디스크/CD의 복사

⑤ 프로그램의 다운

### (2) 보호대책

① 정품 소프트웨어 사용을 생활화한다.

② 무료 프로그램의 경우에도 신뢰할 수 있는 사이트에서 다운받도록 한다.

③ 출처가 불분명한 e-mail과 첨부파일은 열어보지 않는다.

④ 데이터를 정기적으로 백업한다.

⑤ 백신 프로그램은 항상 최신판으로 업데이트하고 보안패치에도 신경 쓴다.

⑥ 의심되는 파일은 미리 차단해야 한다.

⑦ 다양한 감염경로를 막기 위해 백신과 방화벽을 동시에 사용한다.


## ❸ 컴퓨터 범죄 및 예방대책

### (1) 사이버 범죄의 의의

① 경찰청에서는 사이버 범죄를 크게 사이버테러형 범죄와 일반사이버 범죄로 구분하고 있다.

② 사이버테러형 범죄는 해킹, 바이러스 유포와 같이 고도의 기술적인 요소가 포함되어 정보통신망 자체에 대한 공격행위를 통해 이루어지는 것을 말한다.

③ 일반사이버 범죄는 전자상거래 사기, 프로그램 불법복제, 불법사이트 운영, 개인정보 침해, 사이버 스토킹, 사이버 성폭력, 협박·공갈 등과 같이 사이버 공간이 범죄의 수단으로 사용된 유형을 말한다.

## (2) 사이버테러형 범죄

① 해킹

    ㉠ 해킹(Hacking)은 일반적으로 다른 사람의 컴퓨터 시스템에 무단 침입하여 정보를 빼내거나 프로그램을 파괴하는 전자적 침해행위를 의미한다.

    ㉡ 해킹은 사용하는 기술과 방법 및 침해의 정도에 따라서 다양하게 구분된다.

    ㉢ 경찰청에서는 해킹에 사용된 기술과 방법, 침해의 정도에 따라서 단순침입, 사용자도용, 파일 등 삭제변경, 자료유출, 폭탄스팸메일, 서비스 거부공격으로 구분하고 있다.

        ⓐ 단순침입 : 정당한 접근권한 없이 또는 허용된 접근권한을 초과하여 정보통신망에 침입하는 것을 말한다.

          • 접근권한 : 행위자가 해당 정보통신망의 자원을 임의로 사용할 수 있도록 하는 권한을 말한다.

          • 정보통신망에의 침입 : 행위자가 해당 정보통신망의 자원을 사용하기 위해서 거쳐야 하는 인증 절차를 거치지 않거나 비정상적인 방법을 사용해 해당 정보통신망의 접근권한을 획득 하는 것으로, 즉 정보통신망의 자원을 임의대로 사용할 수 있는 상태가 되었을 때 침입이 이루어진 것이라고 할 수 있다.

        ⓑ 사용자 도용 : 정보통신망에 침입하기 위해서 타인에게 부여된 사용자계정과 비밀번호를 권한자의 동의 없이 사용하는 것을 말한다.

        ⓒ 파일 등 삭제와 자료유출 : 정보통신망에 침입한 자가 행한 2차적 행위의 결과로, 일반적으로 정보통신망에 대한 침입행위가 이루어진 뒤에 가능하다.

        ⓓ 폭탄메일 : 메일서버가 감당할 수 있는 한계를 넘는 많은 양의 메일을 일시에 보내 장애가 발생하게 하거나 메일 내부에 메일 수신자의 컴퓨터에 과부하를 일으킬 수 있는 실행코드 등을 넣어 보내는 것은 서비스 거부공격의 한 유형이다.

        ⓔ 스팸메일 : 상업적인 내용의 메일을 불특정 다수에게 보내는 것으로 이메일이 광고의 주요한 수단으로 부상하면서 이메일을 이용한 상업적인 목적의 광고가 많이 늘어나고 있으며 특히 기업광고, 특정인 비방, 음란물 및 성인사이트 광고, 컴퓨터 바이러스 등을 담은 이메일을 대량으로 발송하여 사회적인 문제를 일으키고 있다.

② 악성프로그램

    ㉠ 악성프로그램이란 일반적으로 컴퓨터 바이러스 또는 인터넷 웜을 의미하며 '정보시스템의 정상적인 작동을 방해하기 위하여 고의로 제작·유포되는 모든 실행 가능한 컴퓨터 프로그램'이다.

    ㉡ 리소스의 감염여부, 전파력 및 기능적인 특징에 따라 컴퓨터 바이러스, 인터넷 웜, 스파이웨어 등으로 구분하고 있으며 법에서 '정보통신 시스템, 데이터 또는 프로그램 등을 훼손, 멸실, 변경, 위조 또는 그 운용을 방해할 수 있는 프로그램'을 악성프로그램으로 규정하고 이를 유포하는 행위를 처벌하고 있다. 악성프로그램에 감염된 컴퓨터는 처리속도가 현저하게 감소하거나 평소에 나타나지 않던 오류메시지 등이 표시 되면서 비정상적으로 작동하고 또는 지정된 일시에 특정한 작동을 하기도 한다.

        ⓐ 트로이목마 : 프로그램에 미리 입력된 기능을 능동적으로 수행하여 시스템 외부의 해커에게 정보를 유출하거나 원격제어 기능을 수행하여 트로이목마처럼 유용한 유틸리티로 위장하여 확산되기 때문에 감염 사실을 알아채기 어렵다.

ⓑ 인터넷 웜 : 시스템 과부하를 목적으로 이메일의 첨부파일 등 인터넷을 이용하여 확산된다. 확산 시 정상적인 파일이 이메일에 첨부되기도 하기 때문에 개인정보 유출의 위험을 내포하고 있다.

ⓒ 스파이웨어 : 공개프로그램, 쉐어웨어, 평가판 등의 무료 프로그램에 탑재되어 정보를 유출 시키는 기능이 있는 모든 종류의 프로그램을 말한다. 스파이(Spy)와 소프트웨어의 합성어로 대개 인터넷이나 PC통신 등에서 무료로 공개되는 소프트웨어를 다운받을 때 함께 설치된다. 트로이목마나 백 도어와 달리, 치명적인 피해를 주지 않더라도 악의적인 목적으로 사용될 수 있기 때문에 주기적으로 탐지 프로그램을 사용하여 제거하는 것이 바람직하다.

ⓓ 논리 폭탄(logic bomb) : 프로그램에 어떤 조건이 주어져 숨어 있던 논리에 만족되는 순간 폭탄처럼 자료나 소프트웨어를 파괴하여, 자동으로 잘못된 결과가 나타나게 한다.

## (3) 일반형 범죄

① 사기

② 불법복제

③ 불법 · 유해 사이트

④ 사이버 명예훼손

⑤ 개인정보침해

⑥ 사이버 스토킹

## (4) 컴퓨터 관련 경제범죄

### ① 컴퓨터 관련 범죄 유형

㉠ 컴퓨터 부정조작

㉡ 컴퓨터 파괴

㉢ 컴퓨터 스파이

㉣ 컴퓨터 무단사용

㉤ 컴퓨터 부정사용

### ② 컴퓨터 부정조작

㉠ 컴퓨터의 처리결과를 변경시키거나 자료처리 과정에 간섭하는 것을 말한다.

㉡ 처벌규정

ⓐ 공전자기록위작 · 변작〈형법 제227조의2〉: 사무처리를 그르치게 할 목적으로 공무원 또는 공무소의 전자기록 등 특수매체기록을 위작 또는 변작한 자는 10년 이하의 징역에 처한다.

ⓑ 공정증서원본 등의 부실기재〈형법 제228조〉
- 공무원에 대하여 허위신고를 하여 공정증서원본 또는 이와 동일한 전자기록 등 특수매체기록에 부실의 사실을 기재 또는 기록하게 한 자는 5년 이하의 징역 또는 1천만 원 이하의 벌금에 처한다.
- 공무원에 대하여 허위신고를 하여 면허증, 허가증, 등록증 또는 여권에 부실의 사실을 기재하게 한 자는 3년 이하의 징역 또는 700만 원 이하의 벌금에 처한다.
ⓒ 컴퓨터 등 사용사기〈형법 제347조의2〉: 컴퓨터 등 정보처리장치에 허위의 정보 또는 부정한 명령을 입력하거나 권한 없이 정보를 입력·변경하여 정보처리를 하게 함으로써 재산상의 이익을 취득하거나 제3자로 하여금 취득하게 한 자는 10년 이하의 징역 또는 2천만 원 이하의 벌금에 처한다.
© 부정조작의 유형
ⓐ 투입조작 : 일부 자료를 은닉·변경된 자료나 허구의 자료 등을 입력·잘못된 산출을 초래하게 하는 방법을 말한다.
ⓑ 프로그램조작 : 기존 프로그램을 변경하거나 기본 프로그램과 전혀 다른 새로운 프로그램을 작성·투입하는 방법을 말한다.
ⓒ 콘솔조작 : 컴퓨터의 체계의 시동, 정지, 운영상태 감시 정보처리 내용과 방법의 변경 및 수정에 사용되는 것을 부당하게 조작, 기억정보 등을 변경하는 것을 말한다.
ⓓ 산출물조작 : 정당하게 처리 산출된 결과물의 변경을 의미한다.

③ 컴퓨터 파괴
㉠ 컴퓨터의 정상적인 기능을 곤란하게 하거나 또는 불가능하게 만드는 것을 말한다.
㉡ 처벌규정
ⓐ 공용서류 등의 무효, 공용물의 파괴〈형법 제141조〉: 공무소에서 사용하는 서류, 기타 물건 또는 전자기록 등 특수매체기록을 손상 또는 은닉하거나 기타 방법으로 그 효용을 해한 자는 7년 이하의 징역 또는 1천만 원 이하의 벌금에 처한다.
ⓑ 업무방해〈형법 제314조〉: 컴퓨터 등 정보처리장치 또는 전자기록 등 특수매체기록을 손괴하거나 정보처리장치에 허위의 정보 또는 부정한 명령을 입력하거나 기타 방법으로 정보처리에 장애를 발생하게 하여 사람의 업무를 방해한 자는 5년 이하의 징역 또는 1천500만 원 이하의 벌금에 처한다.

④ 컴퓨터 스파이
㉠ 타인 컴퓨터에 침입하여 프로그램, 자료 등의 정보를 탐지 또는 획득하여 타인에게 재산적 손해를 야기시키는 행위를 하며, 자료와 프로그램의 불법획득과 이용이라는 2개의 행위로 이루어진다.
㉡ 처벌규정
ⓐ 통신비밀보호법(전기통신감청죄)
ⓑ 정보통신망 이용촉진 및 정보보호 등에 관한 법률(전산망비밀침해죄)

⑤ 컴퓨터 무단사용
㉠ 권한 없는 자가 타인의 컴퓨터를 무단으로 사용하여 특정 일을 처리하는 것을 말한다.
㉡ 제한적으로 업무방해죄 적용이 가능하다는 견해가 있다.

ⓕ **컴퓨터 부정사용** … 컴퓨터를 이용할 권한이 없는 자가 특정행위를 함에 컴퓨터를 이용함으로써 컴퓨터 소유자에게 재산상 손해를 입히는 것을 말한다.

ⓖ **기타 관련 범죄**

　㉠ **크래커** : 경제적 이익을 위해 컴퓨터에 무단침입하여 정보를 유출하고 경쟁사에 피해를 주는 것을 말한다.

　㉡ **쌀라미 기법**(Salami Techniques) : 정상작업을 수행하면서 관심 밖의 작은 이익을 긁어 모으는 수법으로 금융기관의 이자와 같은 적은 금액을 모으는 기법이다.

　㉢ **논리폭탄**(Logic Bomb) : 특정조건에 반응하여 시스템이나 프로그램을 파괴하는 것을 말한다.

　㉣ **허프 건**(Hert Gun) : 고출력 전자기장을 발생 시켜 정보를 파괴하는 것을 말한다.

　㉤ **함정문**(Trap Door) : OS나 대형프로그램 개발 중 Debugging을 핑계로 자료를 유출하는 것을 말한다.

　㉥ **슈퍼 재핑**(Super Zapping) : 컴퓨터 고장 시 비상용으로 쓰는 프로그램으로 관리 · 권한 정보를 유출하여 이용하는 것을 말한다.

　㉦ **와이어탭핑**(Wiretapping) : 도청, 몰래 카메라 등 모든 도청을 말한다.

　㉧ **스카벤징**(Scavenging) : 작업수행이 완료된 후에 이전 사용자의 흔적, 즉 메모리나 쿠키에서 자료를 얻는 것을 말한다.

　㉨ **IP 스프핑** : 네트워크에서 스프핑의 대상은 MAC 주소, IP주소, 포트 등 네트워크 통신과 관련된 모든 것이 될 수 있으며, 스프핑은 속임을 이용한 공격을 총칭하고 있다.

## (5) 적용법규

① **해킹**

　㉠ **정보통신기반 보호법**

　　ⓐ **주요 정보통신기반시설 침해행위 등의 금지**〈제12조 제1호〉 : 접근권한을 가지지 아니하는 자가 주요 정보통신기반시설에 접근하거나 접근권한을 가진 자가 그 권한을 초과하여 저장된 데이터를 조작 · 파괴 · 은닉 또는 유출하는 행위를 하여서는 안 된다.

　　ⓑ **벌칙**〈제28조〉

　　　• 주요 정보통신기반시설을 교란 · 마비 또는 파괴한 자는 10년 이하의 징역 또는 1억 원 이하의 벌금에 처한다.

　　　• 위의 미수범은 처벌한다.

　㉡ **정보통신망 이용촉진 및 정보보호 등에 관한 법률**

　　ⓐ **정보통신망 침해행위 등의 금지**〈제48조 제1항〉 : 누구든지 정당한 접근권한 없이 또는 허용된 접근권한을 넘어 정보통신망에 침입하여서는 안 된다.

　　ⓑ **벌칙**〈제72조 제1항〉 : 정보통신망에 침입한 자는 3년 이하의 징역 또는 3천만 원 이하의 벌금에 처한다.

ⓒ 물류정책기본법

  ⓐ 전자문서 및 물류정보의 보안〈제33조〉

- 누구든지 국가물류통합정보센터 또는 단위물류정보망에서 처리·보관 또는 전송되는 물류정보를 훼손하거나 그 비밀을 침해·도용 또는 누설하여서는 안 된다〈제2항〉.
- 누구든지 불법 또는 부당한 방법으로 보호조치를 침해하거나 훼손하여서는 안 된다〈제5항〉.

  ⓑ 벌칙〈제71조〉

- 국가물류통합정보센터 또는 단위물류정보망에 의하여 처리·보관 또는 전송되는 물류정보를 훼손하거나 그 비밀을 침해·도용 또는 누설한 자는 5년 이하의 징역 또는 5천만 원 이하의 벌금에 처한다〈제2항〉.
- 국가물류통합정보센터 또는 단위물류정보망의 보호조치를 침해하거나 훼손한 자는 3년 이하의 징역 또는 3천만 원 이하의 벌금에 처한다〈제3항〉.

② 바이러스

  ㉠ 주요 정보통신기반시설에 대하여 데이터를 파괴하거나 주요 정보통신기반시설의 운영을 방해할 목적으로 컴퓨터바이러스·논리폭탄 등의 프로그램을 투입하는 행위를 하여서는 안 된다〈정보통신기반 보호법 제12조 제2호〉.

  ㉡ 벌칙〈정보통신기반 보호법 제28조 제1항〉 : 주요 정보통신기반시설을 교란·마비 또는 파괴한 자는 10년 이하의 징역 또는 1억 원 이하의 벌금에 처한다.

③ 저작권 침해

  ㉠ 저작권법

    ⓐ 저작권의 등록〈제53조〉

- 저작자는 다음의 사항을 등록할 수 있다.
  - 저작자의 실명·이명(공표 당시에 이명을 사용한 경우에 한함)·국적·주소 또는 거소
  - 저작물의 제호·종류·창작연월일
  - 공표의 여부 및 맨 처음 공표된 국가·공표연월일
  - 그 밖에 대통령령으로 정하는 사항
- 저작자가 사망한 경우 저작자의 특별한 의사표시가 없는 때에는 그의 유언으로 지정한 자 또는 상속인이 위의 규정에 따른 등록을 할 수 있다.
- 저작자로 실명이 등록된 자는 그 등록저작물의 저작자로, 창작연월일 또는 맨 처음의 공표 연월일이 등록된 저작물은 등록된 연월일에 창작 또는 맨 처음 공표된 것으로 추정한다. 다만, 저작물을 창작한 때부터 1년이 지난 후에 창작연월일을 등록한 경우에는 등록된 연월일에 창작된 것으로 추정하지 아니한다.

    ⓑ 권리변동 등의 등록·효력〈제54조〉 : 다음의 사항은 이를 등록할 수 있으며, 등록하지 아니하면 제3자에게 대항할 수 없다.

- 지적재산권의 양도(상속 그 밖의 일반승계의 경우를 제외) 또는 처분제한
- 배타적발행권 또는 출판권의 설정·이전·변경·소멸 또는 처분제한
- 저작재산권, 배타적발행권 및 출판권을 목적으로 하는 질권의 설정·이전·변경·소멸 또는 처분제한

ⓒ 권리의 침해 죄〈제136조〉
- 저작재산권, 그 밖에 이 법에 따라 보호되는 재산적 권리(데이터베이스제작자의 권리를 제외)를 복제·공연·공중송신·전시·배포·대여·2차적 저작물 작성의 방법으로 침해한 자는 5년 이하의 징역 또는 5천만 원 이하의 벌금에 처하거나 이를 병과 할 수 있다〈제1항〉.
- 다음의 어느 하나에 해당하는 자는 3년 이하의 징역 또는 3천만 원 이하의 벌금에 처하거나 이를 병과 할 수 있다〈제2항 제1호, 제2호〉.
  - 저작인격권 또는 실연자의 인격권을 침해하여 저작자 또는 실연자의 명예를 훼손한 자
  - 저작권, 권리변동 등의 등록을 거짓으로 한 자

ⓛ 콘텐츠산업진흥법
ⓐ 금지행위 등〈제37조〉
- 누구든지 정당한 권한 없이 콘텐츠제작자가 상당한 노력으로 제작하여 대통령령으로 정하는 방법에 따라 콘텐츠 또는 그 포장에 제작연월일, 제작자명 및 이 법에 따라 보호받는다는 사실을 표시한 콘텐츠의 전부 또는 상당한 부분을 복제·배포·방송 또는 전송함으로써 콘텐츠제작자의 영업에 관한 이익을 침해하여서는 아니 된다. 다만, 콘텐츠를 최초로 제작한날부터 5년이 지났을 때에는 그러하지 아니한다.
- 누구든지 정당한 권한 없이 콘텐츠제작자나 그로부터 허락을 받은 자가 위의 본문의 침해행위를 효과적으로 방지하기 위하여 콘텐츠에 적용한 기술적 보호조치를 회피·제거 또는 변경(무력화)하는 것을 주된 목적으로 하는 기술·서비스·장치 또는 그 주요 부품을 제공·수입·제조·양도·대여 또는 전송하거나 이를 양도·대여하기 위하여 전시하는 행위를 하여서는 아니 된다. 다만, 기술적 보호조치의 연구·개발을 위하여 기술적 보호조치를 무력화하는 장치 또는 부품을 제조하는 경우에는 그러하지 아니한다.
- 콘텐츠제작자가 ⓐ의 첫 번째 규정의 표시사항을 거짓으로 표시하거나 변경하여 복제·배포·방송 또는 전송한 경우에는 처음부터 표시가 없었던 것으로 본다.
ⓑ 벌칙〈제40조〉
- 다음의 어느 하나에 해당하는 자는 2년 이하의 징역 또는 2천만 원 이하의 벌금에 처한다.
  - 콘텐츠제작자의 영업에 관한 이익을 침해한 자
  - 정당한 권한 없이 기술적 보호조치의 무력화를 목적으로 하는 기술·서비스·장치 또는 그 주요 부품을 제공·수입·제조·양도·대여 또는 전송하거나 이를 양도·대여하기 위하여 전시하는 행위를 한 자
- 위 규정의 죄는 고소가 있어야 공소를 제기할 수 있다.

④ 스팸메일
ⓛ 정보통신망 침해행위 등의 금지 규정을 위반하여 정보통신망에 장애가 발생하게 한 자는 5년 이하의 징역 또는 5천만 원 이하의 벌금에 처한다〈정보통신망 이용촉진 및 정보보호 등에 관한 법률 제71조 제10호〉.
ⓛ 청소년유해매체물의 광고금지 규정을 위반하여 청소년유해매체물을 광고하는 내용의 정보를 청소년에게 전송하거나 청소년 접근을 제한하는 조치 없이 공개적으로 전시한 자는 2년 이하의 징역 또는 2천만 원 이하의 벌금에 처한다〈정보통신망 이용촉진 및 정보보호 등에 관한 법률 제73조 제3호〉.
ⓒ 전자적 전송매체를 이용하여 영리목적의 광고성 정보를 전송하는 자가 해서는 안 될 다음의 기술적 조치를 위반하여 한 자는 1년 이하의 징역 또는 1천만 원 이하의 벌금에 처한다〈정보통신망 이용촉진 및 정보보호 등에 관한 법률 제74조 제1항〉.

ⓐ 광고성 정보 수신자의 수신거부 또는 수신동의의 철회를 회피·방해하는 조치

ⓑ 숫자·부호 또는 문자를 조합하여 전화번호·전자우편주소 등 수신자의 연락처를 자동으로 생성하는 조치

ⓒ 영리목적의 광고성 정보를 전송할 목적으로 전화번호 또는 전자우편주소를 자동으로 등록하는 조치

ⓓ 광고성 정보 전송자의 신원 또는 광고·전송·출처를 은폐하기 위한 각종 조치

ⓔ 영리목적의 광고성 정보를 전송할 목적으로 수신자를 기망하여 회신을 유도하는 각종 조치

⑤ 개인정보 침해

㉠ 주민등록법 제37조 : 다음의 어느 하나에 해당하는 자는 3년 이하의 징역 또는 3천만 원 이하의 벌금에 처한다.

ⓐ 주민등록번호 부여방법으로 거짓의 주민등록번호를 만들어 자기 또는 다른 사람의 재물이나 재산상의 이익을 위하여 사용한 자

ⓑ 주민등록증을 채무이행의 확보 등의 수단으로 제공한 자 또는 그 제공을 받은 자

ⓒ 신고사항 또는 재외국민의 신고 규정을 위반하여 이중으로 신고한 사람

ⓓ 주민등록 또는 주민등록증에 관하여 거짓의 사실을 신고 또는 신청한 사람

ⓔ 거짓의 주민등록번호를 만드는 프로그램을 다른 사람에게 전달하거나 유포한 자

ⓕ 거짓이나 그 밖의 부정한 방법으로 다른 사람의 주민등록표를 열람하거나 그 등본 또는 초본을 교부받은 자

ⓖ 주민등록전산정보자료의 이용 규정을 위반한 자

ⓗ 주민등록표 보유기관 등의 의무 규정을 위반한 자

ⓘ 직무상 알게 된 비밀을 누설하거나 목적 외에 이용한 자

ⓙ 다른 사람의 주민등록증을 부정하게 사용한 자

ⓚ 법률에 따르지 아니하고 영리의 목적으로 다른 사람의 주민등록번호에 관한 정보를 알려주는 자

ⓛ 다른 사람의 주민등록번호를 부정하게 사용한 자 (단, 직계혈족·배우자·동거친족 또는 그 배우자 간에는 피해자가 명시한 의사에 반하여 공소를 제기할 수 없음)

㉡ 위치정보의 보호 및 이용 등에 관한 법률 제39조 : 다음에 해당하는 자는 5년 이하의 징역 또는 5천만 원 이하의 벌금에 처한다.

ⓐ 허가를 받지 아니하고 위치정보사업을 하는 자 또는 속임수 그 밖의 부정한 방법으로 허가를 받은 자

ⓑ 개인위치정보를 누설·변조·훼손 또는 공개한 자

ⓒ 개인위치정보주체의 동의를 얻지 아니하거나 동의의 범위를 넘어 개인위치정보를 수집·이용 또는 제공한 자 및 그 정을 알고 영리 또는 부정한 목적으로 개인위치정보를 제공받은 자

ⓓ 이용약관에 명시하거나 고지한 범위를 넘어 개인위치정보를 이용하거나 제3자에게 제공한 자

ⓔ 개인위치정보를 긴급구조 외의 목적에 사용한 자

ⓕ 개인위치정보주체의 동의를 받지 아니하거나 긴급구조 외의 목적으로 개인위치정보를 제공하거나 제공받은 자

⑥ 형법에 규정된 컴퓨터 범죄
  ㉠ **업무방해** : 컴퓨터 등 정보처리장치 또는 전자기록 등 특수매체기록을 손괴하거나 정보처리장치에 허위의 정보 또는 부정한 명령을 입력하거나 기타 방법으로 정보처리에 장애를 발생하게 하여 사람의 업무를 방해한 자는 5년 이하의 징역 또는 1천500만 원 이하의 벌금에 처한다〈형법 제314조〉.
  ㉡ **컴퓨터 등 사용사기** : 컴퓨터 등 정보처리장치에 허위의 정보 또는 부정한 명령을 입력하거나 권한 없이 정보를 입력·변경하여 정보처리를 하게 함으로써 재산상의 이익을 취득하거나 제3자로 하여금 취득하게 한 자는 10년 이하의 징역 또는 2천만 원 이하의 벌금에 처한다〈형법 제347조의2〉.
  ㉢ **재물손괴** : 타인의 재물, 문서 또는 전자기록 등 특수매체기록을 손괴 또는 은닉 기타 방법으로 기 효용을 해한 자는 3년 이하의 징역 또는 700만 원 이하의 벌금에 처한다〈형법 제366조〉.
  ㉣ **사전자기록위작·변작** : 사무처리를 그르치게 할 목적으로 권리·의무 또는 사실증명에 관한 타인의 전자기록등 특수매체기록을 위작 또는 변작한 자는 5년 이하의 징역 또는 1천만 원 이하의 벌금에 처한다〈형법 제232조의2〉.
  ㉤ **비밀침해** : 봉함 기타 비밀장치한 사람의 편지, 문서, 도화 또는 전자기록등 특수매체기록을 기술적 수단을 이용하여 그 내용을 알아낸 자는 3년 이하의 징역이나 금고 또는 500만 원 이하의 벌금에 처한다〈형법 제316조〉.

# 출제 예상 문제

2019년 기출 변형

**1** 다음 중 컴퓨터 범죄 수법에 대한 설명으로 옳은 것은?

① 데이터 디들링 : 컴퓨터실에서 작업하면서 쓰레기통에 버린 프로그램리스트, 데이터리스트, 카피 자료를 얻는 방법이다.

② 슈퍼 재핑 : 데이터를 입력하는 동안이나 변환하는 시점에서 최종적인 입력 순간에 자료를 절취, 변경, 추가, 삭제하는 모든 행위를 말한다.

③ 트로이 목마 : 고출력 전자기장을 발생시켜 컴퓨터의 자기기록 정보를 파괴하는 방법이다.

④ 트랩도어 : 프로그램 속에 범죄만 아는 명령문을 은밀히 삽입하여 이를 이용하는 수법이다.

⑤ 살라미 기법 : 어떤 일을 정상적으로 수행하면서 관심을 두지 않는 조그마한 이익들을 긁어모으는 수법이다.

> **TIP** ① 데이터를 최종적으로 입력하는 순간에 자료를 삭제하거나 변경하는 수법
> ② 슈퍼 잽 수행 시 각종 보안장치 기능을 마비시켜 컴퓨터의 기억장치에 수록된 자료를 복사하는 수법
> ③ 프로그램 본래의 목적을 실행하면서 일부에서는 부정한 결과가 발생하도록 프로그램 속에 범죄자만 아는 명령문을 삽입하여 이를 범죄자에게 유리하게 사용하는 수법
> ④ 프로그램을 개발할 당시 프로그램을 수정할 수 있는 명령어는 프로그램 개발 후 삭제하여야 하는데 이를 잊어버리거나 고의로 삭제하기 아니하여 명령어를 사용하여 프로그램을 조작하는 수법
> ※ 슈퍼 잽 … 컴퓨터가 고장으로 가동이 어려울 때 비상용으로 쓰이는 프로그램을 말한다.

**Answer** 1.⑤

**2** 컴퓨터 활용에 잠재된 위험요소로 옳지 않은 것은?

① 컴퓨터를 통한 사기·횡령
② 과도한 프로그램의 작성 및 활용
③ 조작자의 실수
④ 비밀정보의 절취
⑤ 프로그램 자체의 에러

> **TIP** 컴퓨터 활용에 잠재된 위험요소
> ㉠ 컴퓨터를 통한 사기·횡령
> ㉡ 프로그램상의 부정
> ㉢ 프로그램에 대한 침투행위
> ㉣ 조작자의 실수
> ㉤ 입력상의 에러
> ㉥ 프로그램 자체의 에러
> ㉦ 비밀정보의 절취

**3** 컴퓨터를 이용한 사이버테러에 대한 설명으로 옳지 않은 것은?

① 허프건(Huffgun) – 고출력 전자기장을 발생시켜 컴퓨터의 자기기록정보를 파괴시키는 수법
② 서비스거부(Denial of Service) – 시스템에 과도한 부하를 일으켜 데이터나 자원을 정당한 사용자가 적절한 대기시간 내에 사용하는 것을 방해하는 수법
③ 논리폭탄(Logic Bomb) – 컴퓨터의 일정한 작동시마다 부정행위가 이루어질 수 있도록 프로그램을 조작하는 수법
④ 스푸핑(Spoofing) – 악성코드에 감염된 사용자 PC를 조작하여 금융정보를 빼내는 수법
⑤ 스누핑(Snuffing) – 인터넷상에 떠도는 IP 정보를 몰래 가로채 부정하게 사용하는 수법

> **TIP** 스푸핑(Spoofing) … 스스로 적법한 정보를 취득할 수 있는 시스템으로 위장하여 불법적으로 정보를 읽어 들이는 행위로 어떤 프로그램이 마치 정상적인 상태로 유지되는 것처럼 믿도록 속임수를 쓰는 행위를 말한다.

**Answer** 2.② 3.④

**4** 입법적 대책과 관련하여 형법에 규정된 컴퓨터 범죄에 대한 설명으로 옳지 않은 것은?

① 재물손괴죄 – 컴퓨터 등 정보처리장치에 장애를 발생하게 하여 사람의 업무를 방해하는 행위

② 컴퓨터 등 사용사기죄 – 컴퓨터 등 정보처리장치에 권한 없이 정보를 입력·변경하여 재산상의 이익을 취득하는 행위

③ 비밀침해죄 – 봉함 기타 비밀장치한 전자기록 등을 기술적 수단을 이용하여 그 내용을 알아낸 행위

④ 사전자기록의 위작·변작죄 – 사무처리를 그르치게 할 목적으로 타인의 권리·의무 또는 사실증명에 관한 전자기록을 위작 또는 변작한 행위

⑤ 업무방해 – 컴퓨터 등 정보처리장치에 허위의 정보 또는 부정한 명령을 입력하거나 기타 방법으로 정보처리에 장애를 발생하게 하여 사람의 업무를 방해하는 행위

> **TIP** 형법에 규정된 범죄
> ㉠ 업무방해 : 컴퓨터 등 정보처리장치 또는 전자기록 등 특수매체기록을 손괴하거나 정보처리장치에 허위의 정보 또는 부정한 명령을 입력하거나 기타 방법으로 정보처리에 장애를 발생하게 하여 사람의 업무를 방해한 자는 5년 이하의 징역 또는 1천500만 원 이하의 벌금에 처한다〈형법 제314조〉.
> ㉡ 컴퓨터 등 사용사기 : 컴퓨터 등 정보처리장치에 허위의 정보 또는 부정한 명령을 입력하거나 권한 없이 정보를 입력·변경하여 정보처리를 하게 함으로써 재산상의 이익을 취득하거나 제3자로 하여금 취득하게 한 자는 10년 이하의 징역 또는 2천만 원 이하의 벌금에 처한다〈형법 제347조의2〉.
> ㉢ 재물손괴 : 타인의 재물, 문서 또는 전자기록 등 특수매체기록을 손괴 또는 은닉 기타 방법으로 기 효용을 해한 자는 3년 이하의 징역 또는 700만 원 이하의 벌금에 처한다〈형법 제366조〉.
> ㉣ 사전자기록위작·변작 : 사무처리를 그르치게 할 목적으로 권리·의무 또는 사실증명에 관한 타인의 전자기록등 특수매체기록을 위작 또는 변작한 자는 5년 이하의 징역 또는 1천만 원 이하의 벌금에 처한다〈형법 제232조의2〉.
> ㉤ 비밀침해 : 봉함 기타 비밀장치한 사람의 편지, 문서, 도화 또는 전자기록등 특수매체기록을 기술적 수단을 이용하여 그 내용을 알아낸 자는 3년 이하의 징역이나 금고 또는 500만 원 이하의 벌금에 처한다〈형법 제316조〉.

**Answer**  4.①

**5** 컴퓨터 에러(Error) 방지 대책으로 옳지 않은 것은?

① 적절한 컴퓨터 언어를 사용했는지 여부를 검토하는 시스템 작동 재검토

② 정보접근 권한을 가진 취급자만 컴퓨터 운용에 투입

③ 데이터 갱신을 통한 시스템의 재검토

④ 정해진 절차에 따라 프로그램이 실행되는지에 대한 검토

⑤ 어떠한 절차가 효율적인지 합리적으로 재평가

> **TIP** 컴퓨터 에러(Error) 방지 대책
> ⊙ 시스템 작동 재검토 : 적절한 컴퓨터 언어를 사용했는지 여부를 검토한다.
> ⊙ 자격을 갖춘 전문요원의 활용 : 자격을 가진 컴퓨터 취급자만 컴퓨터 운용에 투입되도록 하며, 그 효율성과 정확성을 제고시키는 일이 중요하다.
> ⊙ 데이터 갱신을 통한 지속적인 시스템의 재검토
> ⊙ 절차상의 재평가 : 컴퓨터 관리자는 정해진 절차대로 프로그램이 실행되었는지를 검토해야 하고, 어떠한 절차가 효율적인지를 합리적으로 재평가한 후 비효율성이 발견되면 이를 재검토하여야 한다.

**6** 다음 중 컴퓨터 안전관리상의 관리적 대책으로 가장 거리가 먼 것을 고르면?

① 스케줄러를 점검한다.

② 감시증거기록 삭제를 장려한다.

③ 엑세스 제도를 도입한다.

④ 근무자들에 대해 정기적으로 배경조사를 실시한다.

⑤ 레이블링을 관리한다.

> **TIP** 감시증거기록 삭제를 방지하여야 한다.

**7** 다음 중 보안의 특성을 바르게 나열한 것은?

| | |
|---|---|
| ㉠ 휘발성 | ㉡ 공개성 |
| ㉢ 무결성 | ㉣ 가용성 |
| ㉤ 주관성 | ㉥ 비밀성 |

① ㉠㉡㉢　　　　　　　② ㉡㉢㉣

③ ㉡㉣㉥　　　　　　　④ ㉢㉣㉥

⑤ ㉣㉤㉥

> **TIP** 보안의 특성
> • 비밀성
> • 가용성
> • 무결성

**8** 다음 중 컴퓨터 바이러스의 전염 경로가 아닌 것은?

① 인터넷 서핑

② 프로그램의 다운

③ 디스크/CD의 복사

④ E-mail의 첨부파일

⑤ 네트워크 비 공유

> **TIP** 컴퓨터 바이러스 전염 경로
> • E-mail의 첨부파일
> • 네트워크 공유
> • 인터넷 서핑
> • 디스크/CD의 복사
> • 프로그램의 다운

**Answer** 7.④ 8.⑤

**9** 다음 중 컴퓨터 바이러스의 보호대책으로 가장 바르지 않은 것을 고르면?

① 데이터를 정기적으로 백업한다.

② 다양한 감염경로를 막기 위해 백신과 방화벽을 동시에 사용한다.

③ 출처가 불분명한 e-mail과 첨부파일은 확인이 필요하므로 반드시 열어본다.

④ 정품 소프트웨어 사용을 생활화한다.

⑤ 백신 프로그램은 항상 최신판으로 업데이트하고 보안패치에도 신경 쓴다.

> **TIP** 컴퓨터 바이러스 보호대책
> • 정품 소프트웨어 사용을 생활화한다.
> • 무료 프로그램의 경우에도 신뢰할 수 있는 사이트에서 다운받도록 한다.
> • 출처가 불분명한 e-mail과 첨부파일은 열어보지 않는다.
> • 데이터를 정기적으로 백업한다.
> • 백신 프로그램은 항상 최신판으로 업데이트하고 보안패치에도 신경 쓴다.
> • 의심되는 파일은 미리 차단해야 한다.
> • 다양한 감염경로를 막기 위해 백신과 방화벽을 동시에 사용한다.

**10** 다음 중 일반적인 사이버범죄에 속하지 않는 것은?

① 합법화된 사이트의 운영

② 사이버 성폭력

③ 전자상거래 사기

④ 개인정보 침해

⑤ 프로그램 불법복제

> **TIP** 일반사이버 범죄는 전자상거래 사기, 프로그램 불법복제, 불법사이트 운영, 개인정보 침해, 사이버 스토킹, 사이버 성폭력, 협박·공갈 등과 같이 사이버 공간이 범죄의 수단으로 사용된 유형을 의미한다.

**Answer** 9.③ 10.①

**11** 기업광고, 특정인 비방, 음란물 및 성인사이트 광고, 컴퓨터 바이러스 등을 담은 이메일을 대량으로 발송하여 사회적인 문제를 일으키고 있는 사이버테러형의 범죄를 무엇이라고 하는가?

① 스파이웨어　　　　　　　　　　　② 스팸메일

③ 논리폭탄　　　　　　　　　　　　④ 폭탄메일

⑤ 트로이목마

> **TIP** 스팸메일은 상업적 내용의 메일을 불특정 다수에게 보내는 것으로 이메일이 광고의 주요한 수단으로 부상하면서 이메일을 이용한 상업적인 목적의 광고가 많이 늘어나고 있으며 특히 기업광고, 특정인 비방, 음란물 및 성인사이트 광고, 컴퓨터 바이러스 등을 담은 이메일을 대량으로 발송하여 사회적인 문제를 일으키고 있다.

**12** 다음 중 공개프로그램, 쉐어웨어, 평가판 등의 무료 프로그램에 탑재되어 정보를 유출시키는 기능이 있는 모든 종류의 프로그램을 무엇이라고 하는가?

① 폭탄메일　　　　　　　　　　　　② 논리폭탄

③ 트로이목마　　　　　　　　　　　④ 스파이웨어

⑤ 스팸메일

> **TIP** 스파이웨어는 스파이(Spy)와 소프트웨어의 합성어로 대개 인터넷이나 PC통신 등에서 무료로 공개되는 소프트웨어를 다운받을 때 함께 설치된다. 트로이목마나 백 도어와 달리, 치명적인 피해를 주지 않더라도 악의적인 목적으로 사용될 수 있기 때문에 주기적으로 탐지 프로그램을 사용하여 제거하는 것이 바람직하다.

**13** 다음 중 인터넷 상에서 확산하게 될 시에 정상적 파일이 이메일에 첨부되기도 하는 관계로 개인정보의 유출이라는 리스크를 내포하고 있는 프로그램을 무엇이라고 하는가?

① 스파이웨어　　　　　　　　　　　② 스팸메일

③ 논리폭탄　　　　　　　　　　　　④ 트로이목마

⑤ 인터넷 웜

> **TIP** 인터넷 웜은 인터넷 상에서 확산하게 될 시에 정상적 파일이 이메일에 첨부되기도 하는 관계로 개인정보의 유출이라는 리스크를 내포하고 있으며, 시스템에 대한 과부하를 목적으로 이메일의 첨부파일 등 인터넷을 활용하여 확산된다.

**Answer** 11.② 12.④ 13.⑤

# 02 <sub>PART</sub>

경호학

# 01 경호학과 경호

## ❶ 경호의 정의

### (1) 경호의 의미

① 실질적 의미의 경호

　㉠ 경호의 의미를 본질적 · 이론적 · 학문적으로 이해한 것으로 전체적인 경호의 개념 중 공통적으로 가지고 있는 특성을 말한다.

　㉡ 경호는 경호의뢰인에게 직접적 · 간접적 또는 인위적 · 자연적으로 위협이 가해지는 경우, 이러한 위협으로부터 의뢰인의 신변을 보호하고 가해자를 제압하는 경호원의 호위활동으로, 경호의뢰인의 활동경로(숙박장소, 이용하는 교통수단 및 이동로 등)를 사전에 파악하고 호위활동이 필요한 장소 등의 경호구역에 대하여 모든 수단과 방법을 이용하여 경계하고 위해요인을 제거함으로써 의뢰인을 안전하게 보호하는 것을 목적으로 한다.

　㉢ 실질적 의미의 경호는 실정법상의 제약이 없기 때문에 경호의 원칙적 의미와는 다르게 공권력을 위협할 수 있고, 권리의 남용을 초래할 수도 있으며, 실질적으로 경호활동을 할 수 있는 기준에 맞지 않는 경호업체들이 난립할 수 있다는 단점이 있으므로 현대 사회에서는 실질적 의미의 경호활동보다는 형식적 의미의 경호활동을 인정한다.

② 형식적 의미의 경호

　㉠ 형식적 의미의 경호란 법이나 제도와 같은 실정법에 의하여 인정된 여러 가지 현실적인 경호기관에 의한 일체의 경호활동만을 경호로 인정하는 것을 말하며 현재 우리나라에서 시행되는 대통령 등의 경호에 관한 법률과 경찰관 직무집행법 등에 의한 경호활동이 그 예이다.

　㉡ 대통령에 대한 경호를 효율적으로 수행하기 위하여 대통령경호처의 조직 · 직무범위 등을 규정한 대통령 등의 경호에 관한 법률에서는 '경호'를 경호대상자의 생명과 재산을 보호하기 위하여 신체에 가하여지는 위해를 방지 또는 제거하고, 특정한 지역을 경계 · 순찰 및 방비하는 등의 모든 안전활동을 말한다고 규정되어 있으며, 국민의 자유와 권리의 보호 및 사회공공의 질서유지를 위한 경찰관의 직무수행에 필요한 사항을 규정한 경찰관 직무집행법에서는 경비 · 요인경호 및 대간첩작전수행이 경찰관의 직무범위 중 하나로 규정되어 있다.

　㉢ 경비업법에서는 '사람의 생명, 신체에 대한 위해의 발생을 방지하고 그 신변을 보호하는 업무'를 신변보호 업무로 명시함으로써 경호에 해당되는 용어로 사용하고 있다.

② 전직대통령 예우에 관한 법률에서는 '전직대통령 또는 그 유가족에게는 관계법령이 정하는 바에 따라 예의를 할 수 있다.'고 되어 있으며 필요한 기간의 경호 및 경비가 제6조 제4항 제1호에 명시되어 있다.

## (2) 경호 · 경호학의 성질

### ① 경호의 성질

- ㉠ **합법성** : 경호는 원칙적으로 실정법에 규정된 범위의 내에서 이루어져야 하며 특별한 경우가 없으면 그 범위 내에서의 활동을 허가할 수 있다.
- ㉡ **보안성** : 경호는 의뢰인의 신변을 보호하기 위해서 은밀히 이루어져야 하므로 보안을 강화하고 정보를 잘 관리하는 것이 중요하다.
- ㉢ **협력성** : 경호는 실질적으로 단독적인 활동이 불가능하므로 여러 기관들이 협력을 함으로써 이루어진다.
- ㉣ **희생성** : 의뢰인을 위해서 자신을 희생할 수도 있다는 마음가짐이 필요하다.
- ㉤ **중립성** : 개인적인 감정을 억제하고 이해관계에 개입되는 것을 배제하기 위하여 정치적 · 이념적으로 중립을 지킬 것이 요구된다.

### ② 경호학의 성질

- ㉠ 경호학은 경호법에 대한 해석학적 연구방법을 기본으로 한다.
- ㉡ 경호학은 법학, 행정학, 경찰학, 사회학 등의 학문과 밀접한 관련성을 지니고 있다.
- ㉢ 경호학은 경호규범의 구현을 위해 경호대상, 경호기관 및 제도, 복잡 다양한 경호현상 등을 그 연구대상으로 한다.

## ❷ 경호 · 경비의 분류

### (1) 경호의 분류

### ① 광의적 분류

- ㉠ **직접경호** : 실제 현장에서 하는 경호활동을 의미하는 것으로 근접경호나 행사장 요원 활동 등이 있다.
- ㉡ **간접경호** : 계획수립 및 준비활동에 관련된 지원과 현장 정보수집 등에 관한 일련의 활동을 말한다.

### ② 대상에 의한 분류

- ㉠ **갑호경호** : 대통령과 그 가족, 대통령 당선인과 그 가족, 대통령권한대행과 그 배우자, 전직대통령과 그 배우자(퇴임 후 10년 이내), 그 밖에 경호처장이 경호가 필요하다고 인정하는 요인
- ㉡ **을호경호** : 국회의장, 대법원장, 국무총리, 헌법재판소장, 전직대통령과 그 배우자(퇴임 후 10년 경과), 대통령선거후보자
- ㉢ **병호경호** : 갑호 · 을호 외에 경찰청장 또는 경호기관의 장이 필요하다고 인정한 사람

ⓔ A, B, C, D급(갑호)경호 : 외국의 국가원수(대통령, 국왕)와 그 배우자, 행정수반과 그 배우자, 그 밖에 경호처장이 경호가 필요하다고 인정하는 요인

　　ⓜ E, F급(을호)경호 : 부통령, 부총리, 왕족, 외빈 A, B, C, D등급의 배우자 단독방한, 전직대통령, 전직총리, 국제회의·국제기구의 중요인사, 기타 장관급 이상으로 경찰청장이 경호가 필요하다고 인정한 사람

③ 장소에 의한 분류

　ⓣ 행사장경호

　　ⓐ 경호대상자가 행사에 참여하는 경우 그 행사의 진행에 따라 경호가 움직이는 경우를 의미한다.

　　ⓑ 행사장경호의 경우에는 경호대상자가 그 장소에 오랫동안 머물 수 있고 일반 군중들과의 거리도 좁아질 수 있으므로 경호에 완벽함을 기하여야 할 것이며 이 경우 직·간접경호에서의 혼합경호가 주로 쓰인다.

　　ⓒ 입장비표를 확인한 후 출입을 허용한다.

　　ⓓ 행사 진행 시 묵념을 할 때에도 군중경계를 계속한다.

　　ⓔ 행사장 주변 건물을 감시할 수 있는 위치를 선정하여 감시조를 운용한다.

　ⓛ 숙소경호

　　ⓐ 의의 : 경호대상자의 기존 숙소뿐만 아니라 외지에 나갈 경우의 임시숙소를 포함하므로 경호의 개념이 넓으며, 경호행차시 정복·사복의 근무자가 정문출입구 또는 그 주변에 잠복근무하는 형태로 이루어진다.

　　ⓑ 특징

　　　• 숙소경호는 혼잡성, 고정성, 보완성 취약, 방어개념의 미흡 등의 특징이 있다.

　　　• 동일한 장소에 경호대상자가 장시간 체류하게 되므로 고정성이 있다.

　　　• 숙소의 종류 및 시설물들이 복잡하고 많은 위험요소가 내포되어 있어 취약성이 있다.

　　ⓒ 숙소경호 업무의 영역

　　　• 순찰을 통한 시설물 안전 점검 및 각종 사고 예방

　　　• 출입자 통제 및 방문자 처리

　　　• 차량 출입 통제 및 반입 물품 검색

　　ⓓ 숙소경호의 방법

　　　• 근무요령은 평시, 입출 시, 비상시로 구분하여 운용한다.

　　　• 경비배치는 내부, 내곽, 외곽으로 실시하고 외곽은 1, 2, 3선으로 경계망을 구성한다.

　　　• 수림지역 및 제반 감제고지 고층건물에 대한 접근로의 봉쇄 및 안전확보를 한다.

　　　• 숙소 주변의 거주민 이외의 유동인원에 대한 검색을 강화한다.

　ⓒ 연도(노상·노변)경호 : 행사 전·후의 이동을 예로 들 수 있으며, 경호대상자와 일반 군중과의 접촉 등이 많아 위해요소가 가장 많은 경호이다.

④ 성격에 의한 분류

　　㉠ **공식경호(1호, A호)** : 공식행사 시의 경호, 관계자 간에 행사일정을 미리 통보받아 사전에 계획되고 공개된 의전절차에 따라 행사가 진행되는 경호로 국경일, 기념일, 대통령 취임식, 정상회담 시 등의 경호가 이에 해당한다.

　　㉡ **비공식경호(2호, B호)** : 비공식행사 시 행사 일정의 사전통보나 협의 없이 이루어지고 비공개된 의전 절차에 따라 행사가 진행되는 경호로 예정에 없던 수해지역 방문, 고아원 방문, 전통시장 방문 등 현장방문행사 등의 경호가 이에 해당한다.

　　㉢ **약식경호(3호, C호)** : 의전절차 없이 불시에 행사가 진행되고 사전 경호조치도 없는 상태에서 최소한의 근접 경호만으로 실시하는 통상적 경호로 특정지역 내에서 짧은 이동, 불시에 이루어지는 외출행사, 일상적인 출퇴근 시에 이루어지는 경호가 이에 해당한다. 공식경호나 비공식경호는 정해진 의전절차에 따라 진행되지만 약식경호는 정해진 의전절차 없이 임의적으로 이루어진다.

⑤ 직종에 의한 분류

　　㉠ **정치인** : 대통령이나 대통령후보, 국회의원, 정당인, 기타 유명정치인에 대한 경호를 말한다.

　　㉡ **경제인** : 기업의 회장·사장에 대한 경호를 말하는 것으로 경제인 경호의 경우에는 외국방문이 있을 수 있으므로 언어나 문화를 습득하는 등의 외국에 대한 지식을 익혀 둘 필요가 있다.

　　㉢ **연예인** : 배우나 가수 등의 연예인을 대상으로 하는 경호를 말하는 것으로 매니저의 역할까지 동시에 수행할 수 있는 능력을 요한다.

　　㉣ **종교인** : 종교지도자뿐만 아니라 그 가족, 수행요원, 주요 신도까지 보호하여야 하는 경호를 말한다.

　　㉤ **가족** : 가족구성원의 생명과 신체뿐만 아니라 가족의 재산 등을 그 위해로부터 보호하기 위한 경호를 말한다.

⑥ 이동수단에 의한 분류

　　㉠ **보행** : 경호대상자가 가까운 거리를 걸어서 이동할 때의 경호로, 보행 중에는 특별히 공격을 받을 위험이 커지기 때문에 경호상 각별한 주의가 필요하면 가까운 곳에 항시 차량을 배치시켜놓는 것이 좋다.

　　㉡ **차량** : 경호대상자가 차량으로 이동을 하는 경우, 차량 안과 그 차량 주위에도 경호요원을 배치한다.

　　㉢ **열차** : 경호대상자가 열차로 이동을 하는 경우, 열차가 출발하는 역에서 도착하는 역까지 경호하는 것으로, 정차역에서 승·하차하는 승객들을 유심히 살피는 것이 중요하다.

　　㉣ **선박** : 여객선 내의 수색을 하고 경호대상자를 다른 승객보다 우선하여 승선시킨다.

　　㉤ **항공기** : 항공기로 이동을 하는 경우에는 다른 이동수단에 비해서 항공기 내부와 각각의 승객에 대해서 확실한 사전점검을 하여야 한다.

⑦ 경호수준에 의한 분류

　　㉠ **1급(A급)** : 행사보안이 사전에 노출되어 경호의 위해가 증대된 상황하의 각종 행사와 국왕 및 대통령 등 국가원수급의 1등급 경호대상으로 결정된 국빈행사의 경호

ⓒ 2급(B급) : 행사준비 등의 시간적 여유가 없이 갑자기 결정된 상황하의 각종 행사와 수상 및 국무총리급의 경호대상으로 결정된 국빈행사의 경호

ⓒ 3급(C급) : 사전에 행사준비 등 경호조치가 거의 없는 상황 하에서 이루어지는 것으로 장관급의 경호대상으로 결정된 국빈행사의 경호

⑧ **형태에 따른 분류** ··· 경호요원의 노출 여부에 따른 경호를 말한다.

ⓐ **노출경호** : 경호원이 자신을 노출시키고 공개적으로 경호하는 것을 말한다. 노출경호를 하게 되면 경호대상자를 공격하려는 자에게 부담을 느끼게 한다는 장점이 있다.

ⓑ **비노출경호** : 경호대상자가 참여하는 행사의 성격상 경호원의 신분을 노출시키지 않는 것이 좋은 경우에 비노출경호방식으로 경호를 하여야 한다.

ⓒ **혼합경호** : 노출경호와 비노출경호를 적절히 혼합하여 사용하는 경호로서 최근 가장 많이 사용되는 경호형태이다.
  • 자택을 제외한 지방숙소, 호텔, 해외 행사 시 유숙지 등은 경호적 방어 환경이 좋지 못하다.

## (2) 경비의 분류

① **경비수단의 원칙**

ⓐ **균형의 원칙** : 경비 사태와 대상에 따라 주력부대와 예비부대를 적절히 활용하여 한정된 경찰력으로 최대의 성과를 올리는 것

ⓑ **시점의 원칙** : 상대방의 힘이 가장 허약한 때를 포착하여 집중적이고 강력한 실력을 행사

ⓒ **위치의 원칙** : 실력행사 시 상대 군중보다 유리한 지점과 위치를 선점하는 것

② **경비기관에 의한 분류**

ⓐ **공경비** : 국가기관(대통령경호처, 경찰 등)이 공공의 질서를 유지하고 개인의 생명 및 재산을 보호하며 범인의 체포 및 수사를 담당하는 것을 공경비라고 한다.

ⓑ **사경비(민간경비)** : 민간경비업체 또는 개인이 특정 고객의 경비 및 안전에 관련하여 경비서비스를 제공하는 것을 민간경비라고 한다.

③ **경계개념에 의한 분류**

ⓐ **정비상 경계** : 국가적으로 중요행사를 전후하여 일정기간 비상사태의 발생징후가 예견되고 또한 고도의 징계가 요구되는 경우에 선포한다.

ⓑ **준비상 경계** : 비상사태의 발생징후는 희박하나 불완전한 사태가 계속되고 비상사태가 발생할 것이 우려될 경우에 선포한다.

④ **경계대상에 의한 분류**

ⓐ **치안경비** : 공공의 안녕과 질서를 문란하게 하는 경비사태의 경우에 이를 예방·진압하는 경비부대의 활동을 말한다.

ⓑ **재해경비** : 천재, 홍수, 태풍, 지진 등에 의한 돌발사태를 방지하는 경비를 말한다.

ⓒ 혼잡경비 : 경기대회, 기념행사 등 조직 군중의 예측불가능한 사태를 방지하는 경비를 말한다.

ⓔ 특수경비 : 총기류에 의한 인질, 살상 등 중요범죄에 의한 위해를 방지하는 경비를 말한다.

ⓜ 중요시설경비 : 시설의 재산, 문서에 대한 비인가자의 접근을 방지하고 간첩, 태업, 절도, 기타 침해행위를 예방·경계·진압하는 경비를 말한다.

## ❸ 경호의 법원

### (1) 헌법
입법부·사법부·행정부의 중요한 경호대상자의 지위가 규정되어 있다.

① **대통령의 지위** … 국가원수, 국군통수, 행정부의 수반

② **국무총리의 지위** … 대통령 보좌, 행정각부의 통할

③ **전직대통령** … 신분과 예우에 관하여는 법률로 정하도록 규정

④ **기타** … 입법·사법·행정부의 주요 경호대상의 법적 지위를 규정

### (2) 법률

① **대통령 등의 경호에 관한 법률**

ⓐ **제정목적** : 대통령 등의 경호에 관한 법률은 대통령에 대한 경호를 효율적으로 수행하기 위하여 경호의 조직·직무범위와 그 밖에 필요한 사항을 규정함을 목적으로 제정되었다.

ⓑ **용어의 정의**

ⓐ **경호** : 경호 대상자의 생명과 재산을 보호하기 위하여 신체에 가하여지는 위해를 방지 또는 제거하고, 특정한 지역을 경계·순찰 및 방비하는 등의 모든 안전활동을 말한다.

ⓑ **경호구역** : 소속공무원과 관계기관의 공무원으로서 경호업무를 지원하는 사람이 경호활동을 할 수 있는 구역을 말한다.

ⓒ **소속공무원** : 대통령경호처 직원과 경호처에 파견된 사람을 말한다.

ⓓ **관계기관** : 경호처가 경호업무를 수행함에 있어 필요한 지원과 협조를 요청하는 국가기관, 지방자치단체 등을 말한다.

ⓒ **국가기관 등에 대한 협조요청권** : 처장은 직무상 필요하다고 인정할 때에는 국가기관, 지방자치단체, 그 밖의 공공단체의 장에게 그 공무원 또는 직원의 파견이나 그 밖에 필요한 협조를 요청할 수 있다.

ⓓ **무기의 휴대 및 사용권** : 처장은 직무를 수행하기 위하여 필요하다고 인정할 때에는 소속공무원에게 무기를 휴대하게 할 수 있다. 무기를 휴대하는 사람은 그 직무를 수행할 때 필요하다고 인정하는 상당한 이유가 있을 경우 그 사태에 대응하여 부득이하다고 판단되는 한도 내에서 무기를 사용할 수 있다. 다만, 다음 어느 하나에 해당할 때를 제외하고는 사람에게 위해를 끼쳐서는 아니 된다.

ⓐ 정당방위와 긴급피난에 해당할 때

ⓑ 경호대상에 대한 경호업무 수행 중 인지한 그 소관에 속하는 범죄로 사형, 무기 또는 장기 3년 이상의 징역 또는 금고에 해당하는 죄를 범하거나 범하였다고 의심할 만한 충분한 이유가 있는 사람이 소속공무원의 직무집행에 대하여 항거하거나 도피하려고 할 때 또는 제3자가 그를 도피시키려고 소속공무원에게 항거할 때에 이를 방지하거나 체포하기 위하여 무기를 사용하지 아니하고는 다른 수단이 없다고 인정되는 상당한 이유가 있을 때

ⓒ 야간이나 집단을 이루거나 흉기나 그 밖의 위험한 물건을 휴대하여 경호업무를 방해하기 위하여 소속공무원에게 항거할 경우에 이를 방지하거나 체포하기 위하여 무기를 사용하지 아니하고는 다른 수단이 없다고 인정되는 상당한 이유가 있을 때

ⓜ **경호처 소속공무원의 의무**

ⓐ **비밀엄수의무** : 소속공무원은 직무상 알게 된 비밀을 누설하여서는 아니되며, 소속공무원이 경호처의 직무와 관련된 사항을 발간, 기타의 방법으로 공표하고자 하는 때에는 미리 처장의 허가를 받아야 한다.

ⓑ **직권남용금지의무** : 소속공무원은 직권을 남용하여서는 아니되며, 경호처에 파견된 경찰공무원은 대통령 등의 경호에 관한 법률에 규정된 임무 외의 경찰공무원의 직무를 할 수 없다.

ⓗ **경호대상**

ⓐ 대통령과 그 가족

ⓑ 대통령 당선인과 그 가족

ⓒ 본인의 의사에 반하지 아니하는 경우에 한정하여 퇴임 후 10년 이내의 전직 대통령과 그의 배우자. 다만, 대통령이 임기 만료 전에 퇴임한 경우와 재직 중 사망한 경우의 경호 기간은 그로부터 5년으로 하고, 퇴임 후 사망한 경우의 경호 기간은 퇴임일부터 기산(起算)하여 10년을 넘지 아니하는 범위에서 사망 후 5년으로 한다.

ⓓ 대통령 권한대행과 그 배우자

ⓔ 대한민국을 방문하는 외국의 국가 원수 또는 행정수반과 그 배우자

ⓕ 그 밖에 처장이 경호가 필요하다고 인정하는 국내외 요인

ⓢ **대통령 경호처장 등**

ⓐ 대통령 경호처장은 대통령이 임명하고, 경호처의 업무를 총괄하며 소속공무원을 지휘·감독한다.

ⓑ 경호처에 차장 1명을 둔다.

ⓒ 차장은 1급 경호공무원 또는 고위공무원단에 속하는 별정직 국가공무원으로 보하며, 처장을 보좌한다.

ⓞ **직원**

ⓐ 경호처에 특정직 국가공무원인 1급부터 9급까지의 경호공무원과 일반직 국가공무원을 둔다. 다만, 필요하다고 인정할 때에는 경호공무원의 정원 중 일부를 일반직 국가공무원 또는 별정직 국가공무원으로 보할 수 있다.

ⓑ 경호공무원 각 계급의 직무의 종류별 명칭은 대통령령으로 정한다.

ⓩ 임용권자

ⓐ 5급 이상 경호공무원과 5급 상당 이상 별정직 국가공무원은 처장의 제청으로 대통령이 임용한다. 다만, 전보·휴직·겸임·파견·직위해제·정직 및 복직에 관한 사항은 처장이 행한다.

ⓑ 처장은 경호공무원 및 별정직 국가공무원에 대하여 ⓐ 외의 모든 임용권을 가진다.

② 전직대통령 예우에 관한 법률

㉠ 목적 : 전직대통령(前職大統領)의 예우에 관한 사항을 규정함을 목적으로 한다.

㉡ 적용범위 : 전직대통령 또는 그 유족에 대하여 적용한다.

㉢ 연금

ⓐ 전직대통령에게는 지급 당시 대통령 보수연액의 100분의 95에 상당하는 금액으로 연금을 지급한다.

ⓑ 유족에 대한 연금

• 전직대통령의 유족 중 배우자에게는 유족연금을 지급하며, 그 연금액은 지급 당시의 대통령 보수연액의 100분의 70에 상당하는 금액으로 한다.

• 전직대통령의 유족 중 배우자가 없거나 유족연금을 받던 배우자가 사망한 경우에는 그 연금을 전직대통령의 30세 미만인 유자녀와 30세 이상인 유자녀로서 생계능력이 없는 사람에게 지급하되, 지급대상자가 여러 명인 경우에는 그 연금을 균등하게 나누어 지급한다.

㉣ 그 밖의 예우

ⓐ 전직대통령은 비서관 3명과 운전기사 1명을 둘 수 있고, 전직대통령이 서거한 경우 그 배우자는 비서관 1명과 운전기사 1명을 둘 수 있다.

ⓑ 전직대통령이 둘 수 있는 비서관과 운전기사는 전직대통령이 추천하는 사람 중에서 임명하며, 비서관은 고위공무원단에 속하는 별정직공무원으로 하고, 운전기사는 별정직공무원으로 한다.

ⓒ 전직대통령이 서거한 경우 그 배우자가 둘 수 있는 비서관과 운전기사는 전직대통령의 배우자가 추천하는 사람 중에서 임명하며, 비서관과 운전기사의 신분은 대통령령으로 정한다.

ⓓ 전직대통령 또는 그 유족에게는 관계 법령에서 정하는 바에 따라 다음의 예우를 할 수 있다.

• 필요한 기간의 경호 및 경비(警備)

• 교통·통신 및 사무실 제공 등의 지원

• 본인 및 그 가족에 대한 치료

• 그 밖에 전직대통령으로서 필요한 예우

③ 경찰관 직무집행법

㉠ 제정목적 : 경찰관 직무집행법은 국민의 자유와 권리의 보호 및 사회공공의 질서유지를 위한 경찰관(국가경찰공무원에 한함)의 직무 수행에 필요한 사항을 규정함을 목적으로 제정되었다.

㉡ 경찰관의 직무범위

ⓐ 국민의 생명·신체 및 재산의 보호

ⓑ 범죄의 예방·진압 및 수사

ⓒ 범죄피해자 보호

ⓓ 경비·주요 인사 경호 및 대간첩·대테러 작전 수행

ⓔ 공공안녕에 대한 위험의 예방과 대응을 위한 정보의 수집·작성 및 배포

ⓕ 교통의 단속과 위해의 방지

ⓖ 외국 정부기관 및 국제기구와의 국제협약

ⓗ 기타 공공의 안녕과 질서 유지

④ 경비업법

㉠ 제정목적 : 경비업법은 경비업의 육성 및 발전과 그 체계적 관리에 관하여 필요한 사항을 정함으로써 경비업의 건전한 운영에 이바지함을 목적으로 제정되었다.

㉡ 용어의 정의

ⓐ 경비업 : 시설경비·호송경비·신변보호·기계경비·특수경비에 해당하는 업무의 전부 또는 일부를 도급받아 행하는 영업을 말한다.

ⓑ 경비지도사 : 경비원을 지도·감독 및 교육하는 자를 말하며 일반경비지도사와 기계경비지도사로 구분한다.

ⓒ 경비원 : 경비업의 허가를 받은 법인(경비업자)이 채용한 고용인으로서 일반경비원·특수경비원에 해당하는 자를 말한다.

ⓓ 무기 : 인명 또는 신체에 위해를 가할 수 있도록 제작된 권총·소총 등을 말한다.

ⓔ 집단민원현장

• 노동관계 당사자가 노동쟁의 조정신청을 한 사업장 또는 쟁의행위가 발생한 사업장

• 정비사업과 관련하여 이해대립이 있어 다툼이 있는 장소

• 특정 시설물의 설치와 관련하여 민원이 있는 장소

• 주주총회와 관련하여 이해대립이 있어 다툼이 있는 장소

• 건물·토지 등 부동산 및 동산에 대한 소유권·운영권·관리권·점유권 등 법적 권리에 대한 이해대립이 있어 다툼이 있는 장소

• 100명 이상의 사람이 모이는 국제·문화·예술·체육 행사장

• 행정대집행법에 따라 대집행을 하는 장소

⑤ 국민보호와 공공안전을 위한 테러방지법

㉠ 제정목적 : 테러의 예방 및 대응 활동 등에 관하여 필요한 사항과 테러로 인한 피해보전 등을 규정함으로써 테러로부터 국민의 생명과 재산을 보호하고 국가 및 공공의 안전을 확보하는 것을 목적으로 한다.

㉡ 용어의 정의

ⓐ 테러 : 국가·지방자치단체 또는 외국 정부(외국 지방자치단체와 조약 또는 그 밖의 국제적인 협약에 따라 설립된 국제기구를 포함)의 권한행사를 방해하거나 의무 없는 일을 하게 할 목적 또는 공중을 협박할 목적으로 하는 다음의 행위를 말한다.

• 사람을 살해하거나 사람의 신체를 상해하여 생명에 대한 위험을 발생하게 하는 행위 또는 사람을 체포·감금·약취·유인하거나 인질로 삼는 행위

- 항공기와 관련된 다음의 어느 하나에 해당하는 행위
  - 운항중인 항공기를 추락시키거나 전복·파괴하는 행위, 그 밖에 운항중인 항공기의 안전을 해칠 만한 손괴를 가하는 행위
  - 폭행이나 협박, 그 밖의 방법으로 운항중인 항공기를 강탈하거나 항공기의 운항을 강제하는 행위
  - 항공기의 운항과 관련된 항공시설을 손괴하거나 조작을 방해하여 항공기의 안전운항에 위해를 가하는 행위
- 선박 또는 해상구조물과 관련된 다음의 어느 하나에 해당하는 행위
  - 운항 중인 선박 또는 해상구조물을 파괴하거나, 그 안전을 위태롭게 할 만한 정도의 손상을 가하는 행위 (운항 중인 선박이나 해상구조물에 실려 있는 화물에 손상을 가하는 행위를 포함)
  - 폭행이나 협박, 그 밖의 방법으로 운항 중인 선박 또는 해상구조물을 강탈하거나 선박의 운항을 강제하는 행위
  - 운항 중인 선박의 안전을 위태롭게 하기 위하여 그 선박 운항과 관련된 기기·시설을 파괴하거나 중대한 손상을 가하거나 기능장애 상태를 일으키는 행위
- 사망·중상해 또는 중대한 물적 손상을 유발하도록 제작되거나 그러한 위력을 가진 생화학·폭발성·소이성(燒夷性) 무기나 장치를 다음의 어느 하나에 해당하는 차량 또는 시설에 배치하거나 폭발시키거나 그 밖의 방법으로 이를 사용하는 행위
  - 기차·전차·자동차 등 사람 또는 물건의 운송에 이용되는 차량으로서 공중이 이용하는 차량
  - 차량의 운행을 위하여 이용되는 시설 또는 도로, 공원, 역, 그 밖에 공중이 이용하는 시설
  - 전기나 가스를 공급하기 위한 시설, 공중이 먹는 물을 공급하는 수도, 전기통신을 이용하기 위한 시설 및 그 밖의 시설로서 공용으로 제공되거나 공중이 이용하는 시설
  - 석유, 가연성 가스, 석탄, 그 밖의 연료 등의 원료가 되는 물질을 제조 또는 정제하거나 연료로 만들기 위하여 처리·수송 또는 저장하는 시설
  - 공중이 출입할 수 있는 건조물·항공기·선박으로서 1)부터 4)까지에 해당하는 것을 제외한 시설
- 핵물질, 방사성물질 또는 원자력시설과 관련된 다음의 어느 하나에 해당하는 행위
  - 원자로를 파괴하여 사람의 생명·신체 또는 재산을 해하거나 그 밖에 공공의 안전을 위태롭게 하는 행위
  - 방사성물질 등과 원자로 및 관계 시설, 핵연료주기시설 또는 방사선발생장치를 부당하게 조작하여 사람의 생명이나 신체에 위험을 가하는 행위
  - 핵물질을 수수(授受)·소지·소유·보관·사용·운반·개조·처분 또는 분산하는 행위
  - 핵물질이나 원자력시설을 파괴·손상 또는 그 원인을 제공하거나 원자력시설의 정상적인 운전을 방해하여 방사성물질을 배출하거나 방사선을 노출하는 행위
ⓑ 테러단체 : 국제연합(UN)이 지정한 테러단체를 말한다.
ⓒ 테러위험인물 : 테러단체의 조직원이거나 테러단체 선전, 테러자금 모금·기부, 그 밖에 테러 예비·음모·선전·선동을 하였거나 하였다고 의심할 상당한 이유가 있는 사람을 말한다.
ⓓ **외국인테러전투원** : 테러를 실행·계획·준비하거나 테러에 참가할 목적으로 국적국이 아닌 국가의 테러단체에 가입하거나 가입하기 위하여 이동 또는 이동을 시도하는 내국인·외국인을 말한다.
ⓔ 테러자금 : 「공중 등 협박목적 및 대량살상무기확산을 위한 자금조달행위의 금지에 관한 법률」에 따른 공중 등 협박목적을 위한 자금을 말한다.

ⓕ 대테러활동 : 테러 관련 정보의 수집, 테러위험인물의 관리, 테러에 이용될 수 있는 위험물질 등 테러수단의 안전관리, 인원·시설·장비의 보호, 국제행사의 안전확보, 테러위협에의 대응 및 무력진압 등 테러 예방과 대응에 관한 제반 활동을 말한다.

ⓖ 관계기관 : 대테러활동을 수행하는 국가기관, 지방자치단체, 그 밖에 대통령령으로 정하는 기관을 말한다.

ⓗ 대테러조사 : 대테러활동에 필요한 정보나 자료를 수집하기 위하여 현장조사·문서열람·시료채취 등을 하거나 조사대상자에게 자료제출 및 진술을 요구하는 활동을 말한다.

ⓒ 테러위험인물에 대한 정보 수집 등

ⓐ 국가정보원장은 테러위험인물에 대하여 출입국·금융거래 및 통신이용 등 관련 정보를 수집할 수 있다. 이 경우 출입국·금융거래 및 통신이용 등 관련 정보의 수집은 「출입국관리법」, 「관세법」, 「특정 금융거래정보의 보고 및 이용 등에 관한 법률」, 「통신비밀보호법」의 절차에 따른다.

ⓑ 국가정보원장은 정보 수집 및 분석의 결과 테러에 이용되었거나 이용될 가능성이 있는 금융거래에 대하여 지급정지 등의 조치를 취하도록 금융위원회 위원장에게 요청할 수 있다.

ⓒ 국가정보원장은 테러위험인물에 대한 개인정보(「개인정보 보호법」상 민감정보를 포함)와 위치정보를 「개인정보 보호법」의 개인정보처리자와 「위치정보의 보호 및 이용 등에 관한 법률」에 따른 개인위치정보사업자 및 사물위치정보사업자에게 요구할 수 있다.

ⓓ 국가정보원장은 대테러활동에 필요한 정보나 자료를 수집하기 위하여 대테러조사 및 테러위험인물에 대한 추적을 할 수 있다. 이 경우 사전 또는 사후에 대책위원회 위원장에게 보고하여야 한다.

ⓔ 테러예방을 위한 안전관리대책의 수립

ⓐ 관계기관의 장은 대통령령으로 정하는 국가중요시설과 많은 사람이 이용하는 시설 및 장비(이하 "테러대상시설")에 대한 테러예방대책과 테러의 수단으로 이용될 수 있는 폭발물·총기류·화생방물질(이하 "테러이용수단"), 국가 중요행사에 대한 안전관리대책을 수립하여야 한다.

ⓑ 안전관리대책의 수립·시행에 필요한 사항은 대통령령으로 정한다.

ⓜ 테러취약요인 사전제거

ⓐ 테러대상시설 및 테러이용수단의 소유자 또는 관리자는 보안장비를 설치하는 등 테러취약요인 제거를 위하여 노력하여야 한다.

ⓑ 국가는 테러대상시설 및 테러이용수단의 소유자 또는 관리자에게 필요한 경우 그 비용의 전부 또는 일부를 지원할 수 있다.

ⓒ 비용의 지원 대상·기준·방법 및 절차 등에 필요한 사항은 대통령령으로 정한다.

ⓗ 테러선동·선전물 긴급 삭제 등 요청

ⓐ 관계기관의 장은 테러를 선동·선전하는 글 또는 그림, 상징적 표현물, 테러에 이용될 수 있는 폭발물 등 위험물 제조법 등이 인터넷이나 방송·신문, 게시판 등을 통해 유포될 경우 해당 기관의 장에게 긴급 삭제 또는 중단, 감독 등의 협조를 요청할 수 있다.

ⓑ 협조를 요청받은 해당 기관의 장은 필요한 조치를 취하고 그 결과를 관계기관의 장에게 통보하여야 한다.

ⓐ 외국인테러전투원에 대한 규제

    ⓐ 관계기관의 장은 외국인테러전투원으로 출국하려 한다고 의심할 만한 상당한 이유가 있는 내국인·외국인에 대하여 일시 출국금지를 법무부장관에게 요청할 수 있다.

    ⓑ 일시 출국금지 기간은 90일로 한다. 다만, 출국금지를 계속할 필요가 있다고 판단할 상당한 이유가 있는 경우에 관계기관의 장은 그 사유를 명시하여 연장을 요청할 수 있다.

    ⓒ 관계기관의 장은 외국인테러전투원으로 가담한 사람에 대하여 「여권법」에 따른 여권의 효력정지 및 재발급 거부를 외교부장관에게 요청할 수 있다.

◎ 테러단체 구성죄 등

    ⓐ 테러단체를 구성하거나 구성원으로 가입한 사람은 다음의 구분에 따라 처벌한다.

      • 수괴(首魁)는 사형·무기 또는 10년 이상의 징역
      • 테러를 기획 또는 지휘하는 등 중요한 역할을 맡은 사람은 무기 또는 7년 이상의 징역
      • 타국의 외국인테러전투원으로 가입한 사람은 5년 이상의 징역
      • 그 밖의 사람은 3년 이상의 징역

    ⓑ 테러자금임을 알면서도 자금을 조달·알선·보관하거나 그 취득 및 발생원인에 관한 사실을 가장하는 등 테러단체를 지원한 사람은 10년 이하의 징역 또는 1억 원 이하의 벌금에 처한다.

    ⓒ 테러단체 가입을 지원하거나 타인에게 가입을 권유 또는 선동한 사람은 5년 이하의 징역에 처한다.

    ⓓ 미수범은 처벌한다.

    ⓔ ⓐ 및 ⓑ에서 정한 죄를 저지를 목적으로 예비 또는 음모한 사람은 3년 이하의 징역에 처한다.

    ⓕ 「형법」 등 국내법에 죄로 규정된 행위가 테러에 해당하는 경우 해당 법률에서 정한 형에 따라 처벌한다.

◎ 세계주의 : 테러단체 구성죄는 대한민국 영역 밖에서 저지른 외국인에게도 국내법을 적용한다.

⑥ 통합방위법

  ㉠ 제정목적 : 적의 침투·도발이나 그 위협에 대응하기 위하여 국가 총력전의 개념을 바탕으로 국가방위요소를 통합·운용하기 위한 통합방위 대책을 수립·시행하기 위하여 필요한 사항을 규정함을 목적으로 제정되었다.

  ㉡ 용어의 정의

    ⓐ **통합방위** : 적의 침투·도발이나 그 위협에 대응하기 위하여 각종 국가방위요소를 통합하고 지휘체계를 일원화하여 국가를 방위하는 것을 말한다.

    ⓑ **국가방위요소** : 통합방위작전의 수행에 필요한 다음의 방위전력 또는 그 지원 요소를 말한다.

      • 「국군조직법」에 따른 국군
      • 경찰청·해양경찰청 및 그 소속 기관과 「제주특별자치도 설치 및 국제자유도시 조성을 위한 특별법」에 따른 자치경찰기구
      • 국가기관 및 지방자치단체
      • 「예비군법」에 따른 예비군
      • 「민방위기본법」에 따른 민방위대
      • 통합방위협의회를 두는 직장

ⓒ **통합방위사태** : 적의 침투·도발이나 그 위협에 대응하여 선포하는 단계별 사태를 말한다.

ⓓ **통합방위작전** : 통합방위사태가 선포된 지역에서 통합방위본부장, 지역군사령관, 함대사령관 또는 지방경찰청장(이하 "작전지휘관")이 국가방위요소를 통합하여 지휘·통제하는 방위작전을 말한다.

ⓔ **지역군사령관** : 통합방위작전 관할구역에 있는 군부대의 여단장급(旅團長級) 이상 지휘관 중에서 통합방위본부장이 정하는 사람을 말한다.

ⓕ **갑종사태** : 일정한 조직체계를 갖춘 적의 대규모 병력 침투 또는 대량살상무기(大量殺傷武器) 공격 등의 도발로 발생한 비상사태로서 통합방위본부장 또는 지역군사령관의 지휘·통제 하에 통합방위작전을 수행하여야 할 사태를 말한다.

ⓖ **을종사태** : 일부 또는 여러 지역에서 적이 침투·도발하여 단기간 내에 치안이 회복되기 어려워 지역군사령관의 지휘·통제 하에 통합방위작전을 수행하여야 할 사태를 말한다.

ⓗ **병종사태** : 적의 침투·도발 위협이 예상되거나 소규모의 적이 침투하였을 때에 시·도경찰청장, 지역군사령관 또는 함대사령관의 지휘·통제 하에 통합방위작전을 수행하여 단기간 내에 치안이 회복될 수 있는 사태를 말한다.

ⓘ **침투** : 적이 특정 임무를 수행하기 위하여 대한민국 영역을 침범한 상태를 말한다.

ⓙ **도발** : 적이 특정 임무를 수행하기 위하여 대한민국 국민 또는 영역에 위해(危害)를 가하는 모든 행위를 말한다.

ⓚ **위협** : 대한민국을 침투·도발할 것으로 예상되는 적의 침투·도발 능력과 기도(企圖)가 드러난 상태를 말한다.

ⓛ **방호** : 적의 각종 도발과 위협으로부터 인원·시설 및 장비의 피해를 방지하고 모든 기능을 정상적으로 유지할 수 있도록 보호하는 작전 활동을 말한다.

ⓜ **국가중요시설** : 공공기관, 공항·항만, 주요 산업시설 등 적에 의하여 점령 또는 파괴되거나 기능이 마비될 경우 국가안보와 국민생활에 심각한 영향을 주게 되는 시설을 말한다.

## (3) 명령

### ① 대통령 등의 경호에 관한 법률 시행령

ㄱ **제정목적** : 대통령 등의 경호에 관한 법률에서 위임된 사항과 그 시행에 필요한 사항을 규정함을 목적으로 한다.

ㄴ **가족의 범위** : 대통령 등의 경호에 관한 법률상 '가족'이라 함은 대통령 및 대통령 당선인의 배우자와 직계존비속으로 한다.

ㄷ **전직대통령 등의 경호조치** : 전직대통령과 그의 배우자의 경호에는 다음의 조치가 포함된다.

ⓐ 경호안전상 별도 주거지 제공(별도주거지는 본인이 마련할 수 있음)

ⓑ 현 거주지 및 별도 주거지에 경호를 위한 인원의 배치, 필요한 경호의 담당

ⓒ 요청이 있는 경우 대통령전용기, 헬리콥터 및 차량 등 기동수단의 지원

ⓓ 그 밖에 대통령경호처장이 관계기관과 협의하여 정한 사항

② 대통령경호안전대책위원회규정
  ㉠ 제정목적 : 대통령 등의 경호에 관한 법률에 따른 대통령경호안전대책위원회의 구성 및 운영에 관하여 필요한 사항을 규정함을 목적으로 한다.
  ㉡ 책임 : 대통령경호안전대책활동에 관하여는 위원회 구성원 전원과 그 구성원이 속하는 기관의 장이 공동으로 책임을 지며, 각 구성원은 위원회의 결정사항, 기타 안전대책활동을 위하여 부여된 임무에 관하여 상호 간 최대한의 협조를 하여야 한다.
  ㉢ 구성 : 대통령경호안전대책위원회의 위원은 국가정보원 테러정보통합센터장, 외교부 의전기획관, 법무부 출입국·외국인정책본부장, 과학기술정보통신부 통신정책관, 국토교통부 항공안전정책관, 식품의약품안전처 식품안전정책국장, 관세청 조사감시국장, 대검찰청 공공수사정책관, 경찰청 경비국장, 소방청 119 구조구급국장, 해양경찰청 경비국장, 합동참모본부 작전본부 소속 장성급 장교 중 위원장이 지명하는 1명, 국군방첩사령부 소속 장성급 장교 또는 2급 이상의 군무원 중 위원장이 지명하는 1명, 수도방위사령부 참모장과 위원장이 임명 또는 위촉하는 자로 구성한다.
  ㉣ 각 구성원의 분장책임
    ⓐ 대통령경호처장 : 안전대책활동에 관한 전반적인 업무를 총괄하며 필요한 안전대책활동지침을 수립하여 관계부서에 부여한다.
    ⓑ 국가정보원 테러정보통합센터장
      • 입수된 경호 관련 첩보 및 정보의 신속한 전파·보고
      • 위해요인의 제거
      • 정보 및 보안대상기관에 대한 조정
      • 행사참관 해외동포 입국자에 대한 동향파악 및 보안조치
      • 그 밖에 국내·외 경호행사의 지원
    ⓒ 외교부 의전기획관
      • 입수된 경호 관련 첩보 및 정보의 신속한 전파·보고
      • 방한 국빈의 국내 행사 지원
      • 대통령과 그 가족 및 대통령 당선인과 그 가족 등의 외국방문 행사 지원
      • 다자간 국제행사의 외교의전 시 경호와 관련된 협조
      • 그 밖에 국내·외 경호행사의 지원
    ⓓ 법무부 출입국·외국인정책본부장
      • 입수된 경호 관련 첩보 및 정보의 신속한 전파·보고
      • 위해용의자에 대한 출입국 및 체류관련 동향의 즉각적인 전파·보고
      • 그 밖에 국내·외 경호행사의 지원
    ⓔ 과학기술정보통신부 통신정책관
      • 입수된 경호 관련 첩보 및 정보의 신속한 전파·보고
      • 경호임무 수행을 위한 정보통신업무의 지원
      • 정보통신망을 이용한 경호관련 위해사항의 확인
      • 그 밖에 국내·외 경호행사의 지원

ⓕ 국토교통부 항공안전정책관

- 입수된 경호 관련 첩보 및 정보의 신속한 전파 · 보고
- 민간항공기의 행사장 상공비행 관련 업무 지원 및 협조
- 육로 및 철로와 공중기동수단 관련 업무 지원 및 협조
- 그 밖에 국내 · 외 경호행사의 지원

ⓖ 식품의약품안전처 식품안전정책국장

- 식품의약품 안전 관련 입수된 첩보 및 정보의 신속한 전파 · 보고
- 경호임무에 필요한 식음료 위생 및 안전관리 지원
- 식음료 관련 영업장 종사자에 대한 위생교육
- 식품의약품 안전검사 및 그 밖에 필요한 자료의 지원
- 그 밖에 국내외 경호행사의 지원

ⓗ 관세청 조사감시국장

- 입수된 경호 관련 첩보 및 정보의 신속한 전파 · 보고
- 출입국자에 대한 검색 및 검사
- 휴대품 · 소포 · 화물에 대한 검색
- 그 밖에 국내 · 외 경호행사의 지원

ⓘ 대검찰청 공공수사정책관

- 입수된 경호 관련 첩보 및 정보의 신속한 전파 · 보고
- 위해음모 발견시 수사지휘 총괄
- 위해가능인물의 관리 및 자료수집
- 국제테러범죄 조직과 연계된 위해사범의 방해책동 사전차단
- 그 밖에 국내 · 외 경호행사의 지원

ⓙ 경찰청 경비국장

- 입수된 경호 관련 첩보 및 정보의 신속한 전파 · 보고
- 위해가능인물에 대한 동향파악
- 행사참석자 및 종사자의 신원조사
- 행사장 · 이동로 주변 집회 및 시위관련 정보제공과 비상상황 방지대책의 수립
- 우범지대 및 취약지역에 대한 안전조치
- 행사장 및 이동로 주변에 있는 물적 취약요소에 대한 안전조치
- 총포 · 화약류의 영치관리와 봉인 등 안전관리
- 불법무기류의 단속 및 분실무기의 수사
- 그 밖에 국내 · 외 경호행사의 지원

ⓚ 해양경찰청 경비국장

- 입수된 경호 관련 첩보 및 정보의 신속한 전파 · 보고
- 해상에서의 경호 · 테러예방 및 안전조치
- 그 밖에 국내 · 외 경호행사의 지원

ⓛ 소방청 119구조구급국장

- 입수된 경호 관련 첩보 및 정보의 신속한 전파 · 보고

- 경호임무 수행을 위한 소방방재업무 지원
- 그 밖에 국내외 경호행사의 지원
ⓜ 합동참모본부 작전본부 소속 장성급 장교 중 위원장이 지명하는 1명
- 입수된 경호 관련 첩보 및 정보의 신속한 전파 · 보고
- 안전대책활동에 대한 육 · 해 · 공군업무의 총괄 및 협조
- 그 밖에 국내 · 외 경호행사의 지원
ⓝ 국군방첩사령부 소속 장성급 장교 또는 2급 이상의 군무원 중 위원장이 지명하는 1명
- 입수된 경호 관련 첩보 및 정보의 신속한 전파 · 보고
- 군내 행사장에 대한 안전활동
- 군내 위해가능인물에 대한 안전조치
- 행사참석자 및 종사자의 신원조사
- 경호구역 인근 군부대의 특이사항 확인 · 전파 및 보고
- 이동로 주변 군시설물에 대한 안전조치
- 취약지에 대한 안전조치
- 경호유관시설에 대한 보안지원 활동
- 그 밖에 국내 · 외 경호행사의 지원
ⓞ 수도방위사령부 참모장
- 입수된 경호 관련 첩보 및 정보의 신속한 전파 · 보고
- 수도방위사령부 관할지역 내 진입로 및 취약지에 대한 안전조치
- 수도방위사령부 관할지역의 경호구역 및 그 외곽지역 수색 · 경계 등 경호활동 지원
- 그 밖에 국내 · 외 경호행사의 지원

③ **위임사항** … 대통령 등의 경호에 관한 법률 시행령의 시행에 관하여 필요한 사항은 처장이 정하도록 위임되어 있다(대통령 등의 경호에 관한 법률 시행령 제36조).

(4) 한국군과 주한미군간의 대통령경호에 대한 합의각서(Memorandum of Agreement between the Republic of Korea Armed Forces and the United States Forces Korea Regarding Presidential Security)

① **의의** … 한 · 미간의 SOFA(States of Forces Agreement)협정 제3조 및 제25조를 근거로 대통령경호경비에 관한 협조절차를 규정하여 1987년 5월 11일에 효력이 발생하였다.

② **내용**
㉠ 범위 : 한국 및 외국의 국가원수가 주한 미군부대나 한 · 미 연합군부대, 그리고 그 인근지역 및 부대를 방문시 적용하도록 그의 범위를 결정
㉡ 협조체제
ⓐ 대통령 경호경비에 관한 협조는 한국 대통령실 경호처 및 한국군 기무부대와 주한 미군부대 간에 실시

ⓑ 대통령 경호경비 업무를 효과적으로 수행하기 위하여 한·미관계기관회의를 통하여 정보를 상호 교환

ⓒ 경호경비 책임사령관 임명 사항에 관하여 긴밀히 협조

ⓓ 안전조치 문제에 관하여 긴밀히 협조

ⓔ 보안조치 문제에 관하여 긴밀히 협조

ⓕ 필요에 따라 추가 협의가 요구되는 사항에 관하여 긴밀히 협조

### ⑸ 외교관 등 국제적 보호인물에 대한 범죄의 예방 및 처벌에 관한 협약

1973년 12월 14일에 국제연합 제28회 총회에서 채택, 1977년 2월 20일 발효되었다. 한국은 1983년 6월 24일 발효되었다. 당사국은 89개국이었다. 국제연합 국제법위원회가 작성한 초안을 기초로 하였으며, 전문 및 20개조로 이루어진다. 항공기 범죄에 관한 제 조약과 함께 국제 테러리즘 방지를 위해 체결된 제 조약의 하나이다.

---

**외교관 등 국제적 보호인물에 대한 범죄의 예방 및 처벌에 관한 협약**

본 협약의 당사국은 국제평화의 유지와 국가 간의 우호관계 및 협력의 증진에 관한 국제연합헌장의 제목적과 원칙을 유념하고 외교관 및 기타 국제적 보호인물에 대하여 그들의 안전을 위태롭게 하는 범죄가 국가 간의 협력에 필요한 정상적 국제관계의 유지에 심각한 위협을 야기함을 고려하고, 동 범죄의 범행이 국제사회에 대한 중대한 우려사항임을 믿고, 동 범죄의 방지와 처벌을 위하여 적절하고 효과적인 조치를 취할 긴급한 필요성이 있음을 확신하여, 다음과 같이 합의하였다.

**제1조**

1. 본 협약의 목적상 '국제적 보호인물'은 다음을 의미한다.
   ⑺ 관계국의 헌법상 국가원수의 직능을 수행하는 집단의 구성원을 포함하는 국가원수, 정부수반 또는 외무부장관으로서 그들이 외국에 체류할 모든 경우 및 그들과 동행하는 가족의 구성원
   ⑻ 일국의 대표나 공무원 또는 정부간 성격을 지닌 국제기구의 직원 또는 기타 대리인으로서 범죄가 이들 본인, 그의 공관, 그의 사저, 또는 그의 교통수단에 대하여 행해진 시기와 장소에서 국제법에 따라 그의 신체, 자유 또는 존엄에 대한 공격으로부터 특별한 보호를 받을 자격이 있는 자 및 그의 세대의 일부를 구성하는 가족의 구성원
2. '피의자'란 제2조에 규정된 범죄 중의 하나 또는 그 이상을 범하였거나 이에 가담하였다고 일견 판단할 수 있는 충분한 증거가 있는 자를 의미한다.

**제2조**

1. 다음 범죄의 고의적 실행은 각 당사국에 의하여 국내법상의 범죄로 규정되어야 한다.
   ⑺ 국제적 보호인물의 살해, 납치 또는 그의 신체나 자유에 대한 기타 가해행위
   ⑻ 국제적 보호인물의 신체나 자유를 위태롭게 할 수 있는 그의 공관, 사저 또는 교통수단에 대한 폭력적 가해행위
   ⑼ 그러한 행위의 범행 위협
   ⑽ 동 가해행위의 미수
   ⑾ 동 가해행위에 공범으로서의 가담을 구성하는 행위

2. 각 당사국은 이들 범죄의 중대성을 감안하는 적절한 형벌로 동 범죄가 처벌되도록 하여야 한다.

3. 본조 제1항과 제2항은 국제적 보호인물의 신체, 자유 또는 존엄에 대한 기타의 가해행위를 방지하기 위하여 당사국이 모든 적절한 조치를 취할 국제법상 의무를 저해하지 아니한다.

## 제3조

1. 각 당사국은 다음 경우에 있어서 제2조에 규정된 범죄에 대한 관할권을 확립하기 위하여 필요한 제반 조치를 취하여야 한다.

    (개) 범죄가 자국의 영토 내에서 또는 자국에 등록된 선박이나 항공기 내에서 범하여지는 경우

    (내) 피의자가 자국민인 경우

    (대) 범죄가 자국을 대표하여 행사하는 직능에 의하여, 제1조에 정의된 국제적 보호인물로서의 지위를 여사히 향유하는 그러한 자에 대하여 범하여지는 경우

2. 각 당사국은 또한 피의자가 자국 영토 내에 있고, 동인을 제8조에 따라 본조 제1항에서 언급된 어느 국가로도 인도하지 않는 경우에 있어서, 이들 범죄에 대한 관할권을 확립하기 위하여 필요한 제반 조치를 취하여야 한다.

3. 본 협약은 국내법에 따라 행사되는 어떠한 형사 관할권도 배제하지 아니한다.

## 제4조

당사국은 제2조에 규정된 범죄의 방지에 특히 다음과 같이 협력하여야 한다.

    (개) 자국영역 내 또는 영역 외에서 그와 같은 범죄를 범하기 위한 준비를 자국영역 내에서 할 경우 이를 방지하기 위한 모든 실제적 조치를 취함

    (내) 정보의 교환 및 범행방지에 적합한 행정적 및 기타 제반조치의 조정

## 제5조

1. 제2조에 규정된 범죄가 자국 내에서 범하여진 당사국은, 피의자가 그 영역을 도주하였다고 믿을 만한 사유가 있는 경우, 직접으로 또는 국제연합 사무총장을 통하여 범행에 관한 모든 관련사실과 피의자의 신원에 관한 입수 가능한 모든 정보를 다른 모든 관련국에 통고하여야 한다.

2. 국제적 보호인물에 대하여 제2조에 규정된 어느 범죄가 범하여진 모든 경우, 피해자 및 범행상황에 관한 정보를 보유하고 있는 여하한 당사국도 국내법에 규정된 조건에 따라 완전하게 그리고 신속하게 동인이, 대표로서 직능을 수행하던 당사국에 이를 전달하도록 노력하여야 한다.

## 제6조

1. 사정이 그와 같이 허용한다고 인정되는 대로, 피의자 소재지국은 동인을 소추 또는 인도하기 위한 목적으로 동인의 소재를 확보할 수 있도록 국내법에 따른 적절한 조치를 취하여야 한다. 동 조치는 직접으로 또는 국제연합 사무총장을 통하여 지체 없이 다음에 통고되어야 한다.

    (개) 범행지국

    (내) 피의자의 국적국 또는 복수의 국적국 또는 무국적자일 경우 그의 상주 영역국

    (대) 관련 국제적 보호인물의 국적국 또는 복수의 국적국 또는 그가 대표로서 직능을 수행하던 국가 또는 복수의 국가

    (래) 기타 모든 관계국

    (매) 관련 국제적 보호인물이 직원 또는 대리인으로 있는 국제기구

2. 본조 제1항에 언급된 조치와 관련된 자는 다음과 같은 자격을 가진다.

  ㈎ 피의자의 국적국 또는 그의 권리를 달리 보호하여 줄 자격을 가진 국가, 또는 그가 무국적자일 경우 그가 요
     청하고 그의 권리를 보호하여 줄 용의를 가진 국가에 소속한 최인접의 적절한 대표와 지체없이 교신함

  ㈏ 동국 대표의 방문을 받음

## 제7조

그 영토 내에 피의자가 소재하고 있는 당사국은 동인을 인도하지 아니할 경우, 소추할 목적으로예외 없이 그리고
부당한 지연 없이 동 국가의 법률에 따른 절차를 통하여 동건을 권한 있는 당국에 지출하여야 한다.

## 제8조

1. 당사국 간에 현존하는 범죄인 인도 조약상의 인도범죄로 등재되어 있지 아니한 범죄도 제2조에 규정되어 있는
   한, 동 범죄는 인도범죄에 포함되는 것으로 간주된다. 당사국은 그러한 범죄를 그들 간에 체결된 장래의 모든 범
   죄인 인도조약에서의 인도범죄로 포함시키도록 한다.

2. 범죄인 인도에 있어 조약의 존재를 조건으로 하는 당사국이 범죄인 인도조약을 서로 체결치 아니한 타방 당사국
   으로부터 범죄인 인도요청을 받은 경우에 동국이 인도하기로 결정한다면, 본 협약을 그러한 범죄에 관한 범죄인
   인도의 법적 기초로 간주할 수 있다. 범죄인 인도는 피 요청국 법률의 소송조항 및 여타의 조건에 따라야 한다.

3. 범죄인 인도에 있어 조약의 존재를 조건으로 하지 아니하는 당사국은 그러한 범죄를 피 요청국 법률의 소송조항
   및 여타 조건에 따른 상호 간 인도범죄로 인정하여야 한다.

4. 당사국 간의 범죄인 인도를 위하여 상기 각 범죄는 그것이 발생한 장소에서 뿐만 아니라 제3조 제1항에 따른 그
   관할권확립의 의무를 지는 국가의 영역에서도 범하여진 것처럼 취급되어야 한다.

## 제9조

제2조에 규정된 어느 범죄와 관련하여 진행되고 있는 소송의 대상이 된 어떤 자에 대하여도 동 소송절차의 모든 과
정에서 공정한 대우가 보장되어야 한다.

## 제10조

1. 당사국은 제2조에 규정된 범죄로 인한 형사소송과 관련하여 소송에 필요한 모든 이용 가능한 증거의 제공을 포
   함한 최대한의 지원을 상호 제공하여야 한다.

2. 본조 제1항의 규정은 여타조약에 규정된 사법공조에 관한 의무에 영향을 미치지 아니한다.

## 제11조

피의자를 소추한 당사국은 소송의 최종 결과를 국제연합 사무총장에게 통고하여야 하며 동인은 동 정보를 타 당사
국에 전달하여야 한다.

## 제12조

본 협약의 제규정은, 본 협약의 채택일자에 유효한 비호에 관한 제조약의 당사국 간에는 동 조약의 적용에 영향을
미치지 아니한다. 그러나 본 협약의 당사국은 비호에 관한 제 조약의 당사국이 아닌 본 협약의 여타 당사국에 대하
여 비호에 관한 제 조약을 원용할 수 없다.

제13조

1. 교섭으로 해결되지 않는 본 협약의 해석이나 적용에 관한 2개 당사국 혹은 그 이상 당사국간의 어떠한 분쟁도 그들 중 어느 일방의 요구에 따라 중재에 회부되어야 한다. 중재요청 일자로부터 6월 이내에 당사국들이 중재기구에 관하여 합의할 수 없을 때는, 어느 당사국도 국제사법재판소 규정에 따른 요청에 의하여 동 분쟁을 동 재판소에 제기할 수 있다.

2. 각 당사국은 본 협약의 서명 또는 비준시나 또는 이의 가입시에 본조 제1항에 구속되지 않음을 선언할 수 있다. 타 당사국은 상기 유보를 한 어느 당사국에 대하여도 본조 제1항의 구속을 받지 아니한다.

3. 본조 제2항에 따라 유보를 행한 당사국은 국제연합 사무총장에 대한 통고로써 언제든지 그 유보를 철회할 수 있다.

제14조

본 협약은 만국의 서명을 위하여 뉴욕소재 국제연합 본부에서 1974년 12월 31일까지 개방된다.

제15조

본 협약은 비준되어야 한다. 비준서는 국제연합 사무총장에게 기탁되어야 한다.

제16조

본 협약은 어떠한 국가에 대하여도 가입을 위하여 개방된다. 가입서는 국제연합 사무총장에게 기탁하여야 한다.

제17조

1. 본 협약 22번째 비준서 또는 가입서가 국제연합 사무총장에게 기탁된 일자로부터 30일이 되는 날에 발효한다.

2. 22번째 비준서 또는 가입서의 기탁후에 협약을 비준하거나 가입하는 각국에 대하여 본 협약은 동 국가에 의한 비준서 또는 가입서의 기탁일자로부터 30일이 되는 날에 발효한다.

제18조

1. 어느 당사국도 국제연합사무총장에 대한 서면통고로써 본 협정을 폐기할 수 있다.

2. 폐기는 국제연합사무총장이 통고를 접수한 일자로부터 6개월 후 발효한다.

제19조

국제연합 사무총장은 모든 국가에 대하여 특히 다음 사항을 통보하여야 한다.

　(가) 제14조, 제15조 및 제16조에 따른 본 협약에 대한 서명, 비준서 또는 가입서의 기탁 및 제18조에 따른 통고

　(나) 제17조에 따라 본 협약이 발효하는 일자

제20조

중국어, 영어, 불어, 노어 및 서반아어본이 동등히 정본인 본 협약의 원본은 국제연합 사무총장에게 기탁되어야 하며, 국제연합 사무총장은 본 협약의 인증등본을 모든 국가에 송부하여야 한다.

이상의 증거로써 그들 각자의 정부에 의하여 정당히 권한을 위임받은 하기 서명자는 1973년 12월 14일 뉴욕에서 서명을 위하여 개방된 본 협약에 서명하였다.

## ❹ 경호의 이론적 배경

### (1) 경제환원론적 이론
경기의 침체로 인한 실업 및 사회의 불안요소들이 증가하게 되면 이로 인해 범죄가 증가하게 되므로 민간경비시장도 성장하게 된다는 이론으로, 이론적 내용이 취약하며 현상 자체를 지나치게 경제적으로만 풀어가려고 하는 문제점이 있다. 또한 경기침체와 민간경비의 성장이 인과적인 관계를 지닌다고 볼 수도 없다.

### (2) 수익자부담이론
국민 전체의 소득이 증가하고 사회의 범죄가 증가하며 경비에 대한 사회적 인식이 변화하게 되면 민간경비산업이 증가하게 되고, 자본주의 사회의 생리상 개인의 안전과 재산을 보호하기 위해서는 개인적인 비용지출을 피할 수 없다는 이론이다.

### (3) 공동화현상이론
사회의 발전과 인식의 변화로 인하여 범죄는 증가·다양화되었으나 공경비(경찰력)의 인적·물적 부족으로 인하여 범죄의 증가속도에 따라주지 못하게 되었다. 따라서 공경비의 공백을 메워주기 위해 민간경비가 출현하여 빠르게 성장하게 되었고, 현재 민간경비와 경찰은 상호보완적 관계를 형성하고 있다.

### (4) 이익집단이론
이익집단은 자신들의 이익을 극대화시키기 위해 행위하며 민간경비도 하나의 이익집단으로 자신들의 이익을 극대화한다는 것으로, 그냥 내버려두면 보호받지 못한 채 방치될 재산을 민간경비가 보호한다는 시각에서 출발한 이론이다.

### (5) 공동화 생산이론
치안서비스 생산과정에서 경찰과 같은 공공부분의 역할수행과 민간부분의 공동참여를 통하여 민간경비가 성장했다는 이론으로 공경비만이 치안서비스에 참여하는 것이 아니라 이외에도 민간경비가 독립된 주체로 공동으로 참여한다는 것이다.

## ❺ 경호의 목적과 원칙

### (1) 경호의 중요성

① 안전에 대한 관심이 커지고 있다.

② 공경비의 발전이 범죄의 증가율에 미치지 못하고 있다.

③ 과학기술의 발달에 맞추어 범죄의 기술도 발전되고 있다.

④ 사회의 조직이 거대화·세분화되고 인구가 증가함으로써 범죄가 증가되고 다양화되었다.

### (2) 경호의 목적

① **경호의뢰인에 대한 신변·안전의 보호** … 경호대상의 생명·신체에 대한 안전을 보호하는 것이 경호의 가장 주된 목적이다.

② **질서유지·혼잡방지** … 경호대상이 여러 종류의 행사에 참여하는 경우에는 인파가 군집하게 되므로 경호대상이 참여하는 행사에서의 이동경로 및 시설 등에 대하여 사전에 충분히 검토하고 분석하여 행사가 혼잡해질 우려가 있을 때에는 분산을 유도하거나, 사전에 운집을 저지하는 등의 조치를 취하여 질서를 유지하는 등의 노력을 하여야 한다.

③ **권위유지** … 경호는 헌법, 법률 등 합법적 규정으로 정해진 기관장들의 권위와 체면을 유지시키는 역할을 하므로 사전에 정보수집과 철저한 준비가 이루어져야 한다.

④ **국위선양** … 외국의 인사가 방문한 경우 이들에 대한 완벽한 경호를 하는 것은 우리나라의 경호수준을 국내·외에 알릴 수 있는 계기가 되어 국위를 선양하는 계기가 될 수 있다.

⑤ **친화도모** … 경호는 경호대상자와 환영·환송자 사이의 친화를 도모하기 위해 친절하게 질서유지를 하여야 하며, 군중에 대한 언어나 행동을 조심하여야 한다.

### (3) 경호의 원칙

① 경호의 일반원칙

ㄱ 3중경호의 원칙 : 경호대상자가 위치한 행사장이나 시설로부터 근접(내부), 내곽(중앙), 외곽(외부)으로 나누어 중첩된 형태로 전개되는 경호의 원칙을 말한다.

ⓐ 근접 : 권총 유효 사정거리 및 폭발물(수류탄 등) 투척거리를 고려하여 50m 반경을 맡는다.

ⓑ 내곽 : 경호대상자부터 50m에서부터 외곽경계 및 소화기 유효 사정거리를 고려한 600~1000m까지의 반경을 말한다. 사주경계 및 불심검문, 검색과 경호대상자에게로의 접근이 가능한 통로를 통제한다.

ⓒ 외곽 : 1000m 반경 이상 소구경 곡사화기 공격 대응을 맡는다. 행사에 영향을 주는 요소를 제거한다.

ⓛ **두뇌경호의 원칙**: 우발상황이 발생하는 경우에 경호요원은 공격자에 대하여 무기를 사용하는 등의 공격을 하는 것보다는 경호대상자를 빠르게 대피 시킴으로써 방어하는 것이 가장 중요하며, 이러한 방어경호를 하는 것이 주변사람들에 대한 피해를 줄여주는 방법이기도 하다.

ⓒ **은밀경호의 원칙**: 행사의 성격에 따라서 공개적으로 경호요원 자신을 노출시키는 경호를 할 수도 있지만 원칙적으로 경호는 타인의 눈에 띄지 않고 은밀하게 하는 것이 좋다. 은밀경호를 하는 경우에는 경호대상자가 활동을 함에 있어서 제약을 받지 않게 되고, 주변사람들에게 편한 이미지를 줌으로써 경호대상자의 권위유지에 도움을 준다는 장점이 있다.

② **공경호의 원칙**

ⓐ **담당구역 책임의 원칙**: 경호활동은 경호요원 혼자서 모든 것을 다 처리할 수 있는 활동이 아니므로 각자 자신의 담당구역을 지정하게 된다. 이때 경호요원은 어떤 상황이 발생하더라도 자신이 책임을 지고 있는 구역은 지켜내야 하며 이러한 자신의 구역을 기본적으로 지켜냄으로써 전체적인 경호활동이 이루어지게 된다. 따라서 경호요원은 다른 구역에서 사건이 발생하더라도 자신의 구역에서 이탈하여서는 안 된다.

ⓛ **목표물 보존의 원칙**: 경호대상자(목표물)를 공격자로부터 멀리 떨어지게 함으로써 보호하여야 한다는 원칙을 말하는 것으로 목표물 보존의 원칙에 의하면 다음의 내용이 지켜져야 피경호인을 보호할 수 있게 된다.

ⓐ 행차코스는 원칙적으로 비공개하여야 한다.

ⓑ 대중에게 노출되는 보행행차는 가급적 제한되어야 한다.

ⓒ 동일한 장소에 수차 행차하였던 곳은 가급적 변경되어야 한다.

ⓓ 경호대상자가 행차하기로 예정된 장소는 일반대중에게 알려지지 않아야 한다.

ⓒ **하나의 통제된 지점을 통한 접근의 원칙**: 경호대상자에게 접근할 수 있는 출입구나 통로가 여러 개 있는 경우에는 공격자가 경호대상자에게 접근하기가 훨씬 수월해질 수 있다. 따라서 경호대상자에게 접근할 수 있는 출입구나 통로를 하나만 두고 경호요원이 철저한 확인을 하여 사람들을 통과시키는 절차가 필요하다.

ⓔ **자기희생의 원칙**: 위급한 상황에서 경호대상자를 보호하기 위해 자신을 희생할 수 있다는 의지를 가지고 있는 자만이 경호요원으로서의 자격이 있다고 할 수 있다.

③ **사경호의 원칙** … 사경호의 경우에는 공경호처럼 강제력을 사용할 수 없으며 그 활동범위가 제한적이고 신분상 제약도 있으므로 능력 있는 경호요원들이 조직적으로 경호활동을 하는 것이 중요하다.

ⓐ **팀워크**: 완벽한 경호활동을 하기 위해서는 각각의 경호조직들이 서로 단결되어 정확하고 신속한 팀워크를 갖추어야 한다.

ⓛ **순발력·민첩성**: 경호요원은 항상 준비된 마음가짐으로 훈련하여 어떤 상황에서든지 순간적인 방어행위를 할 수 있도록 하여야 한다.

ⓒ **대처능력의 향상**: 경호요원은 경호대상자를 보호하고 상황에 대한 대처를 할 수 있는 방법과 기술들을 항상 반복적으로 연습하여 실제 상황에서의 대처능력을 향상시키기 위해 노력하여야 한다.

ⓔ **준비성**: 사경호에서는 공경호와는 달리 그 활동범위가 제한적이어서 정보를 습득하고 이에 대처하기 위한 계획을 수립하는 데 어려움이 있으므로 사전에 미리미리 이에 대한 준비를 해두는 것이 필요하다.

## ❻ 경호의 발달과정과 배경

### (1) 경호의 기원

① 경호는 원시시대부터 자신과 자신의 가족·부족 등을 지켜내기 위하여 자연 또는 타인들에 대하여 공격과 방어활동을 하던 것으로부터 시작되었다고 볼 수 있다.

② 경호의 기원에 대하여 역사적인 기록이 있는 것은 삼국시대로 볼 수 있는데 삼국시대에는 경호에 대하여 분리된 기록보다는 여러 가지 기능이 통합되어 있는 행위로서의 기록으로 남아있다.

③ 경호가 현재와 같은 의미로 사용되기 시작한 것은 대한민국 정부수립 이후에 대통령을 경호하기 위해서 경무대를 설치한 때로 볼 수 있다.

④ 민간경비는 1976년에 경비업법의 제정으로 인하여 법적으로 인정을 받게 되었다.

### (2) 삼국시대의 경호제도

① 고구려
　　㉠ 형률(刑律) : 소수림왕 3년에 실시하였다고 중국의 문헌인 위지, 주서, 수서, 당서에 규정되어 있는 고구려의 형법을 말한다.
　　㉡ 대모달(大模達) : 조의두대형(皁衣頭大兄) 이상의 관직을 가진 사람이 오를 수 있는 고구려의 무관 중 최고 지위를 말하는 것으로 왕권강화와 수도강화 그리고 중앙군 지휘의 필요로 인하여 생겨났다고 추정된다.
　　㉢ 말객(末客) : 대모달 다음으로의 지위를 가지는 고구려의 무관직을 말한다.

② 백제의 위사평과 5방 ··· 백제의 경우에는 국민개병제를 취하였으며, 중앙의 5부와 지방의 5방을 두고 군대를 편성하여 치안을 유지하였다.

③ 신라 ··· 신라시대에는 군사조직과는 별도의 왕궁수비대인 시위부(侍衛府)를 두었는데 시위부가 점점 중요한 임무를 맡게 되고 조직이 커지면서 통일신라의 9서당으로 발전되었다.

④ 통일신라 ··· 통일신라시대에서는 신라의 삼국 통일 이후에 왕권을 뒷받침해 주는 군사조직이 필요했는데 이를 위해 통일신라에서 가장 중요하고 규모가 큰 중앙군단인 9서당을 조직하였다. 9서당은 핵심적인 중앙군사조직으로서 국왕에게 직속되어 있는 부대였으며 신라인뿐만 아니라 고구려인·백제인·말갈인 등에서 용감한 자를 뽑아서 만든 중앙군대였다. 9서당의 특징 중의 하나는 군복의 색에 따라서 부대의 명칭이 다르다는 것이었다.

(3) 고려시대의 경호제도

① 고려 전기 · 중기

    ㉠ **중앙군** : 초기에는 전문직업군인으로 군역을 세습하면서 군인전을 받았다. 중기에 이르러서는 각종 노역에 동원되면서 도망자가 속출하자 일반 농민으로 충원되면서 질적으로 저하되었다. 특수 군인 별무반, 삼별초를 별도로 편성하기도 하였다.

    ㉡ **2군 6위** : 국왕의 친위부대인 2군과 수도경비와 국경방어를 담당하는 6위로 구성되었다.

        ⓐ **2군** : 응양군과 용호군으로 구성되어 있었으며 황제의 친위대로서 근장이라고 불리기도 했으며 6위보다 우위에 있는 기관이었다.

        ⓑ **6위** : 좌우위, 신호위, 흥위위, 금오위, 천우위, 감군위로 구성되어 있었는데 이 중 좌우위, 신호위, 흥위위는 개경의 경비와 국경의 방어를 담당하는 경군의 주력부대였다.

    ㉢ **금군(禁軍)** : 왕궁의 수비와 왕의 호위경비를 담당하던 왕의 직속군대를 말하는 것으로 금려(禁旅) 또는 금병(禁兵)이라고도 하였다.

    ㉣ **내순검군** : 1167년(의종 21) 궁궐의 수비를 강화하기 위하여 부병(府兵) 가운데 용감하고 날랜 장정들을 뽑아 설치한 것으로 이전의 순검군을 강화한 것으로 예종 때 와서 내순검이라 하여 숙위를 더욱 강화하였다.

② 고려무신집권기

    ㉠ **교정도감(敎定都監)** : 최충헌이 설치한 무신정권의 최고기관으로서 관리비위규찰, 인사행정을 담당하였으며, 세정담당자이며 무신정권의 최고집권자가 겸임을 하는 교정별감이 국정을 장악하였다.

    ㉡ **도방(都房)** : 경대승이 자신의 신변보호를 위하여 자신의 집에서 결사대 수백 명이 같이 생활하였는데 이 사병들의 숙소가 도방의 시초이다. 그 이후 최충헌이 경대승의 도방보다 더욱 광범위하고 조직적인 사병집단을 이루어 무인정권의 군사적 배경이 되었다.

    ㉢ **내외도방(內外都房)** : 최우가 도방을 강화 · 확장시킨 것을 내외도방이라고 한다.

    ㉣ **삼별초(三別抄)** : 최우 집권 시 편성된 좌 · 우별초, 신의군이 포함되어 조직되었으며, 공적인 임무를 띤 군대로 최씨정권에 의하여 사병화되었고 개경환도 후 몽고에 항쟁하였다.

    ㉤ **마별초(馬別抄)** : 최우가 몽고의 제도를 참고하여 설치한 최씨 무신정권의 기병대로서, 최씨정권에 대한 호위와 경호기능은 물론 의장대의 역할도 하였다.

③ 고려 후기

    ㉠ **순마소(巡馬所)** : 충렬왕 초에 몽고의 제도를 모방하여 만든 기관으로, 개경의 야간경비를 담당하고 도적이나 난폭자를 체포하거나 다스렸으며 책임을 다하지 못하는 장신(將臣)을 다스리는 금군의 역할도 하였다.

    ㉡ **순군만호부(巡軍萬戶府)** : 고려시대와 조선시대 전기에 절도나 풍기를 단속하던 치안기관으로 야간 경비를 목적으로 설립되었다.

    ㉢ **사평순위부(司平巡衛府)** : 순마소(巡馬所)가 순군만호부(巡軍萬戶府)로 다시 사평순위부(司平巡衛府)로 명칭이 바뀌면서 도적을 체포하고 풍기를 다스리는 임무를 관장하였다.

    ㉣ **성중애마** : 충렬왕 때 상류층 자제들로 하여금 왕을 숙위토록 하여 이들을 홀치라 하였다. 주축은 내시, 다방 등 근시의 임무를 띤 자들이 군사적 기능을 강화하여 이루어졌다.

(4) 조선시대의 경호제도

① 조선 전기

    ㉠ 갑사(甲士) : 양반자제들 중 무예가 월등한 자들을 일정한 평가에 의해 선발한 자들을 말한다.

    ㉡ 의흥친군위(義興親軍衛) : 조선 건국과 같이 설립된 10위의 중앙군 중 하나로 운성을 시위하고 왕의 행신에 시종하는 임무를 수행하였다.

    ㉢ 의흥삼군부(義興三軍府) : 조선 초기 군무를 통할하던 기관으로 좌·우·중 3군의 병력을 감독·지휘하는 최고의 군령기관이었다.

    ㉣ 10사(十司) : 1395년(태조 4년)에 10위(十衛)를 개편하여 만든 군대이다.

    ㉤ 별시위(別侍衛) : 1401년(태종 1년)에 성중애마(成衆愛馬)를 없앤 후 둔 부대이다.

    ㉥ 내금위(內禁衛) : 1407년(태종 7년)에 내상직을 개편하여 만든 왕의 측근에서 호위를 하던 군대이다.

    ㉦ 내시위(內侍衛) : 1409년(태종 9년)에 내금위(內禁衛)와 같은 목적으로 설치한 군대이다.

    ㉧ 겸사복(兼司僕) : 1409년(태종 9년)에 처음으로 만들어져 1464년(세조 10년)에 조직이 정비된 병역제도로, 왕궁호위와 병사양성 등의 임무를 맡은 친위병이다.

    ㉨ 의금부(義禁府) : 조선시대의 사법기관으로서 왕명에 의하여 죄인을 추궁하는 기관이다.

    ㉩ 충의위(忠義衛) : 조선시대에 공신의 자손들과 같은 특수층에 대한 우대기관으로 설치된 군대이다.

② 조선 후기

    ㉠ 호위청(扈衛廳) : 조선 후기 인조 원년에 설립된 기관을 말한다.

    ㉡ 어영군(御營軍) : 인조 때의 군대 중 이귀가 장병을 모집하여 화포술을 가르치던 군대이다.

    ㉢ 금군(禁軍) : 왕궁의 수비와 왕의 호위경비를 담당하던 왕의 직속군대를 말한다.

    ㉣ 숙위소(宿衛所) : 금군(禁軍)이 대전(大殿)을 숙위하고 있었으나 이에 대한 실수가 있을 것이 염려되어 따로 임금을 호위하기 위해 마련한 호위소를 말한다.

    ㉤ 장용위(壯勇衛) : 천민들을 모집하여 만든 충무위(忠武衛)에 두었던 군대이다.

    ㉥ 수성금화사(修城禁火司) : 궁성·도성·도로를 만들고 각 지역의 경비를 맡아보던 관아이다.

(5) 구한말(갑오경장 이전)의 경호제도

① 무위소(武衛所) … 고종 11년에 설치한 궁궐을 수호하기 위하여 설치한 관청으로 실질적인 치안을 담당하였다.

② 무위영(武衛營) … 훈련도감·금위영·어영청·총용청에서 우수한 병사를 선발하고, 무위소와 훈련원을 통합하여 만든 관청이다.

③ 친군용호영(親軍龍虎營) … 국왕의 호위대인 용호영은 어영청·금위영·총용청과 함께 해산되었으나 그 다음 해에 구제(舊制)로 복구되어 용호영이라는 명칭으로 왕의 호위를 맡았었으며, 그 이후에는 용호영·총어영·경리청을 모두 친군용호영으로 칭하였다.

④ 시위대(侍衛隊) … 고종 32년에 궁중 내의 시위를 담당하기 위하여 편성된 군대를 말한다.

⑤ **훈련도감**(訓鍊都監) … 조선시대에 수도의 수비와 군사훈련을 맡았던 군영(軍營)으로 오군영(五軍營) 중 가장 먼저 설치되었다.

⑥ **금위영**(禁衛營) … 오군영(五軍營) 중 하나로 조선 후기에 서울 중앙의 호위를 맡았던 군영(軍營)이다.

⑦ **친위대**(親衛隊) … 국왕이나 국가의 원수 등의 신변을 보호하기 위하여 편성한 조선 후기의 중앙 군대를 말하는 것으로, 고종 32년에 훈련대를 폐지하고 육군편제강령을 발표함으로써 중앙군을 친위대(親衛隊)로, 지방군을 진위대(鎮衛隊)로 편성하였다.

## ⑹ 갑오경장 이후부터 정부수립 이전까지의 경호제도

① **경위원**(警衛院) … 갑오경장 이후에 궁전 안과 밖의 경비와 수위를 담당하였던 관청을 말한다.

② **경무청**(警務廳) … 갑오개혁에 의하여 설치되어 한성부(漢城府)의 경찰과 감옥의 일을 맡던 관청을 말하는 것으로 경무청의 장(長)을 경무사(警務使)라고 하였다.

## ⑺ 대한민국 정부수립 이후의 경호제도

① **경무대경찰서**
  ㉠ 1940년 2월에 창덕궁경찰서가 폐지되면서 경무대경찰서가 신설되었다.
  ㉡ 대통령중심제에서 내각책임제로 변화되면서 대통령경호 및 관저경비를 담당하던 경무대경찰서가 폐지되고 서울시 경찰국 경비과에서 기존의 업무를 담당하게 되었다.
  ㉢ 1949년 내무부훈령으로 경호에 관한 규정이 제정됨으로써 경호라는 개념이 최초로 사용었다.
  ㉣ 경무대경찰서가 대통령경호처의 시초라고 볼 수 있다.

② **제1공화국**
  ㉠ **대통령 경호** : 경무대경찰서에서 담당하였다(1950년).
  ㉡ **편성**
    ⓐ **경무계** : 경무, 통신, 경리업무
    ⓑ **사찰계** : 사찰 형사업무
    ⓒ **경비계** : 경비, 보안, 수행, 차량, 이화장 관리업무
  ㉢ 1953년에 중앙청 경비를 종로경찰서로 이관하였다.
  ㉣ 1960년에 청와대 경찰관파견대를 설치하였다.

③ **제2공화국**
  ㉠ 1960년 12월 30일에 경무대를 청와대로 개칭하였다.
  ㉡ **군사혁명 및 군정기**
    ⓐ **경호담당** : 국가재건최고회의 의장 경호대
    ⓑ **경비담당** : 서울시경 소속 청와대 경찰관파견대

© 1961년 11월 18일 중앙정보부 경호대 발족

　ⓐ 편성 : 행정과, 사전기획과, 정보과, 경호과, 기동경호과

　ⓑ 임무

　　• 국가원수 · 최고회의의장 · 부의장 · 내각수반 · 국빈의 신변보호

　　• 경호대장이 지명하는 인물의 신변확보 등

④ 제3공화국

　㉠ 박정희 대통령 취임(1963년 12월 17일) : 대통령경호실 독립조직으로 정식 창설

　　ⓐ 대통령경호실 초대 경호실장으로 홍종철이 취임하였다.

　　ⓑ 편성 : 경호실장, 행정차장, 기획차장, 기획관리실 등

　　ⓒ 임무

　　　• 대통령과 그 가족의 경호

　　　• 대통령 당선 확정자와 그 가족의 경호

　　　• 경호실장이 필요하다고 인정하는 국내 · 외 요인

　　　• 대통령 관저 경비

　㉡ 대통령경호실법

　　ⓐ 청와대 방어계획 및 보안활동 강화 등

　　ⓑ 편성 : 실장, 차장, 행정처, 보안처, 기획처, 경호처, 통신처

⑤ 제4공화국

| 시기 | 내용 |
|---|---|
| 1972. 12. 27. | 제8대 박정희 대통령 취임(유신헌법 공포) |
| 1974. 04. 27. | 청와대 폭파기도 미수사건(재일교포 2인 검거) |
| 1974. 08. 15. | 박정희 대통령 시해미수사건(육영수 여사 저격사건) |
| 1974. 08. 22. | 제3대 차지철 대통령경호실장 취임 |
| 1974. 09. 09. | 경호 · 경비 원칙 설정(범 국가적 경호개념 정립 및 실천을 위해 경호의 일반원칙 설정) |
| 1974. 09. 11. | 대통령경호 · 경비안전대책위원회 설치(관계부서 책임을 명확히 하고, 관계부서간 협조를 명확히 함) |
| 1975. 08. 02. | 대통령경호 · 경비안전대책통제단 설치 |
| 1975. 11. 12. | 안전대책사범처리협의회규정 제정 |
| 1976. 09. 20. | 경회루 폭파기도(전남 거문도에서 간첩 자수) |
| 1978. 12. 27. | 제9대 박정희 대통령 취임식 |
| 1979. 10. 26. | 박정희 대통령 서거(10. 26.사건) |
| 1979. 12. 21. | 제10대 최규하 대통령 취임식 |
| 1979. 12. 27. | 대통령경호실법 시행령 개정 |
| 1979. 12. 28. | 제4대 대통령경호실장 정동호 취임 |

⑥ 제5공화국부터 참여정부

| 시기 | 내용 |
|---|---|
| 1980. 08. 26.(제5공화국) | 대통령경호실법 시행령 개정(전직 대통령과 그 가족에 대한 호위 제도화) |
| 1989. 02. 01.(제6공화국) | 청남대 경비 전담부대 창설 |
| 2000. 01. 01.(국민의 정부) | 대통령경호실법 개정(별정직→특정직 전환) |
| 2003. 04. 18.(참여정부) | 대통령휴양시설인 청남대를 국민에게 반환(충북도청으로 관리전환)<br>• 국가중요시설에서 해제하여 국민들에게 개방<br>• 경비 전담부대 임무 해제 |
| 2004. 07. 24.(참여정부) | • 대통령경호실법 시행령 개정(청와대종합상황실 명칭 변경과 계약직 공무원 운용근거 신설)<br>• 대통령경호안전대책위원회규정 개정 |
| 2005. 03. 10.(참여정부) | 대통령경호실법 개정<br>• 경호구역 지정 및 경호안전활동 근거 신설<br>• 대통령경호안전대책위원회 법률기관화 |
| 2006. 01. 02.(참여정부) | 대통령경호실 본부-팀제 도입 조직개편 |
| 2008. 02. 29.(이명박정부) | • 대통령경호실 법령 개정 - 대통령 등의 경호에 관한 법률로 변경<br>• 대통령경호실(독립기관)→대통령실 소속 경호처로 통합 |
| 2013. 03. 29.(박근혜정부) | 대통령실 소속 경호처 폐지→대통령경호실로 전환 |
| 2017. 7. 26.(문재인정부) | 대통령경호실 명칭 변경→대통령경호처로 전환 |
| 2022. 5. 10.(윤석렬정부) | 대통령경호처 명칭 사용 |

⑦ 대통령경호실
  ㉠ 제정 : 1963년 12월 14일에 법률 제1507호로 제정되었다.
  ㉡ 설치목적 : 대통령의 경호를 담당하게 하기 위하여 대통령경호실((현)대통령경호처)을 설치하였다.

⑧ 현 대통령경호처
  ㉠ 구성 : 경호처는 기획관리실, 경호본부, 경비안전본부, 경호지원단으로 편성되며 경호전문교육기관을 위한 소속기관으로 경호안전교육원을 두고 있다.
  ㉡ 기획관리실
    ⓐ 국회 예산 등 대외업무와 조직 정원관리 업무
    ⓑ 미래 경호위협 분석 및 대비
  ㉢ 경호본부
    ⓐ 대통령 행사 수행 및 선발 경호활동
    ⓑ 방한하는 외국정상, 행정수반 등 요인에 대한 경호

ⓔ 경비안전본부

    ⓐ 대통령실과 주변지역 안전 확보를 위한 경비 총괄

    ⓑ 대통령실 내·외곽을 담당하는 군 경 경호부대 지휘

    ⓒ 국내·외 경호관련 정보수집 및 보안업무

    ⓓ 행사장 안전대책 강구 및 전직 대통령에 대한 경호

ⓜ 경호지원단

    ⓐ 시설관리, 경호차량운행 등 경호행사 지원업무

    ⓑ 국정업무 통신망 운용 및 과학적 경호 시스템 구축. IT 장비 개발

ⓗ 경호안전교육원

    ⓐ 경호안전관리 관련 학술연구

    ⓑ 직원 교육 및 경호안전 분야 종사하는 공무원에 대한 수탁교육

# 출제 예상 문제

2019년 기출 변형

**1** **실질적 의미의 경호 개념에 대한 설명으로 옳은 것은?**

① 학문적 측면에서 고찰된 개념이다.

② 현실적인 경호기관을 기준으로 하여 정립된 개념이다.

③ 여러 가지의 경호기관에 의하여 행하여지는 모든 작용을 말한다.

④ 실정법상 일반경호기관이 권한에 속하는 일체의 경호작용을 말한다.

⑤ 경호의 범위를 어디까지로 할 것이냐 하는 것은 그 나라의 입법정책에 따라 다르다.

> **TIP** 실질적 의미의 경호 … 경호의 주체가 국가기관, 민간인, 개인, 단체이든 묻지 않고 실질적인 위해로부터 대상자를 보호하는 본래적 성격에 일치하는 모든 경호활동을 말하며, 그 활동의 본질적·이론적 관점에서 정의한 개념으로 경호의 개념을 학문적인 측면에서 실질적 경호 개념을 적용하여 이해하고자 한 개념이다.

2019년 기출 변형

**2** **경호의 중요성에 대한 내용으로 옳은 것은?**

① 국가원수에 대한 경호는 국가와 민족을 보위하는 국가안보적 차원보다 한 개인의 생명과 신체보호 차원의 문제로 수행되어야 한다.

② 국가원수에 대한 사고발생 및 경호 실패는 국가와 민족의 운명과 직결되는 것이 아니라 단순한 치안상의 문제이다.

③ 점점 잔혹·흉포화 되고 있는 각종 범죄의 급증은 범죄증가 추세를 반영한 예고된 사태가 아니라 돌발적인 현상이다.

④ 흉포한 폭력과 고도화된 계획범죄가 늘어남에 따라 신변의 위협을 느끼고 있는 모든 사람에게 경찰력이 미치지 못하고 있는 실정이다.

⑤ 개인 스스로 신변보호 및 피해방지책을 강구해야 한다는 요구가 낮아지고 있어 전문 신변보호원을 찾는 경우가 감소하고 있다.

> **TIP** 경호의 중요성
> ㉠ 안전에 관심이 증가하고 있다.
> ㉡ 공경비의 발전이 범죄의 증가율에 미치지 못하고 있다.
> ㉢ 과학기술의 발달에 맞추어 범죄의 기술도 발전되고 있다.
> ㉣ 사회의 조직이 거대화·세분화되고 인구가 증가함으로써 범죄가 증가되고 다양화되었다.

**Answer**   1.① 2.④

**3** 경호의 목적에 대한 내용으로 옳지 않은 것은?

① 경호는 경호대상자의 품위를 유지하는데 중요한 역할을 한다.

② 경호는 경호대상자가 주관하는 행사에 참석하는 사람들을 예우하는 수단이기도 하다.

③ 경호의 주목적은 경호원의 생명과 신체에 대한 안전을 지키는 것이다.

④ 경호는 사전에 행사참석자의 규모와 행사장의 배치 및 입장통로 등을 고려하여 질서정연하게 입장할 수 있도록 주최 측과 협조해야 한다.

⑤ 경호는 질서정연하게 군중을 정리·경계하며 친절하고 겸손한 태도로 시행한다.

> **TIP** 경호의 주목적은 직·간접적인 위해로부터 경호대상자의 생명·신체에 대한 안전을 도모함에 있다. 경호대상자의 신변보호와 안전을 위해서는 유사시 경호원이 자신의 생명을 희생할 각오를 가지고 임해야 한다.

**4** 경호의 분류에 대한 내용으로 옳은 것은?

① 대상에 의한 분류는 경호의 대상에 따라 행사장경호, 숙소경호, 연도경호 등으로 구분한 것이다.

② 장소에 의한 분류는 경호행사가 이루어지는 장소가 어디냐에 따라 갑호, 을호, 병호 등으로 구분한 것이다.

③ 성격에 의한 분류는 경호행사의 형식적 기준에 따라 보행경호, 차량경호, 열차경호, 선박경호, 항공기경호로 나눌 수 있다.

④ 경호수준에 의한 분류는 경호강도에 의한 분류로서 1급 경호, 2급 경호, 3급 경호로 나눌 수 있다.

⑤ 이동수단에 의한 분류는 행사장으로 이동하는 수단과 방법에 의한 것으로 공식경호, 비공식경호, 약식경호 등으로 구분한 것이다.

> **TIP** ① 대상에 의한 분류: 갑호, 을호, 병호로 구분한다.
> ② 장소에 의한 분류: 행사장경호, 숙소경호, 연도경호로 구분한다.
> ③ 성격에 의한 분류: 공식경호, 비공식경호, 약식경호로 구분한다.
> ⑤ 이동수단에 의한 분류: 보행경호, 차량경호, 열차경호, 선박경호, 항공기경호로 구분한다.

**Answer** 3.③ 4.④

**5** 경호의 원칙에 대한 내용으로 옳지 않은 것은?

① 3중 경호의 최초 연원은 영국 런던경시청 경호국에서 체계화되어 미국 비밀경호국이 실제 적용 면에서 기법으로 요약하였다.

② 목표물이 보존되기 위해 경호대상자가 행차하기로 예정된 장소는 일반대중에게 비공개한다는 것은 목표물 보존의 원칙이다.

③ 경호원은 자신을 희생해서라도 경호대상자의 신변안전을 반드시 유지하여야 한다는 것은 자기희생의 원칙이다.

④ 경호실시 도중 상황 발생 시 완력이나 무력으로 경호대상자의 안전을 도모하기 보다는 사전에 치밀한 계획과 준비를 철저히 하여 위험요소를 제거하는제 중점을 두는 것은 두뇌경호의 원칙이다.

⑤ 3중 경호의 기본구조는 내곽은 안전구역, 내부는 경계구역, 외부는 경비구역으로 구분하여 경호행동반경을 체위확장의 개념으로 전개한 것이다.

> **TIP** 3중 경호의 원칙… 경호대상자의 위치를 중심으로 경호대상자가 위치한 집무실이나 행사장으로부터 내부(안전구역, 근접경호), 내곽(경비구역, 중간경호), 외곽(경계구역, 외곽경호)으로 구분하여 세 겹의 보호막 또는 경계선을 설치하여 효율적인 경호가 실시괴어야 한다는 경호행동반경을 거리개념으로 전개한 원칙이다.

**6** 대한민국 경호의 역사에 대한 내용으로 옳은 것은?

① 문재인 정부 출범 이후 대통령경호실은 대통령경호처로 바뀌었다.

② 경무대경찰서가 폐지되고 신설된 창덕궁경찰서는 대통령과 가족, 대통령 당선이 확정된 자, 전직 대통령 및 가족의 호위를 담당하였다.

③ 조선시대의 대표적인 경호기관은 성중애마이다.

④ 고려시대 궁궐을 경비하고 임금을 호위하는 기관은 내금위였다.

⑤ 대한민국 정부수립 이후 국가재건최고회의의장 경호대 – 청와대경찰관 파견대 – 경무대경찰서 – 대통령경호처 순으로 변천하였다.

> **TIP** ② 창덕궁경찰서는 갑오경장 이후 황궁경위국을 통합한 이후 왕의 거처인 창덕궁과 덕수궁 지역을 경호하였다.
> ③ 성중애마는 고려 후기 왕을 측근에서 호위하는 특수부대이다.
> ④ 내금위는 조선시대 왕의 측근에서 시위임무를 수행한 기관이다.
> ⑤ 대한민국 정부수립 이후 경호기관은 경무대경찰서(1949년) → 청와대경찰관 파견대(1960년) → 중앙정보부경호대(전 국가재건최고회의의장 경호대)(1961년) → 대통령경호실(1963년)이다.

**Answer** 5.⑤ 6.①

**7** 한정된 경비력을 가지고 최대의 효과를 발휘할 수 있도록 상황과 대상에 따라서 유효 적절하게 부대를 배치하여 실력행사를 실행하는 것과 관계되는 경비수단의 원칙은?

① 강제의 원칙

② 균형의 원칙

③ 안전의 원칙

④ 위치의 원칙

⑤ 시점의 원칙

> **TIP** 경비수단의 원칙
> ㉠ 균형의 원칙 : 경비 사태와 대상에 따라 주력부대와 예비부대를 적절히 활용하여 한정된 경찰력으로 최대의 성과를 올리는 것
> ㉡ 시점의 원칙 : 상대방의 힘이 가장 허약한 때를 포착하여 집중적이고 강력한 실력을 행사
> ㉢ 위치의 원칙 : 실력행사 시 상대 군중보다 유리한 지점과 위치를 선점하는 것

**8** 경호의 개념에 대한 설명으로 옳지 않은 것은?

① 「대통령 등의 경호에 관한 법률」상의 경호의 개념은 경호대상자의 생명과 재산을 보호하기 위하여 신체에 가하여 지는 위해를 방지하거나 제거하고, 특정 지역을 경계 · 순찰 및 방비하는 등의 모든 안전활동을 말한다.

② 「경찰관 직무집행법」과 「전직대통령 예우에 관한 법률」상의 경호의 개념은 경비와 구분되어 상호 독립적인 개념으로 정의하고 있다.

③ 「경비업법」상의 경호의 개념은 신변보호업무를 규정하면서 사람의 생명이나 신체에 대한 위해의 발생을 방지하고 그 신변을 보호하는 업무라고 하고 있다.

④ 미국 비밀경호국은 경호의 개념을 실체적이고 주도면밀한 범행의 성공 가능성을 완전 무력화시키는 작용이라고 정의하고 있다.

⑤ 일본 요인경호대에서는 경호의 개념을 신변에 위해가 있을 경우 국가 공공안녕질서에 영향을 줄 우려가 있는 자에 대하여 그 신변의 안전을 확보하기 위한 경찰활동이라고 정의하고 있다.

> **TIP** 미국 비밀경호국의 경호의 개념은 실제적이고 주도면밀한 범행의 성공기회를 최소화하는 것이다.

**Answer** 7.② 8.④

**9** 경호 개념의 구분에서 실질적 의미의 경호 개념에 대한 설명으로 틀린 것은?

① 경호대상자에 대한 인위적 위해 및 자연적 위해 요인을 사전에 방지 및 제거하기 위한 제반활동이다.

② 경호활동의 이론적 · 본질적 · 성질적 관점에서 논의되는 개념으로 학문적 측면에서 고찰한 개념이다.

③ 경호대상자의 신변안전과 재산을 보호하고 기타 공공의 안녕과 질서유지를 수행하기 위하여 집행하는 모든 업무를 의미한다.

④ 경호의 주체가 개인이든 단체이든 국가기관이든 민간인이든 묻지 않고 위해로부터 경호대상자를 보호하는 본래적 성격에 일치하는 모든 경호활동을 의미한다.

⑤ 역사적 · 궤도적 관점에서 일반 경호기관의 권한이 실정법상 속하는 일체의 경호작용을 말한다.

> **TIP** ⑤ 형식적 의미의 경호에 해당한다.
> ※ 형식적 의미의 경호 개념 … 경호의 본질적 · 이론적 개념으로서가 아니라, 현실적인 경호기관을 기준으로 하여 정립된 개념이다. 형식적 의미의 경호는 여러 가지의 경호 기관에 의하여 행하여지는 모든 작용을 말하는 것으로 이것은 제도상 경호를 뜻하는 것으로, 이는 실정법상 일반경호기관의 권한에 속하는 일체의 경호작용을 말하며, 그 작용의 실질적 여하를 불문한다. 따라서 형식적 의미의 경호의 범위를 어디까지로 할 것이냐 하는 것은 오로지 그 나라의 입법정책에 따라 다른 것이라고 볼 수 있다.

**10** 경호의 분류에서 경호를 완전공식경호, 공식경호, 비공식경호, 완전비공식경호, 약식경호로 분류한 것은 어떠한 분류에 해당하는가?

① 대상에 따른 분류
② 이동수단에 따른 분류
③ 성격에 따른 분류
④ 경호수준에 따른 분류
⑤ 장소에 따른 분류

> **TIP** ① 갑호경호, 을호경호, 병호경호로 분류
> ② 보행, 차량, 열차, 선박, 항공기로 분류
> ③ 공식경호, 비공식경호, 약식경호로 분류
> ④ 1급, 2급, 3급으로 분류
> ⑤ 행사장경호, 숙소경호, 연도경호로 분류

**Answer**  9.⑤  10.③

**11** 「대통령 등의 경호에 관한 법률」에 대한 설명으로 틀린 것은?

① 1963년 12울 14일 법률로 제정되어 현재에 이르고 있다.

② 경호 대상을 대통령과 그 가족, 대통령 당선인과 그 가족, 대통령권한대행과 그 가족으로 하고 있다.

③ 경호업무의 수행에 필요하다고 판단되는 경우 경호구역을 경호처장이 지정할 수 있다.

④ 직무를 수행하기 위하여 필요하다고 인정할 때에는 소속공무원에게 무기를 휴대하게 할 수 있는 사람은 경호처장이다.

⑤ 경호처장의 제청에 의하여 서울중앙지방검찰청 검사장이 지명한 경호공무원은 직무 수행 중 인지한 그 소관에 속하는 범죄에 관하여 직무상 또는 수사상 긴급을 요하는 한도 내에서 사법경찰관리의 직무를 행할 수 있다.

> **TIP** 경호처의 경호대상(대통령 등의 경호에 관한 법률 제4조 제1항)
> 1. 대통령과 그 가족
> 2. 대통령 당선인과 그 가족
> 3. 본인의 의사에 반하지 아니하는 경우에 한정하여 퇴임 후 10년 이내의 전직 대통령과 그 배우자. 다만, 대통령이 임기 만료 전에 퇴임한 경우와 재직 중 사망한 경우의 경호 기간은 그로부터 5년으로 하고, 퇴임 후 사망한 경우의 경호 기간은 퇴임일부터 기산(起算)하여 10년을 넘지 아니하는 범위에서 사망 후 5년으로 한다.
> 4. 대통령권한대행과 그 배우자
> 5. 대한민국을 방문하는 외국의 국가 원수 또는 행정수반(行政首班)과 그 배우자
> 6. 그 밖에 처장이 경호가 필요하다고 인정하는 국내외 요인(要人)

**12** 「대통령 등의 경호에 관한 법률」상 경호공무원이 퇴임 후에도 준수해야 하는 의무는?

① 명령복종의 의무
② 관할권확립의 의무
③ 직권남용금지의 의무
④ 정치운동금지의 의무
⑤ 비밀엄수의 의무

> **TIP** 소속공무원(퇴직한 자 및 원 소속기관에 복귀한 자를 포함)은 직무상 알게 된 비밀을 누설하여서는 아니 된다(대통령 등의 경호에 관한 법률 제9조).

**Answer** 11.② 12.⑤

**13** 「전직대통령 예우에 관한 법률」에 대한 설명으로 옳지 않은 것은?

① 민간단체 등이 전직대통령을 위한 기념사업을 추진하는 경우에는 관계 법령에서 정하는 바에 따라 필요한 지원을 할 수 있다.

② 전직대통령은 비서관 3명과 운전기사 1명을 둘 수 있고, 전직대통령이 서거한 경우 그 배우자는 비서관 1명과 운전기사 1명을 둘 수 있다.

③ 전직대통령이 둘 수 있는 비서관과 운전기사는 전직대통령이 추천하는 사람 중에서 임명하며, 비서관은 고위공무원단에 속하는 별정직공무원으로 하고 있다.

④ 전직대통령이 서거한 경우 그 배우자가 둘 수 있는 비서관과 운전기사는 전직대통령의 배우자가 추천하는 사람 중에서 임명하며, 비서관은 경호실장의 제청으로 국무총리를 거쳐 대통령이 임명한다.

⑤ 법령에서 정하는 바에 따라 교통 · 통신 및 사무실 제공 등의 지원과 본인 및 그 가족에 대한 치료 등을 예우할 수 있다.

> **TIP** 비서관 등의 임명 등〈전직대통령 예우에 관한 법률 시행령 제7조〉
> ① 전직대통령의 비서관은 행정안전부장관의 제청으로 국무총리를 거쳐 대통령이 임명하고, 운전기사는 행정안전부장관이 임명한다.
> ② 서거한 전직대통령의 배우자의 비서관은 행정안전부장관의 제청으로 국무총리를 거쳐 대통령이 임명하고, 운전기사는 행정안전부장관이 임명하되, 비서관은 고위공무원단에 속하는 별정직공무원으로 하고, 운전기사는 별정직공무원으로 한다.

**14** 경호의 목적에 대한 설명으로 틀린 것은?

① 경호대상자의 신변보호
② 경호자의 권위유지
③ 질서유지와 혼잡방지
④ 경호대상자와 일반대중과의 친화도모
⑤ 국위선양과 국제적 지위향상

> **TIP** 경호의 목적
> ㉠ 경호대상자에 대한 신변 · 안전의 보호
> ㉡ 질서유지 · 혼잡방지
> ㉢ 경호대상자의 권위유지
> ㉣ 국위선양과 국제적 지위향상
> ㉤ 경호대상자와 일반대중과의 친화도모

**Answer** 13.④ 14.②

## 15 경호의 일반원칙에 대한 설명으로 옳지 않은 것은?

① 사전의 치밀한 계획과 고도의 예리함, 순간적인 판단이 중요시되는 원칙은 두뇌경호의 원칙이다.

② 경호원은 공격자의 제압보다 경호대상자의 방어 및 대피를 우선해야 한다는 원칙은 방어경호의 원칙이다.

③ 경호대상자의 위치를 중심으로 안전구역, 경비구역, 경계구역을 구분하여 효율적인 경호가 실시되어야 한다는 원칙은 3중경호의 원칙이다.

④ 경호원은 언제나 행동을 은밀하게, 침묵 속에서 행하여 경호대상자의 행동을 방해하지 않도록 하여야 한다는 원칙은 목표물 보존의 원칙이다.

⑤ 3중경호의 원칙은 위해가 발생할 때에 시간 및 공간적으로 이를 지연시키거나 피해의 범위를 최소화하기 위한 효과적인 방어전략이다.

> **TIP** ④ 은밀경호의 원칙에 해당한다.
>
> ※ 은밀경호의 원칙 … 행사의 성격에 따라 공개적으로 경호요원 자신을 노출시키는 경호를 할 수도 있지만 원칙적으로 경호는 타인의 눈에 띄지 않고 은밀하게 하는 것이 좋다. 은밀경호를 하는 경우에는 경호대상자가 활동을 함에 있어서 제약을 받지 않게 되고, 주변사람들에게 편한 이미지를 줌으로써 경호대상자의 권위유지에 도움을 준다는 장점이 있다.

## 16 「국민보호와 공공안전을 위한 테러방지법령」에 대한 설명으로 옳지 않은 것은?

① 국가테러대책위원회는 국무총리 및 관계기관의 장 중 대통령령으로 정하는 사람으로 구성하고 위원장은 국무총리로 한다.

② 대테러활동에 관한 정책의 중요사항을 자문하기 위하여 국가테러대책위원회를 둔다.

③ 국가테러대책위원회의 사무를 처리하기 위하여 간사를 두되, 간사는 대테러센터의 장이 된다.

④ 대테러활동을 수행하기 위하여 국무총리 소속으로 관계기관 공무원으로 구성되는 대테러센터를 둔다.

⑤ 국가테러대책위원회의 위원은 환경부장관, 보건복지부장관, 통일부장관도 포함된다.

> **TIP** 국가테러대책위원회〈국민보호와 공공안전을 위한 테러방지법 제5조〉
>
> ① 대테러활동에 관한 정책의 중요사항을 심의·의결하기 위하여 국가테러대책위원회를 둔다.
> ② 대책위원회는 국무총리 및 관계기관의 장 중 대통령령으로 정하는 사람으로 구성하고 위원장은 국무총리로 한다.
> ③ 대책위원회는 다음의 사항을 심의·의결한다.
> 　1. 대테러활동에 관한 국가의 정책 수립 및 평가
> 　2. 국가 대테러 기본계획 등 중요 중장기 대책 추진사항
> 　3. 관계기관의 대테러활동 역할 분담·조정이 필요한 사항
> 　4. 그 밖에 위원장 또는 위원이 대책위원회에서 심의·의결할 필요가 있다고 제의하는 사항
> ④ 그 밖에 대책위원회의 구성·운영 등에 필요한 사항은 대통령령으로 정한다.

**Answer** 15.④ 16.②

**17** 대통령이 현충일 행사에 참석한 후 귀경길에 사전에 예정되지 않았던 수해지역을 갑자기 차량으로 방문하고 귀경할 경우, 경호과정에 해당하는 경호분류를 바르게 나열한 것은?

① 약식경호, 비공식경호, 차량경호

② 공식경호, 2(B)급경호, 갑(A)호경호

③ 간접경호, 3(C)급경호, 비공식경호

④ 을(B)호경호, 행사장경호, 약식경호

⑤ 약식경호, 공식경호, 행사장경호

> **TIP** • 공식경호 : 공식행사시의 경호, 관계자 간에 행사일정을 미리 통보받아 사전에 계획되고 공개된 의전절차에 따라 행사가 진행되는 경로로 국경일, 기념일, 대통령 취임식, 정상회담 시 등의 경호가 이에 해당
> • 2(B)급경호 : 예정되어 있지 않고 갑자기 결정된 행사 또는 정치적·경제적·사회적인 경쟁구도로 인하여 위험이 언제든지 발생할 것이 예상되는 행사의 경우에 국빈을 경호하는 것
> • 갑(A)호경호 : 대통령과 그 가족, 대통령 당선인과 그 가족, 대통령권한대행과 그 배우자, 전직대통령과 그 배우자(퇴임 후 10년 이내), 경호처장이 경호가 필요하다고 인정하는 요인

**18** 다음을 경호로 분류할 때 해당하지 않는 것은?

> 대한민국을 방문한 K국 대통령의 시장 방문 시 경호 관계기관에서는 주변에 알리지 않고 경호를 하였다. 이 때 시장에서 쇼핑 중 위해자에 의한 피습사건이 발생하여 B경호원은 몸을 날려 위해행위를 차단하였고, 동료 경호관들이 대통령을 안전한 곳으로 대피시켰다.

① A급경호  ② 비공식경호

③ 직접경호  ④ 약식경호

⑤ 갑호경호

> **TIP** 약식경호는 의전절차 없이 불시에 행사가 진행되고 사전에 경호조치도 없는 상태에서 최소한의 근접경호만으로 실시하는 통상적 경호로 특정지역 내에서 짧은 이동, 불시에 이루어지는 외출행사, 일상적인 출퇴근 시에 이루어지는 경호를 말한다. 공식경호나 비공식경호는 정해진 의전절차에 따라 진행되지만 약식경호는 정해진 의전절차 없이 임의적으로 진행된다.

**Answer** 17.② 18.④

**19** 「대통령 등의 경호에 관한 법률」상 (   ) 안에 들어갈 알맞은 내용은?

> 소속공무원과 관계기관의 공무원으로서 경호업무를 지원하는 사람은 경호 목적상 불가피하다고 인정되는 상
> 당한 이유가 있는 경우에만 (          )에서 질서유지, 교통관리, 검문·검색, 출입통제, 위험물 탐지 및 안전
> 조치 등 위해 방지에 필요한 안전 활동을 할 수 있다.

① 안전구역                      ② 경계구역

③ 통제구역                      ④ 경호구역

⑤ 위해구역

> **TIP** 소속공무원과 관계기관의 공무원으로서 경호업무를 지원하는 사람은 경호 목적상 불가피하다고 인정되는 상당한 이유가
> 있는 경우에만 경호구역에서 질서유지, 교통관리, 검문·검색, 출입통제, 위험물 탐지 및 안전조치 등 위해 방지에 필요한
> 안전 활동을 할 수 있다(대통령 등의 경호에 관한 법률 제5조 제3항).


**20** 경호의 개념을 형식적·실질적 의미로 구분할 때 이에 관한 설명과 그 연결이 옳지 않은 것은?

① 형식적 의미 – 현실적인 경호기관을 기준으로 정립된 개념이다.

② 실질적 의미 – 경호작용 전체 중에서 가지는 공통적인 특성을 추상화한 것이다.

③ 형식적 의미 – 본질적이고 이론적인 입장에서 고찰된 개념이다.

④ 실질적 의미 – 경호주체가 국가, 민간을 구분하지 않고 경호대상자를 보호하는 모든 활동을 말한다.

⑤ 형식적 의미 – 여러 경호기관에서 행하여지는 모든 경호작용을 말한다.

> **TIP** 형식적 의미의 경호개념은 실정법·제도·조직 중심적인 입장에서 이해한 것이다.
> ※ 형식적·실질적 의미의 경호개념
>     ㉠ 형식적 의미의 경호개념
>       • 현실적인 경호기관을 중심으로 정립된 개념
>       • 여러 경호기관에 의하여 행해지는 모든 작용
>       • 실정법상 일반경호기관의 권한에 속하는 일체의 경호작용
>     ㉡ 실질적 의미의 경호개념
>       • 본질적이고 이론적인 입장에서 고찰된 개념
>       • 경호를 본질적, 이론적, 성질상으로 구분
>       • 경호대상자의 신변안전을 보호하기 위한 제반 작용
>       • 경호작용 전체 중에서 가지는 공통적인 특성을 추상화한 것

**Answer**    19.④   20.③

**21** 대통령경호안전대책위원회의 위원이 아닌 자는?

① 문화체육관광부 관광산업국장

② 수도방위사령부 참모장

③ 대검찰청 공안기획관

④ 경찰청 정보국장

⑤ 과학기술정보통신부 통신정책국장

> TIP  대통령경호안전대책위원회의 위원은 국가정보원 테러정보통합센터장, 외교부 의전기획관, 법무부 출입국·외국인정책본부장, 과학기술정보통신부 통신정책관, 국토교통부 항공안전정책관, 식품의약품안전처 식품안전정책국장, 관세청 조사감시국장, 대검찰청 공공수사정책관, 경찰청 경비국장, 소방청 119구조구급국장, 해양경찰청 경비국장, 합동참모본부 작전본부 소속 장성급 장교 중 위원장이 지명하는 1명, 국군방첩사령부 소속 장성급 장교 또는 2급 이상의 군무원 중 위원장이 지명하는 1명, 수도방위사령부 참모장과 위원장이 임명 또는 위촉하는 자로 구성한다(대통령경호안전대책위원회규정 제2조).

**22** 다음 중 구한말의 경호기관에 해당하는 것을 모두 고른 것은?

| | |
|---|---|
| ㉠ 무위소 | ㉡ 무위영 |
| ㉢ 내금위 | ㉣ 친위대 |
| ㉤ 순군만호부 | |

① ㉠㉡

② ㉠㉢

③ ㉠㉡㉣

④ ㉠㉡㉢㉣

⑤ ㉠㉡㉢㉣㉤

> TIP  ㉠ 무위소 : 구한말 전기(갑오경장 이전)인 1874년(고종 11) 궁궐 수비를 위해 설치한 관청으로 왕의 친위군이다.
> ㉡ 무위영 : 구한말 전기(갑오경장 이전)인 1881년(고종 18) 11월 군제 개편에 따라 새로 설치된 군영이다. 무위소의 후신이라고 할 수 있으며, 왕궁을 지키는 임무를 담당하는 친위군이었다.
> ㉢ 내금위 : 조선 전기에 왕의 근시위(近侍衛) 임무를 담당한 친위부대이다.
> ㉣ 친위대 : 구한말 전기(갑오경장 이전)에 시위대와 유사한 성격의 부대로 궁궐과 왕의 시위 임무를 띤 신식부대이다.
> ㉤ 순군만호부 : 고려와 조선 전기에 절도·난동·풍기 등의 단속을 관장한 치안기관이다.

**Answer**  21.④  22.③

**23** 경호의 원칙에 관한 설명으로 옳지 않은 것은?

① 하나의 통제된 지점을 통한 접근의 원칙이란 경호대상자와 접근할 수 있는 출입구 또는 통로는 하나만 필요하고 여러 개의 출입구와 통로는 불필요하다는 것이다.

② 3중경호의 원칙이란 경호대상자가 위치한 집무실이나 행사장으로부터 내부, 내곽, 외곽으로 구분하여 경호 행동반경을 거리개념으로 설명한 것이다.

③ 은밀경호의 원칙이란 경호대상자의 활동에 방해를 주지 않고 타인의 눈에 잘 띄지 않게 활동하여야 한다는 것이다.

④ 방어경호의 원칙이란 경호요원 혼자서 모든 것을 다 처리할 수 있는 활동이 아니므로 각자 자신의 담당구역을 지정하게 된다는 것을 말한다.

⑤ 목표물 보존의 원칙이란 경호대상자를 공격자로부터 멀리 떨어지게 함으로써 보호하여야 한다는 것을 말한다.

> **TIP** 경호요원 혼자서 모든 것을 다 처리할 수 있는 활동이 아니므로 각자 자신의 담당구역을 지정하게 된다는 것은 담당구역 책임원칙에 대한 내용이다. 이때 경호요원은 어떤 상황이 발생하더라도 자신이 책임을 지고 있는 구역은 지켜내야 하며 이러한 자신의 구역을 기본적으로 지켜냄으로써 전체적인 경호활동이 이루어지게 된다. 따라서 경호요원은 다른 구역에서 사건이 발생하더라도 자신의 구역에서 이탈하여서는 안 된다.

**24** 대통령 등에 대한 경호를 효율적으로 수행하기 위하여 경호의 조직직무범위와 그 밖에 필요한 사항을 규정함을 목적으로 하는 법률은?

① 대통령경호안전대책위원회규정
② 대통령 등의 경호에 관한 법률
③ 대통령실과 그 소속기관 직제
④ 전직 대통령 예우에 관한 법률
⑤ 대통령기록물 관리에 관한 법률

> **TIP** 대통령 등의 경호에 관한 법률은 대통령 등에 대한 경호를 효율적으로 수행하기 위하여 경호의 조직·직무범위와 그 밖에 필요한 사항을 규정함을 목적으로 한다(대통령 등의 경호에 관한 법률 제1조).

**Answer** 23.④ 24.②

**25** 한국 경호제도의 역사적 변천에 관한 설명으로 틀린 것은?

① 신라시대의 시위부는 궁성의 숙위와 왕 및 왕실세력 행차 시 호위하는 것이 주된 임무였으며, 시위부 소속의 금군은 모반·반란 등을 평정하고 진압하는 임무를 수행하였다.

② 고려시대의 마별초는 묘청의 난을 계기로 도성의 치안유지를 위하여 좌·우 순금사를 두었으며, 의종 때 내금검이라 하여 숙위를 더욱 강화하였다.

③ 조선시대의 호위청은 인조반정으로 집권한 서인들이 거사에 동원되었던 군사를 해체하지 않고 있다가 계속되는 역모사건을 계기로 왕의 동의를 얻어 설치하였다.

④ 정부수립 이후 경무대경찰서는 1949년 2월 23일 창덕궁 경찰서가 폐지되고 경무대경찰서가 신설되면서 종로경찰서 관할인 중앙청 및 경무대 구내가 경무대경찰서의 관할 구역이 되었다.

⑤ 친위대는 국왕이나 국가의 원수 등의 신변을 보호하기 위하여 편성한 조선 후기의 중앙 군대를 말하는 것으로, 고종 32년에 훈련대를 폐지하고 육군편제강령을 발표함으로써 중앙군을 친위대로, 지방군을 진위대로 편성하였다.

> **TIP** 고려시대 내순검군은 고려 인종 때 묘청의 난이 일어나자 개경의 치안유지를 위하여 도성 안을 좌·우로 나누고 각각 순금사를 두었다.

**26** 퇴임 후 9년이 된 전직 대통령의 경호에 대한 설명으로 맞는 것은?

① 경호대상이 아니다.

② 경찰책임의 갑호경호대상이다.

③ 경호처책임의 경호대상이다.

④ 경찰책임의 경호대상이다.

⑤ 사경호가 원칙이다.

> **TIP** 대통령 등의 경호에 관한 법률에 따르면 퇴임 후 10년 이내의 전직 대통령과 그의 배우자는 경호처의 경호대상이다. 그러므로 퇴임 후 9년이 지난 전직 대통령의 경호는 경호처의 경호대상이다.

**Answer** 25.② 26.③

**27** 경호의 분류에서 분야별 경호임무의 설명으로 틀린 것은?

① 항공기로 이동을 하는 경우에는 다른 이동수단에 비해서 항공기 내부와 각각의 승객에 대해서 확실한 사전점검을 하여야 한다.

② 숙소경호는 경호대상자가 평소 거처하는 관저나 임시로 머무는 장소로 체류기간이 장기화되고 야간 근무가 이루어진다는 점이 고려되어야 한다.

③ 선박경호 시 선박을 선택할 때에는 기후와 파도에 견딜 수 있는 형태와 크기를 갖춘 것이어야 하며, 선박 안에 인명구조 및 비상시설이 충분한지에 대한 확인과 여행 중 불편이 없도록 제반 시설을 점검하여야 한다.

④ 동승차량 경호는 경호대상자의 자동차 등에 동승하여 차내 및 행선지에서의 보호임무를 수행하며, 경호대상자가 승·하차 시 경호원으로 하여금 방벽을 구축하여 근접경호를 한다.

⑤ 열차경호는 경호대상자가 열차를 이용하는 경우 열차 내에서 이루어지는 경호를 말하며, 통상 열차 내에서의 경호책임은 출발지역으로부터 도착지역까지로 도착지역 관할 시·도경찰청에서 담당한다.

> **TIP** 열차경호는 경호대상자가 열차로 이동을 하는 경우, 열차가 출발하는 역에서 도착하는 역까지 경호하는 것으로, 정차역에서 승·하차하는 승객들을 유심히 살피는 것이 중요하다.

**28** 국무총리가 연말연시를 맞아 사전계획되었던 군부대 위문방문을 마치고 차량으로 귀경 도중 갑자기 예정되지 않았던 인근 고아원을 방문하기로 결정하였을 때의 경호분류로 맞는 것은?

① 3급 경호, 비공식경호, 간접경호
② 을호경호, 차량경호, 약식경호
③ 2급 경호, 공식경호, 약식경호
④ 1급 경호, 공식경호, 행사장경호
⑤ 직접경호, 을호경호, 비공식경호

> **TIP** ⑤ 직접경호, 을호경호, 비공식경호에 해당한다.

**Answer** 27.⑤  28.⑤

※ 경호의 분류

| 구분 | | 종류 |
|---|---|---|
| 광의의 분류 | 직접경호 | 실제 현장에서 하는 경호활동을 의미하는 것으로 근접경호나 행사장 요원 활동 등이 있다. |
| | 간접경호 | 계획수립 및 준비활동에 관련된 지원과 현장 정보수집 등에 관한 일련의 활동을 말한다. |
| 대상에 의한 분류 | 갑호경호 | 대통령과 대통령의 가족, 외국의 원수, 국왕, 대통령 당선인과 그 가족, 전직대통령과 그 배우자 및 자녀(퇴임 후 10년 이내에서 5년 범위 내 연장가능) |
| | 을호경호 | 수상, 국회의장, 헌법재판소장, 대법원장, 국무총리 및 이와 대등한 외국의 인사, 대통령 선거후보자, 전직대통령(퇴임 후 10년경과 시) |
| | 병호경호 | 경찰청장, 국회의원, 정치인 및 경호기관장이 필요하다고 인정하는 인사 |
| 성격에 의한 분류 | 공식경호(1호) | 관계자가 사전에 통보하고 이에 의하여 계획·준비되어 실시되는 경호를 말한다. |
| | 비공식경호 (2호) | 경호관계자와의 협의, 사전통보 등 절차 없이 이루어지고 일정한 방식에 의하지 않는 경호로서, 고도의 행사보안이 요구되는 비공식행사 시 실시되는 경호를 말한다. |
| | 약식경호(3호) | 출·퇴근과 같이 시간이나 일정에 맞춰 실시되는 일상적인 경호를 말한다. |

**29** 경호 · 경비의 법적 근거에 관한 설명으로 틀린 것은?

① 대통령 등의 경호에 관한 법률은 현 대통령과 대통령 당선이 확정된 자 및 그의 가족과 퇴임 후 10년 이내 전직대통령, 대통령경호처장이 인정하는 경호대상자 및 대통령경호처의 활동에 관한 규정을 정하고 있다.

② 경찰관 직무집행법에는 경찰관은 범죄의 예방 · 진압 및 수사, 경비 · 요인경호 및 대간첩작전수행, 치안정보의 수집 · 작성 및 배포, 교통의 단속과 위해의 방지, 기타 공공의 안녕과 질서유지 등의 직무를 규정하고 있다.

③ 청원경찰법은 청원경찰의 직무 · 임용 · 배치 · 보수 · 사회 보장 기타 필요한 사항을 규정함으로써 청원경찰은 청원경찰법에 의해서만 업무를 수행할 수 있다.

④ 경비업법에는 경비업은 규정된 업무를 도급받아 행하는 영업으로서, 법인이 아니면 영위할 수 없으며, 경비업자는 경비인력 · 자본금 · 시설 및 장비 등을 갖추고 경비업무를 특정하여 주된 사무소의 소재지를 관할하는 시 · 도경찰청장의 허가를 받아야 한다고 규정하고 있다.

⑤ 청원경찰법과 경비업법을 법적 근거로 사설 경호기관은 운영된다.

> **TIP** 청원경찰은 청원주와 배치된 기관 · 시설 또는 사업장 등의 구역을 관할하는 경찰서장의 감독을 받아 그 경비구역만의 경비를 목적으로 필요한 범위에서 경찰관 직무집행법에 따른 경찰관의 직무를 수행한다(청원경찰법 제3조).

**Answer** 29.③

**30** 다음 중 「대통령 등의 경호에 관한 법률」상 경호의 대상이 아닌 것은?

① 대통령 당선자와 그 가족
② 대통령 후보
③ 대통령권한대행과 그 배우자
④ 방한하는 외국의 국가원수
⑤ 본인의 의사에 반하지 아니하는 경우에 한하여 퇴임 후 10년 이내의 전직 대통령과 그의 배우자

> **TIP** 경호처의 경호대상
> • 대통령과 그 가족
> • 대통령 당선인과 그 가족
> • 본인의 의사에 반하지 아니하는 경우에 한하여 퇴임 후 10년 이내의 전직 대통령과 그의 배우자. 다만, 대통령이 임기만료 전에 퇴임한 경우와 재직 중 사망한 경우의 경호 기간은 그로부터 5년으로 하되, 퇴임 후 사망한 경우의 경호 기간은 퇴임일을 기산하여 10년을 넘기지 아니하는 범위에서 사망 후 5년으로 한다.
> • 대통령권한대행과 그 배우자
> • 대한민국을 방문하는 외국의 국가 원수 또는 행정수반과 그 배우자
> • 그 밖에 처장이 필요하다고 인정하는 국내외 요인

**31** 대통령경호공무원에 대한 설명 중 옳지 않은 것은?

① 경호처 직원 중 경호처장의 제청에 의해 서울지방검찰청 검사장이 지명한 경호공무원만이 사법경찰관리의 직무를 수행할 수 있다.
② 사법경찰권이 없는 경호공무원이 현행범을 체포하였을 경우 즉시 사법경찰관리에게 인도하여야 한다.
③ 경호공무원이 직무와 관련하여 직·간접적으로 사례·증여 또는 향응을 받을 수 없도록 규정한 것은 일반공무원에게는 해당되지 않는 엄격한 청렴의무를 부과한 것이다.
④ 경호공무원이 직무수행 중 부상 또는 사망하였을 경우 국가유공자예우 및 지원에 관한 법률상의 여러 가지 보상을 받을 수 있다.
⑤ 경호처에 파견된 경찰공무원은 대통령 등의 경호에 관한 법률에 규정된 임무 외의 경찰공무원의 직무를 수행할 수 없다.

> **TIP** ③ 일반공무원에게도 엄격한 청렴의 의무를 부과하고 있다.
> ※ 청렴의 의무(국가공무원법 제61조)
> • 공무원은 직무와 관련하여 직접적이든 간접적이든 사례·증여 또는 향응을 주거나 받을 수 없다.
> • 공무원은 직무상의 관계가 있든 없든 그 소속 상관에게 증여하거나 소속 공무원으로부터 증여를 받아서는 안 된다.

**Answer** 30.② 31.③

**32** 경호의 원칙에 대한 설명으로 맞는 것은?

① 경호원에 배치된 자가 담당구역 내에서 일어나는 사태에 대해서는 자신만이 책임을 지고 해결해야 한다는 원칙은 목표물 보존의 원칙이다.

② 방어경호의 원칙이란 중심부를 안전구역으로, 내곽구역을 경비구역으로, 외곽을 경계구역으로 설정하여 경호를 실시하는 원칙이다.

③ 경호대상자를 암살자 또는 위해를 가할 가능성이 있는 자로부터 떼어놓는 원칙은 자기희생의 원칙이다.

④ 경호임무 수행 중 긴급하고 위험한 상황이 발생하였을 때 고도의 예리하고 순간적인 판단력이 중요시되는 원칙은 두뇌경호의 원칙이다.

⑤ 목표물 보존의 원칙은 경호대상자가 위치한 행사장이나 시설로부터 근접(내부), 내곽(중앙), 외곽(외부)으로 나누어 중첩된 형태로 전개되는 경호의 원칙이다.

**TIP** 경호의 일반원칙

| 구분 | 내용 |
|---|---|
| 3중경호의 원칙 | 경호대상자가 위치한 행사장이나 시설로부터 근접(내부), 내곽(중앙), 외곽(외부)으로 나누어 중첩된 형태로 전개되는 경호의 원칙을 말한다. |
| 두뇌경호의 원칙 | 경호를 실시함에 있어 사전에 치밀한 계획과 준비를 철저히 하고 위험요소를 제거하는 데 중점을 두어야 하지만, 긴급하고 위험한 상황이 발생하였을 때는 고도의 예리하고 순간적인 판단력이 요구된다는 경호의 원칙을 말한다. |
| 방어경호의 원칙 | 경호를 함에 있어서 공격이나 진압보다는 방어에 중점을 두는 경호를 말한다. 급박한 상황이 발생하는 경우에 경호요원은 공격자에 대하여 무기를 사용하는 등의 공격을 하는 것보다는 경호대상자를 빠르게 대피시킴으로써 방어하는 것이 가장 중요하며, 이러한 방어경호를 하는 것이 주변사람들에 대한 피해를 줄여주는 방법이기도 하다. |
| 은밀경호의 원칙 | 행사의 성격에 따라서 공개적으로 경호요원 자신을 노출시키는 경호를 할 수도 있지만 원칙적으로 경호는 타인의 눈에 띄지 않고 은밀하게 하는 것이 좋다. 은밀경호를 하는 경우에는 경호대상자가 활동을 함에 있어서 제약을 받지 않게 되고, 주변사람들에게 편한 이미지를 줌으로써 경호대상자의 권위유지에 도움을 준다는 장점이 있다. |

**33** 경호업무 수행에 있어서 기본적으로 고려할 사항에 대한 설명으로 맞는 것은?

① 경호에 있어서 중요한 것은 일관성이다. 따라서 경호업무는 사전에 신중하게 계획되어야 하며 가능한 한 변화가 없어야 한다.

② 경호원들은 각각의 임무 형태에 대한 책임이 부여되어야 하므로 둘 이상의 경호대상자가 동일한 행사에 참석하게 되면 서열에 관계없이 각각의 경호요구에 따라 경호업무가 수행되어야 한다.

③ 경호에 필요한 인적·물적 자원을 동원하기 위해서는 공식행사, 비공식행사 등 행사성격이 아닌 사전 획득한 내재적 위협 분석에 따라 자원 소요가 결정된다.

④ 민주사회에서 보다 많은 시민들로부터 경호협조를 얻기 위해서는 이동경로, 참석자 등 일부 경호상황을 시민들과 언론 등에도 전파하여야 한다.

⑤ 경호대상자가 행차하기로 예정된 장소는 일반대중에게 알려져야 한다.

> **TIP** ① 경호에 있어서 중요한 것은 경호대상자의 보호로 상황에 따라 유동적이다.
> ② 경호대상자의 서열에 따라 경호업무를 수행해야 한다.
> ④ 경호대상자의 신변확보에 만전을 기하기 위해 되도록 이동경로 등에 관한 정보를 비밀로 유지해야 한다.
> ⑤ 목표물 보존의 원칙상 경호대상자가 행차하기로 예정된 장소는 일반대중에게 알려지지 않아야 한다.


**34** 대한민국 근대 이후 경호제도에 관한 설명으로 옳은 것은?

① 창덕궁경찰서가 폐지되고 경무대경찰서가 신설되면서 대통령과 가족, 대통령 당선이 확정된 자, 전직 대통령 및 가족의 호위를 담당하였다.

② 대통령중심제에서 내각책임제로 변화되면서 대통령경호 및 관저경비는 경무대경찰서가 담당하였다.

③ 대통령경호처가 출범되면서 최초로 경호라는 용어 사용과 경호업무의 체제가 정비되었다.

④ 군사혁명위원회가 국가재건최고회의로 발족되면서 국가재건최고회의의장 경호대가 임시로 편성된 후 중앙정보부로 예속되었다.

⑤ 구한 말 어영군은 고종 11년에 설치한 궁궐을 수호하기 위하여 설치한 관청으로 실질적인 치안을 담당하였다.

> **TIP** ① 전직 대통령에 관한 호위의 제도화는 제5공화국 시기의 일이다.
> ② 대통령중심제에서 내각책임제로 변화되면서 대통령경호 및 관저경비를 담당하던 경무대 경찰서가 폐지되고 서울시 경찰국 경비과에서 기존의 업무를 담당하게 되었다.
> ③ 1949년 내무부훈령으로 경호에 관한 규정이 제정됨으로써 경호라는 개념이 최초로 사용되게 되었다.
> ⑤ 구한 말 무위소는 고종 11년에 설치한 궁궐을 수호하기 위하여 설치한 관청으로 실질적인 치안을 담당하였다.

**Answer** 33.③ 34.④

**35** 경호의 특별원칙인 목표물 보존의 원칙에 대한 설명으로 옳지 않은 것은?

① 행차하는 진로와 장소는 원칙적으로 비공개한다.

② 피경호인에게 접근하는 통로를 최소화 또는 단일화시킨다.

③ 대중에게 노출되는 보행행차는 가능한 지양하도록 한다.

④ 동일한 장소에 계속적인 행차는 가급적 절제되어야 한다.

⑤ 경호대상자가 행차하기로 예정된 장소는 일반대중에게 알려지지 않아야 한다.

> **TIP** 목표물 보존의 원칙은 경호대상자(목표물)를 공격자로부터 멀리 떨어지게 함으로써 보호하여야 한다는 원칙을 말하는 것으로 목표물 보존의 원칙에 의하면 다음의 내용이 지켜져야 피경호인을 보호할 수 있게 된다.
> • 행차코스는 원칙적으로 비공개하여야 한다.
> • 대중에게 노출되는 보행행차는 가급적 제한되어야 한다.
> • 동일한 장소에 수차 행차하였던 곳은 가급적 변경되어야 한다.
> • 경호대상자가 행차하기로 예정된 장소는 일반대중에게 알려지지 않아야 한다.

**36** 경호의 성격에 의한 분류로서 "2호경호"에 해당되는 것은?

① 경호관계자 간의 사전통보에 의해 계획·준비되는 공식행사 때 실시하는 경호

② 한국 경찰기관의 경호정의는 피경호인의 신변에 대하여 행사준비 등의 시간적 여유 없이 갑자기 결정된 각종 행사와 수상급 경호대상으로 결정된 국빈행사의 경호

③ 경호관계자 간의 사전통보나 협의절차 없이 이루어지는 비공식행사 때의 경호

④ 행사보안이 노출되어 경호 위해가 증대된 상황하의 국가 원수급 국빈행사의 경호

⑤ 관계자가 사전에 통보하는 것에 의하여 비공식적으로 계획·준비되어 실시되는 경호

> **TIP** 비공식경호(2호)는 경호관계자와의 협의, 사전통보 등 절차 없이 이루어지고 일정한 방식에 의하지 않는 경호로서, 고도의 행사보안이 요구되는 비공식행사 시 실시되는 경호를 말한다.

**Answer** 35.② 36.③

**37** 다음 중 경호의 분류에 대한 설명으로 맞는 것은?

① 행사장경호는 성격에 의한 분류이고, 차량경호는 이동수단에 의한 분류이다.

② 보행경호는 이동수단에 의한 분류이고, 공식경호는 대상에 의한 분류이다.

③ 선박경호는 장소에 의한 분류이고, 보행경호는 이동수단에 의한 분류이다.

④ 항공기경호는 이동수단에 의한 경호이고, 노상경호는 장소에 의한 분류이다.

⑥ 연도(노상·노변)경호는 이동수단에 의한 경호이며, 정문출입구 또는 그 주변에 잠복근무하는 형태로 이루어지는 경호이다.

> **TIP** ① 행사장경호는 장소에 의한 분류, 차량경호는 이동수단에 의한 분류이다.
> ② 보행경호는 이동수단에 의한 분류, 공식경호는 성격에 의한 분류이다.
> ③ 선박경호와 보행경호는 이동수단에 의한 분류이다.
> ⑤ 연도(노상·노변)경호는 행사 전·후의 이동할 때의 경호이다.

**38** 경비의 분류 중 경계대상에 의한 분류에서 시설의 재산, 문서에 대한 비인가자의 접근을 방지하고 간첩, 태업, 절도, 기타 침해행위에 대한 예방·경계·진압하는 경비는?

① 치안경비

② 재해경비

③ 혼잡경비

④ 중요시설경비

⑤ 태업경비

> **TIP** 중요시설경비는 시설의 재산, 문서에 대한 비인가자의 접근을 방지하고 간첩, 태업, 절도, 기타 침해행위를 예방·경계·진압하는 경비를 말한다.

**39** 경호의 분류 중 공식경호, 비공식경호, 약식경호 등은 어떤 기준에 따른 분류인가?

① 대상에 의한 분류

② 주체에 의한 분류

③ 방법에 의한 분류

④ 성격에 의한 분류

⑤ 형식에 의한 분류

> **TIP** 성격에 의한 분류
> ㉠ 공식경호(1호) : 관계자가 사전에 통보하고 이에 의하여 계획·준비되어 실시되는 경호를 말한다.
> ㉡ 비공식경호(2호) : 경호관계자와의 협의, 사전통보 등 절차 없이 이루어지고 일정한 방식에 의하지 않는 경호로서, 고도의 행사보안이 요구되는 비공식행사 시 실시되는 경호를 말한다.
> ㉢ 약식경호(3호) : 출·퇴근과 같이 시간이나 일정에 맞춰 실시되는 일상적인 경호를 말한다.

**Answer** 37.④ 38.④ 39.④

**40** 다음은 무엇에 관한 설명인가?

> • 대통령경호에 필요한 안전대책업무, 경호에 유관한 첩보 및 정보의 상호교환, 분석, 기타 경호상 필요하다고 인정되는 사항을 관장하도록 한 것
> • 경호대상에 대한 경호업무를 수행할 때에는 관계기관의 책임을 명확하게 하고, 협조를 원활하게 하기 위함
> • 대통령경호안전대책작용에 관하여는 위원회 구성원 전원과 그 구성원이 속하는 기관장이 금품으로 책임지도록 하고, 각 구성원의 책임사항을 구체적으로 규정

① 경찰관 직무집행법
② 대통령 등의 경호에 관한 법률
③ 대통령경호안전대책위원회규정
④ 전직 대통령예우에 관한 법률
⑤ 경비업법

> **TIP** 대통령경호안전대책위원회규정의 제정목적은 대통령 등의 경호에 관한 법률에 따른 대통령경호안전대책위원회의 구성 및 운영에 관하여 필요한 사항을 규정함에 있다.

**41** 다음 중 경계대상에 의한 경비분류로 옳게 연결된 것은?

① 치안경비 – 총기류에 의한 인질, 살상 등 중요범죄의 위해방지
② 혼잡경비 – 경기대회, 기념행사 등 조직 군중의 예측불가능한 사태를 방지
③ 특수경비 – 천재, 홍수, 태풍, 지진 등에 의한 돌발사태를 방지
④ 중요시설경비 – 공공의 안녕과 질서를 문란하게 하는 사태에 대한 경비
⑤ 치안경비 – 비상사태의 발생징후는 희박하나 불완전한 사태가 계속되고 비상사태가 발생할 것이 우려될 경우 하는 경비

> **TIP** ①⑤ 치안경비는 공공의 안녕과 질서를 문란하게 하는 경비사태의 경우에 이를 예방·진압하는 경비부대의 활동을 말한다.
> ③ 특수경비는 총기류에 의한 인질, 살상 등 중요범죄에 의한 위해를 방지하는 경비를 말한다.
> ④ 중요시설경비는 시설의 재산, 문서에 대한 비인가자의 접근을 방지하고 간첩, 태업, 절도, 기타 침해행위를 예방·경계·진압하는 경비를 말한다.

**Answer** 40.③ 41.②

**42** 경호관계자 간의 사전통보나 협의절차 없이 이루어지는 행사 때의 경호는?

① 약식경호
② 비공식경호
③ 공식경호
④ 연도경호
⑤ 이동경호

**TIP** 비공식경호는 경호관계자와의 협의, 사전통보 또는 절차가 없이 이루어지고 일정한 방식에 의하지 않는 경호로서, 고도의 행사보안이 요구되는 비공식행사 시 실시되는 경호를 말한다.

**43** 경호의 특별원칙 중 경호대상자를 위해할 가능성이 있는 자들로부터 떼어놓는 원칙은?

① 목표물 보존의 원칙
② 자기담당구역의 원칙
③ 하나의 통제된 지점을 통한 접근의 원칙
④ 자기희생의 원칙
⑤ 은밀경호 원칙

**TIP** 목표물 보존의 원칙은 경호대상자(목표물)를 공격자로부터 멀리 떨어지게 함으로써 보호하여야 한다는 원칙을 말하는 것이다.

**44** 다음 중 형식적 의미의 경호개념은?

① 이론적 입장에서 이해되는 개념이다.
② 경호대상자에 대한 모든 인위적 · 자연적 위해로부터 지키는 개념이다.
③ 실정법상 일반 경호기관의 권한에 속하는 일체의 경호작용을 말한다.
④ 경호의 주체에 대한 제약이 없다.
⑤ 학문적 입장에서 고찰된 개념이다.

**TIP** 형식적 의미의 경호는 법이나 제도와 같은 실정법에 의하여 인정된 여러 가지 현실적인 경호기관에 의한 일체의 경호활동 만을 경호로 인정하는 것을 말하며 현재 우리나라에서 시행되는 대통령 등의 경호에 관한 법률과 경찰관 직무집행법 등에 의한 경호활동이 그 예이다.

**Answer** 42.② 43.① 44.③

**45** 다음 중 국회의장, 대법원장, 헌법재판소장, 이와 대등한 지위에 있는 외국인사 등에 대한 경호방법은?

① 갑호경호

② 을호경호

③ 병호경호

④ 정호경호

⑤ 비공식경호

**TIP** 대상에 의한 분류
　㉠ 갑호경호 : 대통령과 그 가족, 대통령 당선인과 그 가족, 대통령권한대행과 그 배우자, 전직대통령과 그 배우자(퇴임 후 10년 이내), 그 밖에 경호처장이 경호가 필요하다고 인정하는 요인
　㉡ 을호경호 : 국회의장, 대법원장, 국무총리, 헌법재판소장, 전직대통령과 그 배우자(퇴임 후 10년 경과), 대통령선거후보자
　㉢ 병호경호 : 갑호·을호 외에 경찰청장 또는 경호기관의 장이 필요하다고 인정한 사람
　㉣ A, B, C, D급(갑호)경호 : 외국의 국가원수(대통령, 국왕)와 그 배우자, 행정수반과 그 배우자, 그 밖에 경호처장이 경호가 필요하다고 인정하는 요인
　㉤ E, F급(을호)경호 : 부통령, 부총리, 왕족, 외빈 A, B, C, D등급의 배우자 단독방한, 전직대통령, 전직총리, 국제회의·국제기구의 중요인사, 기타 장관급 이상으로 경찰청장이 경호가 필요하다고 인정한 사람

**46** 경호를 실시함에 있어 사전에 치밀한 계획과 준비를 철저히 하고 위험요소를 제거하는데 중점을 둔다. 그래도 긴급하고 위험한 상황이 발생하였을 때는 고도의 예리하고 순간적인 판단력이 요구된다는 경호의 원칙은?

① 방어경호의 원칙

② 은밀경호의 원칙

③ 근접경호의 원칙

④ 두뇌경호의 원칙

⑤ 목표물 보존 원칙

**TIP** ① 방어경호의 원칙은 경호를 함에 있어서 공격이나 진압보다는 방어에 중점을 두는 경호를 말한다.
　② 은밀경호의 원칙은 행사의 성격에 따라서 공개적으로 경호요원 자신을 노출시키는 경호를 할 수도 있지만 원칙적으로 경호는 타인의 눈에 띄지 않고 은밀하게 하는 것이 좋다.
　③ 근접경호는 기동 간 및 행사장에서 경호대상자의 신변보호를 위해 실시하는 근접호위작용을 말한다.
　⑤ 목표물 보존의 원칙이란 경호대상자(목표물)를 공격자로부터 멀리 떨어지게 함으로써 보호하여야 한다는 원칙을 말한다.

**Answer** 45.② 46.④

**47** 공식적인 행사실시 때에 사전통보에 의해 실시하는 경호는 무엇인가?

① 사전경호                    ② 약식경호

③ 공식경호                    ④ 근접경호

⑤ 연도경호

> **TIP** 공식경호는 관계자가 사전에 통보하고 이에 의하여 계획·준비되어 실시되는 경호를 말한다.

**48** 경호의 의의에 대한 설명으로 옳지 않은 것은?

① 국가원수에 대한 경호는 그 국가의 안전과 직결되는 중요한 문제이다.

② 경호란 호위와 경비가 총체적으로 이루어져야 한다.

③ 호위란 신체에 대해 직접적으로 가해지는 위해를 근접에서 방지 또는 제거하는 행위를 말한다.

④ 피경호자의 신변 감시에 중점을 두는 활동이다.

⑤ 호위활동이 필요한 장소 등의 경호구역에 대하여 모든 수단과 방법을 이용하여 경계를 강화하는 활동이다.

> **TIP** 경호는 경호의뢰인에게 직접적·간접적 또는 인위적·자연적으로 위협이 가해지는 경우, 이러한 위협으로부터 의뢰인의 신변을 보호하고 가해자를 제압하는 경호원의 호위활동으로, 경호의뢰인의 활동경로(숙박장소, 이용하는 교통수단 및 이동로 등)를 사전에 파악하고 호위활동이 필요한 장소 등의 경호구역에 대하여 모든 수단과 방법을 이용하여 경계하고 위해요인을 제거함으로써 의뢰인을 안전하게 보호하는 것을 목적으로 한다.

# 02 경호의 조직

## ❶ 경호조직의 개설

### (1) 경호조직의 의의

경호조직이란 자연재해 또는 인위적인 범죄로 인하여 경호대상자의 신변에 위험이 생길 수 있다고 예상되는 경우에 이를 예방하고 진압하기 위한 경호작용을 말한다.

### (2) 경호조직의 특성

현대의 자본주의·자유민주주의 사회에서는 사회의 구성원들의 의식이 점차 개인적으로 변해가기 때문에 개인 간·이익집단들 간의 충돌도 점차 많아지고 있으며 이를 한 집단 또는 개인에 대한 테러 등으로 표현하기도 한다. 따라서 경호조직은 기동성·통합성·계층성·폐쇄성·전문성·대규모성을 갖추어 이를 방지하여야 한다.

① **기동성** … 현대사회에서는 신변의 안전을 위협할 수 있는 장비와 기술이 전문적이고 광범위하다. 따라서 경호조직 또한 전문적이고 빠르게 위험요소를 파악하여 이에 대처하여야 하며, 위험이 발생한 경우에는 이를 신속하게 진압하여야 한다. 따라서 육·해·공을 불문하고 신속한 경호를 하기 위한 기동성 있는 장비의 확보와 정보에 의한 테러방지를 위한 빠른 컴퓨터 및 과학기술이 필요하다.

② **통합성** … 경호조직은 원칙적으로 그 목적의 달성을 위하여 각각의 경호요원에 전문화된 분야로 그 권한과 책임이 분화되어 있어야 한다. 하지만 이러한 전문화된 각각의 분야를 하나로 합체시켜 이 모두를 중앙에서 강력하게 조정하고 통제하는 중추적인 세력은 반드시 있어야 한다.

③ **계층성** … 경호조직은 군조직과 같이 명령체계의 하향성과 피라미드형의 조직구조로 이루어지며, 모든 경호활동이 이러한 계층을 이루어 지휘와 감독을 하며 경호목적을 달성한다.

④ **폐쇄성** … 경호조직은 테러·암살집단에게 알려지는 것을 방지하기 위해 그 조직과 기술 등에 대하여 공개하지 않고 보안성을 높이는 폐쇄적 조직구조로 구성한다.

⑤ **전문성** … 경호는 원칙적으로 사전에 예방을 하는 것이 중요하기 때문에 사전에 위험을 감지하고 파악하여 이에 대처하기 위해서는 경호조직이 전문화·과학화되어야 하며, 위해조직의 전문성은 경호조직의 전문화에 밀접한 영향을 미친다.

⑥ **대규모성** … 현대사회에서는 범죄의 규모가 점점 커지기 때문에 경호조직 또한 이에 맞추어 대규모화되고 있다.

(3) 경호조직의 구성원칙

① 경호지휘체계의 단일성 원칙 … 경호활동을 함에 있어서 경호요원은 각자의 임무에 따라 업무가 분할되어 있지만 그 분할된 업무를 지휘하는 사람은 단 한 사람이어야 한다. 경호활동은 그 일의 성격상 위험상황이 발생할 경우 빠르고 신속하게 조치를 해야 하기 때문에 반드시 단일한 명령체계를 갖추어야 한다.

② 경호체계의 통일성 원칙 … 경호활동을 하기 위해서는 그 조직이 상·하로 일관적인 목적으로 가지고 있어야 한다. 같은 목적 아래 업무와 책임이 분담되어 있어야 조직적인 경호활동이 이루어질 수 있다.

③ 경호기관의 단위작용 원칙 … 경호는 그 성격상 개인적인 활동을 할 수 없으며 일원화된 체계를 기본으로 하는 기관단위작용으로 이루어진다. 따라서 경호기관은 지휘자의 지휘에 따라서 조직적으로 기관단위의 업무가 이루어지게 된다.

④ 경호의 협력성 원칙 … 경호기관이 아무리 전문화·조직화·대형화된다고 하더라도 경호기관 단독으로는 모든 위험을 인지하고 대처하기 힘들기 때문에 완벽한 경호활동을 위해서는 일반 국민과 국가기관과의 협력이 필요하다.

## ❷ 각국의 경호조직

(1) 한국

① 대통령 등의 경호에 관한 법률상의 조직
　㉠ 경호처장 및 차장
　　ⓐ 경호처에 경호처장과 차장을 둔다.
　　ⓑ 대통령경호처장은 대통령이 임명하고, 경호처의 업무를 총괄하며 소속공무원을 지휘·감독한다.
　　ⓒ 차장은 1급 경호공무원 또는 고위공무원단에 속하는 별정직 국가공무원으로 보한다.
　　ⓓ 차장은 처장을 보좌하며, 처장이 부득이한 사유로 직무를 수행할 수 없을 때에는 그 직무를 대행한다.
　㉡ 소속기관〈대통령경호처과 그 소속기관 직제〉
　　ⓐ 처장의 관장사무를 지원하기 위하여 처장 소속하에 경호안전교육원을 둔다.
　　ⓑ 경호안전교육원의 관장사항
　　• 경호안전관리 관련 학술연구 및 장비개발
　　• 대통령경호처 직원에 대한 교육
　　• 국가 경호안전 관련 분야에 종사하는 공무원에 대한 수탁교육
　　• 경호안전 관련 단체에 종사하는 사람에 대한 수탁교육
　　• 대통령경호안전대책위원회 관련 기관 소속 공무원 및 처장이 필요하다고 인정하는 사람에 대한 수탁교육
　　• 그 밖에 국가 주요 행사 안전관리 분야에 관한 연구·조사 및 관련 기관에 대한 지원

ⓒ 경호안전교육원에 원장 1인을 두고, 원장은 처장의 명을 받아 소관사무를 통할하며, 소속공무원을 지휘·감독한다.

ⓓ 경호안전교육원의 하부조직과 분장사무는 처장이 정한다.

ⓒ 계급 직급의 명칭 계급 직급의 명칭

| 급수 | 명칭 |
|---|---|
| 1급 | 관리관 |
| 2급 | 이사관 |
| 3급 | 부이사관 |
| 4급 | 경호서기관 |
| 5급 | 경호사무관 |
| 6급 | 경호주사 |
| 7급 | 경호주사보 |
| 8급 | 경호서기 |
| 9급 | 경호서기보 |

② 대통령경호처

㉠ 조직도

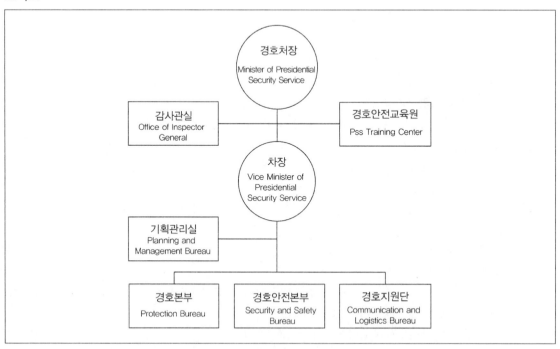

| 기능 및 업무 | |
|---|---|
| 기획관리실 | • 국회 예산 등 대외업무와 조직 정원관리 업무<br>• 미래 경호위협 분석 및 대비 |
| 경호본부 | • 대통령 행사 수행 및 선발 경호활동<br>• 방한하는 외국정상, 행정수반 등 요인에 대한 경호 |
| 경비안전본부 | • 대통령실과 주변지역 안전 확보를 위한 경비 총괄<br>• 대통령실 내·외곽을 담당하는 군 경 경호부대 지휘<br>• 국내·외 경호관련 정보수집 및 보안업무<br>• 행사장 안전대책 강구 및 전직 대통령에 대한 경호 |
| 경호지원단 | • 시설관리, 경호차량운행 등 경호행사 지원업무<br>• 국정업무 통신망 운용 및 과학적 경호 시스템 구축. IT 장비 개발 |
| 경호안전교육원 | • 경호안전관리 관련 학술연구<br>• 직원 교육 및 경호안전 분야 종사하는 공무원에 대한 수탁교육 |

ⓛ 하부조직

ⓐ 경호처는 기획관리실, 경호본부, 경비안전본부, 경호지원단으로 편성되며 경호전문교육을 위한 소속기관으로 경호안전교육원을 두고 있다.

ⓑ 기획관리실장·경호본부장·경비안전본부장 및 경호지원단장은 이사관으로 보한다.

ⓒ 처장 밑에 감사관 1명을 둔다.

ⓓ 감사관은 부이사관으로 보한다.

ⓔ 기획관리실, 경호본부, 경비안전본부 및 경호지원단의 하부조직 및 그 분장사무와 감사관의 분장사무는 처장이 정한다.

③ **대통령경호안전대책위원회 구성**(대통령경호안전대책위원회규정) ⋯ 대통령경호안전대책위원회의 위원은 국가정보원 테러정보통합센터장, 외교부 의전기획관, 법무부 출입국·외국인정책본부장, 과학기술정보통신부 통신정책관, 국토교통부 항공안전정책관, 식품의약품안전처 식품안전정책국장, 관세청 조사감시국장, 대검찰청 공공수사정책관, 경찰청 경비국장, 소방청 119구조구급국장, 해양경찰청 경비국장, 합동참모본부 작전본부 소속 장성급 장교 중 위원장이 지명하는 1명, 국군방첩사령부 소속 장성급 장교 또는 2급 이상의 군무원 중 위원장이 지명하는 1명, 수도방위사령부 참모장과 위원장이 임명 또는 위촉하는 자로 구성한다.

(2) 미국의 경호기관 SS(Secret Service)

① 1865년 재무부산하 위조지폐 방지 전담부서로 출발했다.

② 대통령 및 부통령, 그 가족 등을 경호하며 대선 120일 이내의 대통령 후보자 등도 경호한다.

③ 미국의 SECRET SERVICE 법령 개요

ㄱ 개요 : 미국의 법체계는 성문법 이외의 법원인 불문법을 모태로 하고 있다. 입법자가 예견하지 못한 상황이 발생할 경우 효과적으로 대응할 수 있다는 장점을 이유로 관습법, 판례법 등의 형태로 인정되고 있으며, 미국연방법전 50여 권에 분산되어 규정되어 있다.

ㄴ 국토안보부(구 재무성) 산하 SECRET SERVICE 관련법

ⓐ 비밀경호대의 권한과 임무 : 국토안보부장관 책임하에 미국 비밀경호대는 다음과 같은 경호임무를 수행한다.

• 대통령, 부통령(혹은 대통령직 차기 승계 예정관료), 대통령 당선자 및 부통령 당선자

• 상기 피경호인의 직계 가족

• 전직 대통령 및 그들의 생존기간 동안의 배우자. 단, 배우자가 재혼한 경우 경호대상에서 제외되며, 1997년 1월 1일 이전 대통령으로 재직하지 않은 자의 경우 대통령의 임기가 종료된 이후 10년 이내의 기간 동안 전직 대통령과 배우자에 대한 경호를 제공한다.

– 전직 대통령이 재혼, 이혼 혹은 사망할 경우 배우자에 대한 경호는 중단된다.

– 현직에 있는 동안 대통령이 사망하였거나 혹은 퇴임 후 1년 이내의 기간에 대통령이 사망한 경우 배우자는 사망시점으로부터 1년 동안 경호를 제공받을 수 있다. 만약 국토안보부나 혹은 SS지휘관이 위해정보 또는 주변상황을 고려하여 특별한 경호조치가 필요하다고 인정할 경우 국토안보부는 비밀경호대에 중요한 요인에 대한 한시적인 경호를 제공하도록 할 수 있다.

• 16세 미만의 전직 대통령의 자녀는 10년을 초과하지 않는 범위 내 또는 16세가 도달되기 전까지 경호를 제공받는다. 두 가지 요건 중 먼저 도달하는 한 가지를 우선하여 적용받게 된다.

• 미국을 방문하는 외국의 국가원수 또는 행정수반

• 기타 중요한 외국 국빈과 대통령이 경호를 제공하도록 지시하는 경우에 한하여 해외에서 특별한 임무를 수행하는 미국대표단

• 주요 대통령 및 부통령 후보자와 대통령선거 120일 이내의 기간 동안의 그들의 배우자

ⓑ 국토안보부장관 감독하에 비밀경호대는 다음과 같은 범죄를 저지르는 사람들에 대한 수사와 그들을 체포할 수 있는 권한을 가진다.

• 형법 및 연방저축보증협회, 연방부동산은행, 연방부동산은행연합회와 관련된 형법

• 미국과 외국정부의 화폐 및 채권, 그리고 유가증권과 관련된 미국 모든 법률위반 행위

• 전자금융거래사기죄, 상표위조, 증명서 및 문서위조, 연방정부가 보장하는 재무제도에 대한 위반 또는 불법적인 사기 등 범죄행위자. 단, 법무장관과 국토안보부장관이 협의한 대상 물품에 대한 수사권한은 제한받으며, 그러한 법률과 연계된 또 다른 연방 사법기관의 권한에 영향을 미칠 수 없다.

ⓒ 국토안보부장관 책임하에 비밀경호대의 공무원과 요원들은 다음과 같은 권한을 부여받는다.

• 미국 법률에 근거하여 발부된 구속영장을 집행한다.

• 무기를 휴대할 수 있다.

- 미국 법률을 위반하는 현행범을 구속영장 없이 체포할 수 있으며, 또한 현행범이 아니더라도 중 범죄를 저지르거나 저질렀다고 믿을만한 상당한 사유가 있는 경우 영장 없이 체포할 수 있다.
- 비밀경호대가 권한을 부여받은 법규정을 위반한 범죄자 또는 미수범의 체포에 기여한 정보의 제공자에게는 포상금이나 기타 보상을 할 수 있다.
- 국토안보부장관의 책임하에 보안을 필요로 하는 예기치 않은 비상사태가 발생할 경우 그에 대한 소요경비를 지출할 수 있으며, 그러한 경비의 지출은 장관의 독단적인 판단으로 가능하다.
- 법률에 규정된 임무의 수행 또는 그와 관련된 기능의 수행 시 경비를 지급할 수 있다.
- 비밀경호대가 위조지폐의 구입에 사용할 수 있는 자금은 예산을 통해 지급될 수 있으며, 그 위조지폐에 대한 변상이 이루어질 경우 비밀경호대의 예산으로 충당한다.

ⓓ 경호와 관련한 법규정 또는 형법 제1752조에 의한 정당한 경호기능의 수행에 종사하고 있는 연방 사법요원에게 저항하거나 고의적으로 그들의 행위를 방해하거나 간섭하는 자는 1,000$ 이하의 벌금을 부과하거나 1년 이하의 징역에 처할 수 있다. 이는 병행하여 부과할 수 있다.

ⓔ 대통령의 지시가 있을 경우 국토안보부장관의 책임하에 비밀경호대는 국가적인 중요행사에 대한 경호안전활동을 위해 기획과 조정 및 그와 관련된 제반임무를 담당한다. 그러한 활동의 범위는 대통령이 결정한다.

ⓕ **제복경호대** : 제복경호대는 영구적 경찰조직을 위해 만들어지고 설립되어 졌다. 국토안보부 산하에 있는 미국제복경호대는 미국경호실의 경호책임 부서로서 다음과 같은 경호임무를 맡고 있다.
- 워싱턴 DC 백악관
- 대통령 사무실이 존재하는 모든 건물
- 국토안보부 건물, 부지
- 대통령과 그의 직계가족
- 워싱턴 DC에 위치하는 재외 공사 및 대사관
- 워싱턴 DC의 부통령 임시거주지와 부지
- 부통령과 그 직계가족
- 미국 수도권 일원(워싱턴 DC를 제외한)에 있는 재외국 대사관과 전권재외국외교관이 지휘하는 재외공관, 예외적으로 다음의 경우는 경호가 제공되어 진다.
  - 비상시 경호필요성에 기초한 임시장소
  - 이재지역의 요청 시
  - 예외적인 경호제공 필요시
- 미국 수도권에 위치한 외국 영사 그리고 재외 공관의 부지, 각 대사 관저, 소유물은 통제될 수 있다.
- 20개 혹은 그 이상이 운집되어 있는 재외공관 혹은 영사관이 위치한 수도권에 외국 정부 인사 방문 시 인가된 경호직원을 둘 수 있고 또한 모터게이트 제공과 미국정부와 관련된 어떠한 공식행사를 수행하는 데 필요한 경호 제공을 해 줄 수 있다.

### (3) 영국

① 국왕 및 왕족의 경우는 버킹검궁에 왕실 경비대와 근위병이 경호를 담당한다.

② 중앙경찰은 런던 경시청이 있으며 요인경호임무와 함께 런던지역의 치안업무를 총괄한다.

### (4) 일본

① 경찰청 산하 황궁경찰본부는 황궁 내에 위치한다. 황족의 호위와 경비 등 경호업무를 담당하고 있다.

② 경찰청은 전반적인 경호업무를 관장하고 실질적인 경호업무는 각 시·도경찰청에서 담당하고 있다.

③ 동경도 경시청에서는 정부요인이나 외국요인에 대한 신변보호업무를 담당하고 있다.

### (5) 독일

① 연방 내무성 산하에 연방범죄수사청(BKA)에서 담당한다.

② 대통령·수상·외교사절·국빈 등 주요 인사의 경호를 담당한다.

③ 주요 연방기관 시설경비는 연방국경수비대(BGS)에서 담당한다.

### (6) 프랑스

① 경찰청 내 요인경호실(SPHP)에서 수상에 대한 근접수행경호를 담당하고 있다.

② 대통령 수행경호 및 수상경호는 내무부 산하 경찰에서 담당한다.

③ 대통령 숙소 등에 대한 경비는 국방부 산하 공화국경비대(헌병경찰)에서 담당한다.

### (7) 각국의 경호체계

| 구분 | 경호객체 | 경호주체 | | 유관기관 |
|---|---|---|---|---|
| 미국 | 전·현직 대통령과 그 가족경호 | 국토안보부 산하의 비밀경호국 | 특별수사관 | 연방수사국(FBI) 중앙정보부(CIA) 이민국(INS) 안전국 |
| | 국무성의 장·차관, 외국대사, 기타요인 | 국무성 요인경호과 | 경호요원 | |
| | 국내외의 외국정부관료 | 국방부육군성 | 미육군경호요원 | |
| | 민간인 | 경찰국, 사설경호업체 | 경찰관, 사설경호원 | |
| 영국 | 여왕과 왕실 | 왕실 및 외교관 경호대 | 경찰관 | 안전부 통신정보부 국방정보부 |
| | 수상 및 각료 | VIP경호대 | 경호요원 | |

| | | | |
|---|---|---|---|
| 독일 | 대통령, 장관,<br>외국의 원수, 국빈,<br>외교사절 등 | 연방범죄수사국 내의<br>경호안전과 | 경찰관 | 연방경찰청<br>연방정보부<br>연방헌법보호청<br>주립경찰, 지역경찰 |
| 프랑스 | 대통령, 각국의<br>장·차관급 | 경찰청경호국(V.O)<br>국방부산하의<br>공화국(GSPR) | 별정직공무원<br>국무부산하의 공화국<br>경비대 | 대테러조정통제실<br>경찰특공대<br>내무성일반정보국<br>해외안전총국 |
| 일본 | 일본천황 | 경시청직속 황궁경찰본부 | 경찰관 | 공안조사청<br>내각정보조사실<br>방위청방위국 |
| | 내각총리와 대신 | 경찰청경비국 공안 제2과 | 경호요원 | |
| | 민간인 | 경찰서, 사설경비업체 | 경찰청, 사설경비요원 | |

## ❸ 경호의 주체와 객체

### (1) 경호의 주체
국가경찰뿐 아니라 경호처 및 지방경찰 등이 있으며 사적인 영역에서도 법률이 정하는 바에 따라 경호의 주체가 될 수 있다.

### (2) 경호의 객체
① 경호처의 경호대상
ㄱ 대통령과 그 가족
ㄴ 대통령당선인과 그 가족
ㄷ 본인의 의사에 반하지 아니하는 경우에 한정하여 퇴임 후 10년 이내의 전직 대통령과 그 배우자. 다만, 대통령이 임기 만료 전에 퇴임한 경우와 재직 중 또는 퇴임 후 사망한 경우의 경호 기간은 그로부터 5년으로 하고, 퇴임 후 사망한 경우의 경호 기간은 퇴임일부터 기산하여 10년을 넘지 아니하는 범위에서 사망 후 5년으로 한다.
ㄹ 대통령권한대행과 그 배우자
ㅁ 대한민국을 방문하는 외국의 국가 원수 또는 행정수반과 그 배우자
ㅂ 그 밖에 경호처장이 경호가 필요하다고 인정하는 국내외 요인

② 국무총리 경호기관

ㄱ 우리나라는 국가경찰제로 행정안전부장관이 경찰사무를 관장한다.

ㄴ 제주특별자치도는 현재 자치경찰제를 도입하고 있다.

ㄷ 국무총리 및 주요 요인 등의 경호는 경찰청 경비국에서 담당한다.

ㄹ 경비국에 두는 과(경찰청과 그 소속기관 직제 시행규칙 제10조)

  ⓐ 경비국에 경비과 · 위기관리센터 · 경호과 및 항공과를 둔다.

  ⓑ 각 과장 및 위기관리센터의 장은 총경으로 보한다.

  ⓒ 경비과장은 다음 사항을 분장한다.

- 집회 · 시위 등 대응을 위한 계획의 수립 및 지도
- 경찰부대 운영 · 지도 및 전국단위 경력운용
- 국가 중요행사 및 선거경비 지원 관련 업무
- 집회시위 안전장비 연구 · 개발 및 구매 · 보급
- 의무경찰 등 기동경찰의 인력관리 계획 및 지도
- 의무경찰 등 기동경찰의 복무 · 사기 관리 및 후생복지에 관한 사항
- 그 밖에 국 내 다른 과의 주관에 속하지 않는 사항

  ⓓ 경호과장은 다음 사항을 분장한다.

- 경호계획의 수립 및 지도
- 요인의 보호에 관한 사항

ㅁ 교통과와 경비과를 두는 경찰서표〈경찰청과 그 소속기관 직제 시행규칙 [별표7]〉

| 시 · 도경찰청명 | 경찰서명 |
| --- | --- |
| 서울특별시 경찰청 | 서울 중부 · 서울 종로 · 서울 남대문 · 서울 서대문 · 서울 혜화 · 서울 용산 · 서울 성북 · 서울 동대문 · 서울 마포 · 서울 영등포 · 서울 성동 · 서울 동작 · 서울 광진 · 서울 강북 · 서울 중랑 · 서울 강남 · 서울 관악 · 서울 강서 · 서울 강동 · 서울 구로 · 서울 서초 · 서울 양천 · 서울 송파 · 서울 노원 · 서울 수서경찰서 |
| 부산광역시 경찰청 | 부산진 · 부산 남부 · 부산 해운대경찰서 |
| 대구광역시 경찰청 | 대구 동부 · 수성경찰서 |
| 인천광역시 경찰청 | 인천 미추홀 · 인천 남동 · 인천 서부경찰서 |
| 광주광역시 경찰청 | 광주 서부 · 광주 북부경찰서 |
| 경기도 남부 경찰청 | 수원 중부 · 수원 남부 · 평택 · 오산 · 용인 동부 · 과천경찰서 |
| 경기도 북부 경찰청 | 의정부 경찰서 |
| 충청북도 경찰청 | 청주 흥덕경찰서 |
| 전라북도 경찰청 | 전주 완산경찰서 |
| 경상북도 경찰청 | 구미경찰서 |
| 경상남도 경찰청 | 창원 중부경찰서 |

③ 사설 경호기관
  ㉠ 청원경찰법과 경비업법을 법적 근거로 사설 경호기관은 운영된다.
  ㉡ 사설 경호기관은 정치인이나 기업인 등의 사인을 경호한다.

# ▦ 출제 예상 문제

2019년 기출 변형
**1 경호조직의 특성으로 옳지 않은 것은?**

① 기동성

② 개방성

③ 대규모성

④ 계층성

⑤ 통합성

> **TIP** 경호조직의 특성
> ㉠ 통합성  ㉡ 계층성
> ㉢ 기동성  ㉣ 폐쇄성
> ㉤ 전문성  ㉥ 대규모성

2019년 기출 변형
**2 대통령경호안전대책위원회에 대한 설명으로 옳지 않은 것은?**

① 위원회는 위원장과 부위원장 각 1명을 포함한 20명 이내의 위원으로 구성한다.

② 경호대상에 대한 경호업무를 수행할 때에는 관계기관의 책임을 명확하게 하고, 협조를 원활하게 하기 위하여 대통령경호처에 대통령경호안전대책위원회를 둔다.

③ 위원장은 대통령경호처장이 되고, 부위원장은 차장이 되며, 위원은 국무총리가 추천하는 관계기관의 공무원이 된다.

④ 대통령 경호에 필요한 안전대책과 관련된 업무의 협의를 관장한다.

⑤ 대통령 경호와 관련된 첩보·정보의 교환 및 분석 업무를 관장한다.

> **TIP** 대통령경호안전대책위원회〈대통령 등의 경호에 관한 법률 제16조〉
> ① 경호대상에 대한 경호업무를 수행할 때에는 관계기관의 책임을 명확하게 하고, 협조를 원활하게 하기 위하여 경호처에 대통령경호안전대책위원회를 둔다.
> ② 위원회는 위원장과 부위원장 각 1명을 포함한 20명 이내의 위원으로 구성한다.
> ③ 위원장은 처장이 되고, 부위원장은 차장이 되며, 위원은 대통령령으로 정하는 관계기관의 공무원이 된다.
> ④ 위원회는 다음의 사항을 관장한다.
> 　1. 대통령 경호에 필요한 안전대책과 관련된 업무의 협의
> 　2. 대통령 경호와 관련된 첩보·정보의 교환 및 분석
> 　3. 그 밖에 제4조제1항 각 호의 경호대상에 대한 경호에 필요하다고 인정되는 업무
> ⑤ 위원회의 구성 및 운영에 필요한 사항은 대통령령으로 정한다.

**Answer** 1.② 2.③

**3** 대통령 등의 경호에 관한 법률상 경호대상에 해당하지 않는 것은?

① 대통령과 그 가족

② 대통령 당선인과 그 가족

③ 대통령권한대행과 그 가족

④ 대한민국을 방문하는 외국의 국가 원수 또는 행정수반과 그 배우자

⑤ 대통령경호처장이 경호가 필요하다고 인정하는 국내외 요인

**TIP** 경호처의 경호대상
ⓐ 대통령과 그 가족
ⓑ 대통령 당선인과 그 가족
ⓒ 본인의 의사에 반하지 아니하는 경우에 한정하여 퇴임 후 10년 이내의 전직 대통령과 그 배우자. 다만, 대통령이 임기 만료 전에 퇴임한 경우와 재직 중 사망한 경우의 경호 기간은 그로부터 5년으로 하고, 퇴임 후 사망한 경우의 경호 기간은 퇴임일부터 기산(起算)하여 10년을 넘지 아니하는 범위에서 사망 후 5년으로 한다.
ⓓ 대통령권한대행과 그 배우자
ⓔ 대한민국을 방문하는 외국의 국가 원수 또는 행정수반(行政首班)과 그 배우자

**4** 경호조직의 특성과 구성원칙에 대한 설명으로 옳지 않은 것은?

① 위해조직의 전문성은 경호조직의 전문화에 밀접한 영향을 미친다.

② 경호조직은 본질적으로 보안성을 높이는 폐쇄적 조직구조로 구성한다.

③ 경호조직은 그 활동상 특징이 경호요원 개인적 활동을 기본으로 한다.

④ 경호조직은 계층성, 전문성, 폐쇄성, 기동성, 대규모성과 같은 특성을 지니고 있다.

⑤ 경호조직은 군조직과 같이 명령체계의 하향성과 피라미드형의 조직구조로 이루어진다.

**TIP** 경호는 그 성격상 개인적인 활동을 할 수 없으며, 일원화된 체계를 기본으로 하는 기관단위작용으로 이루어진다. 따라서 경호기관은 지휘자의 지휘에 따라서 조직적으로 기관단위의 업무가 이루어지게 된다.

**Answer** 3.③ 4.③

**5** 다음은 외국의 경호기관에 대한 설명이다. 옳지 않은 것은?

① 미국의 부통령에 대한 경호는 비밀경호국의 소관사항이다.

② 일본 천황의 경호기관은 경찰청 황궁경찰본부이다.

③ 프랑스 대통령 경호기관은 경찰청 경호국이다.

④ 영국 여왕이나 수상의 경호를 담당하는 것은 수도경찰청 소속의 특수작전부이다.

⑤ 독일은 내무부 장관의 직속하에 있는 수도경찰청 산하 특수작전국에서 대통령 경호를 담당한다.

> **TIP** 독일 대통령의 경호기관은 연방범죄수사국 경호안전과이다. 경호안전과는 경호1단과 경호2단으로 나누어진다.

**6** 대통령 경호상 유관기관의 원활한 협조체제의 구축을 위해 대통령경호안전대책위원회를 구성하고 있다. 위원으로 옳지 않은 것은?

① 국방부 조사본부장

② 국토교통부 항공안전정책관

③ 국가정보원 테러정보통합센터장

④ 법무부 출입국 · 외국인정책본부장

⑤ 식품의약품안전처 식품안전정책국장

> **TIP** 구성〈대통령경호안전대책위원회규정 제2조〉 … 대통령경호안전대책위원회의 위원은 국가정보원 테러정보통합센터장, 외교부 의전기획관, 법무부 출입국 · 외국인정책본부장, 과학기술정보통신부 통신정책관, 국토교통부 항공안전정책관, 식품의약품안전처 식품안전정책국장, 관세청 조사감시국장, 대검찰청 공공수사정책관, 경찰청 경비국장, 소방청 119구조구급국장, 해양경찰청 경비국장, 합동참모본부 작전본부 소속 장성급 장교 중 위원장이 지명하는 1명, 국군방첩사령부 소속 장성급 장교 또는 2급 이상의 군무원 중 위원장이 지명하는 1명, 수도방위사령부 참모장과 위원장이 임명 또는 위촉하는 자로 구성한다.

**Answer** 5.⑤ 6.①

**7** 경호조직의 운영에 관한 설명으로 옳은 것은?

① 위해수법의 고도화에 따라 현대의 경호조직은 경호의 전문성이 요구된다.

② 다수의 경호원이 운용될 경우에는 다수의 지휘체계를 운영해야 한다.

③ 현대의 경호조직은 과거에 비해 규모가 축소되어 있다.

④ 완벽한 방어 및 대응체계를 구축하기 위해서는 개인단위 작용으로 이루어져야 한다.

⑤ 경호를 완전무결하게 수행하기 위해서는 경호조직의 공개, 경호기법의 노출 등 개방성을 가져야 한다.

> **TIP** ② 경호업무가 긴급성을 요하고, 모순과 중복 및 혼란을 없애기 위하여 다양한 형태의 임무와 조직들이 함께 수행하는 경호활동의 성격상 지휘의 단일성이 요구된다.
> ③ 현대의 경호조직은 과거에 비해 확대되고 대규모화되고 있다.
> ④ 지휘권, 장비, 보급지원체제가 이루어져야 경호기관단위가 확립된다. 완벽한 방어 및 대응체계를 구축하기 위해서는 기관단위 작용으로 이루어져야 한다.
> ⑤ 경호를 완전무결하게 수행하기 위해서는 경호조직의 비공개와 경호기법의 비노출 등 폐쇄성을 가져야 한다.

**8** 다음 경호의 객체(A)와 주체(B)의 관계가 바르게 나열된 것은?

> 퇴임한 지 8년 된 대한민국 전직대통령, 배우자 및 그 자녀가 생활하는 공간에서 경찰관과 대통령 경호원이 함께 경호임무를 수행하고 있다.

① A : 전직대통령, 배우자                    B : 경찰관

② A : 전직대통령, 배우자, 자녀              B : 대통령 경호원

③ A : 전직대통령, 배우자                    B : 경찰관, 대통령 경호원

④ A : 전직대통령, 배우자, 자녀              B : 경찰관, 대통령 경호원

⑤ A : 전직대통령, 배우자                    B : 대통령 경호원

> **TIP** 퇴임한 지 8년이 된 대한민국 전직대통령은 경호처의 경호대상이나 그 자녀는 경호대상이 아니다.
> 객체는 전직대통령과 배우자만이 해당된다.
> 경호주체는 근접경호의 경우 경호처에서 담당하고 내·외곽경호는 경찰관이 수행한다.

**Answer** 7.① 8.③

**9** 국가 – 경호기관 – 경호대상자의 연결이 틀린 것은?

① 대한민국 – 대통령경호처 – 대통령과 국무총리 및 그 가족

② 미국 – 비밀경호국 – 대통령과 부통령 및 그 가족

③ 영국 – 수도경찰청 – 왕과 수상

④ 독일 – 연방범죄수사청 – 대통령과 수상

⑤ 일본 – 황궁경찰본부 – 천황 및 황족

> **TIP** 대한민국의 대통령경호처의 임무는 대통령과 그 가족, 대통령당선인과 그 가족, 본인의 의사에 반하지 아니하는 경우에 한하여 퇴임 후 10년 이내의 전직대통령과 그의 배우자, 대통령권한대행과 그 배우자, 대한민국을 방문하는 외국의 국가 원수 또는 행정수반과 그 배우자, 그 밖에 경호처장이 경호가 필요하다고 인정하는 국내외 요인을 경호하는 것이다.

**10** 경호조직의 특성과 원칙에 대한 설명으로 옳은 것은?

① 경호조직은 기구단위, 권한과 책임 등이 경호업무의 목적 달성을 위해 통합되어야 한다.

② 경호조직은 계층성, 개방성, 기동성의 특징을 가진다.

③ 경호업무는 지휘권, 장비, 보급지원체계 등이 갖춰진 기관단위의 작용으로 이루어진다.

④ 경호업무의 모순, 중복, 혼란 등을 방지하여 신뢰성을 높이기 위해 복합 지휘체제를 구성하여야 한다.

⑤ 경호업무를 완벽하게 수행하기 위해서는 경호기관 단독으로 실시하여야 한다.

> **TIP** ① 경호조직은 원칙적으로 그 목적의 달성을 위하여 각각의 경호요원에 전문화된 분야로 그 권한과 책임이 분화되어 있어야 한다.
> ② 경호조직은 계층성, 폐쇄성, 기동성의 특징을 가진다.
> ④ 경호업무의 모순, 중복, 혼란 등을 방지하여 신뢰성을 높이기 위하여 단일 지휘체계를 구성하여야 한다.
> ⑤ 경호업무는 경호기관 단독으로 모든 위험을 인지하고 대처하기 힘들기 때문에 완벽한 경호활동을 위해서는 일반 국민과 국가기관과의 협력이 필요하다.

**Answer** 9.① 10.③

**11** 「대통령 등의 경호에 관한 법률」상 비밀엄수 규정의 적용을 받지 않는 자는?

① 대통령 경호업무에 동원된 영등포경찰서 소속 경찰관
② 경호처에 파견근무 중인 서울특별시경찰청 소속 경위
③ 경호처에서 퇴직 후 3년이 지난 전직 경호공무원
④ 경호처 파견근무 후 원 소속으로 복귀한 국가정보원 직원
⑤ 경호처에 파견근무 중인 경기도남부경찰청 소속 경무관

> **TIP** 소속공무원(퇴직한 사람과 원 소속 기관에 복귀한 사람을 포함)은 직무상 알게 된 비밀을 누설하여서는 아니 된다(대통령 등의 경호에 관한 법률 제9조 제1항). 이때 "소속 공무원"이란 대통령 경호처 직원과 경호처에 파견된 사람을 말한다〈대통령 등의 경호에 관한 법률 제2조〉.

**12** 「대통령 등의 경호에 관한 법률」의 규정에 대한 설명으로 옳지 않은 것은?

① 처장은 6급 이하 경호공무원과 6급 상당 이하 별정직 국가공무원에 대하여 일체의 임용권을 가진다.
② 5급 이상 경호공무원의 전보·휴직·겸임·파견·직위해제 등에 관하여는 처장이 이를 행한다.
③ 소속공무원이 경호처의 직무와 관련된 사항을 발간하거나 공표하고자 하는 경우에는 처장의 허가를 반드시 필요로 하지 않는다.
④ 경호공무원 각 계급의 직무의 종류별 명칭은 대통령령으로 정한다.
⑤ 차장은 1급 경호공무원 또는 고위공무원단에 속하는 별정직 국가공무원으로 보하며, 처장을 보좌한다.

> **TIP** 소속공무원은 경호처의 직무와 관련된 사항을 발간하거나 그 밖의 방법으로 공표하려면 미리 처장의 허가를 받아야 한다〈대통령 등의 경호에 관한 법률 제9조 제2항〉.

**Answer** 11.① 12.③

**13** 다음 내용 중 국가별 국가원수에 대한 경호담당기관이 잘못 연결된 것은?

① 독일 – 연방범죄수사국
② 영국 – 비밀정보부
③ 프랑스 – 경찰청경호국
④ 미국 – 재무성 산하 비밀경호국(SS)
⑤ 일본 – 경찰청 산하 황궁경찰본부

> **TIP** 영국의 국왕 및 왕족의 경우는 버킹검궁에 왕실 경비대와 근위병이 경호를 담당한다.

**14** 다음 중 각 기관별 경호에 대한 정의로 옳지 않은 것은?

① 경호란 경호대상자를 보호하기 위해 직·간접적인 위해의 발생을 방지하고 제거하기 위해 취하는 제반활동이라고 정의 할 수 있다.
② 일본 요인경호부대의 경호의 정의는 신변에 위해가 있을 경우 국가 공공 안전질서에 영향을 줄 우려가 있는 자에 대해 신변안전확보를 위한 경찰활동이다.
③ 한국의 경호처 경호의 정의는 경호대상자의 생명과 재산을 보호하기 위하여 신체에 가하여지는 위해를 방지 또는 제거하고, 특정한 지역을 경계·순찰 및 방비하는 등의 모든 안전활동을 말한다.
④ 한국 경찰기관의 경호의 정의는 경호대상자의 신변에 대하여 직·간접적인 위해를 방지하여 그의 안전을 도모하는 경찰활동이다.
⑤ 미국 비밀경호국의 경호의 정의는 실제적이고 주도면밀한 범행의 성공기회를 완전 무력화하는 것이다.

> **TIP** 미국의 Secret Service 경호의 정의는 실제적이고 주도면밀한 범행의 성공기회를 최소화시키는 것이다.

**15** 경호조직의 특성과 원칙에 대한 설명으로 옳지 않은 것은?

① 경호임무시는 경호조직의 비공개와 경호기법의 비노출 등 폐쇄성의 특성을 가지고 있다.

② 경호조직은 기구단위, 권한과 책임 등이 경호업무에 기여할 수 있도록 통합되어야 하지만, 권한의 계층을 통해 분화된 노력을 조정·통제하여 분화활동을 하여야 한다.

③ 경호업무가 긴급성을 요하고 모순, 중복, 혼란성을 피하기 위해 지휘 단일성이 요구된다.

④ 기관단위의 임무결정은 지휘자만이 할 수 있고, 경호의 성패는 지휘자만이 책임을 진다.

⑤ 경호의 주체는 국가경찰뿐 아니라 경호처 및 지방경찰 등이 있으며 사적인 영역에서도 법률이 정하는 바에 따라 경호의 주체가 될 수 있다.

> **TIP** 경호조직은 원칙적으로 그 목적의 달성을 위하여 각각의 경호요원에 전문화된 분야로 그 권한과 책임이 분화되어 있어야 한다. 하지만 이러한 전문화된 각각의 분야를 하나로 합체시켜 이 모두를 중앙에서 강력하게 조정하고 통제하는 중추적인 세력은 반드시 있어야 한다.


**16** 다음 중 국가별 경호조직에 대한 연결이 옳지 않은 것은?

① 미국 대통령 경호업무 – 국토안보부 산하 비밀경호국

② 영국 왕실 경호업무 – 내무성 산하에 있는 수도경찰청 작전부 및 외교관경호대

③ 독일 대통령 경호업무 – 연방국경수비대(BGS)의 경호안전과

④ 일본 천황 경호업무 – 동경도경시청 황궁경찰본부

⑤ 프랑스 – 경찰청 내 요인경호실(SPHP)

> **TIP** 경찰청 산하 황궁경찰본부는 황궁 내에 위치한다. 황족의 호위와 경비 등 경호업무를 담당하고 있다.


**17** 다음 중 경호조직의 특성이 아닌 것은?

① 기동성  ② 계층성

③ 대규모성  ④ 개방성

⑤ 폐쇄성

> **TIP** 경호조직의 특성으로는 기동성, 통합성, 계층성, 폐쇄성, 전문성, 대규모성이 있다.


**Answer** 15.② 16.④ 17.④

**18** 경호조직의 원칙과 그 설명으로 옳지 않은 것은?

① 경호의 협력성 원칙 – 경호업무는 국민과의 절대적인 협조가 필요하며 국민으로부터 존경받는 경호원이 되어야 한다.

② 경호체제의 통일성 원칙 – 조직계층상에서 책임과 업무의 분담이 이루어지고, 명령과 복종의 지휘와 역할의 체계가 통일적으로 이루어져야 한다.

③ 경호기관의 단위작용성 원칙 – 경호기관을 지휘하는 지휘자와 부하직원 간의 유기적인 협력체계가 구비되어야 한다.

④ 경호지휘의 다양성 원칙 – 경호기관은 다양한 지휘체계를 갖고 있으며 여러 사람들로부터 지휘를 받아야 한다.

⑤ 경호지휘체계의 단일성 원칙 – 경호활동을 함에 있어서 경호요원은 각자의 임무에 따라 업무가 분할되어 있지만 그 분할된 업무를 지휘하는 사람은 단 한 사람이어야 한다.

> **TIP** 경호지휘체계는 단일성이 요구된다.
> ※ 경호조직의 구성원칙
> ㉠ 경호지휘체계의 단일성 원칙
> ㉡ 경호체계의 통일성 원칙
> ㉢ 경호기관의 단위작용 원칙
> ㉣ 경호의 협력성 원칙

**19** 다음 중 미국 대통령경호를 담당하는 기관은?

① 비밀정보부(Secret Intelligence)

② 구강정보부(Defence Intellgence Staff)

③ 비밀경호국(Secret Service)

④ 요인경호부대(Special Police)

⑤ 보안국(MI5)

> **TIP** 미국의 경호기관 SS(Secret Service)
> ㉠ 1865년 재무부 산하 위조지폐 방지 전담부서로 출발했다.
> ㉡ 대통령 및 부통령, 그 가족 등을 경호하며 대선 120일 이내의 대통령 후보자 등도 경호한다.

**Answer** 18.④ 19.③

**20** 다음은 경호조직의 원칙 중 무엇에 관한 설명인가?

> 지휘 및 통제의 이원화로 인해 파생되는 문제들을 보완하기 위해 명령과 지휘체계는 반드시 하나의 계통으로 구성해야 한다는 원칙

① 단위작용의 원칙
② 단일성의 원칙
③ 통일성의 원칙
④ 협력성의 원칙
⑤ 통합성의 원칙

> **TIP** 단일성의 원칙 … 경호활동을 함에 있어서 경호요원은 각자의 임무에 따라 업무가 분할되어 있지만 그 분할된 업무를 지휘하는 사람은 단 한 사람이어야 한다. 경호활동은 그 일의 성격상 위험상황이 발생할 경우 빠르고 신속하게 조치를 해야 하기 때문에 반드시 단일한 명령체계를 갖추어야 한다.

**21** 다음 중 경호조직의 특성에 관한 설명으로 옳지 않은 것은?

① 경호조직은 본질적으로 보안성을 높이는 폐쇄적 조직구조로 구성한다.
② 경호조직은 군조직과 같이 명령체계의 하향성과 피라미드형의 조직구조로 이루어진다.
③ 위해조직의 전문성은 경호조직의 전문화에 밀접한 영향을 미친다.
④ 경호조직은 그 활동상의 특징이 경호요원 개인적 활동을 기본으로 한다.
⑤ 경호활동을 하기 위해서는 그 조직이 상·하로 일관적인 목적으로 가지고 있어야 한다.

> **TIP** 경호조직의 경우 원칙적으로 목적의 달성을 위하여 중앙에서 강력한 조정·통제의 역할을 담당하는 통일성의 원칙을 기본으로 한다.

**Answer** 20.② 21.④

**22** 「대통령 등의 경호에 관한 법률」상의 경호조직에 관한 설명으로 옳지 않은 것은?

① 경호처에 경호처장과 차장을 둔다.

② 처장은 국정원장이 임명한다.

③ 차장은 처장의 제청에 의해 대통령이 임명한다.

④ 처장은 정무직이다.

⑤ 처장은 직무상 필요하다고 인정할 때에는 국가기관, 지방자치단체, 그 밖의 공공단체의 장에게 그 공무원 또는 직원의 파견이나 그 밖에 필요한 협조를 요청할 수 있다.

> **TIP** 처장은 대통령이 임명한다.

**23** 경호처에 관한 설명이다. 옳지 않은 것은?

① 처장 소속하에 경호안전교육원을 둔다.

② 경호안전교육원에 원장 1인을 두고, 원장은 처장의 명을 받아 소관사무를 통할한다.

③ 경호처에는 국제협력본부가 있다.

④ 감사관은 공직기강확립을 위한 직무, 회계 등 자체 감사업무를 한다.

⑤ 경호처는 기획관리실, 경호본부, 경비안전본부, 경호지원단을 둔다.

> **TIP** 경호처는 기획관리실, 경호본부, 경비안전본부, 경호지원단으로 편성되며 경호전문교육을 위한 소속기관으로 경호안전교육원을 두고 있다.

**24** 다음 설명 중 옳지 않은 것은?

① 우리나라는 국가경찰제로 행정안전부장관이 경찰사무를 관장한다.

② 제주특별자치도는 현재 자치경찰제를 도입하고 있다.

③ 국무총리 및 주요 요인 등에 경호는 경찰청 특수부에서 담당한다.

④ 국회 및 정부중앙청사의 경비는 서울특별시 경찰청에서 맡는다.

⑤ 대한민국에서 개최되는 다자간 정상회의에 참석하는 외국의 국가원수 또는 행정수반과 국제기구 대표의 신변보호 및 행사장의 안전관리 등을 효율적으로 수행하기 위하여 대통령 소속으로 경호·안전 대책기구를 둘 수 있다.

> **TIP** 경찰청 경비국에서 국무총리 및 주요 요인 등에 경호를 담당한다.

**Answer**  22.② 23.③ 24.③

**25** 집회 및 시위에 관한 법률로 정한 장소(국회의사당, 대통령 관저, 국무총리 공관 등)의 경계지점으로부터 옥외집회의 시위를 할 수 없는 장소의 거리로 맞는 것은?

① 100m 이내

② 200m 이내

③ 150m 이내

④ 500m 이내

⑤ 700m 이내

> **TIP** 100 미터 이내의 장소에서는 옥외집회 또는 시위를 하여서는 아니 된다.
>
> ※ 집회 및 시위에 관한 법률 제11조(옥외집회와 시위의 금지 장소)
>
> 누구든지 다음에 해당하는 청사 또는 저택의 경계 지점으로부터 100 미터 이내의 장소에서는 옥외집회 또는 시위를 하여서는 아니 된다.
>
> 1. 국회의사당, 각급 법원, 헌법재판소
> 2. 대통령 관저, 국회의장 공관, 대법원장 공관, 헌법재판소장 공관
> 3. 국무총리 공관. 다만, 행진의 경우에는 해당하지 아니한다.
> 4. 국내 주재 외국의 외교기관이나 외교사절의 숙소. 다만, 다음에 해당하는 경우로서 외교기관 또는 외교사절 숙소의 기능이나 안녕을 침해할 우려가 없다고 인정되는 때에는 해당하지 아니한다.
>    가. 해당 외교기관 또는 외교사절의 숙소를 대상으로 하지 아니하는 경우
>    나. 대규모 집회 또는 시위로 확산될 우려가 없는 경우
>    다. 외교기관의 업무가 없는 휴일에 개최하는 경우

**26** 다음에서 설명하는 경호조직의 특성으로 옳은 것은?

> 경호조직은 원칙적으로 그 목적의 달성을 위하여 각각의 경호요원에 전문화된 분야로 그 권한과 책임이 분화되어 있어야 한다. 하지만 이러한 전문화된 각각의 분야를 하나로 합체시켜 이 모두를 중앙에서 강력하게 조정하고 통제하는 중추적인 세력은 반드시 있어야 한다.

① 전문성

② 통합성

③ 대규모성

④ 중앙집권성

⑤ 단위작용성

> **TIP** ① 전문성은 경호조직이 전문화·과학화 되어야 한다는 내용이다.
> ③ 대규모성은 범죄규모가 커짐에 따라 경호조직 역시 커진다는 내용이다.
> ④ 경호조직의 특성에 중앙집권성은 없다.

**Answer** 25.① 26.②

**27** 각국의 국가원수 경호기관에 대한 설명으로 맞는 것은?

① 미국의 비밀경호대(Secret Service)는 1865년 위조지폐 단속을 주 목적으로 설립되었으며 이후 1906년 당시 여러 연방법집행기관 중 가장 능력을 인정받아 대통령경호를 담당하게 되었다.

② 프랑스는 장다르머리(Gendarmerie)라고 불리는 국가헌병경찰 산하 공화국경비대가 대통령 숙소 경호를 담당하는데 이들은 군인신분으로 소속은 국방부이다.

③ 독일은 내무부장관의 직속하에 있는 수도경찰청 산하 특수작전국에서 대통령경호를 담당하는데 특수작전 VIP경호과에서 근접경호 및 숙소경호를 담당한다.

④ 일본의 경우 경찰청 경비국 예하 공안3과에서 경호계획 수립 및 근접경호를 담당하며 공안1과는 경호정보 수집, 분석, 평가를 담당한다.

⑤ 영국은 국무성 요인경호과에서 대통령과 가족의 경호를 담당한다.

> **TIP** ① 여러 연방법집행기관 중 능력을 인정받은 것이 아닌 대통령 암살사건을 계기로 공식 대통령경호업무를 시작하였다.
> ③ 연방범죄수사청(BKA)에서 경호업무를 담당하고 있다.
> ④ 동경도경시청에서 정부요인 및 국빈 등에 대한 신변보호업무를 담당한다.
> ⑤ 국무성 요인경호과는 미국의 장관과 차관 등의 경호를 담당한다.

**28** 경호조직의 특성과 원칙에 대한 설명으로 옳지 않은 것은?

① 경호조직은 기구단위, 권한과 책임 등이 경호업무의 목적 달성에 기여할 수 있도록 통합되어야 한다.

② 경호장비의 과학화와 이를 지원하기 위한 행정업무의 자동화, 컴퓨터화 등 과학기술의 도움으로 기동성을 갖춘 경호조직을 요구한다.

③ 상하계급 간 일정한 관계가 이루어져 책임과 업무의 분담이 이루어지고 명령과 복종의 지휘와 역할의 체계가 통일되어야 한다.

④ 일반적으로 정부조직은 법령주의와 공개주의 원칙에 따르지만, 경호조직에서는 비밀문서로 관리하거나 배포의 일부제한으로 비공개로 할 수 있다.

⑤ 경호기관이 아무리 전문화·조직화·대형화된다고 하더라도 경호기관 단독으로는 모든 위험을 인지하고 대처하기 힘들기 때문에 완벽한 경호활동을 위해서는 일반 국민과 국가기관과의 협력이 필요하다.

**Answer** 27.② 28.①

**29** 경호조직의 특성에 관한 설명으로 틀린 것은?

① 경호행사를 직접 담당하는 경호기관의 조직은 다른 조직에 비해 계층성이 강조되고 있다.

② 경호조직업무의 전문화와 과학적 관리를 필요로 하며, 경호조직 관리상 전문가의 채용 또는 양성을 필요로 한다.

③ 경호조직의 비공개와 경호기법의 비노출 등 폐쇄성의 특성을 갖는다.

④ 경호조직은 정치체제의 변화와 역사적 사건들로 인해 그 기구 및 인원 면에서 점차 소규모화 되어 가고 있다.

⑤ 경호조직은 테러·암살집단에게 알려지는 것을 방지하기 위해 그 조직과 기술 등에 대하여 공개하지 않고 보안성을 높이는 폐쇄적 조직구조로 구성한다.

**TIP** 현대사회에서는 범죄의 규모가 점점 커지기 때문에 경호조직 또한 이에 맞추어 대규모화되고 있다.

※ 경호조직의 특성
   ⊙ 기동성: 현대사회에서는 신변의 안전을 위협할 수 있는 장비와 기술의 발달이 전문적이고 광범위하다. 따라서 경호조직 또한 전문적이고 빠르게 위험요소를 파악하여 이에 대처하여야 하며, 위험이 발생한 경우에는 이를 신속하게 진압하여야 한다. 따라서 육·해·공을 불문하고 신속한 경호를 하기 위한 기동성 있는 장비의 확보와 정보에 의한 테러방지를 위한 빠른 컴퓨터 및 과학기술이 필요하다.
   ⓛ 통합성: 경호조직은 원칙적으로 그 목적의 달성을 위하여 각각의 경호요원들이 전문화된 분야로 그 권한과 책임이 분화되어 있어야 한다. 하지만 이러한 전문화된 각각의 분야를 하나로 통일시켜 이 모두를 중앙에서 강력하게 조정하고 통제하는 중추적인 세력 역시 필요하다.
   ⓒ 계층성: 경호조직은 군조직과 같이 명령체계의 하향성과 피라미드형의 조직구조로 이루어지며, 모든 경호활동이 이러한 계층을 이루어 지휘와 감독을 하며 경호목적을 달성한다.
   ⓔ 폐쇄성: 경호조직은 테러·암살집단에게 알려지는 것을 방지하기 위해 그 조직과 기술 등에 대하여 공개하지 않고 보안성을 높이는 폐쇄적 조직구조이다.
   ⓜ 전문성: 경호는 원칙적으로 예방을 하는 것이 중요하기 때문에 사전에 위험을 감지하고 파악해야 한다. 이에 대처하기 위해서는 경호조직이 전문화·과학화 되어야 한다.
   ⓗ 대규모성: 현대사회에서는 범죄의 규모가 점점 커지기 때문에 경호조직 또한 이에 맞추어 대규모화되고 있다.

**Answer** 29.④

# 03 경호수행방법

## ① 경호임무 수행절차

### (1) 경호작용

① **의의** … 경호활동을 하는 주체가 그 목적달성을 위해서 하는 모든 작용을 경호작용이라고 한다.

② **경호작용의 목표**
  - ㉠ 위험으로부터 경호대상자를 보호하는 것이다.
  - ㉡ 계획을 완벽하게 수립하여 범행을 저지하는 것이다.

③ **경호작용 기본요소의 구분**
  - ㉠ **경호의 주체** : 국가기관에 의한 공경호와 민간경호 또는 경비업체 등에 의한 사경호로 나뉘어진다.
  - ㉡ **경호의 목적**
    - ⓐ **사전예방경호활동** : 안전을 저해하는 위해 요소를 사전수집, 분석, 예고함으로써 경호대상자의 신변을 보호하는 것을 목적으로 한다.
    - ⓑ **근접경호작용** : 기동 간 및 행사장에서 경호대상자의 신변보호를 목적으로 한다.
  - ㉢ **경호의 절차** : 경호준비작용→안전대책작용→경호실시작용→사후평가작용

### (2) 경호임무 수행절차

① **통상임무 수행단계** … 경호대상자의 일정에 맞추어 통상적인 임무를 수행한다.

② **행사일정단계**
  - ㉠ 사전예방경호작용이 가능하여야 하므로 충분한 정보가 제공되어야 한다.
  - ㉡ 방문일정에 관한 정보는 경호대상자 관계기관이나 행사를 주관하는 기관으로부터 얻는다.
  - ㉢ 출발과 도착일시 · 수행원 수 · 경호대상자의 신상정보 · 행사가 있는 지역에 대한 특성 · 기동방법 및 수단 등을 고려하여 행사일정을 계획한다.

③ **계획수립단계**
  - ㉠ 경호행사 전반에 대한 상황을 판단한다.
  - ㉡ 행사장에 대하여 인적 · 물적 · 지리적 정보수집과 분석을 한다.
  - ㉢ 행사장의 사전 현장답사에 의한 안전을 확보한다.

④ **연락 및 협조단계** … 완벽한 경호활동을 위하여 관계기관들에 연락하여 협조를 구한다.

⑤ 위해분석(정보수집 및 단계)

　㉠ 경호대상자가 참석하는 행사와 관련된 인적·물적 정보를 수집하고 이에 대한 위해를 분석한다.

　㉡ 행사에 대한 세부적인 일정을 관계기관에 제공하여야 하며, 관계기관은 경호대상자에게 위험이 될 수 있는 요소를 확인하려는 노력을 하여야 한다.

　㉢ 경호대상자의 안전을 위협할 수 있다고 인정되는 첩보를 상세히 분석하여 경호담당기관의 기획전담요원에게 분석내용을 통보한다.

⑥ **경호실시단계** … 행사 당일에 구체적인 경호·호위활동을 하는 것을 말한다.

⑦ **사후평가 및 행사결과보고서 작성단계** … 경호임무의 계획과 실행 간의 문제점을 분석하고 이에 대한 보고서를 육하원칙에 따라 상세히 작성하여 보고한다.

## (3) 경호작용의 기본적인 고려사항

① **계획** … 전체 경호활동에 대한 방향과 성공의 여부를 결정하는 사항으로 사전계획의 1단계는 사전경호와 정보수집 및 분석단계이고, 2단계는 관계기관과의 협력체제를 구출하고 실제적인 계획을 수립하는 단계이다.

② **책임** … 경호요원 간의 책임분배 및 관계기관 간의 책임을 명확하게 분배하여야 한다.

③ **자원** … 경호작용에는 필요한 다양한 자원을 효과적으로 활용하여야 하며 이때의 자원은 확실하게 분석되어져 있는 자료를 토대로 하여야 한다.

④ **보안** … 경호활동에 대한 내용과 상황에 대한 보안을 유지하여야 한다.

⑤ **평가** … 경호활동에 대한 문제점을 분석하고 이를 보완·감소시키기 위해서는 평가활동이 반드시 있어야 한다.

## ❷ 경호활동의 수칙과 원칙

## (1) 경호활동의 수칙

① **희생정신** … 경호원의 희생정신은 경호원이 자기가 희생함으로써 경호대상자의 생명과 재산을 지켜낸다는 경호원이 가져야 할 가장 기본적이고 중요한 정신이다.

② **팀워크** … 경호활동은 개인적인 활동이 아니고 조직적인 팀으로 이루어지는 활동이기 때문에 팀워크가 무엇보다 중요하다고 할 수 있다.

③ **경호대상자에 대한 사생활보호** … 경호활동을 하기 위해서는 경호대상자에 대한 모든 정보를 알고 있어야 하는 경우가 많으므로 그 정보를 잘 보호하고 이에 피해를 주지 않도록 항상 노력하여야 한다.

④ **준비정신·자기개발** ··· 경호업무는 한번의 실수로 인해서 경호대상자가 사망하거나 다칠 수 있는 것이므로 항상 준비정신을 가지고 정보수집·계획수립을 하여야 하며, 과학적이고 조직적인 범죄에 대비하여 이에 따른 경호기술을 습득하는 등의 자기개발을 꾸준히 하여야 한다.

⑤ **중립적인 사상** ··· 경호요원은 사적인 사상이나 감정에 따라서 경호의 목적에 위배되는 행동을 하여서는 안 되며, 이를 예방하기 위하여 항상 중립적인 사상을 가지고 있어야 한다.

⑥ **비밀의 엄수** ··· 경호활동은 타인의 눈에 띄지 않고 은밀하게 하여야 하며 이에 대한 정보 또한 유출되지 않도록 각별한 관리를 하여야 한다. 따라서 경호요원은 경호대상자에 대한 사생활이나 행사에 대한 구체적인 내용 등에 관한 비밀을 반드시 엄수하여야 한다.

## (2) 경호활동의 원칙

경호활동의 수칙과 원칙은 기본적으로는 같은 내용이지만 수칙은 행동이나 절차에 관하여 실질적으로 지켜야 하는 사항을 정한 행동규칙을 말하는 것이며, 원칙은 이러한 행동이나 절차에 관하여 이론적으로 접근한 행동규칙을 말한다.

① **경호의 일반적인 원칙**

　㉠ **3중경호의 원칙** : 경호대상자가 위치한 행사장이나 시설로부터 근접(내부), 내곽(중앙), 외곽(외부)으로 나누어 중첩된 형태로 전개되는 경호의 원칙을 말한다.

　㉡ **두뇌경호의 원칙** : 경호를 실시함에 있어 사전에 치밀한 계획과 준비를 철저히 하고 위험요소를 제거하는 데 중점을 두어야 하지만, 긴급하고 위험한 상황이 발생하였을 때는 고도의 예리하고 순간적인 판단력이 요구된다는 경호의 원칙을 말한다.

　㉢ **방어경호의 원칙** : 경호를 함에 있어서 공격이나 진압보다는 방어에 중점을 두는 경호의 원칙을 말한다.

　㉣ **은밀경호의 원칙** : 행사의 성격에 따라서 공개적으로 경호요원 자신을 노출시키는 경호를 할 수도 있지만 원칙적으로 경호는 타인의 눈에 띄지 않고 은밀하게 하는 것이 좋다.

② **공경호의 원칙**

　㉠ **담당구역 책임의 원칙** : 경호요원은 어떤 상황이 발생하더라도 자신이 책임을 지고 있는 구역을 지켜내야 하며 이러한 자신의 구역을 기본적으로 지켜냄으로써 전제적인 경호활동이 이루어지게 된다.

　㉡ **목표물 보존의 원칙** : 경호대상자를 공격자로부터 멀리 떨어지게 함으로써 보호하여야 한다는 원칙을 말한다.

　㉢ **하나의 통제된 지점을 통한 접근의 원칙** : 경호대상자에게 접근할 수 있는 출입구나 통로가 여러 개 있는 경우에는 공격자가 경호대상자에게 접근하기가 훨씬 수월해질 수 있다. 따라서 경호대상자에게 접근할 수 있는 출입구나 통로를 하나만 두고 경호요원이 철저한 확인을 하여 사람들을 통과시키는 절차가 필요하다.

　㉣ **자기희생의 원칙** : 위급한 상황에서 경호대상자를 보호하기 위해 자신을 희생할 수 있다는 의지를 가지고 있는 자만이 경호요원으로서의 자격이 있다.

③ 사경호의 원칙 … 사경호의 경우에는 공경호처럼 강제력을 사용할 수 없으며 그 활동범위가 제한적이고 신분상 제약도 있으므로 능력 있는 경호요원들이 조직적으로 경호활동을 하는 것이 중요하다.

　㉠ 팀워크 : 완벽한 경호활동을 하기 위해서는 각각의 경호조직들이 서로 단결되어 정확하고 신속한 팀워크를 갖추어야 한다.

　㉡ 순발력 · 민첩성 : 경호요원은 항상 준비된 마음가짐으로 훈련하여 어떤 상황에서든지 순간적인 방어행위를 할 수 있도록 하여야 한다.

　㉢ 대처능력의 향상 : 경호요원은 경호대상자를 보호하고 상황에 대한 대처를 할 수 있는 방법과 기술들을 항상 반복적으로 연습하여 실제 상황에서의 대처능력을 향상시키기 위해 노력하여야 한다.

　㉣ 준비성 : 사경호에서는 공경호와는 달리 그 활동범위가 제한적이어서 정보를 습득하고 이에 대처하기 위한 계획을 수립하는 데 어려움이 있으므로 사전에 미리미리 이에 대한 준비를 해두는 것이 필요하다.

## ❸ 사전예방경호방법

### (1) 사전예방경호의 의의 및 단계

① 사전예방경호의 의의 … 경호대상자가 현장에 도착하기 전에 경호요원 중 선발대가 그 지역에 먼저 도착하여 안전을 저해하는 위해요소를 사전수집, 분석, 예고함으로써 경호대상자의 신변을 보호하는 활동을 말하는 것으로 인원, 문서, 자재, 지역, 통신 등 경호와 관련된 보안 활동이 포함되며, 인적 · 물적 · 지리적인 취약요소에 대한 안전대책 내용이 주로 이루어진다.

② 사전예방경호의 단계

　㉠ 준비단계 : 경호대상자가 참여하는 행사의 특성과 내용을 검토하여 위험성이 있는 요소를 제거 또는 정비하는 단계로 관계부서의 협조를 요청하고 작전에 대한 회의를 하는 등의 준비를 한다.

　㉡ 현장답사

　　ⓐ 행사장 및 주변환경에 대한 조사를 한다.

　　ⓑ 행사장까지의 기동수단과 시간을 선정한다.

　　ⓒ 진입로, 주통로, 주차장 등을 고려하여 승 · 하차 지점을 판단한다.

　　ⓓ 경호조치를 위한 취약요소를 분석하고 소요인원 운용규모를 판단한다.

　㉢ 업무의 분담 : 모든 조사를 끝내고 상황을 정리한 후에는 각 경비요원을 안전대책 · 주차 및 차량 담당 · 작전담당 · 행사장내부 또는 외부담당 등의 업무별로 분담한다.

③ 경호작전 시 위험분석(Threat Assessment)의 목적

　㉠ 합리적인 경호작전요소를 결정하기 위해서이다.

　㉡ 행사성격에 맞는 경호수준을 결정하기 위해서이다.

　㉢ 경제성을 도모하기 위해서이다.

④ 선발경호(Advance Security)

　　㉠ 경호대상자 도착 전에 현장조사를 실시하고 효과적인 경호업무 수행을 위한 협조와 준비를 하는 것을 말한다.

　　㉡ 임시로 편성된 경호팀을 행사 지역에 사전에 파견하여 취약요소에 대한 안전조치를 강구하고 가용 가능한 경호요원을 운용하여 경호대상자의 신변안전을 도모하는 일련의 작용을 의미한다.

　　㉢ 선발경호는 예방적 경호요소를 포함하여 완벽한 근접경호를 위한 준비활동으로 볼 수 있다.

　　㉣ 선발경호는 각종 사고의 기능성을 최소화하는 노력을 의미한다.

　　㉤ 선발경호는 준비단계, 실시단계, 평가 및 자료 존안단계로 구분된다.

⑤ 경호작전 지휘소(Command Post ; CP)의 설치 목적

　　㉠ 경호통신 시스템의 관리 및 유지를 위하여 설치한다.

　　㉡ 경호작전요소의 통합지휘를 위하여 설치한다.

　　㉢ 경호정보의 수집과 배포를 위하여 설치한다.

## (2) 사전예방경호활동의 작용요소

① **경호활동에 대한 협조** … 행사 전에 관련기관들에 협조를 구하고 위험요소에 대한 대비를 하여야 한다.

　　㉠ **국가기관 등에 대한 협조요청** : 경호처장은 직무상 필요하다고 인정할 때에는 국가기관·지방자치단체, 기타 공공단체의 장에게 그 공무원 또는 직원의 파견, 기타 필요한 협조를 요청할 수 있다(대통령 등의 경호에 관한 법률 제15조).

　　㉡ 대통령경호안전대책활동에 관하여는 위원회 구성원 전원과 그 구성원이 속하는 기관의 장이 공동으로 책임을 지며, 각 구성원은 위원회의 결정사항, 기타 안전대책활동을 위하여 부여된 임무에 관하여 상호 간 최대한의 협조를 하여야 한다〈대통령경호안전대책위원회규정 제4조〉.

② **경호에 대한 안전작용**

　　㉠ **정보활동** : 행사장 안과 밖의 모든 위험요소들을 조사·분석한다.

　　㉡ **보안활동** : 경호대상자와 그 주변의 모든 상황에 대한 보안을 강화한다.

　　㉢ **안전대책** : 행사장 안과 밖의 여러 가지 요소들 중 위험요소나 취약요소에 대한 안전점검, 안전계획 확보계획 검토, 건물의 안전성 여부, 상황별 비상대피 구상, 행사장 취약시설물, 직사건물, 공중감시 대책 등 사실적 관계를 확인하고 그 대책을 마련하여야 한다. 안전검측이나 검식활동 등의 사전예방경호활동의 경우에는 미리 실시하는 것이 옳으며 행사당일에 실시하는 것은 바람직하지 않다.

## ④ 근접경호 수행방법

### (1) 근접경호의 의의와 기본요소

① 의의 … 기동 간 및 행사장에서 경호대상자의 신변보호를 위해 실시하는 근접호위작용을 말한다.

② 기본요소 … 노출성, 방벽성, 기동성, 방어 및 대피성, 기만성

   ㉠ **노출성** : 기동수단 및 도보대형에 의한 시각적 노출과 각종 매스컴에 의해 행사내용이 알려지는 노출성 이 있으므로 철저한 보안이 요구된다.

   ㉡ **방벽성** : 너무 강한 경호활동은 주위 사람들에게 좋지 않은 이미지를 심어줄 수 있으므로 지나치게 타인 의 접근을 차단하거나 숨기는 것은 좋지 않으며, 인적방벽과 방탄복 및 기동수단에 의한 외부공격으로 부터 방벽성이 요구된다.

   ㉢ **기동성** : 위험상황이 발생한 경우, 이에 대응하거나 제압하기보다는 상황에 맞추어 빠르게 경호대상자를 대피시켜야 한다.

   ㉣ **방어 및 대피성** : 비상사태 시 범인을 대적하며 제압하는 것보다 제2공격으로부터의 보호를 위해 방어 및 대피성이 요구된다.

   ㉤ **기만성** : 경호대상자를 위협하는 자를 혼란에 빠뜨려 그 위협을 실패하도록 만드는 것을 의미한다.
      ⓐ 범인의 심리적 상태를 이용한 기만으로 차량대형 기만과 기동시간 기만 등이 있다.
      ⓑ 서로 다른 공식행사에서 사용해야 한다.
      ⓒ 경호대상자와 유사하게 닮은 경호요원을 선발하여 근접경호요원으로 배치시킨다.

### (2) 근접경호방법

① **도보이동 간 근접경호**

   ㉠ 가능하다면 사전 선정된 도보이동 시기 및 이동로는 변경되어야 한다.

   ㉡ 대부분의 경우 도보이동으로 군중 속을 통과할 때가 가장 취약하다고 할 수 있다.

   ㉢ 근접경호원은 경호대상자에게 이르는 모든 접근로를 차단하기 위하여 분산되어야 한다.

   ㉣ 이동 시에는 위험에 노출되는 정도를 최소화하기 위하여 단거리 직선통로를 이용해야 한다.

   ㉤ 도보대형 형성 시는 주변 감제건물의 취약도와 인적·물적 취약요소 등을 고려해야 한다.

   ㉥ 이동 전 피경호인에게 이동로, 경호대형 및 특이사항을 사전에 알려 주도록 한다.

   ㉦ 근접도보대형의 이동속도는 피경호인의 건강상태, 신장, 보폭 등을 고려하여 정한다.

   ㉧ 공격이 있을 경우 경호원은 공격자와 경호대상자의 밀착선상의 중간에 위치하도록 한다.

   ㉨ 도보이동 간 근접경호의 대형
      ⓐ 다이아몬드 대형
        • 경호대상자를 중간에 놓고 다이아몬드식으로 둘러싸는 경호대형이다.
        • 혼잡한 복도, 군중이 밀집해 있는 통로 등에서 적합하다.

- 주로 범죄자를 호송하거나 요인을 경호하는 경우에 이용한다.
- 360° 경계를 할 수 있도록 각 경호원에게 책임구역이 정해진다.

ⓑ 쐐기형 대형
- 3명의 경호원 중 1명은 경호대상자의 앞에서, 나머지 2명은 대상자의 후방 좌·우에 위치하여 경계활동을 하는 경호대형이다.
- 군중이 많지 않은 장소를 통과할 때나 인도 또는 좁은 통로로 이동하는 경우에 사용한다.
- 한쪽에 인위적·자연적인 방벽이 있는 경우 또는 무장한 위해자와 직면했을 때 적합하다.
- 360° 지역 중 어느 한 부분에 해당하는 책임구역을 각 경호원에게 할당한다.

ⓒ 원형 대형
- 경호대상자를 가운데 놓고 5~6명의 경호요원이 원의 밖을 향하여 원의 형태로 만든 대형을 말한다.
- 마름모형 대형보다 경계상태가 좋으며 일정기간 동안 정지해 있는 경우에 사용한다.

ⓓ 사다리 대형 : 경호행사 시에 경호대상자의 진행방향을 중심으로 도로 양쪽에 운집한 경호에 적합한 경호대형이다.

ⓔ 삼각형 대형 : 3명의 경호요원이 삼각형 형태의 대형으로 경호활동을 하는 것으로, 여러 가지 여건에 따라서 길이나 폭을 조정할 수 있다.

ⓕ 악수할 때의 대형 : 경호대상자가 사람들과 악수를 하는 것은 가장 많은 위험에 노출되는 것이므로 경호원이 경계를 강화하고 밀착경호하여야 한다.

ⓖ 계단이동 시의 대형 : 복도, 도로, 계단 등을 이동할 때는 경호대상자를 중앙부에 위치시키는 대형을 선택한다.

ⓗ 엘리베이터 이용 시의 대형
- 사전에 이동층, 표시등, 문의 작동속도, 비상시의 작동버튼, 창문의 유무를 조사해 둔다.
- 엘리베이터를 탈 때는 내부에, 내릴 때는 외부의 안전을 확인한 후에 경호대상자를 이동시킨다.
- 엘리베이터가 지정한 층에 도착하여 문이 열렸을 때는 외부인의 시야에 바로 노출되지 않도록 경호대상자를 내부의 안쪽 모서리 쪽에 탑승하도록 한다.

ⓘ 출입문 통과시의 대형
- 경호대상자가 문을 통과하기 전 경호요원은 출입문의 안과 밖의 안전을 확인한 후에 경호대상자를 통과시킨다.
- 경호대상자가 출입문을 통과하기 전에 내부의 공간에 대한 위해자의 은닉여부·내부 참석인원·독극물의 냄새와 시설상의 문제점 등을 확인한다.
- 출입문이 자동문인 경우에는 전방에 있는 경호원이 문이 정상적으로 작동하는지의 여부를 확인하고, 경호대상자가 통과할 때 문이 닫히지 않도록 주의한다.
- 출입문이 회전문인 경우 경호원과 경호대상자는 1칸에 한 명씩만 들어가서 이동한다.

② 기동 간 근접경호
㉠ 차량으로 이동하는 경우
ⓐ 보수적인 색상의 문이 4개 달린 차량을 선택한다.
ⓑ 수행원이 여러 명인 경우에는 대형 차량을 이용한다.

ⓒ 차량을 운행할 기사들에 대한 점검을 위해 시범운행을 한다.

ⓓ 수행원을 위한 차량의 수·크기·형식도 고려하여야 한다.

ⓔ 차량기사는 신뢰할 수 있는 자들로 선택하며 그 명단을 확보하고 있어야 한다.

ⓕ 행사를 개최하는 지역의 행사를 주관하는 부서에 협조를 부탁하여 수하물 취급차량 및 이에 필요한 인원을 준비한다.

ⓖ 경호대상자의 차량기사는 사전 신원이 확인된 자로서 사복의 무장경찰관이나 경호요원이 한다.

ⓗ **차량기동 간 근접경호활동 시 우선적인 고려사항**
- 차량 대형 및 차종 선택
- 행·환차로의 파악
- 관계되는 모든 차량의 번호 숙지
- 기동 간 비상대피로 및 대피소 숙지

ⓘ **경호차량 주차 시 고려사항**
- 출발전 수시로 차의 상태를 점검한다.
- 차의 정면이 출입로를 향하게 한다.
- 주차장소는 가능한 자주 변경한다.
- 밝은 곳에 주차하도록 한다.

ⓛ **공중으로 이동하는 경우**

ⓐ 사전에 비행스케줄을 파악하고 출발시간과 도착시간을 알아둔다.

ⓑ 주기장을 미리 결정한다.

ⓒ 경호대상자와 그 일행이 도착하기 전에 교통통제·통신설비마련·군중통제·안전검사 등을 실시하여야 한다.

ⓒ **철로로 이동하는 경우**

ⓐ 철도운행 스케줄을 미리 확인한다.

ⓑ 경호대상자가 탑승하는 열차의 승무원 명단을 미리 파악한다.

ⓒ 미리 승·하차지점 및 기타 편의시설·통신 시설에 관한 결정을 한다.

ⓓ 중간에 열차가 정차하는 경우 등에 일어날 수 있는 문제점을 미리 파악하고 이에 대비한다.

ⓔ 미리 근접경호요원의 좌석을 지정하고 제한구역을 설정하며 안전검사를 실시한다.

ⓔ **해상으로 이동하는 경우**

ⓐ 행사장으로의 접근이 편리하고 안전한 정박위치를 선정한다.

ⓑ 해안경비대 및 항만순찰대와의 협조로 항만 경계순찰을 한다.

ⓒ 통신수단과 정박시설을 미리 준비한다.

ⓓ 정박지역에 대하여 미리 합동검사를 실시한다.

ⓜ **기동 간 경호기만**

ⓐ 경호기만이란 위해를 가하려는 자의 계획을 포기하게 하거나 실패하도록 유도하는 경호기법을 말한다.

ⓑ 경호대상자가 도보 및 기타의 기동수단을 이용하여 이동할 때 실시하는 경호기만이다.

ⓒ 기동 간 경호기만의 방법
- 일반적인 방법 : 허위로 흔적을 남김, 모형 장애물이나 경비시설을 설치, 위해하려는 자가 생각하지 못할 방향으로 이동, 기동대형의 변경, 자연스러운 옷차림·행동, 소음과 광채의 사용
- 차량의 기만방법 : 경호대상자가 타고 있는 차량의 위치를 자주 변경, 다양한 경호대형의 변칙적인 사용, 경호대상자 차량의 위장, 대중의 시야를 벗어난 경우에 사용
ⓓ 복제경호요원 운용 : 복제경호요원 운용은 경호대상자의 얼굴을 닮은 사람을 경호요원 또는 비서관으로 임용하여 위해자를 기만하는 방법이다.
ⓑ 육감경호
ⓐ 육감이란 위험을 예상하는 능력과 이 위험을 진압하기 위한 재빠른 조치를 취할 시점을 알아채는 능력을 말한다.
ⓑ 경호기법보다 더 중요한 것은 위험을 빠르게 파악하고 대처하는 경호요원의 육감이다.
ⓒ 육감경호에서 재빠른 조치란 무기로 위해자를 제압하는 것을 빠르게 하여야 한다는 것이 아니라 빠르게 경호대상자를 피신·보호시키는 것을 말한다.

# ⑤ 출입자 통제대책

## (1) 출입자 통제

① 정의
㉠ 예방경호를 하기 위하여는 안전구역 설정권 내에 출입하는 시차입장계획, 안내계획, 주차관리계획을 세우고 출입통로를 지정하여 실시해야 하는데, 이러한 제반요소에 대한 출입관리활동을 출입자 통제라고 한다.
㉡ 출입요소라 함은 행사의 참여자 및 행사관계자, 반입되는 물품이나 기동수단 등이 해당되며, 출입을 통제한다는 것은 비표관리, 출입을 하는 통로나 출입구 지정, 주차관리, 본인 여부의 확인, 검문·검색 등이 모두 해당된다고 볼 수 있다.

② 출입자 통제대책 방침
㉠ 행사장 내 모든 출입자와 반입물품은 지정된 출입통로만을 사용하여야 하며, 기타 통로는 폐쇄한다.
㉡ 안전구역 설정권 내에 출입하는 시차입장계획, 안내계획, 주차관리계획을 세우고 출입통로를 지정하여 실시해야 한다.
㉢ 행사가 대규모일 때에는 참석대상이나 좌석별 출입통로를 선정하여 출입통제가 용이하도록 하여야 한다.
㉣ 행사장 출입관리는 면밀하게 실시하고, 안전검색을 철저히 하여야 할 뿐 아니라 기본예절도 지켜야 한다.
㉤ 행사장 내의 모든 출입요소에 대하여 인원·수량·인가여부 등을 확인하여야 한다.
㉥ 원칙적으로 모든 참가자는 행사 주최측과 협조하여 발급된 출입증을 패용하여야 하나, 일부 행사의 경우 그 성격에 따라서 출입증을 패용하지 아니할 수 있다.

(2) 행사장 경호

① 정의

    ㉠ 경호대상자가 참석하는 각종 회의, 행사, 집회 등의 지역 주변의 취약지점에 경호요원을 배치하여 경계함으로써 행해지는 안전작용이다.

    ㉡ 집회 등에 있어 경호대상자와 일반인들과의 거리가 근접하게 되므로 행사장 경호는 치밀한 안전 대책이 요구된다.

② 행사장 경호 시 내·외곽 경비

    ㉠ 안전구역(제1선 – 내부경비) : 행사장 내부로 입장 중인 자 및 입장자에게 비표 패용 등을 확인하고 계속적 경계를 유지한다. 행사진행 중에는 계획에 없는 움직임이 없도록 통제하고 근무자는 국민의례 등에 참여하지 않고 오직 군중경계에만 전념한다.

    ㉡ 경비구역(제2선 – 내곽경비) : 제2선은 내곽경비로 돌발사태에 대비하여 비상구·응급요원 등을 확보하여 요원과 함께 대기한다. 행사장 부근 건물 등에 대한 안전을 유지하면서 참석자에 대한 철저한 감시를 통해 의심되는 자의 접근을 제지하고 위해요소를 적발하여야 한다.

    ㉢ 경계구역(제3선 – 외곽경비) : 제3선은 외곽경비로 행사장 주변의 취약요소를 감시할 수 있는 위치를 선정하여 감시조를 운용하며, 순찰조를 운용하여 외부로부터 내부로의 불심자의 접근을 차단한다.

③ 행사장 출입관리

    ㉠ 행사장에 있는 모든 출입구에 대한 검색을 하여 수상한 자를 색출한다.

    ㉡ 출입자의 신체에 지닐 수 있는 휴대품에 대한 주의 깊은 관찰이 필요하다.

    ㉢ 불필요하게 점퍼나 외투의 길이가 길거나 부피가 큰 경우 또는 행사장의 목적에 맞지 않는 물건을 소지하고 온 경우에는 그 사람에 대한 검색을 반드시 실시하여야 한다.

    ㉣ 어린이가 들고 온 무기류와 비슷하게 생긴 장난감에 대한 검색도 소홀히 하면 안 된다.

(3) 출입자의 통제와 관리를 위한 담당 경호원의 임무수행절차

① 시차입장계획

    ㉠ 모든 참석자는 행사 시작 15분 전까지 입장을 완료하도록 하며, 지연참석자의 경우에는 검색 후에 별도로 지정된 통로로 출입을 허용한다.

    ㉡ 참석자의 인원·연령·성향·기동수단 등을 파악하여 시차간격을 조정하여야 한다.

    ㉢ 입장 시 소요시간은 1분당 30~40명 정도로 하는 것이 좋으나, 행사의 성격이나 장소의 상황 등에 따라서 증감이 가능하다.

② 안내계획

    ㉠ 행사 참석자가 소지한 위해물품 등을 물품보관소에 보관한다.

    ㉡ 안내요원은 원칙적으로 행사의 주최측 요원으로 한다.

    ㉢ 행사에 필요한 이동이나 화장실 이용 등의 통제는 지양한다.

    ㉣ 행사가 종료한 때에는 바로 해산안내를 하여야 한다.

③ 주차관리계획

　　㉠ 입장차량과 승차자를 확인하고, 주차관리계획을 수립한다.

　　㉡ 행사의 성격에 따라 참석 대상에 따른 주차구역을 미리 계획하여야 하고 경호대상자가 주차하는 구역도 미리 확보하여야 한다.

　　㉢ 주차장을 선정하는 때에는 행사장과의 거리가 적당한지, 주차공간이 충분한지, 주차가 용이한 지역인지, 사람들과 차량들을 통제하기 용이한 지역인지를 고려하여야 한다.

　　㉣ 가능한 한 주차관리를 하는데 편리한 공공기관의 주차장을 선정하는 것이 좋다.

④ 출입통로지정

　　㉠ 출입통로는 사람들이 쉽게 찾을 수 있는 곳으로 하여야 하며, 구석에 있는 출입구를 단일한 출입통로로 지정하지 않도록 한다.

　　㉡ 출입통로는 원칙적으로 가능한 단일하게 하는 것이 좋으나 행사의 성격이나 행사장의 구조 등에 따라서 수 개의 통로를 지정하는 것도 가능하다.

## ❻ 위기상황(우발상황) 대응방법

### (1) 위기상황대응

① 우선적으로 육성이나 무전기로 경호요원에게 상황을 통보하여 경고한다.

② 근접경호요원은 자기희생의 원칙에 따라 경호대상자 주변에 방벽을 형성한다.

③ 돌발사태가 일어난 경우에는 경호대상자를 최우선으로 방호하여 대피 시키면서 범인을 제압한다.

④ 근접경호요원 이외의 경호요원들은 자기담당구역책임의 원칙에 따라 맡은 지역에서 계속 임무를 수행한다.

⑤ 위해상황 시 제2공격을 방지하기 위해 범인제압보다 방어와 대피를 우선한다.

### (2) 돌발사태 대응 순서

(3) 우발상황의 발생으로 인한 대피 시 유의사항

① 제2의 범인에 의한 양동작전에 대비하여야 한다.

② 대피로는 공격의 반대방향이나 비상구가 있는 쪽이 좋다.

③ 사전에 비상대치용 차량을 준비한다.

④ 경호대상자를 신속하게 안전지역으로 대피 시킨다.

(4) 우발상황 발생에 따른 범인대적과 제압 시의 주의사항

① 공격과 위해의 정도를 인지한다.

② 공격의 방향과 방법을 인지한다.

③ 범인과 무기제압으로 제2공격을 방지한다.


## ❼ 경호안전대책방법(안전검측)

(1) 의의

① 경호안전활동의 의미 … 경호 중 행사장이나 숙소 등 취약지의 위해요소를 제거하는 활동이다.

② 경호안전의 3대원칙
  ㉠ 안전의 검사
  ㉡ 안전의 점검
  ㉢ 안전의 유지

(2) 유형별 안전검측

① 숙소는 극도로 보안을 유지하고 불필요한 인원을 통제하며 전기, 소방, 소음 등에서도 최적상태를 유지한다.

② 운동장은 사람이 모이므로 비상사태 시 대피로를 설치하고 행사장의 각종 부속물과 시설물에 대한 안전조치를 강구한다.

③ 기념식장의 출입구는 지정된 곳만을 사용하고, 다른 출입구는 폐쇄한다.

④ 차량검측은 경호차량뿐만 아니라 지원차량과 일반차종에 대한 출입통제와 안전점검을 운전사 입회하에 철저히 실시한다.

(3) 위해요소

① 인적 위해요소의 제거

    ㉠ 신원조사 : 초대인사, 행사장 관리자, 행사와 관련된 종사자

    ㉡ 비표관리

        ⓐ 참석자 등에 비표를 발급하고 비표를 패용하지 않은 자나 비인가자는 접근을 금지시킨다.

        ⓑ 비표 분실사고 발생 시 즉각 보고하고 전체 비표를 무효화하며 새로운 비표를 해당자 전원에게 지급한다.

② 물적 위해요소의 제거

    ㉠ 경찰관이나 특수경비원의 무기 및 탄약관리 등을 철저히 한다. 특히 총기는 우발적인 상황 범죄예방차원에서 보이지 않는 곳에 휴대한다.

    ㉡ 총포, 총기류 관리 및 화약류 관리를 위해서 행사장이나 숙소 등의 출입구에 금속탐지기를 설치한다.

(4) 안전검측

① 검측은 밖에서 안으로 가까운 곳에서 먼 곳으로 실시한다.

② 외부검측 시 침투 가능한 창문, 출입구, 개구부 등에 안전조치를 실시한다.

③ 검측 시 장비에 전적으로 의존하기 보다는 경험이 풍부한 경호원의 오감도 최대한 활용한다.

④ 내부검측 시 아래층에서 위층으로 확산하여 실시한다.

# 출제 예상 문제

2019년 기출 변형

**1** 경호임무 수행절차의 순서로 옳은 것은?

| | |
|---|---|
| ㉠ 행사일정 | ㉡ 경호실시 |
| ㉢ 위해분석 | ㉣ 행사결과보고서 작성 |
| ㉤ 연락 및 협조 | ㉥ 경호평가 |

① ㉠㉢㉤㉡㉣㉥

② ㉠㉤㉢㉡㉥㉣

③ ㉡㉠㉢㉤㉣㉥

④ ㉢㉠㉤㉡㉥㉣

⑤ ㉢㉤㉠㉡㉣㉥

> **TIP** 경호임무 수행절차 … 행사일정(임무파악) → 포괄적 계획수립 → 연락 및 협조 → 정보수집 및 위해분석 → 세부계획 수립 → 경호실시 → 경호평가 → 행사결과보고서 작성

2019년 기출 변형

**2** 다음 중 옳지 않은 것은?

① 신변보호란 경호대상자의 생명, 신체를 직·간접의 위해로부터 보호하는 작용이다.

② 근접경호란 경호대상자가 도착하기 전에 현장답사를 실시하고 효과적인 경호협조와 경호준비를 하는 것을 말한다.

③ 국가원수의 경호업무는 한 국가기관의 노력만으로는 완벽을 기할 수 없는 중요한 업무이므로 각 국가기관의 협조를 필요로 한다.

④ 안전작용이 복합적으로 이루어지는 것은 행사장경호라고 볼 수 있다.

⑤ 경호작용은 사전예방경호작용과 근접경호작용으로 나눌 수 있다.

> **TIP** 근접경호는 경호대상자에게 근접·밀착하거나 경호대상자와 함께 이동하면서 예상되는 각종 위해요소에 대처하는 경호활동이다.

**Answer** 1.② 2.②

**3** 다음 중 근접경호작용의 특성으로 옳지 않은 것은?

① 방벽성

② 방호 및 대피성

③ 비노출성

④ 기만성

⑤ 기동 및 유동성

> **TIP** 근접경호의 특성
> ㉠ 노출성
> ㉡ 방벽성
> ㉢ 기만성
> ㉣ 기동 및 유동성
> ㉤ 방호 및 대피성

**4** ( ) 안에 들어갈 알맞은 용어는?

> ( )이란 행사 지역 내·외부에 산재한 인적·물적·지리적 취약요소에 대한 안전대책 강구, 행사장 내·외곽 시설물에 대한 폭발물 탐지 제거 및 안전점검, 경호대상자에게 제공되는 각종 음식물에 대한 검식작용 등 통합적 안전작용을 말한다.

① 경호위해작용

② 경호보안작용

③ 경호안전작용

④ 경호첩보작용

⑤ 경호안전대책작용

> **TIP** 경호안전대책작용 … 행사지역 내·외부에 산재한 인적·물적·지리적 위해요소에 대한 안전대책 강구, 행사장 내·외곽 시설물에 대한 폭발물 탐지·제거 및 안전점검, 경호대상자게 제공되는 각종 음식물에 대한 검식작용 등 통합적인 안전작용을 말한다. 경호대상자에 대한 위해요소를 사전에 제거하기 위해 순찰, 출입통제, 검측장비 등을 이용한 안전검색을 통하여 경호대상자의 모든 활동영역에 대한 안전성을 검사하고 계속하여 유지하는 것이다.

**Answer** 3.③ 4.⑤

**5** 경호정보작용에 대한 설명으로 옳은 것은?

① 안전점검 및 검사가 이루어진 상태를 계속 유지하기 위한 통제
② 원천적 사전 지식을 생산·제공하는 것으로 취약요소를 사전 수집·분석·예고함으로써 예방경호를 수행하는 업무
③ 경호와 관련된 인원, 문서, 시설, 지역, 자재, 통신 등에 대한 보호대책을 수립하여 지속적으로 보안을 유지
④ 각종 유해물의 탐지 및 제거 활동
⑤ 이용하는 가구시설 등의 안전 상태를 검사

> **TIP** 경호정보작용 … 경호작용의 원천적 사전 지식을 생산·제공하는 것으로 경호대상자의 신변안전을 위협하는 인적·물적·지리적 취약요소를 사전 수집·분석·예고함으로써 예방경호를 수행하는 업무이다. 이는 정확성, 적시성, 완전성의 요건을 구비해야 하며, 기본정보, 기획정보, 분석정보, 판단정보, 예고정보 등으로 구분하여 작성·활용한다.

**6** 경호수준의 결정단계 순서로 옳은 것은?

① 경호수준의 결정 – 위협평가 – 예견 – 인식
② 경호수준의 결정 – 예견 – 인식 – 위협평가
③ 위협평가 – 예견 – 인식 – 호수준의 결정
④ 예견 – 인식 – 경호수준의 결정 – 위협평가
⑤ 예견 – 인식 – 위협평가 – 경호수준의 결정

> **TIP** 경호수준의 결정단계 순서 … 예견단계 → 인식단계 → 위협평가단계 → 경호수준의 결정

**Answer** 5.② 6.⑤

## 7 도보대형 이동 시 근무방법으로 옳지 않은 것은?

① 이동 중 공격자가 시야에 나타나면 위해요인과 경호대상자 사이로 신체를 움직여 인적 방벽을 형성한다.

② 경호대상에게 공격이 가해질 경우 일단 멈추고 공격자와 대적을 우선으로 한다.

③ 이동속도와 보폭은 경호대상자의 건강상태, 주위상황에 따라 조절한다.

④ 복도, 도로, 계단 등을 이동할 때는 상황발생 시 여유 공간을 확보하기 위해 통로의 중간으로 이동한다.

⑤ 주통로, 예비통로와 비상대피로를 적절히 선정해 둔다.

> **TIP** 경호대상에게 공격이 가해질 경우 공격자와 대적을 하는 것이 우선이 아니라 경호대상을 보호하는 것이 우선이다. 다만, 공격자가 촉수거리에 있을 정도로 가까운 위치에 있는 경호원은 먼저 공격자를 제압해야 한다.

## 8 근접경호요원의 일반적 근무요령으로 옳지 않은 것은?

① 상대적 위치를 수시로 바꾸어 가면서 항상 경호대상자와 근접해 있어야 한다.

② 경호의 원활한 활동을 위하여 경호원은 언론 등 대중과 불필요하더라도 많은 대화를 해야 한다.

③ 경호대상자나 소지품에 접근하려는 사람의 신분 및 직위와 본인 여부를 확인한다.

④ 예상되는 방문객, 보도요원 및 경호대상자에게 서비스를 제공하는 사람의 명단을 사전에 획득하여야 한다.

⑤ 경호대상자나 수행원들의 인가 없이 낯선 사람들의 방문이 허용되지 않도록 한다.

> **TIP** ② 경호문제와 관련 없는 요구사항, 언론 및 대중과의 불필요한 접촉을 방지하여야 한다.

**Answer** 7.② 8.②

**9** 출입자 통제대책에 대한 설명으로 옳은 것은?

① 모든 출입요소는 지정된 출입통로를 사용하여야 하며, 기타 통로는 예외로 한다.

② 모든 참석자는 행사시작 전까지 입장 완료하도록 하며, 원활한 행사 진행을 위해 지연참석자는 예외 없이 입장을 모두 불허한다.

③ 출입증은 전 참가자에게 운용함을 원칙으로 한다.

④ 검색은 모든 출입요소를 대상으로 실시하고 예외를 둔다.

⑤ 출입통로는 가능한 한 여러 개의 출입통로이용을 원칙으로 한다.

> **TIP** 출입자 통제대책
> ㉠ 행사장 내 모든 출입요소에 대하여 인가된 인원이 본인 여부와 인가차량의 여부 확인
> ㉡ 보안성 강화를 위해 리본, 명찰, 완장, 조끼, 모자, 넥타이, 배치 등을 비표로 운용
> ㉢ 모든 출입요소는 지정된 출입통로를 사용하여야 하고 그 밖의 통로는 폐쇄
> ㉣ 대규모 행사 시 참석대상과 좌석별 구분에 의해 출입통로를 선정하고 시차입장을 실시
> ㉤ 검색은 모든 출입요소를 대상으로 실시하고 경호대상자 이외에는 예외를 허용하지 않음

**10** (  ) 안에 들어갈 경호 대형으로 옳은 것은?

> (    )은 수류탄, 혹은 폭발물과 같은 폭발성 화기에 의한 공격을 받았을 때 사용되는 방호 대형으로 경호대상자를 지면에 완전히 밀착시키고 그 위에 근접경호원들이 밀착하며 포개어, 경호대상자의 신체가 외부에 노출되지 않도록 해야 한다.

① 함몰형 대형      ② 방어적 대형

③ 밀착대형      ④ 대피대형

⑤ 근접대형

> **TIP** 함몰형 대형 … 수류탄 또는 폭발물과 같은 폭발성 화기에 의한 공격을 받았을 때 사용되는 방호 대형으로, 경호대상자를 지면에 완전히 밀착시키고 그 위에 근접 경호원들이 밀착하며 포개어 경호대상자의 신체가 외부에 노출되지 않도록 하는 대형이다. 경호대상자는 근접경호원에 의해 신체적인 통제와 완력이 가해지는데, 경호대상자의 신병을 보호하기 위해서는 예의를 고려치 않는 과감한 행동이 필요하다.

**Answer** 9.③ 10.①

## 11 우발상황 대응방법에 대한 설명으로 옳지 않은 것은?

① 경호적 의미의 우발상황은 경호대상자에게 직·간접적으로 발생하는 위해기도 사태와 우연히 또는 계획적으로 발생하는 경호행사를 방해하는 사태라고 할 수 있다.

② 우발상황은 사전예측의 불가능, 혼란의 야기와 무질서, 자기 보호본능 기제의 발동, 즉각 조치의 요구라는 특성을 갖는다.

③ 방호 및 대피 대형 형성 시 방어 및 대피 대형을 형성할 수 있는 경호원의 수 등을 고려해야 한다.

④ 우발상황 대응기법은 경고 – 공격 인지 – 방호 및 대피 – 방벽 형성 – 대적 및 제압의 순서이다.

⑤ 대적 및 제압 시 촉수거리의 원칙, 체위확장의 원칙 등을 적용해야 한다.

> **TIP** 우발상황 대응기법은 인지 → 경고 → 경호대상자 주변 방벽 형성 → 경호대상자 방호 및 대피 → 대적 및 제압의 순이다.

## 12 안전검측에 대한 내용으로 옳은 것은?

① 검측은 양 측면보다 통로, 높은 곳보다 아래를 중심으로 반복해서 실시한다.

② 검측이란 행사 시 각종 위해 요소로부터 경호대상자의 신변을 보호하기 위하여 기동간 및 행사장에서 실시하는 활동을 말한다.

③ 검측은 책임구역을 구분하지 않고, 반복 실시하지 않는다.

④ 확인이 불가능한 물품은 그대로 둔다.

⑤ 인간은 위를 보지 않는 습성, 더러운 곳, 공기 탁한 곳 등 싫어하는 습성을 이용한다는 것을 명심하여 철저한 검색을 실시한다.

> **TIP** ① 검측은 통로보다는 양 측면, 아래보다는 높은 곳, 의심나는 곳은 계속 반복하여 실시한다.
> ② 검측이란 경호대상자에게 위해를 가할 가능성이 있는 모든 취약요소 및 위해물질을 사전에 탐지, 색출, 제거 및 안전조치하여 위해를 가할 수 없는 상태로 전환시키는 활동을 말한다.
> ③ 검측은 책임지역을 명확하게 구분하여 가까운 곳에서 먼 곳으로 중복하여 실시한다.
> ④ 확인이 불가능한 물품은 현장에서 제거하거나 따로 보관한다.

**Answer** 11.④ 12.⑤

**13 경호원의 직업의식과 윤리관에 대한 설명으로 옳지 않은 것은?**

① 경호조직의 목적은 생명을 담보로 최악의 경우 생명을 요구하는 조직이라고 할 수 있다.

② 경호대상자와 경호기관 간 신뢰구축이 우선적으로 이루어져야 한다.

③ 지득한 사실과 내용은 철저한 보안의식과 직업의식으로 무장하여 보안이 유지되어야 한다.

④ 경호원은 있는 그대로 보지 말고 무엇이든지 의심하고 확인해야 한다.

⑤ 경호원은 항상 일반인과 같이 상식적으로 생각하고, 습관대로 생각해야 한다.

> **TIP** 경호원은 생명을 담보로 임무를 수행하며 자신의 생명보다 경호대상자의 보호를 최우선으로 두고 유사시 자신의 생명을 버리면서 과감한 행동을 요구함과 동시에 희생정신을 바탕으로 한 투철한 전문직업관을 요구하고 있다. 경호원은 돌발상황의 발생 시 혼란한 주위 여건 속에서도 흔들리거나 동화되지 않는 정확한 관찰력과 냉철한 판단력이 요구된다.

**14 경호활동(작용)의 기본적 고려요소에 대한 설명으로 옳지 않은 것은?**

① 경호활동은 여러 기관들이 참여하고 이들 기관의 유기적인 협조체계가 요구되는 활동이므로 경호원 간의 임무와 책임에 대한 명확한 분배와 각 기관 간에 책임의 분배가 선행되어야 한다.

② 경호활동의 성공적인 수행을 위해서는 다양한 자원의 효과적인 이용이 필수적이다.

③ 경호활동에 있어서 사전계획은 전체 경호활동의 성공 여부를 결정하는 핵심이고, 계획은 예기치 않은 변화의 가능성에 대비하여 융통성 있게 수립되어야 한다.

④ 임박한 경호임무의 통지를 받으면 시간적 진행 순으로 사건일지를 작성하여야 한다. 일지에는 임무에 관한 모든 정보사항을 기록하고, 임무수행결과 산출된 모든 정보를 보존해야 한다.

⑤ 경호활동상 보안은 가장 기본이 되는 요소이므로 경호대상자, 수행원, 행사 세부일정, 경호경비 상황 등의 보안사항은 인가된 자 이외는 엄격하게 통제되어야 한다.

> **TIP** ④ 경호임무의 일반적 수행절차에 해당한다.
> ※ 임무수령 … 경호임무에 대한 통지를 받으면 진행 순으로 사건일지를 작성하기 시작하여야 하며, 임무와 관련된 모든 정보사항을 기록하고 임무수행 결과 산출된 모든 정보를 보존해야 한다. 사건일지는 근접경호요원의 작용을 기록하는데 도움이 되며, 결과보고서의 준비를 용이하게 한다.

**Answer** 13.⑤ 14.④

**15** 근접경호기법 중 사주경계에 대한 설명으로 옳지 않은 것은?

① 행사장 내 모든 비품 및 물건이 경계대상이며 휴지통도 포함한다.

② 행사 참석자의 움직임은 반드시 확인하고 보이지 않는 손은 이유와 원인이 확인될 때까지 감시 한다.

③ 경호대상자 주변 인원에 대해 더욱 집중하고 음향실 기술자 등 지원요원은 제외한다.

④ 전기 · 소방시설에 대한 이상유무 확인도 사주경계에 포함하여야 한다.

⑤ 주변상황과 어울리지 않은 복장, 손에 무엇을 들고 있는 사람을 경계한다.

> **TIP** 사주경계 … 경호원이 경호대상자의 신변보호를 위하여 자신의 책임구역에서 경호대상자를 중심으로 360도 전방향을 감시 하면서 위해기도를 인지하기 위한 경계활동이다. 근접경호요원뿐만 아니라 모든 경호요원에게 있어서 가장 중요한 경호의 방법이다.
> ⊙ 대상
> • 인적 경계대상 : 경호대상자의 주변 모든 사람들이 경계의 대상. 수행원이나 보도요원 및 행사장의 직원, 경찰근무자도 경계의 대상임
> • 물적 경계대상 : 경호대상자의 주변에 있는 모든 시설물과 인위적, 자연적 산물. 경호대상자의 부주의로 위해가 될 수 있는 시설물 등도 포함
> • 지리적 경계대상 : 경호대상자를 공격하기 좋은 장소(감제고지, 건물의 후미진 곳, 열려진 창문, 옥상 등), 경호대상자에 대한 위해에 이용당하기 쉬운 자연물이나 시설물 등
> ⓛ 요령
> • 경호대상자 주위의 모든 사람과 사물에 대하여 관찰
> • 항상 주위 사물에 대한 위기의식을 가지고 전체적으로 보아 상황에 어울리지 않은 부조화를 찾아야 함
> • 위해를 가하려는 자는 심리적으로 대중들 가운데에서 둘째 열에 위치하는 경우가 많다는 점 참고
> • 인접해 있는 경호요원과 경계범위는 중복되게 실시
> • 시각의 한계를 고려하여 사주경계의 범위를 결정
> • 경호대상자 주변의 군중들의 손과 눈을 주시
> • 복도의 좌우측 문 모퉁이, 창문 주위 등에 관심을 가지고 경계
> • 우발상황을 제외하고는 고개를 너무 좌우로 돌리거나 완전히 뒤돌아보는 것은 지양
> • 공격목표를 설정한 사람은 대개 웃지 않고 몸을 움직이지 않으며 목표를 집중하여 주시한다는 것을 인식
> • 더운 날씨나 추운 날씨 등 주변의 환경과 어울리지 않는 복장과 행동을 하는 사람 주의

**16** 선발경호의 특성이 아닌 것은?

① 예방성          ② 통합성

③ 안전성          ④ 유동성

⑤ 예비성

**Answer** 15.③ 16.④

## 17 경호활동 중 선발경호에 대한 설명으로 옳지 않은 것은?

① 위험요인을 사전에 제거하여 행사장 내 안전을 확보한다.

② 행사장이나 행사지역의 경호관련 정보를 수집하고 대비책을 강구한다.

③ 선발경호는 우발상황에 대응하여 경호대상자를 즉각적으로 대피시켜야 한다.

④ 행사장의 시설 및 설비에 대한 안전성 유지 및 확보가 최우선 과제이다.

⑤ 비상상황에 대비한 비상대책을 강구한다.

**TIP** 선발경호 … 경호대상자가 도착하기 전에 현장조사를 실시하고 효과적인 경호협조와 경호준비를 하는 것으로 임시로 편성된 경호단위를 행사 지역에 사전에 파견하여 제반 취약요소에 대한 안전조치를 강구하고 가용한 전 경호요원을 운용하여 경호대상자의 신변안전을 도모하는 일련의 작용을 의미한다.
선발경호는 일정규모의 경호대가 행사장 또는 일정지역에 사전 파견되어 위해요소를 검색하며, 경호대상자가 행사장 또는 일정지역에 도착할 때까지 안전을 확보하여 행사가 끝날 때까지 계속되는 일련의 경호활동이다.

## 18 경호활동 시 안전검측에 대한 설명으로 옳지 않은 것은?

① 검측은 회의실, 오찬장, 휴게실 등 경호대상자가 장시간 머물러 있는 곳을 먼저 실시한다.

② 외부 검측시 침투 가능한 창문, 출입구 등에 안전조치를 확인하고 실시한다.

③ 내부 검측시 아래층에서 위층으로 검측을 실시한다.

④ 객관성과 안전성 확보 등을 위해 공개된 상황에서 실시한다.

⑤ 첨단검측장비를 활용하는 경우에도 오감을 최대한 활용한다.

**TIP** 안전검측
ⓐ 검측은 밖에서 안으로 가까운 곳에서 먼 곳으로 실시한다.
ⓑ 외부검측 시 침투 가능한 창문, 출입구, 개구부 등에 안전조치를 실시한다.
ⓒ 검측 시 장비에 전적으로 의존하기 보다는 경험이 풍부한 경호원의 오감도 최대한 활용한다.
ⓓ 내부검측 시 아래층에서 위층으로 확산하여 실시한다.
ⓔ 검측은 은밀하게 실시하고, 가능한 한 현장 확보상태에서 점검한 후 지속적인 안전유지를 한다.
ⓕ 검측은 경호대상자가 장시간 머물러 있는 곳을 먼저 하고, 경호대상자가 움직이는 동선을 따라 순차적으로 실시한다.

**Answer** 17.③  18.④

**19** 경호업무 수행절차에서 유관기관 간의 연락 및 협조체제 구축 시 협의사항에 대한 설명으로 옳지 않은 것은?

① 경호대상자가 참석하는 모든 행사와 활동 범위에 관한 사항

② 기후변화를 고려한 행사 스케줄과 행사 관계자의 시간계획에 관한 사항

③ 취재인 인가 및 통제상황

④ 경호대상자와 수행원의 편의시설(휴게실, 화장실, 분장실 등)

⑤ 행사시 경호대상자가 주거나 받는 선물 증정행사

> **TIP** 연락 및 협조체제 구축시 협의사항
> ㉠ 기후변화 및 악천후를 고려한 행사 스케줄과 행사 관련자의 시간계획
> ㉡ 행사참석 손님·진행요원·관련 공무원·행사위원 등의 명단
> ㉢ 행사 시 경호대상자가 주거나 받는 선물 증정행사
> ㉣ 경호대상자와 수행원의 편의시설
> ㉤ 경호대상자의 참석 범위, 행사의 구체적인 성격
> ㉥ 취재인 인가 및 통제 상황
> ㉦ 언론보도 여부, 언론보도 제한 사항

**20** 다음의 내용은 경호임무 수행절차상 어느 단계에 속하는가?

> 설정된 경호목적과 방향을 지침으로 하여 경호와 관련된 정보수집과 위해분석을 바탕으로 행사에 맞는 구체적인 경호계획을 수립한 단계로 경호형태, 경호원 수, 동원 자원, 책임의 분배 등이 이루어지는 단계

① 행사일정단계

② 포괄적 경호계획단계

③ 정보수집 및 위해분석단계

④ 세부계획수립단계

⑤ 연락 및 협조단계

> **TIP** ① 관계기관이나 행사주관기관으로부터 관련된 행사일정을 획득하여 본격적인 경호임무가 시작되는 단계
> ② 경호대상자와 행사일정이 파악되면 이를 바탕으로 하여 경호의 목적과 전체적인 방향, 경호방법, 경비요원의 수, 관련기관과의 협조체계 구축 등 개략적이고 포괄적인 경호계획을 수립
> ③ 행사일정을 획득하여 경호의 목적과 방향이 설정된 후 경호와 관련된 인적·물적인 정보를 수집하며, 이를 토대로 위해첩보를 수집·분석하여 경호담당기관에 통보
> ⑤ 경호기관은 외교와 의전에 관련된 조직들과의 연락 및 협조가 유기적으로 이루어져야 하므로 연락 및 협조체제 구축에 대한 사항을 협의

**Answer** 19.① 20.④

**21** 경호임무의 수행절차에서 행사일정 및 임무수령 시 포함되어지는 내용에 대한 설명으로 틀린 것은?

① 출발 및 도착 일시, 지역(도착공항 등)에 관한 사항

② 수행원 등이 투숙할 숙소의 명칭과 위치에 관한 사항

③ 경호대상자의 신상에 관한 사항

④ 경호팀의 규모 및 형태에 관한 사항

⑤ 방문지역이나 국가의 특성(기후, 지리, 치안 등)에 관한 사항

> **TIP** 행사일정 및 임무수령 시 포함되는 내용
> ㉠ 출발 및 도착일시, 지역(도착 공항 등)에 관한 사항
> ㉡ 공식 및 비공식 수행원에 관한 사항
> ㉢ 경호대상자의 신장
> ㉣ 의전사항
> ㉤ 방문지역이나 국가의 특성(기후, 지리, 치안 등)
> ㉥ 수행원 등이 투숙할 숙소의 명칭과 위치
> ㉦ 이동수당(기동수단) 및 방법
> ㉧ 경호대상자가 참석하는 모든 행사와 활동범위
> ㉨ 경호대상자와 접촉할 의전 관련자, 관료, 기업인 등
> ㉩ 방문단과 동행하는 취재진에 관한 사항
> ㉪ 관련 소요비용
> ㉫ 경호안전에 영향을 줄 수 있는 행사주최 측 및 방문국의 요구사항

**22** 근접경호 임무수행시 우발상황 발생에 대한 즉각 조치의 설명으로 옳은 것은?

① 인지 – 경고 – 방호 및 대피 – 방벽형성 – 대적 및 제압

② 인지 – 경고 – 방벽형성 – 방호 및 대피 – 대적 및 제압

③ 경고 – 인지 – 방호 및 대피 – 방벽형성 – 대적 및 제압

④ 경고 – 인지 – 방벽형성 – 방호 및 대피 – 대적 및 제압

⑤ 인지 – 방벽형성 – 경고 – 방호 및 대피 – 대적 및 제압

> **TIP** 돌발사태 대응 순서 … 인지 → 경고 → 방벽형성 → 방호 및 대피 → 대적 및 제압

**Answer** 21.④ 22.②

**23** 경호작용 중 사전예방경호작용에 대한 설명으로 옳지 않은 것은?

① 사전예방경호란 행사일정 및 임무수령에 의해 경호작용이 형성된 후 행사당일 경호대상자가 행사에 참석하기 전까지의 단계에서 이루어지는 모든 사실적 안전활동을 말한다.

② 사전예방경호의 목적은 발생한 위험에 대응하여 경호대상자를 보호하는 것이다.

③ 사전예방경호활동에는 경호협조체제의 구축과 경호안전작용을 포함하고 경호안전작용은 다시 경호정보작용, 경호보안작용, 안전대책작용을 포함한다.

④ 사전예방경호는 인적·물적·지리적 취약요소에 대한 대책, 현지 경호정보활동, 행사장 안전활동 및 검측 등의 안전조치를 강구하는 것이다.

⑤ 사전예방경호활동이 실시되는 지역은 안전이 확보되어 근접경호요원의 부담이 줄고 임무수행에 도움이 된다.

> **TIP** 사전예방경호는 경호대상자가 현장에 도착하기 전에 임시로 편성된 경호선발대가 행사지역에 파견되어 미리 현장답사를 실시하고 효과적인 경호협조와 경호준비를 하는 것이다. 인적·물적·지리적 취약요소에 대한 대책, 현지 경호정보활동, 행사장 안전활동 및 검측 등의 안전조치를 세운다. 사전예방경호활동이 실시되는 지역은 안전이 확보되어 근접경호요원의 부담이 줄고 임무수행에 도움이 된다. 이러한 예방적 경호조치는 위해기도자의 입장에서 분석하는 것이 효과적이다.

**24** 다음 경호활동에 나타나지 않는 원칙은?

> 평소 경호대상자는 어떠한 상황에서도 절대적으로 보호되어야 한다는 생각으로 근무하고 있는 K경호원은 경호대상자가 은행에 갈 때 차량과 이동로를 노출시키지 않고 근접경호활동을 하였다. 마침 은행 강도사건이 은행에서 발생하여 경호대상자를 우선 안전한 곳으로 대피시켰고 강도사건 발생을 관할 경찰에서 알려 조속히 사건을 마무리할 수 있었다.

① 은밀경호의 원칙
② 중첩경호의 원칙
③ 목표물 보존의 원칙
④ 방어경호의 원칙
⑤ 두뇌경호의 원칙

> **TIP** ① 경호는 타인의 눈에 띄지 않고 은밀하게 하는 것이 좋다.
> ③ 경호대상자를 공격자로부터 멀리 떨어지게 함으로써 보호하여야 한다는 원칙이다.
> ④ 경호를 함에 있어서 공격이나 진압보다는 방어에 중점을 두는 원칙이다.
> ⑤ 긴급하고 위험한 상황이 발생하였을 때에는 고도의 예리하고 순간적인 판단력이 요구된다는 원칙이다.

**Answer** 23.② 24.②

**25** 경호업무 시 우발상황에 관한 설명으로 옳은 것은?

① 위험요소가 어디서 발생할 지 예측하기 어렵다.

② 위험요소가 언제 발생할 지 예측할 수 있다.

③ 위험요소의 피해 정도를 파악할 수 있다.

④ 위험요소가 어떤 방법으로 발생할 지 파악할 수 있다.

⑤ 위험요소에 대한 즉각적인 조치가 용이하다.

> **TIP** ② 위험요소가 언제 발생할 지 예측할 수 없다.
> ③ 위험요소의 피해 정도를 파악할 수 없다.
> ④ 위험요소가 어떤 방법으로 발생할 지 파악할 수 없다.
> ⑤ 위험이 발생할 경우 상황에 대처할 시간적 여유가 없으므로 위험요소에 대한 즉각적인 조치가 어렵다.

**26** 다음 중 선발경호의 업무가 아닌 것은?

① 행사장 사전 답사

② 도보 및 차량 대형 형성

③ 위해가능자 동향 파악

④ 출입증 확인 및 물품 검색

⑤ 경호지휘소(CP) 운용

> **TIP** 도보 및 차량 대형 형성은 근접 경호의 방법과 연관된다.

**27** 근접경호의 특성으로 옳지 않은 것은?

① 위해기도자의 추적을 회피하는 기만전술을 적절히 구사하여 경호의 효과성을 높인다.

② 근접경호원의 신체로 방벽을 형성하여 경호대상자의 시야를 제한하고 공격선을 차단한다.

③ 근접경호원은 대적보다는 경호대상자의 안전한 방호 및 대피에 중점을 둔다.

④ 경호대상자를 따라 이동하거나 변화하는 경호상황에 능동적으로 대처해야 한다.

⑤ 위해기도자를 제압하기보다는 우선 경호대상자의 방호 · 대피가 우선시되어야 한다.

> **TIP** 근접경호원의 신체로 방벽을 형성하여 위해기도자의 시야를 제한하고 공격선을 차단하여야 한다.

**Answer** 25.① 26.② 27.②

**28** 근접경호 도보대형을 검토할 때 고려사항이 아닌 것은?

① 경호대상자의 성향

② 행사장의 취약요인

③ 비상시 최기병원 위치

④ 공식, 비공식행사 등 행사 성격

⑤ 행사장 참석자 인원수

> **TIP** 근접경호 도보대형 형성시 고려사항
> ㉠ 행사장 주변 감제 건물의 취약도 및 경호대상자의 취향
> ㉡ 행사장의 취약요소, 인적 취약요소와 이격도, 물적 취약요소의 위치, 지리적 취약요소, 행사장 주변 감제건물의 취약성
> ㉢ 행사장 선발경호 수준, 행사장 안전도, 행사장 참석자 인원수, 참석자 성향 등
> ㉣ 경호행사 성격, 근접경호원 수

**29** 우발상황 조치에 대한 다음 내용을 보고 (  ) 안에 들어갈 내용이 순서대로 바르게 나열된 것을 고르면?

> 우발상황이 발생하였을 경우 경호대상자를 위험으로부터 보호하기 위한 일련의 순간적인 경호조치를 말하며,
> (    )의 결과에 따라 경호대상자를 살릴 수도 있고 죽일 수도 있다. 우발상황이 발생하면 최초에 정확하게
> 대응해야 한다는데 핵심이 있다. 위험한 것을 (    ) 것으로 판단하면 자칫 (    )를 잃을 수도 있고, 위험하
> 지 않은 것을 (    ) 것으로 판단하면 행사장을 혼란에 빠뜨리거나 행사를 망칠 수도 있다.

① 즉각조치, 위험한, 행사참석자, 위험하지 않은

② 즉각조치, 위험하지 않은, 경호대상자, 위험한

③ 통제조치, 위험하지 않은, 경호대상자, 위험한

④ 통제조치, 위험한, 행사참석자, 위험하지 않은

⑤ 통제조지, 위험한, 경호대상자, 위험하지 않은

> **TIP** 우발상황이 발생하였을 경우에는 상황에 대처할 시간적 여유가 없으므로 근접경호원은 그 상황을 신속히 파악하여 방벽형
> 성 및 경호대상자의 방호와 대피로 안전유지를 위한 즉각적인 조치가 필요하다. 우발상황은 예측이 어렵고 혼란을 야기하
> 여 무질서 상태로 만드는 특성이 있다. 즉각조치에 의한 극복이 가장 중요하다.
> 우발상황이 발생하면 최초에 정확하게 대응해야 한다는데 핵심이 있다. 위험한 것을 위험하지 않은 것으로 판단하면 자칫
> 경호대상자를 잃을 수도 있고, 위험하지 않은 것은 위험한 것으로 판단하면 행사장을 혼란에 빠뜨리거나 행사를 망칠 수도
> 있다.

**Answer** 28.③ 29.②

**30** 근접경호에서 사주경계에 대한 설명으로 옳지 않은 것은?

① 시각, 청각 등 오감과 육감을 활용한다.

② 위험 감지에 대한 단계와 구조를 이해해야 한다.

③ 인적 경계대상은 위해 가능한 인원으로 제한하며 사회적 권위와 지위를 고려한다.

④ 경호대상자를 중심으로 360도 전 방향을 감시해야 한다.

⑤ 경호대상자 주변에 있는 모든 사람의 눈과 손을 감시해야 한다.

> **TIP** 인적 경계대상은 경호대상자의 수행원, 보도요원, 경찰근무자, 행사장의 직원, 노약자 등 경호대상자 주변의 모든 사람을 경계대상으로 한다. 신분이 확실한 수행원이나 보도요원들도 일단 경계의 대상이 된다. 위해기도자는 접근이 용이한 사람으로 위장하는 경우가 많다.

**31** 선발경호업무 시 출입통제에 대한 설명으로 옳지 않은 것은?

① 출입통제 효과를 극대화하기 위하여 출입구를 다양화 한다.

② 안전구역은 행사와 무관한 사람들의 행사장 출입을 통제 또는 제한해야 한다.

③ 경호구역 설정에 따라 각 통제의 범위를 결정한다.

④ 2선 경비구역은 모든 출입요소에 대한 실질적인 1차 통제점이 된다.

⑤ 참석자의 지위, 참석자 수 등을 고려하여 시차입장계획을 수립한다.

> **TIP** 출입통로는 참가자 누구나 쉽게 식별할 수 있는 통로로 해야 하며, 가능한 한 단일통로를 원칙으로 한다.

**32** 선도경호차량 – VIP차량 – 후미경호차량으로 구성된 차량대형에서 선도경호차량의 역할이 아닌 것은?

① 전방 교통 및 도로 상황을 전파한다.

② 행차코스 개척 및 차량대형을 선도한다.

③ 선도경호차량이 기동 간 이동지휘소 역할을 한다.

④ 계획된 시간에 목적지에 도착할 수 있도록 속도를 조절한다.

⑤ 위해상황발생 시 전방공격을 차단하는 역할을 한다.

> **TIP** ③ 후미경호차량의 역할에 해당한다.
> ※ 선도경호차량 … 행차로 · 환차로의 안내, 계획된 시간에 목적지에 도착할 수 있도록 주행속도 조절, 진행방향 결정, 전방에 대한 경계업무, 위해상황 발생 시 전방공격 차단, 비상통로의 확보, 우발상황 예측 시 전파하여 만일 사태에 대비

**Answer** 30.③ 31.① 32.③

**33** 안전검측의 원리에 대한 설명으로 옳지 않은 것은?

① 점검은 아래에서 위로, 좌에서 우로 일정한 방향으로 체계적으로 점검이 이루어져야 한다.

② 주변의 흩어져 있는 물건을 그대로 두고, 확인 불가능한 것은 먼 거리로 이격 제거한다.

③ 점검인원의 책임구역을 명확히 하며, 중복적 점검이 이루어져야 한다.

④ 범인의 입장에서 설치 장소를 의심하며 추적한다.

⑤ 점검은 1차, 2차 점검 실시 후 경호요원이 배치 완료된 행사 직전에 최종검색을 실시하여야 한다.

> **TIP** 안전검측시 주변의 흩어져 있는 물건을 하나하나 확인을 하고, 확인 불가능한 것은 현장에서 제거하거나 따로 보관하여야 한다.

**34** 근접경호에서 주위경계의 방법으로 옳지 않은 것은?

① 주위경계는 경호대상자를 중심으로 360° 전 방향을 감시하면서 위해요인을 사전에 인지하기 위한 경계활동이다.

② 주위경계 시 가까운 곳에서 먼 곳으로 반복경계를 한다.

③ 따뜻한 날씨에 긴 코트를 입고 있는 등 주변 환경과 어울리지 않는 복장이상자를 특히 주의한다.

④ 경호대상자 주변에서 신분이 확실한 공무원, 수행원, 종업원 등을 제외한 모든 인원을 경계의 대상으로 한다.

⑤ 주변환경에 대한 경계를 한다.

> **TIP** 경호대상자 주변의 모든 인원이 주의경계 대상이 되며 신분이 확실한 수행원이나 보도요원들도 일단 경계의 대상이 된다.

**35** 경호운전기법에 관한 설명으로 틀린 것은?

① 가능하면 이동로를 수시로 변경하고 빠른 속도로 운전한다.

② 가능하면 어두운 시간대에 운전한다.

③ 적색 신호등으로 차가 정지했을 경우 변속기를 출발상태에 위치시킨다.

④ 사고와 같은 비정상적인 상황을 피한다.

⑤ 차량을 운행할 기사들에 대한 점검을 위해 시범운행을 한다.

> **TIP** 이동 시간대는 특별한 사정이 없는 경우 어두운 야간 시간대는 피하는 것이 좋다.

**Answer** 33.② 34.④ 35.②

**36** 우발상황 대응방법에 관한 설명으로 틀린 것은?

① 경호대상자에게 접근하는 모든 사람, 사물, 위해기도자가 숨을만한 장소와 어울리지 않는 물건, 경호대상자와의 거리와 위치, 손의 움직임, 휴대하고 있는 물품에 대한 의문점을 제기한다.

② 위해기도자의 공격 시 최근접 경호원은 체위를 최대한으로 확장시켜 공격에 방패막을 최대화하여 물리적 방벽을 형성해야 한다.

③ 경호대상자를 위해기도자로부터 보호하기 위해 우선적으로 위해기도자와 대적하여 제압한 후 방어와 대피시키도록 한다.

④ 대피 시에는 경호대상자를 신속하게 안전지대로 대피시키기 위해 다소 예의를 무시하더라도 과감하게 행동을 하여야 한다.

⑤ 사전에 비상대치용 차량을 준비한다.

> **TIP** 우발상황 시 범인을 제압하는 것보다 경호대상자의 안전을 위해 방호 및 대피시키는 것이 우선시 되어야 한다.

**37** 경호작용에서 고려되어야 할 기본적인 요소에 관한 설명으로 옳지 않은 것은?

① 모든 경호임무는 예기치 않은 변화의 가능성을 포함하고 있으므로 신중한 사전계획보다 신속한 사후대응이 가장 중요하다.

② 경호대상자를 경호하는데 소요되는 자원은 행차의 지속시간과 첩보수집으로 획득된 내재적인 위협분석에 따라 결정된다.

③ 경호임무는 명확하게 부여되어야 하며, 경호원들에게는 각각의 임무형태에 대한 책임이 부과되어야 한다.

④ 경호대상자와 수행원, 행사 세부일정, 적용되고 있는 경호경비상황에 관한 보안의 유출은 엄격히 통제되어야 한다.

⑤ 경호기만이란 위해를 가하려는 자의 계획을 포기하게 하거나 실패하도록 유도하는 경호기법을 말한다.

> **TIP** 모든 경호임무는 예기치 않은 변화의 가능성을 내포하고 있으므로 신중한 사전계획이 가장 중요하다.

**Answer**　36.③　37.①

**38** 경호활동을 단계별로 분류할 경우 순서대로 바르게 나열한 것은?

① 대비 – 예방 – 대응 – 평가
② 예방 – 대비 – 대응 – 평가
③ 예방 – 대응 – 대비 – 평가
④ 대응 – 대비 – 예방 – 평가
⑤ 대비 – 대응 – 예방 – 평가

> **TIP** 경호업무 수행절차
> ㉠ 예방단계(준비단계) : 예방단계에서는 법과 제도를 정비하여 우호적인 환경을 조성하고, 경호와 관련된 정보와 첩보를 수집하고 분석하여 경호위협을 평가하고, 이를 토대로 경호계획을 수립한다.
> ㉡ 대비단계 : 대비단계에서는 경호계획을 근거로 행사보안의 유지와 위해정보 수집을 위한 보안활동을 전개하며, 행사장의 취약요소에 대한 안전대책을 강구하고, 경호위기상황에 대비한 비상대책활동을 실시하며, 위험요소에 대한 거부작전을 실시한다.
> ㉢ 대응단계 : 대응단계에서는 잠재적인 위해기도자에게 공격기회를 주지 않기 위하여 경호인력을 배치하여 지속적인 경계활동을 실시하며, 경호위기상황에 즉각적으로 대응하고 조치하는 즉각 조치 활동을 실시한다.
> ㉣ 평가단계(학습단계) : 학습단계에서는 경호실시 결과를 분석하고 평가하여 존안하며, 평가결과 대두된 문제점을 보완하기 위하여 교육과 훈련을 실시하고, 평가결과를 차기 행사에 반영하기 위한 적용을 실시한다.

**39** 근접경호원의 임무수행방법으로 틀린 것은?

① 경호대상자의 건강상태, 주위 상황, 위험도 등에 따라 이동속도를 적절하게 조절하고, 이동 전에 경호대상자에게 이동로, 이동 시간, 경호 대형 및 경호대상자의 위치 등은 보안을 위해 알려주지 않도록 한다.
② 경호대상자가 대중의 가운데 있을 때, 군중 속을 통과하여 걸을 때, 건물 내로 들어갈 때, 공공행사에 참석할 때, 승하차할 때 특히 위험하다는 것을 염두에 둔다.
③ 이동 중 경호원 상호 간에 적절한 수신호나 무선으로 주위 상황과 경호대상자의 상태 등을 연락할 수 있도록 한다.
④ 이동 중 무기 또는 위해기도자가 시야에 나타나면 위해요인과 경호대상자 사이로 움직여 시야를 차단하고 무기제압 시에는 총구의 방향에 주의하여 경호대상자 방향으로 향하지 않도록 한다.
⑤ 위기 상황 발생 시 근접경호요원은 자기희생의 원칙에 따라 경호대상자 주변에 방벽을 형성한다.

> **TIP** 기타 언론이나 외부인에게 이동경로 등을 알리지 말아야 하지만 경호대상자 자신에게는 이동경로나 특이사항을 알려주어야 한다.

**Answer** 38.② 39.①

**40** 1963년 11월 22일 미국의 케네디 대통령은 범인 오스왈드의 원거리 저격에 의해 암살되었다. 그 핵심 원인은 대통령이 경호원에게 특정한 위치에 있지 말 것을 명령하였고, 당시 경호원은 그 명령을 받아들여 근무위치를 변경하였다. 이는 근접경호작전에서 어떤 원칙을 무시한 것인가?

① 과학적인 두뇌작용의 원칙

② 지휘권 단일화 원칙

③ 고도의 집중력 유지의 원칙

④ 효과적인 지역방어의 원칙

⑤ 목표물 보존의 원칙

> **TIP** 지휘권 단일화 원칙을 지키지 않은 경우에 해당한다. 암살 및 테러의 방지를 위해서 지휘자의 신속한 결단과 명령체계가 확립되어야 하기 때문에 지휘권의 단일화가 반드시 필요하다. 경호요원은 다수가 있어야 하지만 지휘자는 한 사람이어야 한다.

**41** 안전검측에 관한 설명으로 틀린 것은?

① 기념식장은 많은 사람이 모이는 곳으로 비상사태 시 비상대피소를 설치하고, 식장의 각종 부착물과 시설물에 대한 안전검측을 실시한다.

② 숙소는 극도의 보안을 유지하고 불필요한 인원을 통제하며 전기, 소방, 냉·난방, 소음 등과 같은 위험물에 대한 안전대책을 강구한다.

③ 차량검측은 경호대상자의 차량뿐만 아니라 지원차량과 일반차량에 대한 출입통제조치와 차량 내·외부, 전기회로, 배터리 등에 대한 안전점검 시 운전사의 접근을 통제하고 철저히 검측하도록 한다.

④ 운동장은 구역을 세분화하여 책임구역을 설정하고, 외부, 내부, 소방, 직시고지 등에 대한 반복적인 검측과 출입자에 대한 통로를 단일화하여 반입물품에 대한 검색을 철저히 하도록 한다.

⑤ 참석자 등에 비표를 발급하고 비표를 패용하지 않은 자나 비인가자는 접근을 금지시킨다.

> **TIP** 차량검측은 경호 차량뿐만 아니라 지원차량과 일반차량에 대한 출입통제와 안전점검을 운전사 입회하에 철저히 실시한다.

**Answer** 40.② 41.③

**42** 출입자 통제대책에 관한 설명으로 틀린 것은?

① 일반참석자는 행사 시작 전 미리 입장토록 하여 경호대상자의 입장 시간과 시차를 두며, 지연 참석자에 대해서는 검색 후 별도의 지정된 통로로 출입을 허용한다.

② 출입증 배부장소의 안내요원은 가능하면 참석자를 식별할 수 있는 각 부서별 실무자로 선발하고, 출입증은 전 참가자가 패용할 수 있도록 한다.

③ 주최측은 효율적인 주차관리를 위해 승차입장카드에 대상별 주차지역을 사전에 지정하여야 하며, 주차지역별로 안내요원을 배치한다.

④ 참석자 출입통로는 행사장 구조상의 모든 출입문을 이용하여 참석자 입장 시 불편요소를 최소화한다.

⑤ 출입통로는 사람들이 쉽게 찾을 수 있는 곳으로 하여야 하며, 구석에 있는 출입구를 단일한 출입통로로 지정하지 않도록 한다.

> **TIP** 경호대상자와 참석자는 가능한 다른 출입통로를 이용하도록 해야 하며, 모든 출입문을 이용하면 출입·통제의 관리가 어려워진다.
>
> ※ 출입자 통제대책 방침
> - 행사장 내 모든 출입자와 반입물품은 지정된 출입통로만을 사용하여야 하며, 기타 통로는 폐쇄한다.
> - 안전구역 설정권 내에 출입하는 시차입장계획, 안내계획, 주차관리계획을 세우고 출입통로를 지정하여 실시해야 한다.
> - 행사가 대규모일 때에는 참석대상이나 좌석별 출입통로를 선정하여 출입통제가 용이하도록 하여야 한다.
> - 행사장 출입관리는 면밀하게 실시하고, 안전검색을 철저히 하여야 할 뿐 아니라 기본예절도 지켜야 한다.
> - 행사장 내의 모든 출입요소에 대하여 인원·수량·인가여부 등을 확인하여야 한다.
> - 원칙적으로 모든 참가자는 행사 주최측과 협조하여 발급된 출입증을 패용하여야 하나, 일부 행사의 경우 그 성격에 따라서 출입증을 패용하지 아니할 수 있다.

**43** 수행경호원의 도보 이동 간 및 정지 간 사주경계방법에 관한 설명으로 틀린 것은?

① 팀 단위 경호 시 개인의 책임감시구역을 중첩되게 설정한다.

② 먼 곳에서 가까운 곳으로 좌에서 우로 우에서 좌로 중첩 감시한다.

③ 경호원의 시선이 한 곳에 고정되면 좋지 않으므로 시선의 방향에 적절한 변화를 주는 것이 좋다.

④ 경호원은 잔상효과를 최대한 활용하며, 감시구역 내 인적취약요소의 행동변화를 기억하도록 집중력을 가져야 한다.

⑤ 가능하다면 사전 선정된 도보이동 시기 및 이동로는 변경되어야 한다.

> **TIP** 수행경호원의 도보 이동 간 및 정지 간 사주경계방법은 먼 곳에서 가까운 곳이 아닌 가까운 곳에서 먼 곳으로 한다.

**Answer** 42.④ 43.②

**44** 경호작용의 기본 고려요소에 해당하지 않는 것은?

① 계획수립

② 책임분배

③ 보안유지

④ 위해분석

⑤ 자원

> **TIP** 경호작용의 기본 고려요소로는 계획수립, 책임분배, 보안유지, 자원 등이 있다. 위해분석은 기본 고려요소에는 포함되지 않는다.
>
> ※ 위해분석(정보수집 및 분석)
>
> ㉠ 경호대상자가 참석하는 행사와 관련된 인적·물적 정보를 수집하고 이에 대한 위해를 분석한다.
>
> ㉡ 행사에 대한 세부적인 일정을 관계기관에 제공하여야 하며, 관계기관은 경호대상자에게 위험이 될 수 있는 요소를 확인하려는 노력을 하여야 한다.
>
> ㉢ 경호대상자의 안전을 위협할 수 있다고 인정되는 첩보를 상세히 분석하여 경호담당기관의 기획전담요원에게 분석내용을 통보한다.

**45** 다음 중 선발경호업무의 범위가 아닌 것은?

① 행사장 안전점검

② 행사장 비표운용

③ 차량점검 및 차량대형운영

④ 출입자 통제

⑤ 도착 전에 현장조사를 실시

> **TIP** 선발경호(Advance Security)
> • 경호대상자 도착 전에 현장조사를 실시하고 효과적인 경호업무 수행을 위한 협조와 준비를 하는 것을 말한다.
> • 임시로 편성된 경호팀을 행사 지역에 사전에 파견하여 취약요소에 대한 안전조치를 강구하고 가용 가능한 경호요원을 운용하여 경호대상자의 신변안전을 도모하는 일련의 작용을 의미한다.
> • 선발경호는 예방적 경호요소를 포함하여 완벽한 근접경호를 위한 준비활동으로 볼 수 있다.
> • 선발경호는 각종 사고의 기능성을 최소화하는 노력을 의미한다.
> • 선발경호는 준비단계, 실시단계, 평가 및 자료 존안단계로 구분된다.

**46** 다음 중 근접경호원의 임무가 아닌 것은?

① 경호원은 각자 책임구역을 명확히 하고, 행사장의 취약요소 및 위해물질을 탐지, 색출, 제거 및 안전조치를 취해야 한다.

② 경호원은 항상 경호대상자의 근접에서 경호활동을 해야 한다.

③ 경호원은 각자 책임구역에 대한 사주경계를 실시해야 한다.

④ 우발 상황발생 시 대적 및 제압보다는 경호대상자를 방호, 대피시키는 것을 우선으로 한다.

⑤ 도보 간 근접경호 시 도보대형 형성 시는 주변 감제건물의 취약도와 인적·물적 취약요소 등을 고려해야 한다.

> **TIP** 근접경호원은 항상 경호대상자의 가까운 곳에서 경호하는 것으로 행사장 전체의 취약요소 및 위해물질의 탐지 등은 근접 경호원의 임무가 아니다.

**47** 경호임무 수행 중 우발상황 발생 시 대응절차로 적절한 것은?

| | |
|---|---|
| ㉠ 경고 | ㉡ 공격인지 |
| ㉢ 대피 | ㉣ 범인제압 |
| ㉤ 방어 | |

① ㉡㉠㉢㉣㉤
② ㉠㉡㉤㉣㉢
③ ㉡㉠㉤㉢㉣
④ ㉠㉡㉢㉤㉣
⑤ ㉠㉡㉤㉢㉣

> **TIP** 적의 공격을 인지하고 적에게 경고하며 방어를 하면서 대피한다. 근접경호원이 경호대상자를 데리고 대피하면 나머지 경호 원들이 범인을 제압한다.

**48** 우발상황 발생 시 방호 및 대피에 관한 설명으로 맞는 것은?

① 전방에서 위해가 발생하면 우선적으로 육성이나 무전기로 경호요원에게 상황을 통보하여 경고한다.

② 방어적 원형대형은 수류탄, 폭발물 등에 의한 공격을 받았을 때 사용되는 방호대형이다.

③ 대피 시 경호대상자의 대피도 중요하지만, 부상당한 동료의 처리와 도주범인 추적 및 체포로 제2범행을 방지한다.

④ 대피 시에는 경호대상자에게 신체적 무리가 뒤따르고 예의를 무시하더라도 신속하고 과감하게 행동해야 한다.

⑤ 함몰형 대형은 위해의 징후가 현저하거나 직접적인 위해가 가해졌을 때 형성하는 것이 좋다.

> **TIP** ① 전방에서 위해가 발생하면 제일 가까운 곳에 있는 근접 경호원은 체위를 최대한 확장시켜 물리적 압박을 형성해야 한다.
> ② 방어적 원형대형은 위해의 징후가 현저할 때 형성하는 방어대형이다.
> ③ 대피 시는 경호대상자의 대피를 최우선으로 한다.
> ⑤ 함몰형 대형은 폭발성 화기에 대한 공격을 받았을 때 사용되는 방호대형이다.

**49** 경호안전대책을 위한 분야별 안전검측 내용으로 적절하지 못한 것은?

① 숙소는 극도로 보안을 유지하고 불필요한 인원을 통제하며 전기, 소방, 소음 등에서도 최적상태를 유지한다.

② 운동장은 사람이 모이므로 비상사태 시 대피로를 설치하고 행사장의 각종 부착물과 시설물에 대한 안전조치를 강구한다.

③ 기념식장은 구역을 세분화하여 책임구역을 설정하고 출입자에 대해 가능하면 여러 통로로 출입시켜 혼잡을 피하도록 한다.

④ 차량검측은 경호차량뿐만 아니라 지원차량과 일반차종에 대한 출입통제와 안전점검을 운전사 입회하에 철저히 실시한다.

⑤ 기념식장의 출입구는 지정된 곳만을 사용하고, 다른 출입구는 폐쇄한다.

> **TIP** 출입자에 대해 가능하면 일원화된 통로로 출입시켜 출입자 통제관리를 실시한다.

**Answer** 48.④ 49.③

**50** 근접경호요원의 임무수행방법으로 적합한 내용은?

① 출입문을 통과할 때는 경호대상자의 안전을 위하여 경호원보다 우선하여 통과시킨다.

② 경호원은 경호대상자의 활동범위 보장을 위해 항상 원거리에서 이동해야 한다.

③ 위해상황 시 제2공격을 방지하기 위해 대피보다 범인제압을 우선한다.

④ 근접도보대형의 이동속도는 경호대상자의 건강상태, 신장, 보폭 등을 고려하여 정한다.

⑤ 행사장이나 숙소 등 취약지의 위해요소를 제거하도록 한다.

> **TIP** ① 경호원이 먼저 출입문을 통과하여 안전을 확인한 후 경호대상자가 통과한다.
> ② 경호대상자의 안전을 위해 근거리에서 이동한다.
> ③ 범인의 제압보다 경호대상자의 대피가 우선하여야 한다.
> ⑤ 안전검측에 관한 내용이다.

**51** 경호임무 수행 시 출입자 통제 대책으로서 적절하지 못한 것은?

① 경호대상자와 참석자는 가능하면 동일 출입문 이용

② 확인이 곤란한 물품의 반입 차단

③ 불필요한 인원의 행사장 출입 통제

④ 출입문은 가능한 최소화

⑤ 행사의 성격이나 행사장의 구조 등에 따라서 수 개의 통로를 지정하는 것도 가능

> **TIP** 경호대상자와 참석자는 가능하면 다른 출입문을 이용하도록 한다.

**52** 행사장 내부담당 경호원의 임무내용이 아닌 것은?

① 행사장내 물적 접근 통제 계획을 수립한다.

② 행사장의 단일 출입 및 단상, 천장, 피경호인의 동선에 대한 안전도를 확인한다.

③ 경비 및 경계구역에 대한 안전조치를 강화한다.

④ 피경호인의 휴게실 및 화장실의 위치를 파악한다.

⑤ 행사장내 인적 접근 통제 계획을 수립한다.

> **TIP** 행사장 내부담당 요원은 행사장 외부의 경계구역 및 경비에 대한 임무를 수행하지 않는다.

**Answer** 50.④ 51.① 52.③

**53** 경호대상자가 숙소나 그 외 지역에서 유숙하기 위하여 머물고 있을 때 실시되는 숙소경호의 특징이 아닌 것은?

① 숙소경호는 혼잡성, 고정성, 방어개념의 미흡 등의 특징이 있다.

② 동일한 장소에 경호대상자가 장시간 체류하게 되므로 고정성이 있다.

③ 숙소의 종류 및 시설물들이 복잡하고 많은 위험요소가 내포되어 있어 취약성이 있다.

④ 숙소경호는 상대적으로 보안성이 취약하다.

⑤ 자택을 제외한 지방숙소, 호텔, 해외 행사 시 유숙지 등은 경호적 방어환경이 뛰어나다.

> **TIP** 숙소의 종류 및 시설물들이 복잡하고 많은 위험요소가 내포되어 있어 취약성이 있으므로 자택을 제외한 지방숙소, 호텔, 해외 행사 시 유숙지 등은 경호적 방어환경이 좋지 못하다.

**54** 근접경호작용에 대한 설명으로 맞는 것은?

① 경호대상자의 차량기사는 사전 신원이 확인된 자로서 사복의 무장경찰관이나 경호요원이 한다.

② 도보이동 간 경호 시 가능하다면 최초 협정된 이동 시기 및 이동로를 고수한다.

③ 경호대상자가 이동 시에는 위험에 노출되는 정도를 최소화하기 위하여 지그재그식으로 이동, 적을 기만한다.

④ 경호대상자의 차량은 유사 시 신속한 식별을 위하여 가능하면 다른 차량과 구별되는 특이한 색상으로 한다.

⑤ 삼각형 대형은 경호대상자를 가운데 놓고 5~6명의 경호요원이 원의 밖을 향하여 원의 형태로 만든 대형을 말한다.

> **TIP** ② 도보이동 간 경호 시 가능하다면 최초 협정된 이동 시기 및 이동로를 변경하여야 한다.
> ③ 경호대상자가 이동 시에는 위험에 노출되는 정도를 최소화하기 위하여 단거리 직선통로를 이용하여야 한다.
> ④ 경호대상자의 차량으로는 보수적인 색상의 문이 4개인 것을 선택하는 것이 좋다.
> ⑤ 삼각형 대형은 3명의 경호요원이 삼각형 형태의 대형으로 경호활동을 하는 것으로, 여러 가지 여건에 따라서 길이나 폭을 조정할 수 있다.

**Answer** 53.⑤ 54.①

**55** 다음 중 경호정보작용을 설명한 내용으로 적절한 것은?

① 경호와 관련된 인원, 문서, 시설, 지역, 자재 등에 대한 보호대책을 수립하여 보안을 유지해 나 가는 작용이다.

② 경호작용의 원칙적인 사전 지식을 생산 및 제공하는 작용이다. 이러한 업무는 정확성, 적시성, 완전성의 요건을 구비해야 한다.

③ 경호대상지역 내·외부의 인적·물적·지리적 취약요소에 대한 안전대책강구 등의 안전작용을 말한다.

④ 경호행사 시 경호대상자에게 위해를 줄 수 있는 위해물질을 안전하게 관리하는 작용이다.

⑤ 외부검측 시 침투가능한 창문, 출입구, 개구부 등에는 안전조치를 실시하지 않아도 된다.

**TIP** 경호정보작용의 3대 요건은 정확성, 완전성, 적시성이 있다.


**56** 경호행사 시 돌발사태에 대한 조치방법으로 옳지 않은 것은?

① 우선 육성이나 무전기로 전 경호요원에게 상황을 통보하여 경고한다.

② 근접경호요원은 자기희생의 원칙에 따라 경호대상자 주변에 방벽을 형성한다.

③ 근접경호요원은 최단시간 내에 가용한 무기를 동원하여 우선적으로 적을 제압하여 사태를 진정시킨다.

④ 근접경호요원 이외의 경호요원들은 자기담당구역 책임의 원칙에 따라 맡은 지역에서 계속 임무를 수행한다.

⑤ 위해상황 시 제2공격을 방지하기 위해 범인제압보다 방어와 대피를 우선한다.

**TIP** 근접경호요원은 최단시간 내에 경호대상자를 대피시키는 것이 우선이다. 적을 제압하는 것은 그 이후에 해야 할 일이다.

**57** 경호인력 배치 시 고려할 사항 중 옳지 않은 것은?

① 주변 환경으로 보아 취약하다고 판단되는 곳은 인력을 중점적으로 배치한다.

② 특별히 통제해야 할 곳은 전체 구간이 통제되도록 배치하여야 한다.

③ 피경호자를 직시할 수 있는 고층 건물은 완전히 장악해야 한다.

④ 의심스럽거나 견제해야 할 요소가 많은 곳만 중점적으로 배치하여 취약성을 제거한다.

⑤ 근접경호요원 이외의 경호요원들은 자기담당구역책임의 원칙에 따라 맡은 지역에서 계속 임무를 수행한다.

> **TIP** 경호인력 배치는 취약 요소가 많은 곳만 배치하는 것이 아니라 전반적으로 두루 배치하여 경호대상을 보호해야 한다.

**58** 승차와 하차의 경호방법으로 옳지 않은 것은?

① 하차지점의 상황을 경계하면서 서행으로 접근하도록 한다.

② 승차 시는 경계임무를 수행하면서 하차 시보다 좀 더 천천히 이동한다.

③ 하차 시 운전사는 시동을 건 상태에서 경호대상자가 건물 내로 들어갈 때까지 차내에서 대기한다.

④ 비상시 차량을 급히 출발시킬 수 있는 여유공간을 확보하고 정차한다.

⑤ 경호대상자가 차량으로 이동을 하는 경우, 차량 안과 그 차량 주위에도 경호요원을 배치한다.

> **TIP** 승차 시는 경계임무를 수행하면서 하차 시보다 신속하게 경계지점을 벗어나도록 한다.

**59** 사전예방 경호활동의 설명으로 옳지 않은 것은?

① 안전검측이나 검식활동은 반드시 행사 당일에 실시해야 한다.

② 안전을 저해하는 위해요소를 사전수집, 분석, 예고하는 활동이다.

③ 인원, 문서, 자재, 지역, 통신 등 경호와 관련된 보안활동이 포함된다.

④ 인적·물적·지리적인 취약요소에 대한 안전대책 내용이 주로 이루어진다.

⑤ 진입로, 주통로, 주차장 등을 고려하여 승·하차 지점을 판단한다.

> **TIP** 안전검측이나 검식활동 등의 사전예방 경호활동을 행사 당일에 실시하는 것은 바람직하지 못하다.

**Answer** 57.④ 58.② 59.①

**60** 다음 중 근접경호원에 대한 설명으로 옳지 않은 것은?

① 경호대상자와 근접경호원 사이에 위해자가 끼어들지 못하도록 근접해 있어야 한다.

② 근접경호원은 단정한 용모와 복장을 착용하고 임무를 수행해야 한다.

③ 너무 강한 경호활동은 주위 사람들에게 좋지 않은 이미지를 심어줄 수 있으므로 지나치게 타인의 접근을 차단하거나 숨기는 것은 좋지 않다.

④ 근접경호원은 언론 등 대중과 불필요한 대화를 삼가야 한다.

⑤ 근접경호원의 위치는 고정하여 경호대상자와 근접한 거리에 있어야 한다.

> **TIP** 근접경호원의 위치는 경호대상자와 근접한 거리를 유지하되 유동적이어야 한다.

**61** 경호임무 수행 시 적용되는 원칙에 관한 설명으로 옳지 않은 것은?

① 긴급상황 발생 시 무기사용 등의 공격적 행위보다는 방어위주의 엄호행동이 요구된다.

② 경호원은 경호대상자의 공적 · 사적 고유 업무수행에 방해를 받지 않도록 해야 한다.

③ 자기담당구역이 아닌 지역에서 위급한 상황이 발생해도 책임구역을 이탈해서는 안 된다.

④ 피경호인에게 접근하는 통로를 여러 개 두어 위해 요소가 분산이 되도록 한다.

⑤ 행사장에 있는 모든 출입구에 대한 검색을 하여 수상한 자를 색출한다.

> **TIP** 접근하는 통로를 제한하여 효율적인 경호를 실시해야 한다.

**62** 경호작전 지휘소(Command Post) 운영에 대한 설명으로 옳지 않은 것은?

① 행사 간 경호통신시스템의 유지

② 행사 간 경호작전요소의 통제

③ 행사 간 경호정보의 터미널 역할

④ 행사 간 경호통신시스템의 관리

⑤ 행사 간 우발사태 발생 시 근접경호에 대한 즉각 대응체계 통합지휘

> **TIP** 경호작전 지휘소(Command Post ; CP)의 설치 목적
> ㉠ 경호통신 시스템의 관리 및 유지를 위하여 설치한다.
> ㉡ 경호작전요소의 통합지휘를 위하여 설치한다.
> ㉢ 경호정보의 수집과 배포를 위하여 설치한다.

**Answer** 60.⑤ 61.④ 62.⑤

**63** 다음 중 숙소경호 업무의 영역이라고 볼 수 없는 것은?

① 교통상황 및 주차장 관리
② 순찰을 통한 시설물 안전점검 및 각종 사고예방
③ 출입자 통제 및 방문자 처리
④ 차량 출입 통제 및 반입 물품 검색
⑤ 외지에 나갈 경우의 임시숙소를 포함

> **TIP** 경호대상자의 기존 숙소뿐만 아니라 외지에 나갈 경우의 임시숙소를 포함하므로 경호의 개념이 넓으며, 경호행차시 정복·사복의 근무자가 정문출입구 또는 그 주변에 잠복근무하는 형태로 이루어진다. 교통상황 및 주차장 관리는 포함되지 않는다.

**64** 경호행사 시 경호근무자 비표의 운영에 관한 설명으로 맞는 것은?

① 비표 분실사고 발생 시 즉각 보고하고 전체 비표를 무효화하며 새로운 비표를 해당자 전원에게 지급한다.
② 비표의 종류는 다양할수록 좋으나 행사 시는 구분 없이 전체가 통일되어야 한다.
③ 비표는 근무관련 교양시작 전에 배부하고 경호 종료 후 상황을 보면서 반납한다.
④ 경호근무자의 경호안전활동 시는 비표 운영을 하지 않는 것이 바람직하다.
⑤ 비표는 식별이 용이하도록 선명하여야 하며, 위조 또는 복제를 고려하여 복잡하게 제작한다.

> **TIP** 비표는 그 중요도에 따라 구분하는 것이 좋으며 비표 분실사고 발생 시 기존의 비표를 무효화하고 새로운 비표를 지급하는 것이 좋다. 또한 비표는 관계자들이 쉽게 알아볼 수 있도록 선명하게 제작한다.

**65** 우발상황 발생 시 근접경호원의 조치사항 중 옳지 않은 것은?

① 경호대상자를 안전하게 현장에서 이탈시킨다.
② 적을 발견하면 경고하고 대적한다.
③ 근접경호원은 경호대상자를 최우선으로 대피시켜야 한다.
④ 대피는 적 공격의 반대 방향이나 비상구 쪽으로 대피한다.
⑤ 대피로는 공격의 반대방향이나 비상구가 있는 쪽이 좋다.

> **TIP** 적을 발견하면 1차적으로 경호대상자를 먼저 대피시키는 것이 우선이다. 즉, 대피시킨 이후에 적을 제압해야 한다.

**Answer**  63.① 64.① 65.②

**66** 기만경호에 대한 설명으로 옳지 않은 것은?

① 범인의 심리적 상태를 이용하여 시간을 앞당긴 기동 및 도착이 효과적이다.

② 반드시 공식행사에서만 사용해야 한다.

③ 서로 다른 공식행사에서 사용해야 한다.

④ 경호대상자와 유사하게 닮은 경호요원을 선발하여 근접경호요원으로 배치시킨다.

⑤ 범인의 심리적 상태를 이용한 기만으로 차량대형 기만과 기동시간 기만 등이 있다.

> **TIP** 기만경호는 공식, 비공식, 약식경호 어떤 형식에서도 사용이 가능하다.


**67** 근접 도보경호 대형 형성에 따른 이동 시 경호원의 근무방법으로 옳지 않은 것은?

① 이동 전 피경호인에게 이동로, 경호대형 및 특이사항을 사전에 알려 주도록 한다.

② 복도, 도로, 계단 등을 이동할 때는 위해시 방어와 대피를 위한 여유공간 확보를 위해 통로의 측면으로 이동한다.

③ 이동 시 위험에 노출되는 정도를 최소화하기 위해 단거리 직선통로를 이용한다.

④ 이동에 따른 주통로, 예비통로와 비상 대피로를 적절히 선정해 두는 것이 좋다.

⑤ 도보대형을 장소와 상황에 따라 융통성 있게 변화시킨다.

> **TIP** ② 복도, 도로, 계단 등을 이동할 때는 경호대상자를 중앙부에 위치시키는 대형을 선택한다.


**68** 선발경호의 임무에 대한 설명으로 옳지 않은 것은?

① 효과적인 경호협조 및 경호준비를 하는 것을 의미한다.

② 선발경호는 각종 사고의 기능성을 최소화하는 노력을 의미한다.

③ 기동수단 및 승·하차 지점을 판단한다.

④ 행사장의 취약요소를 분석하고 안전대책 판단기준을 설정한다.

⑤ 기동 간 및 행사장에서 이루어지는 호위활동이다.

> **TIP** 선발경호(Advance Security)는 경호대상자 도착 전에 현장조사를 실시하고 효과적인 경호업무 수행을 위한 협조와 준비를 하는 것을 말한다.


**Answer** 66.② 67.② 68.⑤

**69** 경호차량의 주차 시 경호차량 운전요원의 준수사항으로 옳지 않은 것은?

① 주차장소는 가능한 한 자주 변경하여 계획된 위해상황과 불심분자의 관찰로부터 벗어나게 한다.

② 야간 주차 시에는 어두운 곳에 주차하도록 한다.

③ 차의 정면이 출입로를 향하게 한다.

④ 출발전에 수시로 차의 상태를 점검한다.

⑤ 경호대상자의 차량기사는 사전 신원이 확인된 자로서 사복의 무장경찰관이나 경호요원이 한다.

> **TIP** 차량은 밝은 곳에 주차하도록 하여야 한다.

**70** 공동장소 기자회견 시 경호방법에 대한 설명으로 옳지 않은 것은?

① 경호대상자는 안전을 위해 회견장에 제일 먼저 도착하고, 회견이 끝나면 제일 나중에 퇴장하도록 한다.

② 후면 등 연단 주변의 모든 방면을 경계한다.

③ 모든 출입구 밖에 대기하면서 지정 출입을 이용하지 않으면 절대 입장하지 못하도록 한다.

④ 회견장 주변과 각 출구에 배치되어 경계임무를 수행한다.

⑤ 행사장 출입관리는 면밀하게 실시하고, 안전검색을 철저히 하여야 할 뿐 아니라 기본예절도 지켜야 한다.

> **TIP** 경호대상자가 먼저 도착할 필요는 없으며 일부 경호원이 회견장에 먼저 도착하고 회견이 끝나면 경호대상자와 같이 이동한다.

**71** 돌발사태에 대한 경호요원들의 올바른 대응순서는?

① 경고 – 방벽형성 – 인지 – 방호 및 대피 – 대적 및 제압

② 경고 – 인지 – 방벽형성 – 방호 및 대피 – 대적 및 제압

③ 인지 – 경고 – 방벽형성 – 방호 및 대피 – 대적 및 제압

④ 인지 – 경고 – 방벽형성 – 대적 및 제압 – 방호 및 대피

⑤ 인지 – 방벽형성 – 경고 – 방호 및 대피 – 대적 및 제압

> **TIP** 우발 및 돌발사태에 대한 대응순서는 선 인지 후 경고, 그 다음으로 방벽형성과 대피로 이루어진다.

**Answer** 69.② 70.① 71.③

**72** 경호작전 시 위험분석(Threat Assessment)을 하는 목적이 아닌 것은?

① 항상 가용한 최고의 경호수준을 유지하기 위해

② 경제성을 도모하기 위해

③ 행사성격에 맞는 경호수준을 결정하기 위해

④ 합리적인 경호작전요소를 결정하기 위해

⑤ 행사취지에 맞는 적절한 경호를 실행하기 위해

> **TIP** 가용한 최고 수준의 경호는 위험분석이 아닌 경호 시설 및 기관의 관리를 통해 이룰 수 있다.
> ※ 경호작전 시 위험분석(Threat Assessment) 목적
> • 합리적인 경호작전요소를 결정
> • 행사성격에 맞는 경호수준을 결정
> • 경제성을 도모

**73** 다음 중 안전검측의 기본지침으로 적절하지 않은 것은?

① 검측활동 중 행사보안 및 통신보안과 함께 경호대상자에 관하여는 최고의 보안을 유지한다.

② 검측활동 시 인원 및 장소를 최대한 지원받아 활용한다.

③ 검측의 순서는 통로·현관 등 경호대상자가 움직이는 장소를 우선하고 회의실, 오찬장, 휴게실 등 경호대상자가 장시간 머물러 있는 곳은 나중에 실시한다.

④ 검측활동 중 원격조정장치에 의한 폭발물 등은 전자검측장비를 이용한다.

⑤ 검측은 밖에서 안으로 가까운 곳에서 먼 곳으로 실시한다.

> **TIP** 회의실, 휴게실 등 경호대상자가 장시간 머물러 있는 곳을 먼저 안전검측을 실시하고 그 다음으로 통로·현관 등 경호대상자가 움직이는 장소를 검측한다.

**Answer**   72.① 73.③

**74** 차량기동 간 근접경호활동 시 우선적인 고려사항이 아닌 것은?

① 차량 대형 및 차종선택

② 행·환차로의 선택

③ 수행원을 위한 차량의 수 및 의전절차

④ 기동 간 비상대피로 및 대피소

⑤ 관계되는 모든 차량의 번호 숙지

> **TIP** 경호활동 시 경호 수행인원에 관한 사항을 우선적으로 고려하지는 않는다.
> ※ 차량기동 간 근접경호활동 시 우선적인 고려사항
> • 차량 대형 및 차종 선택
> • 행·환차로의 파악
> • 관계되는 모든 차량의 번호 숙지
> • 기동 간 비상대피로 및 대피소 숙지

**75** 숙소경호에 대한 설명으로 옳지 않은 것은?

① 숙소의 시설물에 많은 위험요소가 내포되어 있으나 지역내 출입하는 인원의 통제는 용이하다.

② 근무요령은 평시, 입출시, 비상시로 구분하여 운용한다.

③ 경비배치는 내부, 내곽, 외곽으로 실시하고 외곽은 1, 2, 3선으로 경계망을 구성한다.

④ 제반 감제고지 고층건물에 대한 접근로 봉쇄 및 안전확보를 한다.

⑤ 자택을 제외한 지방숙소, 호텔, 해외 행사 시 유숙지 등은 경호적 방어 환경이 좋지 못하다.

> **TIP** 숙소경호의 특징
> ⊙ 숙소경호는 혼잡성, 고정성, 보완성 취약, 방어개념의 미흡 등의 특징이 있다.
> ⓒ 동일한 장소에 경호대상자가 장시간 체류하게 되므로 고정성이 있다.
> ⓒ 숙소의 종류 및 시설물들이 복잡하고 많은 위험요소가 내포되어 있어 취약성이 있다.
> ⓔ 자택을 제외한 지방숙소, 호텔, 해외 행사 시 유숙지 등은 경호적 방어 환경이 좋지 못하다.

**Answer** 74.③ 75.①

**76** 도보이동 간 근접경호대형에 대한 설명으로 옳지 않은 것은?

① 도보대형 형성 시는 주변 감제건물의 취약도와 인적·물적 취약요소 등을 고려해야 한다.

② 다이아몬드 대형은 혼잡한 복도, 군중이 밀집해 있는 통로 등에서 적합하다.

③ 쐐기형 대형은 무장한 위해자와 직면했을 때 적당한 대형이다.

④ 삼각형 대형은 3명의 경호요원이 삼각형 형태의 대형으로 경호활동을 하는 것으로, 여러 가지 여건에 따라서 길이나 폭을 조정할 수 있다.

⑤ 기본 경호대형은 페어대형(5인), 웨즈대형(4인), 다이아몬드형(3인), 펜터건 대형(2인) 등으로 구분할 수 있다.

> **TIP** 근접경호의 기본 대형은 다이아몬드형, 쐐기형, 원형, 사다리형이다.

**77** 경호상의 안전대책 중 인적 위해대상자의 배제와 관련이 적은 것은?

① 요시찰인 및 우범자 동태 파악

② 참석예정자, 행사종사자 신원파악

③ 특별방범심방 실시

④ 경호와 관련된 첩보, 정보수집의 강화

⑤ 참석자 등에 비표를 발급, 비인가자는 접근을 금지

> **TIP** ③ 방범심방은 경찰이 수행하는 것으로 외근경찰관이 관내의 각 가정, 기타 시설을 방문하여 범죄예방, 안전사고방지 등의 계몽과 상담 및 연락 등을 행하고 주민의 협력을 얻어 예방경찰의 기초자료를 수집하는 활동을 말한다.

**Answer**  76.⑤  77.③

**78** 검측의 원칙 및 방법에 관한 설명으로 맞는 것은?

① 내부검측 시 위층에서 아래층으로 확산하여 실시한다.

② 검측 시 경호요원의 오감은 무시하고 장비만 이용하도록 한다.

③ 검측은 먼 곳에서 가까운 곳으로 실시한다.

④ 외부검측 시 침투가능한 창문, 출입구, 개구부 등에 안전조치를 실시한다.

⑤ 복잡하고 망가지기 쉬운 전자제품은 건드리지 않는다.

**TIP** ① 아래층에서 위층으로 확산하여 실시한다.
② 검측 시 장비에 전적으로 의존하기 보다는 경험이 풍부한 경호원의 오감도 최대한 활용한다.
③ 검측은 가까운 곳에서 먼 곳으로 실시한다.
⑤ 전기선은 끝까지 추적하여 확인하고 전자제품은 분해해서 확인한다.

# 04 경호복장과 장비

## ❶ 경호원의 복장

### (1) 경호원의 기본적 복장
경호원은 신분이 노출되지 않도록 복장에 유의하여야 한다.

① 밝고 화려한 색은 피하는 것이 좋다.

② 각각의 행사에 따른 환경과 조화를 이루도록 복장을 착용하는 것이 좋다.

③ **양복·코트** … 구김이 잘 가지 않는 검은색이나 감색 등의 색이 짙은 것, 그리고 장비휴대를 대비하여 사이즈가 약간 넉넉한 것이 좋다.

④ **와이셔츠** … 무늬가 없는 흰색 셔츠로 면 소재로 된 것이 좋다.

⑤ **신발** … 신발끈이 없는 것이 좋고 가죽 소재로 되어 있으면서 착용감이 좋은 신발이 좋다.

⑥ **방탄복** … 방탄능력과 착용감이 우수하고 가벼운 것이 좋다.

### (2) 경호원 복장의 종류
① **일반적인 구분** … 평상복, 근무복(제복·특수복장)

② **구체적인 구분** … 예복·정복·외투·근무복 등

### (3) 법제상 경호원 복장의 구분
① **대통령경호원**
　㉠ 실장은 필요하다고 인정하는 경우 직원에게 제복을 지급할 수 있다.
　㉡ 직원의 복제에 관하여 필요한 사항은 실장이 정한다.

② **청원경찰** … 대통령령으로 정하며 제복·장구·부속물에 관하여서는 행정안전부장관이 정하며 특수복장을 하는 경우에는 해당 시·도경찰청장의 승인을 받아야 한다.

③ **민간경비원** … 경찰이나 군인과 구별하기 쉽도록 하여야 하며, 형식과 색상을 확인할 수 있는 사진을 지방경찰청장에게 제공(신고)하여야 한다. 민간경비원의 경우 경비업자의 권한으로 지역이나 활동내용에 따라 사복착용이 가능하다.

④ 군·경찰·헌병 … 법령으로 정해져 있는 경우에는 그에 따르고 규정이 없는 경우에는 평상복을 입는다.

## ❷ 경호원의 장비

### (1) 경호장비의 개념
경호장비란 경호업무를 하는 데 필요한 검색장비, 통신장비, 호신장비, 기동장비, 방호장비, 감시장비 등을 말한다.

### (2) 경호장비의 종류
① 검색장비
  ㉠ 개념 : 검색장비는 행사장 등에서 경호활동을 할 때 폭발물이나 가스를 탐지하고 출입자에 대한 수색을 하기 위하여 필요한 장비를 말하는 것으로, 금속탐지기·X-ray 검색기·가스탐지기·폭발물탐지기 등이 이에 해당한다.
  ㉡ 검색장비의 종류
    ⓐ 휴대용 금속탐지기 : 출입자들의 소지품 등을 검색하는 데 쓰인다.
    ⓑ 봉형 금속탐지기 : 맨홀 밑과 같이 지하에 있는 물건을 탐지하거나 출입자가 많지 않은 곳에서 사람의 신체를 검색하는 경우 또는 풀이 무성한 곳과 같이 탐색이 곤란한 경우에 쓰인다.
    ⓒ 문형 금속탐지기
      • 문(door)처럼 생긴 탐지기로 대형건물이나 공항 등과 같이 출입자가 많은 경우에 설치한다.
      • 소형 총기류에 대한 탐지가 가능하며 검색강도에 따라 탐지 가능 정도가 다르다.
      • C4를 비롯한 일부 폭발물에 대한 탐지는 어려운 것이 단점이다.
    ⓓ X-ray 검색기 : 국제우편물을 검사하거나 공항에서의 소지품 속을 세밀하게 검사하기 위하여 설치한다.
② 검색장비를 이용한 검색요령
  ㉠ 조립식 제품이 많으므로 무리하게 힘을 주거나 충격을 받지 않도록 주의하여야 한다.
  ㉡ 고압전류가 흐르거나 전압변동이 심한 곳을 피해서 설치하여야 한다.
  ㉢ 검색장비를 2대 이상 사용할 경우 최소 3m 이상의 간격을 유지하여야 한다.
  ㉣ 입장객에 대한 검색을 하는 경우에는 입장객 간의 간격을 1.5m 정도로 유지하여야 한다.
  ㉤ 검색을 받는 사람들의 소지품을 별도로 검색한다.
  ㉥ 무전기와 같은 통신장비는 전파의 영향을 받아 오작동 가능성이 있으므로 검색장비에서 최소 3m 이상의 거리를 두어야 한다.

③ **통신장비** … 경호장비 중 통신장비는 특별히 정확성 · 신뢰성 · 안전성이 필요하다.

　㉠ **통신장비의 종류**

　　ⓐ 유선통신장비 : 전화기, 직통전화망, 팩시밀리(모사전송 · FAX)망, 컴퓨터통신망, 텔레타이프(인쇄전
신)망, CCTV(Closed-Circuit Television)망 등이 있다.

　　ⓑ 무선통신장비 : 휴대용 무전기, 차량용 무전기, 인공위성통신망, 무선전화기 등이 있다.

　㉡ **통신장비의 사용 전 점검사항**

　　ⓐ 통신장비의 배터리와 안테나를 점검한다.

　　ⓑ 송 · 수신의 감도가 좋은 곳으로 위치를 선정한다.

　㉢ **통신장비 사용시 주의사항**

　　ⓐ 전원이 켜져 있는 상태에서 배터리를 교환하거나 충전하지 않는다.

　　ⓑ 보안이 잘 되고 있는지 확인한다.

　　ⓒ 기밀사항에 해당하는 것은 팩스로 송 · 수신하지 않는다.

　　ⓓ 통신을 할 때에는 암호나 약어 등을 사용하여여야 하며 평상어를 사용하지 않는다.

　　ⓔ 무전기 사용시 배터리는 완전히 충전한 후 사용하여야 하고, 충전이 완료되면 배터리를 충전기에서
꺼내어 별도 관리하여야 하며 배터리를 충전기에 삽입한 상태로 방치하지 않는다.

　㉣ **경찰 정보통신 운영규칙**(경찰청예규 제490호)

　　ⓐ **주요 용어의 정의**(제3조)

　　　• 경찰 정보통신 : 경찰업무 수행을 위해 설비된 정보통신망을 이용하여 문자 · 음성 · 영상부호 및 데이터 등
의 정보를 관리 또는 송수신하는 일련의 활동을 말한다.

　　　• 정보통신망 : 전기통신설비를 활용하거나 전기통신설비와 컴퓨터 및 컴퓨터의 이용기술을 활용하여 정보를
수집 · 가공 · 저장 · 검색 · 송신 또는 수신하는 정보통신체제를 말한다.

　　　• 정보시스템 : PC · 서버 등 단말기, 보조기억매체, 전산 · 통신장치, 정보통신기기, 응용프로그램 등 정보의
수집, 가공, 저장, 검색, 송 · 수신에 필요한 하드웨어 및 소프트웨어 일체를 말한다.

　　　• 통합포털시스템 : 기능별 분산된 정보시스템을 연계하고 내부직원 간 소통 및 정보공유를 지원하며, 공조
수사 · 온라인조회 등을 통합한 정보시스템을 말한다.

　　　• 공조수사시스템 : 우범자, 도난차량, CCTV현황 및 통합수사정보시스템 등 수사공조를 지원하는 시스템을
말한다.

　　　• 온라인조회시스템 : 통합포털시스템을 통해 경찰 주전산기에 수록된 주민 등 전산자료를 입력, 조회, 수정
할 수 있는 시스템을 말한다.

　　　• 긴급전화 : 천재지변 · 비상사태 등 중요상황이 발생한 경우 신속하게 임시로 구성하여 운용하는 전화를 말
한다.

　　　• 측방통신망 : 경찰업무의 공조를 위해 인접한 시 · 도경찰청 및 경찰서간 상호 업무연락을 할 수 있는 유
선 · 무선 통신망을 말한다.

　　　• 온라인조회단말기 : 온라인조회시스템을 이용하여 주민 등 전산자료를 조회할 수 있는 단말기를 말한다.

　　　• 모바일단말기 : 경찰관이 외근현장에서 각종 조회 및 단속, 업무처리에 활용하는 스마트폰이나 태블릿PC
등을 말한다.

　　　• 업무용휴대폰 : 경찰목적을 위하여 업무연락으로 사용하는 휴대용전화기를 말한다.

- 종합조회처리실 : 온라인조회시스템을 이용한 전산자료 조회 및 입력 등을 의뢰받아 종합적으로 처리하는 부서를 말한다.
- 전산자료 : 전산장비를 이용하여 입·출력되는 자료를 말하며, 그 자료가 수록되어 있는 자기테이프, 하드디스크, 디스켓, USB 등 보조기억매체를 포함한다.
- 정보통신장비실 : 서버 등 정보시스템과 교환기 등 통신시스템 및 전송장비가 설치 운용되는 장소를 말한다.
- 조회 : 정보시스템 및 단말기를 통하여 제공되는 각종 자료의 내역을 열람, 대조, 출력하는 일체의 행위를 말한다.
- 정보시스템 관리책임자 : 정보시스템을 실제 운용하는 부서의 장 또는 각종 자료의 입력, 조회여부를 최종 결정할 권한이 있는 자를 말한다.
- 단말기 사용자 : 단말기를 직접 조작하여 각종 자료의 입력, 조회를 수행하는 자를 말한다.
- 사용권한 : 온라인조회시스템에 접속하여 전산자료를 입력·수정·열람·삭제 및 활용할 수 있는 권한을 말한다.
- 시스템 관리자 : 행정업무의 원활한 수행을 위하여 정보시스템을 운영·관리하는 자를 말한다.

ⓑ **무선통신의 운용**(제17조)
- 무선통신은 보안성이 가장 취약한 통신망이므로 긴급하거나 유선통신이 불가능할 경우 사용하여야 하고, 반드시 보안대책을 강구하여 사용하여야 한다.
- 무선통신시 준수사항
  - 무선통신은 최소한의 필요사항만을 교신하여야 한다.
  - 무전용어는 무선약호를 최대한 활용하여 간명하게 사용하여야 한다.
  - 무전기응용자는 자국 및 상대국 호출부호를 명확히 사용하여야 한다.
- 측방무선망은 다음에 따라 관리한다.
  - 측방무선망을 설치한 경찰관서장은 측방무선망 운영 실태를 수시로 점검하여야 하며 언제든지 사용할 수 있도록 유지 관리하여야 한다.
  - 측방무선망을 운영하는 경찰관서장은 전 직원이 상대 관서의 채널번호 및 호출부호를 평상시 숙지할 수 있도록 조치하여야 한다.
- 기존 유·무선 통신망 두절에 대비한 비상통신망으로는 위성전화를 설치 운영하며, 운영부서에서는 소통상태를 수시로 점검하여 언제든지 사용할 수 있도록 유지·관리하여야 한다.

④ 호신장비
㉠ 의의 : 경호원이 자신의 신체를 보호하기 위하여 사용하는 장비로 경봉·분사기·충격기·가스 등이 이에 해당한다.
㉡ 종류
ⓐ **경봉**
- 경봉에는 연질 플라스틱 소재로 되어 있는 막대형 경봉과 철제로 되어 있는 3단 탈착식 호신용 경봉이 있다.
- 경봉을 사용할 때에는 인명 또는 신체에 대한 위해를 최소화하도록 주의하여야 한다.
- 경비원이 휴대하는 장구의 종류는 경적·경봉 및 분사기 등으로 하되, 근무중에 한하여 이를 휴대할 수 있다.

ⓑ 분사기
　• 가스분사기
　　- 가스분사기·가스분사봉·가스총 등이 이에 해당하며, 총포·도검·화약류 단속법에 의하여 사전에 소지
　　　허가를 받아야 한다.
　　- 휴대용 가스분사기 사용상 유효사거리는 2~3m이다.
　　- 휴대용 가스분사기는 공권력 행사나 정당방위, 화재 초기 진화 등에만 사용할 수 있다.
　　- 취급자는 휴대용 가스분사기에 대한 안전수칙, 취급요령 등에 대한 지식을 습득한다.
　　- 휴대용 가스분사기 구입시에는 분사기 구입신청서를 복사하여 관할 파출소에 신고하여야 한다.
　• 경비업자가 경비원으로 하여금 분사기를 휴대하여 직무를 수행하게 하는 경우에는 총포·도검·화약류 등
　　단속법에 의하여 미리 분사기의 소지허가를 받아야 한다(경비업법 제16조의2 제2항).
ⓒ 충격기 : 막대형과 3단 접이식 전자충격기가 있다.

⑤ 방호장비
　㉠ 의의 : 공격자가 침입할 수 있다고 생각되는 경로를 미리 차단하기 위해 설치하는 방벽을 말한다.
　㉡ 종류
　　ⓐ 자연적 방벽 : 산맥, 강 등 자연적 방벽에 외벽 등을 설치함으로써 적의 침입을 방어하는 것을 말한다.
　　ⓑ 물리적 방벽
　　　• 시설방벽 : 담, 울타리 등
　　　• 인간방벽 : 경비경찰, 군사시설의 경비, 청원경찰 등
　　　• 동물방벽 : 경비견 등
　　　• 전기방벽 : 전류방벽, 방호조명 등

⑥ 감시장비
　㉠ 의의 : 감시장비란 초음파, 전자파 또는 적외선을 이용하여 침입자나 공격자를 사전에 감지하기 위한 장
　　비이다.
　㉡ 종류
　　ⓐ 감시장비 : 쌍안경, 망원경, 포대경 등
　　ⓑ 기계경보장치 : 음향·진동·초음파 탐지기, CCTV, 경보시스템 등

⑦ 총기
　㉠ 38구경(리볼버)
　　ⓐ 제조사 : 미국 Smith & Wesson
　　ⓑ 구경 : 9.06mm(0.38인치)
　　ⓒ 총열길이 : 2인치, 2.5인치, 4인치
　　ⓓ 강선 : 6조 좌선
　　ⓔ 유효사거리 : 약 50m
　　ⓕ 최대사거리 : 약 1,500m

　　　　ⓛ 콜트
　　　　　　ⓐ 제조사 : 미국 Colt
　　　　　　ⓑ 구경 : 45구경
　　　　　　ⓒ 강선 : 6조 좌선
　　　　　　ⓓ 유효사거리 : 약 50m
　　　　　　ⓔ 최대사거리 : 약 1,400m
　　　　ⓒ 22구경
　　　　　　ⓐ 제조사 : 대우정밀
　　　　　　ⓑ 구경 : 22구경
　　　　　　ⓒ 강선 : 6조 우선
　　　　　　ⓓ 유효사거리 : 50m
　　　　　　ⓔ 최대사거리 : 1,500m

⑧ **기동장비** … 차량, 무전기, 소화기, 반사경 등이 기동장비에 속한다.

# 출제 예상 문제

2019년 기출 변형

**1** 경호원의 복장 선택 시 고려해야 할 사항으로 옳지 않은 것을 고르시오.

> ㉠ 행사의 성격과 장소에 구애받지 않고 활동성이 용이해야만 한다.
> ㉡ 경호대상자보다 두드러지지 않아야 하고 개인 취향을 배제해야 한다.
> ㉢ 주의의 시선을 끌 만한 색상이나 디자인은 지양하고 위엄과 권위가 있어 보이도록 한다.
> ㉣ 신발은 장시간 근무상황을 고려하여 편안하고 잘 벗겨지지 않아야 한다.
> ㉤ 여성 경호원의 경우 장신구 착용을 권장하고, 평범하지 않으며 화려한 장신구를 착용한다.

① ㉠㉣                          ② ㉠㉤
③ ㉡㉢                          ④ ㉡㉤
⑤ ㉢㉣

> **TIP** ㉠ 경호원은 행사의 성격에 따라 주변 환경과 어울리도록 복장을 착용해야 한다.
> ㉤ 여성 경호원의 경우 엑세사리 등을 착용하지 않아야 한다.

**2** 경호 및 경비 관련 장비의 휴대 및 사용에 관한 사항과 관련 법률을 연결한 것으로 잘못된 것은?

① 경비원의 분사기 – 경비업법
② 청원경찰의 권총 – 경찰관직무집행법
③ 경찰관의 권총 – 경찰관직무집행법
④ 특수경비원의 소총 – 경비업법
⑤ 특수경비원의 가스분사기나 전기충격기 – 총포·도검·화약류 등의 안전관리에 관한 법률

> **TIP** ② 청원경찰의 권총 – 청원경찰법

**Answer** 1.② 2.②

**3** 검색장비의 설치 및 검색요건에 대한 설명으로 옳지 않은 것은?

① 검색장비를 설치할 때에는 사용 전 전원을 확인하고, 기기에 무리한 힘이나 충격을 주지 말아야 한다.

② 무전기와 같은 통신장비 등은 탐지기로부터 최소한 1m 이상 거리를 유지하여야 한다.

③ 입장객을 통과시킬 때에는 개인 간격은 최소 1.5m 거리를 유지하고, 대상자가 소지한 휴대품은 별도로 검색한다.

④ 금속탐지기를 2대 이상 운영할 때에는 최소 3m 이상의 간격을 유지하여 설치하여야 한다.

⑤ 고압전류가 흐르는 주변이나 에어컨, 콘솔박스 등 전압의 변화가 심한 곳은 피하여 설치하여야 한다.

> **TIP** 검색요건
> ㉠ 입장객을 통과시킬 때에는 개인 간격은 최소 1.5m 거리를 유지하고, 대상자가 소지한 휴대품은 별도로 검색한다.
> ㉡ 무전기와 같은 통신장비는 탐지기로부터 3m 이상 거리를 유지하고, 대상자가 움직이거나 탐지기를 건드린 때에는 다시 검색한다.
> ㉢ 검색장비를 설치할 때에는 사용 전 전원을 확인하고, 기기에 무리한 힘이나 충격을 주지 말아야 한다.
> ㉣ 검색장비는 정밀 전자과학 장비이므로 취급에 유의하여야 하며, 고압 전류가 흐르는 주변이나 에어컨, 콘솔박스 등 전압의 변화가 심한 곳은 피하여 설치하여야 한다.
> ㉤ 금속탐지기를 2대 이상 운영할 때에는 최소 3m 이상의 간격을 유지하여 설치하여야 한다.

**4** 다음 중 호송경비원이 소지할 수 있는 무기(장비)가 바르게 짝지어진 것은?

| | |
|---|---|
| ㉠ 권총 | ㉡ 소총 |
| ㉢ 경적 | ㉣ 단봉 |
| ㉤ 분사기 | |

① ㉠㉡㉢

② ㉡㉢㉣

③ ㉢㉣㉤

④ ㉠㉡㉢㉣

⑤ ㉠㉡㉢㉣㉤

> **TIP** 민간경비원별 휴대 가능한 무기(장비)
> ㉠ 호송·시설경비원: 경적, 단봉, 분사기
> ㉡ 기계경비원: 경적, 단봉, 출동차량, 분사기
> ㉢ 특수경비원: 권총, 소총, 경적, 단봉, 분사기

**Answer** 3.② 4.③

**5** 경호 복장 선택과 착용에 대한 설명으로 옳지 않은 것은?

① 주변의 시선을 끌만한 색상이나 디자인은 지양한다.

② 행사의 성격과 장소와 무관하게 기능적이고 튼튼해야 한다.

③ 신발은 장시간 서 있는 근무상황을 고려해서 선택해야 한다.

④ 기상조건을 극복하기에 적절한 복장을 착용한다.

⑤ 보수적인 색상과 스타일의 복장을 착용한다.

> **TIP** 일반적으로 경호원은 행사성격에 따라 주변 환경과 조화되도록 복장을 착용한다.

**6** 경호공무원이 무기의 휴대 및 사용과 관련하여 사람에게 위해를 끼치지 않아야 하는 경우는?

① 형법상 정당방위에 해당할 때

② 형법상 정당행위에 해당할 때

③ 형법상 긴급피난에 해당할 때

④ 야간이나 집단을 이루거나 흉기 등을 휴대하여 경호업무를 방해하기 위하여 경호공무원에게 항거할 때 이를 방지하거나 체포하기 위하여 다른 수단이 없다고 인정되는 상당한 이유가 있을 때

⑤ 경호대상에 대한 경호업무 수행 중 인지한 그 소관에 속하는 범죄로 장기 3년 이상의 징역에 해당하는 죄를 범한 사람이 소속공무원의 직무집행에 대하여 항거하거나 도피하려고 할 때

> **TIP** 무기의 휴대 및 사용〈대통령 등의 경호에 관한 법률 제19조〉
> ㉠ 처장은 직무를 수행하기 위하여 필요하다고 인정할 때에는 소속공무원에게 무기를 휴대하게 할 수 있다.
> ㉡ 무기를 휴대하는 사람은 그 직무를 수행할 때 필요하다고 인정하는 상당한 이유가 있을 경우 그 사태에 대응하여 부득이하다고 판단되는 한도 내에서 무기를 사용할 수 있다. 다만, 다음의 어느 하나에 해당할 때를 제외하고는 사람에게 위해를 끼쳐서는 아니 된다.
> • 정당방위와 긴급피난에 해당할 때
> • 경호대상에 대한 경호업무 수행 중 인지한 그 소관에 속하는 범죄로 사형, 무기 또는 장기 3년 이상의 징역 또는 금고에 해당하는 죄를 범하거나 범하였다고 의심할 만한 충분한 이유가 있는 사람이 소속공무원의 직무집행에 대하여 항거하거나 도피하려고 할 때 또는 제3자가 그를 도피시키려고 소속공무원에게 항거할 때에 이를 방지하거나 체포하기 위하여 무기를 사용하지 아니하고는 다른 수단이 없다고 인정되는 상당한 이유가 있을 때
> • 야간이나 집단을 이루거나 흉기나 그 밖의 위험한 물건을 휴대하여 경호업무를 방해하기 위하여 소속공무원에게 항거할 경우에 이를 방지하거나 체포하기 위하여 무기를 사용하지 아니하고는 다른 수단이 없다고 인정되는 상당한 이유가 있을 때

**Answer** 5.② 6.②

**7** 경호장비에 관한 설명으로 옳지 않은 것은?

① 호신장비에는 경봉, 분사기, 충격기, 가스총 등이 있다.

② 검색장비에는 금속탐지기, 가스탐지기 등이 있다.

③ 기동장비란 도보, 차량, 항공기, 선박 등을 말한다.

④ 통신장비는 정확성, 신뢰성, 안전성이 요구된다.

⑤ 경봉을 사용할 때에는 인명 또는 신체에 대한 위해를 최소화하도록 주의하여야 한다.

> **TIP** 경호장비란 경호업무를 하는 데 필요한 검색장비, 통신장비, 호신장비, 기동장비, 방호장비, 감시장비 등을 말한다. 차량, 무전기, 소화기, 반사경 등이 기동장비에 속한다.

**8** 근접경호원의 복장으로 적합한 것은?

① 행사의 성격과 관계없이 경호원의 품위가 느껴지는 검정색 계통의 정장

② 보호색원리에 의한 경호현장의 주변 환경과 조화되는 복장

③ 위해기도자에게 강렬한 인상을 줄 수 있는 색상과 장비착용에 편한 기능성 복장

④ 경호대상자와 구분되는 색상이나 스타일의 복장

⑤ 노출경호가 필요한 경우에는 자유 복장

> **TIP** 경호원은 행사의 성격에 따라 주변 환경과 조화되도록 복장을 착용하여 신분이 노출되지 않아야 하며, 노출경호가 필요한 경우에는 지정된 복장을 착용한다.

**9** 경호업무 수행 시 경비원이 휴대가 가능한 무기, 장비 등으로 적절하지 않은 것은?

① 특수경비원 – 권총, 소총, 경적, 경봉, 분사기

② 일반경비원 – 경적, 경봉, 분사기

③ 기계경비원 – 경적, 경봉, 출동차량, 분사기

④ 호송경비원 – 현금호송백, 권총, 경적, 경봉, 분사기

⑤ 신변경호원 – 경적, 경봉, 분사기

> **TIP** 특수경비원을 제외한 일반경비원들은 권총을 휴대할 수 없다.

**Answer** 7.③ 8.② 9.④

**10** 경비원이 분사기를 휴대하기 위한 적법한 절차로 옳은 것은?

① 장비를 임의로 개조하여 통상의 용법과 달리 사용함으로써 다른 사람의 생명·신체에 위해를 가할 수 있다.

② 경비업자가 분사기를 구입하여 관할 경찰서에 기부 후 필요시 경찰청장의 허가에 의해 대여하여 휴대할 수 있다.

③ 경비원이 개인 구입하여 관할 경찰서장의 허가를 받아 휴대할 수 있다.

④ 경비원 개인은 근무 목적상 본인이 구입하여 경비업자의 허가를 받아 휴대할 수 있다.

⑤ 경비업자는 총포·도검·화약류 단속법에 의하여 미리 분사기의 소지허가를 받아야 한다.

> **TIP** 경비업자가 경비원으로 하여금 분사기를 휴대하여 직무를 수행하게 하는 경우에는 총포·도검·화약류 등 단속법에 의하여 미리 분사기의 소지허가를 받아야 한다〈경비업법 제16조의2〉.

**11** 무기사용에 위해를 수반하는 경우의 한계원칙으로 모두 고른 것은?

① 필요성, 합리성의 원칙

② 합리성, 보충성의 원칙

③ 필요성, 보충성의 원칙

④ 합리성, 필요성, 보충성의 원칙

⑤ 수인가능성의 원칙

> **TIP** 무기사용의 한계원칙으로 필요성, 합리성의 원칙 외에 보충성의 원칙이 필요하다.

**12** 민간경호요원이 근무 중 휴대할 수 있는 장비는?

① 공기총
② 호신용 칼
③ 수갑
④ 경봉
⑤ 장총

> **TIP** 경비원이 휴대하는 장구의 종류는 경적·경봉 및 분사기 등으로 하되, 근무 중에 한하여 이를 휴대할 수 있다.

**Answer** 10.⑤ 11.④ 12.④

**13** 다음 중 경호공무원, 경비원, 청원경찰의 복제내용으로 타당한 것은?

① 청원경찰은 통일된 제복을 착용하되 필요시 시·도경찰청장의 승인을 얻어 특수복장을 착용할 수 있다.
② 경비원은 사복을 착용할 수 없다.
③ 대통령경호공무원은 제복을 지급받을 수 없다.
④ 경비업자는 근무지역 및 내용에 따라 경비원으로 하여금 제복 외의 복장을 착용하게 할 수 없다.
⑤ 경비업자는 경찰공무원 또는 군인의 제복과 색상 및 디자인 등이 동일한 소속 경비원의 복장을 정하여 시·도경찰청장에게 행정안전부령으로 정하는 바에 따라 신고하여야 한다.

> **TIP** ② 경비업자는 근무의 지역 및 내용에 따라 경비원으로 하여금 사복을 착용하게 할 수 있다.
> ③ 대통령경호공무원은 제복을 지급받을 수 있다.
> ④ 제복 외의 복장을 착용하게 할 수 있다.
> ⑤ 경비업자는 경찰공무원 또는 군인의 제복과 색상 및 디자인 등이 명확히 구별되는 소속 경비원의 복장을 정하여 지방경찰청장에게 행정안전부령으로 정하는 바에 따라 신고하여야 한다.

**14** 휴대용 가스분사기(SS2형) 사용 및 취급에 관한 설명으로 옳지 않은 것은?

① 휴대용 가스분사기 사용상 유효사거리 2~3m이다.
② 휴대용 가스분사기 구입시에는 분사기 구입신청서를 복사하여 관할 시·군·구에 신고하여야 한다.
③ 휴대용 가스분사기는 공권력 행사나 정당방위, 화재 초기 진화 등에만 사용할 수 있다.
④ 취급자는 휴대용 가스분사기에 대한 안전수칙, 취급요령 등에 대한 지식을 습득한다.
⑤ 가스분사기는 총포·도검·화약류 단속법에 의하여 사전에 소지허가를 받아야 한다.

> **TIP** 휴대용 가스분사기 구입시에는 분사기 구입신청서를 복사하여 관할 파출소에 신고하여야 한다.

**15** 다음 중 검색장비에 해당하지 않는 것은?

① 금속탐지기
② 폭발물 탐지기
③ 쌍안경
④ 차량검색 거울
⑤ 봉형 금속탐지기

> **TIP** 쌍안경은 관측장비에 해당한다.

**Answer** 13.① 14.② 15.③

**16** 경호원의 복장에 대한 설명으로 옳지 않은 것은?

① 경호 행사의 성격, 장소, 시간 등에 따라 주위와 잘 어울리는 복장으로 한다.

② 밝고 화려한 색은 피하는 것이 좋다.

③ 경호업무를 위해 특별히 제작된 옷은 없지만 대개는 정장 차림을 하는 것이 좋다.

④ 여자경호원의 경우 신발 뒷굽의 높이와 편의성을 고려하여 하이힐은 피하는 것이 좋다.

⑤ 개개인의 취향을 살려 각자에게 잘 어울리는 복장을 선택하는 것이 바람직하다.

> **TIP** 각각의 행사에 따른 환경과 조화를 이루도록 복장을 착용하는 것이 좋다.

**17** 검색장비 설치 시 유의할 사항이 아닌 것은?

① 사용 전 반드시 전원을 확인한다.

② 조립식 제품으로 무리한 힘을 가하거나 충격을 주지 않는다.

③ 에어컨 등 전압변동이 심한 곳을 피하여 설치한다.

④ 금속탐지기를 2대 이상 운용 시 최소 10m 이상 유지한다.

⑤ 입장객에 대한 검색을 하는 경우에는 입장객 간의 간격을 1.5m 정도로 유지하여야 한다.

> **TIP** 검색장비를 2대 이상 사용할 경우 최소 3m 이상의 간격을 유지하여야 한다.

**18** 경호요원의 총기사용에 대한 설명 중 옳지 않은 것은?

① 안녕과 질서를 위해 최종적으로 사용한다.

② 총기는 권위를 표출하는 수단으로 범죄예방차원에서 잘 보이게 휴대한다.

③ 관계법상 인정되는 엄격한 요건과 관계 내에 사용한다.

④ 경호대상자나 경호원이 생명의 위협을 격퇴시키는 데 다른 수단이 없을 때 사용한다.

⑤ 총기는 항상 안전하게 보관하여야 한다.

> **TIP** 총기는 위화감을 조성할 수 있으며 또한 잘 보이게 될 경우 돌발상황으로 인한 도난의 우려가 있어 항시 보이지 않도록 휴대해야 한다.

**Answer** 16.⑤ 17.④ 18.②

**19** 경호장비 중 권총(38리볼버)의 제원으로 옳지 않은 것은?

① 구경 0.38인치

② 강선 6조 좌선

③ 총열길이 2인치, 2.5인치, 4인치

④ 최대사거리는 약 1km, 유효사거리 50m

⑤ 유효사거리는 약 50m

> **TIP** 38구경 리볼버의 최대사거리는 약 1,500m이다.

**20** 다음 경호장비 중에서 권총(38리볼버)의 격발방법으로 옳은 것은?

① 노출공이치기식                    ② 삽탄장전식

③ 회전노리쇠식                      ④ 탄대장전식

⑤ 노리쇠장전식

> **TIP** 리볼버의 격발방법은 노출공이치기식이다.

**21** 가스분사기 사용에 관한 설명 중 옳지 않은 것은?

① 소지 · 관리 등은 총기에 준하여 안전하게 관리한다.

② 정당방위 등에 사용하고 개인감정 · 시비목적으로는 사용을 금한다.

③ 도난 · 피탈시에는 경찰관서에 신고해야 한다.

④ 제압효과를 높이기 위해 분사 목적물에 5m 이상 이격하여 가스를 분사한다.

⑤ 휴대용 가스분사기는 공권력 행사나 정당방위, 화재 초기 진화 등에만 사용할 수 있다.

> **TIP** 가스분사기의 사용시 유효거리는 2~3m가 적당하다.

**Answer** 19.④ 20.① 21.④

**22** 경호원의 복장으로 올바르지 않은 것은?

① 밝고 화려한 색은 피하는 것이 좋다.

② 각각의 행사에 따른 환경과 조화를 이루도록 복장을 착용하는 것이 좋다.

③ 패션도 전략이므로 몸에 딱맞는 수트를 입는다.

④ 방탄능력과 착용감이 우수하고 가벼운 것이 좋다.

⑤ 신발끈이 없는 것이 좋고 가죽 소재로 되어 있으면서 착용감이 좋은 신발이 좋다.

> **TIP** 장비휴대를 대비할 수 있도록 사이즈가 약간 넉넉한 것이 좋다.

**23** 검색장비를 이용한 검색요령으로 옳지 않은 것은?

① 조립식 제품이 많으므로 무리하게 힘을 주거나 충격을 받지 않도록 주의하여야 한다.

② 고압전류가 흐르거나 전압변동이 심한 곳을 피해서 설치하여야 한다.

③ 검색장비를 2대 이상 사용할 경우 최소 3m 이상의 간격을 유지하여야 한다.

④ 통신장비는 전파의 영향을 받아 오작동 가능성이 있으므로 검색장비에서 최소 1m 이상의 거리를 두어야 한다.

⑤ 검색을 받는 사람들의 소지품을 별도로 검색한다.

> **TIP** 통신장비와 검색장비는 최소 3m 이상의 거리를 두어야 한다.

**24** 맨홀 밑과 같이 지하에 있는 물건을 탐지하거나 풀이 무성한 곳과 같이 탐색이 곤란한 경우에 쓰이는 검색장비는 무엇인가?

① 고정형 금속탐지기  ② 휴대용 금속탐지기

③ 봉형 금속탐지기  ④ 문형 금속탐지기

⑤ X-ray 검색기

> **TIP** 봉형 금속탐지기는 맨홀 밑과 같이 지하에 있는 물건을 탐지하거나 출입자가 많지 않은 곳에서 사람의 신체를 검색하는 경우 또는 풀이 무성한 곳과 같이 탐색이 곤란한 경우에 쓰인다.

**Answer** 22.③ 23.④ 24.③

**25** 다음은 무엇에 관한 설명인가?

---

- 제조사 : 미국 Smith & Wesson
- 총열길이 : 2인치, 2.5인치, 4인치
- 유효사거리 : 약 50m
- 구경 : 9.06mm(0.38인치)
- 강선 : 6조 좌선
- 최대사거리 : 약 1,500m

---

① 콜트 45구경
② 22구경
③ 38구경(리볼버)
④ M16
⑤ K-5

> **TIP** 38구경(리볼버)이다.
> ① 콜트는 미국 Colt에서 제작하였다.
> ② 22구경은 대우정밀에서 제작하였다.
> ④ M16은 권총이 아닌 소총으로 미국에서 만들어진 것이다.
> ⑤ 한국에서 제작된 9mm K5권총이다.

**26** 무선통신 시 주의사항 및 금지사항으로 옳지 않은 것은?

① 무선통신은 수신대기를 원칙으로 하며, 최소한의 필요사항만을 교신하여야 한다.
② 무전용어는 무선약호를 최대한 활용하여 간명하게 사용하여야 한다.
③ 무전기 운용자는 자국 및 상대국 호출부호를 반드시 사용하여 운용 무선국을 명확히 하여야 한다.
④ 중요한 행사를 준비하기 위해서 수차례 시험전송을 실시한다.
⑤ 통신상 오류를 인지한 때에는 즉시 정정하여야 한다.

> **TIP** 과도한 시험전송은 통신에 방해가 될 수 있으므로 자제한다.

**Answer** 25.③ 26.④

**27** 경호장비의 종류에 관한 설명으로 옳은 것은?

① 경호업무에 있어서 인력부족으로 인한 경호취약점을 보완하는 수단으로써 침입행위를 사전에 알아내는 역할을 하는 장비를 호신장비라고 한다.

② 경호원이 자신의 생명·신체가 위험상태에 놓였을 때 스스로를 보호하는 장비를 방호장비라고 한다.

③ 휴대용 금속탐지기는 맨홀 밑과 같이 지하에 있는 물건을 탐지하는데 사용한다.

④ 방벽을 설치하여 침입하려는 적의 심리상태를 불안·좌절시키는 효과를 가진 장비를 감시장비라고 한다.

⑤ 경호위해요소에 대한 분석과 판단으로 적절한 조치를 강구하여 위해요소를 사전에 제거하는데 활용되는 장비를 검색장비라고 한다.

> **TIP** ⑤ 검색장비는 행사장 등에서 경호활동을 할 때 폭발물이나 가스를 탐지하고 출입자에 대한 수색을 하기 위하여 필요한 장비를 말하는 것으로, 금속탐지기·X-ray 검색기·가스탐지기·폭발물탐지기 등이 이에 해당한다.


**28** 금속탐지기, X-Ray 수하물 검색기, 가스탐지기, 차량검색거울 등은 다음 중 어느 장비에 해당하는가?

① 호신장비                    ② 기동장비

③ 통신장비                    ④ 검색장비

⑤ 방호장비

> **TIP** 검색장비는 행사장 등에서 경호활동을 할 때 폭발물이나 가스를 탐지하고 출입자에 대한 수색을 하기 위하여 필요한 장비를 말하는 것으로, 금속탐지기·X-ray 검색기·가스탐지기·폭발물탐지기 등이 이에 해당한다.

**Answer**  27.⑤  28.④

**29** 경호에 있어 통신보안에 가장 취약한 통신망은 무엇인가?

① 모사전송기
② 무선통신
③ 텔레타이프
④ 유선통신
⑤ 컴퓨터통신망

> **TIP** 무선통신은 통신유형 중에서 통신보안에 가장 취약한 통신망이다.

**30** 경호장비에 대한 설명으로 옳지 않은 것은?

① 호신장비에는 단봉, 분사기, 쌍안경이 있다.
② 분사기는 총기에 준하여 관리하여야 한다.
③ 기동장비에는 차량, 항공기, 선박 등이 있다.
④ 검색장비에는 금속탐지기, 가스탐지기 등이 있다.
⑤ 무선통신장비에는 휴대용 무전기, 차량용 무전기, 인공위성통신망, 무선전화기 등이 있다.

> **TIP** 쌍안경은 감시장비이다.

# 05 경호의전과 구급법

## ❶ 경호원의 의전과 예절

### (1) 경호원의 의전

① 의전의 정의 … 좁은 의미에서는 국가행사, 외교행사, 국가원수 및 고위급 인사의 방문과 영접에서 행해지는 국제적 예의(국가의전)를 의미하지만, 넓게는 사회구성원으로서 개개인이 지켜야 할 건전한 상식에 입각한 예의범절(사교의례)을 포함한다.

② 국가의전의 범위
ㄱ 국가행사 시 의전
ㄴ 외교사절의 파견과 접수
ㄷ 주권국가 간 외교행사에 있어 행해지는 의전
ㄹ 국가원수 및 고위급 인사의 방문과 영접에 따른 의전

③ 국가의전의 외빈방한 영접
ㄱ 준비절차
ⓐ 외빈접수 기본계획 수립 : 연초에 대통령에게 보고한다.
ⓑ 방문의 격/예우 범위 결정 : 방한 희망국과 협의하고 영접기준을 결정한다.
ⓒ 방한일자 확정 구체 방한일정 수립 : 대통령실 및 방한 희망국과 협의하고, 방한일자를 확정한다.
ⓓ 방문 희망국 답사단 접수 : 주한공관과 교섭해서, 일정(안)을 수립한다.
ⓔ 외빈 접수자료 입수 : 기본 영접계획 및 예우 등을 확인한다.
ⓕ 행사 관계기관 협조 요청 : 외빈/배우자 관련 자료, 수행원 명단 등을 입수한다.
ⓖ 행사별 우리측 참석자 확정 : 국방부, 법무부 등에 협조요청 공문을 시행한다.
ⓗ 외빈 영접행사 시행 : 대통령실 등 관계기관과 협의한다.
ㄴ 방문의 격
ⓐ 국빈방문(State Visit)
• 대통령의 임기 중 대통령 명의 공식초청에 의한 외국국가 원수의 방한을 말한다.
• 대통령 임기 중 국별로 1회에 한함을 원칙으로 하되, 해당 국가원수가 재선 또는 변경된 경우에는 예외로 재차 국빈방문이 가능하다.
ⓑ 공식방문(Official Visit)
• 대통령의 임기 중 대통령 명의 공식초청에 의한 외국의 행정수반인 총리 및 이에 준하는 외빈의 방한을 말한다.

- 국무총리 명의(외국 행정수반이 아닌 총리) 또는 외교부장관 명의(외국 외교부장관)로 공식 초청하는 외교부장관 이상 외빈의 방한을 말한다.

  ※ 공식방문 여부는 양국간 협의에 의해 결정한다.

ⓒ 실무방문(Working Visit) : 공식 초청장을 발송하지 않으나, 공무 목적으로 방한하는 외교부장관 이상의 외빈의 방한, 체재 비용은 방한 외빈이 부담한다.

ⓓ 사적 방문(Private Visit) : 국제회의 참가 또는 사적 목적의 방한을 말한다.

ⓒ 예우의 범위와 수행

| | | 국빈방문 | 공식방문 | 실무방문 | 사적방문 |
|---|---|---|---|---|---|
| | | (의전장실 담당) | | (지역국 담당) | |
| 영예수행 | 국가원수 | 의전장 | 의전장 | 지역국 심의관 | 없음 |
| | A급 총리 | 의전장 | 의전장 | 지역국 심의관 | |
| | B급 총리 | 없음 | 의전기획관 | 지역국 과장 | |
| 공항 출영송 | 국가원수 | 장관 또는 차관급 인사 | 장관 또는 차관급 인사 | 지역국장 | (지역국장) |
| | A급 총리 | 장관 또는 차관급 인사 | 장관 또는 차관급 인사 | 지역국장 | (지역국장) |
| | B급 총리 | 없음 | 지역국장 | 지역국장 | (지역국심의관) |
| 예포 | 국가원수 | 21발 | 없음 | 없음 | 없음 |
| | A급 총리 | 21발 | | | |
| | B급 총리 | 없음 | | | |
| 공식환영식 (장소) | 국가원수 | 있음(대통령실) | 있음(서울공항) | 없음 | 없음 |
| | A급 총리 | 있음(대통령실) | 있음(서울공항) | | |
| | B급 총리 | 없음 | 있음(서울공항) | | |
| 기상 영접 · 전송 | 국가원수 | 의전장 | 의전장 | 없음 | 없음 |
| | A급 총리 | 의전장 | 의전장 | | |
| | B급 총리 | 없음 | 의전기획관 | | |
| 공식연회 | 국가원수 | 대통령 만찬(총리 오찬) | 대통령 오(만)찬 | 선택적 | 선택적 |
| | A급 총리 | 대통령 만찬(총리 오찬) | 대통령 오(만)찬 | | |
| | B급 총리 | 없음 | 총리 오(만)찬 | | |
| 연회 문화공연 | 국가원수 | 있음 | 없음 | 없음 | 없음 |
| | A급 총리 | 있음 | | | |
| | B급 총리 | 없음 | | | |

| | | | | | |
|---|---|---|---|---|---|
| 현충탑 헌화 | 국가원수 | 있음 | 있음 | 없음 | 없음 |
| | A급 총리 | 있음 | 있음 | | |
| | B급 총리 | 없음 | 선택적 | | |
| 경제 4단체장 주최 오찬 | 국가원수 | 있음 | 있음 | 선택적 | 없음 |
| | A급 총리 | 있음 | 있음 | | |
| | B급 총리 | 없음 | 선택적 | | |
| 체재비 부담 | 국가원수 | VIP + 10 | VIP + 5 | 없음 | 없음 |
| | A급 총리 | VIP + 10 | VIP + 5 | | |
| | B급 총리 | 없음 | VIP + 5 | | |
| 차량 | 국가원수 | VIP + 5 | VIP + 3 | 없음 | 없음 |
| | A급 총리 | VIP + 5 | VIP + 3 | | |
| | B급 총리 | 없음 | VIP + 3 | | |

ㄹ 주요 일정

ⓐ **필수일정** : 우리 정부 주최 공식행사로서 국립현충탑 헌화, 공식환영식, 정상회담, 국빈 또는 공식 연회, 경제4단체장 주최 오찬이 있다.

- 경제4단체장 주최 오찬은 접수 대상국측의 요청에 따라 생략하기도 한다.
- 공식환영식, 국빈 연회, 국립현충탑 헌화는 국빈방한의 경우에 한한다.

ⓑ **선택일정** : 외빈 방한 시 접수 대상국의 주선 요청에 따라 선택적으로 방한 일정에 포함되는 행사는 다음과 같다.

- 공동기자회견
- 국회방문 및 연설
- 서울시청 방문
- 명예학위 수여식
- 주요 인사 접견
- 판문점 시찰
- 산업시설 또는 문화유적지 시찰 등

④ 오·만찬 및 좌석배치

㉠ 오·만찬 초청장의 적절한 발송 시기는 행사 2~3주 전이 좋다.

㉡ 서면 및 전화 초청도 초청으로 간주되나, 가능한 정식 초청장을 발송해야 하며, 전화 초청 시에는 반드시 별도 초청장을 발송해야 한다.

㉢ 부부동반 오·만찬 행사 시 플레이스 카드(Place Card) 작성

ⓐ 부인 자격으로 참석하는 경우 Mrs. 남편 성을 표기하는 것이 원칙이나, 본인 성명을 표기하기 원할 경우는 Mrs. 부인 성명을 표기해도 무방하다.

ⓑ 남성의 경우 호칭을 임의로 높여 붙여주는 것은 실례가 되므로, 사전에 파악하여 직책에 맞는 호칭을 표기하되 H.E. 호칭의 경우는 대부분 직책만을 표기하는 인사에 해당되는 경우가 많으며, Dr., Prof., Hon. 호칭의 경우는 그대로 표기한다.

ⓒ 군인의 경우 육, 해, 공, 해병의 호칭은 군 의전 표기를 따라야 한다.
- General의 경우 육군(Gen)
- 해군(Adml)
- 공군(Gen)
- 해병(Adml)

ⓔ 장·차관 및 국회의원 등 동시 참석 오·만찬 좌석배치 시 서열 : 국회의원의 경우 원칙적으로 장관과 차관 사이에 배치하되 전직, 나이 및 행사 성격의 관련 여부 등을 고려하여 배치한다.

ⓜ 주빈은 주최자 쪽에서 보아 오른쪽에 배치해야 한다.

ⓗ 주최자 및 주빈의 플레이스카드 표기
  ⓐ 주최자 : Host
  ⓑ 주빈 : Guest of Honour

ⓢ 주한대사들 초청 시 서열 : 신임장 제정일 순서(나라의 크기 및 규모와 무관)로 한다.

ⓞ 오·만찬장에서 주최자와 주빈의 좌석배치 : 주빈은 되도록 출입구에서 먼 쪽, 창이 있을 경우에는 창을 바라보도록 배치하되, 행사의 성격을 고려하여 예외적 배치가 가능하다.

ⓩ 연회 시 국가 연주 순서는 상대방 국가, 우리나라 순으로 연주한다.

⑤ 의전경호
  ㉠ 방문객의 영접부터 환송까지의 모든 활동을 경호한다.
  ㉡ 입출국 관리
    ⓐ 공항 영접 및 귀빈실 사용관리
    ⓑ 공항과 도착지 및 출발지 간 거리, 소요시간, 이동 루트 사전 점검
    ⓒ 환송 프로그램 준비
  ㉢ 차량관리
    ⓐ 의전차량 섭외 및 확보
    ⓑ 이동경로 사전점검
    ⓒ 주차 및 차량관리
  ㉣ 숙소 및 시설 경호
    ⓐ 숙소확인 및 점검
    ⓑ 국가별 통역 담당관 선임 및 배치
    ⓒ 개인의 취향 및 기호 파악

(2) 의전예절

① 국기

   ⊙ 국기의 게양 위치

      ⓐ **건물**: 정면에서 보아 중앙이나 왼쪽, 옥상의 중앙, 현관의 차양시설 위 중앙 또는 주된 출입구 위 벽면의 중앙에 국기를 게양한다.

      ⓑ **건물 안의 강당 및 회의장**: 건물 안의 강당 등에서 국기를 깃대에 달아서 세워 놓을 때에는 그 내부의 전면을 마주보아 그 전면의 중앙 또는 왼쪽에 국기가 위치하도록 한다.

      ⓒ **차량**: 차량에는 전면을 밖에서 보아 왼쪽(조수석)에 국기를 게양한다.

      ⓓ **벽면에 부착할 경우**: 벽면에 국기를 부착할 경우에는 국기를 액자에 넣고 벽 중앙에 부착한다.

   ⊙ 국기와 외국기의 게양

      ⓐ 외국기는 우리나라를 승인한 나라에 한하여 게양하여야 한다.

      ⓑ 국기와 외국기는 가장 윗자리에 국기를 게양하고, 그 다음 위치부터 외국기를 게양하며 국기와 외국기는 그 크기 및 높이가 같도록 한다.

      ⓒ 국기와 외국기를 교차시켜 게양하여야 할 경우에는 밖에서 보아 국기의 깃면이 왼쪽에 오도록 하고, 그 깃대는 외국기의 깃대 앞쪽에 오도록 한다.

      ⓓ 국기와 국제연합기만 게양하는 경우 밖에서 봤을 때, 왼쪽에 국제연합기를 오른쪽에는 국기를 게양한다.

      ⓔ 재외공관의 경우 국기의 게양 및 강하시각 등은 주재국의 관례에 따른다.

   ⊙ 금실의 부착

      ⓐ 국가를 대표하는 사람의 승용차에 타는 경우

      ⓑ 의전용으로 쓰이는 경우

      ⓒ 실내에서 게양하는 경우

      ⓓ 각종 국제회의시에 탁상용으로 쓰이는 경우

        ※ 국기와 금실을 달지 않는 외국기를 함께 게양하거나 사용하는 경우에는 금실을 달 수 없다.

② 사교의례

   ⊙ 소개

      ⓐ **방법**: 먼저 연로자나 상위자에 대해 그의 이름을 부른 후 연소자나 하위자를 소개한다.

      ⓑ **소개의 순서**: 연소자나 하위자를 연로자나 상위자에게, 남자를 여자에게 소개한다.

   ⊙ 인사

| 구분 | 가벼운 인사 | 보통 인사 | 정중한 인사 |
|------|------------|----------|------------|
| 방법 | 15° 정도 상체를 숙인다. | 30° 정도 상체를 숙인다. | 45° 정도 상체를 숙인다. |
| 상황 | • 하루에 몇 번 이상 마주칠 경우<br>• 복도나 계단에서 만날 경우<br>• 엘리베이터 안에서 만날 경우 | • 고객응대 할 경우<br>• 상사에게 지시를 받거나 보고를 할 경우 | • 감사의 마음을 표현할 경우<br>• 사죄의 마음을 표현할 경우<br>• 고객 마중 할 경우 |

ⓒ 악수

　ⓐ 방법

- 아랫사람이 먼저 악수를 청해서는 안 되며 윗사람이 먼저 손을 내밀었을 때만 악수를 한다.
- 남자가 여자에게 소개되었을 때는 여자가 먼저 악수를 청하지 않는 한 악수를 안 하는 것이 보통이다.
- 악수는 서양식 인사이므로 악수를 하면서 우리식으로 절까지 할 필요는 없다.
- 오른손으로 한다.
- 악수할 때는 손에 힘을 주지 않도록 한다.
- 악수를 하면서 왼손으로 상대의 손등을 덮어 쥐면 실례이다.
- 장갑낀 손, 땀에 젖은 손으로 악수해서는 안 된다.
- 상대의 얼굴을 주시하면서 웃는 얼굴로 악수한다.
- 계속 손을 잡은 채로 말을 해서는 안 되며, 인사만 끝나면 곧 손을 놓는다.

　ⓑ 손에 입맞추기 및 포옹

- 신사가 숙녀의 손에 입술을 가볍게 대는 것을 Kissing hand라 하며, 이 경우 여자는 손가락을 밑으로 향하도록 손을 내민다.
- 유럽의 프랑스, 이태리 등 라틴계나 중동아지역 사람들의 친밀한 인사표시로 포옹을 하는 경우가 있는 바, 이 경우는 자연스럽게 응한다.

ⓔ 명함

　ⓐ 체제

- 명함용지는 순백색이 일반 관례이며, 너무 얇거나 두꺼운 것은 피하는 것이 좋다. 인쇄방법은 양각이 원칙이다. 반드시 흑색 잉크를 사용하여야 하며 금색 둘레를 친다거나 기타 색체를 사용해서는 안 된다.
- 필기체를 사용하는 것이 일반 관례이다.

　ⓑ 사용방법

- 명함은 원래 남의 집을 방문하였다가 주인을 만나지 못하였을 때에 자신이 다녀갔다는 증거로 남기고 오는 쪽지에서 유래되었다.
- 이 같은 습관은 현재 많이 변모하여, 선물이나 꽃을 보낼 때, 소개장, 조의나 축의 또는 사의를 표하는 메시지 카드로 널리 사용되고 있다.
- 그러나 우리나라에서처럼 상대방과 인사하면서 직접 명함을 내미는 관습은 서양에는 없으나 명함을 내밀 때는 같이 교환하는 것이 예의이다.

　ⓒ 명함에 쓰이는 약자

- 명함 좌측 하단에 연필로 기입하여 봉투에 넣어 보냄으로써 인사 대신의 기능이 있다.
- 약자 예

| 구분 | 의미 |
| --- | --- |
| p.r.(Pour remercier) | 감사 |
| p.f.(Pour feliciter) | 축하 |
| p.c.(Pour consoler) | 조의 |
| p.p(Pour presenter) | 소개 |
| p.p.(Pour prendre conge) | 작별 |

③ 연회

　㉠ 초청객 선정 : 주빈(Guest of Honor) 보다 직위가 높거나, 너무 낮은 인사는 피하되 좌석 배치의 편의상 상하계급을 적절히 배합할 수 있도록 초청객을 선정한다.

　㉡ 초청장

　　ⓐ 초청장은 통상 행사 2~3주 전에 발송하는 것이 관례이며, 참석 여부를 통지하는 R.S.V.P. (Repondez, s'il vous plait)는 초청장 좌측 하단에 표시하며, 그 아래에 초청자의 연락처(주소 또는 전화번호)를 쓰게 된다.

　　ⓑ R.S.V.P를 요하는 경우, 꼭 참석 여부를 사전에 통지하여 주최자가 연회준비에 차질 없게 하는 것이 예의이다.

　　ⓒ 규모가 큰 리셉션처럼 모든 손님의 참석 여부를 정확하게 알 필요가 없을 때에는 'R.S.V.P.' 대신에 'Regret Only(초청을 수락하지 못할 때에만 회답 바랍니다)'라고 표시한다.

　　ⓓ 초청장은 각료급 이상의 인사에 대해서는 직책만 표기하고 기타 인사는 성명과 직책을 적절히 쓰되 부인 동반의 경우는 '동영부인'을 함께 표기한다.

　　ⓔ 단독으로 초청되었을 경우
　　　• 국내인사 : 외교부장관, 대한상공회의소 ○○○ 회장 귀하
　　　• 외국인사 : The Minister for Foreign Affairs of(Country), President full name

　　ⓕ 내외로 초청되었을 경우
　　　• 국내인사 : 국무총리 귀하, 대한상공회의소 ○○○ 회장귀하 동영부인
　　　• 외국인사 : The Minister for Foreign Affairs of(Country) and Mrs. 남편의 성 또는 남편의 full name Mr. and Mrs. 남편의 full name
　　　• 초청장 봉투에는 성명과 직책을 모두 기입하며, 외국인사에 대해서는 적절한 호칭(The Honorable, His Excellency 등)도 표기한다.

　㉢ 복장

　　ⓐ 초청장 우측 하단에 복장(dress)의 종류를 표시한다. 'Informal' 또는 'Lounge Suit'의 경우 남자는 평복, 여자는 칵테일 드레스 또는 롱 드레스를 의미하고, 'Black Tie'는 'Tuxedo'를 의미한다.

　　ⓑ 평복의 색깔은 진한 회색이나 감색이 적합하며, 상의와 하의의 색깔이 다른 것을 입어서는 안 된다. 'Noble한(고상한) 옷은 좋으나 Novelty한(신기한) 옷은 바람직하지 못하다'라는 말이 있음을 참고한다.

　　ⓒ 한국인은 보통 흰 양말 착용을 선호하나 점잖은 신사는 금기사항이다.

　　ⓓ 단정한 머리와 입냄새를 조심(특히 마늘)한다.

　　ⓔ 블랙타이(Tuxedo, Smoking 또는 Dinner Jacket이라고도 함)는 야간 리셉션과 만찬 시 주로 착용하기 때문에 만찬복이라고 불리우며 흑색 상하의, 흑색 허리띠, 백색 셔츠(주름무늬), 흑색 양말, 흑색 구두가 1조를 이룬다. 고유의상이나 제복, 예복 착용도 가능하다.

　　ⓕ 여성의 경우, 한복 착용도 무난하다.

ⓔ 메뉴
  ⓐ 대규모의 공식 연회 시에는 메뉴를 인쇄하여야 하며 메뉴에는 누구를 위한 연회라는 것과 그 밑에 주최자, 일시, 장소를 기입하고 그 아래에 요리명을 기입한다.
  ⓑ 기피음식을 파악(회교, 불교, 힌두교)해야 한다.
ⓜ 좌석배치판
  ⓐ 좌석배치를 하여야 할 연회의 경우에는 좌석순위에 따라 좌석배치판(Seating Chart)을 만들고 좌석 명패(Place Card)를 각자의 식탁 위에 놓아둔다.
  ⓑ 좌석명패의 설치 이유는 주위사람에게 소개한다는 의미도 있지만 자기자리를 쉽게 찾게한다는 원래 목적을 감안하여 남자의 경우 직책만, 부인의 경우 남자직책 부인(ⓔ 전국경제인 연합회 회장부인), Mrs. 남자이름(ⓔ Mrs. Arthur Perror)으로 표기한다. 좌석배치판은 내빈이 식탁에 앉기 전에 자기 좌석을 알 수 있도록 식당입구의 적당한 곳에 놓아둔다.
ⓗ 좌석배열(Seating Arrangement)
  ⓐ 좌석배열은 연회 준비사항 중 가장 세심한 주의를 기울여야하는 문제로서 참석자의 인원, 부부동반 여부, 주빈 유무, 장소의 규모 등 여러 가지 요소를 고려하여 결정해야 한다.
  ⓑ 좌석배열 예시
    • 주빈(Guest of Honor)이 입구에서 먼 쪽에 앉도록 하고 연회장에 좋은 전망(창문)이 있을 경우, 전망이 바로 보이는 좌석에 주빈이 앉도록 배치한다.
    • 여성이 Table 끝에 앉지 않도록 하되 직책을 가지고 참석하는 여성의 경우에는 예외이다.
    • 외교단은 반드시 신임장 제정일자 순으로 서열을 맞추어 좌석을 배치한다.
    • 국내 각료급은 정부조직법상의 직제순으로 서열을 맞추어 좌석을 배치한다.
    • Stag Party

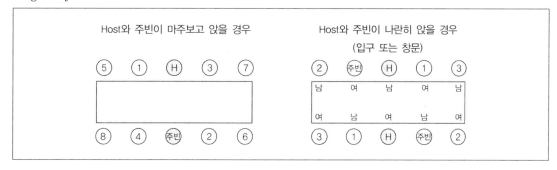

• Couple Party

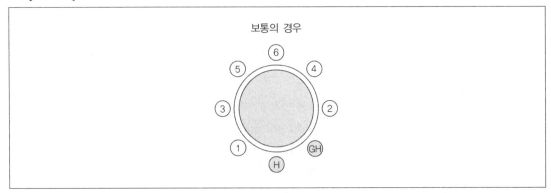

보통의 경우

• 주빈이 Host보다 상위인 경우 : 주빈과 주빈부인을 상석에 마주 보게 앉도록 하고 Host와 Hostess를 각각 그 옆자리에 앉힌다.

④ 식탁 예절(Table Manner)

㉠ 착석

ⓐ 남자 손님들은 자기 좌석의 의자 뒤에 서 있다가 자리 오른쪽 좌석에 부인이 앉도록 의자를 뒤로 빼내어서 도와주고, 모든 여자 손님이 다 앉은 다음에 착석한다.

ⓑ 손목을 식탁에 가볍게 놓은 것은 상관이 없으나, 팔꿈치를 식탁 위에 올려 놓아서는 안 된다.

ⓒ 팔짱을 끼거나 머리털을 만지는 것은 금기이다.

ⓓ 양다리는 되도록 붙이고 의자의 뒤로 깊숙이 앉는 것이 옳은 자세이다.

ⓔ 식탁 밑에서 다리를 앞으로 뻗거나 흔드는 것은 예의에 어긋나며, 특히 신발을 벗어 책상다리를 하고 앉는 것은 금기사항이다.

ⓕ 식탁에서 사람을 가리키면서 손가락질을 하거나 나이프나 포크를 들고 물건을 가리키는 것은 금물이다(포크나 나이프를 들고 흔들며 대화하는 것도 금물).

㉡ 대화

ⓐ 옆사람과 자연스럽게 대화

• 옆사람 너머로 멀리 있는 사람과 큰소리로 이야기하는 것은 금물이다.

• 너무 혼자서만 대화를 독점하는 것도 안 좋지만 반대로 침묵만을 지키는 것도 실례이다.

ⓑ 손가방(Handbag) 등

• 서양에서는 '손가방을 들지 않은 여성은 알몸의 여인과 같다'는 말이 있을 정도로 손가방은 서양여성의 필수품이다.

• 식사도중 손가방은 자신의 등 뒤에 놓는 것이 좋고 식탁 위에 놓지 않는다.

• 귀걸이나 목걸이가 없는 여성은 넥타이를 하지 않은 남성과 같다.

ⓒ 재채기와 하품 등

• 식탁에서 큰소리를 내거나 웃는 것은 금물이다.

• 실수해서 재채기나 하품을 했을 경우 옆사람에게 "excuse me"하고 사과를 한다.

ⓓ 이쑤시개와 화장
- 이쑤시개가 준비되어 있는 식탁에 앉아도 식탁에 앉아서는 쓰지 않는 것이 예의이다.
- 식후에 식탁에서 루즈를 고치거나 분화장하는 것은 교양이 없어 보이므로 화장실에 가서 하는 것이 좋다.

ⓒ 냅킨 사용법
ⓐ 냅킨은 반을 접은 쪽이 자기 앞으로 오게 무릎 위에 반듯이 놓는다.
ⓑ 단추구멍이나 목에 끼는 것은 하지 않는 것이 바람직하다.
ⓒ 부득이 자리를 잠시 비워야 할 경우 냅킨은 의자 위에 놓아두어야 한다. 왜냐하면 식탁 위에 놓아두면 손님이 식사를 마치고 나가버린 것으로 오해받기 때문이다.
ⓓ 냅킨은 입술을 가볍게 닦는데 쓰며, 식기를 닦거나 타올처럼 땀을 닦는 것은 예의에 어긋난다.
ⓔ 식탁에 물 같은 것을 엎질렀을 경우, 냅킨을 쓰지 않고 Waiter를 불러 처리하도록 한다.

ⓔ 포크와 나이프 사용법
ⓐ 준비된 포크와 나이프는 주 요리 접시를 중심으로 가장 바깥쪽부터 안쪽으로 하나씩 사용해가는 것이 일반적이다.
ⓑ 가급적 포크는 언제나 왼손으로 잡는 것이 옳은 방법이나, 근래 미국에서처럼 음식을 자른 뒤 나이프는 접시 위에 놓고 왼손에 든 포크를 오른손으로 옮겨 잡고 음식을 먹을 수도 있다.
ⓒ 포크와 나이프를 접시 위에 여덟팔자(포크는 엎어놓고 나이프는 칼날이 안쪽으로)로 놓으면 식사 중임을 의미하며, 둘을 가지런히 접시 위 오른쪽에 얹어 놓으면 식사가 끝났음을 의미한다.

ⓜ 빵 먹는법
ⓐ 빵접시는 본인의 왼쪽에 놓이며, 물컵은 오른쪽에 놓인다.
ⓑ 빵은 나이프를 쓰지 않고 한입에 먹을 만큼 손으로 떼어먹으며, 빵을 입으로 베어먹어서는 안 된다.
ⓒ 빵은 스프가 나온 후에 먹기 시작하고, 디저트가 나오기 전에 마쳐야 한다.

ⓗ 스프 먹는법
ⓐ 왼손으로 국그릇(Soup Plate)을 잡고 바깥쪽으로 약간 숙인 다음에 오른손의 스푼으로 바깥쪽으로 떠서 먹는 것이 옛날 예법이며 요즈음은 그릇을 그대로 두고 먹어도 된다.
ⓑ '소리를 내는 것은 동물의 표시(to make a noise is to suggest an animal)'라는 말처럼, 절대 소리를 내서 먹어 서는 안 된다.

ⓢ 손으로 먹는 경우
ⓐ 서양에서는 식탁에서 반드시 나이프와 포크를 써서 음식을 먹는 것이 원칙이며, 손으로 먹는 것은 엄하게 금지되어 있다.
ⓑ 새우나 게의 껍질을 벗길 때 손은 쓰나 이 경우 Finger bowl이 나오므로 손가락을 반드시 씻어야 한다.
ⓒ 생선의 작은 뼈를 입속에서 꺼낼 때는 이것을 포크로 받아서 접시 위에 놓는 것이 좋다.

ⓞ 핑거볼(Finger Bowl) : 식사의 마지막 코스인 디저트를 마친 후 손가락을 씻도록 내오는 물로 손가락만 한손씩 씻는 것이지 손 전체를 집어넣거나 두 손을 넣는 것은 금기시 된다.

ⓩ 먹고 마시는 양과 속도

    ⓐ 먹고 마시는 것은 절도 있게 적당한 양으로 제한한다.

        ※ 뷔페의 경우 너무 많이 먹는 것도 보기 안 좋다.

    ⓑ 식사 중 속도는 좌우의 손님들과 보조를 맞추도록 한다.

ⓩ Beef Steak 굽기의 정도

    ⓐ Rare

    ⓑ Medium Rare

    ⓒ Medium

    ⓓ Well-Done

㋺ 담배 : 식사 중에는 즉 샐러드 코스가 끝날 때까지는 담배를 피우지 않는 것이 예의이다.

⑤ 레이디 퍼스트

  ㉠ 레이디 퍼스트의 실례

    ⓐ 서양에서는 방이나 사무실을 출입할 때 언제나 여성을 앞세우고, 길을 걸을 때나 자리에 앉을 때는 언제나 여성을 오른쪽에, 또 상석에 앉히는 것이 원칙이다.

    ⓑ 문을 열고 닫을 때 뒤에 오는 사람을 위해 잠시 문을 잡아 주는 것은 여성에 대한 것뿐 아니라 일반적 예의이다.

    ⓒ 승강기를 탈 때 남성은 아주 복잡하지 않는 한 여성이나 어린이 그리고 노인을 앞세운 후 타고 내리는 것이 예의이다.

    ⓓ 식당이나 극장·오페라에서 안내인이 있을 때는 여성을 앞세우나, 안내인이 없을 때는 남성이 앞서고, 여성을 먼저 좌석에 안내한다.

    ⓔ 길을 걸을 때나 앉을 때에 남성은 언제나 여성을 우측에 모시는 것이 에티켓이다.

    ⓕ 차도가 있는 보도에서는 남성이 언제나 차도쪽으로 서며 이 원칙은 윗사람에게도 적용된다(즉 윗사람을 항상 오른쪽에, 앞뒤로 걸을 때는 앞에 모신다).

    ⓖ 남성이 두 여성과 함께 길을 갈 때나 의자에 앉을 때 두 여성 사이에 끼지 않는 것이 예의이나, 길을 건널 때만은 재빨리 두 여성 사이에 끼어 걸으면서, 양쪽 여성을 다 같이 보호한다.

    ⓗ 호텔에서 여자 혼자 남자 손님의 방문을 받았을 때는 로비(Loby)에서 만나는 것이 원칙이다.

    ⓘ 겨울철에 여성이 외투를 입고 벗을 때 꼭 도와주어야 하며, 식당이나 극장에서 외투를 벗어 Clock room에 맡길 때나 찾을 때도 남성이 맡기고 찾는 것이 예의이다.

    ⓙ 자동차·기차·버스 등을 탈 때는 일반적으로 여성이 먼저 타고, 내릴 때는 남성이 먼저 내려 필요하면 여성의 손을 잡아주는 것이 옛날 마차시대부터 내려오는 서양의 에티켓이다.

    ⓚ 비행기는 언제나 여성이 먼저 타고 먼저 내린다.

    ⓛ 여성은 자동차를 탈 때 안으로 먼저 몸을 굽혀 들어가는 것보다는 차 밖에서 차 좌석에 먼저 앉고, 다리를 모아서 차 속에 들여놓는 것이 보기 좋으며, 차에서 내릴 때는 반대로 차 좌석에 앉은채 먼저 다리를 차 밖으로 내놓고 나오도록 한다.

ⓜ 계단을 오를 때는 남자가 앞서고 내려올 때는 반대이다.

> 서양의 에티켓은 멀리 기독교 정신이나 중세의 기사도에 기원을 두고 'Lady First(숙녀존중)'의 개념을 바탕으로 형성되어 있다고 해도 과언이 아니다. 신사는 무엇보다도 먼저 이 'Lady First'의 몸가짐을 몸에 익히도록 하는 것이 중요하다.

ⓛ 레이디 퍼스트와 한국여성

   ⓐ 서양 에티켓에서는 '숙녀는 결코 오만불손해서는 안 되며, 언제나 친절·선의·품위·총명·절도·예의 등을 갖고, 우아하고 아름답게 행동할 것'을 강조한다.

   ⓑ 한국여성들 중에는 '레이디 퍼스트' 대접을 받을 때, 오랫동안의 습관탓으로 친절을 그대로 받아들이지 못하고 우물쭈물 눈치를 살피는 사람이 있는데, '레이디 퍼스트' 대접을 받으면 미소를 짓고 "Thank you!"하면서 가볍게 목례를 하고, 부담 없이 호의를 받는 것이 옳고 자연스럽다.

⑥ 예약

   ㉠ 구미 선진국에서는 모든 생활이 예약으로 시작해서 예약으로 끝난다고 해도 과언이 아니다.

   ㉡ 호텔·이발소·미장원·식당은 말할 것도 없고, 병원에 입원하거나 자동차의 수선·정비를 하는 데에도 먼저 전화로 예약한다.

   ㉢ 사람을 만날 때에도 '지나가다가 들렸다'는 우리식 방문은 대개의 경우 서로 불편하고 경우에 따라서는 환영을 받지 못한다.

⑦ 자동차의 상석

   ㉠ 운전사가 있는 경우 : 조수석 뒷자리가 상석이다.

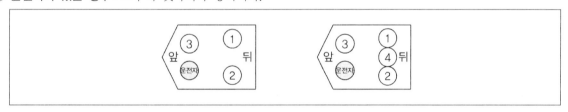

   ㉡ 차주인이 직접 운전할 경우 : 서양에서는 대부분 주인이 직접 자동차를 운전하고 있으며, 이 경우 운전대 옆자리, 즉 주인의 옆자리가 상석이다.

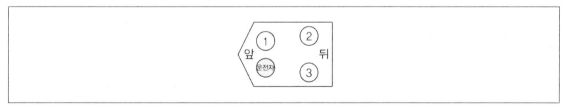

   ㉢ 지프인 경우 운전자 옆자리가 언제나 상석이다.

   ㉣ 승차 시는 상위자가 먼저, 하차 시는 반대로 하위자가 먼저하는 것이 관습이다.

   ㉤ 여성과 동승 시 승차 시는 여성이 먼저 타고 하차 시에는 남성이 먼저 내려 문을 열어준다.

⑧ 호칭
  ㉠ 미국 사람들은 처음부터 '퍼스트 네임'을 부르지만, 영국 사람들은 어느정도 친해진 후 '퍼스트 네임'으로 부를 것을 제의하는 것이 일반적이다.
  ㉡ Mr.는 성 앞에만 붙이고 '퍼스트 네임' 앞에는 절대로 붙여 쓰지 않는다.
  ㉢ 기혼여성의 경우 Mrs. Peter Smith식으로 남편의 이름 앞에 Mrs.라는 존칭만을 붙여 쓰는 것이 오랜 관습이다.
  ㉣ Mrs. Mary Smith식으로 자신의 '퍼스트 네임'을 쓰면, 영국에서는 이혼한 여성으로 간주한다. 그러나 미국에서는 직업부인들이 이혼하지 않고도 Mrs.를 붙여 자신의 '퍼스트 네임'을 붙여 쓰며, 또 이혼한 경우에는 아예 미혼 때의 이름으로 돌아가 Miss Mary Nixon식으로 호칭하는 사람들도 있다.

⑨ 기차
  ㉠ 두 사람이 나란히 앉은 좌석에서는 창가 쪽이 상석이다.
  ㉡ 네 사람이 마주앉은 자리에서는 기차진행방향의 창가 좌석이 가장 상석이고 그 맞은편, 상석의 옆좌석, 그 앞좌석 순이다.
  ㉢ 침대차에서는 아래쪽 침대가 상석이다.

⑩ 비행기
  ㉠ 비행기를 타고 내릴 때에는 상급자가 마지막으로 타고 먼저 내리는 것이 순서이다.
  ㉡ 비행기에서는 창문가 좌석이 상석, 통로 쪽이 차석, 상석과 차석 사이가 말석이다.

⑪ 선박
  ㉠ 보통 상급자가 나중에 타고 먼저 내린다. 그러나 함정의 경우에는 상급자가 먼저 타고 먼저 내린다.
  ㉡ 객실의 등급이 정해져 있다면 문제가 없으나 그렇지 않은 경우에는 선체의 중심부가 상석이 된다.

⑫ 엘리베이터
  ㉠ 안내하는 사람이 있을 때 : 상급자가 먼저 타고 먼저 내린다.
  ㉡ 안내하는 사람이 없을 때 : 하급자가 먼저 타서 엘리베이터를 조작하고 내릴 때는 상급자가 먼저 내린다.

⑬ 에스컬레이터 : 올라갈 때에는 상급자가 먼저 올라가고 내려올 때에는 하급자가 먼저 내려온다.


## ❷ 응급처치 및 구급법

### (1) 응급처치

① 응급처치의 정의
  ㉠ 급성 질환자나 다친 사람의 생명을 구조하고 합병증이 발생하지 않도록 즉각적이며 임시적인 조치를 취하는 것을 말한다.
  ㉡ 생명의 구조나 상처부위의 손상 악화를 방지, 통증의 경감 등의 활동을 말한다.

② 응급처치의 중요성

  ㉠ 인간의 뇌는 4~6분의 산소공급 차단으로도 돌이킬 수 없는 영구적인 손상이 초래된다.
  ㉡ 119구급대나 의사가 도착하기 전에 환자의 의식을 회복시키거나 더 이상 상태가 나빠지지 않도록 응급
     처치를 한다면 귀중한 생명을 구할 수 있다.

③ 응급처치의 목적

  ㉠ 부상자의 생명을 구한다.
  ㉡ 상태 악화를 방지한다.
  ㉢ 고통의 경감 및 회복시킨다.

④ 응급처치의 범위와 준수사항

  ㉠ 생사의 판정은 하지 않는다(생사판정은 의사가 한다).
  ㉡ 원칙적으로 의약품의 사용을 피한다.
  ㉢ 의사의 치료를 받기 전까지의 응급처치로 끝낸다.
  ㉣ 의사에게 응급처치 내용을 설명하고 인계한 후에는 모든 것을 의사의 지시에 따른다.
  ㉤ 동의를 구하여 실시한다.
     ⓐ 성인이 의식이 있는 경우에는 본인에게, 의식이 없는 경우에는 보호자에게 동의를 구하고, 동시에
        치료가 함께 이루어질 수 있도록 한다.
     ⓑ 의식도 없고 보호자도 없는 경우에는 주변사람에게 알린 후(묵시적 동의로 인정) 도움을 받아 실시
        한다.

⑤ 응급처치의 활동원칙

  ㉠ **침착한 행동** : 사고가 발생하였을 경우 환자나 발견자에게 가장 중요한 것은 두려워하거나 당황하지 말
     고 침착하게 행동하는 것이다.
  ㉡ **안전관리** : 환자에게 접근하기 전에 현장을 관찰하여 현장상황을 정확히 판단하고, 부상자뿐만 아니라 자
     신의 안전도 최대한 유지한다.
  ㉢ **연락** : 반드시 119나 의료기관에 연락하도록 한다. 이때에는 장소, 환자 수, 환자상태 및 부상 정도, 연
     락자 성명, 연락받을 전화번호 등을 알린다.
  ㉣ **긴급환자 우선처치** : 호흡정지환자, 대량출혈환자, 의식불명환자, 중독환자, 쇼크환자 등 긴급을 요하는
     환자를 우선 처치한다.
  ㉤ **정확한 처치** : 불필요하거나 정확하지 않은 응급처치는 환자의 상태를 더욱 악화시킬 수 있으므로 환자
     에게 필요한 정확한 응급처치를 실시한다.
  ㉥ **협조자를 구함** : 응급처치, 연락, 환자운반, 군중정리 등 협조자를 구한다.
  ㉦ 구급대원이나 의료인이 도착하면 그동안의 상황을 상세히 설명하고 환자를 인계한다.
  ㉧ **증거물이나 소지품 보존** : 의사의 진단과 사건해결에 참고가 되는 환자배설물, 토한 것, 남은 음식물이나
     약품 등 그리고 환자의 소지품을 보존한다.

⑥ 응급처치 종류

　　㉠ 지혈법

　　㉡ 붕대법

　　㉢ 인공호흡법

　　㉣ 창상의 처치 등

⑦ **구명의 4대 요소**

　　㉠ **기도유지**

　　㉡ **지혈**

　　　　ⓐ 출혈이 1/3 이상이면 위험하고 1/2 이상이면 사망한다.

　　　　ⓑ 출혈 시 가장 먼저 직접압박을 시행한다.

　　　　ⓒ 압박한 상처를 심장보다 높이 들어주는 방법을 거상법이라고 한다.

　　㉢ **쇼크예방**

　　　　ⓐ 피부가 창백해지고 식은땀이 찬다.

　　　　ⓑ 체온을 유지하기 위해 담요를 이용한다.

　　㉣ **상처보호**

　　　　ⓐ 상처가 깊지 않으면 깨끗한 물로 씻는다.

　　　　ⓑ 소독된 부위에 거즈를 대고 압박붕대로 감아준다.

⑧ **환자평가**

　　㉠ **기본적인 평가**(ABC 평가)

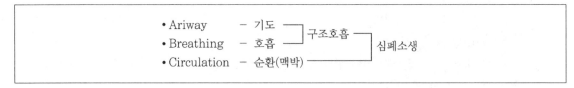

　　㉡ **환자의식 평가**

　　　　ⓐ **환자의식 有** : 환자에게 이름, 연령 등을 직접 물어보고 말을 10분 간격으로 시킨다.

　　　　ⓑ **환자의식 無**

　　　　　• 외모에 나타난 증상으로 관찰(조사)한다.

　　　　　• 한 손으로 경추를 보호하면서 다른 손으로 환자에게 자극을 주어 깨워본다.

　　㉢ **평가방법**

　　　　ⓐ **전체적 상황판단**

　　　　　• 환자에게 접근하면서 전체적인 상황을 파악한다.

　　　　　• 현장안전, 의식, 기도유지 및 호흡상태, 출혈, 외상, 피부색, 운동감각 기능 등을 확인한다.

　　　　ⓑ **의식유무 확인**

　　　　　• 환자에게 질문 또는 자극을 주어 의식을 확인한다.

- 질문에 대답하면 기도 및 의식수준이 비교적 양호한 상태라고 추측, 말을 못하거나 의식이 없으면 ABC평가를 한다.

ⓒ 기도유지 상태 확인
- 머리를 젖히고 턱을 위로 당기어 기도를 확보해 준다.
- 입을 벌려 기도가 막혔는지 확인하며, 이물질을 제거하거나 혀가 후방으로 말려 들어가지 않도록 기도유지기 삽입 또는 설압자 등을 이용한다.
- 이물질 제거 : 외상환자의 경우 경추나 척추 손상의 우려가 크므로 이물질 제거를 위해 함부로 목을 젖히거나, 환자의 몸을 돌리지 않도록 한다.

ⓓ 호흡 및 맥박확인
- 약 10초간 호흡을 확인한다(환자의 가슴을 보고, 숨소리를 듣고, 숨결을 느낀다).
- 성인인 경우 경동맥에서 촉지해 본다(5~10초).
- 유아인 경우 상완동맥에서 촉지한다.
- 호흡이 없으면 2회 인공호흡을 실시한 후 환자의 회복상태를 확인한다.
- 입과 입으로 인공호흡을 하는 것은 전염병에 쉽게 노출되므로 수건이나 휴지 등을 이용하여 인공호흡을 한다. 맥박도 없으면 즉시 심폐소생술을 실시한다.
- 맥박이 아주 느리거나(성인 60회/분 이하) 아주 빠르면(성인 100회/분 이상) 위험한 상태이다.

ⓔ 얼굴색, 피부색, 체온 등의 확인
- 청색 : 안색, 피부색 특히 입술과 손톱색이 청색이면 혈액 속에 산소가 부족한 것을 의미해 기도폐쇄 등에 해당한다.
- 창백 : 안색, 피부색이 창백하고 피부가 차갑고 건조하면 쇼크, 공포, 대출혈, 질식, 심장발작 등으로 혈압이 낮아지고 혈액순환이 악화된 증세이다.
- 붉은색 : 안색, 피부색이 붉으면 고혈압, 일산화탄소 중독, 일사병, 열사병, 고열 등에 해당한다.

ⓕ 동공확인(심장, 중추신경계의 상태를 나타냄)
- 동공확대 : 의식장애, 약물중독, 심정지
- 동공축소 : 중추신경계 장애, 마약중독, 약물중독
- 양쪽상이 : 뇌손상, 두부손상, 뇌경색, 뇌출혈
- 빛에 무반응 : 뇌손상, 뇌졸중, 시신경 손상

ⓖ 손·발의 움직임 확인
- 의식은 있는데 손발이 움직이지 않음 : 신경계통 손상
- 살을 꼬집어도 아픈 것을 느끼지 못함 : 척수 손상
- 하지를 움직이지 못함 : 요추신경손상
- 사지운동 제한 : 경추신경손상
- 몸 한쪽 마비 : 뇌손상

⑨ 쇼크

㉠ 쇼크(Shock)의 의의
ⓐ 정의 : 응급처치에서 쇼크라 함은 순간적인 혈액순환의 감퇴로 말미암아 신체의 전 기능이 부진되거나 허탈된 상태를 말한다.

ⓑ 원인 : 혈액손실, 혈관확장, 심박동 이상, 호흡기능의 이상, 알레르기 반응 등이 쇼크를 일으키는 원인이 된다.

ⓒ 쇼크의 종류

• 과민성 쇼크 : 일종의 알레르기 면역반응의 한 증상으로 원인물질과 접촉 후 바로 또는 한참 후에 발생한다.
• 패혈성 쇼크 : 세균감염에 의한 독소가 신체 내부를 공격하여 발생하며 주로 장기간 입원환자나 수술 후 감염된 사람들에게 나타난다.
• 출혈성 쇼크 : 외상 후 출혈에 의한 혈액의 손실이 원인이 되어 나타난다.
• 저체액성 쇼크 : 구토, 설사 등의 탈진 상태가 지속되면 체액의 손실이 많기 때문에 혈압이 저하되는 경우에 나타난다.

ⓛ 증상

ⓐ 불안감과 두려움
ⓑ 약하고 빠른 맥박
ⓒ 차가운 피부
ⓓ 축축한 피부(식은땀)
ⓔ 청색증
ⓕ 얕고 빠르며 불규칙한 호흡
ⓖ 동공반응 느려짐
ⓗ 오심과 구토, 갈증
ⓘ 혈압 저하
ⓙ 의식소실

ⓒ 쇼크처치

ⓐ 원칙

• 기도유지 및 척추고정(구토가 심한 경우 옆으로 누인다)
• 출혈부위 지혈(직접압박)
• 적정자세 유지 : 척추손상이 의심되는 환자는 긴 척추고정판에 고정 후 하지쪽의 척추고정판을 높인다. 그 외의 환자는 대부분 무릎을 곧게 유지하여 하지를 높인다(15~30cm).
• 골절부위 부목고정
• 환자안정
• 환자의 체온유지
• 병원이송

ⓑ 자세

• 머리나 척추에 부상이 없으면 하체를 25~30cm 정도 높여준다.
• 가슴에 부상을 당하여 호흡이 힘든 환자인 경우에는 부상자의 머리와 어깨를 높게하여 눕히거나 비스듬히 앉힌다.
• 구토하는 환자는 위속에서 나온 이물질이 기도로 넘어가지 않게 얼굴을 옆으로 돌려준다.
 - 의식 有 : 질문 후 편안한 자세
 - 의식 無 : 안색이 창백 - 하체거양

ⓒ 보온(36.5°유지)
- 부상자의 몸이 식으면 쇼크상태가 악화된다.
- 담요, 상의, 신문지 등 얻을 수 있는 대용품을 사용한다.

ⓓ 음료
- 원칙적으로 주지 않는다.
- 갈증해소를 위하여 필요한 경우 깨끗한 수건 등으로 물을 적셔서 입술만 적셔준다.
- 두부, 복부, 흉부의 손상, 내출혈, 대출혈 환자 등은 음료를 절대 주지 않는다. 만약 주게 되면 수술을 할 수도 있다.
- 자극성 없는 미온수(물) 공급이 가능한 경우(의식이 있는 경우)로는 일사병, 설사에 의한 탈수, 화상, 약물중독, 뱀에 물린 경우 등이 있다.
- 환자가 의식이 있고, 마실 것을 줄 필요가 있을 때에는 따뜻한 물, 우유, 엽차 같은 것이 좋으며, 조금씩 마시게 한다.

⑩ 기도유지
㉠ 기도유지의 중요성 : 공기가 폐까지 잘 들어갈 수 있도록 기도를 열어주는 것은 가장 중요한 응급처치로, 의식이 없는 환자는 반드시 먼저 기도를 열어 주어야 한다.
  ⓐ 의식이 없는 환자가 기도개방만으로 구조되는 사례가 많다.
  ⓑ 기도가 폐쇄되어 있으면 어떠한 구조호흡을 실시하여도 효과가 없다.
㉡ 기도폐쇄의 원인 : 기도폐쇄는 미숙한 응급처치에 의해 가장 많이 일어나는 사망원인이다.
  ⓐ 혀 : 의식이 없을 때의 가장 흔한 기도폐쇄의 원인이 된다.
  ⓑ 이물질 : 구토물, 혈액, 음식물, 의치 등
  ⓒ 부종 : 기도부위의 부종, 손상, 성대의 경련, 심한 알레르기 등
㉢ 기도폐쇄의 징후와 증상
  ⓐ 부분적 기도폐쇄
  - 말을 약간씩 하거나 기침을 할 수 있다.
  - 완전 폐쇄로 진행되지 않도록 한다.
  - 기침을 하도록 격려한다.
  - 이물질이 더 깊이 들어가지 않도록 하며 손가락 사용시 주의한다.
  ⓑ 완전 기도폐쇄
  - 숨을 쉴 수 없고 말을 할 수 없다.
  - 반사적으로 목을 움켜쥐는 동작을 한다.
  - 청색증이 나타나거나, 애를 써 호흡을 하려한다.
㉣ 기도유지 방법
  ⓐ 두부후굴법(머리를 뒤로 젖히고 턱을 위로 당기기)
  - 가장 기본적인 기도유지 방법으로 의식이 있으며 경추손상이 없는 환자에게 적합하다.
  - 환자의 옆에 앉아 한손으로 이마를 잡아 뒤로 민다.
  - 이렇게 젖혀도 기도가 확보되지 않으면 이마에 대지 않은 한손으로 턱을 밀어 올려준다.

ⓑ 하악견인법(턱을 전방으로 밀어 올리기)

- 의식이 없거나 경추손상의 의심이 가는 환자에게 적합한 방법이다.
- 환자의 하악 밑으로 손가락을 놓고 턱을 전방에서 위로 들어 올린다.

ⓜ 이물질 제거

ⓐ 하임리히법(손으로 복부밀쳐올리기)

- 환자의 뒤쪽에 위치하여 명치끝과 배꼽 중간을 잡아 위쪽으로 압박한다.
- 10세 미만의 소, 유아의 경우에는 실시하지 않는다.
- 임신말기 및 비만인에게는 흉부압박으로 한다.

ⓑ 손가락으로 이물질 꺼내기

- 부상자의 얼굴을 옆으로 하고 거즈, 손수건 등을 이용하여 손가락으로 이물질을 제거한다.
- 의식이 있는 환자의 경우 손가락이 물리지 않도록 주의한다.

ⓒ 등두드리기 : 상체를 숙인 후 등부위를 4~5회 두드린다.

ⓓ 영아의 경우 : 음식물, 사탕, 동전 등에 의해 기도가 막힌 경우 실시한다.

⑪ 구조호흡

㉠ 호흡확인 : 기도개방 후 호흡의 유무를 확인하여 호흡이 없는 경우 구조호흡을 실시한다. 호흡의 관찰은 기도를 확보한 상태에서 환자의 가슴, 코, 입 등을 통하여 보고, 듣고, 느낀다.

㉡ 실시방법

ⓐ 의식유무 확인 : 양쪽 어깨를 두드리며 "여보세요?", "괜찮아요?" 등의 말을 하여 확인한다.

ⓑ 기도를 유지한다.

ⓒ 호흡유무 관찰 : 약 10초간 보고, 듣고, 느낌으로써 관찰한다.

ⓓ 2회 불어넣기

- 호흡이 없으면 즉시 2번 불어넣기를 실시한다.
- 구강 대 구강, 구강 대 비강 구조호흡법을 실시한다.

ⓔ 맥박확인

- 2번 불어넣기를 한 후, 10초 이내로 맥박을 확인한다.
- 맥박 有, 호흡 無 : 구조호흡
- 맥박 無, 호흡 有 : 심폐소생

ⓕ 인공호흡 실시

- 5초에 1회씩 실시한다(1분에 12회).
- 불어넣기 실시 후에 호흡과 맥박을 확인한다.
- 호흡이 없으면 인공호흡을 실시하고, 맥박이 없으면 즉시 심폐소생술을 실시한다.

㉢ 주의사항

ⓐ 과호흡이 되지 않도록 한다.

ⓑ 규칙적으로 실시한다.

ⓒ 맥박이 있으면 심폐소생술을 하지 않는다.

ⓓ 쇼크처치를 실시한다.

ⓔ 실시한계

　　ⓐ 자발적 호흡 시까지 실시한다.

　　ⓑ 의사에게 인계 시까지 실시한다.

　　ⓒ 다른 사람과 교대 시까지(의료인, 응급구조사 등) 실시한다.

⑫ 환자별 응급처치법

　ⓝ 화상

　　ⓐ 일반화상의 경우 피부에서 열을 없애는 것이 우선이므로 냉수를 사용한다.

　　ⓑ 약품화상의 경우 수돗물 등으로 약품을 씻어내는 것이 우선이다.

　　ⓒ 증상

　　　• 1도 화상 : 표면층이 붉게 변하지만 수포는 형성되지 않는다.

　　　• 2도 화상 : 진피의 일부가 손상되며 통증이 심하고 수포가 형성된다.

　　　• 3도 화상 : 진피 전층과 피하지방 일부가 손상되고 피부가 가죽처럼 변하면서 색이 변한다.

　ⓛ 감전 : 피부화상보다 조직의 손상이 더 심하다.

　ⓒ 중독

　　ⓐ 약물중독 : 구토, 경련, 의식불명의 증상을 보인다.

　　ⓑ 식중독

　　ⓒ 광견병 : 상처부위를 세척한 소독 및 후 지혈을 한다.

　　ⓓ 독사 : 상처부위를 심장보다 낮게 유지하고 30분 이내에 병원으로 이송한다.

　　ⓔ 벌에 쏘인 경우 : 암모니아수를 바르거나 수건을 찬물에 적셔 상처부위를 덮어준다.

　ⓔ 창상

　　ⓐ 창상의 경우 출혈과 감염에 유의해야 한다.

　　ⓑ 창상의 분류

　　　• 찰과상 : 긁힌 상태로 출혈이 적고 감염률이 높다.

　　　• 절창 : 베인 상태로 출혈이 많고 감염률이 낮다.

　　　• 자창 : 끊긴 상태로 출혈이 적고 감염률이 높다.

　　　• 열창 : 뜯겨진 상태로 출혈이 적고 감염률이 높다.

　ⓜ 두부손상

　　ⓐ 정의 : 안면골절과 두개골로 인한 직접손상과 뇌진탕, 뇌출혈 등의 간접손상으로 나눌 수 있다.

　　ⓑ 증상

　　　• 뇌진탕 : 물리적인 손상은 없으나 일시적으로 의식을 잃는다.

　　　• 뇌졸중

　　　　- 뇌로 가는 혈류가 차단되어 뇌가 손상되는 것을 말한다.

　　　　- 기억을 잃어버리거나 언어 · 시력장애가 나타난다.

　　　• 뇌출혈

　　　　- 뇌혈관의 출혈이 원인이 되는 질병이다.

　　　　- 의식장애나 뇌졸중을 일으키는 대표적 질환이다.

(2) 구급법

① 인공호흡법

   ㉠ 인공호흡 필요 증상

      ⓐ 기도를 확보해도 호흡을 하지 못하는 경우

      ⓑ 의식장애상태이며 호흡이 약한 경우

   ㉡ 인공호흡법의 종류

      ⓐ 구강 대 구강법

      ⓑ 구강 대 비강법

② 흉부압박법

   ㉠ 정의 : 심장이 정지되어 맥박이 없는 환자에게 혈액순환을 유지하기 위해 시행하는 응급처치법을 말한다.

   ㉡ 실시요령

      ⓐ 주관절은 곧게 편다.

      ⓑ 손바닥이 흉골에서 떨어지지 않도록 주의한다.

      ⓒ 환자의 흉골과 응급처치요원의 팔이 직각이 되도록 유지한다.

      ⓓ 이완과 압박의 주기를 1 : 1로 유지한다.

   ㉢ 주의사항

      ⓐ 환자를 바닥이 평평하고 단단한 곳에 눕힌 후 압박을 실시한다.

      ⓑ 흉부압박 시행 후 기도를 다시 확보한 후 인공호흡을 한다.

③ 심폐소생술 CPR

   ㉠ 정의 : 호흡이나 심장 정지시 영구적인 뇌손상이 오기 전에 중추신경계에 산소를 공급하는 응급처치이다.

   ㉡ 기도유지, 인공호흡, 흉부압박의 연속 행동으로 이루어진다.

   ㉢ 심폐소생술은 3분 이내에 실시하는 것이 좋으며 늦어도 4분 이내에는 실시해야 한다.

   ㉣ 심폐소생술을 15초 이상 중단하지 않도록 한다.

   ㉤ CPR 단계

      ⓐ 의식을 확인한다.

      ⓑ 기도의 개방 : 이물질을 제거한 후 두부후굴 하악거상법을 시행한다.

      ⓒ 호흡을 확인한다.

      ⓓ 인공호흡을 실시한다.

      ⓔ 구강 대 구강법이 가장 효과적이다.

      ⓕ 구강 대 비강법은 입을 벌리기 어려운 경우에 사용한다.

      ⓖ 순환을 확인한다.

      ⓗ 흉부를 압박한다.

## (3) 환자다루기 유형

| 종류 | 자세 | 적용 | 효과 |
|------|------|------|------|
| 앙와위 자세 | 환자를 우로 향하도록 눕혀 양 무릎을 좀 벌리고 두부, 흉부, 사지가 수평이 되게 한다. | • 의식장애가 있을 때<br>• 몸에 상처가 있을 때<br>• 손과 발에 상처가 있을 때 | 골격과 근육에 긴장을 주지 않는다. |
| 측와위 자세 | 환자를 옆으로 향하게 눕혀서 위쪽의 상체를 앞 방향으로 내어 팔꿈치를 구부리고 손등에 얼굴을 댄다. | • 의식장애가 있을 때<br>• 구토를 할 때<br>• 흉부손상이 있을 때 | • 의식이 없는 경우와 구토시 혀의 이완방지, 분비물의 배출이 용이하고 질식방지에 유효하다.<br>• 흉부손상 부위를 아래로 함으로써 흉부의 움직임 억제와 통증완화 및 이차손상을 방지한다. |
| 복와위 자세 | 환자를 옆으로 눕혀서 얼굴을 옆으로 향하게 하여 한쪽 손가락 위에 얹는다. | 의식장애, 구토, 등부위 손상이 있을 때 | 의식이 없거나 구토환자의 경우 질식방지에 유효하다. |
| 반와위 자세 | 환자의 상반신을 45도 일으키고 의자 등에 의해 자세를 확보한다. | 심장질환, 천식에 의한 호흡곤란이 있을 때 | 흉곽을 넓혀 호흡을 편안하게 할 수 있다. |

# 출제 예상 문제

2019년 기출 변형
**1** **의전의 원칙에 관한 설명으로 옳지 않은 것은?**

① 의전의 바탕은 상대방에 대한 존중과 배려에 있다.

② 행사 주최자의 경우 손님에게 상석인 왼쪽을 양보한다.

③ 의전 격식과 관행은 특정시대, 특정지역의 생활양식 등의 문화를 반영하므로 시대적, 공간적 제약성을 갖는다.

④ 상호주의는 상호 배려의 다른 측면이기도 하다.

⑤ 의전행사에 있어 가장 기본이 되는 것은 참석자들 간에 서열을 지키는 것이다 .

> **TIP** ② 오른쪽이 상석이므로 행사 주최자의 경우 손님에게 오른쪽을 양보하여야 한다.

2019년 기출 변형
**2** **경호원의 예절 중 비행기를 탑승할 경우 지켜야 하는 예절에 대한 설명으로 옳지 않은 것은?**

① 비행기를 타고 내릴 때에는 상급자가 먼저 타고, 마지막에 내린다.

② 비행기에서는 창문가 좌석이 상석이다.

③ 세면대 사용 시간은 되도록 짧게 한다.

④ 타인에게 심하게 불편을 주지 않는 범위 내에서 발이 피로하면 신발을 벗을 수 있다.

⑤ 안전벨트 착용 및 금연에 대한 사항은 철저히 지켜야 한다.

> **TIP** 비행기를 타고 내릴 때에는 상급자가 마지막으로 타고 먼저 내린다.

**Answer** 1.② 2.①

2019년 기출 변형

**3** 출혈 시 응급처치에 대한 설명으로 옳지 않은 것은?

① 거상법(국소거상법)은 출혈 부위를 심장보다 낮게 하여 안정되게 눕히는 방법이다.

② 직접압박은 상처부위를 직접 압박하여 출혈을 멈추게 하는 방법이다.

③ 직접압박으로 지혈이 되지 않을 경우 압박점 사용(혈관압박)을 병행한다.

④ 압박점 사용(혈관압박)은 출혈부위에 혈액을 공급하는 혈관을 압박함으로써 지혈하는 방법이다.

⑤ 지혈대는 직접압박, 거상법, 압박점 사용(혈관압박) 등 다른 방법으로 출혈을 멈출 수가 없을 때 최후의 수단으로 사용한다.

> **TIP** 거상법은 출혈 부위를 심장보다 높게 유지하면서 안정되게 눕히는 방법이다.

**4** 경호의전작용 중 서열기준을 조정할 경우에 대한 원칙으로 옳은 것은?

① 대사가 여자일 경우 그의 남편은 최상위의 공사보다 우선한다.

② 국가원수를 대행하여 참석하는 정부 각료는 외국대사 다음으로 할 수 있다.

③ 외국방문시 의전관행은 항상 자국의 관행이 우선한다.

④ 우리가 주최하는 연회에서는 자국측 빈객은 동급의 외국측 빈객보다 상위에 둔다.

⑤ 지위가 비슷한 경우 연소자보다 연장자가, 내국인보다 외국인이 상위서열이다.

> **TIP** ① 대사가 여자일 경우의 서열은 자기 바로 상위 대사부인 다음이 되며, 그의 남편은 최하위의 공사 다음이 된다.
> ② 대통령을 대행하여 행사에 참석하는 정부 각료는 외국대사에 우선한다.
> ③ 외국방문 시 의전관행은 외국의 관행이 우선한다.
> ④ 우리가 주최하는 연회에서 아국 측 빈객은 동급의 외국 측 빈객보다 하위에 둔다.
> ⑤ 지위가 비슷한 경우에는 여자는 남자보다, 연장자는 연소자보다, 외국인은 내국인보다 상위에 둔다.

**Answer** 3.① 4.⑤

**5** 경호의전에 있어 국기의 게양방법에 대한 설명으로 옳지 않은 것은?

① 차량용 국기 게양은 차량의 본네트 앞에서 서서 차량을 정면으로 바라볼 때 본네트의 오른쪽이나 오른쪽 유리창문에 단다.

② 옥내 게양시 깃대에 의한 게양을 원칙으로 하되, 실내 여건 등을 감안하여 필요한 경우 깃면만을 게시할 수 있다.

③ 옥외 정부행사장의 경우 이미 설치되어 있는 주 게양대에 대형 태극기를 게양하는 것을 원칙으로 한다.

④ 옥내 회의장이나 강당 등에 국기를 깃대에 달아서 세워 놓을 때에는 단상 등 전면 왼쪽에 위치하도록 한다.

⑤ 공항·호텔 등 국제적인 교류장소는 태극기를 되도록 연중 게양한다.

> **TIP** ① 차량의 국기 게양위치는 차량의 본네트 앞에 서서 차량을 정면으로 바라볼 때 본네트의 왼쪽에 국기를 게양한다. 외국의 원수가 방한하여, 우리나라 대통령과 동승시 태극기는 왼쪽(조수석), 외국기는 오른쪽(운전석)에 게양한다.


**6** 응급환자 발생에 따른 응급처치를 실시할 때 지켜야 할 사항에 대한 설명으로 옳지 않은 것은?

① 응급처치는 전문적인 치료를 받기 전까지의 임시적인 처치임을 숙지한다.

② 응급처치원은 환자나 부상자에 대한 생사의 판정은 하지 않는다.

③ 빠른 시간 내에 전문 응급의료진에게 인계할 수 있도록 한다.

④ 응급처치원은 원칙적으로 의약품을 사용하지 않는다.

⑤ 응급처치원은 환자나 부상자에 대한 안전을 자신보다 우선 확보한다.

> **TIP** 응급처치원이 지켜야 할 사항
> ㉠ 응급처치원 자신의 안전을 확보한다.
> ㉡ 환자에게 자신이 응급처치자임을 알린다.
> ㉢ 환자나 부상자에 대한 생사의 판정은 하지 않는다.
> ㉣ 원칙적으로 의료기구나 의약품은 사용하지 않는다.
> ㉤ 어디까지나 응급처치에 그치고, 그 다음은 전문의료진의 처치에 맡긴다.
> ㉥ 빠른 시간 내에 전문 응급의료진에게 인계할 수 있도록 한다.
> ㉦ 환자나 부상자의 상태조사 및 편안한 자세를 유지한다.
> ㉧ 심폐소생술 및 기본 외상처치술을 시행할 수 있어야 한다.
> ㉨ 병원 이송 전까지 환자의 2차 쇼크를 방지하고 생명력을 유지하도록 한다.

**Answer** 5.① 6.⑤

**7** 원인을 알 수 없는 인사불성환자에 대한 응급처치 내용에 대한 설명으로 옳지 않은 것은?

① 얼굴이 창백한 인사불성환자의 경우 목의 옷깃을 늦추어 주고 머리에 찬 물수건을 대어 식혀준다.

② 인사불성이 원인이라고 생각되는 손상을 발견하더라도 뇌의 손상, 간질병 또는 술취한 상태와 혼동하지 않도록 조심해야 한다.

③ 인사불성의 원인을 정확히 구별할 수 없을 때는 뇌일혈이나 두개골 골절 환자로 보고 응급처치를 한다.

④ 얼굴이 창백한 인사불성환자의 경우 환자는 머리를 수평 되게 혹은 다리를 높여 안정 되게 눕히고 열을 가하여 보온한다.

⑤ 얼굴이 푸른 인사불성환자의 경우 응급처치로서는 구조호흡과 충격(쇼크)에 대한 응급처치를 한다.

> **TIP** ① 얼굴이 붉은 인사불성환자에 대한 응급처치 내용에 해당한다.
> ※ 원인불명의 얼굴이 창백한 인사불성환자의 응급처치
> ㉠ 증상은 얼굴이 창백하고 맥박이 약하게 나타난다.
> ㉡ 응급처치로는 환자의 머리를 수평으로 하고 다리를 높여 안정되게 눕히고 체온을 유지하여야 하며, 충격에 대한 응급처치를 한다.

**8** 경호임무 수행 시 발생한 환자유형별 응급처치 방법으로 옳지 않은 것은?

① 얼굴이 붉은 인사불성환자의 경우 머리와 어깨를 낮게 하여 안정시킨다.

② 두부손상환자는 귀나 코를 통해 혈액과 함께 흘러나오는 액체를 막지 말고 그냥 흐르게 한다.

③ 화상환자는 화상부위를 심장보다 높게 올리도록 한다.

④ 골절환자의 경우 찬물 찜질을 하고 부상부위를 높여 준다.

⑤ 호흡장애환자는 앉게 하거나 하반신을 기대게 하고 발을 뻗어 편한 자세를 취하게 한다.

> **TIP** 얼굴이 붉은 환자의 응급처치 방법
> ㉠ 환자를 바로 눕히고 머리와 어깨를 약간 높여준다.
> ㉡ 머리에 찬 물수건을 대어주어 열을 식힌다.
> ㉢ 환자를 옮길 때 눕힌 상태로 주의해서 옮긴다.

**Answer**  7.① 8.①

**9** 탑승예절에 대한 설명으로 옳지 않은 것은?

① 승용차 탑승 시 운전기사가 있을 경우 좌석의 가장 상석은 조수석 뒷자석, 다음이 운전석 뒷좌석, 마지막이 뒷좌석의 가운데이다.

② 기차 탑승 시 네 사람이 마주 앉을 경우 가장 상석은 진행방향의 창가 좌석, 다음이 맞은편 좌석, 다음은 가장 상석의 옆좌석, 그리고 그 앞좌석이 말석이 된다.

③ 비행기 탑승 시 객석 창문 쪽이 상석이고, 통로 쪽이 차석, 상석과 차석의 사이가 하석이다.

④ 선박 탑승 시 일반 선박일 경우 상급자가 먼저 타고, 하선할 때는 나중에 내리며, 함정일 경우는 상급자가 나중에 타고 먼저 내린다.

⑤ 엘리베이터 탑승 시 안내하는 사람이 있는 경우 상급자가 먼저 타고 먼저 내린다.

> **TIP** 선박 탑승 예절
> ㉠ 일반 선박일 경우 보통 상급자가 나중에 타고 하선할 때에는 먼저 내리나, 함정의 경우에는 상급자가 먼저 타고 먼저 내린다.
> ㉡ 지정된 좌석이 없는 경우 선체의 중심부가 상석이 된다.

**10** 경호 행사 시 쇼크 환자의 일반적인 증상으로 보기 어려운 것은?

① 호흡이 얕고 빨라진다.

② 맥박이 강하고 때로는 늦어진다.

③ 메스꺼움이나 구토를 호소한다.

④ 지속적으로 혈압 하강이 나타난다.

⑤ 차갑고 축축한 피부 및 청색증이 나타난다.

> **TIP** 쇼크 환자의 대표적인 증상으로는 혈압 저하 및 맥박이 약해지는 현상을 볼 수 있다.

**Answer** 9.④ 10.②

**11** 다음 중 응급처치를 실시하는 경비원이 지켜야 할 원칙이 아닌 것은?

① 환자나 부상자에 대한 생사의 판정은 하지 말아야 한다.

② 동원 가능한 의약품을 최대한 사용하여 신속히 조치한다.

③ 전문의료원이 도착하기 전까지의 응급처치만 하도록 한다.

④ 응급처치를 실시하는 경비원 자신의 안전을 확보하도록 한다.

⑤ 성인이 의식이 있는 경우에는 본인에게, 의식이 없는 경우에는 보호자에게 동의를 구하고, 동시에 치료가 함께 이루어질 수 있도록 한다.

> **TIP** 원칙적으로 의약품의 사용을 피한다.

**12** 사고현장의 응급처치에 관한 설명으로 옳지 않은 것은?

① 긴급환자를 우선조치하고, 환자의 인계, 증거물이나 소지품을 보존한다.

② 엉키어 뭉친 핏덩어리라도 떼어내지 말아야 한다.

③ 출혈부위는 심장보다 높게 하며, 물을 충분하게 주어 갈증을 해소시켜야 한다.

④ 절단된 부위는 무균드레싱 후 비밀주머니에 넣어 물과 얼음이 담긴 용기에 넣어 운반한다.

⑤ 혈액이 섞인 구토를 할 때 응급상황을 의심할 수 있다.

> **TIP** 출혈이 멎기 전에는 음료를 주지 않도록 해야 한다.
> ※ 출혈환자의 응급처치
>   ㉠ 출혈이 심하지 않은 경우
>     • 상처는 손이나 깨끗하지 않은 헝겊으로 함부로 건드리지 않음
>     • 엉키어 뭉친 핏덩어리를 떼어내지 말아야 함
>     • 흙이나 더러운 것이 묻었을 때는 깨끗한 물로 상처를 씻어 줌
>     • 소독한 거즈를 상처에 대고 드레싱을 하여야 함
>   ㉡ 출혈이 심한 경우
>     • 즉시 지혈을 하고 출혈 부위를 높게 하여 안정되게 눕힘
>     • 직접압박, 지압점압박, 지혈대 사용 등으로 지혈함
>     • 출혈이 멎기 전에는 음료를 주지 않도록 하여야 함

**Answer** 11.② 12.③

**13** 심폐소생술을 종료할 수 있는 경우가 아닌 것은?

① 구조자(경호원)가 육체적으로 탈진하여 지친 경우

② 다른 의료인과 교대한 경우

③ 환자의 호흡이 회복된 경우

④ 30분이 지나도 심폐소생술에 반응이 없는 경우

⑤ 환자가 맥박이 있는 경우

> **TIP** 심폐소생술이 시작된 후에는 특별한 사정이 있는 경우를 제외하고는 의사가 환자의 사망을 선언하기 전까지 계속되어야 한다. 심폐소생술이 시작되고 30분이 지나도록 혈액순환이 회복되지 않는 환자는 심정지의 원인, 대기의 온도와 같은 환경 상황, 환자의 신체조건 등을 고려하여 결정하는 것이 좋다.

**14** 출혈이 심한 환자에 대한 응급처치방법이 아닌 것은?

① 상처에 대한 지압점의 압박

② 상처의 드레싱

③ 출혈부위에 대한 직접압박

④ 지혈대의 사용

⑤ 경미한 출혈의 경우 소독된 거즈류를 출혈부위에 대고 손으로 압박

> **TIP** 출혈의 심하지 않을 때 드레싱을 한다.
> ※ 드레싱의 목적
> ㉠ 감염, 오염방지
> ㉡ 지혈
> ㉢ 혈액과 상처부위의 분비물 흡수
> ㉣ 상처의 악화 방지

**Answer** 13.④ 14.②

**15** 피경호인이 만찬 중 구토와 함께 졸도하였을 때 경호원의 최초 행동으로 맞는 것은?

① 의사를 부르고 기다린다.

② 정신을 차리도록 찬물을 끼얹는다.

③ 바로 인공호흡을 실시한다.

④ 입안의 오물을 제거한다.

⑤ 옷을 꽉 끼도록 만든다.

> **TIP** 구토를 했다면 입안에 남아있는 오물이 있는지 확인한 후 남은 오물을 제거하고 기도를 확보해야 하며, 옷을 느슨하게 해주고 토사물로 인해 기도가 막히지 않도록 한다.

**16** 다음 중 경호활동 시 발생되는 두부손상에 대한 응급처치 요령으로 옳지 않은 것은?

① 두부손상은 안면골절과 두개골로 인한 직접손상과 뇌진탕, 뇌출혈 등의 간접손상으로 나눌 수 있다.

② 두개골 골절의 경우 귀나 코에서 흐르는 액체는 막지 않고 이송한다.

③ 두피 손상의 경우 손상입은 피부를 본래의 위치로 되돌려 놓고 거즈를 덮어 직접압박으로 지혈하고 붕대로 고정한다.

④ 일반적으로 두부가 손상되었다고 확인되면, 기도확보, 경추, 척추고정, 산소공급, 기타 외상처치를 실시한다.

⑤ 두부외상 환자의 경우 두부에 박힌 이물질을 제거하고 보온 조치하여 체온을 유지한다.

> **TIP** 응급처치 시 이물질을 제거하면 출혈이 심해져 위험할 수 있으므로 병원에서 이물질을 제거하도록 한다.

**Answer** 15.④ 16.⑤

**17** 국빈행사 시 의전에 관한 사항으로 적절하지 않은 것은?

① 국가원수급 외빈의 공식방문 환영행사 시 예포는 21발을 발사한다.

② 국빈방문 시는 환영행사, 국가원수 내외분 예방, 국가원수 내외주최 리셉션 및 만찬, 환송행사 순에 의한다.

③ 외국방문 시 의전관행은 항상 방문하는 나라보다 자국의 관행이 우선한다.

④ 좌석 서열배치는 지위가 비슷한 경우 여자를 남자보다 우선한다.

⑤ 벽면에 국기를 부착할 경우에는 국기를 액자에 넣고 벽 중앙에 부착한다.

**TIP** 자국의 관행보다 방문하는 나라의 관행이 우선한다.

**18** 경호임무 수행 중 발생한 사고에 대한 상해 진단 및 평가에 대한 내용으로 적절하지 못한 것은?

① 부상자가 의식이 없고 척추손상 상태라면 부상자를 반듯하게 눕히고 머리부위를 당기며 기도를 개방시킨다.

② 부상자가 호흡하지 않아 기도를 개방하고 인공호흡을 실시하였다면 경동맥을 짚어 맥박이 있는 지 확인한다.

③ 심폐소생을 실시하는 가운데 출혈이 심하다면 심폐소생술 실시자 이외의 다른 보호자가 지혈을 실시한다.

④ 심폐소생술을 실시중이거나 과도한 열기에 노출되어 발생한 상해가 아닐 경우에는 쇼크를 방지 하기 위해 부상자를 차갑게 보호해 주어야 한다.

⑤ 심폐소생술은 3분 이내에 실시하는 것이 좋으며 늦어도 4분 이내에는 실시해야 한다.

**TIP** 심폐소생술을 실시할 때는 부상자를 따뜻하게 보호해 주어야 한다.

**Answer** 17.③ 18.④

**19** 화상 깊이에 따른 분류 중 피부와 진피 일부의 화상, 수포 형성 등 통증이 심한 것은?

① 1도 화상
② 2도 화상
③ 3도 화상
④ 4도 화상
⑤ 5도 화상

> **TIP** 2도 화상의 경우 통증이 심하며 진피가 일부 손상되고 수포가 형성된다.

**20** 경호의전작용 중 서열기준을 조정할 경우 이에 대한 원칙으로 맞는 것은?

① 외빈방문 시 같은 나라 주재 자국대사가 귀국하였을 때는 주재 외국대사 다음으로 할 수 있다.
② 국가원수를 대행하여 참석하는 정부 각료는 외국대사 다음으로 할 수 있다.
③ 우리가 주최하는 연회에서는 자국측 빈객은 동급의 외국측 빈객보다 상위에 둔다.
④ 대사가 여자일 경우 그의 남편은 최상위의 공사보다 우선한다.
⑤ 주한대사들 초청 시 서열은 나라의 크기 및 규모로 정한다.

> **TIP** ② 외국대사는 국가원수를 대행하여 참석한 정부 각료 다음으로 한다.
> ③ 외국측 빈객을 자국측 빈객보다 상위에 둔다.
> ④ 대사가 여자일 경우에도 그의 남편은 최상위 공사보다 우선하지 않는다.
> ⑤ 주한대사들 초청 시 서열은 신임장 제정일 순서(나라의 크기 및 규모와 무관)로 한다.

**21** 경호원 甲이 의전을 수행하던 도중 경호대상이 악수를 청했다. 다음 중 옳지 않은 것은?

① 정중히 오른손으로 한다.
② 악수할 때는 손에 힘을 주지 않도록 한다.
③ 감사의 뜻으로 악수를 하면서 왼손으로 상대의 손등을 덮어 쥔다.
④ 계속 손을 잡은 채로 말을 해서는 안 되며, 인사만 끝나면 곧 손을 놓는다.
⑤ 장갑낀 손, 땀에 젖은 손으로 악수해서는 안 된다.

> **TIP** 악수를 하면서 왼손으로 상대의 손등을 덮어 쥐면 실례이다.

**Answer** 19.② 20.① 21.③

**22** 경호임무 수행 중 타박상을 입었을 때의 조치사항으로 옳지 않은 것은?

① 출혈이 멈추고 부기가 가라앉으면 더운물 치료나 온찜질을 해준다.
② 8~10시간 동안 얼음찜질을 해준다.
③ 상처부위는 심장보다 낮게 해서 혈액순환이 잘되게 해준다.
④ 상처주위에 탄력붕대를 감아주어 출혈과 부종을 막는다.
⑤ 이물질이 신체에 박혀있다면 이물질을 제거하지 말고 그대로 두되 흔들리지 않도록 고정하여 상처가 악화되지 않도록 한다.

> **TIP** 출혈을 줄이기 위해서는 상처부위는 심장보다 높게 해야 한다.

**23** 다음 중 탑승예절로서 바르지 않은 것은?

① 비행기를 타고 내릴 때는 상급자가 먼저 타고 마지막에 내린다.
② 여객선에서는 상급자가 나중에 타고 하선할 때는 먼저 내린다.
③ 에스컬레이터 이용 시는 상급자가 먼저 올라가고 내려올 때는 하급자가 먼저 내려온다.
④ 승용차에 여성과 동승할 때 승차 시에는 여성이 먼저 타고, 하차 시에는 남성이 먼저 내려 차문을 열어준다.
⑤ 비행기에서는 창문가 좌석이 상석, 통로 쪽이 차석, 상석과 차석 사이가 말석이다.

> **TIP** 비행기를 타고 내릴 때는 상급자가 마지막에 타고, 먼저 내리는 것이 일반적인 탑승예절이다.

**24** 질식된 것처럼 모습을 보이며 화상을 동반하여 쇼크 증상을 보일 수 있는 것은?

① 감전          ② 골절
③ 창상          ④ 탈구
⑤ 염좌

> **TIP** 감전에 대한 설명으로 감전 시에는 피부화상보다는 조직손상이 더 심하다.

**Answer** 22.③ 23.① 24.①

**25** 좌석배치에 관한 설명으로 옳지 않은 것은?

① 좌석배열은 연회 준비사항 중 가장 세심한 주의를 기울여야하는 문제로서 참석자의 인원, 부부 동반 여부, 주빈 유무, 장소의 규모 등 여러 가지 요소를 고려하여 결정해야 한다.

② 주빈은 주최자 쪽에서 봤을 때 오른쪽에 배치해야 한다.

③ 주최자 및 주빈의 플레이스카드 표기시 주최자는 Host, 주빈은 Guest of Honour이다.

④ 장·차관 및 국회의원 등 동시 참석 시 국회의원의 경우 원칙적으로 장관과 차관 사이에 배치한다.

⑤ 주한대사들 초청 시 서열은 나라의 크기 및 규모에 비례하여 배치한다.

> **TIP** 주한대사들 초청 시 서열은 신임장 제정일 순서(나라의 크기 및 규모와 무관)이다.

**26** 의전 시 국기의 게양위치에 관한 설명이다. 옳지 않은 것은?

① 건물에 게양 시 정면에서 보아 중앙이나 왼쪽, 옥상의 중앙, 현관의 차양시설 위 중앙 또는 주된 출입구 위 벽면의 중앙에 국기를 게양한다.

② 건물 안의 강당 및 회의장에 게양 시 건물 안의 강당 등에서 국기를 깃대에 달아서 세워 놓을 때에는 그 내부의 전면을 마주보아 그 전면의 중앙 또는 왼쪽에 국기가 위치하도록 한다.

③ 차량에는 전면을 밖에서 보아 왼쪽(조수석)에 국기를 게양한다.

④ 벽면에 국기를 부착할 경우에는 국기를 액자에 넣지 않고 벽 중앙에 부착한다.

⑤ 외국기는 우리나라를 승인한 나라에 한하여 게양하여야 한다.

> **TIP** 벽면에 국기를 부착할 경우에 국기를 액자에 넣어서 벽 정중앙에 부착하도록 한다.

**Answer** 25.⑤ 26.④

**27** 국기와 외국기의 게양 시 옳지 않은 것은?

① 외국기는 우리나라를 승인한 나라에 한하여 게양하여야 한다.

② 국기와 외국기는 가장 윗자리에 국기를 게양하고, 그 다음 위치부터 외국기를 게양한다.

③ 국기와 외국기는 그 크기 및 높이가 같도록 한다.

④ 국기와 외국기를 교차시켜 게양하여야 할 경우에는 밖에서 보아 국기의 깃면이 오른쪽에 오도록 한다.

⑤ 국기와 국제연합기만 게양하는 경우 밖에서 봤을 때, 왼쪽에 국제연합기를 오른쪽에는 국기를 게양한다.

> **TIP** 국기의 깃면이 왼쪽에 오도록 하여야 한다. 그리고 그 깃대는 외국기의 깃대 앞쪽에 오도록 한다.

**28** 경호 의전 시 자동차 안에서의 의전대상이 앉을 좌석은? (단, 승용차 운전기사가 있는 경우)

① 운전자 옆자리로 한다.

② 운전자 조수석의 뒷자리로 한다.

③ 운전자 뒷자석으로 한다.

④ 뒷자석이면 어디든 관계없다.

⑤ 운전자석이 상석이다.

> **TIP** 그림의 ① 위치가 의전대상이 앉을 좌석이다.

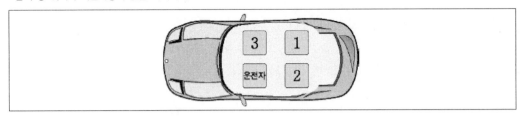

**29** 국기의 금실을 부착하는 경우로 옳지 않은 것은?

① 국가를 대표하는 사람의 승용차에 다는 경우

② 의전용으로 쓰이는 경우

③ 실내에서 게양하는 경우

④ 각종 국제회의시에 벽걸이용으로 쓰이는 경우

⑤ 각종 국제회의시에 탁상용으로 쓰이는 경우

> **TIP** 금실의 부착
> • 국가를 대표하는 사람의 승용차에 다는 경우
> • 의전용으로 쓰이는 경우
> • 실내에서 게양하는 경우
> • 각종 국제회의시에 탁상용으로 쓰이는 경우

**30** 의전 시 명함과 관련한 예절로 옳지 않은 것은?

① 명함용지는 순백색이 일반 관례이며, 너무 얇거나 두꺼운 것은 피하는 것이 좋다.

② 필기체를 사용하는 것이 일반 관례이다.

③ 명함을 내밀 때 같이 교환하는 것이 예의이다.

④ 명함은 받는 즉시 양복 안 주머니에 보관한다.

⑤ 흑색 잉크를 사용하여야 하며 금색 둘레를 친다거나 기타 색체를 사용해서는 안 된다.

> **TIP** 명함을 받으면 확인을 하고 천천히 보관장소에 보관하는 것이 예의이며 확인도 하지 않고 즉시 보관하는 것은 상대방을 무시한다는 느낌을 줄 수 있다.

**Answer** 29.④ 30.④

**31** 의전 시 연회의 좌석배치로 옳지 않은 것은?

① 주빈이 입구에서 먼 쪽에 앉도록 한다.
② 직책을 가지고 참석하는 여성의 경우 Table 끝에 앉지 않도록 한다.
③ 외교단은 반드시 신임장 제정일자 순으로 서열을 맞추어 좌석을 배치한다.
④ 국내 각료급은 정부조직법상의 직제순으로 서열을 맞추어 좌석을 배치한다.
⑤ 연회장에 좋은 전망(창문)이 있을 경우 전망이 바로 보이는 좌석에 주빈이 앉도록 배치한다.

> **TIP** ② 여성이 Table 끝에 앉지 않도록 하되 직책을 가지고 참석하는 여성의 경우에는 예외이다.

**32** 숙녀분과 함께 동행할 때 예절로 옳은 것은?

① 방이나 사무실을 출입할 때 여성을 앞세운다.
② 승강기를 탈 때는 남성이 먼저 탑승한 후 여성이 탄다.
③ 식당이나 극장·오페라에서 안내인이 있을 때는 남성이 앞에 선다.
④ 자동차에서 내릴 때는 여성이 먼저 내리도록 한다.
⑤ 승강기를 탈 때 남성은 아주 복잡하더라도 여성이나 어린이 그리고 노인을 앞세운 후 타고 내리는 것이 예의이다.

> **TIP** ② 승강기를 탈 때는 여성이 먼저 탑승한다.
> ③ 안내인이 있을 때는 여성이 앞에 선다.
> ④ 자동차에서 내릴 때는 남성이 먼저 내리도록 한다.
> ⑤ 승강기를 탈 때 남성은 아주 복잡하지 않는 한 여성이나 어린이 그리고 노인을 앞세운 후 타고 내리는 것이 예의이다.

**33** 응급처치의 4대 요소에 해당되지 않는 것은?

① 전문 의료기관 연락　　　　　　② 지혈
③ 기도유지　　　　　　　　　　　④ 쇼크방지 및 치료
⑤ 상처보호

> **TIP** 응급처치의 4요소는 기도유지, 지혈, 쇼크예방, 상처보호가 있다.

**Answer** 31.② 32.① 33.①

**34** 응급처치의 목적으로 옳지 않은 것은?

① 부상자의 생명을 구하기 위한 임시조치이다.

② 상태 악화를 방지한다.

③ 고통을 경감시키고 회복시킨다.

④ 부상자를 치료하기 위한 것이다.

⑤ 응급처치는 사고나 질병의 예방을 목적으로 한다.

> **TIP** 응급처치는 장비나 의사가 없는 곳에서 임시적으로 부상자의 생명을 유지하기 위한 것으로 부상자를 치료하기 위한 것은 아니다.

**35** 응급처치의 활동원칙으로 옳지 않은 것은?

① 주위에 협조자를 구한다.

② 제일 먼저 부상자에게 집중한다.

③ 긴급환자를 우선적으로 처치한다.

④ 마음을 가다듬고 침착하게 행동한다.

⑤ 우선적으로 안전관리를 실시한 후 부상자에게 집중해야 한다.

> **TIP** 응급처치의 활동원칙으로 안전관리는 환자에게 접근하기 전에 현장을 관찰하여 현장상황을 정확히 판단해 부상자뿐만 아니라 자신의 안전을 최대한 유지하는 것이다. 즉 우선적으로 안전관리를 실시한 후 부상자에게 집중해야 한다.

**36** 경호대상자가 쇼크를 일으킬 때 처치원칙으로 올바르지 않은 것은?

① 과민성 쇼크는 알레르기로 인한 기도폐쇄로 인해 발생하는 쇼크이다.

② 척추손상이 의심되는 경우 긴 척추고정판에 고정 후 하지쪽의 척추고정판을 높인다.

③ 경호대상자의 체온을 유지한다.

④ 머리나 척추에 부상이 있으면 하체를 25~30cm 정도 높여준다.

⑤ 구토가 심한 경우 옆으로 뉘여 기도를 유지한다.

> **TIP** 머리나 척추의 부상이 없을 때 하체를 어느 정도 높여준다.

**Answer** 34.④ 35.② 36.④

**37** 환자평가를 실시하는 데 있어서 옳지 않은 것은?

① 환자의 의식을 확인하기 위해 환자에게 이름, 연령 등을 직접 물어보고 말을 10분 간격으로 물어본다.

② 환자의 의식이 없는 경우 한 손으로 경추를 보호하면서 다른 손으로 환자에게 자극을 주어 깨워본다.

③ 대부분의 생명구조 활동은 가장 가까이에 있던 사람이 응급조치를 취했을 경우에 효과가 크므로 주위에 있는 사람의 즉각적인 응급조치가 가장 바람직하다.

④ 질문에 대답하면 기도 및 의식수준이 비교적 양호한 상태라고 추측하고 말을 못하거나 의식이 없으면 ABC평가를 한다.

⑤ 이물질 제거 시 외상환자의 경우 머리를 젖히고 턱을 위로 당기어 기도를 확보해 준다.

> **TIP** 이물질 제거 시 외상환자의 경우 경추나 척추 손상의 우려가 크므로 이물질 제거를 위해 함부로 목을 젖히거나, 환자의 몸을 돌리지 않도록 한다.

**38** 다음은 부상자의 외형변화에 관한 설명이다. 옳은 것은?

① 얼굴색이 청색으로 변하면 고혈압, 일산화탄소 중독, 일사병, 열사병, 고열 등에 해당한다.

② 피부색이 창백하고 피부가 차갑고 건조하면 쇼크, 공포, 대출혈, 질식, 심장발작 등으로 혈압이 낮아지고 혈액순환이 악화된 증세이다.

③ 안색, 피부색이 붉으면 혈액 속에 산소가 부족한 것을 의미하며 기도폐쇄 등에 해당한다.

④ 동공확대 증상은 중추신경계 장애, 마약중독, 약물중독 등에 해당된다.

⑤ 화학약품에 의해 안구손상을 입은 경우 산이나 염기성 용액으로 세척한다.

> **TIP** ① 안색, 피부색 특히 입술과 손톱색이 청색이면 혈액 속에 산소가 부족한 것을 의미로 기도폐쇄 등에 해당한다.
> ③ 안색이나 피부색이 붉으면 고혈압, 일산화탄소 중독, 일사병, 열사병, 고열 등에 해당다.
> ④ 동공확대는 의식장애, 약물중독, 심정지 등에 해당한다.
> ⑤ 화학약품에 의해 안구손상을 입은 경우 흐르는 물로 콧등에서 귀쪽으로 20분 이상 세척해 준다.

**Answer** 37.⑤ 38.②

**39** 호흡 및 맥박확인에 관한 설명으로 옳지 않은 것은?

① 약 1분간 환자의 가슴을 보고, 숨소리를 듣고, 숨결을 느끼며 호흡과 맥박을 확인한다.

② 호흡이 없으면 2회 인공호흡을 실시한 후 환자의 회복상태를 확인한다.

③ 입과 입으로 인공호흡을 하는 것은 전염병에 쉽게 노출되므로 수건이나 휴지 등을 이용하여 인공호흡을 한다.

④ 맥박이 아주 느리거나(성인 60회/분 이하) 아주 빠르면(성인 100회/분 이상) 위험한 상태이다.

⑤ 호흡곤란증세를 보인다면 기도를 개방하고 호흡을 보조해주어야 한다.

> **TIP** 호흡 및 맥박의 확인은 약 10초간 실시한다.

**40** 환자의 상태 판단으로 옳지 않은 것은?

① 의식은 있는데 손발이 움직이지 않는 경우 신경계통 손상을 의미한다.

② 살을 꼬집어도 아픈 것을 느끼지 못하는 경우 척수 손상을 의미한다.

③ 하지를 움직이지 못하는 경우 요추신경 손상을 의미한다.

④ 몸 한쪽 마비는 신경계 손상을 의미한다.

⑤ 상처부위로부터 혈액이 힘차게 뻗어나오며 혈색이 선홍색을 띤다면 동맥출혈로 볼 수 있다.

> **TIP** 몸 한쪽 마비는 뇌손상을 의미한다.

**41** 다음 설명 중 올바르지 않은 것은?

① 부상자가 음료를 원할 경우 준다.

② 갈증해소를 위하여 필요한 경우 깨끗한 수건 등으로 물을 적셔서 입술만 적셔준다.

③ 뱀에 물린 경우 자극성 없는 물을 공급할 수 있다.

④ 환자가 의식이 있고, 마실 것을 줄 필요가 있을 때에는 따뜻한 물을 주도록 한다.

⑤ 약품화상의 경우 수돗물 등으로 약품을 씻어내는 것이 우선이다.

> **TIP** 부상자에게 음료는 원칙적으로 주지 않는다. 특히 두부, 복부, 흉부의 손상, 내출혈, 대출혈 환자 등은 음료를 절대 주지 않는다. 만약 주게 되면 수술을 할 수도 있다.

**Answer** 39.① 40.④ 41.①

**42** 기도유지에 관한 설명으로 옳지 않은 것은?

① 부분적 기도폐쇄의 경우 말을 약간씩 하거나 기침을 할 수 있다.

② 말을 약간씩 하거나 기침을 할 수 있는 경우 부분적 기도폐쇄의 증상이다.

③ 부분적 기도폐쇄 시 이물질이 더 깊이 들어가지 않도록 하며 손가락 사용시 주의한다.

④ 기도가 폐쇄되어 있으면 어떠한 구조호흡을 실시하여도 효과가 없다.

⑤ 청색증이 나타나거나, 애를 써 호흡을 하려하는 경우 부분적 기도폐쇄 증상이다.

> **TIP** 완전 기도폐쇄의 경우 청색증이 나타나거나, 애를 써 호흡을 하려 한다.


**43** 기도폐쇄의 원인으로 옳지 않은 것은?

① 혀               ② 이물질

③ 부종            ④ 호흡

⑤ 성대의 경련

> **TIP** 기도폐쇄 원인
> ㉠ 혀 : 의식이 없을 때의 가장 흔한 기도폐쇄의 원인이다.
> ㉡ 이물질 : 구토물, 혈액, 음식물, 의치 등
> ㉢ 부종 : 기도부위의 부종, 손상, 성대의 경련, 심한 알레르기 등


**44** 경호대상자의 응급상황으로 이물질제거 시 올바르지 않은 것은?

① 성인의 경우 뒤쪽에 위치하여 명치끝과 배꼽 중간을 잡아 위쪽으로 압박한다.

② 임신말기 및 비만인에 복부 밀쳐올리기를 실시한다.

③ 부상자의 얼굴을 옆으로 하고 거즈, 손수건 등을 이용하여 손가락으로 이물을 제거한다.

④ 10세 미만의 유아의 경우 손으로 복부 밀쳐올리기, 즉 하임리히법을 사용하지 않는다.

⑤ 하악견인법은 의식이 없거나 경추손상의 의심이 가는 환자에게 적합한 방법이다.

> **TIP** 임신말기 및 비만인에게는 흉부압박으로 한다.


**Answer**   42.⑤   43.④   44.②

**45** 구조호흡을 할 때 주의사항으로 옳지 않은 것은?

① 과호흡이 되지 않도록 한다.

② 규칙적으로 실시한다.

③ 맥박이 있으면 심폐소생술을 실시한다.

④ 쇼크처치를 실시한다.

⑤ 의사에게 인계 시까지 실시한다.

> **TIP** 맥박이 있으면 심폐소생술을 실시하지 않는다.

**46** 탑승예절에 관한 설명으로 옳은 것은?

① 승용차를 동승할 때에는 상급자가 먼저 타고, 내릴 때는 하급자가 먼저 내린다.

② 승용차 탑승 시 운전기사가 있을 경우 자동차 좌석의 서열은 뒷자석 왼쪽이 상석이며 그 다음이 오른쪽, 앞자리, 가운데 순이다.

③ 비행기를 타고 내릴 때는 상급자가 먼저 타고 먼저 내린다.

④ 비행기 탑승 시 창문가 좌석이 상석이며 통로쪽 좌석이 말석, 상석과 차석 사이가 차석이다.

⑤ 에스컬레이터가 올라갈 때에는 하급자가 먼저 올라가고 내려올 때에는 상급자가 먼저 내려온다.

> **TIP** ① 승용차를 동승할 때에는 하급자가 먼저 타고, 내릴 때는 상급자가 먼저 내린다.
> ② 운전기사가 있는 승용차의 경우 자동차 뒷자석 오른쪽이 상석이다.
> ④ 비행기 탑승 시 좌석은 창가쪽이 상석, 통로쪽이 차석, 가운데가 말석이다.
> ⑤ 올라갈 때에는 상급자가 먼저 올라가고 내려올 때에는 하급자가 먼저 내려온다.

**47** 경호임무수행 중 출혈이 심한 경우에 응급처치 방법으로 옳지 않은 것은?

① 출혈부위를 심장보다 높게 하여 안정되게 눕힌다.

② 출혈이 멎기 전에 음료를 주어 수분을 보충해준다.

③ 즉시 지혈한다.

④ 지혈방법은 직접 압박, 지압점 압박, 지혈대 사용 등의 방법이 있다.

⑤ 출혈이 심할 때는 물로 씻지 않는다.

> **TIP** 출혈이 심한 경우에는 수술을 받을 수도 있으므로, 피가 멎기 전에 음료 등을 먹이지 말아야 한다.

**Answer** 45.③ 46.③ 47.②

# O6 경호의 환경

## ❶ 경호의 환경요인

### (1) 일반적 경호환경

① 경제발전

    ㉠ 경제발전은 우리 사회를 물질주의 사회구조로 변화시키고 사람들의 가치기준 변화까지 초래하였다.

    ㉡ 급속한 경제발전 및 개혁에 따른 사회구조 변화 과정에서 불만저항세력과 사회에서 소외된 사람들이 증가하였고 불법체류 외국인 범죄조직, 폭력 및 마약 범죄단체와 연계할 가능성이 높아졌다.

    ㉢ 부의 재분배 과정에서 발생하는 빈부의 격차로 인한 지역 간 계층 간 갈등이 발생한다.

② 과학기술의 향상

    ㉠ 과학기술의 향상으로 인해 인간생활은 편리해졌지만 반대로 과학기술이 범죄에 악용되는 경우가 많아졌다. 위해를 가하려는 자들의 첨단장비를 이용한 범죄가 증가하고, 성공가능성도 높아졌다.

    ㉡ 자동차·항공기의 발달과 전자·전기·통신 및 컴퓨터의 발달 등으로 생활규모가 변화되고 범죄양상이 광역화, 기동화 되었다.

③ 동력화의 진전

    ㉠ 인구증가·경제성장·기업활동의 활발화 등은 다양한 교통수요를 가져오게 되고 대도시와 지방, 주거지역과 공업지역이 상호 연결되어 국제화의 경향이 뚜렷해졌다.

    ㉡ 각종 국제회의와 체육경기, 관광 등에 의한 외래문화의 교류와 이에 따른 문화와 가치의 변화가 일어난다.

④ 정보화

    ㉠ TV, 인터넷 등으로 이어지게 된 매체 변화는 정보의 질적·양적 수준을 바꾸어 놓았다. 정보화 시대라는 말이 무색할 정도의 정보의 범람 그 자체 속에 살아가면서 이러한 '정보 과잉'이 '정보과부하' 상태로 빠져들게 하여 정보 판단의 기준을 잡기가 어렵게 되었다.

    ㉡ 정보 남용·오용으로 인한 사회적 문제가 발생하고, 범죄가 광역화, 지능화 되어 발각의 가능성이 낮아져 위해의 가능성은 높아졌다.

    ㉢ 신속하고 정확한 정보입수를 하는 것에 사람들이 광분하게 되어 사회의 신용유지에 혼돈을 가져오게 한다.

⑤ 국민의식과 생활양식 변화

    ㉠ 고도의 물질문명의 발달과 자유주의의 지나친 팽배는 개인주의·이기주의를 확산시킨다. 주민연대 의식의 결여, 익명성의 지향 등은 경호환경에 비협조적 경향으로 나타날 우려가 있다.

   ⓛ 전통적 도덕관념이나 윤리관에 대한 의식변화가 일어나고 전통적인 사회규범에서 벗어나거나 이에 반발·
   부정하는 형태로 흐르게 된다.

⑥ 범죄의 증가 및 다양화

   ㉠ 노인범죄·청소년범죄·성범죄·사이버범죄 등 범죄 유형이 다양해지고 범죄 수도 증가했다. 그리고 이
   러한 각종 범죄들은 갈수록 흉악화 되고 있다.

   ㉡ 과학기술의 발달과 정보화 등은 범죄의 지능화와 조직화를 초래한다.

   ㉢ 개방화와 국제적 교류의 증대는 범죄 조직의 국제화, 범죄수법의 국제 교류활동을 높이고 경호통제를
   어렵게 한다.


## (2) 특수적 경호환경

① **특수적 환경요인** … 암살·테러 등

② **특수적 환경요인에 영향을 끼치는 요소**

   ㉠ **경제전쟁** : 그동안 냉전시대의 이념적 갈등을 위주로 한 팽팽한 군사적 대립은 세계 각국의 경제적 대립
   으로 탈바꿈하여 지역이기주의와 경제우선주의가 자리 잡았다. 이에 각국의 경제적 패권 다툼에서 소외
   된 각 지역의 소수민족과 소수테러단체들의 테러투쟁이 증가하였다.

   ㉡ **국제적 지위향상** : 한 국가의 국제적 지위향상은 테러·암살 등의 위협을 증가시킬 수 있다. 우리나라도
   국제적으로 지위가 향상되면서 우리나라 국민을 대상으로 한 납치·살해·테러위협 등이 증가하였다.

   ㉢ **특정국의 위협** : 특정국가의 경제적 곤경과 정치적인 불안정은 테러·암살 등의 위협적인 요인이 된다.
   우리나라의 경우 북한 내부의 정치적·경제적 위기, 북한 핵문제 등으로 인한 혼란이 위험요소가 되어
   경호 환경에 큰 영향을 미치게 된다.


# ❷ 암살

## (1) 개념

암살이란 정치적으로 영향력을 행사할 수 있는 지위에 있는 사람을 정치적·사상적 대립이 동기가 되어 비합
법적으로 살해하는 행위를 뜻한다. 좌익·우익·피지배층·권력자 상호 간 등 여러 사람들이 암살을 행하고
있고, 개인적으로 암살을 행하는 경우도 있지만, 일반적으로는 조직이나 권력자와 관련되는 경우가 많다.

## (2) 동기

① **정치적 동기** … 현재의 정권을 교체하거나 새로운 정부를 구성하고자 하는 욕망을 가진 개인 또는 집단이
   정부의 수반을 제거하기 위해서 암살을 선택한다.

② **이념적 동기** … 암살이 이념적 갈등이나 차이로 발생한다. 자신이 중요하게 생각하는 이념이나 사상을 위태롭게 하고 있다고 생각되는 경우 암살대상자로 지정해 암살이 행하여진다.

③ **개인적 동기** … 암살자가 원한, 분노, 증오 등의 지극히 개인적인 동기로 암살을 선택한다.

④ **경제적 동기** … 자신의 가족, 집단, 민족에게 영향을 미칠 수 있는 경제적인 악조건을 타개하거나 금전적인 보상을 위해 누군가 희생이 되어야 한다는 신념에 의해 암살이라는 방법을 택한다.

⑤ **심리적 동기** … 정신분열증, 편집증, 조울증, 치매(노인성) 등을 가진 암살자의 심리적 동기에 의해 암살이 일어난다. 이러한 요소들은 한 가지 또는 복합적으로 작용하여 암살이 이루어진다.

⑥ **적대적 동기** … 적국의 지도자의 제거로 승리를 이끌 수 있는 적대관계에 놓여있거나 전쟁 중일 경우, 사회 혼란을 조성해야 하는 경우 등 전략적인 판단에 의해 암살이 이루어지기도 한다.

### (3) 암살범의 특징

① **심리적 특징**
　　㉠ 무능력자이거나 스스로를 학대하는 사람
　　㉡ 인내심이 부족하거나 적개심이 많은 사람
　　㉢ 허황된 사고방식을 가졌거나 과대망상자
　　㉣ 지나친 종교적 · 정치적 몰입자

② **환경적 특징**
　　㉠ 생활이 불안정한 사람
　　㉡ 대게 미혼자이거나 가정적으로 불안정한 사람

③ **신체적 특징** … 의도적으로 평범하고 단정하게 연출을 하기 때문에 외모만으로는 암살범 식별이 어려움

### (4) 실행단계

① **경호정보수집** … 암살대상의 주변을 맴돌거나 조사를 통한 치밀한 대상자 주변 정보 수집

② **무기 및 장비획득** … 훔치거나 주변에서 빌리거나 통신판매점 등을 통해 획득

③ **임무 부여** … 무기나 장비를 획득한 후 계획을 구상하여 다른 공모자들에게 임무를 부여한다. 전원이 범행에 참가하는 경우도 있고, 한 명만이 지명되는 경우도 있다.

④ **범행 실행**
　　㉠ 기습 원칙
　　㉡ 군중들의 살상과 재산피해에 죄의식이 없음
　　㉢ 원하는 목적을 이룰 때까지 다양한 공격방법이 동시에 또는 계속적으로 일어날 수 있음

## ❸ 테러

### (1) 개념

① **사전적 정의**…정치·종교·사상적 목적을 위한 무차별 폭력행사와 위협

② **미 국무부의 정의**…준 국가집단이나 어떤 국가의 비밀요원이 다수의 대중에게 영향력을 행사하기 위해 전투원 또는 비전투원을 대상으로 하는, 미리 계획된 정치적 폭력

③ **미 중앙정보국의 정의**…개인 또는 단체가 기존의 정부에 대항하거나 대항하기 위해 직접적인 희생자들보다 더욱 광범위한 대중에게 폭력을 사용하여 심리적 충격을 주거나 협박을 함으로써 정치적 목적을 달성하는 것

④ **우리나라의 국민보호와 공공안전을 위한 테러방지법상 용어의 정의**

　㉠ "테러"란 국가·지방자치단체 또는 외국 정부(외국 지방자치단체와 조약 또는 그 밖의 국제적인 협약에 따라 설립된 국제기구를 포함)의 권한행사를 방해하거나 의무 없는 일을 하게 할 목적 또는 공중을 협박할 목적으로 하는 다음의 행위를 말한다.

　　ⓐ 사람을 살해하거나 사람의 신체를 상해하여 생명에 대한 위험을 발생하게 하는 행위 또는 사람을 체포·감금·약취·유인하거나 인질로 삼는 행위

　　ⓑ 항공기와 관련된 다음 각각의 어느 하나에 해당하는 행위
　　　• 운항 중인 항공기를 추락시키거나 전복·파괴하는 행위, 그 밖에 운항 중인 항공기의 안전을 해칠 만한 손괴를 가하는 행위
　　　• 폭행이나 협박, 그 밖의 방법으로 운항중인 항공기를 강탈하거나 항공기의 운항을 강제하는 행위
　　　• 항공기의 운항과 관련된 항공시설을 손괴하거나 조작을 방해하여 항공기의 안전운항에 위해를 가하는 행위

　　ⓒ 선박 또는 해상구조물과 관련된 다음 각각의 어느 하나에 해당하는 행위
　　　• 운항 중인 선박 또는 해상구조물을 파괴하거나, 그 안전을 위태롭게 할 만한 정도의 손상을 가하는 행위 (운항 중인 선박이나 해상구조물에 실려 있는 화물에 손상을 가하는 행위를 포함)
　　　• 폭행이나 협박, 그 밖의 방법으로 운항 중인 선박 또는 해상구조물을 강탈하거나 선박의 운항을 강제하는 행위
　　　• 운항 중인 선박의 안전을 위태롭게 하기 위하여 그 선박 운항과 관련된 기기·시설을 파괴하거나 중대한 손상을 가하거나 기능장애 상태를 일으키는 행위

　　ⓓ 사망·중상해 또는 중대한 물적 손상을 유발하도록 제작되거나 그러한 위력을 가진 생화학·폭발성·소이성 무기나 장치를 다음 각각의 어느 하나에 해당하는 차량 또는 시설에 배치하거나 폭발시키거나 그 밖의 방법으로 이를 사용하는 행위
　　　• 기차·전차·자동차 등 사람 또는 물건의 운송에 이용되는 차량으로서 공중이 이용하는 차량
　　　• 차량의 운행을 위하여 이용되는 시설 또는 도로, 공원, 역, 그 밖에 공중이 이용하는 시설
　　　• 전기나 가스를 공급하기 위한 시설, 공중이 먹는 물을 공급하는 수도, 전기통신을 이용하기 위한 시설 및 그 밖의 시설로서 공용으로 제공되거나 공중이 이용하는 시설

- 석유, 가연성 가스, 석탄, 그 밖의 연료 등의 원료가 되는 물질을 제조 또는 정제하거나 연료로 만들기 위하여 처리 · 수송 또는 저장하는 시설
- 공중이 출입할 수 있는 건조물 · 항공기 · 선박으로서 ⓓ의 내용에 해당하는 것을 제외한 시설

ⓔ 핵물질, 방사성물질 또는 원자력시설과 관련된 다음 각각의 어느 하나에 해당하는 행위
- 원자로를 파괴하여 사람의 생명 · 신체 또는 재산을 해하거나 그 밖에 공공의 안전을 위태롭게 하는 행위
- 방사성물질 등과 원자로 및 관계 시설, 핵연료주기시설 또는 방사선발생장치를 부당하게 조작하여 사람의 생명이나 신체에 위험을 가하는 행위
- 핵물질을 수수(授受) · 소지 · 소유 · 보관 · 사용 · 운반 · 개조 · 처분 또는 분산하는 행위
- 핵물질이나 원자력시설을 파괴 · 손상 또는 그 원인을 제공하거나 원자력시설의 정상적인 운전을 방해하여 방사성물질을 배출하거나 방사선을 노출하는 행위

ⓛ "테러단체"란 국제연합(UN)이 지정한 테러단체를 말한다.

ⓒ "테러위험인물"이란 테러단체의 조직원이거나 테러단체 선전, 테러자금 모금 · 기부, 그 밖에 테러 예비 · 음모 · 선전 · 선동을 하였거나 하였다고 의심할 상당한 이유가 있는 사람을 말한다.

ⓔ "외국인테러전투원"이란 테러를 실행 · 계획 · 준비하거나 테러에 참가할 목적으로 국적국이 아닌 국가의 테러단체에 가입하거나 가입하기 위하여 이동 또는 이동을 시도하는 내국인 · 외국인을 말한다.

ⓜ "테러자금"이란 공중 등 협박목적을 위한 자금을 말한다.

ⓗ "대테러활동"이란 테러 관련 정보의 수집, 테러위험인물의 관리, 테러에 이용될 수 있는 위험물질 등 테러수단의 안전관리, 인원 · 시설 · 장비의 보호, 국제행사의 안전확보, 테러위협에의 대응 및 무력진압 등 테러 예방과 대응에 관한 제반 활동을 말한다.

ⓢ "관계기관"이란 대테러활동을 수행하는 국가기관, 지방자치단체, 그 밖에 대통령령으로 정하는 기관을 말한다.

ⓞ "대테러조사"란 대테러활동에 필요한 정보나 자료를 수집하기 위하여 현장조사 · 문서열람 · 시료채취 등을 하거나 조사대상자에게 자료제출 및 진술을 요구하는 활동을 말한다.


## (2) 특징

① 폭력적 행위

② 철저한 계획, 군사활동과 유사한 치밀함과 정확성

③ 강제력을 사용하여 타의 복종을 요구하는 행위

④ 인명 및 재산피해 발생

⑤ 공포감과 위협 발생


## (3) 유형

① 페쳐(Fetscher)의 분류
  ㉠ 소수인종에 의한 테러 : 핍박을 받아온 소수민족이 기존질서에 도전하기 위한 행위

ⓒ 환경의 변화나 환경에 저항한 테러 : 이념으로 무장되어 있고 조직이 정예화 되어 있으며 재정적 풍족함도 있으나 국민의 광범위한 지지를 받지는 못한다.

② 정치적 신념에 따른 분류

ㄱ 민족주의나 종족주의 신념에 의한 테러

ㄴ 이념을 기초로 하는 테러 : 마르크스, 파시스트, 나치주의, 무정부주의 등의 이념을 기초로 한다.

ㄷ 허무주의에 입각한 테러 : 미래에 대한 분명한 비전과 생각이 없는 파괴주의자들에 의한 테러

ㄹ 특정 정책의 쟁점을 위한 테러

③ 해커(Hacker)의 분류

ㄱ 광인형 : 즉흥적이고 병리적인 테러리스트

ㄴ 범죄형 : 개인이득을 얻기 위한 범죄형적 테러리스트

ㄷ 순교형 : 이상주의적인 십자군형 테러리스트

④ 미코러스(Mickolus)의 분류

ㄱ 영토복고주의자

ㄴ 민족혁명가

ㄷ 세계적 무정부주의자

ㄹ 범죄 집단

ㅁ 정신착란자

ㅂ 장난꾼

ㅅ 전위혁명을 갖는 집단

ㅇ 질서유지를 위한 자원

(4) 공격방법

① 인적 목표에 의한 암살

② 비인간 목표 테러공격(항공기 · 은행 · 기업 등)

③ 항공기불법탈취(hijacking)

④ 유괴 및 납치

⑤ 매복 · 기습공격

⑥ 원거리 미사일 공격

⑦ 생 · 화학 공격

⑧ 사이버 공격

## (5) 조직 형태

① **지도자조직** … 정신적 지주, 정책의 수립 · 계획 · 통제 · 집행

② **수동적 지원조직** … 정치적 전위 집단, 후원자

③ **적극적 지원조직** … 선전효과, 자금획득, 조직 확대에 기여

④ **전문적 조직** … 참고자료나 정보제공, 테러리스트의 법적인 비호, 은닉이나 알리바이 제공

⑤ **직접적 지원조직** … 테러대상에 대한 정보제공, 무기지원, 요원 훈련, 전술 및 작전지원

⑥ **행동조직** … 폭발물 설치, 직접 테러행위 실행

## (6) 수행단계

① **제1단계** … 정보수집대상에 대한 관찰을 실시하고 행동경로 · 습관 등의 관련 정보를 수집한다.

② **제2단계** … 어떻게 공격이 이루어질지 공격계획을 수립하는 단계로 공격 시기 · 방법 · 장소 등을 결정하는 단계이다.

③ **제3단계** … 계획된 공격이 잘 이루어지도록 잘 훈련된 요원들을 나누어 공격 조를 편성하고 각 요원에게 임무를 주고 그에 맞는 무기와 장비를 정한다.

④ **제4단계** … 공격지점 근처에 은거지역을 정하고 각종 장비를 확보한 후 공격을 준비한다. 공격이 잘 실행될 수 있도록 조직화 단계에서 정한 내용들을 점검한다.

⑤ **제5단계** … 실행 앞의 단계들에서 계획된 공격방법에 의해 공격을 실시한 후 현장을 이탈한다.

## (7) 사이버테러

① **개념** … 컴퓨터 통신망을 이용하여 데이터베이스화되어 있는 군사, 행정, 인적 자원 등 주요 기관의 정보시스템에 침입하여 중대한 장애를 발생시키거나 파괴하여 국가 기능을 마비시키는 신종 테러를 말한다. 다수 피해자의 전산망에 사이버공격을 하였다 하더라도 테러의 결과라고 볼 수 있는 피해가 발생하지 않을 경우 이러한 공격행위를 사이버테러라고 보기 어렵다. 그러나 그것이 결과적으로 한 사회나 국가에 공포심과 불안감을 조성할 수 있는 정도에 이를 경우는 사이버테러라고 부를 수 있다. 정보화 사회에서 일어나는 부작용 중의 하나로 인터넷 사용이 늘어나면서 사이버테러 행위도 급격히 증가하고 있으며 앞으로 이런 추세는 계속될 전망이다.

② **특징**
　㉠ **저비용성** : 전통적인 테러에 비해 준비하고 실행하는 데 경제적 비용이 적게 든다.
　㉡ **비정치성** : 사이버테러를 행하는 테러리스트들이 정치적인 의도나 추구하는 목표를 가지지 않고 행하는 경우가 많다.

ⓒ 시스템의 취약성 : 행위자가 방법만 터득한다면 누구나 쉽게 인터넷망을 교란시키고 마비시킬 수 있다.

ⓔ 비폭력성 : 실제로 물리적인 폭력이 수반되는 것이 아니라 가상공간에서 무형적인 폭력행위가 사용된다.

ⓜ 범행의 용이성 : 자신의 희생이 불필요하고 일반 범죄에 비해 느끼는 죄의식이 적기 때문에 컴퓨터시스템이나 전문적 지식을 갖춘 사람이면 쉽게 범행을 저지를 수 있다.

ⓗ 예비단계의 성격 : 전통적인 테러를 하기 전이나 전쟁을 선포하기 전에 예비단계로서 경고의 의미로 사이버테러를 행할 수도 있다. 또는 강대국들을 상대하면서 화력에 의한 전면전은 승산이 없다고 판단하는 경우도 사이버테러를 동원할 가능성이 있다.

ⓢ 익명성 : 테러를 행하는 경우, 당하는 경우 양측이 동일하게 익명적인 관점을 가질 수 있다.

③ 유형

㉠ 해킹 : 컴퓨터를 이용하여 타인의 정보처리장치 또는 정보처리조직에 침입하여 그것이 수행하는 기능이나 전자기록에 부당하게 간섭하는 일체의 행위를 말한다. 전상망의 운영체제나 운영프로그램의 버그를 이용하는 방법과 해킹을 위하여 전문적으로 제작된 해킹프로그램을 사용하는 방법이 있다.

　ⓐ 서비스 거부공격 : 정보통신망에 일정한 시간 동안 대량의 데이터를 전송시키거나 처리하게 하여 과부하를 야기한 후에 정상적인 서비스가 불가능한 상태를 만드는 것이다.

　ⓑ 전자우편 폭탄 : 전자우편 폭탄은 목표로 하는 컴퓨터에 전자우편을 발송하여 이 우편을 받은 컴퓨터가 제 기능을 하지 못하도록 하는 것이다.

　ⓒ 파일 삭제 자료유출 : 정보통신망에 침입하여 그 안의 중요한 파일들을 삭제하고 자료들을 빼가는 것이다.

㉡ 바이러스 유포 : 컴퓨터를 작동시키는 기본 소프트웨어에 들어가 시스템의 소스나 사용자의 작업 프로그램 또는 데이터 파일을 파괴하거나 컴퓨터 운영상의 기능을 일부 방해하는 프로그램을 말한다. 강한 전파성을 가진 것이 특징이다.

㉢ 논리폭탄 : 논리폭탄은 일종의 컴퓨터 바이러스로, 해커나 크래커가 프로그램 코드의 일부를 조작해 이것이 소프트웨어의 어떤 부위에 숨어 있다가 특정 조건에 달했을 경우 기능을 마비시킨다. 즉, 프로그램에 어떤 조건이 주어져 숨어 있던 논리에 만족되면 폭탄처럼 자료나 소프트웨어를 파괴하여 자동으로 잘못된 결과가 나타나게 한다. 트로이 목마라는 컴퓨터 바이러스와 유사한 면을 가지고 있다.

㉣ 고출력 전자총 : 전자기장을 발생해 자기기록을 훼손하는 방법으로 전파체계를 교란시켜 사람에게는 피해를 주지 않으면서 국가기관의 전산망을 일시에 무력화시킨다. 컴퓨터가 전자회로로 이루어져 있기 때문에 고출력 전자파를 받으면 오작동하거나 정지한다는 점을 이용한 것이다.

㉤ 스누핑 : IP 정보를 몰래 가로채는 행위

㉥ 스푸핑 : 어떤 프로그램이 마치 정상적인 것처럼 유지되는 것처럼 믿도록 속이는 행위

㉦ 플레임 : 네티즌들이 공동의 관심사를 논의하기 위해 개설된 토론방에 고의로 가입하여 개인 등에 대한 악성 루머를 유포하는 행위

⑻ 각국의 대테러조직

① **프랑스** ··· 프랑스 국가 헌병대(GIGN)의 주요 임무는 인질 구출, 경호, 핵시설 경계와 극악범 호송 등이다. 선발은 헌병대, 외인부대, 공수부대 등에서 지휘관의 추천을 받은 사람들을 서류 심사로 뽑은 뒤 일주일 동안 체력, 담력, 사격, 레펠 등의 평가에서 합격한 사람을 8개월 동안 30가지의 재측정을 통해 최종 선발한다.

② **영국** ··· 현대 특수부대의 '원조'격으로, 미국의 델타포스조차도 일단 존경심부터 표하고 본다는 영국 육군의 특수부대 공수특전단인 SAS(Special Air Service)가 있다.

③ **독일** ··· GSG-9는 테러리즘 관련 임무를 수행하며, 위기상황에서의 대통령과 국빈 등의 VIP호위, 테러리스트의 공격위험이 있는 재외 독일 대사관의 보호, 국가의 주요시설물 방어를 맡고 있다.

④ **미국**
  ㉠ **육군** : 델타포스 미 육군 특수전 그룹 델타 분견대
  ㉡ **해군** : 데브그루 미 해군 특수전단 네이비실 제6팀
  ㉢ FBI – HRT(인질구출팀), FBI-SWAT

⑼ **한국의 대테러조직**

① 707부대는 특전사 소속의 비밀 특수부대로 특전사 대원 중 정예요원만을 뽑아 지난 1981년 창설되었다. 국가차원에서 관리하며, 평상시에는 테러 진압을 주임무로 하고 있다.

② **국민보호와 공공안전을 위한 테러방지법**
  ㉠ **국가테러대책위원회**
    ⓐ 대테러활동에 관한 정책의 중요사항을 심의·의결하기 위하여 국가테러대책위원회를 둔다.
    ⓑ 대책위원회는 국무총리 및 관계기관의 장 중 대통령령으로 정하는 사람(기획재정부장관, 외교부장관, 통일부장관, 법무부장관, 국방부장관, 행정안전부장관, 산업통상자원부장관, 환경부장관, 국토교통부장관, 해양수산부장관, 국가정보원장, 국무조정실장, 금융위원회 위원장, 원자력안전위원회 위원장, 대통령경호처장, 관세청장, 경찰청장, 소방청장, 질병관리청장 및 해양경찰청장)으로 구성하고 위원장은 국무총리로 한다.
    ⓒ **대책위원회의 심의·의결사항**
      • 대테러활동에 관한 국가의 정책 수립 및 평가
      • 국가 대테러 기본계획 등 중요 중장기 대책 추진사항
      • 관계기관의 대테러활동 역할 분담·조정이 필요한 사항
      • 그 밖에 위원장 또는 위원이 대책위원회에서 심의·의결할 필요가 있다고 제의하는 사항
    ⓓ **대책위원회의 운영**
      • 대책위원회 회의는 위원장이 필요하다고 인정하거나 대책위원회 위원 과반수의 요청이 있는 경우에 위원장이 소집한다.

- 대책위원회는 재적위원 과반수의 출석으로 개의하고, 출석위원 과반수의 찬성으로 의결한다.
- 대책위원회의 회의는 공개하지 아니한다. 다만, 공개가 필요한 경우 대책위원회의 의결로 공개할 수 있다.
- 규정한 사항 외에 대책위원회 운영에 관한 사항은 대책위원회의 의결을 거쳐 위원장이 정한다.

ⓛ 대테러센터

ⓐ 대테러활동과 관련하여 다음의 사항을 수행하기 위하여 국무총리 소속으로 관계기관 공무원으로 구성되는 대테러센터를 둔다.
- 국가 대테러활동 관련 임무분담 및 협조사항 실무 조정
- 장단기 국가대테러활동 지침 작성 · 배포
- 테러경보 발령
- 국가 중요행사 대테러안전대책 수립
- 대책위원회의 회의 및 운영에 필요한 사무의 처리
- 그 밖에 대책위원회에서 심의 · 의결한 사항

ⓑ 대테러센터의 직무
- 국가 대테러활동 관련 임무분담 및 협조사항 실무조정에 관한 사항
- 장단기 국가 대테러활동 지침 작성 · 배포에 관한 사항
- 테러경보 발령 · 조정 등에 관한 사항
- 테러대상시설 안전대책 수립 · 점검의 지원에 관한 사항
- 테러이용수단 안전대책 수립 · 점검의 지원에 관한 사항
- 국가 중요행사 대테러안전대책 수립에 관한 사항
- 관계기관 테러 대비태세 점검에 관한 사항
- 대테러활동 국제협력 및 홍보 · 교육 · 훈련 등에 관한 사항
- 테러신고 포상금 · 테러피해 지원금 · 특별위로금 지급의 지원 등에 관한 사항
- 국가 대테러활동 관련 법령, 지침 등의 제정 · 개정에 관한 사항
- 테러상황 관리 및 상황분석 등에 관한 사항
- 국가테러대책위원회 및 테러대책 실무위원회 운영에 관한 사항
- 특별시 지역테러대책협의회 운영에 관한 사항
- 그 밖에 국가테러대책위원회에서 심의 · 의결한 사항의 처리

ⓒ 대테러센터 소속 직원의 인적사항은 공개하지 아니할 수 있다.

ⓓ 대테러센터는 국가 대테러활동을 원활히 수행하기 위하여 필요한 사항과 대책위원회의 회의 및 운영에 필요한 사무 등을 처리한다.

ⓔ 대테러센터장은 관계기관의 장에게 직무 수행에 필요한 협조와 지원을 요청할 수 있다.

ⓒ 전담조직

ⓐ 지역 테러대책협의회
- 특별시 · 광역시 · 특별자치시 · 도 · 특별자치도에 해당 지역에 있는 관계기관 간 테러예방활동에 관한 협의를 위하여 지역 테러대책협의회를 둔다.
- 지역 테러대책협의회의 의장은 국가정보원의 해당 지역 관할지부의 장(특별시의 경우 대테러센터장)이 되며, 위원은 다음의 사람이 된다.

- 시·도에서 대테러업무를 담당하는 고위공무원단 나급 상당 공무원 또는 3급 상당 공무원 중 특별시장·광역시장·특별자치시장·도지사·특별자치도지사(이하 "시·도지사")가 지명하는 사람
- 법무부·환경부·국토교통부·해양수산부·국가정보원·식품의약품안전처·관세청·검찰청·경찰청 및 해양경찰청의 지역기관에서 대테러업무를 담당하는 고위공무원단 나급 상당 공무원 또는 3급 상당 공무원 중 해당 관계기관의 장이 지명하는 사람
- 지역 관할 군부대 및 국군방첩부대의 장
- 지역 테러대책협의회 의장이 필요하다고 인정하는 관계기관의 지역기관에서 대테러업무를 담당하는 공무원 중 해당 관계기관의 장이 지명하는 사람 및 국가중요시설의 관리자나 경비·보안 책임자

• 지역 테러대책협의회의 심의·의결 사항
- 대책위원회의 심의·의결 사항 시행 방안
- 해당 지역 테러사건의 사전예방 및 대응·사후처리 지원 대책
- 해당 지역 대테러업무 수행 실태의 분석·평가 및 발전 방안
- 해당 지역의 대테러 관련 훈련·점검 등 관계기관 간 협조에 관한 사항
- 그 밖에 해당 지역 대테러활동에 필요한 사항

• 관계기관의 장은 심의·의결 사항에 대하여 그 이행 결과를 지역 테러대책협의회에 통보하고, 지역 테러대책협의회 의장은 그 결과를 종합하여 대책위원회에 보고하여야 한다.

• 지역 테러대책협의회의 회의와 운영에 관한 세부사항은 지역 실정을 고려하여 지역 테러대책협의회의 의결을 거쳐 의장이 정한다.

ⓑ 공항·항만 테러대책협의회

• 공항 또는 항만 내에서의 관계기관 간 대테러활동에 관한 사항을 협의하기 위하여 공항·항만별로 테러대책협의회를 둔다.

• 공항·항만 테러대책협의회의 의장은 해당 공항·항만에서 대테러업무를 담당하는 국가정보원 소속 공무원 중 국가정보원장이 지명하는 사람이 되며, 위원은 다음의 사람이 된다.
- 해당 공항 또는 항만에 상주하는 법무부·농림축산식품부·보건복지부·국토교통부·해양수산부·관세청·경찰청·소방청·해양경찰청 및 국군방첩사령부 소속기관의 장
- 공항 또는 항만의 시설 소유자 및 경비·보안 책임자
- 그 밖에 공항·항만 테러대책협의회의 의장이 필요하다고 인정하는 관계기관에 소속된 기관의 장

• 공항·항만 테러대책협의회의 심의·의결 사항
- 대책위원회의 심의·의결 사항 시행 방안
- 공항 또는 항만 내 시설 및 장비의 보호 대책
- 항공기·선박의 테러예방을 위한 탑승자와 휴대화물 검사 대책
- 테러 첩보의 입수·전파 및 긴급대응 체계 구축 방안
- 공항 또는 항만 내 테러사건 발생 시 비상대응 및 사후처리 대책
- 그 밖에 공항 또는 항만 내의 테러대책

• 관계기관의 장은 심의·의결 사항에 대하여 그 이행 결과를 공항·항만 테러대책협의회에 통보하고, 공항·항만 테러대책협의회 의장은 그 결과를 종합하여 대책위원회에 보고하여야 한다.

• 공항·항만 테러대책협의회의 운영에 관한 세부사항은 공항·항만별로 테러대책협의회의 의결을 거쳐 의장이 정한다.

ⓒ 테러사건대책본부

- 외교부장관, 국방부장관, 국토교통부장관, 경찰청장 및 해양경찰청장은 테러가 발생하거나 발생할 우려가 현저한 경우(국외테러의 경우는 대한민국 국민에게 중대한 피해가 발생하거나 발생할 우려가 있어 긴급한 조치가 필요한 경우에 한함)에는 다음의 구분에 따라 테러사건대책본부를 설치·운영하여야 한다.
  - 외교부장관 : 국외테러사건대책본부
  - 국방부장관 : 군사시설테러사건대책본부
  - 국토교통부장관 : 항공테러사건대책본부
  - 경찰청장 : 국내일반 테러사건대책본부
  - 해양경찰청장 : 해양테러사건대책본부
- 대책본부를 설치한 관계기관의 장은 그 사실을 즉시 위원장에게 보고하여야 하며, 같은 사건에 2개 이상의 대책본부가 관련되는 경우에는 위원장이 테러사건의 성질·중요성 등을 고려하여 대책본부를 설치할 기관을 지정할 수 있다.
- 대책본부의 장은 대책본부를 설치하는 관계기관의 장(군사시설테러사건대책본부의 경우에는 합동참모의장)이 되며, 현장지휘본부의 사건 대응 활동을 지휘·통제한다.
- 대책본부의 편성·운영에 관한 세부사항은 대책본부의 장이 정한다.

ⓓ 현장지휘본부

- 대책본부의 장은 테러사건이 발생한 경우 사건 현장의 대응 활동을 총괄하기 위하여 현장지휘본부를 설치할 수 있다.
- 현장지휘본부의 장은 대책본부의 장이 지명한다.
- 현장지휘본부의 장은 테러의 양상·규모·현장상황 등을 고려하여 협상·진압·구조·구급·소방 등에 필요한 전문조직을 직접 구성하거나 관계기관의 장에게 지원을 요청할 수 있다. 이 경우 관계기관의 장은 특별한 사정이 없으면 현장지휘본부의 장이 요청한 사항을 지원하여야 한다.
- 현장지휘본부의 장은 현장에 출동한 관계기관의 조직(대테러특공대, 테러대응구조대, 대화생방테러 특수임무대 및 대테러합동조사팀을 포함)을 지휘·통제한다.
- 현장지휘본부의 장은 현장에 출동한 관계기관과 합동으로 통합상황실을 설치·운영할 수 있다.

ⓔ 화생방테러대응지원본부

- 보건복지부장관, 환경부장관 및 원자력안전위원회 위원장은 화생방테러사건 발생 시 대책본부를 지원하기 위하여 다음의 구분에 따른 분야별로 화생방테러대응지원본부를 설치·운영한다.
  - 보건복지부장관 : 생물테러 대응 분야
  - 환경부장관 : 화학테러 대응 분야
  - 원자력안전위원회 위원장 : 방사능테러 대응 분야
- 화생방테러대응지원본부의 임무
  - 화생방테러 사건 발생 시 오염 확산 방지 및 제독 방안 마련
  - 화생방 전문 인력 및 자원의 동원·배치
  - 그 밖에 화생방테러 대응 지원에 필요한 사항의 시행
- 국방부장관은 관계기관의 화생방테러 대응을 지원하기 위하여 대책위원회의 심의·의결을 거쳐 오염 확산 방지 및 제독 임무 등을 수행하는 대화생방테러 특수임무대를 설치하거나 지정할 수 있다.

- 화생방테러대응지원본부 및 대화생방테러 특수임무대의 설치 · 운영 등에 필요한 사항은 해당 관계기관의 장이 정한다.

ⓕ 테러복구지원본부
- 행정안전부장관은 테러사건 발생 시 구조 · 구급 · 수습 · 복구활동 등에 관하여 대책본부를 지원하기 위하여 테러복구지원본부를 설치 · 운영할 수 있다.
- 테러복구지원본부의 임무
  - 테러사건 발생 시 수습 · 복구 등 지원을 위한 자원의 동원 및 배치 등에 관한 사항
  - 대책본부의 협조 요청에 따른 지원에 관한 사항
  - 그 밖에 테러복구 등 지원에 필요한 사항의 시행

ⓖ 대테러특공대
- 국방부장관, 경찰청장 및 해양경찰청장은 테러사건에 신속히 대응하기 위하여 대테러특공대를 설치 · 운영한다.
- 국방부장관, 경찰청장 및 해양경찰청장은 대테러특공대를 설치 · 운영하려는 경우에는 대책위원회의 심의 · 의결을 거쳐야 한다.
- 대테러특공대의 임무
  - 대한민국 또는 국민과 관련된 국내외 테러사건 진압
  - 테러사건과 관련된 폭발물의 탐색 및 처리
  - 주요 요인 경호 및 국가 중요행사의 안전한 진행 지원
  - 그 밖에 테러사건의 예방 및 저지활동
- 국방부 소속 대테러특공대의 출동 및 진압작전은 군사시설 안에서 발생한 테러사건에 대하여 수행한다. 다만, 경찰력의 한계로 긴급한 지원이 필요하여 대책본부의 장이 요청하는 경우에는 군사시설 밖에서도 경찰의 대테러 작전을 지원할 수 있다.
- 국방부장관은 군 대테러특공대의 신속한 대응이 제한되는 상황에 대비하기 위하여 군 대테러특수임무대를 지역 단위로 편성 · 운영할 수 있다.

ⓗ 테러대응구조대
- 소방청장과 시 · 도지사는 테러사건 발생 시 신속히 인명을 구조 · 구급하기 위하여 중앙 및 지방자치단체 소방본부에 테러대응구조대를 설치 · 운영한다.
- 테러대응구조대의 임무
  - 테러발생 시 초기단계에서의 조치 및 인명의 구조 · 구급
  - 화생방테러 발생 시 초기단계에서의 오염 확산 방지 및 제독
  - 국가 중요행사의 안전한 진행 지원
  - 테러취약요인의 사전 예방 · 점검 지원

ⓘ 테러정보통합센터
- 국가정보원장은 테러 관련 정보를 통합관리하기 위하여 관계기관 공무원으로 구성되는 테러정보통합센터를 설치 · 운영한다.
- 테러정보통합센터의 임무
  - 국내외 테러 관련 정보의 통합관리 · 분석 및 관계기관에의 배포
  - 24시간 테러 관련 상황 전파체계 유지

- 테러 위험 징후 평가
- 그 밖에 테러 관련 정보의 통합관리에 필요한 사항
- 국가정보원장은 관계기관의 장에게 소속 공무원의 파견과 테러정보의 통합관리 등 업무 수행에 필요한 협조를 요청할 수 있다.

ⓙ 대테러합동조사팀

- 국가정보원장은 국내외에서 테러사건이 발생하거나 발생할 우려가 현저할 때 또는 테러 첩보가 입수되거나 테러 관련 신고가 접수되었을 때에는 예방조치, 사건 분석 및 사후처리방안 마련 등을 위하여 관계기관 합동으로 대테러합동조사팀을 편성·운영할 수 있다.
- 국가정보원장은 합동조사팀이 현장에 출동하여 조사한 경우 그 결과를 대테러센터장에게 통보하여야 한다.
- 군사시설에 대해서는 국방부장관이 자체 조사팀을 편성·운영할 수 있다. 이 경우 국방부장관은 자체 조사팀이 조사한 결과를 대테러센터장에게 통보하여야 한다.

ⓔ 테러 대응 절차

ⓐ 테러경보의 발령

- 대테러센터장은 테러 위험 징후를 포착한 경우 테러경보 발령의 필요성, 발령 단계, 발령 범위 및 기간 등에 관하여 실무위원회의 심의를 거쳐 테러경보를 발령한다. 다만, 긴급한 경우 또는 주의 이하의 테러경보 발령 시에는 실무위원회의 심의 절차를 생략할 수 있다.
- 테러경보는 테러위협의 정도에 따라 관심·주의·경계·심각의 4단계로 구분한다.
- 대테러센터장은 테러경보를 발령하였을 때에는 즉시 위원장에게 보고하고, 관계기관에 전파하여야 한다.
- 규정한 사항 외에 테러경보 발령 및 테러경보에 따른 관계기관의 조치사항에 관하여는 대책위원회 의결을 거쳐 위원장이 정한다.

ⓑ 상황 전파 및 초동 조치

- 관계기관의 장은 테러사건이 발생하거나 테러 위협 등 그 징후를 인지한 경우에는 관련 상황 및 조치사항을 관련기관의 장과 대테러센터장에게 즉시 통보하여야 한다.
- 관계기관의 장은 테러사건이 발생한 경우 사건의 확산 방지를 위하여 신속히 다음의 초동 조치를 하여야 한다.
  - 사건 현장의 통제·보존 및 경비 강화
  - 긴급대피 및 구조·구급
  - 관계기관에 대한 지원 요청
  - 그 밖에 사건 확산 방지를 위하여 필요한 사항
- 국내 일반테러사건의 경우에는 대책본부가 설치되기 전까지 테러사건 발생 지역 관할 경찰관서의 장이 초동 조치를 지휘·통제한다.

ⓒ 테러사건 대응

- 대책본부의 장은 테러사건에 대한 대응을 위하여 필요한 경우 현장지휘본부를 설치하여 상황 전파 및 대응 체계를 유지하고, 조치사항을 체계적으로 시행한다.
- 대책본부의 장은 테러사건에 신속히 대응하기 위하여 필요한 경우에 관계기관의 장에게 인력·장비 등의 지원을 요청할 수 있다. 이 경우 요청을 받은 관계기관의 장은 특별한 사유가 없으면 요청에 따라야 한다.
- 외교부장관은 해외에서 테러가 발생하여 정부 차원의 현장 대응이 필요한 경우에는 관계기관 합동으로 정부 현지대책반을 구성하여 파견할 수 있다.

- 지방자치단체의 장은 테러사건 대응 활동을 지원하기 위한 물자 및 편의 제공과 지역주민의 긴급대피 방안 등을 마련하여야 한다.

ⓜ 테러정보의 수집 및 취약요소 사전제거

ⓐ 테러위험인물에 대한 정보 수집
- 국가정보원장은 테러위험인물에 대하여 출입국·금융거래 및 통신이용 등 관련 정보를 수집할 수 있다. 이 경우 출입국·금융거래 및 통신이용 등 관련 정보의 수집은 출입국관리법, 관세법, 특정 금융거래정보의 보고 및 이용 등에 관한 법률, 통신비밀보호법의 절차에 따른다.
- 국가정보원장은 정보 수집 및 분석의 결과 테러에 이용되었거나 이용될 가능성이 있는 금융거래에 대하여 지급정지 등의 조치를 취하도록 금융위원회 위원장에게 요청할 수 있다.
- 국가정보원장은 테러위험인물에 대한 개인정보와 위치정보를 개인정보처리자와 개인위치정보사업자 및 사물위치정보사업자에게 요구할 수 있다.
- 국가정보원장은 대테러활동에 필요한 정보나 자료를 수집하기 위하여 대테러조사 및 테러위험인물에 대한 추적을 할 수 있다. 이 경우 사전 또는 사후에 대책위원회 위원장에게 보고하여야 한다.

ⓑ 테러취약요인 사전제거
- 테러대상시설 및 테러이용수단의 소유자 또는 관리자는 보안장비를 설치하는 등 테러취약요인 제거를 위하여 노력하여야 한다.
- 국가는 테러대상시설 및 테러이용수단의 소유자 또는 관리자에게 필요한 경우 그 비용의 전부 또는 일부를 지원할 수 있다.
- 테러취약요인의 사전제거 지원
  - 테러대상시설 및 테러이용수단의 소유자 또는 관리자는 관계기관의 장을 거쳐 대테러센터장에게 테러예방 및 안전관리에 관하여 적정성 평가, 현장지도 등 지원을 요청할 수 있다.
  - 대테러센터장은 요청을 받은 경우 관계기관과 합동으로 테러예방활동을 지원할 수 있다.
- 테러취약요인의 사전제거 비용 지원
  - 국가기관의 장은 테러취약요인을 제거한 시설소유자 등에 대하여 비용을 지원하려는 경우에는 다음의 사항을 종합적으로 고려하여 비용의 지원 여부 및 지원 금액을 결정할 수 있다.
    1. 테러사건이 발생할 가능성
    2. 해당 시설 및 주변 환경 등 지역 특성
    3. 시설·장비의 설치·교체·정비에 필요한 비용의 정도 및 시설소유자등의 부담 능력
    4. 적정성 평가와 그 이행 실태 확인 결과
    5. 적정성 평가, 현장지도 결과
    6. 그 밖에 국가기관의 장이 대테러센터장과 협의하여 정하는 사항
  - 지원되는 비용의 한도, 세부기준, 지급 방법 및 절차 등에 관하여 필요한 사항은 대책위원회의 심의·의결을 거쳐 국가기관의 장이 정한다.

ⓒ 테러선동·선전물 긴급 삭제 등 요청
- 관계기관의 장은 테러를 선동·선전하는 글 또는 그림, 상징적 표현물, 테러에 이용될 수 있는 폭발물 등 위험물 제조법 등이 인터넷이나 방송·신문, 게시판 등을 통해 유포될 경우 해당 기관의 장에게 긴급 삭제 또는 중단, 감독 등의 협조를 요청할 수 있다.
- 협조를 요청받은 해당 기관의 장은 필요한 조치를 취하고 그 결과를 관계기관의 장에게 통보하여야 한다.

ⓓ 외국인테러전투원에 대한 규제

- 관계기관의 장은 외국인테러전투원으로 출국하려 한다고 의심할 만한 상당한 이유가 있는 내국인·외국인에 대하여 일시 출국금지를 법무부장관에게 요청할 수 있다.
- 일시 출국금지 기간은 90일로 한다. 다만, 출국금지를 계속할 필요가 있다고 판단할 상당한 이유가 있는 경우에 관계기관의 장은 그 사유를 명시하여 연장을 요청할 수 있다.
- 관계기관의 장은 외국인테러전투원으로 가담한 사람에 대하여 여권법에 따른 여권의 효력정지 및 재발급 거부를 외교부장관에게 요청할 수 있다.

ⓗ 테러예방을 위한 안전관리대책

ⓐ 테러예방을 위한 안전관리대책의 수립

- 관계기관의 장은 대통령령으로 정하는 국가중요시설과 많은 사람이 이용하는 시설 및 장비에 대한 테러예방대책과 테러의 수단으로 이용될 수 있는 폭발물·총기류·화생방물질, 국가 중요행사에 대한 안전관리대책을 수립하여야 한다.
- 국가중요시설 : 통합방위법에 따라 지정된 국가중요시설 및 보안업무규정에 따른 국가보안시설
- 많은 사람이 이용하는 시설 : 다음의 시설과 장비 중 관계기관의 장이 소관업무와 관련하여 대테러센터장과 협의하여 지정하는 시설
  - 도시철도법에 따른 도시철도
  - 선박안전법에 따른 여객선
  - 재난 및 안전관리 기본법 시행령에 따른 건축물 또는 시설
  - 철도산업발전기본법에 따른 철도차량
  - 항공안전법에 따른 항공기

ⓑ 안전관리대책 수립 시 포함사항

- 인원·차량에 대한 출입 통제 및 자체 방호계획
- 테러 첩보의 입수·전파 및 긴급대응 체계 구축 방안
- 테러사건 발생 시 비상대피 및 사후처리 대책

ⓒ 국가 중요행사 안전관리대책 수립

- 안전관리대책을 수립하여야 하는 국가 중요행사는 국내외에서 개최되는 행사 중 관계기관의 장이 소관 업무와 관련하여 주관기관, 개최근거, 중요도 등을 기준으로 대테러센터장과 협의하여 정한다.
- 관계기관의 장은 대테러센터장과 협의하여 국가 중요행사의 특성에 맞는 분야별 안전관리대책을 수립·시행하여야 한다.
- 관계기관의 장은 국가 중요행사에 대한 안전관리대책을 협의·조정하기 위하여 필요한 경우에는 대책위원회의 심의·의결을 거쳐 관계기관 합동으로 대테러·안전대책기구를 편성·운영할 수 있다.
- 안전관리대책의 수립·시행 및 대테러·안전대책기구의 편성·운영에 관한 사항 중 대통령과 국가원수에 준하는 국빈 등의 경호 및 안전관리에 관한 사항은 대통령경호처장이 정한다.

# 출제 예상 문제

**2019년 기출 변형**

**1** 암살의 동기 중 정신분열증, 편집증, 조울증, 노인성 치매 등이 작용하여 이루어지는 것은?

① 정치적 동기

② 개인적 동기

③ 경제적 동기

④ 심리적 동기

⑤ 적대적 동기

> **TIP** 심리적 동기…암살자가 지니고 있는 정신분열증, 조울증, 편집증, 노인성 치매 등의 질환이 단독적으로 또는 복합적으로 작용하여 암살이 이루어진다. 심리적 동기에 의한 암살은 정신병적 증세와 기타의 동기가 복합 작용하여 암살이 기도되는 경우가 대부분이다.

**2019년 기출 변형**

**2** 다음 중 테러공격의 수행단계로 옳은 것은?

① 계획수립단계 – 정보수집단계 – 공격준비단계 – 조직화단계 – 실행단계

② 계획수립단계 – 조직화단계 – 정보수집단계 – 공격준비단계 – 실행단계

③ 정보수집단계 – 조직화단계 – 계획수립단계 – 공격준비단계 – 실행단계

④ 정보수집단계 – 계획수립단계 – 조직화단계 – 공격준비단계 – 실행단계

⑤ 조직화단계 – 계획수립단계 – 공격준비단계 – 정보수집단계 – 실행단계

> **TIP** 테러공격의 수행단계
> ㉠ 정보수집 및 관찰단계: 대상에 대한 세밀한 관찰과 조사, 관련된 정보수집 및 분석
> ㉡ 공격계획수립단계: 공격팀, 공격장소, 일시, 방법 등에 대한 세부적인 테러계획 수립
> ㉢ 조직화단계: 테러계획에 따른 공격팀 구성, 훈련, 임무분배 등
> ㉣ 공격준비단계: 무기 및 각종 장비 구입, 공격대상 주변에 은거지 마련 등
> ㉤ 공격실행단계: 테러공격 실행, 테러 후 해당 테러장소 이탈

**Answer** 1.④ 2.④

**3** 국민보호와 공공안전을 위한 테러방지법에 대한 내용으로 옳지 않은 것은?

① 국가테러대책위원회는 대테러활동에 관한 정책의 중요사항을 심의 · 의결한다.

② 국가테러대책위원회는 대테러활동에 관한 국가의 정책 수립 및 평가를 심의 · 의결한다.

③ 대테러센터는 대테러활동과 관련하여 국무총리 소속으로 관계기관 공무원으로 구성한다.

④ 대테러센터는 국가 대테러활동 관련 임무분담 및 협조사항 실무 조정의 사항을 수행한다.

⑤ 국가테러대책위원회는 국무총리 및 관계기관의 장 중 대통령으로 정하는 사람으로 구성하고 위원장은 대통령으로 한다.

> **TIP** ⑤ 대책위원회는 국무총리 및 관계기관의 장 중 대통령령으로 정하는 사람으로 구성하고 위원장은 국무총리로 한다.

**4** 경호환경으로서의 국내치안 환경요인에 대한 설명으로 옳지 않은 것은?

① 범죄의 국제화 현상을 보이고 있다.

② 점차 범죄의 유형이 획일화되고 있다.

③ 범죄가 양적 · 질적으로 증가추세에 있다.

④ 인터넷 등을 통한 해킹 위협이 증대하고 있다.

⑤ 마약 · 총기류 · 위조지폐 등의 불법 밀반입 범죄 등이 증가하고 있다.

> **TIP** 국내치안 환경요인
> ㉠ 범죄의 양적 증가
> ㉡ 범죄의 질적 증가
> ㉢ 범죄의 국제화 현상
> • 불법체류 및 밀입국 등 출입국 관리사범의 증가
> • 국제 범죄조직의 국내 진출 기도
> • 마약 · 총기류 · 위조지폐 등의 불법 밀반입 증가
> • 인터넷 등을 이용한 국제해킹 위협 증가
> • 테러 공포의 확산
> ㉣ 북한의 위협

**Answer** 3.⑤ 4.②

**5** 테러 조직의 유형과 임무에 대한 설명으로 옳지 않은 것은?

① 행동조직 : 실행조직

② 수동적 지원조직 : 정치적 전위집단, 후원자

③ 지도자조직 : 정신적 지주, 정책수립, 계획수립

④ 전문적 지원조직 : 폭발물 설치, 전술 및 작전지원

⑤ 적극적 지원조직 : 선전효과 증대, 자금획득, 조직 확대에 기여

> **TIP** 테러 조직의 형태
> ㉠ 지도자조직 : 정신적 지주, 정책의 수립·계획·통제·집행
> ㉡ 수동적 지원조직 : 정치적 전위집단, 후원자
> ㉢ 적극적 지원조직 : 선전효과, 자금획득, 조직 확대에 기여
> ㉣ 전문적 조직 : 참고자료나 정보 제공, 테러리스트의 법적인 비호, 은닉이나 알리바이 제공
> ㉤ 직접적 지원조직 : 테러대상에 대한 정보제공, 무기지원, 요원 훈련, 전술 및 작전지원
> ㉥ 행동조직 : 폭발물 설치, 직접 테러행위 실행

**6** 암살의 동기와 그 유발원인에 대한 설명으로 옳지 않은 것은?

① 심리적 동기 : 정신병적 문제

② 경제적 동기 : 경제적 핍박계층의 갈등

③ 이념적 동기 : 전쟁 중의 양 국가간 갈등

④ 순교자적 동기 : 종교적 몰입에 의한 갈등

⑤ 정치적 동기 : 정권교체 등과 관련한 갈등

> **TIP** ③ 적대적 동기에 해당한다.
> ※ 이념적 동기는 암살대상자가 자신들이 중요시하는 사상을 위태롭게 하고 있다고 생각되는 때에는 그 인물을 제거하기
> 위하여 암살을 시도하는 것이다.

**7** 테러조직의 유형 중 수동적 지원조직에 대한 내용을 모두 고른 것은?

| | |
|---|---|
| ㉠ 정치적 전위집단 | ㉡ 후원자 |
| ㉢ 테러대상에 대한 정보제공 | ㉣ 무기지원 |
| ㉤ 선전효과 | ㉥ 자금획득 |
| ㉦ 폭발물 설치 | ㉧ 직접 테러행위 실행 |
| ㉨ 정신적 지주 | ㉩ 정책의 수립 |

① ㉠㉡
② ㉢㉣
③ ㉤㉥
④ ㉦㉧
⑤ ㉨㉩

**TIP** ① 수동적 지원조직
② 직접적 지원조직
③ 적극적 지원조직
④ 행동조직
⑤ 지도자조직
※ 조직 형태
• 지도자조직 : 정신적 지주, 정책의 수립 · 계획 · 통제 · 집행
• 수동적 지원조직 : 정치적 전위집단, 후원자
• 적극적 지원조직 : 선전효과, 자금획득, 조직 확대에 기여
• 전문적 조직 : 참고자료나 정보제공, 테러리스트의 법적인 비호, 은닉이나 알리바이 제공
• 직접적 지원조직 : 테러대상에 대한 정보제공, 무기지원, 요원 훈련, 전술 및 작전지원
• 행동조직 : 폭발물 설치, 직접 테러행위 실행

**8** 전자기장을 발생해 자기기록을 훼손하는 방법으로 전파체계를 교란시켜 국가기관의 전산망을 일시에 무력화시키는 것은 사이버 테러의 유형 중 무엇에 대한 설명인가?

① 서비스 거부 공격
② 논리폭탄
③ 바이러스
④ 고출력 전자총
⑤ 스카벤징

**TIP** 고출력 전자총에 대한 설명으로 이것은 컴퓨터가 전자회로로 이루어져 있기 때문에 고출력 전자파를 받으면 오작동하거나 정지한다는 점을 이용한 것이다.

**Answer** 7.① 8.④

**9** 테러에 관한 설명으로 옳지 않은 것은?

① 테러는 특정한 위협이나 공포로 인해 극도로 불안한 심리적 상태를 일컫는다.
② 테러방지법상 테러는 국가의 권한행사를 방해하거나 공중을 협박할 목적으로 행하는 행위라고 정의하고 있다.
③ 테러리즘의 발생이론 중 동일시 이론은 열망적·점감적·점진적 박탈감 등을 테러의 원인으로 설명하고 있다.
④ 테러단체란 국제연합(UN)이 지정한 테러단체를 말한다.
⑤ 테러는 보통 사상적 목적을 위한 무차별 폭력행사와 위협을 말한다.

> **TIP** ③ 박탈감 이론에 대한 설명이다.
> ※ 동일시 이론 … 개인 또는 특정 단체 혹은 특정 국가가 사회·종교·정치적 목표 달성을 위하여 조직적, 지속적으로 폭력을 행사하거나 폭력행사에 대한 협박을 통해서 광범위한 공포분위기를 조성함으로써 개인, 단체, 국가의 정치·심리적 인식 변화를 유도하는 행위를 의미한다.

**10** 테러의 수행단계가 순서대로 바르게 나열된 것은?

① 공격실시 → 정보수집 및 관찰 → 공격조 편성 → 공격준비 → 공격계획 수립
② 공격준비 → 공격계획 수립 → 공격조 편성 → 정보수집 및 관찰 → 공격실시
③ 공격계획 수립 → 공격조 편성 → 공격준비 → 정보수집 및 관찰 → 공격실시
④ 공격조 편성 → 공격준비 → 공격계획 수립 → 정보수집 및 관찰 → 공격실시
⑤ 정보수집 및 관찰 → 공격계획 수립 → 공격조 편성 → 공격준비 → 공격실시

> **TIP** 테러 수행단계는 정보수집 및 관찰 → 공격계획 수립 → 공격조 편성 → 공격준비 → 공격실시 순이다.
> ※ 테러 수행단계
>  ㉠ 정보수집단계(1단계) : 대상에 대한 세밀한 관찰과 조사, 관련된 정보 수집 및 분석
>  ㉡ 계획수립단계(2단계) : 공격팀, 공격 장소, 일시, 방법 등에 대한 세부적인 테러계획 수립
>  ㉢ 조직화단계(3단계) : 테러계획에 따라 공격팀의 구성, 훈련, 임무분배 등
>  ㉣ 공격준비단계(4단계) : 무기 및 각종 장비 구입, 공격대상 주변에 은거지 마련 등
>  ㉤ 실행단계(5단계) : 테러 실시, 테러 후 테러장소 이탈

**Answer** 9.③ 10.⑤

**11** 다음 중 사이버테러리즘의 내용이 아닌 것은?

① 범행을 사전에 파악 방지하기가 어렵다.

② 내부직원이 정보를 유출할 가능성이 적다.

③ 범행 후 그 흔적을 발견하기가 쉽다.

④ 범행기도자의 죄의식이 희박하다.

⑤ 전통적인 테러에 비해 준비하고 실행하는 데 경제적 비용이 적게 든다.

> **TIP** 사이버테러는 범행 후에 흔적을 발견하는 것이 어렵다.

**12** 다음 중 암살의 계획수립단계로서 맞는 것은?

① 범행의 실행 – 경호정보의 수집 – 무기 및 장비획득 – 임무부여

② 경호정보의 수집 – 임무부여 – 무기 및 장비획득 – 범행의 실행

③ 경호정보의 수집 – 무기 및 장비획득 – 임무부여 – 범행의 실행

④ 임무부여 – 무기 및 장비획득 – 경호정보의 수집

⑤ 공격조 편성 – 공격준비 – 공격계획 수립 – 정보수집 및 관찰

> **TIP** ③ 경호정보의 수집 – 무기 및 장비획득 – 임무부여 – 범행의 실행 순으로 실행된다.
> ※ 암살의 단계
> ㉠ 경호정보수집 : 암살대상의 주변을 맴돌거나 조사를 통한 치밀한 대상자 주변 정보 수집
> ㉡ 무기 및 장비획득 : 훔치거나 주변에서 빌리거나 통신판매점 등을 통해 획득
> ㉢ 임무 부여 : 계획을 구상하여 다른 공모자들에게 임무 부여
> ㉣ 범행 실행 : 기습 원칙, 다양한 공격방법이 동시에 또는 계속적으로 일어날 수 있음

**Answer** 11.③ 12.③

**13** 암살범에게 공통적으로 나타나는 심리적 특성은?

① 경험적 자유를 즐기는 자

② 능력이 있는 자

③ 인내심이 강한 자

④ 보신주의자

⑤ 과대망상에 사로잡힌 자

> **TIP** 암살범의 심리적 특징
> ㉠ 무능력자이거나 스스로를 학대하는 사람
> ㉡ 인내심이 부족하거나 적개심이 많은 사람
> ㉢ 허황된 사고방식을 가졌거나 과대망상자
> ㉣ 지나친 종교적·정치적 몰입자

**14** 다음 중 경호환경을 일반, 특수로 나눌 경우 일반적 환경에 속하지 않는 것은?

① 국제화 및 개방화

② 북한의 위협 및 경제전쟁

③ 경제발전 및 과학기술의 발전

④ 정보화 및 범죄의 광역화

⑤ 국민의식과 생활양식 변화

> **TIP** 북한의 위협 및 경제전쟁은 특수적 환경 요인에 해당한다.
> ※ 일반적 환경 요인
> ㉠ 경제발전
> ㉡ 과학기술의 향상
> ㉢ 동력화의 진전
> ㉣ 정보화
> ㉤ 국민의식과 생활양식 변화
> ㉥ 범죄의 증가 및 다양화

**Answer** 13.⑤ 14.②

**15** 경호의 일반적인 환경요인 중 가장 직접적으로 경호위해에 영향을 끼칠 수 있는 것은?

① 경제의 발전
② 정보의 팽창
③ 범죄의 증가 및 다양화
④ 생활양식 및 국민의식의 변화
⑤ 과학기술의 향상

> **TIP** 경호의 일반적 환경요인 중 범죄의 증가 및 다양화는 가장 직접적으로 경호위해에 영향을 끼칠 수 있다.

**16** 암살범의 심리적 특성이 아닌 것은?

① 자기 자신을 학대하고 대게 무능력하다.
② 가정적으로 불안하여 진실한 여자 친구가 없는 경우가 많다.
③ 대개 인내심이 부족하다.
④ 적개심과 과대망상적인 사고를 소유한 자들이 많다.
⑤ 지나친 종교적 · 정치적 몰입자 등이 많다.

> **TIP** 가정적으로 불안하여 진실한 여자 친구가 없는 경우는 환경적 특징이다.

**17** 암살에 대한 내용으로 틀린 것은?

① 소수인원 · 특정인에 대한 공격행위를 한다.
② 방어개념으로 소수 주요인사에 대한 공격행위를 한다.
③ 암살자는 통계적으로 정상적인 생활자다.
④ 국가지도자 주요인사 등에 대한 공격행위를 자행한다.
⑤ 의도적으로 평범하고 단정하게 연출을 하기 때문에 외모만으로는 암살범 식별이 어려움이 있다.

> **TIP** 암살범은 허황된 사고방식을 가졌거나 과대망상자인 경우가 있다.

**Answer** 15.③ 16.② 17.③

**18** 기존의 전통적인 테러와 비교할 때 사이버테러의 특징이 아닌 것은?

① 비용이 적게 든다.
② 사이버테러를 행하는 사람들은 정치적인 의도를 추구한다.
③ 일반 범죄에 비해 죄의식이 적다.
④ 시스템이 취약하다.
⑤ 전통적인 테러를 하기 전이나 전쟁을 선포하기 전에 예비단계로서 경고의 의미로 사이버테러를 행할 수도 있다.

> **TIP** 사이버테러를 행하는 테러리스트들은 정치적인 의도나 추구하는 목표를 가지지 않고 행하는 경우가 많다.


**19** 테러의 개념이 아닌 것은?

① 개인 또는 단체가 기존의 정부에 대항하거나 대항하기 위해 직접적인 희생자들보다 더욱 광범위한 대중에게 폭력을 사용하여 심리적 충격을 주거나 협박을 함으로써 정치적 목적을 달성하는 것
② 정치·종교·사상적 목적을 위한 무차별 폭력행사와 위협
③ 정치적으로 영향력을 행사할 수 있는 지위에 있는 사람을 정치적·사상적 대립이 동기가 되어 비합법적으로 살해하는 것으로 사람만을 대상으로 하는 폭력행위
④ 초 국가집단이나 어떤 국가의 비밀요원이 다수의 대중에게 영향력을 행사하기 위해 전투원 또는 비전투원을 대상으로 하는, 미리 계획된 정치적 폭력
⑤ 국가안보 또는 공공의 안전을 위태롭게 할 목적으로 국가중요시설 또는 다중이 이용하는 시설·장비를 폭파하는 행위

> **TIP** ③ 암살의 개념에 해당한다.


**Answer** 18.② 19.③

**20** 다음 중 일반적 경호환경에 해당하지 않는 것은?

① 과학기술의 향상

② 국민의식과 생활양식 변화

③ 범죄의 증가 및 다양화

④ 국제적 지위향상

⑤ 경제발전

> TIP 경호의 환경을 일반적 경호환경과 특수적 경호환경으로 나눌 경우 국제적 지위향상은 특수적 경호환경에 해당하는 요인이다.

**21** 암살의 실행단계에 대한 설명 중 옳지 않은 것은?

① 가장 먼저 암살대상자를 조사하며 경호정보를 수집한다.

② 범행 실행에 실패할 경우 재공격을 하지 않고, 다시 경호정보수집단계로 돌아간다.

③ 암살자들은 범행을 실행할 때 군중들의 살상에 대한 죄의식이 없다.

④ 무기와 장비를 획득한 후 임무를 부여받을 때는 전원이 범행에 참가할 수도 있지만 한 명 만이 지명되어 범행을 하는 경우도 있다.

⑤ 현재의 정권을 교체하거나 새로운 정부를 구성하고자 하는 욕망을 가진 개인 또는 집단이 정부의 수반을 제거하기 위해서 암살을 선택한다.

> TIP 원하는 목적을 이룰 때까지 다양한 공격방법이 동시에 또는 계속적으로 일어날 수 있다.

**Answer** 20.④ 21.②

**22** 사이버테러 중 해킹에 대한 설명으로 잘못된 것은?

① 프로그램에 숨어 있다가 특정 논리에 만족되면 기능을 마비시킨다.

② 전상망의 운영체제나 운영프로그램의 버그를 이용하여 해킹을 하기도 한다.

③ 정보통신망에 일정한 시간 동안 대량의 데이터를 전송시키거나 처리하게 하여 과부하를 야기한다.

④ 정보통신망에 침입하여 그 안의 중요한 파일들을 빼간다.

⑤ 전자우편 폭탄은 목표로 하는 컴퓨터에 전자우편을 발송하여 이 우편을 받은 컴퓨터가 제 기능을 하지 못하도록 하는 것이다.

> **TIP** ① 논리폭탄에 대한 설명이다.
> ※ 해킹 … 컴퓨터를 이용하여 타인의 정보처리장치 또는 정보처리조직에 침입하여 그것이 수행하는 기능이나 전자기록에 부당하게 간섭하는 일체의 행위를 말한다. 전상망의 운영체제나 운영프로그램의 버그를 이용하는 방법과 해킹을 위하여 전문적으로 제작된 해킹프로그램을 사용하는 방법이 있다.
> • 서비스 거부공격
> • 전자우편 폭탄
> • 파일 삭제 자료유출

**23** 테러 수행 단계 중 공격 지점 근처에 은거지역을 정하는 것은 어느 단계인가?

① 계획수립　　　　　　　② 조직화

③ 공격준비　　　　　　　④ 실행

⑤ 안전확인

> **TIP** 공격준비 단계에서 은거지역을 정하고 각종 장비를 확보한 후 공격 준비를 한다.

**24** 암살자들이 정치적 동기에 의해 암살을 행할 경우 추구하는 주된 목표는 무엇인가?

① 정권교체
② 이념적 갈등
③ 원한 또는 분노
④ 금전적 보상
⑤ 경제적 악조건 타파

> **TIP** 정치적 동기에 의한 암살은 현재의 정권을 교체하거나 새로운 정부를 구성하고자 할 때 정부의 수반을 제거하기 위해 행하는 것이다.

**25** 테러의 유형 중 페쳐(Fetscher)교수의 분류에 해당하는 것은?

① 민족주의나 종족주의 신념에 의한 테러
② 소수인종에 의한 테러
③ 장난꾼
④ 세계적 무정부주의자
⑤ 순교형

> **TIP** 페쳐(Fetscher)교수는 핍박을 받아온 소수민족이 기존질서에 도전하기 위한 테러와 환경의 변화나 환경에 저항한 테러로 분류하였다.
> ① 정치적 신념에 따른 분류
> ③④ 미코러스(Mickolus)의 분류
> ※ 페쳐(Fetscher)의 분류
> • 소수인종에 의한 테러 : 핍박을 받아온 소수민족이 기존질서에 도전하기 위한 행위
> • 환경의 변화나 환경에 저항한 테러 : 이념으로 무장되어 있고 조직이 정예화 되어 있으며 재정적 풍족함도 있으나 국민의 광범위한 지지를 받지는 못한다.

**Answer** 24.① 25.②

# 03 PART

# 경비업법

# 01 총칙

## (1) 목적(법 제1조)

경비업법은 경비업의 육성 및 발전과 그 체계적 관리에 관하여 필요한 사항을 정함으로써 경비업의 건전한 운영에 이바지함을 목적으로 한다.

## (2) 용어의 정의(법 제2조)

① **경비업** : 다음의 1에 해당하는 업무(이하 "경비업무")의 전부 또는 일부를 도급받아 행하는 영업을 말한다.

  ㉠ **시설경비업무** : 경비를 필요로 하는 시설 및 장소(이하 "경비대상시설")에서의 도난·화재 그 밖의 혼잡 등으로 인한 위험발생을 방지하는 업무

  ㉡ **호송경비업무** : 운반 중에 있는 현금·유가증권·귀금속·상품 그 밖의 물건에 대하여 도난·화재 등 위험발생을 방지하는 업무

  ㉢ **신변보호업무** : 사람의 생명이나 신체에 대한 위해의 발생을 방지하고 그 신변을 보호하는 업무

  ㉣ **기계경비업무** : 경비대상시설에 설치한 기기에 의하여 감지·송신된 정보를 그 경비대상시설외의 장소에 설치한 관제시설의 기기로 수신하여 도난·화재 등 위험발생을 방지하는 업무

  > **기계경비업자의 대응체제(시행령 제7조)**
  > 기계경비업무를 수행하는 경비업자(이하 "기계경비업자")는 관제시설 등에서 경보를 수신한 때에는 경보를 수신한 때부터 늦어도 25분 이내에는 도착시킬 수 있는 대응체제를 갖추어야 한다.

  ㉤ **특수경비업무** : 공항(항공기를 포함) 등 대통령령이 정하는 국가중요시설의 경비 및 도난·화재 그 밖의 위험발생을 방지하는 업무

  > **국가중요시설(시행령 제2조)**
  > 공항·항만, 원자력발전소 등의 시설 중 국가정보원장이 지정하는 국가보안목표시설과 「통합방위법」의 규정에 의하여 국방부장관이 지정하는 국가중요시설을 말한다.

  > **특수경비업자의 업무개시전의 조치(시행령 제6조)**
  > ① 특수경비업무를 수행하는 경비업자(이하 "특수경비업자")는 첫 업무개시의 신고를 하기 전에 시·도경찰청장의 비밀취급인가를 받아야 한다.
  > ② 시·도경찰청장은 특수경비업자에게 비밀취급인가를 하고자 하는 때에는 특수경비업자로 하여금 경찰청장을 거쳐 국가정보원장에게 보안측정을 요청하도록 하여야 한다.

② **경비지도사** : 경비원을 지도 · 감독 및 교육하는 자를 말하며 일반경비지도사와 기계경비지도사로 구분한다.

③ **경비원** : 경비업의 허가를 받은 법인(이하 "경비업자")이 채용한 고용인으로서 다음의 1에 해당하는 자를 말한다.

　㉠ **일반경비원** : 시설경비업무, 호송경비업무, 신변보호업무, 기계경비업무의 경비업무를 수행하는 자

　㉡ **특수경비원** : 특수경비업무의 경비업무를 수행하는 자

④ **무기** : 인명 또는 신체에 위해를 가할 수 있도록 제작된 권총 · 소총 등을 말한다.

⑤ **집단민원현장**

　㉠ 「노동조합 및 노동관계조정법」에 따라 노동관계 당사자가 노동쟁의 조정신청을 한 사업장 또는 쟁의행위가 발생한 사업장

　㉡ 「도시 및 주거환경정비법」에 따른 정비사업과 관련하여 이해대립이 있어 다툼이 있는 장소

　㉢ 특정 시설물의 설치와 관련하여 민원이 있는 장소

　㉣ 주주총회와 관련하여 이해대립이 있어 다툼이 있는 장소

　㉤ 건물 · 토지 등 부동산 및 동산에 대한 소유권 · 운영권 · 관리권 · 점유권 등 법적 권리에 대한 이해대립이 있어 다툼이 있는 장소

　㉥ 100명 이상의 사람이 모이는 국제 · 문화 · 예술 · 체육 행사장

　㉦ 「행정대집행법」에 따라 대집행을 하는 장소

## (3) 법인(법 제3조)

경비업은 법인이 아니면 이를 영위할 수 없다.

# 출제 예상 문제

2019년 기출 변형

**1 경비업법령상 경비업의 정의에 대한 설명으로 옳은 것은?**

① 특수경비업무란 공항(항공기를 제외) 등 대통령령이 정하는 국가중요시설의 경비 및 도난·화재 그 밖의 위험발생을 방지하는 업무를 말한다.

② 호송경비업무란 경비대상시설에 있는 현금·유가증권·귀금속·상품 그 밖의 물건에 대하여 도난·화재 등 위험발생을 방지하는 업무를 말한다.

③ 신변보호업무란 사람의 생명이나 재산에 대한 위해의 발생을 방지하고 그 신변을 보호하는 업무를 말한다.

④ 기계경비업무란 경비대상시설에 설치한 기기에 의하여 감지·송신된 정보를 그 경비대상시설 내의 장소에 설치한 관제시설의 기기로 수신하여 도난·화재 등 위험발생을 방지하는 업무를 말한다.

⑤ 시설경비업무란 경비대상시설에서의 도난·화재 그 밖의 혼잡 등으로 인한 위험발생을 방지하는 업무를 말한다.

> **TIP**
> ① 공항(항공기를 포함) 등 대통령령이 정하는 국가중요시설의 경비 및 도난·화재 그 밖의 위험발생을 방지하는 업무〈법 제2조〉
> ② 운반중에 있는 현금·유가증권·귀금속·상품 그 밖의 물건에 대하여 도난·화재 등 위험발생을 방지하는 업무〈법 제2조〉
> ③ 사람의 생명이나 신체에 대한 위해의 발생을 방지하고 그 신변을 보호하는 업무〈법 제2조〉
> ④ 경비대상시설에 설치한 기기에 의하여 감지·송신된 정보를 그 경비대상시설외의 장소에 설치한 관제시설의 기기로 수신하여 도난·화재 등 위험발생을 방지하는 업무〈법 제2조〉

**Answer** 1.⑤

**2** 경비업법령상 집단민원현장에 대한 설명으로 옳지 않은 것은?

① 노동조합 및 노동관계조정법에 따라 노동관계당사자가 노동쟁의 조정신청을 한 사업장 또는 쟁의행위가 발생한 사업장

② 도시 및 주거환경정비법에 따른 정비사업과 관련하여 이해대립이 있어 다툼이 있는 장소

③ 특정 시설물의 설치와 관련하여 민원이 있는 장소

④ 30명 이상의 사람이 모이는 국제 · 문화 · 예술 · 체육 행사장

⑤ 행정대집행법에 따라 대집행을 하는 장소

> **TIP** 집단민원현장〈법 제2조〉
> ㉠ 노동조합 및 노동관계조정법에 따라 노동관계 당사자가 노동쟁의 조정신청을 한 사업장 또는 쟁의행위가 발생한 사업장
> ㉡ 도시 및 주거환경정비법에 따른 정비사업과 관련하여 이해대립이 있어 다툼이 있는 장소
> ㉢ 특정 시설물의 설치와 관련하여 민원이 있는 장소
> ㉣ 주주총회와 관련하여 이해대립이 있어 다툼이 있는 장소
> ㉤ 건물 · 토지 등 부동산 및 동산에 대한 소유권 · 운영권 · 관리권 · 점유권 등 법적 권리에 대한 이해대립이 있어 다툼이 있는 장소
> ㉥ 100명 이상의 사람이 모이는 국제 · 문화 · 예술 · 체육 행사장
> ㉦ 행정대집행법에 따라 대집행을 하는 장소

**3** 경비업법 시행령 제2조에 따르면, 대통령령이 정하는 국가중요시설이라 함은 공항 · 항만, 원자력발전소 등이 시설 증 (　　)이(가) 지정하는 국가보안목표시설과 통합방위법의 규정에 의하여 (　　)이(가) 지정하는 국가중요시설을 말한다. 각각의 괄호 안에 들어가야 할 주체가 올바르게 기술된 것은?

① 대통령, 국방부장관

② 국가정보원장, 국방부장관

③ 국무총리, 국가정보원장

④ 경찰청장, 국가정보원장

⑤ 국가정보원장, 경찰청장

> **TIP** "대통령령이 정하는 국가중요시설"이라 함은 공항 · 항만, 원자력발전소 등의 시설 중 국가정보원장이 지정하는 국가보안목표시설과 「통합방위법」의 규정에 의하여 국방부장관이 지정하는 국가중요시설을 말한다.

**Answer** 2.④ 3.②

**4** 경비업법령상 보안지도·점검의 내용이다. ( ) 안에 들어갈 내용이 바르게 연결된 것은?

> ( ㉠ )은 특수경비업자에게 비밀취급인가를 하고자 하는 때에는 특수경비업자로 하여금 ( ㉡ )을 거쳐 국가
> 정보원장에게 보안측정을 요청하도록 하여야 한다.

① ㉠ : 관찰 경찰서장, ㉡ : 시·도경찰청장
② ㉠ : 관할 경찰서장, ㉡ : 경찰청장
③ ㉠ : 시·도경찰청장, ㉡ : 경찰청장
④ ㉠ : 시·도경찰청장, ㉡ : 관할 경찰서장
⑤ ㉠ : 경찰청장, ㉡ : 시·도경찰청장

> **TIP** 시·도경찰청장은 특수경비업자에게 비밀취급인가를 하고자 하는 때에는 특수경비업자로 하여금 경찰청장을 거쳐 국가정
> 보원장에게 보안측정을 요청하도록 하여야 한다〈시행령 제6조 제2항〉.

**5** 경비업법령상 특수경비업에 대한 설명으로 옳지 않은 것은?

① 특수경비업자는 첫 업무개시의 신고를 하기 전에 시·도경찰청장의 비밀취급인가를 받아야 한다.
② 비밀취급인가를 하고자 하는 때에는 특수경비업자로 하여금 경찰청장을 거쳐 국가정보원장에게
보안측정을 요청하도록 하여야 한다.
③ 특수경비업자가 특수경비업무를 중단하게 되는 경우 미리 지정된 경비대행업자에게 통보하여야
하며 이를 위반시 2년 이하의 징역 또는 2천만 원 이하의 벌금에 처한다.
④ 형사사건으로 조사를 받거나, 사의를 표명한 특수경비원의 경우 총기를 즉시 회수하여야 한다.
⑤ 금고 이상의 형의 선고유예를 받고 그 유예기간 중에 있는 자는 특수경비원이 될 수 없다.

> **TIP** 특수경비업자는 국가중요시설에 대한 특수경비업무를 중단하게 되는 경우에는 미리 이를 경비대행업자에게 통보하여야 하
> 며, 경비대행업자는 통보받은 즉시 그 경비업무를 인수하여야 한다〈법 제7조 제8항〉.
> 특수경비업자가 경비업무의 중단을 통보하지 아니하거나 경비업무를 즉시 인수하지 아니한 특수경비업자 또는 경비대행업
> 자에게는 3년 이하의 징역 또는 3천만 원 이하의 벌금에 처한다〈법 제28조 제2항〉.

**Answer** 4.③ 5.③

**6** 경비업법령에서 사용하는 용어의 정의로 옳지 않은 것은?

① "경비업"이란 시설경비업무, 호송경비업무, 신변보호업무, 기계경비업무, 특수경비업무의 전부 또는 일부를 도급받아 행하는 영업을 말한다.

② "경비지도사"는 경비원을 지도 · 감독 및 교육하는 자를 말하며 일반경비지도사와 기계경비지도사로 구분한다.

③ "경비원"은 경비업의 허가를 받은 법인이 채용한 고용인으로서 일반경비원과 특수경비원을 말한다.

④ "무기"는 인명 또는 신체에 위해를 가할 수 있도록 제작된 권총 · 소총 등을 말한다.

⑤ "국가중요시설"이란 공항 · 항만, 원자력발전소 등의 시설 중 국방부장관이 지정하는 국가보안목표시설과 「통합방위법」의 규정에 의하여 국가정보원장이 지정하는 국가중요시설을 말한다.

> **TIP** 국가중요시설〈시행령 제2조〉… 공항 · 항만, 원자력발전소 등의 시설 중 국가정보원장이 지정하는 국가보안목표시설과 「통합방위법」의 규정에 의하여 국방부장관이 지정하는 국가중요시설을 말한다.

**7** 경비업법령상 용어에 관한 설명으로 옳지 않은 것은?

① 경비업이란 경비업무의 전부 또는 일부를 도급받아 행하는 영업을 말한다.

② 호송경비업무란 운반 중에 있는 현금 · 유가 · 증권 · 귀금속 · 상품 그 밖의 물건에 대하여 도난 · 화재 등 위험발생을 방지하는 업무이다.

③ 특수경비원이란 신변보호업무를 수행하는 자를 말한다.

④ 무기라 함은 인명 또는 신체에 위해를 가할 수 있도록 제작된 권총 · 소총을 등을 말한다.

⑤ 「노동조합 및 노동관계조정법」에 따라 노동관계 당사자가 노동쟁의 조정신청을 한 사업장 또는 쟁의행위가 발생한 사업장은 집단민원현장이다.

> **TIP** 특수경비원은 공항(항공기를 포함한다) 등 대통령령이 정하는 국가중요시설의 경비 및 도난 · 화재 그 밖의 위험발생을 방지하는 업무를 담당하는 자를 가리킨다〈법 제2조〉.

**Answer** 6.⑤ 7.③

**8** 경비업법에서 의미하는 경비원의 개념은?

① 국가시설주가 채용한 고용인으로서 경비업무를 수행하는 자

② 국가중요시설과 일반시설에 동원된 경비근무자

③ 경비업자가 채용한 고용인으로서 경비업무를 수행하는 자

④ 국가시설주와 경비업주가 채용한 고용인으로서 경비업무를 대행하는 자

⑤ 시설·사업장 등의 경영자가 경비를 부담할 것을 조건으로 경찰의 배치를 신청하는 경우 그 기관·시설 또는 사업장 등의 경비를 담당하게 하기 위하여 배치하는 경찰

> **TIP** 경비업법상 경비원은 경비업의 허가를 받은 법인(경비업자)이 채용한 고용인으로서 경비업무를 수행하는 일반경비원과 특수경비원을 가리킨다〈법 제2조〉.

**9** 다음 괄호 안에 알맞은 것은?

> 경비업법상 경비업은 시설경비업무, 호송경비업무, (    ), 기계경비업무, (    )의 전부 또는 일부를 (    ) 받아 행하는 영업을 말한다.

① 신변보호업무, 특수경비업무, 도급

② 신변보호업무, 특수경비업무, 위탁

③ 신변보호업무, 특수경비업무, 임대

④ 요인경비업무, 특별경비업무, 위임

⑤ 특수경비업무, 임시경호업무, 도급

> **TIP** 경비업법상 경비업은 시설경비업무, 호송경비업무, 신변보호업무, 기계경비업무, 특별경비업무의 전부 또는 일부를 도급받아 행하는 영업을 말한다〈법 제2조〉.

**Answer**  8.③  9.①

**10** 다음 ( ) 안에 알맞은 것은?

> "대통령령이 정하는 국가중요시설"은 공항·항만, 원자력발전소 등의 시설 중 ( )이 지정하는 국가보안목
> 표시설과 「통합방위법」 제21조 4항의 규정에 의하여 국방부장관이 지정하는 국가중요시설을 말한다.

① 국무총리
② 행정안전부장관
③ 국방부장관
④ 국가정보원장
⑤ 경찰청장

> **TIP** 경비업법 제2조 제1호 마목에서 "대통령령이 정하는 국가중요시설"이라 함은 공항·항만, 원자력발전소 등의 시설중 국가정
> 보원장이 지정하는 국가보안목표시설과 「통합방위법」의 규정에 의하여 국방부장관이 지정하는 국가중요시설을 말한다〈시
> 행령 제2조〉.

# 02 경비업의 허가

## (1) 경비업의 허가(법 제4조)

① 경비업을 영위하고자 하는 법인은 도급받아 행하고자 하는 경비업무를 특정하여 그 법인의 주사무소의 소재지를 관할하는 시 · 도경찰청장의 허가를 받아야 한다. 도급받아 행하고자 하는 경비업무를 변경하는 경우에도 또한 같다.

---

**허가신청 등(시행규칙 제3조)**

① 경비업의 허가를 받으려는 경우 또는 경비업자가 허가를 받은 경비업무를 변경하거나 새로운 경비업무를 추가하려는 경우에는 경비업 허가신청서 또는 변경허가신청서(전자문서로 된 신청서를 포함)에 다음의 서류(전자문서를 포함)를 첨부하여 법인의 주사무소를 관할하는 시 · 도경찰청장 또는 해당 시 · 도경찰청 소속의 경찰서장에게 제출하여야 한다. 이 경우 신청서를 제출받은 경찰서장은 지체 없이 관할 시 · 도경찰청장에게 보내야 한다.
  1. 법인의 정관 1부
  2. 법인 임원의 이력서 1부
  3. 경비인력 · 시설 및 장비의 확보계획서 1부(경비업 허가의 신청시 이를 갖출 수 없는 경우에 한한다)

② 신청서를 제출받은 시 · 도경찰청장은 「전자정부법」에 따른 행정정보의 공동이용을 통하여 법인의 등기사항증명서를 확인하여야 한다.

---

② 경비업의 허가를 받으려는 법인은 다음의 요건을 갖추어야 한다.
  ㉠ 대통령령으로 정하는 1억 원 이상의 자본금의 보유
  ㉡ 다음의 경비인력 요건
    ⓐ 시설경비업무 : 경비원 10명 이상 및 경비지도사 1명 이상
    ⓑ 시설경비업무 외의 경비업무 : 대통령령으로 정하는 경비 인력
  ㉢ ㉡의 경비인력을 교육할 수 있는 교육장을 포함하여 대통령령으로 정하는 시설과 장비의 보유
  ㉣ 그 밖에 경비업무 수행을 위하여 대통령령으로 정하는 사항

③ 경비업의 허가를 받은 법인은 다음의 1에 해당하는 때에는 시 · 도경찰청장에게 신고하여야 한다.
  ㉠ 영업을 폐업하거나 휴업한 때
  ㉡ 법인의 명칭이나 대표자 · 임원을 변경한 때
  ㉢ 법인의 주사무소나 출장소를 신설 · 이전 또는 폐지한 때
  ㉣ 기계경비업무의 수행을 위한 관제시설을 신설 · 이전 또는 폐지한 때
  ㉤ 특수경비업무를 개시하거나 종료한 때
  ㉥ 그 밖에 대통령령이 정하는 중요사항을 변경한 때

④ 허가 또는 신고의 절차, 신고의 기한 등 허가 및 신고에 관하여 필요한 사항은 대통령령으로 정한다.

### 허가신청 등(시행령 제3조)

① 경비업의 허가를 받으려는 경우에는 허가신청서에, 경비업의 허가를 받은 법인(이하 "경비업자")이 허가를 받은 경비업무를 변경하거나 새로운 경비업무를 추가하려는 경우에는 변경허가신청서에 행정안전부령으로 정하는 서류를 첨부하여 법인의 주사무소를 관할하는 시·도경찰청장 또는 해당 시·도경찰청 소속의 경찰서장에게 제출하여야 한다. 이 경우 신청서를 제출받은 경찰서장은 지체 없이 관할 시·도경찰청장에게 보내야 한다.

② 허가 또는 변경허가 신청서를 제출하는 법인은 별표 1의 규정에 의한 경비인력·자본금·시설 및 장비를 갖추어야 한다. 다만, 경비업의 허가 또는 변경허가를 신청하는 때에 별표 1의 규정에 의한 시설 등(자본금 제외)을 갖출 수 없는 경우에는 허가 또는 변경허가의 신청시 시설 등의 확보계획서를 제출한 후 허가 또는 변경허가를 받은 날부터 1월 이내에 별표 1의 규정에 의한 시설 등을 갖추고 시·도경찰청장의 확인을 받아야 한다.

### 경비업의 시설 등의 기준(시행령 별표 1)

| 시설 등 기준 / 업무별 | 경비인력 | 자본금 | 시설 | 장비 등 |
|---|---|---|---|---|
| 시설경비 업무 | • 일반경비원 10명 이상<br>• 경비지도사 1명 이상 | 1억 원 이상 | 기준 경비인력 수 이상을 동시에 교육할 수 있는 교육장 | 기준 경비인력 수 이상의 경비원 복장 및 경적, 단봉, 분사기 |
| 호송경비 업무 | • 무술유단자인 일반경비원 5명 이상<br>• 경비지도사 1명 이상 | 1억 원 이상 | 기준 경비인력 수 이상을 동시에 교육할 수 있는 교육장 | • 호송용 차량 1대 이상<br>• 현금호송백 1개 이상<br>• 기준 경비인력 수 이상의 경비원 복장 및 경적, 단봉, 분사기 |
| 신변보호 업무 | • 무술유단자인 일반경비원 5명 이상<br>• 경비지도사 1명 이상 | 1억 원 이상 | 기준 경비인력 수 이상을 동시에 교육할 수 있는 교육장 | • 기준 경비인력 수 이상의 무전기 등 통신장비<br>• 기준 경비인력 수 이상의 경적, 단봉, 분사기 |
| 기계경비 업무 | • 전자·통신 분야 기술자격증소지자 5명을 포함한 일반경비원 10명 이상<br>• 경비지도사 1명 이상 | 1억 원 이상 | • 기준 경비인력 수 이상을 동시에 교육할 수 있는 교육장<br>• 관제시설 | • 감지장치·송신장치 및 수신장치<br>• 출장소별로 출동차량 2대 이상<br>• 기준 경비인력 수 이상의 경비원 복장 및 경적, 단봉, 분사기 |
| 특수경비 업무 | • 특수경비원 20명 이상<br>• 경비지도사 1명 이상 | 3억 원 이상 | 기준 경비인력 수 이상을 동시에 교육할 수 있는 교육장 | 기준 경비인력 수 이상의 경비원 복장 및 경적, 단봉, 분사기 |

비고

1. 자본금의 경우 하나의 경비업무에 대한 자본금을 갖춘 경비업자가 그 외의 경비업무를 추가로 하려는 경우 자본금을 갖춘 것으로 본다. 다만, 특수경비업자 외의 자가 특수경비업무를 추가로 하려는 경우에는 이미 갖추고 있는 자본금을 포함하여 특수경비업무의 자본금 기준에 적합하여야 한다.

2. 교육장의 경우 하나의 경비업무에 대한 시설을 갖춘 경비업자가 그 외의 경비업무를 추가로 하려는 경우에는 경비인력이 더 많이 필요한 경비업무에 해당하는 교육장을 갖추어야 한다.

3. "무술유단자"란 「국민체육진흥법」에 따른 대한체육회에 가맹된 단체 또는 문화체육관광부에 등록된 무도 관련 단체가 무술유단자로 인정한 사람을 말한다.

4. "호송용 차량"이란 현금이나 그 밖의 귀중품의 운반에 필요한 견고성 및 안전성을 갖추고 무선통신시설 및 경보시설을 갖춘 자동차를 말한다.

5. "현금호송백"이란 현금이나 그 밖의 귀중품을 운반하기 위한 이동용 호송장비로서 경보시설을 갖춘 것을 말한다.

6. "전자 · 통신 분야 기술자격증소지자"란 「국가기술자격법」에 따라 전자 및 통신 분야에서 기술자격을 취득한 사람을 말한다.

## 허가절차 등(시행령 제4조)

① 시 · 도경찰청장은 허가 또는 변경허가의 신청을 받은 때에는 경비업을 영위하고자 하는 법인의 임원 중 결격사유에 해당하는 자가 있는지의 유무, 경비인력 · 시설 및 장비의 확보 또는 확보가능성의 여부, 자본금과 대표자 · 임원의 경력 및 신용 등을 검토하여 허가여부를 결정하여야 한다.

② 시 · 도경찰청장은 검토를 한 후 경비업을 허가하거나 변경허가를 한 경우에는 해당 법인의 주사무소를 관할하는 경찰서장을 거쳐 신청인에게 허가증을 발급하여야 한다.

③ 경비업자는 경비업 허가증을 잃어버리거나 경비업 허가증이 못쓰게 된 경우에는 허가증 재교부신청서에 다음의 구분에 따른 서류를 첨부하여 법인의 주사무소를 관할하는 시 · 도경찰청장 또는 해당 시 · 도경찰청 소속의 경찰서장에게 재발급을 신청하여야 하고, 신청서를 제출받은 경찰서장은 지체 없이 관할 시 · 도경찰청장에게 보내야 한다.

1. 허가증을 잃어버린 경우에는 그 사유서

2. 허가증이 못쓰게 된 경우에는 그 허가증

## 폐업 또는 휴업 등의 신고(시행령 제5조)

① 경비업자는 폐업을 한 경우에는 폐업을 한 날부터 7일 이내에 폐업신고서에 허가증을 첨부하여 법인의 주사무소를 관할하는 시 · 도경찰청장 또는 해당 시 · 도경찰청 소속의 경찰서장에게 제출하여야 한다. 이 경우 폐업신고서를 제출받은 경찰서장은 지체 없이 관할 시 · 도경찰청장에게 보내야 한다.

② 경비업자는 휴업을 한 경우에는 휴업한 날부터 7일 이내에 휴업신고서를 법인의 주사무소를 관할하는 시 · 도경찰청장 또는 해당 시 · 도경찰청 소속의 경찰서장에게 제출하여야 하고, 휴업신고서를 제출받은 경찰서장은 지체 없이 관할 시 · 도경찰청장에게 보내야 한다. 이 경우 휴업신고를 한 경비업자가 신고한 휴업기간이 끝나기 전에 영업을 다시 시작하거나 신고한 휴업기간을 연장하려는 경우에는 영업을 다시 시작한 후 7일 이내에 또는 신고한 휴업기간이 끝난 후 7일 이내에 영업재개신고서 또는 휴업기간연장신고서를 제출하여야 한다.

③ 신설·이전 또는 폐지한 때에 신고를 하여야 하는 출장소는 주사무소 외의 장소로서 일상적으로 일정 지역안의 경비업무를 지휘·총괄하는 영업거점인 지점·지사 또는 사업소 등의 장소로 한다.

④ 대통령령이 정하는 중요사항이라 함은 정관의 목적을 말한다.

⑤ 신고는 그 사유가 발생한 날부터 30일 이내에 하여야 한다.

---

폐업 또는 휴업 등의 신고(시행규칙 제5조)

① 법인의 명칭·대표자·임원, 주사무소·출장소나 정관의 목적이 변경되어 신고를 하는 경우에는 경비업 허가사항 등의 변경신고서(전자문서로 된 신고서를 포함)에 다음의 서류(전자문서를 포함)를 첨부하여 법인의 주사무소를 관할하는 시·도경찰청장 또는 해당 시·도경찰청 소속의 경찰서장에게 제출하여야 한다. 변경신고서를 제출받은 경찰서장은 이를 지체 없이 관할 시·도경찰청장에게 보내야 한다.
  1. 명칭 변경의 경우 : 허가증 원본
  2. 대표자 변경의 경우 : 법인 대표자의 이력서 1부, 허가증 원본
  3. 임원 변경의 경우 : 법인 임원의 이력서 1부
  4. 주사무소 또는 출장소 변경의 경우 : 허가증 원본
  5. 정관의 목적 변경의 경우 : 법인의 정관 1부

② 신고서를 제출받은 시·도경찰청장은 「전자정부법」에 따른 행정정보의 공동이용을 통하여 법인의 등기사항증명서를 확인하여야 한다.

---

## (2) 허가의 제한(법 제4조의2)

① 누구든지 허가를 받은 경비업체와 동일한 명칭으로 경비업 허가를 받을 수 없다.

② 허가받은 경비업무외의 업무에 경비원을 종사하게 한 때 및 소속 경비원으로 하여금 경비업무의 범위를 벗어난 행위를 하게 한 때의 사유로 경비업체의 허가가 취소된 경우 허가가 취소된 날부터 10년이 지나지 아니한 때에는 누구든지 허가가 취소된 경비업체와 동일한 명칭으로 허가를 받을 수 없다.

③ 허가받은 경비업무외의 업무에 경비원을 종사하게 한 때 및 소속 경비원으로 하여금 경비업무의 범위를 벗어난 행위를 하게 한 때의 사유로 허가가 취소된 법인은 법인명 또는 임원의 변경에도 불구하고 허가가 취소된 날부터 5년이 지나지 아니한 때에는 허가를 받을 수 없다

## (3) 임원의 결격사유(법 제5조)

다음의 1에 해당하는 자는 경비업을 영위하는 법인(④에 해당하는 자의 경우에는 특수경비업무를 수행하는 법인을 말하고, ⑤에 해당하는 자의 경우에는 허가취소사유에 해당하는 경비업무와 동종의 경비업무를 수행하는 법인을 말한다)의 임원이 될 수 없다.

① 피성년후견인

② 파산선고를 받고 복권되지 아니한 자

③ 금고 이상의 형의 선고를 받고 그 형이 실효되지 아니한 자

④ 이 법 또는 「대통령 등의 경호에 관한 법률」에 위반하여 벌금형의 선고를 받고 3년이 지나지 아니한 자

⑤ 이 법(허가받은 경비업무외의 업무에 경비원을 종사하게 한 때 및 소속 경비원으로 하여금 경비업무의 범위를 벗어난 행위를 하게 한 때는 제외) 또는 이 법에 의한 명령에 위반하여 허가가 취소된 법인의 허가취소 당시의 임원이었던 자로서 그 취소 후 3년이 지나지 아니한 자

⑥ 허가받은 경비업무외의 업무에 경비원을 종사하게 한 때 및 소속 경비원으로 하여금 경비업무의 범위를 벗어난 행위를 하게 한 때의 사유로 허가가 취소된 법인의 허가취소 당시의 임원이었던 자로서 허가가 취소된 날부터 5년이 지나지 아니한 자

## (4) 허가의 유효기간 등(법 제6조)

① 경비업 허가의 유효기간은 허가받은 날부터 5년으로 한다.

② 유효기간이 만료된 후 계속하여 경비업을 하고자 하는 법인은 행정안전부령으로 정하는 바에 따라 갱신허가를 받아야 한다.

> **허가갱신(시행규칙 제6조)**
> ① 경비업의 갱신허가를 받으려는 자는 허가의 유효기간 만료일 30일 전까지 경비업 갱신허가신청서(전자문서로 된 신청서를 포함)에 허가증 원본 및 정관(변경사항이 있는 경우만 해당)을 첨부하여 법인의 주사무소를 관할하는 시·도경찰청장 또는 해당 시·도경찰청 소속의 경찰서장에게 제출하여야 한다. 경비업 갱신허가신청서를 제출받은 경찰서장은 이를 지체 없이 관할 시·도경찰청장에게 보내야 한다.
> ② 신청서를 제출받은 시·도경찰청장은 「전자정부법」에 따른 행정정보의 공동이용을 통하여 법인의 등기사항증명서를 확인하여야 한다.
> ③ 시·도경찰청장은 갱신허가를 하는 때에는 유효기간이 만료되는 허가증을 회수한 후 허가증을 교부하여야 한다.

## (5) 경비업자의 의무(법 제7조)

① 경비업자는 경비대상시설의 소유자 또는 관리자(이하 "시설주")의 관리권의 범위안에서 경비업무를 수행하여야 하며, 다른 사람의 자유와 권리를 침해하거나 그의 정당한 활동에 간섭하여서는 아니 된다.

② 경비업자는 경비업무를 성실하게 수행하여야 하고, 도급을 의뢰받은 경비업무가 위법 또는 부당한 것일 때에는 이를 거부하여야 한다.

③ 경비업자는 불공정한 계약으로 경비원의 권익을 침해하거나 경비업의 건전한 육성과 발전을 해치는 행위를 하여서는 아니 된다.

④ 경비업자의 임·직원이거나 임·직원이었던 자는 다른 법률에 특별한 규정이 있는 경우를 제외하고는 그 직무상 알게 된 비밀을 누설하거나 다른 사람에게 제공하여 이용하도록 하는 등 부당한 목적을 위하여 사용하여서는 아니 된다.

⑤ 경비업자는 허가받은 경비업무외의 업무에 경비원을 종사하게 하여서는 아니 된다.

⑥ 경비업자는 집단민원현장에 경비원을 배치하는 때에는 경비지도사를 선임하고 그 장소에 배치하여 행정안전부령으로 정하는 바에 따라 경비원을 지도·감독하게 하여야 한다.

---

집단민원현장에 선임·배치된 경비지도사의 직무(시행규칙 제6조의2)

경비업자는 집단민원현장에 선임·배치된 경비지도사로 하여금 다음의 직무를 수행하도록 하여야 한다.

1. 경비원 등의 의무 위반행위 예방 및 제지
2. 경비원의 복장 착용 등에 대한 지도·감독
3. 경비원의 장비 휴대 및 사용에 대한 지도·감독
4. 집단민원현장에 비치된 경비원 명부의 관리

---

⑦ 특수경비업무를 수행하는 경비업자(이하 "특수경비업자")는 특수경비업무의 개시신고를 하는 때에는 국가중요시설에 대한 특수경비업무의 수행이 중단되는 경우 시설주의 동의를 얻어 다른 특수경비업자 중에서 경비업무를 대행할 자(이하 "경비대행업자")를 지정하여 허가관청에 신고하여야 한다. 경비대행업자의 지정을 변경하는 경우에도 또한 같다.

⑧ 특수경비업자는 국가중요시설에 대한 특수경비업무를 중단하게 되는 경우에는 미리 이를 경비대행업자에게 통보하여야 하며, 경비대행업자는 통보받은 즉시 그 경비업무를 인수하여야 한다. 이 경우 ⑦의 규정은 경비대행업자에 대하여 이를 준용한다.

⑨ 특수경비업자는 이 법에 의한 경비업과 경비장비의 제조·설비·판매업, 네트워크를 활용한 정보산업, 시설물 유지관리업 및 경비원 교육업 등 대통령령이 정하는 경비관련업외의 영업을 하여서는 아니 된다.

---

특수경비업자가 할 수 있는 영업(시행령 제7조의2)

① 경비장비의 제조·설비·판매업, 네트워크를 활용한 정보산업, 시설물 유지관리업 및 경비원 교육업 등 대통령령이 정하는 경비관련업이란 다음의 영업을 말한다.
  1. 별표 1의2에 따른 영업
  2. 영업에 부수되는 것으로서 경찰청장이 지정·고시하는 영업
② 영업의 범위에 관하여는 법 또는 이 영에 특별한 규정이 있는 경우를 제외하고는 「통계법」에 따라 통계청장이 고시하는 한국표준산업분류표에 따른다.

특수경비업자가 할 수 있는 영업(시행령 별표 1의2)

| 분야 | 해당 영업 |
| --- | --- |
| 금속가공제품 제조업(기계 및 가구 제외) | • 일반철물 제조업(자물쇠제조 등 경비 관련 제조업에 한정)<br>• 금고 제조업 |
| 그 밖의 기계 및 장비제조업 | 분사기 및 소화기 제조업 |
| 전기장비 제조업 | 전기경보 및 신호장치 제조업 |
| 전자부품, 컴퓨터, 영상, 음향 및 통신장비 제조업 | • 전자카드 제조업<br>• 통신 및 방송 장비 제조업<br>• 영상 및 음향기기 제조업 |
| 전문직별 공사업 | • 소방시설 공사업<br>• 배관 및 냉 · 난방 공사업(소방시설 공사 등 방재 관련 공사에 한정)<br>• 내부 전기배선 공사업<br>• 내부 통신배선 공사업 |
| 도매 및 상품중개업 | 통신장비 및 부품 도매업 |
| 통신업 | 전기통신업 |
| 부동산업 | 부동산 관리업 |
| 컴퓨터 프로그래밍, 시스템 통합 및 관리업 | • 컴퓨터 프로그래밍 서비스업<br>• 컴퓨터시스템 통합 자문, 구축 및 관리업 |
| 건축기술, 엔지니어링 및 관련기술 서비스업 | • 건축설계 및 관련 서비스업(소방시설 설계 등 방재 관련 건축설계에 한정)<br>• 건물 및 토목엔지니어링 서비스업(소방공사 감리 등 방재 관련 서비스업에 한정) |
| 사업시설 관리 및 조경 서비스업 | • 사업시설 유지관리 서비스업<br>• 건물 산업설비 청소 및 방제 서비스업 |
| 사업지원 서비스업 | • 인력공급 및 고용알선업<br>• 경비, 경호 및 탐정업 |
| 교육서비스업 | • 직원훈련기관<br>• 그 밖의 기술 및 직업훈련학원(경비 관련 교육에 한정) |
| 수리업 | • 일반 기계 수리업<br>• 전기, 전자, 통신 및 정밀기기 수리업 |
| 창고 및 운송 관련 서비스업 | 주차장 운영업 |

⑹ 경비업무 도급인 등의 의무(법 제7조의2)

① 누구든지 허가를 받지 아니한 자에게 경비업무를 도급하여서는 아니 된다.

② 누구든지 집단민원현장에 경비인력을 20명 이상 배치하려고 할 때에는 그 경비인력을 직접 고용하여서는 아니 되고, 경비업자에게 경비업무를 도급하여야 한다. 다만, 시설주 등이 집단민원현장 발생 3개월 전까지 직접 고용하여 경비업무를 수행하는 피고용인의 경우에는 그러하지 아니하다.

③ 경비업무를 도급하는 자는 그 경비업무를 수급한 경비업자의 경비원 채용 시 무자격자나 부적격자 등을 채용하도록 관여하거나 영향력을 행사해서는 아니 된다.

④ 무자격자 및 부적격자의 구체적인 범위 등은 대통령령으로 정한다.

---

**무자격자 및 부적격자 등의 범위(시행령 제7조의3)**

다음의 경비업무를 도급하려는 자는 다음의 구분에 해당하는 사람을 그 경비업무를 수급한 경비업자의 경비원으로 채용하도록 관여하거나 영향력을 행사해서는 아니 된다.

1. 시설경비업무, 신변보호업무(집단민원현장의 시설경비업무 또는 신변보호업무는 제외), 호송경비업무 또는 기계경비업
   가. 경비지도사 또는 일반경비원이 될 수 없는 사람
   나. 「아동·청소년의 성보호에 관한 법률」에 따라 경비업무에 종사할 수 없는 사람
2. 특수경비업무
   가. 특수경비원이 될 수 없는 사람
   나. 「아동·청소년의 성보호에 관한 법률」에 따라 경비업무에 종사할 수 없는 사람
3. 집단민원현장의 시설경비업무 또는 신변보호업무
   가. 경비지도사 또는 일반경비원이 될 수 없는 사람
   나. 집단민원현장에 일반경비원으로 배치할 수 없는 사람
   다. 「아동·청소년의 성보호에 관한 법률」에 따라 경비업무에 종사할 수 없는 사람

# 출제 예상 문제

2019년 기출 변형

**1** 다음은 경비업법령상 경비업자의 의무에 대한 내용이다. ( ) 안의 내용으로 알맞은 것은?

> 가. 경비업자는 집단민원현장에 경비원을 배치하는 때에는 ( ㉠ )를 선임하고 그 장소에 배치하여 행정안전부령으로 정하는 바에 따라 경비원을 지도·감독하게 하여야 한다.
> 나. 특수경비업무를 수행하는 경비업자는 특수경비업무의 개시신고를 하는 때에는 ( ㉡ )에 대한 특수경비업무의 수행이 중단되는 경우 ( ㉢ )의 동의를 얻어 다른 특수경비업자 중에서 경비업무를 대행할 자를 지정하여 허가관청에 신고하여야 한다.

① ㉠ - 업무감독자, ㉡ - 허가관청, ㉢ - 경비지도사
② ㉠ - 업무감독자, ㉡ - 국가중요시설, ㉢ - 경비지도사
③ ㉠ - 경비지도사, ㉡ - 국가중요시설, ㉢ - 업무감독자
④ ㉠ - 경비지도사, ㉡ - 국가중요시설, ㉢ - 시설주
⑤ ㉠ - 업무감독자, ㉡ - 허가관청, ㉢ - 시설주

> **TIP** 가. 경비업자는 집단민원현장에 경비원을 배치하는 때에는 경비지도사를 선임하고 그 장소에 배치하여 행정안전부령으로 정하는 바에 따라 경비원을 지도·감독하게 하여야 한다〈법 제7조〉.
> 나. 특수경비업무를 수행하는 경비업자는 특수경비업무의 개시신고를 하는 때에는 국가중요시설에 대한 특수경비업무의 수행이 중단되는 경우 시설주의 동의를 얻어 다른 특수경비업자중에서 경비업무를 대행할 자를 지정하여 허가관청에 신고하여야 한다. 경비대행업자의 지정을 변경하는 경우에도 또한 같다〈법 제7조〉.

**Answer** 1.④

**2** 경비업법령상 경비업자, 경비업무 도급인의 의무 등에 대한 설명으로 옳은 것은?

① 경비업자는 경비업무를 성실하게 수행하여야 하고, 도급을 의뢰받은 경비업무가 위법 또는 부당한 것일 때에는 이를 거부할 수 있다.

② 누구든지 집단민원현장에 경비인력을 20일 이상 배치하려고 할 때에는 그 경비인력을 직접 고용하여서는 아니 되고, 경비업자에게 경비업무를 도급하여야 한다.

③ 특수경비업자는 특수경비업무의 개시신고를 하는 때에는 국가중요시설에 대한 특수경비업무의 수행이 중단되는 경우 시설주의 동의를 얻어 경비대행업자를 지정하여 허가관청에 신고하여야 한다.

④ 시설경비업자는 경비대상시설에 관한 경보를 수신한 때에는 신속하게 그 사실을 확인하는 등 필요한 대응조치를 취하여야 하며, 이를 위한 대응체제를 갖추어야 한다.

⑤ 기계경비업자는 이 법에 의한 경비업과 경비장비의 제조·설지·판매업 등 대통령령이 정하는 경비관련업 외의 영업을 하여서는 아니된다.

> **TIP** ① 경비업자는 경비업무를 성실하게 수행하여야 하고, 도급을 의뢰받은 경비업무가 위법 또는 부당한 것일 때에는 이를 거부하여야 한다〈법 제7조〉.
> ② 누구든지 집단민원현장에 경비인력을 20명 이상 배치하려고 할 때에는 그 경비인력을 직접 고용하여서는 아니 되고, 경비업자에게 경비업무를 도급하여야 한다. 다만, 시설주 등이 집단민원현장 발생 3개월 전까지 직접 고용하여 경비업무를 수행하는 피고용인의 경우에는 그러하지 아니하다〈법 제7조의2〉.
> ④ 기계경비업무를 수행하는 경비업자(이하 "기계경비업자"라 한다)는 경비대상시설에 관한 경보를 수신한 때에는 신속하게 그 사실을 확인하는 등 필요한 대응조치를 취하여야 하며, 이를 위한 대응체제를 갖추어야 한다〈법 제8조〉.
> ⑤ 특수경비업자는 이 법에 의한 경비업과 경비장비의 제조·설비·판매업, 네트워크를 활용한 정보산업, 시설물 유지관리업 및 경비원 교육업 등 대통령령이 정하는 경비관련업외의 영업을 하여서는 아니된다〈법 제7조〉.

**Answer**  2.③

**3** 갑(甲)은 신변보호업무를 행하는 경비업의 허가를 받고자 한다. 이 경우 갑(甲)이 갖추어야 하는 경비인력·자본금·시설·장비 등에 대한 기준으로 옳은 것은?

① 무술유단자인 일반경비원 10명 이상을 갖추어야 한다.
② 기준 경비인력 수 이상을 동시에 교육할 수 있는 교육장을 갖추어야 한다.
③ 자본금 3억 원 이상을 갖추어야 한다.
④ 출장소별로 출동차량 2대 이상을 갖추어야 한다.
⑤ 기준 경비인력 수 이상의 경비원 복장 및 경적, 단봉, 분사기를 갖추어야 한다.

> **TIP** 경비업의 시설 등의 기준〈시행령 별표 1〉

| 시설 등<br>기준<br>업무별 | 경비인력 | 자본금 | 시설 | 장비 등 |
|---|---|---|---|---|
| 신변보호업무 | • 무술유단자인 일반경비원 5명 이상<br>• 경비지도사 1명 이상 | 1억 원 이상 | 기준 경비인력 수 이상을 동시에 교육할 수 있는 교육장 | • 기준 경비인력 수 이상의 무전기 등 통신장비<br>• 기준 경비인력 수 이상의 경적, 단봉, 분사기 |

**4** 다음은 경비업법령상 폐업 또는 휴업 등의 신고에 대한 내용이다. (   ) 안에 들어갈 숫자를 모두 합하면 얼마인가?

> 가. 경비업자는 폐업을 한 경우에는 폐업을 한 날부터 (   )일 이내에 폐업신고서에 허가증을 첨부하여 시·도경찰청장 또는 경찰서장에게 제출하여야 한다.
> 나. 법인의 주사무소나 출장소를 신설·이전 또는 폐지한 때에는 (   )일 이내에 시·도경찰청장에게 신고하여야 한다.
> 다. 경비업자는 휴업을 한 경우에는 휴업한 날부터 (   )일 이내에 휴업신고서에 시·도경찰청장 또는 경찰서장에게 제출하여야 한다.

① 14      ② 24
③ 34      ④ 44
⑤ 54

**Answer** 3.② 4.④

**2019년 기출 변형**

**5** 경비업자 갑(甲)은 경비업법령상 갱신허가와 관련하여 2018년 7월 1일에 시설경비업허가를 취득하였다. 이후 시설경비업 허가만료일은 언제인가?

① 2021년 5월 31일　　　　　② 2022년 6월 1일

③ 2023년 6월 30일　　　　　④ 2024년 9월 1일

⑤ 2025년 9월 30일

**TIP** 경비업 허가의 유효기간은 허가받은 날부터 5년으로 한다〈법 제6조〉.

**2019년 기출 변형**

**6** 경비업의 갱신허가를 받고자 하는 경비업자는 허가의 유효기간 만료일 며칠 전까지 갱신허가신청서를 제출하여야 하는가?

① 7일전　　　　　② 5일전

③ 15일전　　　　　④ 20일전

⑤ 30일전

**TIP** 경비업의 갱신허가를 받으려는 자는 허가의 유효기간 만료일 30일 전까지 경비업 갱신허가신청서(전자문서로 된 신청서를 포함)에 허가증 원본 및 정관(변경사항이 있는 경우만 해당)을 첨부하여 법인의 주사무소를 관할하는 시·도경찰청장 또는 해당 시·도경찰청 소속의 경찰서장에게 제출하여야 한다. 경비업 갱신허가신청서를 제출받은 경찰서장은 이를 지체 없이 관할 시·도경찰청장에게 보내야 한다〈시행규칙 제6조〉.

**Answer**　5.③　6.⑤

**7** 경비업의 허가를 받은 법인이 시·도경찰청장에게 신고해야 하는 사항이 아닌 것은?

① 영업을 폐업하거나 휴업한 때

② 법인의 명칭이나 대표자·임원을 변경한 때

③ 법인의 주사무소나 출장소를 신설·이전 또는 폐지한 때

④ 기계경비업무의 수행을 위한 관제시설을 신설·이전 또는 폐지한 때

⑤ 모든 경비업무를 개시하거나 종료한 때

> **TIP** 경비업의 허가를 받은 법인은 다음의 1에 해당하는 때에는 시·도경찰청장에게 신고하여야 한다〈법 제4조〉.
> 1. 영업을 폐업하거나 휴업한 때
> 2. 법인의 명칭이나 대표자·임원을 변경한 때
> 3. 법인의 주사무소나 출장소를 신설·이전 또는 폐지한 때
> 4. 기계경비업무의 수행을 위한 관제시설을 신설·이전 또는 폐지한 때
> 5. 특수경비업무를 개시하거나 종료한 때
> 6. 그 밖에 대통령령이 정하는 중요사항을 변경한 때

**8** 경비업법령상 경비업자의 의무에 관한 설명으로 옳은 것은?

① 경비업자는 허가받은 경비업무외의 업무에 경비원을 종사하게 하는 경우 관할경찰서장에게 보고하여야 한다.

② 경비업자는 도급을 의뢰받은 경비업무가 위법 또는 부당한 것일 때에는 이를 거부하여야 한다.

③ 경비업자는 경비대상시설의 소유자 또는 관리자의 관리권의 범위와 상관없이 독립적으로 경비업무를 수행하여야 한다.

④ 특수경비업자는 부동산 관리업을 할 수 없다.

⑤ 경비업자는 집단민원현장에 경비원을 배치하는 때에는 경비지도사를 선임하고 그 장소에 배치하여 시·도경찰청장이 정하는 바에 따라 경비원을 감독하여야 한다.

> **TIP** ① 경비업자는 허가받은 경비업무외의 업무에 경비원을 종사하게 하여서는 아니 된다〈법 제7조 제5항〉.
> ② 경비업자는 경비업무를 성실하게 수행하여야 하고, 도급을 의뢰받은 경비업무가 위법 또는 부당한 것일 때에는 이를 거부하여야 한다〈법 제7조 제2항〉.
> ③ 경비업자는 경비대상시설의 소유자 또는 관리자(이하 "시설주")의 관리권의 범위안에서 경비업무를 수행하여야 하며, 다른 사람의 자유와 권리를 침해하거나 그의 정당한 활동에 간섭하여서는 아니 된다〈법 제7조 제1항〉.
> ④ 특수경비업자는 부동산 관리업을 할 수 있다〈시행령 별표 1의2〉.
> ⑤ 경비업자는 집단민원현장에 경비원을 배치하는 때에는 경비지도사를 선임하고 그 장소에 배치하여 행정안전부령으로 정하는 바에 따라 경비원을 지도·감독하게 하여야 한다〈법 제7조 제6항〉.

**Answer** 7.⑤ 8.②

**9** 경비업법령상 경비업을 영위하는 법인의 임원이 될 수 없는 자는?

① 파산선고를 받고 복권된 지 3년이 지나지 아니한 갑(甲)

② 금고 이상의 형의 선고를 받고 그 형이 실효된 후 3년이 지난 을(乙)

③ 「대통령 등의 경호에 관한 법률」에 위반하여 벌금형의 선고를 받은 후 1년이 지나지 않고 특수경비업무를 수행하는 법인의 임원이 되려는 병(丙)

④ 「경비업법」을 위반하여 벌금형의 선고를 받고 3년이 지난 후 특수경비업무를 수행하는 법인의 임원이 되려는 정(丁)

⑤ 소속 경비원으로 하여금 경비업무의 범위를 벗어난 행위를 하게 한 때의 사유로 허가가 취소된 법인의 허가취소 당시의 임원이었던 자로서 허가가 취소된 날부터 5년이 지난 후 새로운 법인의 임원이 되려는 무(戊)

> **TIP** 임원의 결격사유〈법 제5조〉
> 다음의 1에 해당하는 자는 경비업을 영위하는 법인(④에 해당하는 자의 경우에는 특수경비업무를 수행하는 법인을 말하고, ⑤에 해당하는 자의 경우에는 허가취소사유에 해당하는 경비업무와 동종의 경비업무를 수행하는 법인을 말한다)의 임원이 될 수 없다.
> ① 피성년후견인
> ② 파산선고를 받고 복권되지 아니한 자
> ③ 금고 이상의 형의 선고를 받고 그 형이 실효되지 아니한 자
> ④ 이 법 또는 「대통령 등의 경호에 관한 법률」에 위반하여 벌금형의 선고를 받고 3년이 지나지 아니한 자
> ⑤ 이 법(허가받은 경비업무외의 업무에 경비원을 종사하게 한 때 및 소속 경비원으로 하여금 경비업무의 범위를 벗어난 행위를 하게 한 때는 제외) 또는 이 법에 의한 명령에 위반하여 허가가 취소된 법인의 허가취소 당시의 임원이었던 자로서 그 취소 후 3년이 지나지 아니한 자
> ⑥ 허가받은 경비업무외의 업무에 경비원을 종사하게 한 때 및 소속 경비원으로 하여금 경비업무의 범위를 벗어난 행위를 하게 한 때의 사유로 허가가 취소된 법인의 허가취소 당시의 임원이었던 자로서 허가가 취소된 날부터 5년이 지나지 아니한 자

**Answer** 9.③

**10** 경비업법령상 시설경비업의 허가를 받으려는 법인의 경비인력 요건으로 옳은 것은?

① 일반경비원 10명 이상 및 경비지도사 1명 이상
② 일반경비원 10명 이상 및 경비지도사 2명 이상
③ 일반경비원 5명 이상 및 경비지도사 1명 이상
④ 무술유단자인 일반경비원 5명 이상 및 경비지도사 1명 이상
⑤ 무술유단자인 일반경비원 10명 이상 및 경비지도사 2명 이상

> **TIP** 경비인력 요건〈법 제4조 제2항〉
> ㉠ 시설경비업무: 경비원 10명 이상 및 경비지도사 1명 이상
> ㉡ 시설경비업무 외의 경비업무: 대통령령으로 정하는 경비 인력
> ㉢ 경비인력을 교육할 수 있는 교육장을 포함하여 대통령령으로 정하는 시설과 장비의 보유
> ㉣ 그 밖에 경비업무 수행을 위하여 대통령령으로 정하는 사항

**11** 경비업법령에 대한 설명이다. 옳지 않은 것은?

① 기계경비업무를 하려는 자는 전자·통신분야 기술자격증 소지자 5명을 포함한 일반경비원 10명 이상, 경비지도사 1명 이상의 경비인력을 갖추어야 한다.
② 무술유단자란 「국민체육진흥법」에 따른 대한체육회에 가맹된 단체 또는 문화체육관광부에 등록된 무도 관련 단체가 무술유단자로 인정한 사람을 말한다.
③ 특수경비업을 하려는 자는 자본금 5억을 갖추어야 하며, 주차장 운영업을 할 수 있다.
④ 현금 호송백이란 현금이나 그 밖의 귀중품을 운반하기 위한 이동용 호송장비로서 경보시설을 갖춘 것을 말한다.
⑤ 특수경비업의 경우 특수경비원 교육을 이수한 일반경비지도사를 선임·배치하여야 한다.

> **TIP** ③ 특수경비업을 하려는 자는 자본금 3억 원 이상을 갖추어야 한다〈시행령 별표 1〉.

**Answer** 10.① 11.③

**12** 경비업법령상 경비업의 폐업 또는 휴업 등의 신고에 관한 설명으로 옳지 않은 것은?

① 경비업자는 폐업을 한 경우에는 폐업을 한 날부터 7일 이내에 신고하여야 한다.

② 경비업자는 휴업을 한 경우에는 휴업한 날부터 7일 이내에 신고하여야 한다.

③ 휴업신고를 한 경비업자가 신고한 휴업기간이 끝나기 전에 영업을 다시 시작하려는 경우에는 영업을 다시 시작하기 전 7일 이내에 영업재개신고서를 제출하여야 한다.

④ 경비업자는 특수경비업무를 개시하거나 종료한 때에는 개시 또는 종료한 날부터 30일 이내에 신고하여야 한다.

⑤ 신설·이전 또는 폐지한 때에 신고를 하여야 하는 출장소는 주사무소 외의 장소로서 일상적으로 일정 지역안의 경비업무를 지휘·총괄하는 영업거점인 지점·지사 또는 사업소 등의 장소로 한다.

> **TIP** 폐업 또는 휴업 등의 신고〈시행령 제5조〉
> ① 경비업자는 폐업을 한 경우에는 폐업을 한 날부터 7일 이내에 폐업신고서에 허가증을 첨부하여 법인의 주사무소를 관할하는 시·도경찰청장 또는 해당 시·도경찰청 소속의 경찰서장에게 제출하여야 한다. 이 경우 폐업신고서를 제출받은 경찰서장은 지체 없이 관할 시·도경찰청장에게 보내야 한다.
> ② 경비업자는 휴업을 한 경우에는 휴업한 날부터 7일 이내에 휴업신고서를 법인의 주사무소를 관할하는 시·도경찰청장 또는 해당 시·도경찰청 소속의 경찰서장에게 제출하여야 하고, 휴업신고서를 제출받은 경찰서장은 지체 없이 관할 시·도경찰청장에게 보내야 한다. 이 경우 휴업신고를 한 경비업자가 신고한 휴업기간이 끝나기 전에 영업을 다시 시작하거나 신고한 휴업기간을 연장하려는 경우에는 영업을 다시 시작한 후 7일 이내에 또는 신고한 휴업기간이 끝난 후 7일 이내에 영업재개신고서 또는 휴업기간연장신고서를 제출하여야 한다.
> ③ 신설·이전 또는 폐지한 때에 신고를 하여야 하는 출장소는 주사무소 외의 장소로서 일상적으로 일정 지역안의 경비업무를 지휘·총괄하는 영업거점인 지점·지사 또는 사업소 등의 장소로 한다.
> ④ 대통령령이 정하는 중요사항이라 함은 정관의 목적을 말한다.
> ⑤ 신고는 그 사유가 발생한 날부터 30일 이내에 하여야 한다.

**13** 다음 중 경비업을 영위하고자 하는 자는 해당 법인의 주사무소의 소재지를 관할하는 누구의 허가를 받아야 하는가?

① 경찰청장                  ② 경찰서장

③ 시설주                   ④ 파출소장

⑤ 시·도경찰청장

> **TIP** 경비업을 영위하고자 하는 법인은 도급받아 행하고자 하는 경비업무를 특정하여 그 법인의 주사무소의 소재지를 관할하는 시·도경찰청장의 허가를 받아야 한다〈법 제4조 제1항〉.

**Answer** 12.③ 13.⑤

**14** 경비업법상의 신고와 관련된 사항에 대한 설명으로 옳지 않은 것은 모두 몇 개인가?

---

㉠ 경비업의 휴업 및 폐업신고는 7일 이내에 하여야 한다.
㉡ 법인 임원의 변경의 경우 그 사유가 발생한 날로부터 15일 이내에 법인 임원의 이력서 1부와 허가증 원본, 정관을 제출하여야 한다.
㉢ 특수경비업무 개시 및 종료신고는 30일 이내에 하여야 한다.
㉣ 허가증을 분실하여 재발급 하려는 경우 재발급 신청서와 그 사유서를 제출하여야 한다.

---

① 1개                             ② 2개
③ 3개                             ④ 4개
⑤ 없음

> **TIP** ㉠ 경비업자는 폐업을 한 경우에는 폐업을 한 날부터 7일 이내에 폐업신고서에 허가증을 첨부하여 법인의 주사무소를 관할하는 시·도경찰청장 또는 해당 시·도경찰청 소속의 경찰서장에게 제출하여야 하며, 휴업을 한 경우에는 휴업한 날부터 7일 이내에 휴업신고서를 법인의 주사무소를 관할하는 시·도경찰청장 또는 해당 시·도경찰청 소속의 경찰서장에게 제출하여야 하고, 휴업신고서를 제출받은 경찰서장은 지체 없이 관할 시·도경찰청장에게 보내야 한다〈시행령 제5조〉.
> ㉡ 경비업의 허가를 받은 법인은 법인의 명칭이나 대표자·임원을 변경한 때에는 시·도경찰청장에게 신고하여야 한다〈법 제4조 제3항〉.
> ㉢ 경비업의 허가를 받은 법인은 특수경비업무를 개시하거나 종료한 때에는 시·도경찰청장에게 신고하여야 한다〈법 제4조 제3항〉.
> ㉣ 경비업자는 경비업 허가증을 잃어버리거나 경비업 허가증이 못쓰게 된 경우에는 허가증 재교부신청서에 다음의 구분에 따른 서류를 첨부하여 법인의 주사무소를 관할하는 시·도경찰청장 또는 해당 시·도경찰청 소속의 경찰서장에게 재발급을 신청하여야 하고, 신청서를 제출받은 경찰서장은 지체 없이 관할 시·도경찰청장에게 보내야 한다〈시행령 제4조〉.
> 1. 허가증을 잃어버린 경우에는 그 사유서
> 2. 허가증이 못쓰게 된 경우에는 그 허가증

**Answer** 14.①

**15** 경비업의 허가 및 허가 취소에 대한 설명으로 옳지 않은 것은?

① 경비업을 영위하고자 하는 법인은 도급받아 행하고자 하는 경비업무를 특정해 그 법인의 주사무소 소재지를 관할하는 시 · 도경찰청장의 허가를 받아야 한다.

② 경비업을 영위하고자 하는 법인은 시설경비업무의 경우 1억 원 이상의 자본금, 경비원 20명 이상 및 경비지도사 1명 이상의 요건을 갖추어야 한다.

③ 누구든지 허가받은 경비업체와 동일한 명칭으로는 경비업의 허가를 받을 수 없다.

④ 허가받은 경비업무 외의 업무에 경비원을 종사하게 하여 경비업의 허가가 취소된 경우 허가가 취소된 날부터 10년이 지나지 아니한 때에는 누구든지 허가가 취소된 경비업체와 동일한 명칭으로 허가를 받을 수 없다.

⑤ 소속경비원으로 하여금 경비업무의 범위를 벗어난 행위를 하게 한 경우로 허가가 취소된 법인은 법인명 또는 임원의 변경에도 불구하고 허가가 취소된 날부터 10년이 지나지 아니한 때에는 허가를 받을 수 없다.

> **TIP** 소속경비원으로 하여금 경비업무의 범위를 벗어난 행위를 하게 한 경우로 허가가 취소된 법인은 법인명 또는 임원의 변경에도 불구하고 허가가 취소된 날부터 5년이 지나지 아니한 때에는 허가를 받을 수 없다〈법 제4조의2 제3항〉.

**16** 다음 중 경비업자가 폐업했을 때에는 며칠 이내에 폐업신고서를 시 · 도경찰청장에게 제출해야 하는가?

① 5일 이내
② 7일 이내
③ 10일 이내
④ 14일 이내
⑤ 15일 이내

> **TIP** 경비업자는 폐업을 한 경우에는 폐업을 한 날부터 7일 이내에 폐업신고서에 허가증을 첨부하여 법인의 주사무소를 관할하는 시 · 도경찰청장 또는 해당 시 · 도경찰청 소속의 경찰서장에게 제출하여야 한다〈시행령 제5조 제1항〉.

**Answer** 15.⑤ 16.②

**17** 신변보호업무를 수행하는 경비업체의 허가 기준에 대한 설명이다. (    ) 안에 들어갈 말이 순서대로 바르게 나열된 것은?

시설경비업무의 경비업을 영위하고자 경비업 허가 신청서를 제출한 법인은 일반경비원 (    ) 이상, 경비지도사 (    ) 이상의 경비인력, (    ) 이상의 자본금, 교육장, 통신장비 등을 갖추어야 한다.

① 3명, 1명, 3천만 원
② 3명, 1명, 5천만 원
③ 5명, 1명, 5천만 원
④ 10명, 1명, 1억 원
⑤ 10명, 2명, 1억 원

> **TIP** 경비업의 시설 등의 기준〈시행령 별표 1〉
>
> | 시설 등 기준 / 업무별 | 경비인력 | 자본금 | 시설 | 장비 등 |
> |---|---|---|---|---|
> | 시설경비업무 | • 일반경비원 10명 이상<br>• 경비지도사 1명 이상 | 1억 원 이상 | 기준 경비인력 수 이상을 동시에 교육할 수 있는 교육장 | 기준 경비인력 수 이상의 경비원 복장 및 경적, 단봉, 분사기 |

**18** 다음 중 경비업자 또는 경비업무의 수행범위는 어디까지가 법적 제한 수행범위에 해당하는가?

① 50m 이내
② 통상적 범위 안에서
③ 보통 가시거리 안에서
④ 자유권적 범위 안에서
⑤ 경비대상시설의 관리자의 관리권의 범위 안에서

> **TIP** 경비업자는 경비대상시설의 소유자 또는 관리자의 관리권의 범위안에서 경비업무를 수행하여야 하며, 다른 사람의 자유와 권리를 침해하거나 그의 정당한 활동에 간섭하여서는 아니 된다〈법 제7조 제1항〉.

**Answer** 17.④ 18.⑤

**19** 경비업법령상 경비업자 및 경비업무 도급인 등의 의무에 대한 설명으로 옳지 않은 것은?

① 경비업자는 허가받은 경비업무 외의 업무에 경비원을 종사하게 하여서는 아니 된다.

② 누구든지 경비업 허가를 받지 아니한 자에게 경비업무를 도급하여서는 아니 된다.

③ 특수경비업자가 특수경비업무의 개시신고를 하는 때에는 국가중요시설에 대한 특수경비업무의 수행이 중단되는 경우 특수경비업무를 대행할 자를 관할 경찰서장의 동의를 얻어 시설주에게 신고하여야 한다.

④ 경비업무를 도급하는 자는 그 경비업무를 수급한 경비업자의 경비원 채용시 결격자 등을 채용하도록 관여하거나 영향력을 행사해서는 아니 된다.

⑤ 누구든지 집단민원현장에 경비인력 20명 이상 배치하려고 할 때에는 원칙적으로 그 경비인력을 직접 고용하여서는 아니 된다.

> **TIP** 특수경비업무를 수행하는 경비업자(이하 "특수경비업자")는 특수경비업무의 개시신고를 하는 때에는 국가중요시설에 대한 특수경비업무의 수행이 중단되는 경우 시설주의 동의를 얻어 다른 특수경비업자 중에서 경비업무를 대행할 자(이하 "경비대행업자")를 지정하여 허가관청에 신고하여야 한다. 경비대행업자의 지정을 변경하는 경우에도 또한 같다〈법 제7조 제7항〉.

**20** 경비업법상 경비원에 의한 경비가 필요하다고 인정되는 행사장에서 경비업무를 수행하는 일반경비원을 배치할 때 언제까지 시·도경찰청장에게 그 사실을 통지해야 하는가?

① 행사개최 3일전

② 행사개최 24시간 전

③ 배치한 후 24시간 이내

④ 배치한 후 3일 이내

⑤ 배치한 후 5일 이내

> **TIP** 시·도경찰청장은 행사장 그밖에 많은 사람이 모이는 시설 또는 장소에서 혼잡 등으로 인한 위험의 발생을 방지하기 위하여 경비원에 의한 경비가 필요하다고 인정되는 때에는 행사개최일 전에 당해 행사의 주최자에게 경비원에 의한 경비를 실시하거나 부득이한 사유로 그것을 실시할 수 없는 경우에는 행사개최 24시간 전까지 시·도경찰청장에게 그 사실을 통지하여 줄 것을 요청할 수 있다〈시행령 제30조〉.

**Answer** 19.③ 20.②

**21** 경비업 허가의 유효기간에 관한 다음의 설명 중 가장 옳은 것은?

① 허가의 유효기간은 5년이다.

② 허가의 유효기간 기산은 허가의 발령이 결정되어 최종적으로 결재된 시점을 기준으로 한다.

③ 허가의 유효기간 만료일 30일 이전에 오직 갱신허가신청서만을 제출함으로서 허가를 갱신할 수 있다.

④ 관할파출소장은 직권으로 허가의 유효기간을 연장할 수 있다.

⑤ 허가받은 경비업무외의 업무에 경비원을 종사하게 하여 경비업체의 허가가 취소된 경우 허가가 취소된 날부터 5년이 지나지 아니한 때에는 누구든지 허가가 취소된 경비업체와 동일한 명칭으로 허가를 받을 수 없다.

> **TIP** ③ 경비업의 갱신허가를 받으려는 자는 허가의 유효기간 만료일 30일 전까지 별지 제2호서식의 경비업 갱신허가신청서(전자문서로 된 신청서를 포함한다)에 허가증 원본 및 정관(변경사항이 있는 경우만 해당한다)을 첨부하여 법인의 주사무소를 관할하는 시·도경찰청장 또는 해당 시·도경찰청 소속의 경찰서장에게 제출하여야 한다. 경비업 갱신허가신청서를 제출받은 경찰서장은 이를 지체 없이 관할 시·도경찰청장에게 보내야 한다〈시행규칙 제6조 제1항〉.
> ⑤ 허가받은 경비업무외의 업무에 경비원을 종사하게 하여 경비업체의 허가가 취소된 경우 허가가 취소된 날부터 10년이 지나지 아니한 때에는 누구든지 허가가 취소된 경비업체와 동일한 명칭으로 허가를 받을 수 없다.

**22** 경비업법상의 경비업의 허가를 받은 법인이 시·도경찰청장에게 신고를 해야 할 경우가 아닌 것은?

① 영업을 폐업하거나 휴업한 때

② 법인의 명칭이나 대표자·임원을 변경한 때

③ 법인의 주사무소나 출장소를 신설·이전 또는 폐지한 때

④ 시설경비업무의 수행을 위한 관제시설을 신설·이전 또는 폐지한 때

⑤ 특수경비업무를 개시하거나 종료한 때

> **TIP** '시설경비업무'가 아니라 기계경비업무의 수행을 위한 관제시설을 신설·이전 또는 폐지한 때에 시·도경찰청장에게 신고하여야 한다〈법 제4조 제3항 제4호〉.

**Answer** 21.① 22.④

**23** 경비업법령상 경비업의 시설 등의 기준으로 틀린 것은?

① 시설경비업무는 10인 이상의 경비인력을 갖추어야 한다.

② 호송경비업무와 신변보호업무는 5인 이상의 무술유단자를 갖추어야 한다.

③ 기계경비업무는 전자·통신분야 기술자격증소지자 10인을 포함한 20인 이상을 갖추어야 한다.

④ 특수경비업무는 특수경비원 20인 이상의 경비인력을 갖추어야 한다.

⑤ 허가 또는 신고의 절차, 신고의 기한 등 허가 및 신고에 관하여 필요한 사항은 대통령령으로 정한다.

> **TIP** 기계경비업무는 전자·통신 분야 기술자격증소지자 5명을 포함한 일반경비원 10명 이상을 갖추어야 한다.
> ※ 경비업의 시설 등의 기준〈시행령 별표 1〉

| 구분 | 경비인력 | 자본금 | 시설 | 장비 등 |
|---|---|---|---|---|
| 시설경비<br>업무 | • 일반경비원 10명 이상<br>• 경비지도사 1명 이상 | 1억 원<br>이상 | 기준 경비인력 수 이상을 동시에 교육할 수 있는 교육장 | 기준 경비인력 수 이상의 경비원 복장 및 경적, 단봉, 분사기 |
| 호송경비<br>업무 | • 무술유단자인 일반경비원 5명 이상<br>• 경비지도사 1명 이상 | 1억 원<br>이상 | 기준 경비인력 수 이상을 동시에 교육할 수 있는 교육장 | • 호송용 차량 1대 이상<br>• 현금호송백 1개 이상<br>• 기준 경비인력 수 이상의 경비원 복장 및 경적, 단봉, 분사기 |
| 신변보호<br>업무 | • 무술유단자인 일반경비원 5명 이상<br>• 경비지도사 1명 이상 | 1억 원<br>이상 | 기준 경비인력 수 이상을 동시에 교육할 수 있는 교육장 | • 기준 경비인력 수 이상의 무전기 등 통신장비<br>• 기준 경비인력 수 이상의 경적, 단봉, 분사기 |
| 기계경비<br>업무 | • 전자·통신 분야 기술자격증소지자 5명을 포함한 일반경비원 10명 이상<br>• 경비지도사 1명 이상 | 1억 원<br>이상 | • 기준 경비인력 수 이상을 동시에 교육할 수 있는 교육장<br>• 관제시설 | • 감지장치·송신장치 및 수신장치<br>• 출장소별로 출동차량 2대 이상<br>• 기준 경비인력 수 이상의 경비원 복장 및 경적, 단봉, 분사기 |
| 특수경비<br>업무 | • 특수경비원 20명 이상<br>• 경비지도사 1명 이상 | 3억 원<br>이상 | 기준 경비인력 수 이상을 동시에 교육할 수 있는 교육장 | 기준 경비인력 수 이상의 경비원 복장 및 경적, 단봉, 분사기 |

**Answer** 23.③

**24** 경비업법령상의 내용에 관한 설명으로 옳지 않은 것은?

① 경비업의 허가를 받은 법인이 출장소를 신설·이전한 때에는 시·도경찰청장에게 신고하여야 한다.

② 경비업 허가의 유효기간은 허가를 신청한 날로부터 3년으로 한다.

③ 허가의 유효기간이 만료된 후 계속하여 경비업을 하고자 하는 법인은 갱신허가를 받아야 한다.

④ 경비업법을 위반하여 벌금형을 선고 받고 3년이 지나지 않은 자는 특수경비업무를 수행하는 법인의 임원이 될 수 없다.

⑤ 파산선고를 받고 복권되지 아니한 자는 임원이 될 수 없다.

> **TIP** 경비업 허가의 유효기간은 허가받은 날부터 5년으로 한다〈법 제6조 제1항〉.

**25** 경비업법령상 허가신청 등에 관한 내용이다. ( ) 안에 들어갈 알맞은 내용을 순서대로 나열한 것은?

> 경비업의 허가신청서를 제출하는 법인이 시행령 별표 1의 규정에 의한 시설 등(자본금을 제외한다)을 갖출 수 없는 경우에는 허가신청시 시설 등의 확보계획서를 제출한 후 허가를 받은 날부터 ( ) 이내에 시설 등을 갖추고 법인의 주사무소 관할 ( )의 확인을 받아야 한다.

① 15일, 경찰서장

② 15일, 시·도경찰청장

③ 1월, 경찰서장

④ 1월, 시·도경찰청장

⑤ 3월, 국민안전처장

> **TIP** 허가 또는 변경허가 신청서를 제출하는 법인은 경비인력·자본금·시설 및 장비를 갖추어야 한다. 다만, 경비업의 허가 또는 변경허가를 신청하는 때에 시설 등(자본금을 제외)을 갖출 수 없는 경우에는 허가 또는 변경허가의 신청시 시설 등의 확보계획서를 제출한 후 허가 또는 변경허가를 받은 날부터 1월 이내에 시설 등을 갖추고 시·도경찰청장의 확인을 받아야 한다〈시행령 제3조 제2항〉.

**Answer** 24.② 25.④

**26** 경비업법령상 경비업 허가에 관한 설명으로 옳지 않은 것은?

① 경비업 허가의 유효기간은 허가받은 날부터 5년으로 한다.

② 경비업 허가의 유효기간이 만료된 후 계속하여 경비업을 하고자 하는 법인은 행정자치부령이 정하는 바에 의하여 갱신허가를 받아야 한다.

③ 법인이 도급받아 행하고자 하는 경비업무를 변경하는 경우에는 관할 경찰관서장에게 신고하면 된다.

④ 허가관청은 영업정지처분을 하는 때에는 경비업자가 허가받은 경비업무 중 영업정지사유에 해당하는 경비업무에 한하여 처분을 하여야 한다.

⑤ 경비업자는 허가받은 경비업무외의 업무에 경비원을 종사하게 하여서는 아니 된다.

> **TIP** ③ 경비업을 영위하고자 하는 법인은 도급받아 행하고자 하는 경비업무를 특정하여 그 법인의 주사무소의 소재지를 관할하는 시·도경찰청장의 허가를 받아야 한다. 도급받아 행하고자 하는 경비업무를 변경하는 경우에도 또한 같다〈법 제4조 제1항〉.

**27** 경비업법령상 경비업자가 경비업 허가사항 등의 변경신고서 제출시 허가증원본을 첨부하지 않아도 되는 경우는?

① 법인 명칭 변경

② 법인 대표자 변경

③ 법인 임원 변경

④ 주사무소 변경

⑤ 출장소 변경

> **TIP** 시행규칙 제5조(폐업 또는 휴업 등의 신고) … 법인의 명칭·대표자·임원, 주사무소·출장소나 정관의 목적이 변경되어 신고를 하는 경우에는 경비업 허가사항 등의 변경신고서에 다음의 서류를 첨부하여 법인의 주사무소를 관할하는 시·도경찰청장 또는 해당 시·도경찰청 소속의 경찰서장에게 제출하여야 한다. 변경신고서를 제출받은 경찰서장은 이를 지체 없이 관할 시·도경찰청장에게 보내야 한다.
> 1. 명칭 변경의 경우 : 허가증 원본
> 2. 대표자 변경의 경우
> 　　가. 법인 대표자의 이력서 1부
> 　　나. 허가증 원본
> 3. 임원 변경의 경우 : 법인 임원의 이력서 1부
> 4. 주사무소 또는 출장소 변경의 경우 : 허가증 원본
> 5. 정관의 목적 변경의 경우 : 법인의 정관 1부

**Answer** 26.③ 27.③

# 03 기계경비업무

## (1) 대응체제(법 제8조)

기계경비업무를 수행하는 경비업자(이하 "기계경비업자")는 경비대상시설에 관한 경보를 수신한 때에는 신속하게 그 사실을 확인하는 등 필요한 대응조치를 취하여야 하며, 이를 위한 대응체제를 갖추어야 한다.

## (2) 오경보의 방지 등(법 제9조)

① 기계경비업자는 경비계약을 체결하는 때에는 오경보를 막기 위하여 계약상대방에게 기기사용요령 및 기계경비운영체계 등에 관하여 설명하여야 하며, 각종 기기가 오작동되지 아니하도록 관리하여야 한다.

② 기계경비업자는 대응조치 등 업무의 원활한 운영과 개선을 위하여 대통령령이 정하는 바에 따라 관련 서류를 작성·비치하여야 한다.

---

**기계경비업자의 대응체제(시행령 제7조)**

기계경비업무를 수행하는 경비업자(기계경비업자)는 관제시설 등에서 경보를 수신한 때에는 경보를 수신한 때부터 늦어도 25분 이내에는 도착시킬 수 있는 대응체제를 갖추어야 한다.

---

**오경보의 방지를 위한 설명 등(시행령 제8조)**

① 기계경비업자가 계약상대방에게 하여야 하는 설명은 다음의 사항을 기재한 서면 또는 전자문서(이하 "서면 등"이라 하며, 이 조에서 전자문서는 계약상대방이 원하는 경우에 한함)를 교부하는 방법에 의한다.

1. 당해 기계경비업무와 관련된 관제시설 및 출장소의 명칭·소재지
2. 기계경비업자가 경비대상시설에서 발생한 경보를 수신한 경우에 취하는 조치
3. 기계경비업무용 기기의 설치장소 및 종류와 그 밖의 기계장치의 개요
4. 오경보의 발생원인과 송신기기의 유지·관리방법

② 기계경비업자는 서면 등과 함께 손해배상의 범위와 손해배상액에 관한 사항을 기재한 서면 등을 계약상대방에게 교부하여야 한다.

기계경비업자의 관리 서류(시행령 제9조)

① 기계경비업자는 출장소별로 다음의 사항을 기재한 서류를 갖추어 두어야 한다.

   1. 경비대상시설의 명칭 · 소재지 및 경비계약기간

   2. 기계경비지도사의 명단 · 배치일자 · 배치장소와 출동차량의 대수

   3. 경보의 수신 및 현장도착 일시와 조치의 결과

   4. 오경보인 경우 오경보가 발생한 경비대상시설 및 그 오경보에 대한 조치의 결과

② 경보의 수신 및 현장도착 일시와 조치의 결과 및 오경보인 경우 오경보가 발생한 경비대상시설 및 그 오경보에 대한 조치의 결과에 의한 사항을 기재한 서류는 당해 경보를 수신한 날부터 1년간 이를 보관하여야 한다.

# ≡ 출제 예상 문제

2019년 기출 변형
**1** 기계경비업자는 관제시설 등에서 경보를 수신한 때에는 경보를 수신한 때부터 늦어도 (    ) 이내에는 도착시킬 수 있는 대응체제를 갖추어야 한다. (    ) 안에 들어갈 알맞은 것은?

① 5분        ② 10분

③ 15분       ④ 20분

⑤ 25분

> **TIP** 기계경비업자의 대응체제〈시행령 제7조〉 ··· 기계경비업무를 수행하는 경비업자(이하 "기계경비업자")는 관제시설 등에서 경보를 수신한 때에는 경보를 수신한 때부터 늦어도 25분 이내에는 도착시킬 수 있는 대응체제를 갖추어야 한다.

**2** 경비업법령상 기계경비업자의 의무가 아닌 것은?

① 오경보의 방지 의무

② 관리서류 비치 의무

③ 대응체제 구축 의무

④ 비밀취급 인가 의무

⑤ 신속대응 체제 의무

> **TIP** ① 기계경비업자는 경비계약을 체결하는 때에는 오경보를 막기 위하여 계약상대방에게 기기사용요령 및 기계경비운영체계 등에 관하여 설명하여야 하며, 각종 기기가 오작동되지 아니하도록 관리하여야 한다〈법 제9조 제1항〉.
> ② 기계경비업자는 대응조치 등 업무의 원활한 운영과 개선을 위하여 대통령령이 정하는 바에 따라 관련 서류를 작성·비치하여야 한다〈법 제9조 제2항〉.
> ③⑤ 기계경비업무를 수행하는 경비업자는 경비대상시설에 관한 경보를 수신한 때에는 신속하게 그 사실을 확인하는 등 필요한 대응조치를 취하여야 하며, 이를 위한 대응체제를 갖추어야 한다〈법 제8조〉.

**Answer**   1.⑤   2.④

**3** 경비업법령상 기계경비업무에 대한 설명으로 옳은 것은?

① 기계경비업자는 기계경비지도사의 명단·배치일자·배치장소와 출동차량의 대수를 기재한 서류를 1년간 보관하여야 한다.

② 기계경비업자는 오경보가 발생한 경비대상시설 및 그 오경보에 대한 조치의 결과를 기재한 서류를 당해 경보를 수신한 날부터 1년간 보관하여야 한다.

③ 기계경비업자는 관제시설 등에서 경보를 수신한 때에는 경보를 수신한 때부터 늦어도 30분 이내에는 도착시킬 수 있는 대응체제를 갖추어야 한다.

④ 기계경비업자는 경비대상시설의 명칭·소재지 및 경비계약기간을 기재한 서류를 주사무소에 갖추어 두어야 한다.

⑤ 기계경비업무는 사람의 생명이나 신체에 대한 위해의 발생을 방지하고 그 신변을 보호하는 업무를 말한다.

> **TIP** ① 기계경비업자는 기계경비지도사의 명단·배치일자·배치장소와 출동차량의 대수를 기재한 서류를 출장소별로 갖추어 두어야 한다〈시행령 제9조 제1항〉.
> ③ 기계경비업자는 관제시설 등에서 경보를 수신한 때에는 경보를 수신한 때부터 늦어도 25분 이내에는 도착시킬 수 있는 대응체제를 갖추어야 한다〈시행령 제7조〉.
> ④ 기계경비업자는 경비대상시설의 명칭·소재지 및 경비계약기간을 기재한 서류를 출장소별로 갖추어 두어야 한다〈시행령 제9조 제1항〉.
> ⑤ 기계경비업무는 경비대상시설에 설치한 기기에 의하여 감지·송신된 정보를 그 경비대상시설외의 장소에 설치한 관제시설의 기기로 수신하여 도난·화재 등 위험발생을 방지하는 업무를 말한다〈법 제2조〉.

**4** 다음 중 경비업상 기계경비시설이 아닌 것은?

① 전파탐지기　　　　　　　　　② 송신장치
③ 감지장치　　　　　　　　　　④ 관제시설
⑤ 수신장치

> **TIP** 감지장치·송신장치 및 수신장치, 관제시설은 기계경비업의 시설에 해당한다.

**Answer**　3.② 4.①

**5** 다음 기계경비업무 중 오경보 방지 등에 대한 설명 중 옳지 않은 내용은 모두 몇 개인가?

> ⊙ 기계경비업자는 경비계약 체결시 오경보를 막기 위하여 계약상대방에게 기기사용요령 및 기계경비운영체계 등에 관하여 설명할 수 있다.
> ⓒ 기계경비업자는 손해배상의 범위와 손해배상액에 관한 사항을 기재한 서면 등을 계약 상대방에게 교부하여야 한다.
> ⓒ 기계경비업자는 대응조치 등 업무의 원활한 운영과 개선을 위하여 관련 서류를 작성·비치하여야 한다.
> ⓐ 기계경비업자는 오경보의 경우 오경보가 발생한 경비대상 시설 및 그 오경보에 대한 조치의 결과를 기재한 서면을 출장소별로 갖추어 두어야 하며 2년간 보관하여야 한다.

① 1개
② 2개
③ 3개
④ 4개
⑤ 없음

TIP ⊙ 기계경비업자는 경비계약을 체결하는 때에는 오경보를 막기 위하여 계약상대방에게 기기사용요령 및 기계경비운영체계 등에 관하여 설명하여야 하며, 각종 기기가 오작동되지 아니하도록 관리하여야 한다〈법 제9조 제1항〉.
ⓒ 기계경비업자는 계약상대방에게 하여야 하는 설명 등의 사항을 기재한 서면 등과 함께 손해배상의 범위와 손해배상액에 관한 사항을 기재한 서면 등을 계약상대방에게 교부하여야 한다〈시행령 제8조 제2항〉.
ⓒ 기계경비업자는 대응조치 등 업무의 원활한 운영과 개선을 위하여 대통령령이 정하는 바에 따라 관련 서류를 작성·비치하여야 한다〈법 제9조 제2항〉.
ⓐ 기계경비업자는 오경보의 경우 오경보가 발생한 경비대상 시설 및 그 오경보에 대한 조치의 결과를 기재한 서면을 출장소별로 갖추어 두어야 하며 1년간 보관하여야 한다〈시행령 제9조 제2항〉.

**6** 기계경비업무를 수행하는 경비업자는 (          )에 관한 경보를 수신한 때에는 신속하게 그 사실을 확인하는 등 필요한 대응조치를 취하여야 한다. (    ) 안에 들어갈 알맞은 것은?

① 기계경비업자
② 경비계약기간
③ 경비대상시설
④ 현장도착일시
⑤ 집단민원현장

TIP 기계경비업무를 수행하는 경비업자는 경비대상시설에 관한 경보를 수신한 때에는 신속하게 그 사실을 확인하는 등 필요한 대응조치를 취하여야 하며, 이를 위한 대응체제를 갖추어야 한다〈법 제8조〉.

**Answer** 5.② 6.③

**7** 경비업법령상 기계경비업무에 관한 설명으로 옳지 않은 것은?

① 기계경비업무란 경비대상시설에 설치한 기기에 의하여 감지·송신된 정보를 그 경비대상시설외의 장소에 설치한 관제시설의 기기로 수신하여 도난화재 등 위험발생을 방지하는 업무를 말한다.

② 기계경비업자는 오경보인 경우 오경보가 발생한 경비대상시설 및 그 오경보에 대한 조치의 결과를 기재한 서류를 당해 경보를 수신한 날부터 1년간 보관해야 한다.

③ 기계경비업자는 경비계약을 체결하는 때에는 오경보를 막기 위하여 계약상대방에게 기기사용요령 및 기계경비운영체계 등에 관하여 설명해야 한다.

④ 기계경비업자는 관제시설 등에서 경보를 수신한 때에는 경보를 수신한 때부터 늦어도 15분 이내에는 도착시킬 수 있는 대응체제를 갖추어야 한다.

⑤ 기계경비업자는 오경보인 경우 오경보가 발생한 경비대상시설 및 그 오경보에 대한 조치의 결과가 적힌 서류를 출장소별로 갖추어 두어야 한다.

> **TIP** 기계경비업무를 수행하는 경비업자는 관제시설 등에서 경보를 수신한 때에는 경보를 수신한 때부터 늦어도 25분 이내에는 도착시킬 수 있는 대응체제를 갖추어야 한다〈시행령 제7조〉.

**Answer** 7.④

# 04 경비지도사 및 경비원

## (1) 경비지도사 및 경비원의 결격사유(법 제10조)

① 다음의 어느 하나에 해당하는 자는 경비지도사 또는 일반경비원이 될 수 없다.

   ㉠ 18세 미만인 사람 또는 피성년후견인

   ㉡ 파산선고를 받고 복권되지 아니한 자

   ㉢ 금고 이상의 실형의 선고를 받고 그 집행이 종료(집행이 종료된 것으로 보는 경우를 포함한다)되거나 집행이 면제된 날부터 5년이 지나지 아니한 자

   ㉣ 금고 이상의 형의 집행유예선고를 받고 그 유예기간중에 있는 자

   ㉤ 다음의 어느 하나에 해당하는 죄를 범하여 벌금형을 선고받은 날부터 10년이 지나지 아니하거나 금고 이상의 형을 선고받고 그 집행이 종료된(종료된 것으로 보는 경우 포함) 날 또는 집행이 유예·면제된 날부터 10년이 지나지 아니한 자

      ⓐ 「형법」 제114조의 죄 – 범죄단체 등의 조직

      ⓑ 「폭력행위 등 처벌에 관한 법률」 제4조의 죄 – 단체 등의 구성·활동

      ⓒ 「형법」 제297조, 제297조의2, 제298조부터 제301조까지, 제301조의2, 제302조, 제303조, 제305조, 제305조의2의 죄 – 강간, 유사강간, 강제추행, 준강간, 준강제추행, 미수범, 강간 등 상해 치상, 강간등 살인·치사, 미성년자 등에 대한 간음, 업무상위력 등에 의한 간음, 미성년자에 대한 간음, 추행, 상습범

      ⓓ 「성폭력범죄의 처벌 등에 관한 특례법」 제3조부터 제11조까지 및 제15조(제3조부터 제9조까지의 미수범만 해당)의 죄 – 특수강도강간 등, 특수강간 등, 친족관계에 의한 강간 등, 장애인에 대한 강간·강제추행 등, 13세 미만의 미성년자에 대한 강간, 강제추행 등, 강간 등 상해·치상, 강간 등 살인·치사, 업무상 위력 등에 의한 추행, 공중 밀집 장소에서의 추행, 미수범

      ⓔ 「아동·청소년의 성보호에 관한 법률」 제7조 및 제8조의 죄 – 아동·청소년에 대한 강간·강제추행 등, 장애인인 아동·청소년에 대한 간음 등

      ⓕ ⓒ~ⓔ의 죄로서 다른 법률에 따라 가중처벌되는 죄

   ㉥ 다음의 어느 하나에 해당하는 죄를 범하여 벌금형을 선고받은 날부터 5년이 지나지 아니하거나 금고 이상의 형을 선고받고 그 집행이 유예된 날부터 5년이 지나지 아니한 자

      ⓐ 「형법」 제329조부터 제331조까지, 제331조의2 및 제332조부터 제343조까지의 죄 – 절도, 야간주거침입절도, 특수절도, 자동차등 불법사용, 강도, 특수강도, 준강도, 인질강도, 강도상해, 치상, 강도살인 치사, 강도강간, 해상강도, 상습범, 미수범, 예비, 음모

      ⓑ ⓐ의 죄로서 다른 법률에 따라 가중처벌되는 죄

ⓢ ⓜ의 ⓒ~ⓕ의 어느 하나에 해당하는 죄를 범하여 치료감호를 선고받고 그 집행이 종료된 날 또는 집행이 면제된 날부터 10년이 지나지 아니한 자 또는 ⓗ의 어느 하나에 해당하는 죄를 범하여 치료감호를 선고받고 그 집행이 면제된 날부터 5년이 지나지 아니한 자

ⓞ 이 법이나 이 법에 따른 명령을 위반하여 벌금형을 선고받은 날부터 5년이 지나지 아니하거나 금고 이상의 형을 선고받고 그 집행이 유예된 날부터 5년이 지나지 아니한 자

② 다음의 어느 하나에 해당하는 자는 특수경비원이 될 수 없다.

ㄱ 18세 미만이거나 60세 이상인 사람 또는 피성년후견인

ㄴ 심신상실자, 알코올 중독자 등 대통령령으로 정하는 정신적 제약이 있는 자

ㄷ ① ㄴ~ㅅ까지의 어느 하나에 해당하는 자

ㄹ 금고 이상의 형의 선고유예를 받고 그 유예기간중에 있는 자

ㅁ 행정안전부령으로 정하는 신체조건에 미달되는 자

---

**특수경비원의 신체조건(시행규칙 제7조)**

팔과 다리가 완전하고 두 눈의 맨눈시력 각각 0.2 이상 또는 교정시력 각각 0.8 이상을 말한다.

---

③ 경비업자는 결격사유에 해당하는 자를 경비지도사 또는 경비원으로 채용 또는 근무하게 하여서는 아니 된다.

## (2) 특수경비원의 당연 퇴직(법 제10조의2)

① 특수경비원이 결격사유에 해당하게 될 때에는 당연 퇴직된다.

② 나이가 60세가 되어 퇴직하는 경우에는 60세가 된 날이 1월부터 6월 사이에 있으면 6월 30일에, 7월부터 12월 사이에 있으면 12월 31일에 각각 당연 퇴직된다.

③ 파산선고를 받은 사람으로서 신청기한 내에 면책신청을 하지 아니하였거나 면책불허가 결정 또는 면책 취소가 확정된 경우만 해당하며, 「성폭력범죄의 처벌 등에 관한 특례법」「아동ㆍ청소년의 성보호에 관한 법률」의 직무와 관련하여 「형법」에 규정된 죄를 범한 사람으로서 금고 이상의 형의 선고유예를 받은 경우만 해당한다.

## (3) 경비지도사의 시험 등(법 제11조)

① 경비지도사는 경비지도사 및 일반경비원의 결격사유에 해당하지 아니하는 자로서 경찰청장이 시행하는 경비지도사시험에 합격하고 행정안전부령으로 정하는 교육을 받은 자이어야 한다.

---

**경비지도사시험의 시행 및 공고(시행령 제11조)**

① 경찰청장은 경비지도사시험의 실시계획을 매년 수립해야 한다.

② 경찰청장은 시험의 실시계획에 따라 시험을 실시하고자 하는 때에는 응시자격ㆍ시험과목ㆍ시험일시ㆍ시험장소 및 선발예정인원 등을 시험시행일 90일 전까지 공고하여야 한다.

---

> **경비지도사에 대한 교육(시행규칙 제9조)**
> ① 행정안전부령이 정하는 교육이라 함은 경비지도사에 대한 별표 1의 규정에 의한 과목 및 시간의 교육을 말한다.
> ② 교육에 소요되는 비용은 경비지도사의 교육을 받는 자의 부담으로 한다.

**경비지도사 교육의 과목 및 시간(시행규칙 별표 1) - 시행일 : 2024. 1. 1.**

| 구분(교육시간) | 과목 | | 시간 |
|---|---|---|---|
| 공통교육(24시간) | 「경비업법」, 「경찰관직무집행법」 등 관계 법령 및 「개인정보 보호법」에 따른 개인정보 보호지침 등 | | 4 |
| | 실무 I | | 4 |
| | 실무 II | | 3 |
| | 장비 사용법 | | 2 |
| | 범죄·테러·재난 대응 요령 및 화재대처법 | | 2 |
| | 응급처치법 | | 2 |
| | 직업윤리 및 인권보호 | | 2 |
| | 체포·호신술 | | 2 |
| | 입교식, 평가 및 수료식 | | 3 |
| 자격의 종류별 교육 (16시간) | 일반경비지도사 | 시설경비 | 3 |
| | | 호송경비 | 2 |
| | | 신변보호 | 2 |
| | | 특수경비 | 2 |
| | | 기계경비 개론 | 2 |
| | | 일반경비 현장실습 | 5 |
| | 기계경비지도사 | 기계경비 운용관리 | 4 |
| | | 기계경비 기획 및 설계 | 4 |
| | | 인력경비 개론 | 3 |
| | | 기계경비 현장실습 | 5 |
| 계 | | | 40 |

비고 : 일반경비지도사 자격증 취득자 또는 기계경비지도사 자격증 취득자가 자격증 취득일부터 3년 이내에 기계경비지도사 또는 일반경비지도사 시험에 합격하여 교육을 받은 경우에는 공통교육은 면제한다.

② 경찰청장은 ①에 따른 교육을 받은 자에게 행정안전부령으로 정하는 바에 따라 경비지도사자격증을 교부하여야 한다.

> **경비지도사자격증의 교부(시행규칙 제11조)**
> 경찰청장은 경비지도사시험에 합격하고 경비지도사 교육을 받은 사람에게는 경비지도사자격증 교부대장에 정해진 사항을 기재한 후, 경비지도사 자격증을 교부해야 한다.

③ 경비지도사시험은 매년 1회 이상 시행하며, 시험과목, 시험공고, 시험의 일부가 면제되는 자의 범위 그 밖에 경비지도사시험에 관하여 필요한 사항은 대통령령으로 정한다.

## ⑷ 경비지도사의 선임 등(법 제12조)

① 경비업자는 대통령령이 정하는 바에 따라 경비지도사를 선임하여야 한다.

### 경비지도사의 선임 · 배치(시행령 제16조)
① 경비업자는 별표 3의 기준에 따라 경비지도사를 선임 · 배치하여야 한다.
② 경비업자는 선임 · 배치된 경비지도사에 결원이 있거나 자격정지 등의 사유로 그 직무를 수행할 수 없는 때에는 15일 이내에 경비지도사를 새로이 충원하여야 한다.

### 경비지도사의 선임 · 배치기준(시행령 별표 3)
1. 경비업자는 경비원을 배치하여 영업활동을 하고 있는 지역을 관할하는 시 · 도경찰청의 관할구역별로 경비원 200명까지는 경비지도사 1명을 선임 · 배치하고, 경비원이 200명을 초과하는 경우 200명을 초과하는 경비원 100명 단위로 경비지도사 1명씩을 추가로 선임 · 배치해야 한다.
2. 제1호에 따라 경비지도사가 선임 · 배치된 시 · 도경찰청의 관할구역과 경계를 맞닿아 인접한 시 · 도경찰청의 관할구역에 배치된 경비원이 30명 이하인 경우에는 제1호에도 불구하고 경비지도사를 따로 선임 · 배치하지 않을 수 있다. 이 경우 제주특별자치도경찰청과 전라남도경찰청은 경계를 맞닿아 인접한 것으로 본다.
3. 제2호에 따라 경비지도사를 따로 선임 · 배치하지 않는 경우 경비지도사 1명이 지도 · 감독 및 교육할 수 있는 경비원의 총수(경계를 맞닿아 인접한 시 · 도경찰청의 관할구역에 배치된 경비원의 수를 합산한다)는 200명을 초과할 수 없다.

※ 비고
1. 시설경비업무 · 호송경비업무 · 신변보호업무 또는 특수경비업무를 하는 경비업자는 일반경비지도사를 선임 · 배치하고, 시설경비업무 · 호송경비업무 · 신변보호업무 또는 특수경비업무 중 둘 이상의 경비업무를 하는 경우에는 각 경비업무에 종사하는 경비원의 수를 합산한 인원을 기준으로 경비지도사를 선임 · 배치해야 한다. 다만, 특수경비업무를 수행하는 경비업자는 제19조제1항에 따른 특수경비원 신임교육을 이수한 일반경비지도사를 선임 · 배치해야 한다.
2. 기계경비업무를 하는 경비업자는 기계경비지도사를 선임 · 배치해야 한다.

② 선임된 경비지도사의 직무
  ㉠ 경비원의 지도 · 감독 · 교육에 관한 계획의 수립 · 실시 및 그 기록의 유지
  ㉡ 경비현장에 배치된 경비원에 대한 순회점검 및 감독
  ㉢ 경찰기관 및 소방기관과의 연락방법에 대한 지도
  ㉣ 집단민원현장에 배치된 경비원에 대한 지도 · 감독
  ㉤ 그 밖에 대통령령이 정하는 직무

③ 선임된 경비지도사는 직무를 대통령령이 정하는 바에 따라 성실하게 수행하여야 한다.

## (5) 경비원의 교육 등(법 제13조)

① 경비업자는 경비업무를 적정하게 실시하기 위하여 경비원으로 하여금 대통령령으로 정하는 바에 따라 경비원 신임교육 및 직무교육을 받게 하여야 한다. 다만, 경비업자는 대통령령으로 정하는 경력 또는 자격을 갖춘 일반경비원을 신임교육 대상에서 제외할 수 있다.

② 경비원이 되려는 사람은 대통령령으로 정하는 교육기관에서 미리 일반경비원 신임교육을 받을 수 있다.

일반경비원 신임교육의 과목 및 시간(시행규칙 별표 2) - 시행일 : 2024. 1. 1.

| 구분(교육시간) | 과목 | 시간 |
|---|---|---|
| 이론교육(4시간) | 「경비업법」 등 관계 법령 | 2 |
| | 범죄예방론 | 2 |
| 실무교육(19시간) | 시설경비 실무 | 4 |
| | 호송경비 실무 | 2 |
| | 신변보호 실무 | 2 |
| | 기계경비 실무 | 2 |
| | 사고 예방대책 | 3 |
| | 체포 · 호신술 | 2 |
| | 장비 사용법 | 2 |
| | 직업윤리 및 서비스 | 2 |
| 기타(1시간) | 입교식, 평가 및 수료식 | 1 |
| 계 | | 24 |

③ 특수경비업자는 대통령령으로 정하는 바에 따라 특수경비원으로 하여금 특수경비원 신임교육과 정기적인 직무교육을 받게 하여야 하고, 특수경비원 신임교육을 받지 아니한 자를 특수경비업무에 종사하게 하여서는 아니 된다.

④ 특수경비원의 교육 시 관할경찰서 소속 경찰공무원이 교육기관에 입회하여 대통령령이 정하는 바에 따라 지도 · 감독하여야 한다.

**특수경비원에 대한 교육(시행령 제19조)**

① 특수경비업자는 특수경비원을 채용한 경우 해당 특수경비원에게 특수경비업자의 부담으로 다음의 기관 또는 단체에서 실시하는 특수경비원 신임교육을 받도록 하여야 한다.
　1. 「경찰공무원 교육훈련규정」에 따른 경찰교육기관
　2. 행정안전부령으로 정하는 기준에 적합한 기관 또는 단체 중 경찰청장이 지정하여 고시하는 기관 또는 단체
② 특수경비업자는 채용 전 3년 이내에 특수경비업무에 종사하였던 경력이 있는 사람을 특수경비원으로 채용한 경우에는 해당 특수경비원을 특수경비원 신임교육 대상에서 제외할 수 있다.
③ 직무교육 시간 및 과목
　㉠ 시간 : 특수경비업자는 소속 특수경비원에게 경비지도사가 수립한 교육계획에 따라 매월 행정안전부령으로 정하는 시간(3시간) 이상의 직무교육을 받도록 하여야 한다.
　㉡ 과목 : 특수경비원에 대한 직무교육의 과목은 특수경비원의 직무수행에 필요한 이론 · 실무과목 및 직업윤리 등으로 한다〈규칙 제16조 제3항〉.
④ 신임교육의 과목 및 시간, 직무교육의 과목 등 특수경비원의 교육 실시에 필요한 사항은 행정안전부령으로 정한다.

특수경비원에 대한 신임교육의 실시 등(시행규칙 제15조)
① 특수경비원 신임교육의 과목 및 시간은 별표 4와 같다.
② 특수경비원 신임교육 기관 또는 단체의 장은 특수경비원 신임교육과정을 마친 사람에게 신임교육이수증을 교부하고 그 사실을 신임교육이수증 교부대장에 기록해야 하며, 교육기관, 교육일, 교육이수증 교부번호 등을 포함한 신임교육 이수자 현황을 경찰청장에게 통보해야 한다.
③ 경비업자는 특수경비원이 신임교육을 받은 때에는 경비원의 명부에 그 사실을 기재하여야 한다.
④ 시·도경찰청장 또는 경찰서장은 특수경비원 신임교육을 받은 사람이 요청하는 경우에는 신임교육 이수 확인증을 발급할 수 있다.

특수경비원 신임교육의 과목 및 시간(시행규칙 별표 4) - 시행일 : 2024. 1. 1.

| 구분(교육시간) | 과목 | 시간 |
|---|---|---|
| 이론교육(15시간) | 「경비업법」 및 「경찰관직무집행법」 등 관계 법령 | 8 |
| | 「헌법」 및 형사법 | 4 |
| | 범죄예방론 | 3 |
| 실무교육(61시간) | 테러 및 재난 대응요령 | 4 |
| | 폭발물 처리요령 | 6 |
| | 화재대처법 | 3 |
| | 응급처치법 | 3 |
| | 장비 사용법 | 3 |
| | 출입통제 요령 | 3 |
| | 직업윤리 및 서비스 | 4 |
| | 기계경비 실무 | 3 |
| | 정보보호 및 보안업무 | 6 |
| | 시설경비 요령 | 4 |
| | 민방공 | 4 |
| | 총기조작 | 3 |
| | 사격 | 8 |
| | 체포·호신술 | 4 |
| | 관찰·기록기법 | 3 |
| 기타(4시간) | 입교식, 평가 및 수료식 | 4 |
| 계 | | 80 |

(6) 특수경비원의 직무 및 무기사용 등(법 제14조)

① 특수경비업자는 특수경비원으로 하여금 배치된 경비구역 안에서 관할 경찰서장 및 공항경찰대장 등 국가중요시설의 경비책임자(이하 "관할 경찰관서장")와 국가중요시설의 시설주의 감독을 받아 시설을 경비하고 도난·화재 그 밖의 위험의 발생을 방지하는 업무를 수행하게 하여야 한다.

② 특수경비원은 국가중요시설에 대한 경비업무 수행 중 국가중요시설의 정상적인 운영을 해치는 장해를 일으켜서는 아니 된다.

③ 시·도경찰청장은 국가중요시설에 대한 경비업무의 수행을 위하여 필요하다고 인정하는 때에는 시설주의 신청에 의하여 무기를 구입한다. 이 경우 시설주는 그 무기의 구입대금을 지불하고, 구입한 무기를 국가에 기부채납하여야 한다.

④ 시·도경찰청장은 국가중요시설에 대한 경비업무의 수행을 위하여 필요하다고 인정하는 때에는 관할경찰관서장으로 하여금 시설주의 신청에 의하여 시설주로부터 국가에 기부채납된 무기를 대여하게 하고, 시설주는 이를 특수경비원으로 하여금 휴대하게 할 수 있다. 이 경우 특수경비원은 정당한 사유없이 무기를 소지하고 배치된 경비구역을 벗어나서는 아니 된다.

⑤ 시설주가 대여받은 무기에 대하여 시설주 및 관할 경찰관서장은 무기의 관리책임을 지고, 관할 경찰관서장은 시설주 및 특수경비원의 무기관리상황을 대통령령이 정하는 바에 따라 지도·감독하여야 한다.

> **무기관리에 대한 지도·감독(시행령 제21조)**
> 관할 경찰관서장은 시설주 및 특수경비원의 무기관리상황을 매월 1회 이상 점검하여야 한다.

⑥ 관할 경찰관서장은 무기의 적정한 관리를 위하여 무기를 대여받은 시설주에 대하여 필요한 명령을 발할 수 있다.

⑦ 시설주로부터 무기의 관리를 위하여 지정받은 책임자(이하 "관리책임자")는 다음에 의하여 이를 관리하여야 한다.
  ㉠ 무기출납부 및 무기장비운영카드를 비치·기록하여야 한다.
  ㉡ 무기는 관리책임자가 직접 지급·회수하여야 한다.

⑧ 특수경비원은 국가중요시설의 경비를 위하여 무기를 사용하지 아니하고는 다른 수단이 없다고 인정되는 때에는 필요한 한도 안에서 무기를 사용할 수 있다. 다만, 다음의 1에 해당하는 때를 제외하고는 사람에게 위해를 끼쳐서는 아니 된다.
  ㉠ 무기 또는 폭발물을 소지하고 국가중요시설에 침입한 자가 특수경비원으로부터 3회 이상 투기(投棄) 또는 투항(投降)을 요구받고도 이에 불응하면서 계속 항거하는 경우 이를 억제하기 위하여 무기를 사용하지 아니하고는 다른 수단이 없다고 인정되는 때
  ㉡ 국가중요시설에 침입한 무장간첩이 특수경비원으로부터 투항(投降)을 요구받고도 이에 불응한 때

⑨ 특수경비원의 무기휴대, 무기종류, 그 사용기준 및 안전검사의 기준 등에 관하여 필요한 사항은 대통령령으로 정한다.

---

**특수경비원 무기휴대의 절차 등(시행령 제20조)**

① 시설주는 특수경비원이 휴대할 무기를 대여받고자 하는 때에는 무기대여신청서를 관할경찰서장 및 공항경찰대장 등 국가중요시설의 경비책임자(이하 "관할경찰관서장")를 거쳐 시·도경찰청장에게 제출하여야 한다.
② 시설주는 관할경찰관서장으로부터 대여받은 무기를 특수경비원에게 휴대하게 하는 경우에는 관할경찰관서장의 사전승인을 얻어야 한다.
③ 사전승인을 함에 있어서 관할경찰관서장은 국가중요시설에 총기 또는 폭발물의 소지자나 무장간첩 침입의 우려가 있는지의 여부 등을 고려하는 등 특수경비원에게 무기를 지급하여야 할 필요성이 있는지의 여부에 관하여 판단하여야 한다.
④ 시설주는 무기지급의 필요성이 해소되었다고 인정되는 때에는 특수경비원으로부터 즉시 무기를 회수하여야 한다.
⑤ 특수경비원이 휴대할 수 있는 무기종류는 권총 및 소총으로 한다.
⑥ 「위해성 경찰장비의 사용기준 등에 관한 규정」 및 별표 2의 규정은 안전검사의 기준에 관하여 이를 준용한다.
⑦ 시설주, 관리책임자와 특수경비원은 행정안전부령이 정하는 무기관리수칙을 준수하여야 한다.

---

**무기의 관리수칙 등(시행규칙 제18조)**

① 무기를 대여받은 국가중요시설의 시설주 또는 관리책임자는 다음의 관리수칙에 따라 무기(탄약 포함)를 관리해야 한다.
  1. 무기의 관리를 위한 책임자를 지정하고 관할 경찰관서장에게 이를 통보할 것
  2. 무기고 및 탄약고는 단층에 설치하고 환기·방습·방화 및 총받침대 등의 시설을 할 것
  3. 탄약고는 무기고와 사무실 등 많은 사람을 수용하거나 많은 사람이 오고 가는 시설과 떨어진 곳에 설치할 것
  4. 무기고 및 탄약고에는 이중 잠금장치를 하여야 하며, 열쇠는 관리책임자가 보관하되, 근무시간 이후에는 열쇠를 당직책임자에게 인계하여 보관시킬 것
  5. 관할 경찰관서장이 정하는 바에 의하여 무기의 관리실태를 매월 파악하여 다음 달 3일까지 관할 경찰관서장에게 통보할 것
  6. 대여받은 무기를 빼앗기거나 대여받은 무기가 분실·도난 또는 훼손되는 등의 사고가 발생한 때에는 관할 경찰관서장에게 그 사유를 지체없이 통보할 것
  7. 대여받은 무기를 빼앗기거나 대여받은 무기가 분실·도난 또는 훼손된 때에는 경찰청장이 정하는 바에 의하여 그 전액을 배상할 것. 다만, 전시·사변, 천재·지변 그 밖의 불가항력의 사유가 있다고 시·도경찰청장이 인정한 때에는 그러하지 아니하다.
  8. 시설주는 자체계획을 수립하여 보관하고 있는 무기를 매주 1회 이상 손질할 수 있게 할 것
② 시설주 또는 관리책임자는 고의 또는 과실로 무기(부속품 포함)를 빼앗기거나 무기가 분실·도난 또는 훼손되도록 한 특수경비원에 대하여 특수경비업자에게 교체 또는 징계 등의 조치를 요청할 수 있다. 이 경우 특수경비업자는 특별한 사유가 없는 한 이에 응하여야 한다.

③ 무기를 대여받은 시설주 또는 관리책임자가 특수경비원에게 무기를 출납하고자 하는 때에는 다음의 관리수칙에 따라 무기를 관리하여야 한다.

  1. 관할경찰관서장이 무기를 회수하여 집중적으로 관리하도록 지시하는 경우 또는 출납하는 탄약의 수를 증감하거나 출납을 중지하도록 지시하는 경우에는 이에 따를 것
  2. 탄약의 출납은 소총에 있어서는 1정당 15발 이내, 권총에 있어서는 1정당 7발 이내로 하되, 생산된 후 오래된 탄약을 우선적으로 출납할 것
  3. 무기를 지급받은 특수경비원으로 하여금 무기를 매주 1회 이상 손질하게 할 것
  4. 수리가 필요한 무기가 있는 때에는 그 목록과 무기장비운영카드를 첨부하여 관할경찰관서장에게 수리를 요청할 것

④ 시설주로부터 무기를 지급받은 특수경비원은 다음의 관리수칙에 따라 무기를 관리하여야 한다.

  1. 무기를 지급받거나 반납하는 때 또는 무기의 인계 인수를 하는 때에는 반드시 "앞에 총"의 자세에서 "검사 총"을 할 것
  2. 무기를 지급받은 때에는 별도의 지시가 없는 한 탄약은 무기로부터 분리하여 휴대하여야 하며, 소총은 "우로 어깨걸어 총"의 자세를 유지하고, 권총은 "권총집에 넣어 총"의 자세를 유지할 것
  3. 지급받은 무기를 다른 사람에게 보관·휴대 또는 손질시키지 아니할 것
  4. 무기를 손질 또는 조작하는 때에는 총구를 반드시 공중으로 향하게 할 것
  5. 무기를 반납하는 때에는 손질을 철저히 한 후 반납하도록 할 것
  6. 근무시간 이후에는 무기를 시설주에게 반납하거나 교대근무자에게 인계할 것

⑤ 시설주는 다음의 특수경비원에 대하여 무기를 지급해서는 안 되며, 지급된 무기가 있는 경우 이를 즉시 회수해야 한다.

  1. 형사사건으로 인하여 조사를 받고 있는 사람
  2. 사직 의사를 표명한 사람
  3. 정신질환자
  4. 그 밖에 무기를 지급하기에 부적합하다고 인정되는 사람

⑥ 시설주는 무기를 수송하는 때에는 출발하기 전에 관할경찰관서장에게 그 사실을 통보하여야 하며, 통보를 받은 관할 경찰서장은 1인 이상의 무장경찰관을 무기를 수송하는 자동차 등에 함께 타도록 하여야 한다.

## (7) 특수경비원의 의무(법 제15조)

① 특수경비원은 직무를 수행함에 있어 시설주·관할 경찰관서장 및 소속상사의 직무상 명령에 복종하여야 한다.

② 특수경비원은 소속상사의 허가 또는 정당한 사유 없이 경비구역을 벗어나서는 아니 된다.

③ 특수경비원은 파업·태업 그 밖에 경비업무의 정상적인 운영을 저해하는 일체의 쟁의행위를 하여서는 아니 된다.

④ 특수경비원이 무기를 휴대하고 경비업무를 수행하는 때에는 다음의 1에 정하는 무기의 안전사용수칙을 지켜야 한다.

　㉠ 특수경비원은 사람을 향하여 권총 또는 소총을 발사하고자 하는 때에는 미리 구두 또는 공포탄에 의한 사격으로 상대방에게 경고하여야 한다. 다만, 다음의 1에 해당하는 경우로서 부득이한 때에는 경고하지 아니할 수 있다.

　　ⓐ 특수경비원을 급습하거나 타인의 생명·신체에 대한 중대한 위험을 야기하는 범행이 목전에 실행되고 있는 등 상황이 급박하여 경고할 시간적 여유가 없는 경우

　　ⓑ 인질·간첩 또는 테러사건에 있어서 은밀히 작전을 수행하는 경우

　㉡ 특수경비원은 무기를 사용하는 경우에 있어서 범죄와 무관한 다중의 생명·신체에 위해를 가할 우려가 있는 때에는 이를 사용하여서는 아니 된다. 다만, 무기를 사용하지 아니하고는 타인 또는 특수경비원의 생명·신체에 대한 중대한 위협을 방지할 수 없다고 인정되는 때에는 필요한 최소한의 범위 안에서 이를 사용할 수 있다.

　㉢ 특수경비원은 총기 또는 폭발물을 가지고 대항하는 경우를 제외하고는 14세 미만의 자 또는 임산부에 대하여는 권총 또는 소총을 발사하여서는 아니 된다.

## (8) 경비원 등의 의무(법 제15조의2)

① 경비원은 직무를 수행함에 있어 타인에게 위력을 과시하거나 물리력을 행사하는 등 경비업무의 범위를 벗어난 행위를 하여서는 아니 된다.

② 누구든지 경비원으로 하여금 경비업무의 범위를 벗어난 행위를 하게 하여서는 아니 된다.

## (9) 경비원의 복장 등(법 제16조)

① 경비업자는 경찰공무원 또는 군인의 제복과 색상 및 디자인 등이 명확히 구별되는 소속 경비원의 복장을 정하고 이를 확인할 수 있는 사진을 첨부하여 주된 사무소를 관할하는 시·도경찰청장에게 행정안전부령으로 정하는 바에 따라 신고하여야 한다.

② 경비업자는 경비업무 수행 시 경비원에게 소속 경비업체를 표시한 이름표를 부착하도록 하고, 신고된 동일한 복장을 착용하게 하여야 하며, 복장에 소속 회사를 오인할 수 있는 표시를 하거나 다른 회사의 복장을 착용하게 하여서는 아니 된다. 다만, 집단민원현장이 아닌 곳에서 신변보호업무를 수행하는 경우 또는 경비업무의 성격상 부득이한 사유가 있어 관할 경찰관서장이 허용하는 경우에는 그러하지 아니하다.

③ 시·도경찰청장은 제출받은 사진을 검토한 후 경비업자에게 복장 변경 등에 대한 시정명령을 할 수 있다.

④ 시정명령을 받은 경비업자는 이를 이행하여야 하고, 시·도경찰청장에게 행정안전부령으로 정하는 바에 따라 이행보고를 하여야 한다.

⑤ 그 밖에 경비원의 복장 등에 필요한 사항은 행정안전부령으로 정한다.

⑩ 경비원의 장비 등(법 제16조의2)

① 경비원이 휴대할 수 있는 장비의 종류는 경적·단봉·분사기 등 행정안전부령으로 정하되, 근무 중에만 이를 휴대할 수 있다.

② 경비업자가 경비원으로 하여금 분사기를 휴대하여 직무를 수행하게 하는 경우에는 「총포·도검·화약류 등 단속법」에 따라 미리 분사기의 소지허가를 받아야 한다.

③ 누구든지 장비를 임의로 개조하여 통상의 용법과 달리 사용함으로써 다른 사람의 생명·신체에 위해를 가하여서는 아니 된다.

④ 경비원은 경비업무를 위하여 필요하다고 인정되는 상당한 이유가 있을 때에는 필요한 최소한도에서 장비를 사용할 수 있다.

⑤ 그 밖에 경비원의 장비 등에 관하여 필요한 사항은 행정안전부령으로 정한다.

| 경비원 휴대장비의 구체적인 기준(시행규칙 별표 5) | |
| --- | --- |
| 장비 | 장비기준 |
| 경적 | 금속이나 플라스틱 재질의 호루라기 |
| 단봉 | 금속(합금 포함)이나 플라스틱 재질의 전장 700㎜ 이하의 호신용 봉 |
| 분사기 | 「총포·도검·화약류 등의 안전관리에 관한 법률」에 따른 분사기 |
| 안전방패 | 플라스틱 재질의 폭 500㎜ 이하, 길이 1,000㎜이하의 방패로 경찰공무원이 사용하는 안전방패와 색상 및 디자인이 명확히 구분되어야 함 |
| 무전기 | 무전기 송신 시 실시간으로 수신이 가능한 것 |
| 안전모 | 얼굴을 가리지 아니하면서, 머리를 보호하는 장비로 경찰공무원이 사용하는 방석모와 색상 및 디자인이 명확히 구분되어야 함 |
| 방검복 | 경찰공무원이 사용하는 방검복과 색상 및 디자인이 명확히 구분되어야 함 |

⑪ 출동차량 등(법 제16조의3)

① 경비업자는 출동차량 등의 도색 및 표지를 경찰차량 및 군차량과 명확히 구별될 수 있게 하여야 한다.

② 경비업자는 출동차량 등의 도색 및 표지를 정하고 이를 확인할 수 있는 사진을 첨부하여 주된 사무소를 관할하는 시·도경찰청장에게 행정안전부령으로 정하는 바에 따라 신고하여야 한다.

③ 시·도경찰청장은 제출받은 사진을 검토한 후 경비업자에게 도색 및 표지 변경 등에 대한 시정명령을 할 수 있다.

④ 시정명령을 받은 경비업자는 이를 이행하여야 하고, 시·도경찰청장에게 행정안전부령으로 정하는 바에 따라 이행보고를 하여야 한다.

⑤ 그 밖에 출동차량 등에 필요한 사항은 행정안전부령으로 정한다.

⑿ 결격사유 확인을 위한 범죄경력조회 등(법 제17조)

① 경찰청장, 시·도경찰청장 또는 관할 경찰관서장은 직권으로 또는 범죄경력조회 요청이 있는 경우에는 경비업자의 임원, 경비지도사 또는 경비원이 결격사유에 해당하는지를 확인하기 위하여 「형의 실효 등에 관한 법률」에 따른 범죄경력조회를 할 수 있다.

② 경비업자는 선출·선임·채용 또는 배치하려는 임원, 경비지도사 또는 경비원이 결격사유에 해당하는지를 확인하기 위하여 주된 사무소, 출장소 또는 배치장소를 관할하는 시·도경찰청장 또는 경찰관서장에게 「형의 실효 등에 관한 법률」에 따른 범죄경력조회를 요청할 수 있다.

③ 범죄경력조회 요청을 받은 시·도경찰청장 또는 관할 경찰관서장은 경비업자에게 그 결과를 통보할 때에는 경비업자의 임원, 경비지도사 또는 경비원이 결격사유에 해당하는지 여부만을 통보하여야 한다.

④ 시·도경찰청장 또는 관할 경찰관서장은 경비업자의 임원, 경비지도사 또는 경비원이 결격사유에 해당하는 사실을 알게 되거나 이 법 또는 이 법에 따른 명령을 위반한 때에는 경비업자에게 그 사실을 통보하여야 한다.

⒀ 경비원의 명부와 배치허가 등(법 제18조)

① 경비업자는 행정안전부령으로 정하는 바에 따라 경비원의 명부를 작성·비치하여야 한다. 다만, 집단민원현장에 배치되는 일반경비원의 명부는 그 경비원이 배치되는 장소에도 작성·비치하여야 한다.

> **경비원의 명부(시행규칙 제23조)**
> 경비업자는 다음의 장소에 경비원 명부를 작성·비치하여 두고, 이를 항상 정리하여야 한다.
> 1. 주된 사무소
> 2. 출장소
> 3. 집단민원현장

② 경비업자가 경비원을 배치하거나 배치를 폐지한 경우에는 행정안전부령으로 정하는 바에 따라 관할 경찰관서장에게 신고하여야 한다. 다만, 다음 ㉠의 경우에는 경비원을 배치하기 48시간 전까지 행정안전부령으로 정하는 바에 따라 배치허가를 신청하고, 관할 경찰관서장의 배치허가를 받은 후에 경비원을 배치하여야 하며(㉡ 및 ㉢의 경우에는 경비원을 배치하기 전까지 신고하여야 한다), 이 경우 관할 경찰관서장은 배치허가를 함에 있어 필요한 조건을 붙일 수 있다.
ㄱ 시설경비업무 또는 신변보호업무 중 집단민원현장에 배치된 일반경비원
ㄴ 집단민원현장이 아닌 곳에서 신변보호업무를 수행하는 일반경비원
ㄷ 특수경비원

③ 관할 경찰관서장은 배치허가 신청을 받은 경우 다음의 사유에 해당하는 때에는 배치허가를 하여서는 아니 된다. 이 경우 관할 경찰관서장은 다음의 사유를 확인하기 위하여 소속 경찰관으로 하여금 그 배치장소를 방문하여 조사하게 할 수 있다.

㉠ 경비업무의 범위를 벗어난 행위를 할 우려가 있는 경우

㉡ 경비원 중 결격자나 신임교육을 받지 아니한 사람이 대통령령으로 정하는 기준(100분의 21) 이상으로 포함되어 있는 경우

㉢ 경비원의 복장·장비 등에 대하여 내려진 필요한 명령을 이행하지 아니하는 경우

④ 배치허가 신청을 받은 관할 경찰관서장은 배치되는 경비원 중 결격자가 있는 경우에는 그 사람을 제외하고 배치허가를 하여야 한다.

⑤ 경비업자는 경비원을 배치하여 경비업무를 수행하게 하는 때에는 행정안전부령으로 정하는 바에 따라 배치된 경비원의 인적사항과 배치일시·배치장소 등 근무상황을 기록하여 보관하여야 한다.

---

**경비원 근무상황 기록부(시행규칙 제24조의3)**

① 경비업자는 경비업무를 수행하는 경비원의 인적사항, 배치일시, 배치장소, 배차폐지일시 및 근무여부 등 근무상황을 기록한 근무상황기록부(전자문서로 된 근무상황기록부를 포함)를 작성하여 주된 사무소 및 출장소에 갖추어 두어야 한다.

② 경비업자는 근무상황기록부를 1년 동안 보관하여야 한다.

---

⑥ 경비업자는 다음의 어느 하나에 해당하는 죄를 범하여 벌금형을 선고받고 5년이 지나지 아니하거나 금고 이상의 형을 선고받고 그 집행이 유예된 날부터 5년이 지나지 아니한 자를 집단민원현장에 일반경비원으로 배치하여서는 아니 된다.

㉠ 「형법」 제257조부터 제262조까지, 제264조, 제276조부터 제281조까지의 죄, 제284조의 죄, 제285조의 죄, 제320조의 죄, 제324조제2항의 죄, 제350조의2의 죄, 제351조의 죄(제350조, 제350조의2의 상습범으로 한정한다), 제369조제1항의 죄 – 상해, 존속상해, 중상해, 존속중상해, 특수상해, 상해치사, 폭행, 존속폭행, 특수폭행, 폭행치사상, 상습범, 체포, 감금, 존속체포, 존속감금, 중체포, 중감금, 존속중체포, 존속중감금, 특수체포, 특수감금, 미수범, 체포·감금등의 치사상, 특수협박, 특수주거침입, 강요, 특수공갈, 특수손괴

㉡ 「폭력행위 등 처벌에 관한 법률」 제2조 또는 제3조의 죄 – 폭행 등, 집단적 폭행 등

⑦ 경비업자는 경비원 명부에 없는 자를 경비업무에 종사하게 하여서는 아니 되고, 경비원을 배치하는 경우에는 신임교육을 이수한 자를 배치하여야 한다.

⑧ 관할 경찰관서장은 경비업자가 다음의 어느 하나에 해당하는 때에는 배치폐지를 명할 수 있다.

㉠ 배치허가를 받지 아니하고 경비원을 배치하거나 경비원 명단 및 배치일시·배치장소 등 배치허가 신청의 내용을 거짓으로 한 때

ⓛ 결격사유에 해당하는 자를 집단민원현장에 일반경비원으로 배치한 때

ⓒ 신임교육을 이수하지 아니한 자를 경비원으로 배치한 때

ⓡ 경비업자 또는 경비원이 위력이나 흉기 또는 그 밖의 위험한 물건을 사용하여 집단적 폭력사태를 일으킨 때

ⓜ 경비업자가 신고하지 아니하고 일반경비원을 배치한 때

---

**갖추어 두어야 하는 장부 또는 서류(시행규칙 제26조)**

① 특수경비원을 배치한 시설주는 다음의 장부 및 서류를 갖추어 두어야 한다.

    1. 근무일지

    2. 근무상황카드

    3. 경비구역배치도

    4. 순찰표철

    5. 무기탄약출납부

    6. 무기장비운영카드

② 특수경비원을 배치한 국가중요시설의 관할경찰관서장은 다음의 장부 및 서류를 갖추어 두어야 한다.

    1. 감독순시부

    2. 특수경비원 전·출입관계철

    3. 특수경비원 교육훈련실시부

    4. 무기·탄약대여대장

    5. 그 밖에 특수경비원의 관리 등을 위하여 필요한 장부 또는 서류

# 출제 예상 문제

2019년 기출 변형

**1** 다음은 경비업법령상 경비지도사의 선임 및 배치기준에 대한 내용이다. ( ) 안의 내용으로 알맞은 것은?

---

가. 경비업자는 선임 · 배치된 경비지도사에 결원이 있거나 자격정지 등의 사유로 그 직무를 수행할 수 없는 때에는 ( ㉠ )일 이내에 경비지도사를 새로이 충원하여야 한다.

나. 경비업자는 경비원을 배치하여 영업활동을 하고 있는 지역을 관할하는 시 · 도경찰청의 관할구역별로 경비원 200명까지는 경비지도사 1명을 선임 · 배치하고, 경비원이 200명을 초과하는 경우 200명을 초과하는 경비원 ( ㉡ )명 단위로 경비지도사 1명씩을 추가로 선임 · 배치해야 한다.

다. 경비지도사가 선임 · 배치된 시 · 도경찰청의 관할구역과 경계를 맞닿아 인접한 시 · 도경찰청의 관할구역에 배치된 경비원이 ( ㉢ )명 이하인 경우에는 경비지도사를 따로 선임 · 배치하지 않을 수 있다.

---

① ㉠ – 15, ㉡ – 100, ㉢ – 30

② ㉠ – 15, ㉡ – 100, ㉢ – 50

③ ㉠ – 10, ㉡ – 200, ㉢ – 50

④ ㉠ – 30, ㉡ – 200, ㉢ – 50

⑤ ㉠ – 15, ㉡ – 100, ㉢ – 100

**TIP** 가. 경비업자는 선임 · 배치된 경비지도사에 결원이 있거나 자격정지 등의 사유로 그 직무를 수행할 수 없는 때에는 15일 이내에 경비지도사를 새로이 충원하여야 한다〈시행령 제16조 제2항〉.

나. 경비업자는 경비원을 배치하여 영업활동을 하고 있는 지역을 관할하는 시 · 도경찰청의 관할구역별로 경비원 200명까지는 경비지도사 1명을 선임 · 배치하고, 경비원이 200명을 초과하는 경우 200명을 초과하는 경비원 100명 단위로 경비지도사 1명씩을 추가로 선임 · 배치해야 한다〈시행령 별표 3 제1호〉.

다. 제1호에 따라 경비지도사가 선임 · 배치된 시 · 도경찰청의 관할구역과 경계를 맞닿아 인접한 시 · 도경찰청의 관할구역에 배치된 경비원이 30명 이하인 경우에는 제1호에도 불구하고 경비지도사를 따로 선임 · 배치하지 않을 수 있다〈시행령 별표 3 제2호〉.

**Answer** 1.①

**2** 경비업법령상 일반경비원의 결격사유에 해당하지 않는 것은?

① 만 18세 미만인 사람

② 금고 이상의 형의 선고유예를 받고 그 유예기간 중에 있는 자

③ 금고 이상의 형의 집행유예선고를 받고 그 유예기간 중에 있는 자

④ 피성년후견인

⑤ 금고 이상의 실형의 선고를 받고 그 집행이 종료되거나 집행이 면제된 날부터 5년이 지나지 아니한 자

> **TIP** 일반경비원의 결격사유〈법 제10조 제1항〉
> ㉠ 만 18세 미만인 자, 피성년후견인
> ㉡ 파산선고를 받고 복권되지 아니한 자
> ㉢ 금고 이상의 실형의 선고를 받고 그 집행이 종료(집행이 종료된 것으로 보는 경우를 포함한다)되거나 집행이 면제된 날부터 5년이 지나지 아니한 자
> ㉣ 금고 이상의 형의 집행유예선고를 받고 그 유예기간중에 있는 자

**3** 경비업법령상 일반경비원과 특수경비원 신임교육에 공통으로 포함된 과목이 아닌 것은?

① 경비업법      ② 기계경비실무

③ 폭발물처리요령      ④ 체포·호신술

⑤ 범죄예방론

> **TIP** 일반경비원 신임교육 과목〈시행규칙 별표 2〉 – 시행일 : 2024. 1. 1.
>
> | 구분(교육시간) | 과목 |
> | --- | --- |
> | 이론교육(4시간) | 「경비업법」 등 관계 법령 |
> | | 범죄예방론 |
> | 실무교육(19시간) | 시설경비 실무 |
> | | 호송경비 실무 |
> | | 신변보호 실무 |
> | | 기계경비 실무 |
> | | 사고 예방대책 |
> | | 체포·호신술 |
> | | 장비 사용법 |
> | | 직업윤리 및 서비스 |
> | 기타(1시간) | 입교식, 평가 및 수료식 |

**Answer** 2.② 3.③

※ 특수경비원 신임교육 과목〈시행규칙 별표 4〉 – 시행일 : 2024. 1. 1.

| 구분(교육시간) | 과목 |
|---|---|
| 이론교육(15시간) | 「경비업법」 및 「경찰관직무집행법」 등 관계 법령 |
| | 「헌법」 및 형사법 |
| | 범죄예방론 |
| 실무교육(61시간) | 테러 및 재난 대응요령 |
| | 폭발물 처리요령 |
| | 화재대처법 |
| | 응급처치법 |
| | 장비 사용법 |
| | 출입통제 요령 |
| | 직업윤리 및 서비스 |
| | 기계경비 실무 |
| | 정보보호 및 보안업무 |
| | 시설경비 요령 |
| | 민방공 |
| | 총기조작 |
| | 사격 |
| | 체포 · 호신술 |
| | 관찰 · 기록기법 |
| 기타(4시간) | 입교식, 평가 및 수료식 |
| 계 | |

2019년 기출 변형

**4** 경비업법령상 경비원 휴대장비의 구체적인 기준에 따를 때, 경찰공무원이 사용하는 장비와 색상 및 디자인이 명확히 구분되어야 하는 것은?

① 경적
② 단봉
③ 분사기
④ 안전방패
⑤ 무전기

**TIP** ④ 안전방패는 플라스틱 재질의 폭 500mm 이하, 길이 1,000mm 이하의 방패로 경찰공무원이 사용하는 안전방패와 색상 및 디자인이 명확히 구분되어야 한다〈시행규칙 별표 5〉.

**Answer** 4.④

**5** 경비업법령상 경비원의 복장 · 장비 및 출동차량 등에 대한 설명으로 옳은 것을 모두 고른 것은?

> ㉠ 경비업자는 경비업무 수행 시 경비원에게 소속 경비업체를 표시한 이름표를 부착하도록 하여야 한다.
> ㉡ 경비원이 휴대할 수 있는 장비의 종류는 경적 · 단봉 · 권총 · 소총 등 행정안전부령으로 정하되, 근무 중에만 이를 휴대할 수 있다.
> ㉢ 경비업자가 경비원으로 하여금 분사기를 휴대하여 직무를 수행하게 하는 경우에는 총포 · 도검 · 화약류 등 단속법에 따라 미리 분사기의 소지신고를 하여야 한다.
> ㉣ 경비업자는 출동차량 등의 도색 및 표지를 경찰차량 및 소방차량과 명확히 구별될 수 있게 하여야 한다.
> ㉤ 경비원은 경비업무를 위하여 필요하다고 인정되는 상당한 이유가 있을 때에는 필요한 최소한도에서 장비를 사용할 수 있다.

① ㉠㉡㉢㉣㉤

② ㉠㉡㉢㉣

③ ㉠㉢㉤

④ ㉡㉣

⑤ ㉠㉤

**TIP** ㉡ 경비원이 휴대할 수 있는 장비의 종류는 경적 · 단봉 · 분사기 등 행정안전부령으로 정하되, 근무 중에만 이를 휴대할 수 있다〈법 제16조의2〉.
㉢ 경비업자가 경비원으로 하여금 분사기를 휴대하여 직무를 수행하게 하는 경우에는 「총포 · 도검 · 화약류 등 단속법」에 따라 미리 분사기의 소지허가를 받아야 한다〈법 제16조의2〉.
㉣ 경비업자는 출동차량 등의 도색 및 표지를 경찰차량 및 군차량과 명확히 구별될 수 있게 하여야 한다〈법 제16조의3〉.

**6** 경비업법령상 일반경비원 신임교육 면제대상에 해당하지 않는 사람은?

① 특수경비원 신임교육을 받은 사람으로서 채용 전 3년 이내에 경비업무에 종사한 경력이 있는 사람
② 대통령 등의 경호에 관한 법률에 따른 별정직공무원으로 근무한 경력이 있는 사람
③ 군인사법에 따른 부사관 이상으로 근무한 경력이 있는 사람
④ 경비지도사 자격이 있는 사람
⑤ 공무원임용령에 따른 행정직군 교정직렬 공무원으로 근무한 경력이 있는 사람

**Answer** 5.⑤ 6.⑤

**TIP** 경비업자는 다음의 어느 하나에 해당하는 사람을 일반경비원으로 채용한 경우에는 해당 일반경비원을 일반경비원 신임교육 대상에서 제외할 수 있다〈시행령 제18조〉.
1. 일반경비원 또는 특수경비원 신임교육을 받은 사람으로서 채용 전 3년 이내에 경비업무에 종사한 경력이 있는 사람
2. 「경찰공무원법」에 따른 경찰공무원으로 근무한 경력이 있는 사람
3. 「대통령 등의 경호에 관한 법률」에 따른 경호공무원 또는 별정직공무원으로 근무한 경력이 있는 사람
4. 「군인사법」에 따른 부사관 이상으로 근무한 경력이 있는 사람
5. 경비지도사 자격이 있는 사람
6. 채용 당시 일반경비원 신임교육을 받은 지 3년이 지나지 아니한 사람

2019년 기출 변형

**7** 갑(甲) 경비회사는 다음과 같이 경비원을 배치하였다. 이 경우 갑(甲) 경비회사가 선임·배치하여야 할 경비지도사는 최소 몇 명인가?

---

㉠ 특수경비원 : 서울 300명, 인천 50명, 부산 200명

㉡ 기계경비원 : 제주 50명

---

① 3명　　　　　　　　　　　　　　② 4명

③ 5명　　　　　　　　　　　　　　④ 7명

⑤ 8명

**TIP** 서울 300명 → 2명
인천 50명 → 1명
부산 200명 → 1명
제주 50명 → 1명

※ 경비지도사의 선임·배치기준〈시행령 별표 3〉
　㉠ 경비업자는 경비원을 배치하여 영업활동을 하고 있는 지역을 관할하는 시·도경찰청의 관할구역별로 경비원 200명까지는 경비지도사 1명을 선임·배치하고, 경비원이 200명을 초과하는 경우 200명을 초과하는 경비원 100명 단위로 경비지도사 1명씩을 추가로 선임·배치해야 한다.
　㉡ ㉠에 따라 경비지도사가 선임·배치된 시·도경찰청의 관할구역과 경계를 맞닿아 인접한 시·도경찰청의 관할구역에 배치된 경비원이 30명 이하인 경우에는 ㉠에도 불구하고 경비지도사를 따로 선임·배치하지 않을 수 있다. 이 경우 제주특별자치도경찰청과 전라남도경찰청은 경계를 맞닿아 인접한 것으로 본다.
　㉢ ㉡에 따라 경비지도사를 따로 선임·배치하지 않는 경우 경비지도사 1명이 지도·감독 및 교육할 수 있는 경비원의 총수(경계를 맞닿아 인접한 시·도경찰청의 관할구역에 배치된 경비원의 수를 합산한다)는 200명을 초과할 수 없다.

**Answer**　7.③

2019년 기출 변형

**8** 경비업법령상 무기의 관리수칙에 대한 설명으로 옳은 것은?

① 무기고 및 탄약고는 복층에 설치하고 환기 · 방습 · 방화 및 총받침대 등의 시설을 할 것
② 무기고 및 탄약고에는 이중 잠금장치를 하여야 하며, 열쇠는 관리책임자가 보관하되, 근무시간 이후에는 열쇠를 당직책임자에게 인계하여 보관시킬 것
③ 탄약고는 무기고와 사무실 등 많은 사람을 수용하거나 많은 사람이 오고 가는 시설과 인접한 곳에 설치할 것
④ 관할경찰관서장이 정하는 바에 의하여 무기의 관리실태를 매월 파악하여 다음 달 7일까지 관할 경찰관서장에게 통보할 것
⑤ 시설주는 자체계획을 수립하여 보관하고 있는 무기를 매일 2회 이상 손질할 수 있게 할 것

> **TIP** ① 무기고 및 탄약고는 단층에 설치하고 환기 · 방습 · 방화 및 총받침대 등의 시설을 할 것〈시행규칙 제18조 제1항 제2호〉.
> ③ 탄약고는 무기고와 사무실 등 많은 사람을 수용하거나 많은 사람이 오고 가는 시설과 떨어진 곳에 설치할 것〈시행규칙 제18조 제1항 제3호〉.
> ④ 관할경찰관서장이 정하는 바에 의하여 무기의 관리실태를 매월 파악하여 다음 달 3일까지 관할경찰관서장에게 통보할 것〈시행규칙 제18조 제1항 제5호〉.
> ⑤ 시설주는 자체계획을 수립하여 보관하고 있는 무기를 매주 1회 이상 손질할 수 있게 할 것〈시행규칙 제18조 제1항 제8호〉.

2019년 기출 변형

**9** 경비업법령상 (    )에 들어갈 교육시간을 모두 합한 시간으로 알맞은 것은?

---

㉠ 경비지도사 합격 이후 교육시간은 (    ) 이다.
㉡ 일반경비원이 신임경비원 교육시간은 (    ) 이다.

---

① 44
② 54
③ 64
④ 74
⑤ 84

> **TIP** 경비지도사 합격 이후 교육시간은 공통교육 24시간, 자격의 종류별 교육 16시간 총 40시간이다. (2024. 1. 1.부터 시행)
> 일반경비원이 신임경비원 교육시간은 이론교육 4시간, 실무교육 19시간, 기타 1시간 총 24시간이다.

**Answer** 8.② 9.③

**10** 경비업법령상 경비지도사의 직무에 해당하지 않는 것은?

① 경비원 명부의 작성 및 비치
② 집단민원현장에 배치된 경비원에 대한 지도·감독
③ 경비원의 지도·감독·교육에 관한 계획의 수립·실시 및 그 기록의 유지
④ 경비현장에 배치된 경비원에 대한 순회점검 및 감독
⑤ 경찰기관 및 소방기관과의 연락방법에 대한 지도

> **TIP** 경비지도사의 직무〈법 제12조〉
> 1. 경비원의 지도·감독·교육에 관한 계획의 수립·실시 및 그 기록의 유지
> 2. 경비현장에 배치된 경비원에 대한 순회점검 및 감독
> 3. 경찰기관 및 소방기관과의 연락방법에 대한 지도
> 4. 집단민원현장에 배치된 경비원에 대한 지도·감독
> 5. 그 밖에 대통령령이 정하는 직무

**11** 경비업법령상 경비원 등의 의무에 관한 내용이다. (    )에 들어갈 내용이 옳은 것은?

> 경비원은 직무를 수행함에 있어 타인에게 (    )을 과시하거나 물리력을 행사하는 등 경비업무의 범위를 벗어난 행위를 하여서는 아니 된다.

① 위력                          ② 권력
③ 사술(詐術)                  ④ 공권력
⑤ 실력

> **TIP** 경비원 등의 의무〈법 제15조의2〉
> ① 경비원은 직무를 수행함에 있어 타인에게 위력을 과시하거나 물리력을 행사하는 등 경비업무의 범위를 벗어난 행위를 하여서는 아니 된다.
> ② 누구든지 경비원으로 하여금 경비업무의 범위를 벗어난 행위를 하게 하여서는 아니 된다.

**Answer**   10.①   11.①

**12** 경비업법령상 특수경비원이 경고하지 아니하고 사람을 향하여 권총을 발사할 수 있는 부득이한 때가 아닌 것은?

① 특수경비원이 급습을 받아 상황이 급박하여 경고할 시간적 여유가 없는 경우

② 타인의 생명·신체에 대한 중대한 위험을 야기하는 범행이 목전에 실행되고 있는 등 상황이 급박하여 경고할 시간적 여유가 없는 경우

③ 경비업무 수행 중 절도범과 마주친 경우

④ 테러사건에 있어서 은밀히 작전을 수행하는 경우

⑤ 인질사건에 있어서 은밀히 작전을 수행하는 경우

> **TIP** 특수경비원이 무기를 휴대하고 경비업무를 수행하는 때에는 다음의 1에 정하는 무기의 안전사용수칙을 지켜야 한다〈법 제 15조 제4항〉.
> ㉠ 특수경비원은 사람을 향하여 권총 또는 소총을 발사하고자 하는 때에는 미리 구두 또는 공포탄에 의한 사격으로 상대방에게 경고하여야 한다. 다만, 다음의 1에 해당하는 경우로서 부득이한 때에는 경고하지 아니할 수 있다.
>   ⓐ 특수경비원을 급습하거나 타인의 생명·신체에 대한 중대한 위험을 야기하는 범행이 목전에 실행되고 있는 등 상황이 급박하여 경고할 시간적 여유가 없는 경우
>   ⓑ 인질·간첩 또는 테러사건에 있어서 은밀히 작전을 수행하는 경우
> ㉡ 특수경비원은 무기를 사용하는 경우에 있어서 범죄와 무관한 다중의 생명·신체에 위해를 가할 우려가 있는 때에는 이를 사용하여서는 아니 된다. 다만, 무기를 사용하지 아니하고는 타인 또는 특수경비원의 생명·신체에 대한 중대한 위협을 방지할 수 없다고 인정되는 때에는 필요한 최소한의 범위 안에서 이를 사용할 수 있다.
> ㉢ 특수경비원은 총기 또는 폭발물을 가지고 대항하는 경우를 제외하고는 14세 미만의 자 또는 임산부에 대하여는 권총 또는 소총을 발사하여서는 아니 된다.

**13** 경비업법령상 경비업자가 경비원 배치 48시간 전까지 행정안전부령에 따라 배치허가를 신청하고 관할 경찰서장의 배치허가를 받은 후에 경비원을 배치하여야 하는 경우는?

① 시설경비업무 중 집단민원현장에 일반경비원을 배치하는 경우

② 특수경비업무 중 집단민원현장에 특수경비원을 배치하는 경우

③ 기계경비업무 중 집단민원현장에 일반경비원을 배치하는 경우

④ 호송경비업무 중 집단민원현장에 일반경비원을 배치하는 경우

⑤ 신변보호업무 중 집단민원현장에 특수경비원을 배치하는 경우

**Answer** 12.③ 13.①

**TIP** 경비업자가 경비원을 배치하거나 배치를 폐지한 경우에는 행정안전부령으로 정하는 바에 따라 관할 경찰관서장에게 신고하여야 한다. 다만, 다음 ㈀의 경우에는 경비원을 배치하기 48시간 전까지 행정안전부령으로 정하는 바에 따라 배치허가를 신청하고, 관할 경찰관서장의 배치허가를 받은 후에 경비원을 배치하여야 하며(㈁ 및 ㈂의 경우에는 경비원을 배치하기 전까지 신고하여야 한다), 이 경우 관할 경찰관서장은 배치허가를 함에 있어 필요한 조건을 붙일 수 있다(법 제18조 제2항).
㈀ 시설경비업무 또는 신변보호업무 중 집단민원현장에 배치된 일반경비원
㈁ 집단민원현장이 아닌 곳에서 신변보호업무를 수행하는 일반경비원
㈂ 특수경비원

## 14 경비업법령상 경비원의 복장에 관한 내용이다. ( ) 안에 들어갈 내용이 바르게 연결된 것은?

경비업자는 경찰공무원 또는 군인의 제복과 색상 및 디자인 등이 명확히 구별되는 소속 경비원의 복장을 정하고 이를 확인할 수 있는 사진을 첨부하여 주된 사무소를 관할하는 ( ㉠ )에게 행정안전부령으로 정하는 바에 따라 신고하여야 한다. ( ㉠ )은 제출받은 사진을 검토한 후 경비업자에게 복장 변경 등에 대한 ( ㉡ )을 할 수 있다.

① ㉠ : 경찰서장, ㉡ : 시정명령
② ㉠ : 경찰서장, ㉡ : 이행명령
③ ㉠ : 경찰관서장, ㉡ : 시정명령
④ ㉠ : 시·도경찰청장, ㉡ : 이행명령
⑤ ㉠ : 시·도경찰청장, ㉡ : 시정명령

**TIP** 경비원의 복장 등〈법 제16조〉
① 경비업자는 경찰공무원 또는 군인의 제복과 색상 및 디자인 등이 명확히 구별되는 소속 경비원의 복장을 정하고 이를 확인할 수 있는 사진을 첨부하여 주된 사무소를 관할하는 시·도경찰청장에게 행정안전부령으로 정하는 바에 따라 신고하여야 한다.
② 경비업자는 경비업무 수행 시 경비원에게 소속 경비업체를 표시한 이름표를 부착하도록 하고, 신고된 동일한 복장을 착용하게 하여야 하며, 복장에 소속 회사를 오인할 수 있는 표시를 하거나 다른 회사의 복장을 착용하게 하여서는 아니된다. 다만, 집단민원현장이 아닌 곳에서 신변보호업무를 수행하는 경우 또는 경비업무의 성격상 부득이한 사유가 있어 관할 경찰관서장이 허용하는 경우에는 그러하지 아니하다.
③ 시·도경찰청장은 제출받은 사진을 검토한 후 경비업자에게 복장 변경 등에 대한 시정명령을 할 수 있다.
④ 시정명령을 받은 경비업자는 이를 이행하여야 하고, 시·도경찰청장에게 행정안전부령으로 정하는 바에 따라 이행보고를 하여야 한다.
⑤ 그 밖에 경비원의 복장 등에 필요한 사항은 행정안전부령으로 정한다.

**Answer** 14.⑤

**15** 경비업법령상 특수경비원의 무기사용 및 무기관리수칙에 관한 설명으로 옳지 않은 것은?

① 관할경찰서장은 시설주 및 특수경비원의 무기관리상황을 매월 1회 이상 점검하여야 한다.

② 국가중요시설의 시설주는 자체계획을 수립하여 보관하고 있는 무기를 매주 1회 이상 손질할 수 있게 하여야 한다.

③ 국가중요시설에 침입한 무장간첩이 특수경비원으로부터 투항을 요구받고도 이에 불응한 때에는 무기를 사용하여 위해를 끼칠 수 있다.

④ 국가중요시설의 시설주는 수리가 필요한 무기가 있는 때에는 그 목록과 무기장비운영카드를 첨부하여 시·도경찰청장에게 수리를 요청하여야 한다.

⑤ 시설주 또는 관리책임자는 고의 또는 과실로 무기를 빼앗기거나 무기가 분실·도난 또는 훼손되도록 한 특수경비원에 대하여 특수경비업자에게 교체 또는 징계 등의 조치를 요청할 수 있다.

> **TIP** ① 시행령 제21조
> ② 시행규칙 제18조 제1항 제8호
> ③ 법 제14조 제8항
> ④ 국가중요시설의 시설주는 수리가 필요한 무기가 있는 때에는 그 목록과 무기장비운영카드를 첨부하여 관할경찰관서장에게 수리를 요청할 것〈시행규칙 제18조 제3항〉.
> ⑤ 시행규칙 제18조 제2항

**16** 경비업법령의 내용으로 옳지 않은 것은?

① 경비업은 법인이 아니면 영위할 수 없다.

② 경비업은 시·도경찰청장의 허가를 받아야 한다.

③ 파산선고를 받고 복권되지 아니한 자는 경비업을 영위하는 법인의 임원이 될 수 없다.

④ 경비업자는 의뢰받은 경비업무가 위법 또는 부당한 것일 때에는 이를 거부하여야 한다.

⑤ 주주총회 또는 「도시 및 주거환경정비법」에 의한 장소 중 이해대립이 있어 다툼이 있는 장소에 시설경비원을 배치하는 경우에는 7일전까지 배치지 관할 경찰서에 신고하여야 한다.

> **TIP** ⑤ 집단민원현장에 일반경비원 배치허가를 신청하려는 경비업자는 집단민원현장 일반경비원 배치허가 신청서(전자문서에 의한 신청서 포함)에 집단민원현장에 배치될 일반경비원의 신임교육 이수증(일반경비원 신임교육 면제 대상의 경우 신임교육 면제 대상에 해당함을 입증할 수 있는 서류) 각 1부를 첨부하여 관할 경찰관서장에게 제출해야 한다〈시행규칙 제24조의 2 제1항〉.

**Answer** 15.④  16.⑤

**17** 경비업법령상 경비지도사의 직무에 관한 설명으로 옳지 않은 것은?

① 경비지도사는 집단민원현장에 배치된 경비원에 대한 지도·감독을 성실하게 수행하여야 한다.

② 경비지도사는 소방기관과의 연락방법에 대한 지도를 월 1회 이상 수행하여야 한다.

③ 경비지도사는 경비원 직무교육 실시대장에 경비원 교육 내용을 기록하여 2년간 보존하여야 한다.

④ 기계경비지도사는 오경보방지 등을 위한 기기관리의 감독을 월 1회 이상 수행하여야 한다.

⑤ 기계경비지도사는 경비업무를 위한 기계장치의 운용·감독을 월 1회 이상 수행하여야 한다.

> **TIP** 경비지도사의 직무〈법 제12조 제2항〉
> ① 경비원의 지도·감독·교육에 관한 계획의 수립·실시 및 그 기록의 유지
> ② 경비현장에 배치된 경비원에 대한 순회점검 및 감독
> ③ 경찰기관 및 소방기관과의 연락방법에 대한 지도
> ④ 집단민원현장에 배치된 경비원에 대한 지도·감독
> ⑤ 그 밖에 대통령령이 정하는 직무
> ※ 경비지도사의 직무 및 준수사항〈시행령 제17조〉
> ① 법 제12조제2항제5호에서 "대통령령이 정하는 직무"란 다음의 직무를 말한다.
>   1. 기계경비업무를 위한 기계장치의 운용·감독(기계경비지도사의 경우에 한한다)
>   2. 오경보방지 등을 위한 기기관리의 감독(기계경비지도사의 경우에 한한다)
> ② 경비지도사는 직무를 월 1회 이상 수행하여야 한다.
> ③ 경비지도사는 경비원에 대한 교육을 실시하고, 행정안전부령으로 정하는 경비원 직무교육 실시대장에 그 내용을 기록하여 2년간 보존하여야 한다.

**18** 경비업자는 선임·배치된 경비지도사에 결원이 있거나 자격정지 등의 사유로 그 직무를 수행할 수 없는 때에는 (　　) 이내에 경비지도사를 새로이 충원해야 한다. (　　) 안에 들어갈 알맞은 것은?

① 60일　　　　　　　　② 30일

③ 20일　　　　　　　　④ 15일

⑤ 10일

> **TIP** 경비업자는 선임·배치된 경비지도사에 결원이 있거나 자격정지 등의 사유로 그 직무를 수행할 수 없는 때에는 15일 이내에 경비지도사를 새로이 충원하여야 한다〈시행령 제16조 제2항〉.

**Answer** 17.② 18.④

**19** 경비업법령상 경비원의 교육에 대한 설명으로 옳은 것을 모두 고른 것은?

> ㉠ 경비업자는 일반경비원을 채용한 경우 해당 일반경비원에게 경비업자의 부담으로 일반경비원 신임교육을 받도록 하여야 한다.
> ㉡ 경비업자는 경비지도사 자격이 있는 사람을 일반경비원으로 채용한 경우에는 해당 일반경비원을 일반경비원 신임교육 대상에서 제외할 수 있다.
> ㉢ 특수경비업자는 소속 특수경비원에게 관할경찰관서장이 수립한 교육계획에 따라 매월 6시간 이상의 직무교육을 받도록 하여야 한다.
> ㉣ 경비업자는 특수경비원 신임교육을 받은 사람이 요청하는 경우에는 신임교육 이수 확인증을 발급할 수 있다.

① ㉠㉡  
② ㉠㉢  
③ ㉡㉣  
④ ㉢㉣  
⑤ ㉡㉢

**TIP** ㉠ 경비업자는 일반경비원을 채용한 경우 해당 일반경비원에게 경비업자의 부담으로 일반경비원 신임교육을 받도록 하여야 한다〈시행령 제18조 제1항〉.

㉡ 경비업자는 다음의 어느 하나에 해당하는 사람을 일반경비원으로 채용한 경우에는 해당 일반경비원을 일반경비원 신임교육 대상에서 제외할 수 있다〈시행령 제18조 제2항〉.

1. 일반경비원 또는 특수경비원 신임교육을 받은 사람으로서 채용 전 3년 이내에 경비업무에 종사한 경력이 있는 사람
2. 「경찰공무원법」에 따른 경찰공무원으로 근무한 경력이 있는 사람
3. 「대통령 등의 경호에 관한 법률」에 따른 경호공무원 또는 별정직공무원으로 근무한 경력이 있는 사람
4. 「군인사법」에 따른 부사관 이상으로 근무한 경력이 있는 사람
5. 경비지도사 자격이 있는 사람
6. 채용 당시 일반경비원 신임교육을 받은 지 3년이 지나지 아니한 사람

㉢ 특수경비업자는 소속 특수경비원에게 경비지도사가 수립한 교육계획에 따라 매월 행정안전부령으로 정하는 시간 이상(6시간)의 직무교육을 받도록 하여야 한다〈시행령 제19조 제3항〉.

㉣ 시·도경찰청장 또는 경찰서장은 특수경비원 신임교육을 받은 사람이 요청하는 경우에는 신임교육 이수 확인증을 발급할 수 있다〈시행규칙 제15조 제4항〉.

**Answer** 19.①

**20** 경비원의 수가 다음과 같을 때 경비지도사의 선임·배치기준에 의한 최소한의 인원은?

> 서울 300명, 전남 140명, 대구 170명, 경북 25명 (단, 전 지역 모두 일반시설업무를 수행하는 경우)

① 3명

② 4명

③ 5명

④ 6명

⑤ 7명

**TIP** 서울 300명 → 2명

전남 140명 → 1명

대구 170명 → 1명

경북 25명 → 대구와 인접하므로 따로 선임·배치하지 않는다.

※ 경비지도사의 선임·배치기준〈시행령 별표 3〉

㉠ 경비업자는 경비원을 배치하여 영업활동을 하고 있는 지역을 관할하는 시·도경찰청의 관할구역별로 경비원 200명까지는 경비지도사 1명을 선임·배치하고, 경비원이 200명을 초과하는 경우 200명을 초과하는 경비원 100명 단위로 경비지도사 1명씩을 추가로 선임·배치해야 한다.

㉡ ㉠에 따라 경비지도사가 선임·배치된 시·도경찰청의 관할구역과 경계를 맞닿아 인접한 시·도경찰청의 관할구역에 배치된 경비원이 30명 이하인 경우에는 ㉠에도 불구하고 경비지도사를 따로 선임·배치하지 않을 수 있다. 이 경우 제주특별자치도경찰청과 전라남도경찰청은 경계를 맞닿아 인접한 것으로 본다.

㉢ ㉡에 따라 경비지도사를 따로 선임·배치하지 않는 경우 경비지도사 1명이 지도·감독 및 교육할 수 있는 경비원의 총수(경계를 맞닿아 인접한 시·도경찰청의 관할구역에 배치된 경비원의 수를 합산한다)는 200명을 초과할 수 없다.

**Answer** 20.②

**21** 경비업법상 경비원의 결격사유에 대한 설명으로 틀린 것은?

① 만 18세 미만 또는 만 60세 이상인 자는 일반경비원이 될 수 없다.

② 금고 이상의 형의 선고유예를 받고 그 유예기간 중에 있는 자는 특수경비원이 될 수 없다.

③ 금고 이상의 형의 집행유예선고를 받고 그 유예기간 중에 있는 자는 일반경비원이 될 수 없다.

④ 형법 제297조(강간)의 죄로 금고 이상의 형을 선고받고 그 집행이 유예된 날부터 10년이 지나지 아니한 자는 일반경비원 및 특수경비원이 될 수 없다.

⑤ 금고 이상의 실형의 선고를 받고 그 집행이 종료되거나 집행이 면제된 날부터 5년이 지나지 아니한 자는 일반경비원이 될 수 없다.

> **TIP** 경비지도사 및 경비원의 결격사유〈법 제10조〉
>
> ① 다음의 어느 하나에 해당하는 자는 경비지도사 또는 일반경비원이 될 수 없다.
>
> ㉠ 18세 미만인 사람 또는 피성년후견인
>
> ㉡ 파산선고를 받고 복권되지 아니한 자
>
> ㉢ 금고 이상의 실형의 선고를 받고 그 집행이 종료(집행이 종료된 것으로 보는 경우를 포함한다)되거나 집행이 면제된 날부터 5년이 지나지 아니한 자
>
> ㉣ 금고 이상의 형의 집행유예선고를 받고 그 유예기간중에 있는 자
>
> ㉤ 다음의 어느 하나에 해당하는 죄를 범하여 벌금형을 선고받은 날부터 10년이 지나지 아니하거나 금고 이상의 형을 선고받고 그 집행이 종료된(종료된 것으로 보는 경우 포함) 날 또는 집행이 유예·면제된 날부터 10년이 지나지 아니한 자
>
> ⓐ 「형법」 제114조의 죄 – 범죄단체 등의 조직
>
> ⓑ 「폭력행위 등 처벌에 관한 법률」 제4조의 죄 – 단체 등의 구성·활동
>
> ⓒ 「형법」 제297조, 제297조의2, 제298조부터 제301조까지, 제301조의2, 제302조, 제303조, 제305조, 제305조의2의 죄 – 강간, 유사강간, 강제추행, 준강간, 준강제추행, 미수범, 강간 등 상해 치상, 강간등 살인·치사, 미성년자 등에 대한 간음, 업무상위력 등에 의한 간음, 미성년자에 대한 간음, 추행, 상습범
>
> ⓓ 「성폭력범죄의 처벌 등에 관한 특례법」 제3조부터 제11조까지 및 제15조(제3조부터 제9조까지의 미수범만 해당)의 죄 – 특수강도강간 등, 특수강간 등, 친족관계에 의한 강간 등, 장애인에 대한 강간·강제추행 등, 13세 미만의 미성년자에 대한 강간, 강제추행 등, 강간 등 상해·치상, 강간 등 살인·치사, 업무상 위력 등에 의한 추행, 공중밀집 장소에서의 추행, 미수범
>
> ⓔ 「아동·청소년의 성보호에 관한 법률」 제7조 및 제8조의 죄 – 아동·청소년에 대한 강간·강제추행 등, 장애인인 아동·청소년에 대한 간음 등
>
> ⓕ ⓒ~ⓔ의 죄로서 다른 법률에 따라 가중처벌되는 죄
>
> ㉥ 다음의 어느 하나에 해당하는 죄를 범하여 벌금형을 선고받은 날부터 5년이 지나지 아니하거나 금고 이상의 형을 선고받고 그 집행이 유예된 날부터 5년이 지나지 아니한 자
>
> ⓐ 「형법」 제329조부터 제331조까지, 제331조의2 및 제332조부터 제343조까지의 죄 – 절도, 야간주거침입절도, 특수절도, 자동차등 불법사용, 강도, 특수강도, 준강도, 인질강도, 강도상해, 치상, 강도살인 치사, 강도강간, 해상강도, 상습범, 미수범, 예비, 음모
>
> ⓑ ⓐ의 죄로서 다른 법률에 따라 가중처벌되는 죄
>
> ㉦ ㉤의 ⓒ~ⓕ의 어느 하나에 해당하는 죄를 범하여 치료감호를 선고받고 그 집행이 종료된 날 또는 집행이 면제된 날부터 10년이 지나지 아니한 자 또는 ㉥의 어느 하나에 해당하는 죄를 범하여 치료감호를 선고받고 그 집행이 면제된 날부터 5년이 지나지 아니한 자

**Answer** 21.①

◎ 이 법이나 이 법에 따른 명령을 위반하여 벌금형을 선고받은 날부터 5년이 지나지 아니하거나 금고 이상의 형을 선고받고 그 집행이 유예된 날부터 5년이 지나지 아니한 자

② 다음의 어느 하나에 해당하는 자는 특수경비원이 될 수 없다.

㉠ 18세 미만이거나 60세 이상인 사람 또는 피성년후견인

㉡ 심신상실자, 알코올 중독자 등 대통령령으로 정하는 정신적 제약이 있는 자

㉢ ① ㉡~◎까지의 어느 하나에 해당하는 자

㉣ 금고 이상의 형의 선고유예를 받고 그 유예기간중에 있는 자

㉤ 행정안전부령으로 정하는 신체조건에 미달되는 자

## 22 경비업법령상 경비원의 배치·폐지 신고에 대한 내용으로 옳지 않은 것은?

① 경비업자가 경비원을 배치하거나 배치를 폐지한 경우에는 행정안전부령이 정하는 바에 따라 관할 경찰관서장에게 신고하여야 한다.

② 경비업자가 20일 이상 경비원을 배치하거나 그 기간을 연장하려는 때에는 경비원을 배치한 후 7일 이내에 배치신고서를 배치지의 관할 경찰관서장에게 제출하여야 한다.

③ 경비원 배치신고서는 전자문서신고 등의 형태도 가능하다.

④ 경비업자가 경비원의 배치를 폐지한 때에는 배치폐지한 날부터 7일 이내에 배치폐지신고서를 배치지의 관할 경찰관서장에게 제출하여야 한다.

⑤ 일반경비원 배치허가를 받은 경비업자가 경비원의 배치를 폐지한 때에는 배치폐지를 한 날부터 72시간 이내에 집단민원현장 일반경비원 배치폐지 신고서를 관할 경찰관서장에게 제출해야 한다.

**TIP** ① 경비업자가 경비원을 배치하거나 배치를 폐지한 경우에는 행정안전부령으로 정하는 바에 따라 관할 경찰관서장에게 신고하여야 한다〈법 제18조 제2항〉.

②③ 경비업자는 경비업무를 수행하기 위하여 20일 이상 경비원을 배치하거나 그 기간을 연장하려는 때에는 경비원을 배치한 후 7일 이내에 경비원 배치신고서(전자문서로 된 신고서를 포함)를 배치지를 관할하는 경찰관서장에게 제출하여야 한다〈시행규칙 제24조 제1항〉.

④ 경비원의 배치신고를 한 경비업자가 경비원의 배치를 폐지한 때에는 배치폐지를 한 날부터 7일 이내에 경비원 배치폐지신고서(전자문서로 된 신고서를 포함)를 배치지의 관할경찰관서장에게 제출하여야 한다〈시행규칙 제24조 제5항〉.

⑤ 일반경비원 배치허가를 받은 경비업자가 경비원의 배치를 폐지한 때에는 배치폐지를 한 날부터 48시간 이내에 집단민원현장 일반경비원 배치폐지 신고서(전자문서로 된 신고서 포함)를 관할 경찰관서장에게 제출해야 한다〈시행규칙 제24조의2 제5항〉.

**Answer** 22.⑤

**23** 경비원 또는 경비지도사의 결격사유에 해당하는 것은 모두 몇 개인가?

---

㉠ 금고 이상의 실형의 선고를 받고 그 집행이 종료(집행이 종료된 것으로 보는 경우 포함)되거나 집행이 면제된 날부터 5년이 지나지 아니한 자

㉡ 범죄단체 등의 조직, 강간, 유사강간, 강제추행의 죄로 벌금형을 선고받은 날부터 10년이 지나지 아니한 자

㉢ 특수절도, 인질강도, 강도강간의 죄로 금고 이상의 형을 선고받고 그 집행이 유예된 날부터 5년이 지나지 아니한 자

㉣ 금고 이상의 형의 집행유예선고를 받고 그 유예기간 중에 있는 자

---

① 1개
② 2개
③ 3개
④ 4개
⑤ 없음

---

**TIP** 경비지도사 및 경비원의 결격사유〈법 제10조 제1항〉 … 다음의 어느 하나에 해당하는 자는 경비지도사 또는 일반경비원이 될 수 없다.
㉠ 18세 미만인 사람 또는 피성년후견인
㉡ 파산선고를 받고 복권되지 아니한 자
㉢ 금고 이상의 실형의 선고를 받고 그 집행이 종료(집행이 종료된 것으로 보는 경우를 포함한다)되거나 집행이 면제된 날부터 5년이 지나지 아니한 자
㉣ 금고 이상의 형의 집행유예선고를 받고 그 유예기간중에 있는 자
㉤ 다음의 어느 하나에 해당하는 죄를 범하여 벌금형을 선고받은 날부터 10년이 지나지 아니하거나 금고 이상의 형을 선고받고 그 집행이 종료된(종료된 것으로 보는 경우 포함) 날 또는 집행이 유예·면제된 날부터 10년이 지나지 아니한 자
  ⓐ 「형법」 제114조의 죄 – 범죄단체 등의 조직
  ⓑ 「폭력행위 등 처벌에 관한 법률」 제4조의 죄 – 단체 등의 구성·활동
  ⓒ 「형법」 제297조, 제297조의2, 제298조부터 제301조까지, 제301조의2, 제302조, 제303조, 제305조, 제305조의2의 죄 – 강간, 유사강간, 강제추행, 준강간, 준강제추행, 미수범, 강간 등 상해 치상, 강간등 살인·치사, 미성년자 등에 대한 간음, 업무상위력 등에 의한 간음, 미성년자에 대한 간음, 추행, 상습범
  ⓓ 「성폭력범죄의 처벌 등에 관한 특례법」 제3조부터 제11조까지 및 제15조(제3조부터 제9조까지의 미수범만 해당)의 죄 – 특수강도강간 등, 특수강간 등, 친족관계에 의한 강간 등, 장애인에 대한 강간·강제추행 등, 13세 미만의 미성년자에 대한 강간, 강제추행 등, 강간 등 상해·치상, 강간 등 살인·치사, 업무상 위력 등에 의한 추행, 공중 밀집 장소에서의 추행, 미수범
  ⓔ 「아동·청소년의 성보호에 관한 법률」 제7조 및 제8조의 죄 – 아동·청소년에 대한 강간·강제추행 등, 장애인인 아동·청소년에 대한 간음 등
  ⓕ ⓒ~ⓔ의 죄로서 다른 법률에 따라 가중처벌되는 죄
㉥ 다음의 어느 하나에 해당하는 죄를 범하여 벌금형을 선고받은 날부터 5년이 지나지 아니하거나 금고 이상의 형을 선고받고 그 집행이 유예된 날부터 5년이 지나지 아니한 자
  ⓐ 「형법」 제329조부터 제331조까지, 제331조의2 및 제332조부터 제343조까지의 죄 – 절도, 야간주거침입절도, 특수절도, 자동차등 불법사용, 강도, 특수강도, 준강도, 인질강도, 강도상해, 치상, 강도살인 치사, 강도강간, 해상강도, 상습범, 미수범, 예비, 음모

ⓑ ⓐ의 죄로서 다른 법률에 따라 가중처벌되는 죄

Ⓐ ⓜ의 ⓒ~ⓕ의 어느 하나에 해당하는 죄를 범하여 치료감호를 선고받고 그 집행이 종료된 날 또는 집행이 면제된 날부터 10년이 지나지 아니한 자 또는 ⓗ의 어느 하나에 해당하는 죄를 범하여 치료감호를 선고받고 그 집행이 면제된 날부터 5년이 지나지 아니한 자

◎ 이 법이나 이 법에 따른 명령을 위반하여 벌금형을 선고받은 날부터 5년이 지나지 아니하거나 금고 이상의 형을 선고받고 그 집행이 유예된 날부터 5년이 지나지 아니한 자

**24** 경비업법령상 경비원이 휴대할 수 있는 장비가 아닌 것은?

① 방검복
② 안전방패
③ 분사기
④ 물대포
⑤ 경적

> **TIP** 경비원 휴대장비의 구체적인 기준〈시행규칙 별표 5〉

| 장비 | 장비기준 |
|---|---|
| 경적 | 금속이나 플라스틱 재질의 호루라기 |
| 단봉 | 금속(합금 포함)이나 플라스틱 재질의 전장 700mm 이하의 호신용 봉 |
| 분사기 | 「총포·도검·화약류 등 단속법」에 따른 분사기 |
| 안전방패 | 플라스틱 재질의 폭 500mm 이하, 길이 1,000mm 이하의 방패로 경찰공무원이 사용하는 안전방패와 색상 및 디자인이 명확히 구분되어야 함 |
| 무전기 | 무전기 송신 시 실시간으로 수신이 가능한 것 |
| 안전모 | 얼굴을 가리지 아니하면서, 머리를 보호하는 장비로 경찰공무원이 사용하는 방석모와 색상 및 디자인이 명확히 구분되어야 함 |
| 방검복 | 경찰공무원이 사용하는 방검복과 색상 및 디자인이 명확히 구분되어야 함 |

**25** 다음 중 경비원의 직무교육은 누가 시켜야 하는가?

① 경비업자
② 경비협회
③ 경찰서장
④ 시·도경찰청장
⑤ 청원경찰

> **TIP** 경비업자는 경비업무를 적정하게 실시하기 위하여 경비원으로 하여금 대통령령으로 정하는 바에 따라 경비원 신임교육 및 직무교육을 받게 하여야 한다〈법 제13조 제1항〉.

**Answer** 24.④ 25.①

**26** 특수경비원을 배치한 시설주가 갖추어 두어야 하는 장부 및 서류가 아닌 것은?

① 근무일지

② 감독순시부

③ 경비구역배치도

④ 무기탄약출납부

⑤ 근무상황카드

> **TIP** 특수경비원을 배치한 시설주는 다음의 장부 및 서류를 갖추어 두어야 한다〈시행규칙 제26조 제1항〉.
> 1. 근무일지
> 2. 근무상황카드
> 3. 경비구역배치도
> 4. 순찰표철
> 5. 무기탄약출납부
> 6. 무기장비운영카드

**27** 경비업법령상 경비원의 교육에 대한 설명으로 옳은 것은?

① 경비원이 되려는 사람은 대통령령으로 정하는 교육기관에서 미리 일반경비원 신임교육을 받을 수 있다.

② 경비원에 대한 신임교육은 경비협회, 경찰교육기관, 경찰청장이 지정한 기관 또는 단체에서 실시할 수 있다.

③ 채용 당시 특수경비원 신임교육을 받은 지 3년이 지나지 아니한 사람은 면제되지 아니한다.

④ 일반경비원의 경우 신임교육은 28시간, 직무교육은 월 4시간이다.

⑤ 특수경비업자는 채용 전 3년 이내에 기계경비업무에 종사하였던 경력이 있는 사람을 특수경비원으로 채용한 경우에는 특수경비원 신임교육대상에서 제외할 수 있다.

> **TIP** ① 경비원이 되려는 사람은 대통령령으로 정하는 교육기관에서 미리 일반경비원 신임교육을 받을 수 있다〈법 제13조 제2항〉.
> ② 경비업자는 일반경비원을 채용한 경우 해당 일반경비원에게 경비업자의 부담으로 다음의 기관 또는 단체에서 실시하는 일반경비원 신임교육을 받도록 하여야 한다〈시행령 제18조 제1항〉.
> 　1. 경비협회
> 　2. 「경찰공무원 교육훈련규정」에 따른 경찰교육기관
> 　3. 경비업무 관련 학과가 개설된 대학 등 경비원에 대한 교육을 전문적으로 수행할 수 있는 인력과 시설을 갖춘 기관 또는 단체 중 경찰청장이 지정하여 고시하는 기관 또는 단체
> ③ 일반경비원 또는 특수경비원 신임교육을 받은 사람으로서 채용 전 3년 이내에 경비업무에 종사한 경력이 있는 사람을 일반경비원으로 채용한 경우에는 해당 일반경비원을 일반경비원 신임교육 대상에서 제외할 수 있다〈시행령 제18조 제2항〉.
> ④ 일반경비원의 경우 신임교육은 24시간〈시행규칙 별표 2〉, 직무교육은 매월 2시간이다〈시행규칙 제13조 제1항〉.
> ⑤ 특수경비업자는 채용 전 3년 이내에 특수경비업무에 종사하였던 경력이 있는 사람을 특수경비원으로 채용한 경우에는 해당 특수경비원을 특수경비원 신임교육 대상에서 제외할 수 있다〈시행령 제19조 제2항〉.

**Answer** 26.② 27.①

**28** 일반경비원으로 채용된 사람 중 신임교육 면제대상이 아닌 자는?

① 「경찰공무원법」에 따른 경찰공무원 경력자
② 「대통령 등의 경호에 관한 법률」에 따른 경호공무원 경력자
③ 경비지도사 자격이 있는 자
④ 「군인사법」에 따른 부사관 이상의 경력자
⑤ 「소방공무원법」에 따른 소방공무원 경력자

> **TIP** 경비업자는 다음의 어느 하나에 해당하는 사람을 일반경비원으로 채용한 경우에는 해당 일반경비원을 일반경비원 신임교육 대상에서 제외할 수 있다〈시행령 제18조 제2항〉.
> 1. 일반경비원 또는 특수경비원 신임교육을 받은 사람으로서 채용 전 3년 이내에 경비업무에 종사한 경력이 있는 사람
> 2. 「경찰공무원법」에 따른 경찰공무원으로 근무한 경력이 있는 사람
> 3. 「대통령 등의 경호에 관한 법률」에 따른 경호공무원 또는 별정직공무원으로 근무한 경력이 있는 사람
> 4. 「군인사법」에 따른 부사관 이상으로 근무한 경력이 있는 사람
> 5. 경비지도사 자격이 있는 사람
> 6. 채용 당시 일반경비원 신임교육을 받은 지 3년이 지나지 아니한 사람

**29** 경비원의 장비에 대한 설명으로 옳지 않은 것은?

① 경비원이 휴대할 수 있는 장비의 종류는 행정안전부령으로 정하되, 근무 중에만 이를 휴대할 수 있다.
② 경비원이 휴대할 수 있는 장비 중 경적·단봉·분사기 등은 사전 소지허가 없이 휴대 가능하다.
③ 경비원은 경비업무를 위하여 필요하다고 인정되는 상당한 이유가 있을 때에는 필요한 최소 한도에서 장비를 사용할 수 있다.
④ 경비원은 근무 중 경비업무 수행에 필요한 것으로서 공격적인 용도로 제작되지 아니하는 장비를 휴대할 수 있다.
⑤ 경비원은 근무 중에 경찰관이 사용하는 방검복과 구별되는 안전장비를 착용할 수 있다.

> **TIP** 경비업자가 경비원으로 하여금 분사기를 휴대하여 직무를 수행하게 하는 경우에는 「총포·도검·화약류 등 단속법」에 따라 미리 분사기의 소지허가를 받아야 한다〈법 제16조의2 제2항〉.

**Answer** 28.⑤ 29.②

**30** 경비원 복장, 장구, 차량 등의 신고에 관한 설명으로 옳지 않은 것은?

① 경비원의 복장은 경찰공무원 또는 군인의 제복과 색상 및 디자인 등이 명확히 구별되어야 하며, 출동 차량의 경우도 경찰차량 및 군차량과 명확히 구분될 수 있어야 한다.

② 경비원이 휴대할 수 있는 장비는 경적, 단봉, 분사기 등이며, 필요시 임의로 개조하여 사용할 수 있다.

③ 경비업자는 경비업무 수행 시 경비원에게 소속 경비업체를 표시한 이름표를 부착하도록 하고, 신고된 동일한 복장을 착용하게 하여야 한다.

④ 집단민원현장이 아닌 곳에서 신변보호업무를 수행하는 경우 또는 경비업무의 성격상 부득이한 사유가 있어 관할 경찰관서장이 허용하는 경우 신고된 복장과 다른 복장을 착용할 수 있다.

⑤ 복장 등에 관한 신고규정을 위반하여 신고를 하지 않은 경우 1회 위반시 100만 원의 과태료가 부과된다(단, 집단민원현장 제외).

> **TIP** 경비원의 장비 등〈법 제16조의2〉
> ① 경비원이 휴대할 수 있는 장비의 종류는 경적·단봉·분사기 등 행정안전부령으로 정하되, 근무 중에만 이를 휴대할 수 있다.
> ② 경비업자가 경비원으로 하여금 분사기를 휴대하여 직무를 수행하게 하는 경우에는 「총포·도검·화약류 등 단속법」에 따라 미리 분사기의 소지허가를 받아야 한다.
> ③ 누구든지 장비를 임의로 개조하여 통상의 용법과 달리 사용함으로써 다른 사람의 생명·신체에 위해를 가하여서는 아니 된다.
> ④ 경비원은 경비업무를 위하여 필요하다고 인정되는 상당한 이유가 있을 때에는 필요한 최소한도에서 장비를 사용할 수 있다.

**31** 경비업법령상 일반경비지도사는 다음의 경비업무에 종사하는 경비원을 지도·감독 및 교육하는데, 이러한 경비업무에 해당하지 않는 것은?

① 시설경비업무                    ② 호송경비업무
③ 특수경비업무                    ④ 기계경비업무
⑤ 신변보호업무

> **TIP** 일반경비지도사는 시설경비업무, 호송경비업무, 신변보호업무, 특수경비업무에 종사하는 경비원을 지도·감독 및 교육하는 경비지도사이다〈시행령 제10조〉.

**Answer** 30.② 31.④

**32** 경비업법령상 특수경비업무와 관련한 무기의 사용 및 관리에 관한 설명으로 옳지 않은 것은?

① 특수경비원은 정당한 사유없이 무기를 소지하고 배치된 경비구역을 벗어나서는 아니 된다.

② 특수경비원은 무기 또는 폭발물을 소지하고 국가중요시설에 침입한 자가 3회 이상 투기 또는 투항을 요구받고도 이에 불응하면서 계속 항거하는 경우 이를 억제하기 위하여 다른 수단이 없다고 인정되는 때에는 필요한 한도 안에서 무기를 사용할 수 있다.

③ 특수경비원이 휴대할 수 있는 무기종류는 권총 및 소총으로 하며, 탄약의 출납은 소총에 있어서는 1정당 15발 이내, 권총에 있어서는 1정당 7발 이내로 하되, 새로 생산된 탄약을 우선적으로 출납한다.

④ 시설주는 무기를 수송하는 때에는 출발 전에 관할 경찰서장에게 그 사실을 통보하여야 하며, 관할 경찰서장은 1인 이상의 무장경찰관을 무기 수송차량 등에 함께 타도록 하여야 한다.

⑤ 무기고 및 탄약고는 단층에 설치하되, 탄약고는 무기고와 떨어진 곳에 설치하여야 한다.

> **TIP** ③ 탄약의 출납은 소총에 있어서는 1정당 15발 이내, 권총에 있어서는 1정당 7발 이내로 하되, 생산된 후 오래된 탄약을 우선적으로 출납할 것〈시행규칙 제18조 제3항 제2호〉

**33** 경비지도사의 직무에 해당하지 않는 것은?

① 경비원의 지도·감독·교육에 관한 계획의 수립·실시 및 그 기록의 유지

② 경비현장에 배치된 경비원에 대한 순회점검 및 감독

③ 경찰기관 및 군기관과의 연락방법에 대한 지도

④ 집단민원현장에 배치된 경비원에 대한 지도·감독

⑤ 오경보방지 등을 위한 기기관리의 감독(기계경비지도사에 한함)

> **TIP** 선임된 경비지도사의 직무〈법 제12조 제2항〉
> 1. 경비원의 지도·감독·교육에 관한 계획의 수립·실시 및 그 기록의 유지
> 2. 경비현장에 배치된 경비원에 대한 순회점검 및 감독
> 3. 경찰기관 및 소방기관과의 연락방법에 대한 지도
> 4. 집단민원현장에 배치된 경비원에 대한 지도·감독
> 5. 기계경비업무를 위한 기계장치의 운용·감독(기계경비지도사의 경우에 한한다)
> 6. 오경보방지 등을 위한 기기관리의 감독(기계경비지도사의 경우에 한한다)

**Answer** 32.③ 33.③

**34** 특수경비원에 대한 설명으로 틀린 것은?

① 특수경비원은 파업·태업 그 밖에 경비업무의 정상적인 운영을 저해하는 일체의 쟁의 행위를 할 수 없다.

② 특수경비원은 사람을 향하여 권총 또는 소총을 발사하고자 할 때에는 미리 구두 또는 공포탄에 의한 사격으로 상대방에게 경고하여야 한다.

③ 관할 경찰서장은 시설주 및 특수경비원의 무기관리 상황을 매월 1회 이상 점검하여야 한다.

④ 무기 구입은 시설주의 신청으로 시·도경찰청장이 구입하여 구입대금은 시설주가 지불하며 구입한 무기는 국가에 기부채납하여야 한다.

⑤ 시설주는 무기대여 신청서를 관할 경찰서장 및 공항경찰대장 등에게 제출하여야 한다.

> **TIP** 시설주는 특수경비원이 휴대할 무기를 대여받고자 하는 때에는 무기대여신청서를 관할경찰서장 및 공항경찰대장 등 국가 중요시설의 경비책임자(이하 "관할경찰관서장")를 거쳐 시·도경찰청장에게 제출하여야 한다〈시행령 제20조 제1항〉.

**35** 다음 괄호 안의 ㉠, ㉡에 들어갈 말은?

> 시설주가 관할 경찰서장으로부터 대여받은 무기에 대하여 ㉠은/는 무기의 관리책임을 지고, ㉡은/는 시설주 및 특수경비원의 무기관리상황을 대통령령이 정하는 바에 따라 지도·감독하여야 한다.

|   | ㉠ | ㉡ |
|---|---|---|
| ① | 시설주 및 관할 경찰관서장 | 관할 경찰관서장 |
| ② | 시·도경찰청장 | 관할 경찰관서장 |
| ③ | 관할 경찰관서장 | 시·도경찰청장 |
| ④ | 시설주 | 관할 경찰관서장 |
| ⑤ | 시설주 | 시·도경찰청장 |

> **TIP** 시설주가 대여받은 무기에 대하여 시설주 및 관할 경찰관서장은 무기의 관리책임을 지고, 관할 경찰관서장은 시설주 및 특수경비원의 무기관리상황을 대통령령이 정하는 바에 따라 지도·감독하여야 한다〈법 제14조 제5항〉.

**36** 일반경비원에 대한 신임교육의 과목에 해당되지 않는 것은?

① 체포 · 호신술
② 범죄예방론
③ 기계경비실무
④ 사격술
⑤ 직업윤리 및 서비스

**TIP** 일반경비원 신임교육의 과목 및 시간〈시행규칙 별표 2〉 - 시행일 : 2024. 1. 1.

| 구분(교육시간) | 과목 |
|---|---|
| 이론교육(4시간) | 「경비업법」 등 관계 법령 |
| | 범죄예방론 |
| 실무교육(19시간) | 시설경비 실무 |
| | 호송경비 실무 |
| | 신변보호 실무 |
| | 기계경비 실무 |
| | 사고 예방대책 |
| | 체포 · 호신술 |
| | 장비 사용법 |
| | 직업윤리 및 서비스 |
| 기타(1시간) | 입교식, 평가 및 수료식 |

**37** 경비업법에 관한 내용으로 옳지 않은 것은?

① 통신 및 방송 장비 제조업은 특수경비업자가 할 수 있는 경비관련업이다.
② 관할경찰관서장은 시설주의 신청에 의하여 특수경비원이 배치된 국가중요시설 등에 경비전화를 가설할 수 있다.
③ 시 · 도경찰청장은 특수경비업자에 대하여 연 1회 이상의 보안지도 · 점검을 실시하여야 한다.
④ 경비업자는 경비원이 업무수행 중 고의 또는 과실로 제3자에게 손해를 입힌 경우에는 이를 배상하여야 한다.
⑤ 무기를 지급받은 특수경비원은 무기를 매주 1회 이상 손질하여야 한다.

**TIP** 시 · 도경찰청장은 특수경비업자에 대하여 연 2회 이상의 보안지도 · 점검을 실시하여야 한다〈시행령 제29조〉.

**Answer** 36.④ 37.③

**38** 경비업법령상 ⊙, ⓒ에 들어갈 용어는?

> 시·도경찰청장은 국가중요시설에 대한 경비업무의 수행을 위하여 필요하다고 인정하는 때에는 ⊙의 신청에 의하여 무기를 구입한다. 이 경우 ⊙은/는 그 무기의 구입대금을 지불하고 구입한 무기를 국가에 ⓒ하여야 한다.

| | ⊙ | ⓒ |
|---|---|---|
| ① | 시설주 | 기부채납 |
| ② | 경비업자 | 기부채납 |
| ③ | 관할경찰관서장 | 위탁 |
| ④ | 특수경비원 | 위탁 |
| ⑤ | 일반경비원 | 기부채납 |

**TIP** 시·도경찰청장은 국가중요시설에 대한 경비업무의 수행을 위하여 필요하다고 인정하는 때에는 시설주의 신청에 의하여 무기를 구입한다. 이 경우 시설주는 그 무기의 구입대금을 지불하고, 구입한 무기를 국가에 기부채납하여야 한다〈법 제14조 제3항〉.

**39** 다음 중 국가중요시설 무기관리책임자의 관리수칙 중 맞는 것은?

① 무기의 관리를 위한 책임자를 지정하고 경찰청장에게 이를 통보할 하여야 한다.
② 탄약고는 많은 사람이 오고 가는 곳에 설치하여 방범 능력을 높여야 한다.
③ 무기고 및 탄약고에는 이중 잠금장치를 하고 열쇠는 관할 경찰서장이 보관하여야 한다.
④ 무기의 관리실태를 매월 파악하여 다음 달 3일까지 관할 경찰서장에게 통보하여야 한다.
⑤ 경비업자는 자체계획을 수립하여 보관하고 있는 무기를 매월 1회 이상 손질할 수 있게 할 것

**TIP** ① 무기의 관리를 위한 책임자를 지정하고 관할경찰관서장에게 이를 통보할 것〈시행규칙 제18조 제1항 제1호〉.
② 탄약고는 무기고와 사무실 등 많은 사람을 수용하거나 많은 사람이 오고 가는 시설과 떨어진 곳에 설치할 것〈시행규칙 제18조 제1항 제3호〉.
③ 무기고 및 탄약고에는 이중 잠금장치를 하여야 하며, 열쇠는 관리책임자가 보관하되, 근무시간 이후에는 열쇠를 당직책임자에게 인계하여 보관시킬 것〈시행규칙 제18조 제1항 제4호〉.
⑤ 시설주는 자체계획을 수립하여 보관하고 있는 무기를 매주 1회 이상 손질할 수 있게 할 것〈시행규칙 제18조 제1항〉.

**Answer** 38.① 39.④

**40** 다음 중 일반경비지도사의 선임배치기준으로 맞는 것은?

① 경비원 200인까지는 1인, 그 이상 100명마다 1명씩 추가

② 경비원 100인까지는 1인, 그 이상 200명마다 1명씩 추가

③ 경비원 200인까지는 1인, 그 이상 200명마다 1명씩 추가

④ 경비원 100인까지는 1인, 그 이상 100명마다 1명씩 추가

⑤ 경비원 50까지는 1인, 그 이상 50명마다 1명씩 추가

> **TIP** 경비지도사 선임배치 기준〈시행령 별표 3〉
> ㉠ 경비업자는 경비원을 배치하여 영업활동을 하고 있는 지역을 관할하는 시·도경찰청의 관할구역별로 경비원 200명까지는 경비지도사 1명을 선임·배치하고, 경비원이 200명을 초과하는 경우 200명을 초과하는 경비원 100명 단위로 경비지도사 1명씩을 추가로 선임·배치해야 한다.
> ㉡ ㉠에 따라 경비지도사가 선임·배치된 시·도경찰청의 관할구역과 경계를 맞닿아 인접한 시·도경찰청의 관할구역에 배치된 경비원이 30명 이하인 경우에는 ㉠에도 불구하고 경비지도사를 따로 선임·배치하지 않을 수 있다. 이 경우 제주특별자치도경찰청과 전라남도경찰청은 경계를 맞닿아 인접한 것으로 본다.
> ㉢ ㉡에 따라 경비지도사를 따로 선임·배치하지 않는 경우 경비지도사 1명이 지도·감독 및 교육할 수 있는 경비원의 총수(경계를 맞닿아 인접한 시·도경찰청의 관할구역에 배치된 경비원의 수를 합산한다)는 200명을 초과할 수 없다.

**41** 경비업법령상 경비지도사의 교육시간, 일반경비원의 신임교육시간, 특수경비원의 신임교육시간의 연결이 올바른 것은?

① 44시간 – 38시간 – 88시간

② 33시간 – 38시간 – 58시간

③ 44시간 – 48시간 – 68시간

④ 44시간 – 58시간 – 68시간

⑤ 44시간 – 24시간 – 88시간

> **TIP** 경비지도사의 교육시간은 44시간이며, 일반경비원의 신임교육시간은 24시간, 특수경비원의 신임교육시간은 88시간이다.

**42** 경비지도사의 공통교육 시간은?

① 24시간

② 33시간

③ 44시간

④ 48시간

⑤ 60시간

**TIP** 경비지도사 교육의 과목 및 시간〈시행규칙 별표 1〉 – 시행일 : 2024. 1. 1.

| 구분(교육시간) | 과목 | | 시간 |
|---|---|---|---|
| 공통교육(24시간) | 「경비업법」, 「경찰관직무집행법」 등 관계 법령 및 「개인정보 보호법」에 따른 개인정보 보호지침 등 | | 4 |
| | 실무 I | | 4 |
| | 실무 II | | 3 |
| | 장비 사용법 | | 2 |
| | 범죄 · 테러 · 재난 대응 요령 및 화재대처법 | | 2 |
| | 응급처치법 | | 2 |
| | 직업윤리 및 인권보호 | | 2 |
| | 체포 · 호신술 | | 2 |
| | 입교식, 평가 및 수료식 | | 3 |
| 자격의 종류별 교육 (16시간) | 일반경비지도사 | 시설경비 | 3 |
| | | 호송경비 | 2 |
| | | 신변보호 | 2 |
| | | 특수경비 | 2 |
| | | 기계경비 개론 | 2 |
| | | 일반경비 현장실습 | 5 |
| | 기계경비지도사 | 기계경비 운용관리 | 4 |
| | | 기계경비 기획 및 설계 | 4 |
| | | 인력경비 개론 | 3 |
| | | 기계경비 현장실습 | 5 |
| 계 | | | 40 |

비고 : 일반경비지도사 자격증 취득자 또는 기계경비지도사 자격증 취득자가 자격증 취득일부터 3년 이내에 기계경비지도사 또는 일반경비지도사 시험에 합격하여 교육을 받은 경우에는 공통교육은 면제한다.

**Answer** 42.①

**43** 경비업자는 선임·배치된 경비지도사에 결원이 있거나 자격정지 등의 사유로 그 직무를 수행할 수 없는 때에는 (    )일 이내에 경비지도사를 새로이 충원하여야 한다. (    ) 안에 들어갈 것은?

① 5

② 10

③ 15

④ 30

⑤ 50

> **TIP** 경비업자는 선임·배치된 경비지도사에 결원이 있거나 자격정지 등의 사유로 그 직무를 수행할 수 없는 때에는 15일 이내에 경비지도사를 새로이 충원하여야 한다〈시행령 제16조 제2항〉.

**44** 경비업법령상 경비원의 배치에 대한 설명으로 틀린 것은?

① 경비업자는 경비업무를 수행하기 위하여 20일 이상 경비원을 배치하거나 그 기간을 연장하려는 때에는 경비원 배치신고서를 배치지를 관할하는 경찰관서장에게 제출해야 한다.

② 특수경비원을 배치하는 경비업자는 배치신고서에 특수경비원 전원의 병력(病歷)신고 및 개인정보 이용 동의서를 첨부하여 제출하여야 한다.

③ 일반경비원 배치허가를 받은 경비업자가 집단민원현장에 새로운 경비원을 배치하려는 경우에는 배치허가 신청서를 제출하여 허가를 받아야 한다.

④ 일반경비원 배치허가를 받은 경비업자가 경비원 배치기간을 연장하려는 경우에는 배치기간이 만료되기 60시간 전까지 배치허가 신청서를 관할 경찰관서장에게 제출하여 허가를 받아야 한다.

⑤ 집단민원현장의 경비업자가 경비원의 배치를 폐지한 때에는 집단민원현장 일반경비원 배치폐지신고서를 관할 경찰관서장에게 제출하여야 한다.

> **TIP** ④ 일반경비원 배치허가를 받은 경비업자가 경비원 배치기간을 연장하려는 경우에는 배치기간이 만료되기 48시간 전까지 배치허가 신청서를 관할 경찰관서장에게 제출하여 허가를 받아야 한다〈시행규칙 제24조의2 제3항〉.
> ① 시행규칙 제24조 제1항
> ② 시행규칙 제24조 제2항
> ③ 시행규칙 제24조의2 제4항
> ⑤ 시행규칙 제24조의2 제5항

**Answer** 43.③ 44.④

**45** 경비업법령상 경비지도사의 직무 및 선임에 대한 설명으로 틀린 것은?

① 경비원의 지도·감독·교육에 관한 계획의 수립·실시 및 그 기록의 유지
② 경비현장에 배치된 경비원에 대한 순회점검 및 감독
③ 경찰기관 및 소방기관과의 연락방법에 대한 지도
④ 집단민원현장에 배치된 경비원에 대한 지도·감독
⑤ 선임·배치된 경비지도사의 결원 및 자격정지 등의 사유로 그 직무를 수행할 수 없는 때에는 30일 이내에 새로이 충원

**TIP** 경비업자는 선임·배치된 경비지도사에 결원이 있거나 자격정지 등의 사유로 그 직무를 수행할 수 없는 때에는 15일 이내에 경비지도사를 새로이 충원하여야 한다〈시행령 제16조 제2항〉.

**46** 다음 중 선임된 경비지도사의 직무의 내용이 아닌 것은?

① 경비현장에 배치된 경비원의 순화, 점검, 감독
② 경찰기관 및 소방기관에 대한 연락방법 지도
③ 경비원의 지도, 감독, 교육에 관한 계획 수립
④ 경비원의 채용 및 교육에 관한 경비업자의 조언
⑤ 집단민원현장에 배치된 경비원에 대한 지도·감독

**TIP** 경비지도사의 선임 등〈법 제12조〉
① 경비업자는 대통령령이 정하는 바에 따라 경비지도사를 선임하여야 한다.
② 선임된 경비지도사의 직무는 다음과 같다.
　　1. 경비원의 지도·감독·교육에 관한 계획의 수립·실시 및 그 기록의 유지
　　2. 경비현장에 배치된 경비원에 대한 순회점검 및 감독
　　3. 경찰기관 및 소방기관과의 연락방법에 대한 지도
　　4. 집단민원현장에 배치된 경비원에 대한 지도·감독
　　5. 그 밖에 대통령령이 정하는 직무
③ 선임된 경비지도사는 직무를 대통령령이 정하는 바에 따라 성실하게 수행하여야 한다.

**Answer** 45.⑤ 46.④

**47** 경비업법령상 경비지도사 및 경비원의 결격사유에 해당하지 않는 것은?

① 만 20세 미만인 자

② 파산선고를 받고 복권되지 아니한 자

③ 금고 이상의 형의 집행유예선고를 받고 그 유예기간중에 있는 자

④ 금고 이상의 실형의 선고를 받고 그 집행의 종료(집행이 종료된 것으로 보는 경우를 포함한다) 되거나 집행이 면제된 날부터 5년이 지나지 아니한 자

⑤ 피한정후견인

> **TIP** 경비지도사 및 경비원의 결격사유(법 제10조)
> ㉠ 18세 미만인 사람 또는 피성년후견인
> ㉡ 파산선고를 받고 복권되지 아니한 자
> ㉢ 금고 이상의 실형의 선고를 받고 그 집행이 종료(집행이 종료된 것으로 보는 경우를 포함한다)되거나 집행이 면제된 날부터 5년이 지나지 아니한 자
> ㉣ 금고 이상의 형의 집행유예선고를 받고 그 유예기간중에 있는 자
> ㉤ 다음의 어느 하나에 해당하는 죄를 범하여 벌금형을 선고받은 날부터 10년이 지나지 아니하거나 금고 이상의 형을 선고받고 그 집행이 종료된(종료된 것으로 보는 경우 포함) 날 또는 집행이 유예·면제된 날부터 10년이 지나지 아니한 자
> ⓐ 「형법」 제114조의 죄 – 범죄단체 등의 조직
> ⓑ 「폭력행위 등 처벌에 관한 법률」 제4조의 죄 – 단체 등의 구성·활동
> ⓒ 「형법」 제297조, 제297조의2, 제298조부터 제301조까지, 제301조의2, 제302조, 제303조, 제305조, 제305조의2의 죄 – 강간, 유사강간, 강제추행, 준강간, 준강제추행, 미수범, 강간 등 상해 치상, 강간등 살인·치사, 미성년자 등에 대한 간음, 업무상위력 등에 의한 간음, 미성년자에 대한 간음, 추행, 상습범
> ⓓ 「성폭력범죄의 처벌 등에 관한 특례법」 제3조부터 제11조까지 및 제15조(제3조부터 제9조까지의 미수범만 해당)의 죄 – 특수강도강간 등, 특수강간 등, 친족관계에 의한 강간 등, 장애인에 대한 강간·강제추행 등, 13세 미만의 미성년자에 대한 강간, 강제추행 등, 강간 등 상해·치상, 강간 등 살인·치사, 업무상 위력 등에 의한 추행, 공중 밀집 장소에서의 추행, 미수범
> ⓔ 「아동·청소년의 성보호에 관한 법률」 제7조 및 제8조의 죄 – 아동·청소년에 대한 강간·강제추행 등, 장애인인 아동·청소년에 대한 간음 등
> ⓕ ⓒ~ⓔ의 죄로서 다른 법률에 따라 가중처벌되는 죄
> ㉥ 다음의 어느 하나에 해당하는 죄를 범하여 벌금형을 선고받은 날부터 5년이 지나지 아니하거나 금고 이상의 형을 선고받고 그 집행이 유예된 날부터 5년이 지나지 아니한 자
> ⓐ 「형법」 제329조부터 제331조까지, 제331조의2 및 제332조부터 제343조까지의 죄 – 절도, 야간주거침입절도, 특수절도, 자동차등 불법사용, 강도, 특수강도, 준강도, 인질강도, 강도상해, 치상, 강도살인 치사, 강도강간, 해상강도, 상습범, 미수범, 예비, 음모
> ⓑ ⓐ의 죄로서 다른 법률에 따라 가중처벌되는 죄
> ㉦ ㉤의 ⓒ~ⓕ의 어느 하나에 해당하는 죄를 범하여 치료감호를 선고받고 그 집행이 종료된 날 또는 집행이 면제된 날부터 10년이 지나지 아니한 자 또는 ㉥의 어느 하나에 해당하는 죄를 범하여 치료감호를 선고받고 그 집행이 면제된 날부터 5년이 지나지 아니한 자
> ㉧ 이 법이나 이 법에 따른 명령을 위반하여 벌금형을 선고받은 날부터 5년이 지나지 아니하거나 금고 이상의 형을 선고받고 그 집행이 유예된 날부터 5년이 지나지 아니한 자

**Answer** 47.①

**48** 경비업법령상 특수경비원이 사람을 향하여 권총을 발사하고자 하는 때에 미리 구두 또는 공포탄에 의한 사격으로 상대방에게 경고해야 하나, 부득이하게 경고하지 아니할 수 있는 경우에 해당하지 않는 것은?

① 특수경비원을 급습하는 경우

② 민간시설에 침입하는 경우

③ 인질사건에 있어서 은밀히 작전을 수행하는 경우

④ 타인의 생명·신체에 대한 중요한 위험을 야기하는 범행이 목전에서 실행되고 있는 경우

⑤ 테러사건에 있어서 은밀히 작전을 수행하는 경우

> **TIP** 민간시설에 침입은 해당하지 않는다〈법 제15조 제4항〉.
>
> ※ 특수경비원의 의무〈법 제15조〉
> ① 특수경비원은 직무를 수행함에 있어 시설주·관할 경찰관서장 및 소속상사의 직무상 명령에 복종하여야 한다.
> ② 특수경비원은 소속상사의 허가 또는 정당한 사유없이 경비구역을 벗어나서는 아니 된다.
> ③ 특수경비원은 파업·태업 그 밖에 경비업무의 정상적인 운영을 저해하는 일체의 쟁의행위를 하여서는 아니 된다.
> ④ 특수경비원이 무기를 휴대하고 경비업무를 수행하는 때에는 다음의 1에 정하는 무기의 안전사용수칙을 지켜야 한다.
>   1. 특수경비원은 사람을 향하여 권총 또는 소총을 발사하고자 하는 때에는 미리 구두 또는 공포탄에 의한 사격으로 상대방에게 경고하여야 한다. 다만, 다음의 1에 해당하는 경우로서 부득이한 때에는 경고하지 아니할 수 있다.
>     가. 특수경비원을 급습하거나 타인의 생명·신체에 대한 중대한 위험을 야기하는 범행이 목전에 실행되고 있는 등 상황이 급박하여 경고할 시간적 여유가 없는 경우
>     나. 인질·간첩 또는 테러사건에 있어서 은밀히 작전을 수행하는 경우
>   2. 특수경비원은 무기를 사용하는 경우에 있어서 범죄와 무관한 다중의 생명·신체에 위해를 가할 우려가 있는 때에는 이를 사용하여서는 아니 된다. 다만, 무기를 사용하지 아니하고는 타인 또는 특수경비원의 생명·신체에 대한 중대한 위협을 방지할 수 없다고 인정되는 때에는 필요한 최소한의 범위 안에서 이를 사용할 수 있다.
>   3. 특수경비원은 총기 또는 폭발물을 가지고 대항하는 경우를 제외하고는 14세 미만의 자 또는 임산부에 대하여는 권총 또는 소총을 발사하여서는 아니 된다.

**Answer** 48.②

**49** 경비업법령상의 설명으로 옳은 것은?

① 경비원이 사용하는 무전기는 무전기 송신 시 실시간으로 수신이 가능한 것이어야 한다.

② 경비업법령상 일반경비원이 소지할 수 있는 장구에는 수갑, 포승, 경찰봉, 경봉이 있다.

③ 경비원을 지도·감독 및 교육하는 경비지도사의 유형은 일반경비지도사와 특수경비지도사로 구분한다.

④ 특수경비업무는 경비대상시설에 설치한 기기에 의하여 감지·송신된 정보를 그 경비대상 시설 외의 장소에 설치한 관제시설의 기기로 수신하여 도난·화재 등 위험발생을 방지하는 업무를 의미한다.

⑤ 경비원이 휴대할 수 있는 분사기는 「총포·도검·화약류 등 단속법」에 따른 분사기는 해당되지 않는다.

> **TIP** ② 경비원은 근무 중 경적, 단봉, 분사기, 안전방패, 무전기 및 그 밖에 경비 업무 수행에 필요한 것으로서 공격적인 용도로 제작되지 아니하는 장비를 휴대할 수 있으며, 안전모 및 방검복 등 안전장비를 착용할 수 있다.
> ③ 경비지도사는 일반경비지도사와 기계경비지도사로 구분한다.
> ④ 기계경비업무에 해당한다.
> ⑤ 경비원이 휴대할 수 있는 분사기는 「총포·도검·화약류 등 단속법」에 따른 분사기이어야 한다.
> ※ 경비원 휴대장비의 구체적인 기준〈시행규칙 별표 5〉

| 장비 | 장비기준 |
|---|---|
| 경적 | 금속이나 플라스틱 재질의 호루라기 |
| 단봉 | 금속(합금 포함)이나 플라스틱 재질의 전장 700mm 이하의 호신용 봉 |
| 분사기 | 「총포·도검·화약류 등 단속법」에 따른 분사기 |
| 안전방패 | 플라스틱 재질의 폭 500mm 이하, 길이 1,000mm 이하의 방패로 경찰공무원이 사용하는 안전방패와 색상 및 디자인이 명확히 구분되어야 함 |
| 무전기 | 무전기 송신 시 실시간으로 수신이 가능한 것 |
| 안전모 | 얼굴을 가리지 아니하면서, 머리를 보호하는 장비로 경찰공무원이 사용하는 방석모와 색상 및 디자인이 명확히 구분되어야 함 |
| 방검복 | 경찰공무원이 사용하는 방검복과 색상 및 디자인이 명확히 구분되어야 함 |

**Answer** 49.①

**50** 경비업법령상 경비업자에 대한 설명으로 옳은 것은?

① 경비업자는 소속 경비지도사가 퇴직한 때에는 25일 이내에 경비지도사를 새로이 충원하여야 한다.

② 일반경비원에 대한 신임교육은 소속 경비업자가 실시한다.

③ 기계경비업무를 수행하는 경비업자는 첫 업무개시의 신고를 하기 전에 시·도경찰청장의 비밀취급인가를 받아야 한다.

④ 경비업자는 폐업을 한 때에는 폐업한 날로부터 7일 이내에 폐업신고서에 허가증을 첨부하여 시·도경찰청장에게 제출하여야 한다.

⑤ 경비업자는 경찰공무원 또는 군인의 제복과 색상 및 디자인 등이 동일한 소속 경비원의 복장을 정하여 신고하여야 한다.

> **TIP** ① 경비업자는 선임·배치된 경비지도사에 결원이 있거나 자격정지 등의 사유로 그 직무를 수행할 수 없는 때에는 15일 이내에 경비지도사를 새로이 충원하여야 한다〈시행령 제16조 제2항〉.
> ② 경비업자는 경비업무를 적정하게 실시하기 위하여 경비원으로 하여금 대통령령으로 정하는 바에 따라 경비원 신임교육 및 직무교육을 받게 하여야 한다〈법 제13조 제1항〉.
> ③ 특수경비업무를 수행하는 경비업자는 첫 업무개시의 신고를 하기 전에 시·도경찰청장의 비밀취급인가를 받아야 한다〈시행령 제6조 제1항〉.
> ⑤ 경비업자는 경찰공무원 또는 군인의 제복과 색상 및 디자인 등이 명확히 구별되는 소속 경비원의 복장을 정하고 이를 확인할 수 있는 사진을 첨부하여 주된 사무소를 관할하는 시·도경찰청장에게 행정안전부령으로 정하는 바에 따라 신고하여야 한다〈법 제16조 제1항〉.

**51** 경비업법령상 특수경비원이 될 수 있는 자는?

① 만 18세로서 음주운전이 적발되어 운전면허 정지기간 중에 있는 자

② 만 20세로서 징역 1년의 실형을 선고 받고 그 집행이 종료된 날로부터 4년 된 자

③ 만 22세로서 금고 1년 형의 선고유예를 받고 그 유예기간 중에 있는 자

④ 만 60세로서 두 눈의 교정시력이 각각 0.6인 자

⑤ 교정시력 각각 0.7 이상인 자

> **TIP** 경비지도사 및 경비원의 결격사유〈법 제10조〉 … 다음의 어느 하나에 해당하는 자는 특수경비원이 될 수 없다.
> 1. 18세 미만이거나 60세 이상인 자, 피성년후견인
> 2. 심신상실자, 알코올 중독자 등 대통령령으로 정하는 정신적 제약이 있는 자
> 3. 제1항제2호부터 제8호까지의 어느 하나에 해당하는 자
> 4. 금고 이상의 형의 선고유예를 받고 그 유예기간중에 있는 자
> 5. 행정안전부령이 정하는 신체조건에 미달되는 자 – 팔과 다리가 완전하고 두 눈의 맨눈시력 각각 0.2 이상 또는 교정시력 각각 0.8 이상을 말한다.

**Answer** 50.④ 51.①

**52** 경비업법령상 경비지도사 제1차 시험면제자에 해당되지 않는 사람은?

① 경비업법에 따른 특수경비업무 분야에서 5년을 종사하고 행정자치부령으로 정하는 교육과정을 이수한 사람
② 고등교육법에 따른 대학 이상의 학교를 졸업한 사람으로서 재학 중 경비지도사 시험과목을 3과목 이상을 이수하고 졸업 후 경비업무에 종사한 경력이 5년인 사람
③ 기계경비지도사의 자격을 취득한 후 일반경비지도사 시험에 응시하는 사람
④ 공무원임용령에 따른 행정직군 교정직렬 공무원으로 5년 동안 재직한 사람
⑤ 경찰공무원으로 7년 이상 재직한 사람

> **TIP** 시험의 일부면제〈시행령 제13조〉… 다음의 어느 하나에 해당하는 사람은 경비지도사 제1차 시험을 면제한다.
> 1. 「경찰공무원법」에 따른 경찰공무원으로 7년 이상 재직한 사람
> 2. 「대통령 등의 경호에 관한 법률」에 따른 경호공무원 또는 별정직공무원으로 7년 이상 재직한 사람
> 3. 「군인사법」에 따른 각 군 전투병과 또는 군사경찰병과 부사관 이상 간부로 7년 이상 재직한 사람
> 4. 「경비업법」에 따른 경비업무에 7년 이상(특수경비업무의 경우에는 3년 이상) 종사하고 행정안전부령으로 정하는 교육과정을 이수한 사람
> 5. 「고등교육법」에 따른 대학 이상의 학교를 졸업한 사람으로서 재학 중 경비지도사 시험과목을 3과목 이상을 이수하고 졸업한 후 경비업무에 종사한 경력이 3년 이상인 사람
> 6. 「고등교육법」에 따른 전문대학을 졸업한 사람으로서 재학 중 경비지도사 시험과목을 3과목 이상을 이수하고 졸업한 후 경비업무에 종사한 경력이 5년 이상인 사람
> 7. 일반경비지도사의 자격을 취득한 후 기계경비지도사의 시험에 응시하는 사람 또는 기계경비지도사의 자격을 취득한 후 일반경비지도사의 시험에 응시하는 사람
> 8. 「공무원임용령」에 따른 행정직군 교정직렬 공무원으로 7년 이상 재직한 사람

**53** 경비업법령상 경비원의 교육에 관한 설명으로 틀린 것은?

① 경비업자는 경비업무를 적정하게 실시하기 위하여 경비원으로 하여금 대통령령으로 정하는 바에 따라 경비원 신임교육 및 직무교육을 받게 하여야 한다.

② 특수경비업자는 특수경비원을 채용한 경우 해당 특수경비원의 부담으로 특수경비원 신임교육을 받도록 하여야 한다.

③ 특수경비원 신임교육을 받지 아니한 자를 특수경비업무에 종사하게 하여서는 아니 된다.

④ 특수경비업자는 채용 전 3년 이내에 특수경비업무에 종사하였던 경력이 있는 사람을 특수경비원으로 채용한 경우에는 해당 특수경비원을 특수경비원 신임교육 대상에서 제외할 수 있다.

⑤ 특수경비원의 교육시 관할경찰서 소속 경찰공무원이 교육기관에 입회하여 대통령령이 정하는 바에 따라 지도 · 감독하여야 한다.

> **TIP** 특수경비업자는 특수경비원을 채용한 경우 해당 특수경비원에게 특수경비업자의 부담으로 특수경비원 신임교육을 받도록 하여야 한다〈시행령 제19조 제1항〉.

**54** 경비업법령상 관할 경찰관서장의 직무를 설명하고 있는 것이 아닌 것은?

① 경비업자가 규정을 위반하여 신고를 하지 아니하고 일반경비원을 배치한 경우에 배치폐지를 명할 수 있다.

② 경비원이 결격사유에 해당하게 된 사실을 알게 된 때에는 경비업자에게 그 사실을 통보해야 한다.

③ 무기의 적정한 관리를 위하여 무기를 대여 받은 시설주에 대하여 필요한 명령을 발할 수 있다.

④ 국가중요시설에 대한 경비업무의 수행을 위하여 필요하다고 인정하는 때에는 시설주의 신청에 의하여 무기를 구입한다.

⑤ 자격정지 기간 중에 경비지도사로 선임되어 활동한 때에 경찰청장은 경비지도사 자격을 취소하여야 한다.

> **TIP** 시 · 도경찰청장은 국가중요시설에 대한 경비업무의 수행을 위하여 필요하다고 인정하는 때에는 시설주의 신청에 의하여 무기를 구입한다. 이 경우 시설주는 그 무기의 구입대금을 지불하고, 구입한 무기를 국가에 기부채납하여야 한다〈법 제14조 제3항〉.

**Answer** 53.② 54.④

**55** 경비업법령상 경비원의 제복 및 장비 등에 관한 설명으로 옳은 것은?

① 경비원의 제복은 경찰공무원과 유사해야 하며, 일반인과 비교하여 경비원임이 식별될 수 있는 복장이어야 한다.

② 경비업자는 제복 외의 복장을 착용하는 시설경비원을 동일한 배치장소에 2인 이상을 배치할 경우 각각 다른 복장을 착용하게 하여 식별이 가능하도록 해야 한다.

③ 경비원의 장구 중 경적·경봉은 근무 중에 한하여 이를 휴대할 수 있다.

④ 기계경비업자는 출동차량의 도색 및 표지를 정한 때에는 그 도색 및 표지를 확인할 수 있는 사진을 주된 사무소를 관할하는 경찰서장에게 제출해야 한다.

⑤ 경비업자는 경비업무 수행 시 경비원에게 소속 경비업체를 표시한 이름표를 부착시키지 않아도 된다.

> **TIP** ① 경비업자는 경찰공무원 또는 군인의 제복과 색상 및 디자인 등이 명확히 구별되는 소속 경비원의 복장을 정하여야 한다〈법 제16조 제1항〉.
> ④ 경비업자는 출동차량 등의 도색 및 표지를 정하고 이를 확인할 수 있는 사진을 첨부하여 주된 사무소를 관할하는 시·도경찰청장에게 행정안전부령으로 정하는 바에 따라 신고하여야 한다〈법 제16조의3 제2항〉.
> ⑤ 경비업자는 경비업무 수행 시 경비원에게 소속 경비업체를 표시한 이름표를 부착하도록 하고, 신고된 동일한 복장을 착용하게 하여야 한다〈법 제16조 제2항〉.

**56** 경비업법령상 특수경비원의 직무 및 무기사용에 관한 설명으로 옳지 않은 것은?

① 사람을 향하여 권총 또는 소총을 발사하고자 하는 때에는 미리 구두 또는 공포탄에 의한 사격으로 상대방에게 경고해야 함이 원칙이다.

② 테러사건에 있어서 은밀히 작전을 수행하는 경우로서 부득이한 때에는 경고 없이 사람을 향하여 권총 또는 소총을 발사할 수 있다.

③ 범죄와 무관한 다중의 생명·신체에 위해를 가할 우려가 있는 때에는 무기를 사용해서는 아니 됨이 원칙이다.

④ 칼을 가지고 대항하는 14세 미만의 자에 대하여 권총 또는 소총을 발사할 수 있다.

⑤ 특수경비원이 휴대할 무기를 대여받고자 하는 때에는 무기대여신청서를 관할경찰서장 및 공항경찰대장 등 국가중요시설의 경비책임자를 거쳐 시·도경찰청장에게 제출하여야 한다.

> **TIP** 특수경비원은 총기 또는 폭발물을 가지고 대항하는 경우를 제외하고는 14세 미만의 자 또는 임산부에 대하여는 권총 또는 소총을 발사하여서는 아니 된다〈법 제15조 제4항〉.

**Answer** 55.③ 56.④

**57** 경비업법령상 경비원의 비치 및 배치폐지의 신고에 관한 내용이다. (   ) 안에 들어갈 내용을 순서대로 나열한 것은?

> 경비업자는 법 제18조제2항에 따라 경비업무를 수행하기 위하여 20일 이상 경비원을 배치하거나 그 기간을 연장하려는 때에는 경비원을 배치한 후 7일 이내에 경비원 배치신고서를 배치지의 관할 경찰관서장에게 제출하여야 한다.

① 7, 관할경찰관서장
② 7, 시·도경찰청장
③ 14, 관할경찰관서장
④ 14, 시·도경찰청장
⑤ 15, 시·도경찰청장

> **TIP** 경비업자는 법 제18조제2항에 따라 경비업무를 수행하기 위하여 20일 이상 경비원을 배치하거나 그 기간을 연장하려는 때에는 경비원을 배치한 후 7일 이내에 경비원 배치신고서(전자문서로 된 신고서 포함)를 배치지를 관할하는 경찰관서장에게 제출해야 한다. 다만, 법 제18조제2항제2호 및 제3호에 해당하는 경비원을 배치하는 경우에는 경비원을 배치하는 기간과 관계없이 경비원을 배치하기 전까지 제출해야 한다〈시행규칙 제24조 제1항〉.

**58** 경비업법령상 무기관리 수칙에 관한 설명으로 옳은 것은?

① 무기를 대여 받은 국가중요시설의 시설주는 무기의 관리실태를 매월 파악하여 다음 달 5일까지 관할경찰관서장에게 통보하여야 한다.
② 국가중요시설의 시설주는 자체계획을 수립하여 보관하고 있는 무기를 매주 1회 이상 손질할 수 있게 하여야 한다.
③ 무기를 대여 받은 시설주가 특수경비원에게 무기를 출납하고자 할 때에는 탄약의 출납은 소총에 있어서는 1정당 20발 이내로 한다.
④ 경비원으로부터 무기 수송의 통보를 받은 관할경찰서장은 2인 이사의 무장경찰관을  무기를 수송하는 자동차 등에 함께 타도록 하여야 한다.
⑤ 무기를 지급받거나 반납하는 때 또는 무기의 인계 인수를 하는 때에는 반드시 "검사 총"의 자세를 하여야 한다.

**Answer**   57.① 58.②

**59** 경비업법령상 경비업자가 경비원으로 하여금 직무를 수행하게 하는 경우, 총포 · 도검 · 화약류 등의 안전관리에 관한 법률(총포 · 도검 · 화약류 등 단속법)에 따라 미리 소지허가를 받아야 하는 것은?

① 경적  ② 단봉
③ 분사기  ④ 안전방패
⑤ 무전기

**TIP** 경비업자가 경비원으로 하여금 분사기를 휴대하여 직무를 수행하게 하는 경우에는 「총포 · 도검 · 화약류 등 단속법」에 따라 미리 분사기의 소지허가를 받아야 한다〈법 제16조의2 제2항〉.

**Answer** 59.③

# 05 행정처분

## (1) 경비업 허가의 취소 등(법 제19조)

① 허가관청은 경비업자가 다음의 어느 하나에 해당하는 때에는 그 허가를 취소하여야 한다.
ㄱ 허위 그 밖의 부정한 방법으로 허가를 받은 때
ㄴ 허가받은 경비업무외의 업무에 경비원을 종사하게 한 때
ㄷ 경비업 및 경비관련업외의 영업을 한 때
ㄹ 정당한 사유 없이 허가를 받은 날부터 2년 이내에 경비 도급실적이 없거나 계속하여 1년 이상 휴업한 때
ㅁ 정당한 사유 없이 최종 도급계약 종료일의 다음 날부터 2년 이내에 경비 도급실적이 없을 때
ㅂ 영업정지처분을 받고 계속하여 영업을 한 때
ㅅ 소속 경비원으로 하여금 경비업무의 범위를 벗어난 행위를 하게 한 때
ㅇ 관할 경찰관서장의 배치폐지 명령에 따르지 아니한 때

② 허가관청은 경비업자가 다음의 어느 하나에 해당하는 때에는 대통령령으로 정하는 행정처분의 기준에 따라 그 허가를 취소하거나 6개월 이내의 기간을 정하여 영업의 전부 또는 일부에 대하여 영업정지를 명할 수 있다.
ㄱ 시·도경찰청장의 허가 없이 경비업무를 변경한 때
ㄴ 도급을 의뢰받은 경비업무가 위법한 것임에도 이를 거부하지 아니한 때
ㄷ 경비지도사를 집단민원현장에 선임·배치하지 아니한 때
ㄹ 경비대상 시설에 관한 경보 대응체제를 갖추지 아니한 때
ㅁ 관련 서류를 작성·비치하지 아니한 때
ㅂ 결격사유에 해당하는 경비원을 배치하거나 결격사유에 해당하는 경비지도사를 선임·배치한 때
ㅅ 경비지도사의 신임·배치 규정을 위반하여 경비지도사를 선임한 때
ㅇ 경비원으로 하여금 교육을 받게 하지 아니한 때
ㅈ 경비원의 복장 등에 관한 규정을 위반한 때
ㅊ 경비원의 장비 등에 관한 규정을 위반한 때
ㅋ 경비원의 출동차량 등에 관한 규정을 위반한 때
ㅌ 집단민원현장에 일반경비원 명부를 작성·비치하지 아니한 때
ㅍ 배치허가를 받지 아니하고 경비원을 배치하거나 경비원 명단 및 배치일시·배치장소 등 배치허가 신청의 내용을 거짓으로 한 때
ㅎ 결격사유에 해당하는 일반경비원을 집단민원현장에 배치한 때

㉮ 감독상 명령에 따르지 아니한 때

㉯ 손해를 배상하지 아니한 때

③ 허가관청은 허가취소 또는 영업정지처분을 하는 때에는 경비업자가 허가받은 경비업무 중 허가취소 또는 영업정지사유에 해당되는 경비업무에 한하여 처분을 하여야 한다. 다만, 허가받은 경비업무외의 업무에 경비원을 종사하게 한 때 및 소속 경비원으로 하여금 경비업무의 범위를 벗어난 행위를 하게 한 때에 해당하여 허가취소를 하는 때에는 그러하지 아니하다.

**행정처분 기준(시행령 별표 4)**

1. 일반기준

   가. 행정처분이 영업정지인 경우에는 위반행위의 동기, 내용 및 위반의 정도 등을 고려하여 가중하거나 감경할 수 있다.

   나. 위반행위가 2 이상인 경우로서 그에 해당하는 각각의 처분기준이 다른 경우에는 그 중 중한 처분기준에 따르며, 2 이상의 처분기준이 동일한 영업정지인 경우에는 중한 처분기준의 2분의 1까지 가중할 수 있다. 다만, 가중하는 경우에도 각 처분기준을 합산한 기간을 초과할 수 없다.

   다. 위반행위의 횟수에 따른 행정처분 기준은 최근 2년간 같은 위반행위로 행정처분을 받은 경우에 적용한다. 이 경우 기준 적용일은 위반행위에 대한 행정처분일과 그 처분 후의 위반행위가 다시 적발된 날을 기준으로 한다.

   라. 영업정지처분에 해당하는 위반행위가 적발된 날 이전 최근 2년간 같은 위반행위로 2회 영업정지처분을 받은 경우에는 그 위반행위에 대한 행정처분기준은 허가취소로 한다.

2. 개별기준

| 위반행위 | 해당 법조문 | 행정처분 기준 | | |
|---|---|---|---|---|
| | | 1차 위반 | 2차 위반 | 3차 이상 위반 |
| 시·도경찰청장의 허가 없이 경비업무를 변경한 때 | 법 제19조제2항제1호 | 경고 | 영업정지 6개월 | 허가취소 |
| 도급을 의뢰받은 경비업무가 위법한 것임에도 이를 거부하지 않은 때 | 법 제19조제2항제2호 | 영업정지 1개월 | 영업정지 3개월 | 허가취소 |
| 경비지도사를 집단민원현장에 선임·배치하지 않은 때 | 법 제19조제2항제3호 | 영업정지 1개월 | 영업정지 3개월 | 허가취소 |
| 경비대상 시설에 관한 경보 대응체제를 갖추지 않은 때 | 법 제19조제2항제4호 | 경고 | 경고 | 영업정지 1개월 |
| 관련 서류를 작성·비치하지 않은 때 | 법 제19조제2항제5호 | 경고 | 경고 | 영업정지 1개월 |
| 결격사유에 해당하는 경비원을 배치하거나 결격사유에 해당하는 경비지도사를 선임·배치한 때 | 법 제19조제2항제6호 | 영업정지 1개월 | 영업정지 3개월 | 허가취소 |

| 위반행위 | 해당 법조문 | 행정처분 기준 | | |
|---|---|---|---|---|
| | | 1차 위반 | 2차 위반 | 3차 이상 위반 |
| 규정을 위반하여 경비지도사를 선임한 때 | 법 제19조제2항제7호 | 영업정지 1개월 | 영업정지 3개월 | 허가취소 |
| 경비원으로 하여금 교육을 받게 하지 않은 때 | 법 제19조제2항제8호 | 경고 | 경고 | 영업정지 1개월 |
| 경비원의 복장 등에 관한 규정을 위반한 때 | 법 제19조제2항제9호 | 경고 | 영업정지 1개월 | 영업정지 3개월 |
| 경비원의 장비 등에 관한 규정을 위반한 때 | 법 제19조제2항제10호 | 경고 | 영업정지 1개월 | 영업정지 3개월 |
| 경비원의 출동차량 등에 관한 규정을 위반한 때 | 법 제19조제2항제11호 | 경고 | 영업정지 1개월 | 영업정지 3개월 |
| 집단민원현장에 일반경비원 명부를 작성·비치하지 않은 때 | 법 제19조제2항제12호 | 영업정지 1개월 | 영업정지 3개월 | 허가취소 |
| 배치허가를 받지 아니하고 경비원을 배치하거나 경비원 명단 및 배치일시·배치장소 등 배치허가 신청의 내용을 거짓으로 한 때 | 법 제19조제2항제13호 | 영업정지 1개월 | 영업정지 3개월 | 허가취소 |
| 결격사유에 해당하는 일반경비원을 집단민원현장에 배치한 때 | 법 제19조제2항제14호 | 영업정지 1개월 | 영업정지 3개월 | 허가취소 |
| 감독상 명령에 따르지 않은 때 | 법 제19조제2항제15호 | 경고 | 영업정지 3개월 | 허가취소 |
| 손해를 배상하지 않은 때 | 법 제19조제2항제16호 | 경고 | 영업정지 3개월 | 영업정지 6개월 |

## (2) 경비지도사자격의 취소 등(법 제20조)

① 경찰청장은 경비지도사가 다음의 1에 해당하는 때에는 그 자격을 취소하여야 한다.
  ㉠ 결격사유에 해당하게 된 때
  ㉡ 허위 그 밖의 부정한 방법으로 경비지도사자격증을 교부받은 때
  ㉢ 경비지도사자격증을 다른 사람에게 빌려주거나 양도한 때
  ㉣ 자격정지 기간 중에 경비지도사로 선임되어 활동한 때

② 경찰청장은 경비지도사가 다음의 1에 해당하는 때에는 대통령령이 정하는 바에 따라 1년의 범위 내에서 그 자격을 정지시킬 수 있다.
  ㉠ 직무를 성실하게 수행하지 아니한 때
  ㉡ 경찰청장 또는 시·도경찰청장의 명령을 위반한 때

③ 경찰청장은 경비지도사의 자격을 취소한 때에는 경비지도사자격증을 회수하여야 하고, 경비지도사의 자격을 정지한 때에는 그 정지기간 동안 경비지도사자격증을 회수하여 보관하여야 한다.

**경비지도사 자격정지처분 기준(시행령 별표 5)**

| 위반행위 | 해당법조문 | 행정처분기준 | | |
|---|---|---|---|---|
| | | 1차 | 2차 | 3차이상 |
| 직무를 성실하게 수행하지 아니한 때 | 법 제20조제2항제1호 | 자격정지 3월 | 자격정지 6월 | 자격정지 12월 |
| 경찰청장, 시·도경찰청장의 명령을 위반한 때 | 법 제20조제2항제2호 | 자격정지 1월 | 자격정지 6월 | 자격정지 9월 |

비고 : 위반행위의 횟수에 따른 행정처분의 기준은 당해 위반행위가 있은 이전 최근 2년간 같은 위반행위로 행정처분을 받은 경우에 적용한다.

## (3) 청문(법 제21조)

경찰청장 또는 시·도경찰청장은 다음의 1에 해당하는 처분을 하고자 하는 경우에는 청문을 실시하여야 한다.

① 경비업 허가의 취소 또는 영업정지

② 경비지도사 자격의 취소 또는 정지

# 출제 예상 문제

2019년 기출 변형

**1** 경비업자 갑(甲)은 경비원의 복장 규정을 위반하여, 2017년 8월 1일에 1차 행정처분을 받았으며 2018년 9월 1일에 또 다시 경비원의 복장 규정을 위반하여 적발된 경우 행정처분의 기준은? (단, 가중·감경은 고려하지 않음)

① 경고

② 영업정지 1개월

③ 영업정지 3개월

④ 영업정지 9개월

⑤ 허가취소

**TIP** 행정처분기준〈시행령 별표 4〉

| 위반행위 | 행정처분 기준 | | |
|---|---|---|---|
| | 1차 위반 | 2차 위반 | 3차 이상 위반 |
| 경비원의 복장 등에 관한 규정을 위반한 때 | 경고 | 영업정지 1개월 | 영업정지 3개월 |

2019년 기출 변형

**2** 경비업법령상 필요적 취소사유에 해당하지 않는 것은?

① 허위 그 밖의 부정한 방법으로 허가를 받은 때

② 정당한 사유없이 허가를 받은 날부터 1년 이내에 경비 도급실적이 없는 때

③ 허가받은 경비업무 외의 업무에 경비원을 종사하게 한 때

④ 정당한 사유없이 최종 도급계약 종료일의 다음 날부터 2년 이내에 경비 도급실적이 없을 때

⑤ 소속 경비원으로 하여금 경계업무의 범위를 벗어난 행위를 하게 한 때

**Answer**   1.②  2.②

**TIP** 허가관청은 경비업자가 다음의 어느 하나에 해당하는 때에는 그 허가를 취소하여야 한다〈법 제19조〉.
1. 허위 그 밖의 부정한 방법으로 허가를 받은 때
2. 허가받은 경비업무외의 업무에 경비원을 종사하게 한 때
3. 경비업 및 경비관련업외의 영업을 한 때
4. 정당한 사유없이 허가를 받은 날부터 2년 이내에 경비 도급실적이 없거나 계속하여 1년 이상 휴업한 때
5. 정당한 사유없이 최종 도급계약 종료일의 다음 날부터 2년 이내에 경비 도급실적이 없을 때
6. 영업정지처분을 받고 계속하여 영업을 한 때
7. 소속 경비원으로 하여금 경비업무의 범위를 벗어난 행위를 하게 한 때
8. 관할 경찰관서장의 배치폐지 명령에 따르지 아니한 때

2019년 기출 변형
**3** 경비업법령상 경비지도사 자격의 취소사유에 해당하지 않는 것은?

> ㉠ 허위 그 밖의 부정한 방법으로 경비지도사 자격증을 교부받은 때
> ㉡ 경비업무의 적정한 수행을 위하여 내려진 경찰청장 또는 시·도경찰청장의 명령을 위반한 때
> ㉢ 경비지도사자격증을 다른 사람에게 빌려주거나 양도한 때
> ㉣ 경비현장에 배치된 경비원에 대한 순회점검 및 감독을 월 1회 이상 수행하지 않은 때
> ㉤ 자격정지 기간 중에 경비지도사로 선임되어 활동한 때

① ㉠㉢

② ㉠㉣

③ ㉡㉣

④ ㉣㉤

⑤ ㉡㉢㉣

**TIP** 경비지도사의 자격 취소〈법 제20조〉
1. 결격사유에 해당하게 된 때
2. 허위 그 밖의 부정한 방법으로 경비지도사자격증을 교부받은 때
3. 경비지도사자격증을 다른 사람에게 빌려주거나 양도한 때
4. 자격정지 기간 중에 경비지도사로 선임되어 활동한 때

**Answer** 3.③

**4** 경비업법령상 경비지도사 자격정지처분기준 중 ( ) 안의 내용으로 알맞은 것은?

| 위반행위 | 행정처분기준 | | |
|---|---|---|---|
| | 1차 | 2차 | 3차 |
| 경비업법 제12조 제3항의 규정에 위반하여 직무를 성실하게 수행하지 아니한 때 | 자격정지 3월 | ( ㉠ ) | 자격정지 12월 |
| 경비업법 제24조의 규정에 의한 경찰청장·시·도경찰청장의 명령을 위한반 때 | 자격정지 1월 | ( ㉡ ) | ( ㉢ ) |

① ㉠ : 자격정지 3월, ㉡ : 자격정지 6월, ㉢ : 자격정지 9월
② ㉠ : 자격정지 6월, ㉡ : 자격정지 3월, ㉢ : 자격정지 12월
③ ㉠ : 자격정지 9월, ㉡ : 자격정지 6월, ㉢ : 자격정지 3월
④ ㉠ : 자격정지 7월, ㉡ : 자격정지 7월, ㉢ : 자격정지 9월
⑤ ㉠ : 자격정지 6월, ㉡ : 자격정지 6월, ㉢ : 자격정지 9월

**TIP** 경비지도사 자격정지처분 기준〈시행령 별표 5〉

| 위반행위 | 행정처분기준 | | |
|---|---|---|---|
| | 1차 | 2차 | 3차 이상 |
| 법 제12조제3항의 규정에 위반하여 직무를 성실하게 수행하지 아니한 때 | 자격정지 3월 | 자격정지 6월 | 자격정지 12월 |
| 법 제24조의 규정에 의한 경찰청장·시·도경찰청장의 명령을 위반한 때 | 자격정지 1월 | 자격정지 6월 | 자격정지 9월 |

**5** 경비업법령상 경찰청장 또는 시·도경찰청장이 처분을 하고자 하는 경우에 청문을 실시하여야만 하는 경우가 아닌 것은?

① 경비업의 허가
② 경비업의 허가취소
③ 경비업의 영업정지
④ 경비지도사 자격취소
⑤ 경비지도사 자격정지

**TIP** 청문〈법 제21조〉 ··· 경찰청장 또는 시·도경찰청장은 다음의 1에 해당하는 처분을 하고자 하는 경우에는 청문을 실시하여야 한다.
1. 경비업 허가의 취소 또는 영업정지
2. 경비지도사자격의 취소 또는 정지

**Answer**  4.⑤  5.①

**6** 경비업법령상 행정처분기준 중 개별기준에 관한 (   ) 안의 내용으로 알맞은 것은?

| 위반행위 | 행정처분기준 | | |
|---|---|---|---|
| | 1차 | 2차 | 3차 |
| 경비업법 제24조의 규정에 의한 경찰청장·시·도경찰청장 또는 관할경찰관서장의 감독상 명령에 따르지 아니한 경우 | ㉠ | ㉡ | 허가취소 |

① ㉠ : 경고, ㉡ : 영업정지 3월

② ㉠ : 경고, ㉡ : 영업정지 6월

③ ㉠ : 영업정지 3월, ㉡ : 경고

④ ㉠ : 영업정지 3월, ㉡ : 영업정지 6월

⑤ ㉠ : 영업정지 6월, ㉡ : 영업정지 12월

> **TIP** 행정처분 기준〈시행령 별표 4〉
>
> | 위반행위 | 행정처분 기준 | | |
> |---|---|---|---|
> | | 1차 위반 | 2차 위반 | 3차 이상 위반 |
> | 법 제24조에 따른 감독상 명령에 따르지 않은 때 | 경고 | 영업정지 3개월 | 허가취소 |

**7** 경비업법령상 경비지도사 자격취소처분의 사유가 아닌 것은?

① 허위 그 밖의 부정한 방법으로 경비지도사자격증을 교부받은 때

② 경비지도사자격증을 다른 사람에게 빌려주거나 양도한 때

③ 자격정지 기간 중에 경비지도사로 선임되어 활동한 때

④ 「경비업법」 제24조의 규정에 의한 경찰청장 또는 시·도경찰청장의 명령을 위반한 때

⑤ 결격사유에 해당하게 된 때

> **TIP** 경찰청장은 경비지도사가 다음의 1에 해당하는 때에는 그 자격을 취소하여야 한다〈법 제20조 제1항〉.
> ㉠ 결격사유에 해당하게 된 때
> ㉡ 허위 그 밖의 부정한 방법으로 경비지도사자격증을 교부받은 때
> ㉢ 경비지도사자격증을 다른 사람에게 빌려주거나 양도한 때
> ㉣ 자격정지 기간 중에 경비지도사로 선임되어 활동한 때

**Answer** 6.① 7.④

**8** 경비업법령상 경비업 허가의 취소사유가 아닌 것은?

① 경비업자가 허가받은 경비업무 외의 업무에 경비원을 종사하게 한 때

② 경비업자가 정당한 사유 없이 최종 도급계약 종료일의 다음 날부터 1년 이내에 경비 도급실적이 없을 때

③ 경비업자가 소속 경비원으로 하여금 경비업무의 범위를 벗어난 행위를 하게 한 때

④ 경비업자가 관할 경찰관서장의 배치폐지 명령에 따르지 아니한 때

⑤ 경비업자가 영업정지처분을 받고 계속하여 영업을 한 때

> **TIP** 경비업 허가의 취소 등〈법 제19조〉
> ① 허가관청은 경비업자가 다음의 어느 하나에 해당하는 때에는 그 허가를 취소하여야 한다.
> ㉠ 허위 그 밖의 부정한 방법으로 허가를 받은 때
> ㉡ 허가받은 경비업무외의 업무에 경비원을 종사하게 한 때
> ㉢ 경비업 및 경비관련업외의 영업을 한 때
> ㉣ 정당한 사유 없이 허가를 받은 날부터 2년 이내에 경비 도급실적이 없거나 계속하여 1년 이상 휴업한 때
> ㉤ 정당한 사유 없이 최종 도급계약 종료일의 다음 날부터 2년 이내에 경비 도급실적이 없을 때
> ㉥ 영업정지처분을 받고 계속하여 영업을 한 때
> ㉦ 소속 경비원으로 하여금 경비업무의 범위를 벗어난 행위를 하게 한 때
> ㉧ 관할 경찰관서장의 배치폐지 명령에 따르지 아니한 때
> ② 허가관청은 경비업자가 다음의 어느 하나에 해당하는 때에는 대통령령으로 정하는 행정처분의 기준에 따라 그 허가를 취소하거나 6개월 이내의 기간을 정하여 영업의 전부 또는 일부에 대하여 영업정지를 명할 수 있다.

**9** 경비업법령상 경찰청장 또는 시·도경찰청장이 청문을 실시해야 하는 행정처분이 아닌 것은?

① 경비업자에 대한 과태료 부과처분

② 경비업 영업정지처분

③ 경비업 허가취소처분

④ 경비지도사 자격 취소처분

⑤ 경비지도사 자격 정지처분

> **TIP** 청문〈법 제21조〉… 경찰청장 또는 시·도경찰청장은 다음의 1에 해당하는 처분을 하고자 하는 경우에는 청문을 실시하여야 한다.
> ① 경비업 허가의 취소 또는 영업정지
> ② 경비지도사 자격의 취소 또는 정지

**Answer** 8.② 9.①

**10** 경비업법령상 경비지도사가 직무를 성실하게 수행하지 아니한 경우, 1차 위반 시 행정처분 기준으로 옳은 것은?

① 경비지도사 자격정지 1월
② 경비지도사 자격정지 3월
③ 경비지도사 자격정지 6월
④ 경비지도사 자격정지 9월
⑤ 경비지도사 자격정지 12월

> **TIP** 경비지도사 자격정지처분 기준〈시행령 별표 5〉
>
> | 위반행위 | 해당법조문 | 행정처분기준 | | |
> |---|---|---|---|---|
> | | | 1차 | 2차 | 3차 이상 |
> | 직무를 성실하게 수행하지 아니한 때 | 법 제20조제2항제1호 | 자격정지 3월 | 자격정지 6월 | 자격정지 12월 |
> | 경찰청장·시·도경찰청장의 명령을 위반한 때 | 법 제20조제2항제2호 | 자격정지 1월 | 자격정지 6월 | 자격정지 9월 |

**11** 경비업법령상 경비지도사의 자격취소 등에 관한 설명으로 옳지 않은 것은?

① 경비지도사가 허위로 경비지도사자격증을 교부받은 때에는 그 자격이 취소된다.
② 경비지도사가 경비지도사자격증을 다른 사람에게 빌려준 때에는 그 자격이 취소된다.
③ 경비지도사가 경비업법의 명령을 위반하여 자격정지처분을 받은 후 2년 내에 또다시 명령위반으로 적발된 경우 12월의 자격정지처분을 받을 수 있다.
④ 경비지도사가 경비현장에 배치된 경비원에 대한 순회점검 및 감독 의무 등 직무를 성실하게 수행하지 아니하여 1차 적발된 경우 3월의 자격정지처분을 받을 수 있다.
⑤ 경찰청장은 경비지도사의 자격을 정지한 때에는 그 정지기간동안 경비지도사자격증을 회수하여 보관하여야 한다.

> **TIP** 경비지도사가 경찰청장 또는 시·도경찰청장의 명령을 위반한 때의 경찰청장은 대통령령이 정하는 바에 따라 1년의 범위 내에서 그 자격을 정지시킬 수 있다〈법 제20조 제2항〉. 경비지도사가 경찰청장의 명령을 위반한 때는 1차 자격정지처분 받은 것이며, 2년 이내 다시 위반은 2차에 해당하여 자격정지 6월의 처분을 받게 된다.

**Answer** 10.② 11.③

**12** 경비업법령상 경비지도사 자격정지처분 기준이다. (  )에 들어갈 숫자의 합으로 옳은 것은?

> 경비업법 제12조 제3항의 규정에 위반하여 직무를 성실하게 수행하지 아니한 경우 1차 위반 자격정지 (  )월, 2차 위반 자격정지 (  )월이다.

① 6
② 7
③ 8
④ 9
⑤ 10

> **TIP** 경비지도사 자격정지처분 기준〈시행령 별표 5〉
>
> | 위반행위 | 행정처분기준 | | |
> |---|---|---|---|
> | | 1차 | 2차 | 3차이상 |
> | 법 제12조제3항의 규정에 위반하여 직무를 성실하게 수행하지 아니한 때 | 자격정지 3월 | 자격정지 6월 | 자격정지 12월 |
> | 법 제24조의 규정에 의한 경찰청장·시·도경찰청장의 명령을 위반한 때 | 자격정지 1월 | 자격정지 6월 | 자격정지 9월 |

**13** 경비업법상 허가관청이 경비업 허가를 취소해야 하는 경우로 옳지 않은 것은?

① 허위 그 밖의 부정한 방법으로 허가를 받은 때
② 허가받은 경비업무 외의 업무에 경비원을 종사하게 한 때
③ 경비업 및 경비관련업 외의 영업을 한 때
④ 정당한 사유없이 허가를 받은 날부터 1년 이내에 경비 도급실적이 없거나 계속하여 1년 이상 휴업한 때
⑤ 정당한 사유없이 최종 도급계약 종료일의 다음 날부터 2년 이내에 경비 도급실적이 없을 때

> **TIP** 허가관청은 경비업자가 다음의 어느 하나에 해당하는 때에는 그 허가를 취소하여야 한다〈법 제19조 제1항〉.
> 1. 허위 그 밖의 부정한 방법으로 허가를 받은 때
> 2. 허가받은 경비업무외의 업무에 경비원을 종사하게 한 때
> 3. 경비업 및 경비관련업외의 영업을 한 때
> 4. 정당한 사유없이 허가를 받은 날부터 2년 이내에 경비 도급실적이 없거나 계속하여 1년 이상 휴업한 때
> 5. 정당한 사유없이 최종 도급계약 종료일의 다음 날부터 2년 이내에 경비 도급실적이 없을 때
> 6. 영업정지처분을 받고 계속하여 영업을 한 때
> 7. 소속 경비원으로 하여금 경비업무의 범위를 벗어난 행위를 하게 한 때
> 8. 관할 경찰관서장의 배치폐지 명령에 따르지 아니한 때

**Answer** 12.④ 13.⑤

**14** 경찰청장 또는 시·도경찰청장이 처분을 하고자 하는 경우 청문을 실시하여야 하는 경우라고 볼 수 없는 것은?

① 경비업 허가의 취소
② 경비업의 영업정지
③ 경비지도사자격의 정지
④ 경비지도사자격의 취소
⑤ 과태료의 부과

> **TIP** 과태료 부과를 할 경우는 청문 사유가 아니다〈법 제21조〉.

**15** 경비지도사의 자격을 정지하였을 때에 조치사항으로 옳은 것은?

① 경비지도사의 업무만을 정지시킨다.
② 직무를 성실히 수행하고 있는지 감독한다.
③ 그 정지기간 동안 경비지도사 자격증을 회수하여 보관한다.
④ 정지기간이 완료되는 시점 1개월 후에 경비지도사 자격증을 재교부한다.
⑤ 정지 후 청문을 실시한다.

> **TIP** 경찰청장은 경비지도사의 자격을 취소한 때에는 경비지도사자격증을 회수하여야 하고, 경비지도사의 자격을 정지한 때에는 그 정지기간동안 경비지도사자격증을 회수하여 보관하여야 한다〈법 제20조 제3항〉.

**Answer** 14.⑤ 15.③

**16** 경비업법령상 청문절차를 거쳐야만 하는 경우가 아닌 것은?

① 현장배치 경비원에 대한 감독을 수행하지 않아 받은 경비지도사의 자격정지처분

② 경비원의 업무수행 중 제3자에게 입힌 손해에 대한 경비업자의 배상

③ 허가 없이 경비업무를 변경하여 받은 경비업의 영업정지처분

④ 결격사유에 해당되는 경비원 채용이 적발되어 경비업 허가의 취소처분

⑤ 경비지도사의 자격 취소 처분

> **TIP** 청문〈법 제21조〉
> 경찰청장 또는 시·도경찰청장은 다음에 해당하는 처분을 하고자 하는 경우에는 청문을 실시하여야 한다.
> 1. 경비업 허가의 취소 또는 영업정지
> 2. 경비지도사자격의 취소 또는 정지

**17** 경비업법령상 경비업 허가의 취소사유로 옳지 않은 것은?

① 허위 그 밖의 부정한 방법으로 허가를 받은 때

② 허가 받은 경비업무 외의 업무에 경비원을 종사하게 한 때

③ 정당한 사유 없이 최종 도급계약 종료일의 다음 날부터 1년 이내에 경비 도급실적이 없을 때

④ 정당한 사유 없이 허가를 받은 날부터 2년 이내에 경비 도급실적이 없거나 계속하여 1년 이상 휴업한 때

⑤ 영업정지처분을 받고 계속하여 영업을 한 때

> **TIP** 정당한 사유없이 최종 도급계약 종료일의 다음 날부터 2년 이내에 경비 도급실적이 없을 때에 허가관청은 그 허가를 취소하여야 한다〈법 제19조 제1항〉.

**Answer** 16.② 17.③

**18** 경비업법령상 경비업 허가의 취소사유에 해당하지 않는 것은?

① 영업정지 처분을 맏고 계속하여 영업을 한 때
② 정당한 사유없이 최종 도급계약 종료일의 다음 날부터 1년 이내에 경비 도급실적이 없을 때
③ 소속 경비원으로 하여금 경비업무의 범위를 벗어난 행위를 하게 한 때
④ 허가 받은 경비업무 외의 업무에 경비원을 종사하게 한 때
⑤ 결격사유에 해당하는 경비원을 2차례 배치한 때

> **TIP** ⑤ 경비업자 또는 시설주에게는 200만 원 이하의 과태료를 부과한다〈시행령 별표 6〉.

**19** 경비지도사가 경비원 지도·감독·교육에 대한 계획수립과 그 계획에 의한 교육실시 및 기록을 유지하지 아니한 때 제1차의 행정처분 기준은?

① 자격정지 1월
② 자격정지 2월
③ 자격정지 3월
④ 자격정지 4월
⑤ 영업취소

> **TIP** 경비지도사는 경비원의 지도·감독·교육에 관한 계획의 수립·실시 및 그 기록의 유지에 관한 직무를 수행하여야 하며, 이를 위반하여 직무를 성실하게 수행하지 아니한 때에는 자격정지 3월의 처분을 받게 된다.

**Answer** 18.⑤ 19.③

**20** 경비업법령에 대한 내용으로 옳지 않은 것은?

① 일반경비원은 공항 등 국가중요시설의 특수경비업무를 수행할 수 없다.

② 국가중요시설은 공항·항만, 원자력발전소 등의 시설 중 국가정보원장이 지정하는 국가안보시설과 행정안전부장관이 지정하는 국가보안시설을 말한다.

③ 특수경비업무를 수행하는 경비업자는 첫 업무개시의 신고를 하기 전에 시·도경찰청장의 비밀취급인가를 받아야 한다.

④ 특수경비원이 휴대할 수 있는 무기종류는 권총 및 소총으로 한다.

⑤ 경비지도사자격증을 다른 사람에게 빌려주거나 양도한 때에 경찰청장은 경비지도사 자격을 취소하여야 한다.

> **TIP** 국가중요시설은 공항·항만, 원자력발전소 등의 시설 중 국가정보원장이 지정하는 국가보안목표시설과 「통합방위법」 규정에 의하여 국방부장관이 지정하는 국가중요시설을 말한다〈시행령 제2조〉.

**21** 경비업자는 도급을 의뢰 받은 경비업무가 위법 또는 부당한 것일 때에는 이를 거부하여야 한다. 경비업자가 도급을 의뢰 받은 경비업무가 위법한 것임에도 이를 거부하지 아니한 경우의 행정처분으로 맞는 것은?

① 1차 위반시 경고

② 2차 위반시 영업정지 1월

③ 3차 위반시 영업정지 3월

④ 차수에 관계없이 영업정지 6개월

⑤ 3차 위반시 허가 취소

> **TIP** 도급을 의뢰받은 경비업무가 위법한 것임에도 이를 거부하지 않은 경우 1차 위반시에는 영업정지 1개월이며, 2차 위반시에는 영업정지 3개월, 3차 위반시에는 허가취소가 된다.

**Answer** 20.② 21.⑤

**22** 경비업법령상 경비업자의 행위에 대한 행정처분 기준으로 옳지 않은 것은?

① 시·도경찰청장의 허가 없이 경비업무를 변경한 경우 2차 위반에 대하여는 영업정지 3월이다.

② 경비원의 수행업무 중 고의로 발생한 손해를 배상하지 아니한 경우 3차 위반에 대하여는 영업정지 6개월이다.

③ 도급을 의뢰받은 경비업무가 위법한 것임에도 이를 거부하지 않은 때의 1차 위반에 대하여는 영업정지 1개월이다.

④ 결격사유에 해당하는 경비지도사를 선임·배치한 때의 2차 위반에 대하여는 영업정지 3개월이다.

⑤ 경비지도사를 집단민원현장에 선임·배치하지 않은 때 1차 위반 시 영업정지 1개월이다.

**TIP** 행정처분 기준〈시행령 별표 4〉

| 위반행위 | 행정처분 기준 | | |
|---|---|---|---|
| | 1차 위반 | 2차 위반 | 3차 이상 위반 |
| 시·도경찰청장의 허가 없이 경비업무를 변경한 때 | 경고 | 영업정지 6개월 | 허가취소 |
| 도급을 의뢰받은 경비업무가 위법한 것임에도 이를 거부하지 않은 때 | 영업정지 1개월 | 영업정지 3개월 | 허가취소 |
| 경비지도사를 집단민원현장에 선임·배치하지 않은 때 | 영업정지 1개월 | 영업정지 3개월 | 허가취소 |
| 경비대상 시설에 관한 경보 대응체제를 갖추지 않은 때 | 경고 | 경고 | 영업정지 1개월 |
| 관련 서류를 작성·비치하지 않은 때 | 경고 | 경고 | 영업정지 1개월 |
| 결격사유에 해당하는 경비원을 배치하거나 결격사유에 해당하는 경비지도사를 선임·배치한 때 | 영업정지 1개월 | 영업정지 3개월 | 허가취소 |
| 규정을 위반하여 경비지도사를 선임한 때 | 영업정지 1개월 | 영업정지 3개월 | 허가취소 |
| 경비원으로 하여금 교육을 받게 하지 않은 때 | 경고 | 경고 | 영업정지 1개월 |
| 경비원의 복장 등에 관한 규정을 위반한 때 | 경고 | 영업정지 1개월 | 영업정지 3개월 |
| 경비원의 장비 등에 관한 규정을 위반한 때 | 경고 | 영업정지 1개월 | 영업정지 3개월 |
| 경비원의 출동차량 등에 관한 규정을 위반한 때 | 경고 | 영업정지 1개월 | 영업정지 3개월 |
| 집단민원현장에 일반경비원 명부를 작성·비치하지 않은 때 | 영업정지 1개월 | 영업정지 3개월 | 허가취소 |
| 배치허가를 받지 아니하고 경비원을 배치하거나 경비원 명단 및 배치일시·배치장소 등 배치허가 신청의 내용을 거짓으로 한 때 | 영업정지 1개월 | 영업정지 3개월 | 허가취소 |
| 결격사유에 해당하는 일반경비원을 집단민원현장에 배치한 때 | 영업정지 1개월 | 영업정지 3개월 | 허가취소 |
| 감독상 명령에 따르지 않은 때 | 경고 | 영업정지 3개월 | 허가취소 |
| 손해를 배상하지 않은 때 | 경고 | 영업정지 3개월 | 영업정지 6개월 |

**Answer** 22.①

# 06 경비협회

## (1) 경비협회(법 제22조)

① 경비업자는 경비업무의 건전한 발전과 경비원의 자질향상 및 교육훈련 등을 위하여 대통령령이 정하는 바에 따라 경비협회를 설립할 수 있다.

> **경비협회(시행령 제26조)**
> ① 경비업자가 경비협회(이하 "협회")를 설립하려는 경우에는 정관을 작성하여야 한다.
> ② 협회는 정관이 정하는 바에 의하여 회원으로부터 회비를 징수할 수 있다.

② 경비협회는 법인으로 한다.

③ 경비협회의 업무는 다음과 같다.

  ㉠ 경비업무의 연구

  ㉡ 경비원 교육·훈련 및 그 연구

  ㉢ 경비원의 후생·복지에 관한 사항

  ㉣ 경비진단에 관한 사항

  ㉤ 그 밖에 경비업무의 건전한 운영과 육성에 관하여 필요한 사항

④ 경비협회에 관하여 이 법에 특별한 규정이 있는 것을 제외하고는 민법 중 사단법인에 관한 규정을 준용한다.

## (2) 공제사업(법 제23조)

① 경비협회는 다음의 공제사업을 할 수 있다.

  ㉠ 경비업자의 손해배상책임을 보장하기 위한 사업

  ㉡ 경비업자가 경비업을 운영할 때 필요한 입찰보증, 계약보증(이행보증을 포함), 하도급보증을 위한 사업

  ㉢ 경비원의 복지향상과 업무상 재해로 인한 손실을 보상하는 사업

  ㉣ 경비업무와 관련한 연구 및 경비원 교육·훈련에 관한 사업

② 경비협회는 공제사업을 하고자 하는 때에는 공제규정을 제정하여야 한다.

③ 공제규정에는 공제사업의 범위, 공제계약의 내용, 공제금, 공제료 및 공제금에 충당하기 위한 책임준비금 등 공제사업의 운영에 관하여 필요한 사항을 정하여야 한다.

④ 경찰청장은 공제사업의 건전한 육성과 가입자의 보호를 위하여 공제사업의 감독에 관한 기준을 정할 수 있다.

⑤ 경찰청장은 공제규정을 승인하거나 공제사업의 감독에 관한 기준을 정하는 경우에는 미리 금융위원회와 협의하여야 한다.

⑥ 경찰청장은 공제사업에 대하여 「금융위원회의 설치 등에 관한 법률」에 따른 금융감독원의 원장에게 검사를 요청할 수 있다.

# ▦ 출제 예상 문제

2019년 기출 변형

**1** **경비업법령상 경비협회에 대한 설명으로 옳은 것은?**

① 경비협회는 법인 또는 개인이 할 수 있다.

② 경비협회는 공제사업을 하고자 하는 때에는 공제규정을 제정하여야 한다.

③ 경비협회에 관하여 경비업법에 특별한 규정이 있는 것을 제외하고는 민법 중 재단법인에 관한 규정을 준용한다.

④ 경찰청장이 공제규정을 승인하는 경우에는 미리 금융감독원장과 협의하여야 한다.

⑤ 경찰청장은 공제사업에 대하여 금융위원회에 검사를 요청할 수 있다.

> **TIP** 경비협회〈법 제22조〉
> ① 경비업자는 경비업무의 건전한 발전과 경비원의 자질향상 및 교육훈련 등을 위하여 대통령령이 정하는 바에 따라 경비협회를 설립할 수 있다.
> ② 경비협회는 법인으로 한다.
> ③ 경비협회의 업무는 다음과 같다.
>   1. 경비업무의 연구
>   2. 경비원 교육·훈련 및 그 연구
>   3. 경비원의 후생·복지에 관한 사항
>   4. 경비진단에 관한 사항
>   5. 그 밖에 경비업무의 건전한 운영과 육성에 관하여 필요한 사항
> ④ 경비협회에 관하여 이 법에 특별한 규정이 있는 것을 제외하고는 민법중 사단법인에 관한 규정을 준용한다.
> ※ 공제사업〈법 제23조〉
>   ① 경비협회는 다음의 공제사업을 할 수 있다.
>     1. 경비업자의 손해배상책임을 보장하기 위한 사업
>     2. 경비업자가 경비업을 운영할 때 필요한 입찰보증, 계약보증(이행보증을 포함), 하도급보증을 위한 사업
>     3. 경비원의 복지향상과 업무상 재해로 인한 손실을 보상하는 사업
>     4. 경비업무와 관련한 연구 및 경비원 교육·훈련에 관한 사업
>   ② 경비협회는 공제사업을 하고자 하는 때에는 공제규정을 제정하여야 한다.
>   ③ 공제규정에는 공제사업의 범위, 공제계약의 내용, 공제금, 공제료 및 공제금에 충당하기 위한 책임준비금 등 공제사업의 운영에 관하여 필요한 사항을 정하여야 한다.
>   ④ 경찰청장은 공제사업의 건전한 육성과 가입자의 보호를 위하여 공제사업의 감독에 관한 기준을 정할 수 있다.
>   ⑤ 경찰청장은 공제규정을 승인하거나 제4항에 따라 공제사업의 감독에 관한 기준을 정하는 경우에는 미리 금융위원회와 협의하여야 한다.
>   ⑥ 경찰청장은 공제사업에 대하여 금융위원회의 설치 등에 관한 법률에 따른 금융감독원의 원장에게 검사를 요청할 수 있다.

**Answer** 1.②

**2** 경비업법령상 경비협회에 대한 설명으로 틀린 것은?

① 경비업자는 경비업무의 건전한 발전과 경비원의 자질향상 및 교육훈련 등을 위하여 대통령령이 정하는 바에 따라 경비협회를 설립할 수 있다.

② 경비협회는 정관이 정하는 바에 의하여 회원으로부터 회비를 징수할 수 있다.

③ 경비협회의 업무에는 경비업무의 연구도 포함된다.

④ 경비협회에 관하여 「경비업법」에 특별한 규정이 있는 것을 제외하고는 「민법」 중 재단법인에 관한 규정을 준용한다.

⑤ 경비협회는 경비원의 교육·훈련 및 그 연구 및 경비원의 후생·복지에 관한 사항 등을 업무로 한다.

> **TIP** 경비협회〈법 제22조〉
> ① 경비업자는 경비업무의 건전한 발전과 경비원의 자질향상 및 교육훈련 등을 위하여 대통령령이 정하는 바에 따라 경비협회를 설립할 수 있다.
> ② 경비협회는 법인으로 한다.
> ③ 경비협회의 업무는 다음과 같다.
> ⓐ 경비업무의 연구
> ⓑ 경비원 교육·훈련 및 그 연구
> ⓒ 경비원의 후생·복지에 관한 사항
> ⓓ 경비진단에 관한 사항
> ⓔ 그 밖에 경비업무의 건전한 운영과 육성에 관하여 필요한 사항
> ④ 경비협회에 관하여 이 법에 특별한 규정이 있는 것을 제외하고는 민법 중 사단법인에 관한 규정을 준용한다.

**3** 경비업법령상 공제사업을 하려는 경비협회가 공제규정의 내용으로 정할 수 없는 것은?

① 공제사업의 범위

② 공제계약의 내용

③ 공제금

④ 공제사업의 감독에 관한 기준

⑤ 공제금에 충당하기 위한 책임준비금

> **TIP** 공제규정에는 공제사업의 범위, 공제계약의 내용, 공제금, 공제료 및 공제금에 충당하기 위한 책임준비금 등 공제사업의 운영에 관하여 필요한 사항을 정하여야 한다〈법 제23조 제3항〉.

**Answer** 2.④ 3.④

**4** 경비업법령상 경비협회에 대한 설명이다. 옳지 않은 것은?

① 경비업자는 경비업무의 건전한 발전과 경비원의 자질향상 및 교육훈련 등을 위하여 경비협회를 설립할 수 있다.

② 경비협회는 법인으로 하되, 경비업자의 손해배상책임을 보장하기 위한 사업만을 할 수 있다.

③ 경비업자가 경비협회를 설립하려는 경우 정관을 작성하여야 한다.

④ 협회는 정관이 정하는 바에 의하여 회원으로부터 회비를 징수할 수 있다.

⑤ 협회는 공제사업을 하는 경우 공제사업의 회계는 다른 사업의 회계와 구분하여 경리하여야 한다.

> **TIP** 경비협회는 법인으로 하며, 업무는 다음과 같다〈법 제22조〉.
> ㉠ 경비업무의 연구
> ㉡ 경비원 교육 · 훈련 및 그 연구
> ㉢ 경비원의 후생 · 복지에 관한 사항
> ㉣ 경비진단에 관한 사항
> ㉤ 그 밖에 경비업무의 건전한 운영과 육성에 관하여 필요한 사항

**5** 경비협회의 업무가 아닌 것은?

① 경비진단에 관한 사항

② 경비원의 교육, 훈련 및 그 연구

③ 경비지도사 자격의 취소에 관한 사항

④ 경비원의 후생, 복지에 관한 사항

⑤ 경비업무의 연구

> **TIP** 경비지도사 자격의 취소에 관한 사항은 경비협회의 업무가 아니다〈법 제22조 제3항〉.
> ※ 경비협회의 업무
> 1. 경비업무의 연구
> 2. 경비원 교육 · 훈련 및 그 연구
> 3. 경비원의 후생 · 복지에 관한 사항
> 4. 경비진단에 관한 사항
> 5. 그 밖에 경비업무의 건전한 운영과 육성에 관하여 필요한 사항

**Answer** 4.② 5.③

**6** 경비협회의 공제사업에 관한 것으로 옳지 않은 것은?

① 공제사업의 회계는 다른 사업의 회계와 구분하여 경리해야 한다.

② 경찰청장은 공제사업의 건전한 육성과 가입자의 보호를 위하여 공제사업의 감독에 관한 기준을 정할 수 있다.

③ 공제사업을 하고자 하는 때에는 공제규정을 제정해야 한다.

④ 공제규정에는 공제사업의 범위와 공제계약의 내용 등 공제사업 운영에 관하여 필요한 사항을 정해야 한다.

⑤ 경비업자의 후생·복지를 위한 목적으로 공제사업을 운영할 수 있다.

> **TIP** 경비협회는 경비업자의 손해배상책임을 보장하기 위하여 대통령령이 정하는 바에 따라 공제사업을 할 수 있다〈법 제23조 제1항〉.

**Answer**    6.⑤

 **보칙**

### (1) 감독(법 제24조)

① 경찰청장 또는 시·도경찰청장은 경비업무의 적정한 수행을 위하여 경비업자 및 경비지도사를 지도·감독하며 필요한 명령을 할 수 있다.

② 시·도경찰청장 또는 관할 경찰관서장은 소속 경찰공무원으로 하여금 관할구역 안에 있는 경비업자의 주사무소 및 출장소와 경비원배치장소에 출입하여 근무상황 및 교육훈련상황 등을 감독하며 필요한 명령을 하게 할 수 있다. 이 경우 출입하는 경찰공무원은 그 권한을 표시하는 증표를 관계인에게 내보여야 한다.

③ 시·도경찰청장 또는 관할 경찰관서장은 경비업자 또는 배치된 경비원이 이 법이나 이 법에 따른 명령, 「폭력행위 등 처벌에 관한 법률」을 위반하는 행위를 하는 경우 그 위반행위의 중지를 명할 수 있다.

④ 시·도경찰청장 또는 관할 경찰관서장은 경비업무 장소가 집단민원현장으로 판단되는 경우에는 그 때부터 48시간 이내에 경비업자에게 경비원 배치 허가를 받을 것을 고지하여야 한다.

### (2) 보안지도·점검 등(법 제25조)

시·도경찰청장은 대통령령이 정하는 바(특수경비업자에 대하여 연 2회 이상의 보안지도·점검을 실시)에 따라 특수경비업자에 대하여 보안지도·점검을 실시하여야 하고, 필요한 경우 관계기관에 보안측정을 요청하여야 한다.

### (3) 손해배상 등(법 제26조)

① 경비업자는 경비원이 업무수행 중 고의 또는 과실로 경비대상에 손해가 발생하는 것을 방지하지 못한 때에는 그 손해를 배상하여야 한다.

② 경비업자는 경비원이 업무수행 중 고의 또는 과실로 제3자에게 손해를 입힌 경우에는 이를 배상하여야 한다.

## (4) 위임 및 위탁(법 제27조)

① 이 법에 의한 경찰청장의 권한은 대통령령이 정하는 바에 따라 그 일부를 시·도경찰청장에게 위임할 수 있다.

② 경찰청장은 경비지도사의 시험 및 교육에 관한 업무를 대통령령이 정하는 바에 따라 관계전문기관 또는 단체에 위탁할 수 있다.

### 권한의 위임 및 위탁(시행령 제31조)

① 경찰청장은 다음의 권한을 시·도경찰청장에게 위임한다.
    1. 경비지도사의 자격의 취소 및 정지에 관한 권한
    2. 경비지도사 자격의 취소 및 정지에 관한 청문의 권한

② 경찰청장 또는 경찰관서장은 경비지도사시험의 관리와 경비지도사의 교육에 관한 업무를 경비업무에 관한 인력과 전문성을 갖춘 기관으로서 경찰청장이 지정하여 고시하는 기관 또는 단체에 위탁한다.

### 민감정보 및 고유식별정보의 처리(시행령 제31조의2)

경찰청장, 시·도경찰청장, 경찰서장 및 경찰관서장(경찰청장 및 경찰관서장의 권한을 위임·위탁받은 자 포함)은 다음의 사무를 수행하기 위하여 불가피한 경우 건강에 관한 정보(임원, 경비지도사 및 경비원의 결격사유 확인에 관한 사무와 특수경비원의 직무 및 무기사용 등에 관한 사무로 한정), 범죄경력자료에 해당하는 정보(임원, 경비지도사 및 경비원의 결격사유 확인에 관한 사무와 보안지도·점검 및 보안측정에 관한 사무로 한정), 주민등록번호 또는 외국인등록번호가 포함된 자료를 처리할 수 있다.

1. 경비업의 허가 및 갱신허가 등에 관한 사무
2. 임원, 경비지도사 및 경비원의 결격사유 확인에 관한 사무
3. 경비지도사 시험 등에 관한 사무
4. 경비원의 교육 등에 관한 사무
5. 특수경비원의 직무 및 무기사용 등에 관한 사무
6. 경비원 배치허가 등에 관한 사무
7. 행정처분에 관한 사무
8. 경비업자 및 경비지도사의 지도·감독에 관한 사무
9. 보안지도·점검 및 보안측정에 관한 사무

### 규제의 재검토(시행령 제31조의3)

경찰청장은 다음의 사항에 대하여 다음의 기준일을 기준으로 3년마다(매 3년이 되는 해의 기준일과 같은 날 전까지를 말한다) 그 타당성을 검토하여 개선 등의 조치를 해야 한다.

1. 경비업의 시설 등의 기준 : 2014년 6월 8일
2. 집단민원현장 배치 불허가 기준 : 2014년 6월 8일

### (5) 수수료(법 제27조의2)

이 법에 따른 경비업의 허가를 받거나 허가증을 재교부 받고자 하는 자는 대통령령이 정하는 바에 따라 수수료를 납부하여야 한다.

> **허가증 등의 수수료(시행령 제28조)**
> ① 법에 의한 경비업의 허가를 받거나 허가증을 재교부받고자 하는 자는 다음의 수수료를 납부하여야 한다.
>   1. 경비업의 허가(추가·변경·갱신허가를 포함)의 경우에는 1만 원
>   2. 허가사항의 변경신고로 인한 허가증 재교부의 경우에는 2천 원
> ② 수수료는 허가 등의 신청서에 수입인지를 첨부하여 납부한다.
> ③ 시험에 응시하고자 하는 자는 경찰청장이 정하여 고시하는 수수료를 납부하여야 한다.
> ④ 경찰청장은 다음의 어느 하나에 해당하는 경우에는 응시수수료의 전부 또는 일부를 다음의 구분에 따라 반환하여야 한다.
>   1. 응시수수료를 과오납한 경우 : 과오납한 금액 전액
>   2. 시험시행기관의 귀책사유로 시험에 응시하지 못한 경우 : 응시수수료 전액
>   3. 시험시행일 20일 전까지 접수를 취소하는 경우 : 응시수수료 전액
>   4. 시험시행일 10일 전까지 접수를 취소하는 경우 : 응시수수료의 100분의 50
> ⑤ 경찰청장 및 시·도경찰청장은 정보통신망을 이용하여 전자화폐·전자결제 등의 방법으로 수수료를 납부하게 할 수 있다.

### (6) 벌칙 적용에서 공무원 의제(법 제27조의3)

위탁받은 업무에 종사하는 관계전문기관 또는 단체의 임직원은 「형법」 제129조부터 제132조까지의 규정[수뢰, 사전수뢰, 제삼자뇌물제공, 수뢰후부정처사, 사후수뢰, 알선수뢰]을 적용할 때에는 공무원으로 본다.

# 출제 예상 문제

2019년 기출 변형

**1  경비업법령상 보칙에 대한 내용으로 옳지 않은 것은?**

① 경찰청장 또는 시·도경찰청장은 경비업무의 적정한 수행을 위하여 경비업자 및 경비지도사를 지도·감독하며 필요한 명령을 할 수 있다.

② 시·도경찰청장 또는 관할 경찰관서장은 경비업무 장소가 집단민원현장으로 판단되는 경우에는 그 때부터 24시간 이내에 경비업자에게 경비원 배치 허가를 받을 것을 고지하여야 한다.

③ 시·도경찰청장은 대통령령이 정하는 바에 따라 특수경비업자에 대하여 보안지도·점검을 실시하여야 하고, 필요한 경우 관계기관에 보안측정을 요청하여야 한다.

④ 경비업자는 경비원이 업무수행 중 고의 또는 과실로 제3자에게 손해를 입힌 경우에는 이를 배상하여야 한다.

⑤ 경비업법에 의한 경찰청장의 권한은 대통령령이 정하는 바에 따라 그 일부를 시·도경찰청장에게 위임할 수 있다.

> **TIP** 시·도경찰청장 또는 관할 경찰관서장은 경비업무 장소가 집단민원현장으로 판단되는 경우에는 그 때부터 48시간 이내에 경비업자에게 경비원 배치 허가를 받을 것을 고지하여야 한다〈법 제24조〉.

**2  경비업법령상 경찰청장으로부터 경비지도사의 시험 및 교육에 관한 업무를 위탁받은 단체의 임직원이 공무원으로 의제되어 적용받는 형법상의 규정은?**

① 형법 제123조(직권남용)

② 형법 제127조(공무상 비밀의 누설)

③ 형법 제129조(수뢰, 사전수뢰)

④ 형법 제227조(허위공문서작성등)

⑤ 형법 제246조(도박, 상습도박)

> **TIP** 벌칙 적용에서 공무원 의제〈법 제27조의3〉… 위탁받은 업무에 종사하는 관계전문기관 또는 단체의 임직원은 「형법」제129조부터 제132조까지의 규정을 적용할 때에는 공무원으로 본다.

**Answer**  1.②  2.③

**3** 경비업법령상 위임에 관한 내용이다. (  )에 들어갈 내용이 바르게 짝지어진 것은?

> 경비업법에 의한 경찰청장의 권한은 대통령령이 정하는 바에 따라 그 일부를 ( ㉠ )에게 위임할 수 있다고
> 하는데, 위임되는 권한에는 ( ㉡ )에 관한 권한이 포함된다.

① ㉠ : 시 · 도경찰청장, ㉡ : 경비지도사시험 관리 및 경비지도사 교육업무
② ㉠ : 관할 경찰서장, ㉡ : 경비지도사시험 관리 및 경비지도사 교육업무
③ ㉠ : 시 · 도경찰청장, ㉡ : 경비지도사 자격의 취소 및 정지
④ ㉠ : 관할 경찰서장, ㉡ : 경비지도사 자격의 취소 및 정지
⑤ ㉠ : 경찰관서장, ㉡ : 경비지도사 자격의 취소 및 정지

> **TIP** 경비업법에 의한 경찰청장의 권한은 대통령령이 정하는 바에 따라 그 일부를 시 · 도경찰청장에게 위임할 수 있다〈법 제27
> 조 제1항〉.
> ※ 경찰청장은 다음의 권한을 시 · 도경찰청장에게 위임한다〈시행령 제31조 제1항〉.
>   1. 경비지도사의 자격의 취소 및 정지에 관한 권한
>   2. 경비지도사 자격의 취소 및 정지에 관한 청문의 권한

**4** 경비업법령상 경비업자 및 경비지도사에 대한 감독과 보안지도 · 점검에 관한 설명으로 옳지 않은 것은?

① 경찰청장 또는 시 · 도경찰청장은 경비업무의 적정한 수행을 위하여 경비업자 및 경비지도사를
지도 · 감독하며 필요한 명령을 할 수 있다.
② 시 · 도경찰청장은 특수경비업자에 대하여 연 1회 이상의 보안지도 · 점검을 실시하여야 한다.
③ 시 · 도경찰청장 또는 관할 경찰관서장은 소속 경찰공무원으로 하여금 관할구역 안에 있는 경비업
자의 주사무소 및 출장소에 출입하여 근무상황 등을 감독하며 필요한 명령을 하게 할 수 있다.
④ 시 · 도경찰청장은 특수경비업자에 대하여 필요한 경우 관계기관에 보안측정을 요청하여야 한다.
⑤ 경비업자는 경비원이 업무수행중 고의 또는 과실로 제3자에게 손해를 입힌 경우에는 이를 배상
하여야 한다.

> **TIP** 시 · 도경찰청장은 특수경비업자에 대하여 연 2회 이상의 보안지도 · 점검을 실시하여야 한다〈시행령 제29조〉.

**Answer** 3.③ 4.②

**5** 경비업법에 대한 설명으로 옳지 않은 것은?

① 경비지도사가 경비지도사 자격증을 다른 사람에게 빌려주거나 양도한 경우 경비지도사 자격 취소사유에 해당된다.

② 경비업자는 경비원이 업무수행 중 고의 또는 과실로 경비대상에 손해가 발생하는 것을 방지하지 못한 때에는 그 손해를 배상할 수 있다.

③ 경비업 허가의 유효기간은 허가 받은 날로부터 5년으로 한다.

④ 관할 경찰관서장은 무기의 적정한 관리를 위하여 무기를 대여 받은 시설주에 대하여 필요한 명령을 발할 수 있다.

⑤ 경비업무 외의 업무에 경비원을 종사하게 하여 허가 취소된 법인의 허가취소 당시의 임원이었던 자는 5년이 지나지 않으면 경비업 법인의 임원이 될 수 없다.

> **TIP** 손해배상 등〈법 제26조〉
> ① 경비업자는 경비원이 업무수행 중 고의 또는 과실로 경비대상에 손해가 발생하는 것을 방지하지 못한 때에는 그 손해를 배상하여야 한다.
> ② 경비업자는 경비원이 업무수행 중 고의 또는 과실로 제3자에게 손해를 입힌 경우에는 이를 배상하여야 한다.

**6** 다음 (   ) 안에 들어갈 숫자를 순서대로 바르게 나열한 것은?

> ㉠ 경비업자는 근무상황기록부를 (   )년간 보존해야 한다.
> ㉡ 시·도경찰청장은 특수경비업자에 대하여 연 (   )회 이상의 보안지도·점검을 실시하여야 한다.
> ㉢ 경비업의 갱신허가를 받으려는 자는 허가의 유효기간 만료일 (   )일 전까지 갱신허가신청서를 제출하여야 한다.

① 2, 2, 30

② 1, 2, 30

③ 2, 1, 30

④ 2, 1, 15

⑤ 1, 1, 15

> **TIP** ㉠ 경비업자는 근무상황기록부를 1년 동안 보관하여야 한다〈시행규칙 제24조의3 제2항〉.
> ㉡ 시·도경찰청장은 특수경비업자에 대하여 연 2회 이상의 보안지도·점검을 실시하여야 한다〈시행령 제29조〉.
> ㉢ 경비업의 갱신허가를 받으려는 자는 허가의 유효기간 만료일 30일 전까지 경비업 갱신허가신청서(전자문서로 된 신청서 포함)에 허가증 원본 및 정관(변경사항이 있는 경우만 해당)을 첨부하여 법인의 주사무소를 관할하는 시·도경찰청장 또는 해당 시·도경찰청 소속의 경찰서장에게 제출하여야 한다. 경비업 갱신허가신청서를 제출받은 경찰서장은 이를 지체 없이 관할 시·도경찰청장에게 보내야 한다〈시행규칙 제6조 제1항〉.

**Answer** 5.② 6.②

**7** 경찰청장, 시·도경찰청장, 경찰서장 및 경찰관서장 등이 개인정보 보호법령에 따른 민감정보와 고유식별정보를 처리할 수 있는 경우에 해당하지 않는 것은?

① 경비업의 허가 및 갱신허가 등에 관한 사무
② 특수경비원의 직무 및 무기사용 등에 관한 사무
③ 경비원 배치폐지에 관한 사무
④ 경비지도사의 시험 등에 관한 사무
⑤ 임원, 경비지도사 및 경비원의 결격사유 확인에 관한 사무

> **TIP** 민감정보 및 고유식별정보의 처리(시행령 제31조의2)
> 경찰청장, 시·도경찰청장, 경찰서장 및 경찰관서장(경찰청장 및 경찰관서장의 권한을 위임·위탁받은 자 포함)은 다음의 사무를 수행하기 위하여 불가피한 경우 건강에 관한 정보(임원, 경비지도사 및 경비원의 결격사유 확인에 관한 사무와 특수경비원의 직무 및 무기사용 등에 관한 사무로 한정), 범죄경력자료에 해당하는 정보(임원, 경비지도사 및 경비원의 결격사유 확인에 관한 사무와 보안지도·점검 및 보안측정에 관한 사무로 한정), 주민등록번호 또는 외국인등록번호가 포함된 자료를 처리할 수 있다.
> 1. 경비업의 허가 및 갱신허가 등에 관한 사무
> 2. 임원, 경비지도사 및 경비원의 결격사유 확인에 관한 사무
> 3. 경비지도사 시험 등에 관한 사무
> 4. 경비원의 교육 등에 관한 사무
> 5. 특수경비원의 직무 및 무기사용 등에 관한 사무
> 6. 경비원 배치허가 등에 관한 사무
> 7. 행정처분에 관한 사무
> 8. 경비업자 및 경비지도사의 지도·감독에 관한 사무
> 9. 보안지도·점검 및 보안측정에 관한 사무

**8** 경비업법령상 경찰청장이 3년마다 타당성을 검토하여 개선 등의 조치를 해야 하는 재검토 규제사항은?

① 경비원이 휴대하는 장비, 과태료 부과기준

② 행정처분 기준, 경비업의 시설 등의 기준

③ 과태료의 부과기준, 집단민원현장 배치 불허가 기준

④ 집단민원현장 배치 불허가 기준, 경비업의 시설 등의 기준

⑤ 과태료의 부과기준, 벌금형 부과기준

> **TIP** 규제의 재검토〈시행령 제31조의3〉… 경찰청장은 다음의 사항에 대하여 다음의 기준일을 기준으로 3년마다(매 3년이 되는 해의 기준일과 같은 날 전까지를 말한다) 그 타당성을 검토하여 개선 등의 조치를 해야 한다.
> 1. 경비업의 시설 등의 기준 : 2014년 6월 8일
> 2. 집단민원현장 배치 불허가 기준 : 2014년 6월 8일

**Answer** 8.④

# 08 벌칙

## (1) 벌칙(법 제28조)

① 국가중요시설의 정상적인 운영을 해치는 장해를 일으킨 특수경비원은 5년 이하의 징역 또는 5천만 원 이하의 벌금에 처한다.

② 다음의 어느 하나에 해당하는 자는 3년 이하의 징역 또는 3천만 원 이하의 벌금에 처한다.
   ㉠ 허가를 받지 아니하고 경비업을 영위한 자
   ㉡ 직무상 알게 된 비밀을 누설하거나 부당한 목적을 위하여 사용한 자
   ㉢ 경비업무의 중단을 통보하지 아니하거나 경비업무를 즉시 인수하지 아니한 특수경비업자 또는 경비대행업자
   ㉣ 집단민원현장에 경비원을 배치하면서 허가를 받지 아니한 자에게 경비업무를 도급한 자
   ㉤ 집단민원현장에 20명 이상의 경비인력을 배치하면서 그 경비인력을 직접 고용한 자
   ㉥ 경비업자의 경비원 채용 시 무자격자나 부적격자 등을 채용하도록 관여하거나 영향력을 행사한 도급인
   ㉦ 과실로 인하여 국가중요시설의 정상적인 운영을 해치는 장해를 일으킨 특수경비원
   ㉧ 특수경비원으로서 경비구역 안에서 시설물의 절도, 손괴, 위험물의 폭발 등의 사유로 인한 위급사태가 발생한 때에 특수경비원의 의무 규정에 위반한 자
   ㉨ 경비원에게 경비업무의 범위를 벗어난 행위를 하게 한 자

③ 정당한 사유없이 무기를 소지하고 배치된 경비구역을 벗어난 특수경비원은 2년 이하의 징역 또는 2천만 원 이하의 벌금에 처한다.

④ 다음의 어느 하나에 해당하는 자는 1년 이하의 징역 또는 1천만 원 이하의 벌금에 처한다.
   ㉠ 규정을 위반한 관리책임자
   ㉡ 쟁의행위를 한 특수경비원
   ㉢ 경비업무의 범위를 벗어난 행위를 한 경비원
   ㉣ 장비 외에 흉기 또는 그 밖의 위험한 물건을 휴대하고 경비업무를 수행한 경비원 또는 경비원에게 이를 휴대하고 경비업무를 수행하게 한 자
   ㉤ 경찰관서장의 배치폐지 명령을 따르지 아니한 자
   ㉥ 시·도경찰청장 또는 관할 경찰관서장의 중지명령에 따르지 아니한 자

## (2) 형의 가중처벌(법 제29조)

① 특수경비원이 무기를 휴대하고 경비업무를 수행 중에 무기의 안전수칙을 위반하여 「형법」 제258조의2제1항(제257조제1항의 죄[상해]로 한정)·제2항(제258조제1항·제2항의 죄[중상해]로 한정), 제259조제1항[상해치사], 제260조제1항[폭행], 제262조[폭행치사상], 제268조[업무상과실·중과실 치사상], 제276조제1항[체포, 감금], 제277조제1항[중체포, 중감금], 제281조제1항[체포, 감금, 존속체포, 존속감금, 중체포, 중감금, 존속중체포, 존속중감금, 특수체포, 특수감금, 상습범, 미수범], 제283조제1항[협박], 제324조제2항[강요], 제350조의2[특수공갈] 및 제366조[재물손괴등]의 죄를 범한 때에는 그 죄에 정한 형의 2분의 1까지 가중처벌한다.

② 경비원이 경비업무 수행 중에 규정 장비 외에 흉기 또는 그 밖의 위험한 물건을 휴대하고 「형법」 제258조의2제1항(제257조제1항의 죄[상해]로 한정)·제2항(제258조제1항·제2항의 죄[중상해]로 한정), 제259조제1항[상해치사], 제261조[특수폭행], 제262조[폭행치사상], 제268조[업무상과실·중과실 치사상], 제276조제1항[체포, 감금], 제277조제1항[중체포, 중감금], 제281조제1항[체포, 감금, 존속체포, 존속감금, 중체포, 중감금, 존속중체포, 존속중감금, 특수체포, 특수감금, 상습범, 미수범], 제283조제1항[협박], 제324조제2항[강요], 제350조의2[특수공갈] 및 제366조[재물손괴등]의 죄를 범한 때에는 그 죄에 정한 형의 2분의 1까지 가중처벌한다.

## (3) 양벌규정(법 제30조)

법인의 대표자나 법인 또는 개인의 대리인, 사용인, 그 밖의 종업원이 그 법인 또는 개인의 업무에 관하여 위반행위를 하면 그 행위자를 벌하는 외에 그 법인 또는 개인에게도 해당 조문의 벌금형을 과(科)한다. 다만, 법인 또는 개인이 그 위반행위를 방지하기 위하여 해당 업무에 관하여 상당한 주의와 감독을 게을리하지 아니한 경우에는 그러하지 아니하다.

## (4) 과태료(법 제31조)

① 다음의 어느 하나에 해당하는 경비업자에게는 3천만 원 이하의 과태료를 부과한다.
  ㉠ 경비원의 복장에 관한 신고를 하지 아니하고 집단민원현장에 경비원을 배치한 자
  ㉡ 이름표를 부착하게 하지 아니하거나, 신고된 동일 복장을 착용하게 하지 아니하고 집단민원현장에 경비원을 배치한 자
  ㉢ 집단민원현장에 일반경비원을 배치하면서 경비원의 명부를 배치장소에 작성·비치하지 아니한 자
  ㉣ 배치허가를 받지 아니하고 경비원을 배치하거나 경비원 명단 및 배치일시·배치장소 등 배치허가 신청의 내용을 거짓으로 한 자
  ㉤ 신임교육을 이수하지 아니한 자를 경비원으로 배치한 자

② 다음의 어느 하나에 해당하는 경비업자 또는 시설주에게는 500만 원 이하의 과태료를 부과한다.

　　㉠ 신고를 하지 아니한 자

　　㉡ 경비대행업자 지정신고를 하지 아니한 자

　　㉢ 설명의무를 이행하지 아니한 자

　　㉣ 경비지도사를 선임하지 아니한 자

　　㉤ 감독상 필요한 명령을 정당한 이유없이 이행하지 아니한 자

　　㉥ 결격사유에 해당하는 경비원을 배치하거나 결격사유에 해당하는 경비지도사를 선임·배치한 자

　　㉦ 복장 등에 관한 신고규정을 위반하여 신고를 하지 아니한 자

　　㉧ 이름표를 부착하게 하지 아니하거나, 신고된 동일 복장을 착용하게 하지 아니하고 경비원을 경비업무에
　　　배치한 자

　　㉨ 명부를 작성·비치하지 아니한 자

　　㉩ 경비원의 근무상황을 기록하여 보관하지 아니한 자

③ 과태료는 대통령령이 정하는 바에 의하여 시·도경찰청장 또는 경찰관서장이 부과·징수한다.

---

**과태료의 부과기준 등(시행령 제32조)**

① 과태료의 부과기준은 별표 6과 같다.

② 시·도경찰청장 또는 경찰관서장은 「질서위반행위규제법」을 고려하여 별표 6에 따른 금액의 100분의 50의 범위
　에서 경감하거나 가중할 수 있다. 다만, 가중하는 때에는 과태료 금액의 상한을 초과할 수 없다.

---

**과태료의 부과기준(시행령 별표 6)**

| 위반행위 | 해당 법조문 | 과태료 금액(단위 : 만 원) | | |
|---|---|---|---|---|
| | | 1회 위반 | 2회 위반 | 3회 이상 |
| 신고를 하지 않은 경우<br>가. 1개월 이내의 기간 경과<br>나. 1개월 초과 6개월 이내의 기간 경과<br>다. 6개월 초과 12개월 이내의 기간 경과<br>라. 12개월 초과의 기간 경과 | 법 제31조제2항제1호 | | 50<br>100<br>200<br>400 | |
| 경비대행업자 지정신고를 하지 않은 경우<br>가. 허위로 신고한 경우<br>나. 그 밖의 사유로 신고하지 않은 경우 | 법 제31조제2항제2호 | | 400<br>300 | |
| 설명의무를 이행하지 않은 경우 | 법 제31조제2항제3호 | 100 | 200 | 400 |
| 결격사유에 해당하는 경비원을 배치하거나 결격사유에 해당하는 경비지도사를 선임·배치한 경우 | 법 제31조제2항제6호 | 100 | 200 | 400 |
| 경비지도사를 선임하지 않은 경우 | 법 제31조제2항제4호 | 100 | 200 | 400 |

| 위반행위 | 해당 법조문 | 과태료 금액(단위 : 만 원) | | |
|---|---|---|---|---|
| | | 1회 위반 | 2회 위반 | 3회 이상 |
| 감독상 필요한 명령을 정당한 이유없이 이행하지 않은 경우 | 법 제31조제2항제5호 | 500 | | |
| 복장 등에 관한 신고규정을 위반하여 신고를 하지 않은 경우 | 법 제31조제2항제7호 | 100 | 200 | 400 |
| 경비원의 복장에 관한 신고를 하지 않고 집단민원현장에 경비원을 배치한 경우 | 법 제31조제1항제1호 | 600 | 1200 | 2400 |
| 이름표를 부착하게 하지 않거나, 신고된 동일 복장을 착용하게 하지 않고 경비원을 경비업무에 배치한 경우 | 법 제31조제2항제8호 | 100 | 200 | 400 |
| 이름표를 부착하게 하지 않거나, 신고된 동일 복장을 착용하게 하지 않고 집단민원현장에 경비원을 배치한 경우 | 법 제31조제1항제2호 | 600 | 1200 | 2400 |
| 명부를 작성·비치하지 않은 경우 | 법 제31조제2항제9호 | | | |
| 가. 경비원 명부를 비치하지 않은 경우 | | 100 | 200 | 400 |
| 나. 경비원 명부를 작성하지 않은 경우 | | 50 | 100 | 200 |
| 집단민원현장에 배치되는 일반경비원의 명부를 그 배치 장소에 작성·비치하지 않은 경우 | 법 제31조제1항제3호 | | | |
| 가. 경비원 명부를 비치하지 않은 경우 | | 600 | 1200 | 2400 |
| 나. 경비원 명부를 작성하지 않은 경우 | | 300 | 600 | 1200 |
| 배치허가를 받지 않고 경비원을 배치하거나, 경비원 명단 및 배치일시·배치장소 등 배치허가 신청의 내용을 거짓으로 한 경우 | 법 제31조제1항제4호 | 1000 | 2000 | 3000 |
| 경비원의 근무상황을 기록하여 보관하지 않은 경우 | 법 제31조제2항제10호 | 50 | 100 | 200 |
| 신임교육을 이수하지 않은 자를 경비원으로 배치한 경우 | 법 제31조제1항제5호 | 600 | 1200 | 2400 |

비고 : 위반행위의 횟수에 따른 과태료의 부과기준은 최근 2년간 같은 위반행위로 과태료 부과처분을 받은 경우에 적용한다. 이 경우 기준 적용일은 위반행위에 대한 과태료 부과처분일과 그 처분 후의 위반행위가 다시 적발된 날을 기준으로 한다.

# 출제 예상 문제

2019년 기출 변형

**1** 다음 중 경비업법령상 가장 무거운 처벌을 받는 사람은 누구인가?

① 경비업자 갑(甲)은 경비원에게 경비업무의 범위를 벗어난 행위를 하게 하였다.
② 특수경비원 을(乙)은 정당한 사유없이 무기를 소지하고 배치된 경비구역을 벗어났다.
③ 일반경비원 병(丙)은 장비 외의 흉기를 휴대하고 경비업무를 수행하였다.
④ 특수경비원 정(丁)은 쟁의행위를 하였다.
⑤ 경비업자 무(戊)는 시·도경찰청장의 중지명령에 따르지 않았다.

> **TIP** ① 5년 이하의 징역 또는 5천만 원 이하의 벌금
> ② 2년 이하의 징역 또는 2천만 원 이하의 벌금
> ③ 1년 이하의 징역 또는 1천만 원 이하의 벌금
> ④ 1년 이하의 징역 또는 1천만 원 이하의 벌금
> ⑤ 1년 이하의 징역 또는 1천만 원 이하의 벌금

**2** 경비업법령상 2회 위반의 경우 과태료 부과기준이 다른 것은?

① 경비업자가 결격사유에 해당하는 경비원을 배치한 경우
② 경비업자가 경비지도사를 선임하지 않은 경우
③ 특수경비업무를 수행하는 경비업자가 경비대행업자 지정신고를 허위로 한 경우
④ 경비업자가 복장 등에 관한 신고규정을 위반하여 신고를 하지 않은 경우
⑤ 경비업자가 이름표를 부착하게 하지 않거나, 신고된 통일 복장을 착용하게 하지 않고 경비원을 경비업무에 배치한 경우

> **TIP** ①②④⑤ 200만 원
> ③ 400만 원

**Answer** 1.① 2.③

**3** 특수경비원 갑(甲)이 국가중요시설에 대한 경비업무 수행 중 국가중요시설의 정상적인 운영을 해치는 장해를 발생시킨 경우, 경비업법령상 벌칙규정에 대한 설명으로 옳은 것만을 모두 고른 것은?

> ㉠ 갑(甲)이 고의로 위와 같은 행위를 했다면, 그 처벌기준은 5년 이하의 징역 또는 5천만 원 이하의 벌금이다.
> ㉡ 갑(甲)이 과실로 위와 같은 행위를 했다면, 그 처벌기준은 1년 이하의 징역 또는 1천만 원 이하의 벌금이다.
> ㉢ 양벌규정에 의하면 갑(甲)이 소속된 법인의 처벌기준은 1천만 원 이하의 벌금이다.
> ㉣ 갑(甲)을 고용한 법인의 대표자에게는 3천만 원 이하의 과태료가 부과된다.

① ㉠
② ㉠㉡
③ ㉠㉢
④ ㉡㉣
⑤ ㉢㉣

> **TIP** ㉠ 특수경비원이 경비업무수행 중 국가중요시설의 정상적인 운영을 해치는 장해를 일으킨 특수경비원은 5년 이하의 징역 또는 5천만 원 이하의 벌금에 처한다〈법 제28조 제1항〉.
> ㉡ 과실로 인하여 국가중요시설의 정상적인 운영을 해치는 장해를 일으킨 특수경비원에게는 3년 이하의 징역 또는 3천만 원 이하의 벌금에 처한다〈법 제28조 제2항〉.
> ㉢ 양벌규정에 의하면 갑(甲)이 소속된 법인의 처벌기준은 고의인 경우 5천만 원 이하, 과실인 경우 3천만 원 이하의 벌금이 부과된다〈법 제30조〉.
> ㉣ 갑(甲)을 고용한 법인의 대표자에게는 벌금이 부과되지 과태료가 부과되지는 않는다.

**4** 법인의 대표자나 사용인, 기타 종업원이 그 법인의 업무에 관하여 벌칙 규정에 해당하는 행위를 한 때는?

① 행위자만 처벌한다.
② 법인의 대표자만을 처벌한다.
③ 행위자를 처벌하는 외에 그 법인에 대하여도 해당 조문의 벌금형을 과한다.
④ 양자를 동일하게 벌금형에 과한다.
⑤ 모두 처벌하지 않는다.

> **TIP** 법인의 대표자나 법인 또는 개인의 대리인, 사용인, 그 밖의 종업원이 그 법인 또는 개인의 업무에 관하여 벌칙 규정의 위반행위를 하면 그 행위자를 벌하는 외에 그 법인 또는 개인에게도 해당 조문의 벌금형을 과한다. 다만, 법인 또는 개인이 그 위반행위를 방지하기 위하여 해당 업무에 관하여 상당한 주의와 감독을 게을리하지 아니한 경우에는 그러하지 아니하다〈법 제30조〉.

**Answer** 3.① 4.③

**5** 경비업법령상 1년 이하의 징역이나 1천만 원 이하의 벌금형에 해당하는 행위를 한 사람을 모두 고른 것은?

---

⊙ 직무수행 중 경비업무의 범위를 벗어나 타인에게 물리력을 행사한 경비원
ⓒ 정당한 사유없이 무기를 소지하고 배치된 경비구역을 벗어난 특수경비원
ⓒ 법률에 근거없이 직무상 알게 된 비밀을 누설한 경비업체의 임원
ⓒ 「경비업법」에서 정한 장비 외에 흉기를 휴대하고 경비업무를 수행한 경비원

---

① ⊙ⓒ                     ② ⊙ⓒ
③ ⓒⓒ                     ④ ⓒⓒ
⑤ ⓒⓒ

> **TIP** 다음의 어느 하나에 해당하는 자는 1년 이하의 징역 또는 1천만 원 이하의 벌금에 처한다〈법 제28조 제4항〉.
> 1. 시설주로부터 무기의 관리를 위하여 지정받은 책임자가 그 규정에 위반한 경우
> 2. 파업 · 태업 그 밖에 경비업무의 정상적인 운영을 저해하는 일체의 쟁의행위를 한 특수경비원
> 3. 타인에게 위력을 과시하거나 물리력을 행사하는 등 경비업무의 범위를 벗어난 행위를 한 경비원
> 4. 휴대할 수 있는 장비 외에 흉기 또는 그 밖의 위험한 물건을 휴대하고 경비업무를 수행한 경비원 또는 경비원에게 이를 휴대하고 경비업무를 수행하게 한 자
> 5. 경찰관서장의 배치폐지 명령을 따르지 아니한 자
> 6. 시 · 도경찰청장 또는 관할 경찰관서장의 중지명령에 따르지 아니한 자

**6** 경비업법상 벌금이 가장 높은 것은?

① 쟁의행위를 한 특수경비원
② 허가를 받지 아니하고 경비업을 영위한 자
③ 직무상 알게 된 비밀을 누설하거나 부당한 목적을 위하여 사용한 자
④ 국가중요시설의 정상적인 운영을 해치는 장해를 일으킨 특수경비원
⑤ 경비원에게 경비업무의 범위를 벗어난 행위를 하게 한 자

> **TIP** ④ 국가중요시설의 정상적인 운영을 해치는 장해를 일으킨 특수경비원은 5년 이하의 징역 또는 5천만원 이하의 벌금에 처한다〈법 제28조 제1항〉.
> ① 1년 이하의 징역 또는 1천만원 이하의 벌금에 처한다〈법 제28조 제4항〉.
> ②③⑤는 3년 이하의 징역 또는 3천만원 이하의 벌금에 처한다〈법 제28조 제2항〉.

**Answer**   5.②   6.④

**7** 경비업법령상 벌칙에 대한 설명으로 옳은 것은?

> ㉠ 갑(甲)은 인천공항에서 특수경비원으로 근무하던 중, 헤어진 여자 친구가 변심을 한 이유로 근무 중 소지하고 있는 무기를 휴대하고 근무지를 무단이탈하였다.
> ㉡ 을(乙)은 공장 시설경비원 병(丙)에게 공장 내부에서 적법한 쟁의행위 중이던 근로자를 강제 퇴거시킬 것을 지시하였다.

① ㉠ 2년 이하의 징역 또는 2천만 원 이하의 벌금
　　㉡ 3년 이하의 징역 또는 3천만 원 이하의 벌금
② ㉠ 7년 이하의 징역 또는 5천만 원 이하의 벌금
　　㉡ 3년 이하의 징역 또는 3천만 원 이하의 벌금
③ ㉠ 5년 이하의 징역 또는 5천만 원 이하의 벌금
　　㉡ 2년 이하의 징역 또는 2천만 원 이하의 벌금
④ ㉠ 2년 이하의 징역 또는 2천만 원 이하의 벌금
　　㉡ 2년 이하의 징역 또는 2천만 원 이하의 벌금
⑤ ㉠ 3년 이하의 징역 또는 3천만 원 이하의 벌금
　　㉡ 2년 이하의 징역 또는 2천만 원 이하의 벌금

> **TIP** ㉠ 정당한 사유없이 무기를 소지하고 배치된 경비구역을 벗어난 특수경비원은 2년 이하의 징역 또는 2천만 원 이하의 벌금에 처한다〈법 제28조 제3항〉.
> ㉡ 경비원에게 경비업무의 범위를 벗어난 행위를 하게 한 자는 3년 이하의 징역 또는 3천만 원 이하의 벌금에 처한다〈법 제28조 제2항〉.

**Answer** 7.①

**8** 경비원의 복장과 관련하여 신고규정을 위반한 경우(집단민원현장 배치의 경우는 제외)의 과태료 부과기준으로 옳은 것은?

| | 1차 위반 | 2차 위반 | 3회 이상 |
|---|---|---|---|
| ① | 100만 원 | 200만 원 | 400만 원 |
| ② | 50만 원 | 100만 원 | 200만 원 |
| ③ | 100만 원 | 200만 원 | 300만 원 |
| ④ | 50만 원 | 200만 원 | 400만 원 |
| ⑤ | 600만 원 | 1,200만 원 | 2,400만 원 |

**TIP** 과태료의 부과기준〈시행령 별표 6〉

| 위반행위 | 해당 법조문 | 과태료 금액(단위: 만원) | | |
|---|---|---|---|---|
| | | 1회 위반 | 2회 위반 | 3회 이상 |
| 복장 등에 관한 신고규정을 위반하여 신고를 하지 않은 경우 | 법 제31조제2항제7호 | 100 | 200 | 400 |

**9** 특수경비원이 무기를 휴대하고 경비업무를 수행 중에 무기의 안전수칙을 위반하여 범죄를 범한 경우 그 범죄의 법정형의 2분의 1까지 가중처벌한다는 경비업법령 규정에 해당하는 형법상 범죄가 아닌 것은?

① 상해죄                    ② 공갈죄
③ 강요죄                    ④ 체포 · 감금죄
⑤ 강간죄

**TIP** 특수경비원이 무기를 휴대하고 경비업무를 수행중에 무기의 안전수칙을 위반하여 형법 제257조제1항(상해죄), 제258조제1항 · 제2항(중상해죄), 제259조제1항(상해치사), 제260조제1항(폭행죄), 제262조(폭행치사상), 제268조(업무상과실 · 중과실 치사상), 제276조제1항(체포, 감금죄), 제277조제1항(중체포, 중감금죄), 제281조제1항(체포 · 감금등의 치사상죄), 제283조제1항(협박죄), 제324조(강요), 제350조(공갈) 및 제366조(재물손괴)의 죄를 범한 때에는 그 죄에 정한 형의 2분의 1까지 가중처벌한다〈법 제29조 제1항〉.
  ※ 특수경비원의 가중처벌 규정
   • 상해, 중상해, 상해치사
   • 폭행, 폭행치사상
   • 업무상과실, 중과실 치사상
   • 체포, 감금, 중체포, 중감금
   • 협박, 강요, 공갈, 재물손괴

**Answer**  8.①  9.⑤

**10** 경비업법령상 가장 엄하게 처벌되는 경우는?

① 허가 받지 아니하고 경비업을 영위한 자
② 국가중요시설의 정상적인 운영을 해치는 장해를 일으킨 특수경비원
③ 직무상 알게 된 비밀을 누설하거나 부당한 목적을 위하여 사용한 자
④ 정당한 사유 없이 무기를 소지하고 배치된 경비구역을 벗어난 특수경비원
⑤ 쟁의행위를 한 특수경비원

> **TIP** 국가중요시설의 정상적인 운영을 해치는 장해를 일으킨 특수경비원은 5년 이하의 징역 또는 5천만 원 이하의 벌금에 처한다〈법 제28조 제1항〉.
> ① 허가 받지 아니하고 경비업을 영위한 자는 3년 이하의 징역 또는 3천만 원 이하의 벌금에 처한다〈법 제28조 제2항〉.
> ③ 직무상 알게 된 비밀을 누설하거나 부당한 목적을 위하여 사용한 자는 3년 이하의 징역 또는 3천만 원 이하의 벌금에 처한다〈법 제28조 제2항〉.
> ④ 정당한 사유없이 무기를 소지하고 배치된 경비구역을 벗어난 특수경비원은 2년 이하의 징역 또는 2천만 원 이하의 벌금에 처한다〈법 제28조 제3항〉.
> ⑤ 1년 이하의 징역 또는 1천만 원 이하의 벌금에 해당한다〈법 제28조 제4항〉.

**11** 경비업법령상 행정처분 및 벌칙에 관한 설명으로 옳지 않은 것은?

① 정당한 사유없이 최종 도급계약 종료일의 다음 날부터 1년 이내에 경비 도급실적이 없을 때에는 해당 경비업 허가를 취소하여야 한다.
② 과태료 처분에 불복이 있는 자는 그 처분이 있은 날부터 60일 이내에 시·도경찰청장 또는 경찰관서장에게 이의를 제기할 수 있다.
③ 과태료는 대통령령이 정하는 바에 의하여 시·도경찰청장 또는 경찰관서장이 부과·징수한다.
④ 시·도경찰청장 또는 경찰관서장은 「질서위반행위규제법」의 사항을 고려하여 금액의 100분의 50의 범위에서 경감하거나 가중할 수 있다.
⑤ 경비원의 복장에 관한 신고를 하지 아니하고 집단민원현장에 경비원을 배치한 경비업자에게는 3천만 원 이하의 과태료를 부과한다.

> **TIP** 과태료 처분에 불복에 대한 이의제기는 삭제되었다.

**Answer**  10.②  11.②

**12** 경비업법령상 과태료의 부과기준금액이 가장 적은 것은? (단, 과태료의 경감이나 가중은 고려하지 않는다)

① 경비대행업자 지정신고를 허위로 신고한 경우

② 경비원 명부를 비치하지 아니한 경우 1차 위반 시

③ 집단민원현장에 배치되는 일반경비원의 명부를 그 배치 장소에 비치하지 않은 경우 1차 위반 시

④ 법인의 주사무소를 이전하고 12개월 초과의 기간이 경과하고도 신고하지 아니한 경우

⑤ 이름표를 부착하게 하지 아니하거나, 신고된 동일 복장을 착용하게 하지 아니하고 집단민원현장에 경비원을 배치한 자

> **TIP**
> ② 경비원 명부를 비치하지 아니한 경우 1차 위반시는 100만 원이다.
> ① 경비대행업자 지정신고를 허위로 신고한 경우의 과태료는 400만 원이다.
> ③ 집단민원현장에 배치되는 일반경비원의 명부를 그 배치 장소에 비치하지 않은 경우 1차 위반 시 과태료는 600만 원이다.
> ④ 법인의 주사무소를 이전하고 12개월 초과의 기간이 경과하고도 신고하지 아니한 경우는 400만 원이다.
> ⑤ 3천만 원 이하의 과태료를 부과 대상이다.

**13** 다음 중 올바른 설명은?

① 무허가로 경비업을 영위하는 자는 4년 이하의 징역 또는 3천만 원 이하의 벌금에 처한다.

② 무기를 소지한 자가 2회 이상 투기요구를 받고도 불응하여 계속 항거 시에는 특수경비원은 무기를 사용할 수 있다.

③ 경비업을 폐업하고자 할 때에는 시·도경찰청장에게 신고하여야 한다.

④ 경비업을 영위하고자 하는 자는 경찰서장의 허가를 받아야 한다.

⑤ 결격사유에 해당하는 경비원을 배치하거나 결격사유에 해당하는 경비지도사를 선임·배치한 경비업자 또는 시설주에게는 과태료를 부과하지 않는다.

> **TIP**
> ① 허가를 받지 아니하고 경비업을 영위한 자는 3년 이하의 징역 또는 3천만 원 이하의 벌금에 처한다〈법 제28조 제2항 제1호〉.
> ② 무기 또는 폭발물을 소지하고 국가중요시설에 침입한 자가 특수경비원으로부터 3회 이상 투기 또는 투항을 요구받고도 이에 불응하면서 계속 항거하는 경우 이를 억제하기 위하여 무기를 사용하지 아니하고는 다른 수단이 없다고 인정되는 때에 특수경비원은 필요한 한도안에서 무기를 사용할 수 있다〈법 제14조 제8항〉.
> ④ 경비업을 영위하고자 하는 법인은 도급받아 행하고자 하는 경비업무를 특정하여 그 법인의 주사무소의 소재지를 관할하는 시·도경찰청장의 허가를 받아야 한다〈법 제4조 제1항〉.
> ⑤ 결격사유에 해당하는 경비원을 배치하거나 결격사유에 해당하는 경비지도사를 선임·배치한 경비업자 또는 시설주에게는 500만 원 이하의 과태료를 부과한다〈법 제31조 제2항〉.

**Answer** 12.② 13.③

**14** 경비업법령상 경비업자 또는 경비원의 행위와 벌칙에 관한 설명으로 옳은 것은?

① 파업을 한 특수경비원은 1년 이하의 징역 또는 1천만 원 이하의 벌금에 처한다.

② 직무상 알게 된 비밀을 누설한 경비업자의 임·직원은 2년 이하의 징역 또는 2천만 원 이하의 벌금에 처한다.

③ 고의로 국가중요시설의 정상적인 운영을 해치는 장해를 일으킨 특수경비원은 3년 이하의 징역 또는 3천만 원 이하의 벌금에 처한다.

④ 정당한 사유없이 무기를 소지하고 배치된 경비구역을 벗어난 특수경비원은 3년 이하의 징역 또는 3천만 원 이하의 벌금에 처한다.

⑤ 집단민원현장에 일반경비원을 배치하면서 경비원의 명부를 배치장소에 작성·비치하지 아니한 경비업자에게는 1천만 원 이하의 과태료를 부과한다.

> **TIP** ② 직무상 알게 된 비밀을 누설한 경비업자의 임·직원은 3년 이하의 징역 또는 3천만 원 이하의 벌금에 처한다〈법 제28조 제2항〉.
> ③ 국가중요시설의 정상적인 운영을 해치는 장해를 일으킨 특수경비원은 5년 이하의 징역 또는 5천만 원 이하의 벌금에 처한다〈법 제28조 제1항〉.
> ④ 정당한 사유없이 무기를 소지하고 배치된 경비구역을 벗어난 특수경비원은 2년 이하의 징역 또는 2천만 원 이하의 벌금에 처한다〈법 제28조 제3항〉.
> ⑤ 집단민원현장에 일반경비원을 배치하면서 경비원의 명부를 배치장소에 작성·비치하지 아니한 경비업자에게는 3천만 원 이하의 과태료를 부과한다〈법 제31조 제1항〉.

**Answer** 14.①

# 상식은 "용어사전"

## 용어사전으로 중요한 용어만 한눈에 보자

### 중요한 용어만 공부하자!

**①** **시사용어사전 1200**

매일 접하는 각종 기사와 정보 속에서 현대인이 놓치기 쉬운, 그러나 꼭 알아야 할 최신 시사상식을 쏙쏙 뽑아 이해하기 쉽도록 정리했다!

**②** **경제용어사전 1030**

주요 경제용어는 거의 다 실었다! 경제가 쉬워지는 책, 경제용어사전!

**③** **부동산용어사전 1300**

부동산에 대한 이해를 높이고 부동산의 개발과 활용, 투자 및 부동산 용어 학습에도 적극적으로 이용할 수 있는 부동산용어사전!

- 최신 관련 기사 수록
- 다양한 용어를 수록하여 1000개 이상의 용어 한눈에 파악
- 용어별 중요도 표시 및 꼼꼼한 용어 설명
- 파트별 TEST를 통해 실력점검